Steffen Kopetzky, geboren 1971, ist Autor von Romanen, Erzählungen, Hörspielen und Theaterstücken. Sein Roman «Monschau» (2021) stand monatelang auf der «Spiegel»-Bestsellerliste, ebenso wie «Risiko» (2015, Longlist Deutscher Buchpreis). «Propaganda» (2019) war für den Bayerischen Buchpreis nominiert, zuletzt erschien «Damenopfer» (2023). Von 2002 bis 2008 war Kopetzky künstlerischer Leiter der Theater-Biennale Bonn. Er lebt mit seiner Familie in seiner Heimatstadt Pfaffenhofen an der Ilm.

Steffen Kopetzky

Risiko

Roman

Rowohlt Taschenbuch Verlag

Ich danke der Hamburger Stiftung für Wissenschaft und Kultur, die die Recherchen zu diesem Buch unterstützt hat, und dem Bayerischen Staatsministerium für Wissenschaft, Forschung und Kunst für ein Literaturstipendium während der Niederschrift.

2. Auflage Oktober 2025

Die Originalausgabe erschien 2015 bei J.G. Cotta'sche Buchhandlung Nachfolger GmbH, gegr. 1659, Stuttgart.

Neuausgabe
Veröffentlicht im Rowohlt Taschenbuch Verlag, Kirchenallee 19, 20099 Hamburg, März 2025
Covergestaltung Anzinger und Rasp, München
Coverabbildung Claudia Holzforster/Arcangel Images
Satz Guyot Text bei Pinkuin Satz und Datentechnik, Berlin
Druck und Bindung GGP Media GmbH, Pößneck
ISBN 978-3-499-01590-8

Kontaktadresse nach EU-Produktsicherheitsverordnung:
produktsicherheit@rowohlt.de

Für meine Brüder Bernd und Walter

Gott schickt Blitze – und er trifft damit, wen er will.

KORAN 13,13

Zu dem, was den Jagdvogel mutig und scharf macht, gehört,
dass man ihn am Vortage der Jagd mit einem Taubenjungen,
dem scharfer Essig eingeflößt wurde, füttert. Lass die Taube
erst noch ein wenig fliegen, bis der Essig in ihre Adern
gelangt ist; dann gib sie ihm. Am nächsten Morgen wird der
Falke mager, schlank und lebhaft sein.

MOAMIN, «ÜBER DIE KUNST
MIT VÖGELN ZU JAGEN»

Prolog

Der Geisteszustand gewöhnlicher Sklaven ist schrecklich genug – sie haben die Welt verloren. Er aber hatte nicht den Leib allein, sondern auch die Seele an den Allesbeherrscher, den Hass, verloren. War ihm verfallen. Gehörte ihm ganz und gar.

Manchmal, in den sternfunkelnden Nächten des zu einer Geisterstadt erstarrten Kabuls war es ihm, als könnte er mit sich selbst sprechen, mit dem anderen, der er geworden war, ein Verräter und – vielleicht bald – ein Mörder. Nichts anderes beherrschte seine Tage, dennoch gab es da immer noch die Frage in ihm, ob er es wirklich fertigbrächte – ob er Emir Habibullah Khan, das Staatsoberhaupt Afghanistans, würde töten können.

Berichte, in der nördlichen Provinz Kunar gebe es diesen Winter so viele Schneeleoparden wie seit Jahrzehnten nicht, hatten den Emir und dessen Bruder Nasrullah, den Urheber des Gerüchts, dorthin gelockt, doch bislang haben sie nur Füchse und eine Pallaskatze geschossen. Der ehemalige Funkobermaat der Kaiserlichen Marine,

Sebastian Stichnote, ist der Jagdgesellschaft tagelang gefolgt, nun reitet er auf dem schmalen, kaum erkennbaren Pfad eines Seitentals, hinter dessen Flanke Habibullah die Zelte aufschlagen ließ. Der Emir, ein ängstlicher Mann, liebt die Bequemlichkeit und leidet unter den Umständen der Unternehmung, die er nur auf sich nimmt, weil die erfolgreiche Jagd auf das gefährlichste Raubtier Afghanistans ein Symbol für den Fortbestand seiner Herrschaft wäre.

Es ist früher Vormittag. Der Morgenmond steht wie ein Schneeball im gläsernen Blau. Stichnotes Atem verfängt sich in seinem Bart, gefriert zu knisternden Kristallen, die sich der Reiter gelegentlich mit dem Handrücken fortwischt.

Nun, da der Pfad steinig und unwegsam wird, steigt er ab, führt seinen Rappen am Zügel und bindet das brave Tier an den Stamm eines wilden Kirschbaums. An der Flanke seines Pferdes hängt ein Käfig, mit einem starken Tuch bedeckt, um den Vogel darin zu schützen. Es ist ein junger weißer Falke, durch das Häubchen vor Aufregung bewahrt, den er jetzt, beruhigend auf ihn einsprechend und den seidigen Hals streichend, aus dem Käfig nimmt. Parr – so nannte ihn der Mann, der ihm den Falken schenkte – krallt sich in die lederne Manschette. Noch nie hat Stichnote Parrs Krallen gespürt, ohne von ihrer Kraft bewegt zu werden, zugleich gerührt vom Zutrauen des Tiers.

Deutlich sieht er aus dem Tal Rauch aufsteigen, eine feine, sich kräuselnde Säule: Das Feuer wurde gelöscht, die königliche Jagdgesellschaft wird bald aufbrechen. Stichnote hat keine Zeit mehr zu verlieren. Mit dem Falken auf dem Arm, der Luger Parabellum und dem türkischen Militärdolch am Gürtel macht er sich daran, den Bergrücken entlangzulaufen, durch das lichter werdende, knackende Unterholz aus Erlen und Eichen.

Nach einer Weile hat er die Stelle erreicht, wo sich das Gelände in zwei Seitentäler teilt, und deutlich kann er jetzt den Tross des Emirs erkennen. Noch hat niemand aufgesattelt, Stichnote sieht die kleine, dicke Gestalt des Emirs auf einem Feldbett ruhen, während um ihn herum gepackt wird. Sein jüngerer Bruder Nasrullah steht etwas abseits und gibt den Dienern Befehle. Trotz der Entfernung glaubt Stichnote dessen Anspannung erahnen zu können. Es wird alles darauf ankommen, dass Nasrullah nicht die Nerven verliert und sich an das hält, was sie vereinbart haben.

Stichnote sieht eine Möglichkeit, wie er die Gruppe umgehen kann, um sich dem Emir über die östliche Flanke des Tals zu nähern. Bevor er hinabsteigt, streichelt er dem Falken den Hals und spricht mit ihm, doch sind seine Worte diesmal scharf und zischend. Er weckt den Jäger in dem Vogel, befeuert ihn und spürt, wie das Tier mit seinen Krallen umzugreifen beginnt: hungrig und wach. Er nimmt dem Falken das Häubchen ab, blickt in die bernsteingelben Augen, dann wirft Stichnote den Vogel schwungvoll auf. Parr umkreist ihn einmal, zieht einen weiteren Bogen, schraubt sich in den Morgenhimmel über dem Tal und schickt seinem Herrn den Ruf.

Nasrullah blickt nach oben. Er hat den Falken bemerkt, das Zeichen, dass die Stunde gekommen ist. Er geht entschlossen zu seinem Pferd, die Begleiter mit seiner ein wenig heiseren Stimme zum Aufbruch drängend.

Der Falke überfliegt das Tal, kreist auch einmal direkt über der Jagdgesellschaft, doch entscheidet er sich dann, nach Westen zu fliegen, mit jenen peitschengleichen Schmetterschlägen, die ihn, den kleinsten unter den Greifvögeln, im Flug seiner Lieblingsbeute, der Taube, so ähnlich sehen lassen.

Stichnote beginnt in das Tal abzusteigen. Er erschrickt darüber, wie sehr ihn das schnelle Abwärtsgehen anstrengt, wie oft er stolpert und wie lang der Weg ist. Nach etwa einer Stunde ist er gleichauf mit den Reitern, sein Rückgrat glüht, sein Herz hämmert, aber in ihm ist auch eine eisige Kühle, die ihn weiter unbemerkt in der Deckung des Waldrands vorauseilen lässt, gebückt von Baum zu Baum, fast lautlos im winterlich schweigenden Tal. Er hört jetzt die leise Stimme des Emirs, der mit seinem Bruder und einem Jagdgehilfen zurückgeblieben ist. Die anderen Diener sind vorausgeeilt, um nach Spuren zu suchen. Die königlichen Jäger reiten im Schritt, die Gewehre noch nicht im Anschlag, der Emir an der Spitze, einen jammernden Monolog über den Leoparden haltend, der einfach nicht auftauchen will. Die beiden anderen Männer ein gutes Stück hinter ihm.

Dann teilt sich das Tal, führt weiter nach links, endet mit seiner rechten Abzweigung an einem Felsabbruch, aus dem eine krüppelige Kiefer hervorwächst. Es liegen schon mehr als dreißig Schritt zwischen dem Emir und seinen Begleitern, die sichtlich bestrebt sind, den Abstand zu vergrößern. Stichnote sieht das Gelände vor sich, auf dem er schnell wird vorankommen können, bleibt stehen, legt die Hände als Trichter an den Mund und formt die Laute, die er am besten nachzuahmen versteht: den Ruf der Taube.

Nasrullah zügelt sein Pferd, hört noch einmal auf das Gurren, wirft einen Blick zu seinem Untergebenen, der ihm zunickt, dann wenden sie lautlos die Pferde und reiten in schnellem Trab zurück zu ihrem vormaligen Lagerplatz. Der kleine runde Emir weiter vorne, viel zu bequem, um sich auf seinem Pferd umzudrehen, bemerkt zunächst nichts.

Doch dann hält er sein Pferd an, ruft nach Nasrullah, und da er keine Antwort erhält, stützt er sich auf den englischen Reitsattel, dreht sich um und sieht erstaunt, dass der Bruder verschwunden ist. Er ruft noch einmal, viel lauter jetzt, sein Pferd legt scheuend die Ohren an, und als Stichnote auf Reiter und Pferd zustürzt, bäumt es sich auf. Der Emir verliert das Gleichgewicht und fällt. Stichnote ist verblüfft, wie leicht er ihn vom Pferd reißen kann, das panisch mitsamt dem hinten aufgeschnallten Gewehr davongaloppiert, den Emir, dessen linkes Bein sich im Steigbügel verfangen hat, ein paar Meter mitschleifend. Als Stichnote herantritt, liegt Habibullah wimmernd am Boden. Stichnote zieht den Dolch, setzt die Spitze an seinen Nacken und befiehlt ihm, aufzustehen.

«Stand up!»

Da der Emir aber nur ein Stöhnen von sich gibt, lässt er die Spitze des Dolches so weit eindringen, dass Habibullah zu bluten beginnt. Der krabbelt mit einem Mal wie ein Käfer, um vom Boden hochzukommen. Schon beim Aufstehen beginnt er in seinem gebrochenen Englisch auf Stichnote einzureden und ihm Versprechungen zu machen.

Ohne darauf zu achten, steckt Stichnote den Dolch zurück, zieht seine Luger und dirigiert den anderen grob schubsend in Richtung des Felsabbruchs. Der Morgenmond steht jetzt wie eine heiter bläuende Silberscheibe über ihnen. Als es kaum mehr weitergeht, dreht sich der Emir um. Er hat ein knabenhaftes Lächeln aufgesetzt, das erstarrt, als er Stichnote endlich erkennt. Einer der deutschen Offiziere, die seinem Sohn dieses merkwürdige Spiel beigebracht haben. Stichnote umkrampft die Pistole, da der Emir nicht durch eine Kugel verletzt werden darf.

Jetzt vernehmen beide den Ruf des Falken. Parr hat seinen Herrn entdeckt und kreist über ihnen, doch Stichnote hebt den linken Arm nicht, obwohl der Falke nochmals ruft. Der Emir bemerkt Stichnotes Unsicherheit und versucht, energisch humpelnd, zu fliehen. Stichnote – fast erlöst durch die Notwendigkeit, ihn aufzuhalten – wirft die Pistole ein paar Meter weg und stürzt sich auf den Emir, der um sich schlägt, Stichnote im Gesicht trifft und dabei mit seinem Ring am Auge verletzt, das zu bluten beginnt. Der Widerstand des kleinen dicken Mannes, der sich mit seinem Gewicht auf ihn zu wälzen versucht, überrascht Stichnote und lässt ihn so etwas wie Lachen ausstoßen.

Habibullah liegt obenauf. Das bärtige Gesicht wutverzerrt, beginnt er Stichnote zu würgen, der die Arme des Emirs wegzudrücken versucht, aber bald nachlässt, wie von einem Nebel eingehüllt. Seine Erschöpfung kommt ihm plötzlich wie ein Traum vor, dem er nachgeben will. Wieder muss er lachen, doch kann er nur röcheln, da ihm der Emir, der wie ein Bär kämpft und Wolken übelriechenden Atems ausstößt, die Gurgel zudrückt.

Während Blut aus der Wunde über seinem Auge sickert, steigt zartes Schwarz in Stichnote auf. Der Schmerz in seiner Kehle und das Tosen seiner Lungen werden schlimmer, und die dämmernde Erschöpfung durchfahren Erinnerungen. Das Röcheln sterbender Kamele, verendender Pferde, verdurstender Männer. Dahinratternde Viehwaggons voller Soldaten. Blitzendes nächtliches Geschützfeuer. Und mit einem Mal die See. Weiße Städte am Mittelmeer. Der Himmel über der See. Ein Schiff.

I.
Daimon

Die Ewigkeit ist ein vergnügtes Kind, das brettspielt.
Königsherrschaft eines Knaben.

HERAKLIT

1

Der Kommandant der SMS BRESLAU, eines Kleinen Kreuzers der Magdeburg-Klasse und zufällig des schnellsten Schiffes auf dem Mittelmeer, stand im Schatten der Brücke und blickte auf den Hafen von Durazzo. Er fuhr sich nachdenklich über die Wange, auf der sich ein kleiner Schnitt befand, ein frühmorgendliches Versehen mit dem Messer, dessen vom Alaunstift zurückgebliebene Spuren er jetzt sorgsam mit dem Fingernagel abkratzte. Sein Signaloffizier stand neben ihm.

Fregattenkapitän Kettner betrachtete den schmalen Steg, der etwa achthundert Meter vor ihnen aus dem Hafenwasser ragte und auf dem einige albanische Jungen in kurzen Hosen dabei waren, mit Schnüren zu angeln.

«Jede Nacht derselbe Dreck. Die Männer drehen mir noch durch.»

«Ich weiß», erwiderte der Signaloffizier. «Die schlafen schon im Stehen.»

Beide starrten auf die an Deck gespannten Hängematten. Sobald es an Land Alarm gab und die Aufständischen Durazzo angriffen, wurden die dort in voller Montur schlafenden Matrosen geweckt und mit den bereitgehaltenen Booten augenblicklich an Land gesetzt, um den Palast des frisch gekrönten Königs von Albanien zu verteidigen, des deutschen Fürsten Wilhelm zu Wied. Bislang war zwar noch kein

Rebell bis zum Königspalast vorgedrungen, der ganz nah am Hafen stand, und die Matrosen waren noch jedes Mal, ohne einen einzigen Schuss abgegeben zu haben, wieder an Bord gelangt, doch schlauchte der Dienst die Leute, die tagsüber auf dem heißen Schiff kaum Schlaf fanden. Der Kommandant wartete förmlich darauf, dass irgendein Unfall passierte, einer ins Wasser fiel und ersoff. Deshalb hatte er seinen Lieblingsleutnant einbestellt.

«Mit dem Hinundhergondeln ist jetzt Schluss. Wir setzen das Detachement ab sofort an Land. Zehn Mann. Sie, Dönitz, werden das Kommando leiten. Quartier nehmen wir in unserem Konsulat, das sich unweit vom Palast befindet. Wenn die Schießerei dann wieder losgeht, gehen Sie mit fünf Mann vor. Zwei Küchengasten, wir versorgen Sie einmal täglich über die Bordküche. Ein Mann Signaldienst. Im Konsulat schlagen wir Biwak für die Mannschaft auf. Stellen Sie mir eine Personalliste zusammen. Gehen Sie mit Kaleunt Loewenfeld die Ausrüstung durch. Ich will, dass wir am späten Nachmittag an Land stehen.»

«Zu Befehl», sagte der Leutnant und rührte sich schon, um sich auf der Stelle an die Arbeit zu machen. Man hätte den Kerl überall hinschicken können. Ein Prachtbursche. Eigentlich.

«Und, äh, Dönitz, eines noch», der Kommandant blickte den besten seiner jungen Offiziere scharf an, «mir ist nicht verborgen geblieben, was Sie und Wodrig treiben. Sie wissen, wie ich dazu stehe. Bridge ist in Ordnung, das spiele ich selber gerne. Aber Bridge ist nach dem Kontrakt vorbei, man kann noch einmal darüber nachsinnen, welche Fehler man beim Reizen gemacht hat oder ob der Splinter falsch war, aber das soll's dann auch gewesen sein. Es ist ein Zeitvertreib. Ein Spiel kann niemals die Wirklichkeit ersetzen. Außerdem kennen Sie die Anweisung 14/11! Nutzen Sie die Zeit an Land und kühlen Sie ein wenig ab. Und kommen Sie gesund wieder. Loewenfeld hat Instruktion. Viel Glück.»

Damit ließ er seinen dreiundzwanzig Jahre alten Offizier stehen und nickte ihm noch einmal knapp zu, während er sich gutgelaunt daran machte, das Schiff über eine Strickleiter zu verlassen wie ein einfacher Matrose. Eine vierriemige Ruderpinasse brachte ihn an Bord des britischen Schlachtschiffs KING EDWARD VII, das ein paar hundert Meter weiter vor Anker lag und wo den Kapitän ein zweites Frühstück nebst einer anberaumten Partie seines Lieblingsspiels erwartete.

Um vierzehnhundertfünfzehn, also Viertel nach zwei Uhr nachmittags, erreichte den Funkobermaat Sebastian Stichnote der Befehl, ausgestellt vom Ersten Offizier von Loewenfeld, dass er binnen zwei Stunden für ein Landkommando in Durazzo-Stadt zu packen habe – wofür nicht mehr als eine Viertelstunde nötig war. Zuvor jedoch sollte er einen Plan für eine Nachrichtenverbindung zwischen Landkommando und Schiff entwickeln, eine Liste des dazu erforderlichen Materials erstellen und diese Leutnant zur See Dönitz übermitteln, der das Detachement führe. Denn obgleich das Landkommando nur knapp drei Kilometer Luftlinie vom Schiff entfernt war, würde es eigenständig operieren – wenn man von den Lieferungen aus der Bordküche absah. Stichnote, der gerade dabei war, eine defekte Spule auszutauschen und neu zu verlöten, ärgerte sich kurz, dass er seine Bastelarbeit nicht würde fertigstellen können, dann aber überkam ihn die Vorfreude, denn schließlich hatte er ein ganz bestimmtes Wort gehört: Land.

Er telefonierte mit Leutnant Dönitz, der im Kartenraum saß, über die nachrichtentechnische Ausstattung des deutschen Konsulats. Zu seiner Enttäuschung erfuhr er, dass es kein Telefon, geschweige denn einen Telegraphen und schon gar keinen Funkentelegraphen gab, ja noch nicht einmal Elektrizität.

Eibo Matthes, sein bester Freund, ein Bremer, mit dem er die Torpedoschule in Flensburg durchlaufen hatte und neben Stichnote als einziger an Bord ausgebildeter Funker, hatte das Telefongespräch mitverfolgt. Eibo meinte nur, es wundere ihn überhaupt nicht, der komische Königspalast vorne am Kai strahle die ganze Nacht wie ein Lampengeschäft auf der Friedrichstraße, da konnte für den Rest der Stadt kein Strom mehr übrig sein. Es sei das dunkelste Nest, das er je – Gott sei Dank nur von Bord aus – gesehen habe, und dass es seinen Freund nun dorthin verschlage, erfülle ihn nicht gerade mit Neid. Am liebsten würde er, Eibo, ihm dieses Los ersparen und an seiner Statt dem wilden Leutnant Dönitz in die Malariahochburg Durazzo folgen.

«Kabel noch ma durch, Stich», sagte Eibo verschwörerisch,

«und meld dich krank. Sag, es liegt an dem faulen Ei von heute Morgen.»

«Das könnte dir so passen», erwiderte Stichnote grinsend, der wie alle anderen unter der zurückliegenden Eierdiät gelitten hatte, eine Folge der Einkaufspolitik des Casino-Offiziers, der bei einem montenegrinischen Händler versehentlich vierzigtausend Eier erworben hatte, knapp tausend Stück pro Mann. Das Wort «Ei» allein genügte, um nahezu jeden an Bord zum Lachen oder zum Kotzen zu bringen.

Sie diskutierten die Möglichkeit, in der kaiserlichen Vertretung ein Stromaggregat aufzustellen und damit eine transportable Funkenanlage zu betreiben, die sie beide im Wesentlichen aus Ersatzteilen konstruieren zu können glaubten. Doch sie hätten noch einen Schwung Röhren kaufen müssen und andere Kleinigkeiten, die vermutlich allesamt weder in Durazzo noch irgendwo sonst in Albanien zu haben waren, weshalb Eibo die Phantasie entwickelte, den Ersten Offizier zu fragen, ob er nicht mit dem kleinen Steamer nach Korfu rüberfahren dürfte, um dort alles Nötige zu besorgen. Übermorgen, spätestens am Samstag könnte die Anlage laufen.

«Wie hieß sie noch mal?», fragte Stichnote, der diesem Plan keine Chance gab.

«Wer denn?»

«Des Kaisers Küchenmagd mit den blonden Schneckerllocken, wegen der du nach Korfu willst?»

«Die hat mich bestimmt schon vergessen.»

«Luise, oder?»

«Nu ist gut», sagte Eibo, der grundsätzlich bei jedem Landgang, und dauerte er auch nur eine Stunde, ein Mädchen kennenlernte und sich verliebte.

«Mein alter Stich, ich könnte dir was von ihr erzählen, was dich erledigen würde, glaub's mir», sagte Eibo genüsslich, der das Gespräch danach äußerst sachlich und, als hätte er nie etwas anderes gesagt, auf die einfache Lösung brachte, dass ein Funkdienst zwischen Landkommando und Mutterschiff nicht möglich war, weshalb der kaiserliche Obermaat Stichnote dreimal am Tag zum Schiff und wieder zurück zu schwimmen haben würde, um den Nachrichtenaustausch zu gewährleisten.

«Ich weiß, wie wir's machen», sagte dieser, der wie viele Seeleute nie richtig schwimmen gelernt hatte, anders als Eibo, der schon als Kind die Weser durchkrault haben wollte. «Wir beschränken den direkten Nachrichtenaustausch auf Lichtmorsen in der Nacht. Tagsüber müsstet ihr mit den Winkerflaggen signalisieren. Oder ihr schickt ein Postboot.»

Das war die Lösung. Um sie zu realisieren, brauchte Stichnote ein Arsenal von Daimon-Taschenlampen und ausreichend Batterien. Drei Batterien pro Tag, zwei zum Ersatz, das Ganze für zehn Tage, danach müsste neues Material vom Schiff kommen. Eine einfachere Ausrüstung war kaum vorstellbar, und so kam es, dass Leutnant Dönitz eine gute Stunde später beim Magazin neben zwanzig Gewehren und fünftausend Schuss Munition, Handgranaten, Feldstechern und Signalpistolen auch drei Dutzend Bleiakkumulatoren und sechs nagelneue Daimons bestellte. Bei klarer Nacht konnte man damit auch umfangreiche Nachrichten austauschen.

Stichnote nahm sein Geld aus dem Versteck und verbrachte die ihm verbleibende Zeit damit, durch das Schiff zu laufen, um bei seinen auf den verschiedensten Posten verstreuten Freunden nachzufragen, was er wem mitbringen sollte. Als er in der Heizerei anlangte, hatte er die übliche Liste von Tabak, Zigaretten, Schokolade und natürlich Alkohol beisammen. Ludwig Klaril brauchte außerdem eine Dose Schmalz, Werner Huck Haargelatine und Kurt Mönchinger, der wie Sebastian aus dem Königreich Bayern stammte, aus der Nähe von Altötting, und der ein schüchterner Erotomane war, wünschte sich eine fotografische Wichsvorlage im orientalischen Stil. Fast alle hatten ihn neben ihren jeweiligen Spezialwünschen auch instruiert, unbedingt nach neuen Büchern und Zeitschriften Ausschau zu halten, und den Landgänger mit ausreichend Geld versorgt.

In der Heizerei der BRESLAU wollte er jetzt seinen an Jahren ältesten Freund an Bord treffen, den Marineingenieuranwärter Thomas Kasten. Der war für den Kesselbetrieb verantwortlich, an einem Ort, der einer Hölle gleichen konnte, an dem nunmehr aber, seit sie vier Tage zuvor in Durazzo vor Anker gegangen waren, nur der Minimalbetrieb lief, um das Schiff elektrifiziert zu halten und binnen weniger Stunden ablegen zu können, falls nötig. Es waren drei Heizermatrosen da, die Skat spielten, ihr Chef saß in seinem winzigen Verschlag und rauchte einen seiner wohlriechenden Zigarillos. Stichnote kannte niemanden mit einem ähnlich brillanten technischen Verständnis wie Kasten und einer ähnlichen Totalzerstörungsfähigkeit auf Alkoholbasis.

«Hab's schon gehört, Stich», röchelte der Ingenieuranwärter zur Begrüßung. «Aber das eine sag ich dir: Lass dir keinen Teppich aufschwatzen.»

«Soll ich dir was mitbringen?»

«Das ist sehr lieb von dir, dass du mich frägst. Aber was ich mir wirklich wünsche, gibt es dort nicht: badischen Rotwein. Aber halt ...

stimmt nicht, hier gibt's auch Wein: Amselfelder. Davon kannst du mir ein Fläschchen bringen, oder zwei.» Er griff in die Schublade und holte drei Mark heraus. Geld für einige Kisten.

«Ich schau, was ich tun kann. Wenn dir noch was einfällt, kannst du Eibo Bescheid geben, wir werden jede Nacht morsen.»

«Ohne eure Privatkonsultationen könnt ihr Funkenpuster nicht, hä?»

Kasten dampfte eine ansehnliche Duftwolke in das Kämmerchen, gab die Asche in einen zierlichen Aschenbecher mit einer Abbildung des Kurhauses Baden-Baden und zog die Schublade seines Schreibtisches auf, worin sich eine Flasche Gin und zwei blecherne Mugs befanden, die er randvoll goss.

«Lass uns einen heben.»

Kastens Gin versetzte Stichnote in eine leichte Benommenheit, die er aber angesichts seines bevorstehenden ersten Landkommandos und der Abenteuerstimmung, die sich in ihm breitgemacht hatte, als wohltuend empfand.

«Wann setzt ihr über?»

«Um vier Uhr muss ich oben sein, um fünf geht's los.»

«Leutnant Dönitz ist bestimmt der Beste für das Kommando. Der wildeste Hund von allen. Was der sich schon alles erlaubt hat. Letztes Jahr bei der Blockade saß er sogar wegen irgendeiner Geschichte ein paar Tage bei den Montenegrinern im Loch, bis sie ihn rausgeholt haben. Der Kommandant liebt ihn. Wirst bestimmt eine gute Zeit unter ihm haben. Pass nur auf dich auf.»

Stichnote erläuterte dem Ingenieuranwärter seine – überschaubaren – Aufgaben und wie er plante, sie zu erledigen. Kasten stimmte zu, meinte grummelnd, dass jetzt im prächtigsten Mittsommer wohl kaum mit Nebel zu rechnen sei, dass die allgemeine schwüle Feuchtigkeit in dieser Gegend aber den Bleiakkumulatoren schaden könne und Sebastian nur ja darauf achten solle, täglich die vorgeschriebene

Anzahl Chinintabletten zu nehmen. Er, Kasten, habe einen Seglerfreund, der sich die Malaria am Victoriasee geholt habe und seitdem regelmäßig – wenngleich schon längst wieder zurück in Lübeck – unter derben Schüben der tropischen Krankheit leide.

Bevor Stichnote ihn verlassen musste, schenkte Kasten sich selbst noch einen kleinen Schluck nach, verräumte die Flasche wieder in der Schublade und kramte dabei ein kleines Päckchen hervor, das er Stichnote in die Hand drückte und ihn dabei mit seinen blutunterlaufenen Trinkeraugen anblickte.

«Hier, bessere gibt's nicht. Aus Berlin.»

Stichnote betrachtete das Päckchen Kondome, die den Namen «Fromms» trugen. Er grinste verlegen, sagte «Danke, Tom», dann schlugen sie ein. Kastens Hand war ungeheuer groß und so rau und rund, dass Stichnote sie kaum richtig zu fassen bekam. Als er die Heizerei verließ, war Kasten schon dabei, die Skatrunde auseinanderzuscheuchen, um die Dichtungsbolzen eines gerade stillgelegten Kessels zu überprüfen.

Stichnote eilte durch die Gänge, durchquerte ein Mannschaftsquartier, in dem ein paar Matrosen von der letzten Nachtwache in ihren Duftnudeln schnarchten, und kam wieder ins Zwischendeck, wo der Funkraum der BRESLAU lag. Eibo war gerade dabei, einen verschlüsselten Funkspruch an das Admiralsschiff GOEBEN abzusetzen, das viel weiter nördlich in Pola stand. Während er mit der rechten Hand weitermorste, schlang er seinen linken Arm um Sebastians Hals, um ihn so fest zu quetschen wie nur möglich. Sie schlugen mit ihren Händen über Kreuz ein, Daumen an Daumen, dann sah Stichnote zu, dass er seinen Seesack aus dem Quartier holte und an Deck kam.

Eine Stunde später legten die zwei Ruderpinassen an dem einzigen Steg des Hafens von Durazzo an, die Soldaten sprangen heraus, schulterten ihre in massigen Rucksäcken verstaute Ausrüstung, die ihnen Matrosen aus dem zweiten Ruderboot zuwarfen, und marschierten an dem später in der Nacht zu schützenden Königspalast vorbei durch die Gassen der Altstadt. Stichnote, der ganz hinten ging, warf einen letzten, heiteren Blick auf das zu Spielzeuggröße geschrumpfte Schiff. Die hoch im Südwesten stehende Sonne blendete ihn. Er zwinkerte der BRESLAU noch einmal zu, doch dann packten ihn die Straßen, auf denen das bunteste Volk unterwegs war, Albaner, Griechen, Zigeuner und Kinder, aus denen sich sofort ein Begleittrupp bildete, der ihnen nicht mehr von der Seite wich. An einem belebten Platz, auf dem heruntergekommene venezianische Palazzi und Bürgerhäuser standen, stießen sie auf drei Angehörige der leuchtend grün uniformierten Polizeitruppe des Stadtkommandanten, die von niederländischen Offizieren geleitet wurde und deren Patrouille nun mit Leutnant Dönitz in ein Gespräch über das Ziel seiner Mannschaft trat.

2

Adolph Zickler, Sonderkorrespondent der *Neuen Zürcher Zeitung*, stand auf dem Balkon seines Zimmers im nicht gerade vornehmen Hotel Atlantic – dem vierten, in dem er es versucht hatte, nachdem alle anderen ausgebucht gewesen waren – und verfolgte die Ankunft deutscher Marineeinheiten in der jungen albanischen Hauptstadt mit höchstem Interesse. Es war das erste Mal, dass er deutsche Truppen auf dem Balkan in Aktion sah. Er wusste, dass sie letztes Jahr an der Montenegro-Blockade teilgenommen hatten; dass sie jetzt aber auch in Albanien operierten, überraschte ihn. Denn aus Sicht des deutschen Kaisers war etwa Nordepirus der Schauplatz einer unbedeutenden Familienfehde zwischen seiner Schwester Sophia, Königin von Griechenland, und einem entfernten Cousin, der auch Wilhelm hieß, aber eben nicht Hohenzollern, sondern Wied, welcher auf einer Konferenz der europäischen Mächte zum König von Albanien bestimmt worden war, auf Wunsch Rumäniens, dessen Königin Elisabeth die Tante seiner Frau war.

Die deutsche Politik kümmerte sich eigentlich nicht weiter um Albanien. Die Österreicher hatten auf dem Balkan das Sagen und sollten überall dort, wo das Osmanische Reich zurückwich, an Einfluss gewinnen und Schutz gewähren, was Italien, das Österreich den Besitz Triests nicht verzeihen konnte, dazu trieb, wo immer es ging dazwischenzufunken. Es war kein Geheimnis, dass die Italiener hinter Essad Pascha standen, jenem ehemaligen osmanischen Militär aus alter Tiraner Landbesitzerfamilie, der nur darauf wartete, Durazzo einzunehmen und die verhasste Spielfigur der Großmächte, jenen aus rheinischem Weichholz geschnitzten König, der kein Wort Albanisch sprach, vom Spielfeld zu kegeln, um selbst König der Skipetaren zu werden. Nun würden seine Truppen es offensichtlich auch mit Deutschen zu tun bekommen. Hübsche Kerle.

Nach der langen Zeit im Zelt und auf Ochsenwagen genoss Zickler den Blick aus dem vierten Stock, es tat ihm gut, endlich wieder in einer Stadt zu sein, auch wenn es sich nicht eben um eine Metropole, sondern eher um einen Taubenschlag handelte.

Aufmerksam verfolgte er, wie sich der junge deutsche Offizier von den Gendarmen verabschiedete, nachdem er sich längere Zeit mit ihnen unterhalten und offenkundig einen Witz gemacht hatte, denn alle vier lachten und salutierten schließlich, und er dabei derart schneidig federte, als wären nicht die Gendarmen die Herren auf diesem Platz, sondern er. Dann brachte er seinen Trupp mit einer Kopfbewegung zum Weitermarsch, und Zickler sah, wie sich die Menschenmenge unwillkürlich, doch zwingend teilte, um die schwerst bepackten und bewaffneten deutschen Soldaten durchzulassen. Sie verschwanden gegenüber seinem Hotel in einer Gasse. Zickler ging in sein Zimmer und studierte den grobmaschigen Stadtplan, den ihm der italienische Concierge aufgezeichnet hatte, da es keine frei erhältlichen Pläne von Durazzo gab. Zickler hatte ihn gebeten, das deutsche Konsulat einzuzeichnen, wo ein alter Freund seiner Eltern als Legationssekretär arbeitete, und wenn er sich nicht irrte, dann marschierten die deutschen Soldaten gerade genau dorthin.

Schon fühlte er sich heimisch. Der alt gewordene, noch immer ein wenig schwüle Tag tat sein dunkles Blau dazu und versetzte den Reporter in gehobene Stimmung. Denn es lag eine Nacht voll Arbeit vor ihm. Unendlich schien die zur Verfügung stehende Zeit – es war kurz vor sechs. Und lächerlich die Zeichenzahl von achttausend angesichts der Fülle an Informationen und Eindrücken, über die er schreiben konnte.

Der Kommandant Stephanopoulos und der Waffenschieber Kolchos, die heruntergekommenen nordepirotischen Freischärler, die alle fünf Minuten zum heiligen Nikolaus beteten, bevor sie armselige Dörfer und uralte Bektashi-Klöster attackierten, ihre Streitereien ums Essen und der ganze Dreck der vergangenen drei Monate, all das waren nun mit einem Mal durch Notizbuchskizzen fixierte Rohlinge, Bauteile, Materialien, zahlreich wie die Flöhe, die ihn schon in mehreren Generationen bewohnten.

Er begann, das Porträt eines treu zu den aufständischen Nordepiroten haltenden Gebirgsflohs zu zeichnen, den es aufgrund der Weltlage in das fremde Durazzo verschlagen hatte. Als ein Blatt des teuren Papiers, das er sich vom Concierge aufs Zimmer hatte buchen lassen, mit seiner Handschrift bedeckt war, die solch weitläufiges Gelände nach drei Monaten Notizbuchschreiben kaum mehr gewohnt war und irgendwie geduckt und eng dastand, war das Blutsauger-Porträt so weit ausgeschrieben und hätte ungefähr ein Viertel des von der Redaktion der *NZZ* erwarteten Artikels ausgemacht. Ernüchtert legte er seine Füllfeder nieder, griff sich durchs Haar und rubbelte seine Kopfhaut, die sich gebirgig anfühlte, stand angewidert auf und trat erneut nach draußen auf den Balkon. Nach dem Ende des mohammedanischen Gebets hatte sich der Platz merklich geleert, dafür waren jetzt die Cafés, Hotelrestaurants und Lokale ringsherum bevölkert. Es war deutlich frischer, und man spürte sofort, dass die Moskitos langsam Oberwasser bekamen. Voller Abscheu dachte er an die Flohbeschreibung, mit der er kostbare Arbeitszeit verschwendet hatte. Nun sank schon die Sonne, es musste gegen neun Uhr sein. Und morgen früh brauchte er die unglaubliche Anzahl von achttausend Zeichen.

Überall kratzte und juckte es ihn, das Paar Hosen hing wie ein übler Fetzen an ihm herunter, und sein Hemd, seit Wochen sein einziges, hatte eine entschieden isabellfarbene Patina angenommen. Eigentlich wunderte er sich darüber, dass der Concierge ihn überhaupt ins Hotel gelassen hatte, aber gut, er hatte sich als offizieller Vertreter der *Neuen Zürcher* vorgestellt und alles Schweizerische genoss auf der ganzen Welt höchstes Vertrauen, weshalb es ja auch so viele Betrüger und Hochstapler gab, die die Schweizer Karte spielten.

Er las das *Porträt eines patriotischen Flohs* noch einmal durch. Der Abscheu, den er zwanzig Minuten vorher empfunden hatte, war verflogen, nun ja, gar nicht so übel, er müsste es eben einkürzen – aber das Motiv war gut, darauf konnte man aufbauen. Später. Jetzt zog er gutgelaunt seine Stiefel an, rollte das Hotelhandtuch zusammen, ging über die knarzende Treppe nach unten und bestellte sich im vollbesetzten Restaurant, in dem er englische, niederländische, italienische und albanische Unterhaltungen hörte, einen Mokka, den er nicht aufs Zimmer schreiben ließ, sondern bar mit einer goldenen Lira bezahlte und ein schönes Häufchen Scheidemünzen zurückerhielt. Er erkundigte sich beim Kellner nach dem nächstgelegenen Barbier und schlenderte dann, das Handtuch unter dem Arm, über den Platz. Eine Straße weiter fand er den Laden des Floktars, der weit über siebzig sein musste, gesund aussah, aber keinen einzigen Zahn mehr im Mund hatte und dem er klarzumachen verstand, dass er die Abnahme des Barts und des gesamten Haupthaars mit dem Messer wünschte.

Mit spiegelnder Glatze, die sich so interessant-fremd anfühlte, dass er sie unwillkürlich die ganze Zeit betastete, betrat er danach einen Krämerladen und erklärte dem Händler durch entschlossenes Ausziehen seines Hemdes und ein Fingerballett, dass er Kleidung zu erwerben wünsche. So kaufte der Zürcher zwei bestickte Leinenhemden, zwei Pluderhosen und eine ziegenfellbesetzte Weste aus Samt. Eine fezartige Mütze, von der Zickler zunächst nichts wissen wollte, gab ihm der Mann gratis dazu – und wickelte alles zu einem handlichen Paket, mit dem er eine Viertelstunde später unten am Hafen auftauchte.

Der Anblick der weit draußen vor Anker liegenden Kriegsschiffe, hinter denen gerade die Sonne unterging, was die Kolosse umso mächtiger erscheinen ließ, traf ihn fast wie ein Schlag. Was für Riesenklötze! Auf dem wesentlich größeren stand der Union Jack, das kleinere, mit vier schmalen Schornsteinen ausgestattete Schiff, das einen hochmodernen Eindruck machte, gehörte zur Flotte des deutschen Kaisers und war offensichtlich das Mutterschiff des kleinen Trupps hübscher Matrosen, die er am Nachmittag gesehen hatte. Auf den Schiffen brannten sämtliche Lichter, man konnte die Brücken ausmachen, auf denen winzig kleine Offiziere ihren Dienst taten. Zickler schätzte die Bewaffnung der Schiffe ab, das britische zeigte zehn, das deutsche Schiff sechs Geschütze auf jeder Längsseite, Zwillingsgeschütztürme an Heck und Bug. Das waren andere Kaliber als die armselige Krupp-Haubitze des Ex-Bankiers Stephanopoulos.

Rechts von ihm stand der Konak des Königs von Albanien, an dessen Zaun sich etliche einheimische Spaziergänger aufhielten und den frisch renovierten Palast betrachteten, dessen Fenster gleichsam in Festbeleuchtung getaucht waren. Eine seltsame Stumpfheit ging von den Menschen vor dem Zaun des Palastes aus. Auf der anderen Seite des Hafens war es menschenleer. Zickler ging bis an sein Ende, fand eine Stelle, an der er ins Wasser steigen konnte, wartete noch eine

Weile, dann zog er sich rasch aus, holte sein Geld aus der Hose und versteckte es in einem der Stiefel, stopfte seine alten Kleider unter einen Felsen, stieg in die Adria und stöhnte auf, als er seinen frischrasierten Schädel untertauchte und das Salzwasser wie Höllenfeuer auf seiner Kopfhaut brannte. Prustend schwamm er hinaus, stellte sich vor, wie das Salzwasser die Flöhe angriff und wie diese in Scharen das sinkende Schiff verließen. So badete er, immer wieder für längere Zeit untertauchend, bis er es nicht mehr aushielt. Er stieg an Land, rieb sich, von Lebenslust gepackt, ab, zog sich rasch die neuen Sachen an und platzierte aus Übermut das rote Hütchen auf seinem feuerrot leuchtenden Schädel.

Zurück an der Rezeption und nun wie ein braver Albaner gekleidet, verlangte er nach mehr Papier, schrieb eine Nachricht an Amadeus Toth im deutschen Konsulat und übergab sie dem Concierge mit der Bitte um sofortige Zustellung. Dann orderte er eine Goldbrasse in Tomatensoße, Brot und zwei Flaschen venezianischen Weißwein auf sein Zimmer, wo er sich sogleich an die Arbeit machte, nicht ohne zuvor eine der Chinintabletten zu schlucken, die er sich für eine horrende Summe besorgt hatte. Ohne die Arbeit zu unterbrechen, stopfte er den Fisch in sich hinein und leerte die erste der beiden Flaschen mit größtem Durst. Doch während er gerade an einer möglichst knappen Darstellung der politischen und ökonomischen Verflechtungen zwischen Griechenland und dem Insurgenten-Staat Nordepiros feilte, schlüpfte Kommandant Stephanopoulos aus seinen Aufzeichnungen in Zicklers plötzlich aufgegangenen Traumbalkan hinüber und versuchte, ihn beschwörerisch in einen Nachen zu locken, der auf dunklem, unheimlich wirkendem Gewässer schwamm. Als Zicklers Widerstandskräfte im Traum zu brechen begannen und er beinahe den Fuß auf das acherontische Gefährt gesetzt hätte, weckte ihn der Knall einer Signalpistole, dem eine Detonation und schließlich Maschinengewehrgarben folgten, die nicht einmal weit entfernt zu sein schienen. Er fuhr schweißüberströmt hoch, hatte Tinte auf seiner linken Backe: die gespiegelten letzten Zeilen, die er geschrieben hatte, bevor er eingeschlafen war. Er trat leicht schwankend auf den Balkon hinaus. Zwischen das Maschinengewehrfeuer krachten nun auch Gewehrschüsse, dann gab es wieder eine Detonation, weiter östlich. Essad Paschas Truppen beschossen die Stadt, und die Stadtgendarmerie hielt dagegen.

Auf dem dunklen Platz war niemand mehr zu sehen, die Cafés waren jedoch weiterhin gefüllt. Zickler blieb auf dem Balkon stehen, tätschelte sich die Glatze und lauschte den nicht abreißenden, aber auch nicht näherkommenden Schusswechseln. Nach einer Weile erschien ein Trupp auf der anderen Seite des Platzes, in dem Zickler sofort die Deutschen wiedererkannte, die sich im Laufschritt und voll bewaffnet in Richtung Hafen bewegten. Offensichtlich sollten sie den Königspalast mit dem Fürsten und seiner Familie darin beschützen.

Die Schießerei dauerte bis in die Morgenstunden, erst als es hell zu werden begann, brach sie unvermittelt ab. Gegen sechs Uhr ging Zickler, der die ganze Nacht geschrieben hatte, nach unten, um ein paar Tassen Kaffee zu trinken, eine Chinintablette zu frühstücken und sich die ersten Zeitungen zu besorgen. Während er von neuerlich aufflackernden Streiks in Italien und der Wiedereröffnung des Kaiser-Wilhelm-Kanals zwischen Nord- und Ostsee las, den jetzt endlich auch Deutschlands neue Großkampfschiffe befahren konnten, wurde er in seiner albanischen Tracht misstrauisch vom Morgenkellner beäugt, der anschließend die Rechnung, wie es Zickler schien, nur widerwillig aufs Zimmer schreiben wollte. Auf der österreichischen Post diktierte er dem Telegraphisten eine knappe halbe Stunde, stellte der Redaktion weitere Artikel aus dem Krisenherd Albanien in Aussicht und bat um die Anweisung frischer Lire für die Weiterreise nach Konstantinopel. Glücklich benommen, da er nun schon fast dreißig Stunden wach war, ging er – während die Rufe zum Morgengebet in den Gassen der Stadt erklangen – zurück ins Hotel, legte sich, ohne mehr auszuziehen als seine Stiefel, aufs Bett und döste sofort weg. Er schlief traumlos und tief.

3

So weit verstand Stichnote Italienisch, dass er den Sinn der ersten Worte begriff, die Caruso nach einer etwas faden Orchestereinleitung in die Morgenluft sang: «La vita è inferno all'infelice» – für den Unglücklichen ist das Leben eine Hölle. Er konnte nicht anders, als der Stimme des Tenors fasziniert zu folgen, und genoss die berauschende Wirkung, die das Leid der Opernfigur auf seine eigene glänzende Stimmung ausübte.

Die erste Nacht an Land war so verlaufen, wie sie sich das vorgestellt hatten. Sie hatten Quartier genommen, wobei Stichnote zu seiner Überraschung nicht ins Zelt und in die Hängematte zu den anderen musste, sondern eine Kammer im Erdgeschoss des Hauses zugewiesen bekam. In dieser stand ein Bett – mit einem Kopfkissen! Gegen Mitternacht war das Leuchtsignal von der Gendarmerie gegeben worden, und Leutnant Dönitz hatte mit fünf Mann im Laufschritt und mit voller Bewaffnung das Konsulat verlassen, um die verabredeten Linien in der Nähe des Konaks einzunehmen. Sollte es den Aufständischen gelingen, in die Stadt zu kommen, so würde das Dönitz-Detachement sie daran hindern, den Wohnsitz des Königs zu betreten. Das war der Auftrag. Stichnotes Aufgabe bestand darin, mit den zwei verbliebenen Matrosen den Hausberg der Stadt zu erklimmen, an dessen Südflanke ihr Quartier lag, ein Marsch von etwa zwanzig Minuten, dort oben Position zu beziehen, um zwanzig Minuten nach Mitternacht die erstbeste Daimon zur Hand zu nehmen und das Erkennungssignal abzusetzen, auf das Freund Eibo an Bord der BRESLAU wartete, der ganz oben den Dreißigerscheinwerfer bediente, den er mit einer Klappe verdunkeln und blitzschnell wieder erhellen konnte, um Morsezeichen zu senden.

Eibo benötigte nur wenige Sekunden, bis er das schwache Licht der Taschenlampe entdeckt hatte, dann morste er seine Kennung mit dem Signalscheinwerfer von Bord zurück. Stichnote teilte dem Schiff die Lage an Land mit, dass sechs Mann ausgerückt seien und in Position stünden. Eibo blinkte zurück, setzte zunächst ab, dass es keine weiteren Anweisungen gebe, und mischte dann bei der Wiederholung, wie nicht anders zu erwarten, ihre verabredeten Kürzel dazwischen, kleine dreiteilige Shots, die sie auf der Schule Tritons getauft hatten und die dem Funkoffizier, wenn er überhaupt dabei war, entgehen mussten, weil er der Geschwindigkeit, mit der ein Funker wie Eibo diesen erst seit ein paar Jahren gebräuchlichen Binärcode sendete, nicht folgen konnte. Also streute der seine eigenen kleinen Geheimzeichen ein, Kürzel, die nur Stichnote mitbekam und lesen konnte und deren Trick unter anderem darin bestand, die Vokale wegzulassen.

«Der Smut ist besoffen ins Wasser gefallen», teilte Stichnote den hinter ihm wartenden Matrosen mit, worüber beide wiehernd zu lachen begannen. Der eine war ein bayerischer Landsmann, ein großgewachsener, mit einem leicht schiefsitzenden volllippigen Mund ausgestatteter Allgäuer von unerschütterlichem Kaltblut, und der andere ein sommersprossiger Berliner, der in der Kneipe seiner Großmutter in Rixdorf aufgewachsen war und die Kunst beherrschte, Tierstimmen zu imitieren, wovon er häufig Gebrauch machte, zur Unterhaltung der anderen, aber auch um sie zu erschrecken, zum Beispiel indem er spätnachts eine Ratte im Schlafquartier erscheinen ließ, die dann auch prompt jeder gesehen haben wollte.

Als sie sich auf den Rückweg ins Konsulat machten, antwortete er mehrfach einem Käuzchen, das sich in einem Gehölz verborgen hielt und hocherfreut zu sein schien, einen Artgenossen gefunden zu haben. Es folgte ihnen bis zur Villa Pellegrino, dem Sitz des Konsulats. Stichnote, der als Junge auf dem Dachboden seines Vaterhauses Brieftauben hatte halten dürfen und dabei ihr Gurren gelernt hatte – seine erste Fremdsprache, wie er manchmal dachte –, freute sich über die Imitationskunst des Rixdorfers, denn er liebte nicht nur Tauben, sondern Vögel ganz allgemein. Als der Obermaat zwischen die Laken des Bettes geschlüpft war, hörte er das sehnsüchtige Tier durch das offene Fenster immer noch nach seinem Kameraden rufen.

Der Rest der Truppe war noch nicht wieder zurück vom Palastverteidigen, die zivilen Hausbewohner schliefen alle. Stichnote würde sich nun der Lektüre hingeben. Es war herrlich, mit einer Daimon der Kaiserlichen Marine ungestört in einem Bett liegen und jenem glücklichen Umstand danken zu können, der ihn zwei Stunden nach Ankunft in der Villa mit dem Sekretär des Konsulats, Herrn Amadeus Toth, hatte bekannt werden lassen, der in einem Zimmer voller Bücher, Zeitschriften und Zeitungsausschnitte residierte und ihm kurzerhand ein Buch auslieh.

Der Obermaat hatte sich höflich nach einer Buchhandlung in der Stadt erkundigt.

Da sehe es leider schlecht aus, sagte der Sekretär, ein spindeldürrer Mann mit Nickelbrille und Glatze, der sich aber sogleich anschickte, Stichnote nach seinen Leseinteressen zu befragen, worauf dieser «Technisch» und «Abenteuerlich» antwortete, und Toth ihm mit einem Griff einen im Jahr zuvor erschienenen Roman in die Hand drückte, den er selber gerade erst gelesen habe. Der Tunnel erzähle die Geschichte eines Bergbauingenieurs, dessen Lebenstraum darin bestehe, von New York aus einen Eisenbahntunnel unter dem Atlantik bis nach Europa zu graben. Habe er es durch, so werde Toth ihm jederzeit neuen Lesestoff leihen, er müsse also nicht sparen.

Legationssekretär Toth war es auch gewesen, der ihn über die Verhältnisse am Konsulat aufgeklärt hatte, jenes ein wenig heruntergekommenen Hauses, das einem schon lange in Durazzo ansässigen Italiener gehörte. Der war gleich den anderen Hauseigentümern in der kleinen Hafenstadt freudig davon überrascht worden, wie rasant das Heer europäischer Diplomaten und leichter Damen, von Handelsvertretern, Journalisten, Geheimagenten und Betrügern jedem Leerstand in der Hauptstadt des neuen Albaniens ein Ende gesetzt, die Mietpreise in die Höhe getrieben und den Moskitos zu einer unvorhergesehenen Blutauffrischung verholfen hatte.

Der Italiener, Sandro Pellegrino, hatte sich in das Dachgeschoss zurückgezogen, um seine Villa möbliert zu vermieten. Angeblich war Pellegrino keine zwei Stunden nach Erhalt der Jahresmiete aufgebrochen, um trotz stürmischsten Wetters den Postdampfer nach Bari zu nehmen, und vier Tage später mit dem Grammophon und einer Kiste mit Schellackplatten zurückgekommen, auf denen allesamt ein italienischer Tenor namens Caruso verewigt war.

Seither zehrte Pellegrino vergnügt von der Miete, ließ sich komplizierte Mahlzeiten aus dem besten Hotel Durazzos in sein Dachgeschoss bringen und betätigte die Kurbel seines Grammophons, um jenen Sänger immer wieder von vorne untreue Geliebte verfluchen, über verruchte Gegner triumphieren, bei seinem Leben schwören und bösem Verrat zum Opfer fallen zu lassen.

Während Stichnote sich nun – gerade aufgewacht – lauschend zwischen den Laken rekelte, beschäftigte ihn die Frage, wie er einmal nach oben gelangen könnte, um sich das nagelneue und verheißungsvolle Gerät anzuschauen.

Das erste Grammophon hatte er beim Dallmayr in der Dienerstraße gesehen. Der Überseeludwig hatte ihm ein paar Bananen kaufen wollen, und dabei waren sie auf Edisons sprechende Schokolade gestoßen, um die herum ein Pulk aus Kindern der besseren Familien stand und der gedämpften, wie aus weiter Ferne heranklingenden Melodie

«O du lieber Augustin» lauschte. Die Walze konnte sogar mit eigener Musik bespielt und im Ganzen dreißig, vierzig Mal gebraucht werden. Anschließend durfte man sie aufessen, da sie ganz aus Schokolade war.

Er erinnerte sich deutlich an jenen Tag vor zehn Jahren, bemerkenswert nicht nur wegen der hartnäckig wiederkehrenden Schneeschauer, die so dicht fielen, dass die Aprilsonne hinter einer glasig weißen Wand ganz verschwunden zu sein schien, um jedes Mal binnen Minuten wieder hervorzubrennen und allen Schnee zu lustig plätschernden Rinnsalen werden zu lassen, sondern auch, weil er an diesem Ostersamstag zum letzten Mal mit seinem Lieblingsonkel Ludwig zusammengewesen war.

Ludwig war der Bruder seiner Mutter, die eine Woche nach Sebastians Geburt gestorben war. Alle in der Familie nannten ihn den Überseeludwig, da er als junger Mann Bayern verlassen hatte, um dem geheimnisvollen Beruf des Baumharzjägers nachzugehen, zunächst auf der Insel Sansibar, auf der er für ein Regensburger Handelshaus tätig gewesen war. Nach dessen Bankrott verschlug es ihn auf der Spur des Copal nach Kolumbien, in eine kleine Stadt namens Barbosa, von der aus er Expeditionen in den Dschungel unternahm, um mit dem Blick für das untergründig Verborgene die manchmal seit fünfzig, manchmal seit fünftausend Jahren im Boden ruhenden kostbaren Harzklumpen zu finden und die Lagerstätten in mühseliger Arbeit auszubeuten, wobei er sich gegen Herzstillstand hervorrufende Giftfrösche, Würgeschlangen, hochgefährliche, wenngleich nur hüftgroße Kopfjäger und den schwarzen Panther zu schützen hatte, der dort sein Revier besaß und – wie der Überseeludwig seinem Neffen eindrücklich geschildert hatte – den Tag auf hohen Bäumen wie ein Kätzchen verschliefe, um in der Dämmerung zu seinem Raubtiertum zu erwachen und den schlafenden Jäger des Baumharzschatzes zu überfallen.

Das Copal brachte der Onkel mithilfe seiner Maultiere und einiger indianischer Helfer zuerst nach Barbosa und von dort weiter an den größten Fluss Kolumbiens, der nach der heiligen Magdalena benannt war, den die Indianer aber Yuma nannten. An diesem so mächtig strömenden Fluss gab es viele Häfen, und an einem davon, mit dem komplizierten Namen Barrancabermeja, verkaufte der Onkel sein Copal einem ihm lange schon bekannten Händler gleichfalls deutscher Herkunft. Flussaufwärts kam er ans karibische Meer und von dort schließlich in die Vereinigten Staaten, wo aus dem kostbaren Stoff Lacke für Möbel, Geigen und Klaviere gekocht wurden.

Der Überseeludwig hatte seinem Neffen damals einen hellgelben, wunderbar polierten Harztropfen von der Größe eines Männerdaumens geschenkt, in welchem das bizarre Spiel der Zeit eine etwa sechs Millimeter große Ameise festhielt, die sich im Netz einer gut doppelt so großen Spinne verfangen hatte. Die Spinne schien gerade dabei zu sein, sich die Ameise zu holen, war jedoch vom Harzfluss überrascht worden, der zwar die *hormiga* mit ihrem kahlen Kopf vor dem Verzehr rettete, doch eben nur, um sie in zappelnder Ausweglosigkeit zu bannen, wie auch die Spinne im räuberischen Heißhunger verharren musste, angezogen von ihrer Beute, doch auf ewig daran gehindert, sie sich zu holen.

Von schräg einfallenden Sonnenstrahlen durchschossen, war es faszinierend, den schillernden Copal hin und her zu drehen, und immer wieder vermeinte der Knabe, einen Ruck, ein Zittern zu erkennen, als wären Jäger und Beute zum Leben erwacht, das versteinerte Harz wieder flüssig, die Ameise aus dem Netz befreit, die Spinne kurz davor zuzuschnappen und alles, was seit ungezählten Jahren fixiert und unabänderlich gewesen war, mit einem Mal lebendig, das Spiel wieder offen und Sebastian, der Beobachter, mittendrin.

Den Copaltropfen trug er noch immer an einem buntgeflochtenen Lederband indianischer Machart um den Hals und betrachtete ihn als seinen Glücksbringer. In manchen Momenten berührte er ihn unter dem Hemd und fühlte sich seinem fernen Onkel dann so nah, als könnte er ihn sofort anfunken. Kolumbien – ich komme!

Auch an diesem herrlichen albanischen Sommermorgen hätten die atmosphärischen Bedingungen nicht besser sein können, um Stichnote empfinden zu lassen, dass er, wenn auch weit fort von seinem lieben Onkel, doch in telepathisch-elektrischer Verbindung mit ihm stand. Ludwigs von lustigen Einschlägen eines weichen südamerikanischen Spanisch durchzogenes Bayerisch hatte er sich als Jugendlicher oft vorgesprochen und es auch bei seinen eigenen Sprachübungen einfließen lassen, die er mit Hilfe eines Leipziger Bändchens *Spanische Sprachlehre zum Selbststudium* durchführte.

Später, bereits auf der BRESLAU, während eines langen Winterdocks, das sie in Triest verbrachten, hatte er so auch Italienisch gelernt. Englisch hatte er schon auf der Realschule gehabt und dann fleißig Kurse auf der Torpedoschule belegt. Englisch war schließlich die Weltsprache und für einen Marinefunker selbstverständlich, zumal für einen, der daran dachte, so bald als möglich ins zivile Leben zurückzukehren.

Gelernt hatte er immer gerne. Die Volksschule absolvierte er mit Leichtigkeit und wusste dabei, dass hinter dem ABC und dem Einmaleins, das ihnen ihr schon frühmorgens angetrunkener Lehrer Maier einpaukte, ein Weg auf ihn wartete, der ihn aus der übelriechenden Gerberei in der Kühbachstraße fort in eine andere Welt führte. In seiner Familie hatte Sebastian eine gewisse Sonderstellung, nicht allein durch die traurigen Umstände seiner Geburt, die seiner Mutter das Leben gekostet hatte. Sein damals zum zweiten Male verwitweter Vater war darüber vollends schwermütig geworden, hatte den Buben zwar doch lieb, kümmerte sich aber nicht um ihn, sondern überließ ihn der Obhut seiner Amme, eines bitterarmen Mädchens aus Haidhausen, dessen sieben Monate alter, unehelicher Säugling zuvor am Keuchhusten verstorben war. Zenz, so hieß die Amme. Sie kümmerte sich, da der kleine Sebastian der Mensch war, der sie ernährte, indem sie ihn ernährte, mit solcher Sorgfalt um ihn, als wäre er eines Grafen Kind, säugte ihn, bis er zwei Jahre alt war, und blieb auch danach als skrupulöse Haushälterin, Köchin, Waschmagd dort wohnen.

Die Zenz war ein furchtsamer Mensch und recht eigentlich todunglücklich. Sie entstammte einer Taglöhnerfamilie aus Berchtesgaden und war mit vierzehn als Hausmagd nach München gekommen. Wann immer sie konnte, war sie mit dem kleinen Sebastian den Giesinger Berg zur Heilig-Kreuz-Kirche hinaufgegangen. Als er verständig genug war, hatte sie dem Knaben erklärt, in der Kirche könne er mit seiner Mama sprechen, die droben beim lieben Gott im Himmel wohne und von dort auf ihn hinuntersehe. Dass sie dort auch ihren Sepperl vermutete, sagte sie ihm nicht, doch dachte sie es wohl.

Der liebe Gott schien ihm ein guter Vater, der sich um die lieben Seelen kümmerte. Und mit denen konnte man, so fühlte es der kleine Sebastian, beim Beten eine gleichsam telepathische Verbindung aufnehmen, das Kirchenschiff ein Funkraum und die Zenz die Lotsin.

Als die Zenz dann von einem Tischlergesellen wieder schwanger wurde, setzte Sebastians weltlicher Vater sie auf die Straße. Aber sie hatte Glück und wurde von dem Erzeuger geheiratet, lebte eher schlecht als recht drüben in der Au, doch wenn Sebastian sie manchmal in ihrer armseligen Souterrainwohnung besuchen kam, drückte sie ihn so fest, dass alle ihre fünf Kinder Stichnote als einen ganz besonderen Menschen in Erinnerung behalten sollten.

Sebastians Vater selbst war ein widerwilliger Handwerker gewesen, mit einem wie bei vielen Gerbern stets glimmenden Stumpen im Mund, den er nur zum Schlafengehen erkalten ließ. Er war ohne jedes Talent in geschäftlichen Dingen, hatte aber schon früh erkannt, dass der Familienbetrieb für seinen dritten Sohn keinen Platz mehr bieten würde, und so durfte der Jüngste als Erster in der Familie eine weiterführende Schule besuchen, die Kreis-Realschule am Regerplatz. Vielleicht hätte er seinem Sohn auch noch ein Studium finanziert, aber er starb am Schlag, als Sebastian im letzten Schuljahr stand. Seine Brüder – die nicht gut miteinander auskamen – fürchteten nichts mehr, als den Kleinen, den sie in der Werkstatt sowieso nicht sehen wollten, allzu lange auf der Tasche liegen zu haben. Sebastian, der ohnehin nur noch an den Überseeludwig und Kolumbien dachte, kam ihnen zuvor, indem er erklärte, in gut einem Jahr, wenn er siebzehn geworden wäre, der Kaiserlichen Marine beitreten und Funker werden zu wollen. Die Erleichterung der beiden Streithähne darüber war so groß, dass sie Sebastian von da an in Ruhe ließen, ihm seine Bücher gönnten, die er sogar am Abendbrottisch las, und ihm – während sie ihre Erbgesetzgeschütze gegeneinander in Stellung brachten – ein wunderbares letztes Münchener Jahr bescherten.

Dieses versüßte er sich dadurch, dass er sich neben seinem etwas unbeholfenen Selbststudium des Spanischen und ausgedehnten Besuchen im Deutschen Museum, wo man die allerneuesten Errungenschaften der Technik studieren konnte, zwischen die Herren Studenten sortierte und Vorlesungen an der Technischen Universität in der Arcisstraße hörte. Seine Sonntagshose tragend, die längst nach Hochwasser aussah, und sein bestes Hemd, wiewohl ohne Kragen, saß er in den großzügigen Hörsälen, vernahm von den Theorien der Professoren Einstein und Planck und lauschte Vorlesungen über die Eigenschaften der Bimetalle und der Elektrizität. Auch wenn er nur die Hälfte verstand und keiner der Studenten ein Wort mit ihm wechselte, auch wenn ihn der Pedell misstrauisch beäugte, ohne ihn doch je nach seiner Immatrikulation zu fragen – Sebastian brannte für die Welt der Physik, die ihm eine Sprache schien, in welcher die Menschheit mit dem Planeten selbst und dem Universum im Ganzen zu kommunizieren vermochte.

4

Die Musik aus Signor Pellegrinos Dachgeschoss war jetzt verklungen, das Zwitschern und Singen aus dem Garten kehrte zurück. Stichnote fühlte sich, versonnen den Copal hin und her drehend, wie im Zentrum eines Netzes. Er war allein, doch geborgen, denn dieses Netz war aus einer Substanz gesponnen, die ihn wach sein ließ, auch wenn er schlief, die ihm die Gewissheit gab, immer noch ein wenig mehr, ein wenig drüber hinaussehen zu können. Weshalb er es auch so liebte, an Deck zu stehen, wenn sie mitten auf hoher See waren und man am glimmenden Horizont die Rundung der Erde erahnte, jenes Da-Sein der Welt, an welches zu denken sie einem fast schon brachte, sodass man durch diese Substanz gleichsam überall war. Sehnsucht hieß sie. Ein ozeanisches Gefühl.

Stichnote rasierte sich, wusch sich in einer vom albanischen Konsulatsdiener bereitgestellten Schüssel und zog sich seine weiße Hose und das Hemd mit hellblauem Seemannskragen an, band den schwarzen Halsknoten und überlegte, ob der Leutnant es als Insubordination auffassen würde, wenn er sich noch vor der Erlaubnis zum Ausgang seine kurze blaue Ausgehjacke anzog. Dönitz war nicht gerade als Korinthenkacker verschrien, also warf er sich die Jacke über, auf deren linkem Ärmel das gelbe Obermaatsabzeichen mit Blitz und Anker angebracht war, das neueste Emblem der Kaiserlichen Marine, das den Funkentelegraphisten vorbehalten war, der modernsten elektrischen Abteilung, der Stichnote mit einigem Stolz angehörte, auch wenn er bald seinen Abschied nehmen würde.

Er schnappte sich die Matrosenmütze, auf deren schwarzem Band in Metalllettern S.M.S. BRESLAU stand, auch das eine erfreuliche Signatur – die BRESLAU war zwar unter den Schlachtschiffen auf dem Mittelmeer eines der kleineren, aber dafür das schnellste. 28 Knoten in Dauerfahrt! Die Argo ihrer Tage.

Er nahm noch italienische Lire aus seinem Säckel und die Liste mit den Besorgungen, die er gefaltet in die Tasche steckte. Dann schüttelte er sein Kopfkissen aus, legte den zur Hälfte weggelesenen Roman *Der Tunnel* darunter, den er bislang ganz in Ordnung fand, ein wenig zäh vielleicht, aber das konnte am Stoff liegen, richtete das Laken, kippte die Waschschüssel in den Garten, ging, da er alles an Ort und Stelle wähnte, durch den Flur, auf dem seine Kammer lag, zur Haustür. Rechts von ihr befand sich das Zimmer des Leutnants, an dessen Tür er klopfte, sich räusperte, aber nichts vernahm, erneut klopfte, etwas fester, lauschte und, da er immer noch nichts hörte, ein drittes Mal klopfte und jetzt sicher sein konnte, dass der Offizier nicht da war. Er drückte die Klinke, überzeugt, dass zugesperrt sein musste. Aber so wenig wie es an seiner Kammer eines gab, besaßen die übrigen Türen in Signor Pellegrinos Haus Schlösser. Da es nun einmal so war und sich niemand in der Nähe befand, der ihn dabei hätte beobachten können, öffnete er die Tür und warf einen Blick in das großzügige Eckzimmer, durch dessen vier Fenster das hellste Morgenlicht strömte.

Das nah an der Tür stehende Bett war nicht gemacht, was Stichnote grinsen ließ, auf dem Nachttischchen lag ein Buch, *Zwanzigtausend Meilen unter'm Meer* von Jules Verne, das er selbst, noch in München, verschlungen hatte. Nicht schlecht, Herr Leutnant! Auf dem Boden lagen drei bunte orientalische Teppiche, einer in Indigo und Safran gefiel Stichnote gut, auch wenn er die auf der BRESLAU unter den Offizieren verbreitete Leidenschaft für orientalische Teppiche nicht teilte und es auch merkwürdig fand, die in Tanger, Algier oder Kairo ergatterten Dinger überall mit hinzuschleppen. Interessanter als die Art, wie es sich der Leutnant gemütlich gemacht hatte, fand Stichnote, was er auf dem Esstisch in der Mitte des Raumes entdeckte.

Auf den ersten Blick wirkte es wie ein buntes Relief aus farbigen Steinen. Er trat einen Schritt in das Zimmer hinein und erkannte, dass es sich um verschiedenfarbig lackierte Bleisoldaten, Reiter und

Geschütze handelte. Doch die kleinen Soldaten- und Geschützfiguren waren nicht naturalistisch in einer Art Schlachtenpanorama aufgestellt, sondern abstrakt gruppiert. Links auf dem Tisch sah er einen aufgeklappten, mit grünem Samt ausgeschlagenen Kasten, in dem sechs Würfel lagen, drei rote und drei blaue. Jetzt begriff er, um was es sich handelte: Das musste das legendäre Große Spiel sein.

Stichnote hatte schon oft von dem Spiel gehört, die jungen Offiziere spielten es angeblich alle, doch in den Mannschaftsquartieren seiner Ausbildungszeit hatte noch nie einer Mitglieder der Führungsebene oder auch niederrangigere Marineangehörige beim Spielen des Großen Spiels beobachtet, geschweige denn das Spielbrett auch nur gesehen. Nur der eine Frankfurter, gleichfalls Funkschüler, wollte einmal eine aus Blei gegossene Spielfigur von der Größe eines Kinderdaumennagels in Händen gehalten haben, strahlend rosa lackiert und ein britisches Schiff der Dreadnought-Klasse darstellend, der größten und gefährlichsten Kategorie von Schlachtschiffen.

Das heutige Große Spiel hatte sich aus einem sagenumwobenen Kurs entwickelt, gegeben von einem Major an der Militärakademie in Potsdam, der als Fünfzehnjähriger noch die letzten Tage von Clausewitz erlebt hatte. Seinen Schülern verdeutlichte er dessen *Theorie der Friktion* anhand eines Lehrspiels, für das er die vierundsechzig Felder eines Schachbretts, alle Bauern und Türme sowie – um Gelände zu markieren – Bohnen, Erbsen und Haselnüsse benutzte. «Es ist alles im Kriege sehr einfach», hatte Clausewitz ausgeführt, «aber das Einfachste ist schwierig. Diese Schwierigkeiten häufen sich und bringen eine Friktion hervor, die sich niemand richtig vorstellt, der den Krieg nicht gesehen hat.»

Den Begriff «Friktion» hatte Clausewitz den Handbüchern der Uhrmacher entliehen, es bedeutete «Reibung» und meinte bei dem Denker des Krieges jene unvermeidlichen Stauungen, technischen Pannen und logistischen Verzögerungen, die den wahren, den wirklichen Krieg von den Plänen der jeweiligen Generalstäbe unterschieden, jene eingeschlafenen Füße und erfrorenen Finger, die dann die eine Sekunde zu spät den falschen Abzug betätigten und dem Schicksal Hunderttausender eine Wendung gaben, die nicht kalkulierbar war.

Dieser tiefsten Weisheit der Philosophie des Krieges, die darin bestand, das Unvorhersehbare in die Pläne mit hineinzudenken, hatte der lehrende Major das Spiel gewidmet, es angeblich – so die Legende – mit dem alten Clausewitz selbst eines Nachmittags gespielt und ein Lob des Meisterdenkers erhalten.

Unter den Schülern des Majors hieß das Spiel – den allzu großen Namen Clausewitz typisch studentisch herabstutzend – einfach nur «C 64». Einer dieser Schüler kam in den 1880er Jahren als Militärattaché an den Kaiserlichen Hof von Japan, erlernte das dort weitverbreitete Go-Spiel und übertrug C 64 auf das im Vergleich zum Schachbrett wesentlich weitläufigere Go-Brett, in welchem nicht die Quadrate, sondern vielmehr die Knotenpunkte eines neunzehn mal neunzehn Felder großen Liniennetzes die Positionen bezeichnen, auf denen man die Spielfiguren setzte. Aus 64 möglichen Positionen waren plötzlich 361 geworden. Vom Go übernahm er nicht nur das Netz, sondern auch eine andere Konzeption der Figuren. Während das Schach sein statisch angelegtes Spielfeld durch die Eigenschaften seiner unterschiedlichen Spielfiguren und deren Zugmöglichkeiten belebt, kennt das Go nur einfache Steine, die es miteinander zu verbinden gilt, um komplexe Stellungen herbeizuführen. Ineinander verschlungene Gegner müssen jedoch rechnen können. Also führte der Schüler das numerische Element in das auf der Militärakademie erlernte Friktions-Theorie-Spiel ein und gab neben den Einzelsteinen auch Fünfer-, Zehner- und Zwanzigereinheiten aus, mit denen er Verbände zusammenstellen und über das Liniennetz führen konnte.

Den entscheidenden nächsten Schritt zum Großen Spiel brachte dann ein pensionierter portugiesischer Zollbeamter, der auf demselben Schiff der britischen Indien-Linien nach Europa zurückkehrte wie der preußische Offizier. Der Portugiese zeigte diesem Xingbing, ein Würfelspiel, das er in Macao kennengelernt und häufig gespielt hatte. Bei Xingbing gibt es drei rote, angreifende, und drei blaue, verteidigende Würfel, bei denen der Verteidiger in leichtem Vorteil ist, da bei Gleichstand jeweils die verteidigende Seite gewinnt.

Der Portugiese aus der chinesischen Spielerstadt und der japanisierte Preuße verbrachten vierzehn Tage am Würfeltisch, an denen der Meeresgott das Schiff einmal über den Grund des Indischen Ozeans hätte schleifen können, ohne dass die beiden aufgehört hätten, die Go-Version von «Clausewitz 64» mit Xingbing-Würfeln zu spielen, auch wenn der Tisch ungezählte Male umstürzte und das Spiel neu aufgestellt werden musste, was die beiden dazu veranlasste, während jeder Partie Buch zu führen.

Der Zweite Offizier des Liniendampfers, ein Ire, der den endlosen Würfelpartien interessiert gefolgt war, ohne je selbst mitzuspielen, bemerkte eines Abends, nur ein paar Tage vor der Ankunft in Lissabon, dass man das Gitternetz ihres Spielfelds doch genauso gut über eine beliebige Landkarte gleich welchen Maßstabs legen könne, um die bislang abstrakt nachempfundenen Landschaften der fiktiven Schlachten auf der Grundlage realer Topographien durchzuspielen.

Was Stichnote – der es gewagt hatte, für einen Moment ganz heranzutreten – jetzt auf dem Schreibtisch des Leutnants zur See Karl Dönitz vor sich sah, war die neueste Version dessen, was die Phantasie der Kaiserlichen Marine und ihrer jungen Offiziere im Laufe der letzten zwanzig Jahre aus dem alten C 64 gemacht hatte: eine große, auf Karton aufgezogene Weltkarte, in welcher die Kontinente farblich abgesetzt waren. Unterworfen war die Karte nicht dem Raster von Breiten und Längen, sondern einem ungleich engmaschigeren Netz, das die Welt mit beachtlich vielen Knotenpunkten bedeckte. Auf vielen dieser Knotenpunkte standen verschiedenfarbige Figuren, die das schräg einfallende Morgenlicht wie die planetare Schlachtenphantasie eines Knaben aussehen ließ, gab es doch Fußsoldaten, Kavallerie und auch Kanonen. Die Meere waren voll von Schlachtschiffen unterschiedlicher Größe und an einigen Stellen standen sogar, was Stichnote verblüfft zur Kenntnis nahm, Funktürme, weit mehr übrigens, als es in Wirklichkeit gab. Er sah Gebirge, gebaut aus kleinen, schwarzgebrannten runden Ziegelsteinen, und, verteilt auf jede Farbe, aufrecht stehende Fähnchen, die wohl die Hauptstädte markierten, da das blaue Fähnchen in Berlin, das rosafarbene punktgenau in London, das schwarze in St. Petersburg stand. Er suchte nach dem violetten Fähnchen, das er irgendwo bei Paris vermutet hätte, das er allerdings in den Pyrenäen an der spanischen Grenze fand, wie überhaupt die violetten Armeen ein eigentümliches Territorium repräsentierten, das so gar nicht mit dem Frankreichs übereinstimmte, worauf der Funker begriff, dass die blauen Armeen Frankreich bis zur Linie Bordeaux–Toulouse besetzt hatten.

Ein Blick auf einen mit jeweils dreiteiligen Zahlenreihen vollgeschriebenen Block, der neben dem Würfelkästchen lag, sagte Stichnote, dass Dönitz mitten in einer Partie des Großen Spiels gegen sich selbst stand. Er spielte den großen europäischen Krieg.

5

Stichnote konnte an jenem sonnigen Junivormittag des Jahres 1914 nicht ahnen, welche Bedeutung das Große Spiel noch für ihn bekommen sollte, das er – ganz anders als die dafür prädestinierten, an Militärakademien geschulten jungen Offiziere – auf eine naive und gleichsam unschuldige Weise auffasste. Doch faszinierte ihn dieses mit buntlackierten Figürchen belebte Abbild des Planeten sofort, er spürte die den Spieler umwehende Faszination, an der Freiheit schlechthin zu rühren, das Geschick, bevor es geflochten wurde, selbst in der Hand zu haben.

Aber dann erinnerte er sich, dass er im Zimmer eines Offiziers stand, ging eilig hinaus und schloss die Tür ohne einen Laut.

Die meisten Männer, die an der Verteidigung des Konaks teilgenommen hatten, lagen noch in ihren Hängematten, nur einer war schon aufgestanden. Er saß vor einer Tasse Kaffee am Küchenzelt und erzählte dem Obermaat, dass sie sich die Beine in den Bauch gestanden hätten und sich trotz unentwegten Feuers keiner der Aufständischen in der Nähe des Palastes gezeigt habe. Nach der Rückkehr gegen vier Uhr morgens sei der Leutnant gar nicht erst ins Bett gegangen, was die Nachtwache bei der Ablösung erzählt hätte. Schon gegen sieben Uhr dreißig habe der Leutnant das Konsulat aber wieder verlassen. Er sei mit einem befreundeten englischen Offizier von der KING EDWARD VII zum Wandern in der Umgebung und wolle bis zum frühen Nachmittag wieder da sein. Damit war Stichnote zum ersten Mal in seinem Leben der ranghöchste anwesende Soldat, und als solcher beschloss er, sich seinen Besuch in der Stadt auf der Stelle selbst zu genehmigen.

Er sprach mit dem einen der beiden Smuts, dem vom Niederrhein, über die Anlieferung des Mittagessens, und dieser erzählte ihm, dass er und der andere Smut, der Schwabe, ab elf Uhr unten am Kai zu warten hätten, um das Essen dann auf einem Leiterwagen zum Quartier zu bringen.

So sah der Obermaat alles in bester Ordnung und keinen Grund, sein Vorhaben zu verschieben. Er trank einen schwarzen Kaffee, schluckte seine Chininration und übertrug dem Maat, der für die Tabletten zuständig war, zu dessen Verblüffung die Verantwortung. Bis zum Mittagessen würde Stichnote wieder da sein.

Von der Villa Pellegrino ging er hinab durch immer schmalere und verwinkeltere Gassen, die überall Mauerreste älterer Gebäude und sogar antik wirkende Ruinen aufwiesen, sodass er den Eindruck hatte, die jetzige Stadt wäre Stück für Stück auf den älteren Schichten gewachsen. Es gab keinerlei Kanalisation, an manchen Ecken roch es wild.

Das Stadtzentrum bestand fast nur aus der zum Hafen führenden, ungepflasterten Basarstraße, die sie gestern Nachmittag entlanggekommen waren, und den von ihr abzweigenden Gassen. Oben an der Basarstraße befand sich eine Art Platz mit größeren Häusern, die ihn an Venedig erinnerten, wo sie letzten Winter gelegen hatten, und in denen Hotels untergebracht waren. Es gab viele Cafés, zwei, drei Restaurants und in den Gassen einfache Garküchen. Er entdeckte Kirchen, einige Moscheen und fand sich schließlich im Gewimmel des Basars wieder: muselmanisch-türkische Frauen, die verschleiert waren, Zigeuner, die Musik machten und Glücksspiele anboten, bulgarische und viele griechische Händler, Albaner in fellbesetzten Trachten, die Gemüse und Obst verkauften, unzählige Kinder und etliche Westeuropäer, die in ihren Anzügen schwitzend und mit Aktentaschen die Menge durcheilten, mancher von einheimischen Gewährsleuten begleitet. Auch traf er leuchtend grün wie Jäger uniformierte Gendarmen, die den kaiserlichen Seemann erfreut grüßten und ihm auf Niederländisch irgendetwas über ein Hurenhaus in der Nähe der Kirche des heiligen Nikolaus zuriefen, das er besser nicht betreten solle.

Stichnote kaufte sich ein mit Sesam gewürztes Brot, trank einen dünnen Tee, wimmelte zwei Männer ab, die Kurden oder Perser sein konnten, jedenfalls echte Orientalen, und die ihn irgendwo hinführen wollten. Mangels Kleingeld kaufte er fünf Brote, die er an Kinder verteilte, die ihn lachend angebettelt hatten. Schließlich entdeckte er in einem Laden, der hauptsächlich österreichische Haushaltswaren wie Seifen, Knöpfe und Spiegel verkaufte, eine deutsch-albanische Konversationsgrammatik, die er sogleich erwarb.

Vor dem Geschäft wurde er beim Durchblättern der Seiten in eine

Unterhaltung mit einer Zigeunerin verstrickt, die ihm aus der Hand lesen wollte. Er schüttelte vehement den Kopf, schlug nach, wie man auf Albanisch «nein» sagte, und wedelte dann, «jo, jo, jo» von sich gebend mit den auszulesenden Händen, und zwar gar nicht einmal, weil er solche Mantik rundweg als Unsinn ablehnte, sondern weil er sich nicht sicher war, ob nicht doch etwas dahintersteckte und er Informationen aus dem Code seiner Handlinien bekommen hätte, die er gar nicht haben wollte.

Er rastete in einer schattigen Ecke neben einem Granatapfelverkäufer, dem er eine der glänzenden Früchte abkaufte. Ein auffälliger Mann in albanischer Tracht und mit rasiertem Schädel kam vorbei, der einen buschigen Schnurrbart trug, ziemlich großgewachsen war und eigentlich überhaupt nicht wie ein Albaner aussah, was auch daran lag, dass er eine gefaltete Zeitung unter dem Arm trug. Er warf Stichnote einen interessierten Blick zu, als wollte er den Funker jeden Moment ansprechen, nickte ihm dann jedoch nur freundlich zu und ging weiter.

Stichnote kannte allerlei Arten von Südfrüchten, aber ein Granatapfel war neu für ihn. Seine energischen Versuche, ihn wie einen Apfel anzubeißen, führten zu nichts Gutem, allerdings brachten sie eine junge Frau zum Lachen, die hinter ihm stand, ohne dass er sie gesehen hätte. Sie trug ein dunkles Kostüm, ihre ebenholzfarbenen Haare waren hochgesteckt, und über diese hatte sie ein schwarzes Staubtuch gelegt, das ihr einen strengen, nonnenartigen Ausdruck gab, zumindest empfand Stichnote das so, als er sie schließlich bemerkte.

Sie war fast so groß wie er selbst, schlank, hatte hohe Wangenknochen und große dunkelbraune Augen, die sie jetzt kichernd niederschlug, aus denen es dennoch klug blitzte und die noch einmal still lachend zu ihm hinüberblickten. Mit beiden Händen hielt sie eine schmale Aktentasche.

Er blätterte in seinem Albanischbuch, ging zu ihr hinüber und sagte frohgemut:

«Miredita.»

«Përshëndetje», sagte sie leise und lächelte wieder.

Stichnote blätterte in dem Buch, den Granatapfel im unsicheren Griff, fand den Satz «Es ist gutes Wetter», der zwar sachlich zutraf, den er aber trotzdem nicht sagen wollte, erkannte die Zwecklosigkeit seiner Methode, klappte die Konversationsgrammatik zu und sah sie etwas verzagt an:

«Parla italiano, Lei?»

«Ma certo, signore.» Kleine Pause. «Aber mir können auch sehr gern Deutsch reden.»

Stichnote glaubte, nicht richtig zu hören.

«Sind Sie etwa aus Österreich?»

«Eigentlich nicht. Ich komm von hier. Aber ich arbeit in der Botschaft. Der kaiserlich-königlichen.»

«Was haben Sie denn da zu schaffen?»

«Ich sitz an der Schreibmaschine und tippe, was mir die Herrn Diplomaten diktieren. Manchmal übersetz ich was ins Albanische, aber eher selten.»

«Dann machen wir ja fast das gleiche. Ich bin nämlich Funker.»

«Von dem deutschen Schiff?»

«Zur Zeit an Land. Wir sind im deutschen Konsulat stationiert.»

«Aha. Und da wollen Sie jetzt gleich Albanisch lernen? Respekt.» Stichnote war sich überhaupt nicht sicher, ob er mit ihr über diese Dinge sprechen durfte, doch während er darüber nachdachte, stellte er fest, wie vollkommen egal ihm das gerade war, da er irgendwas brauchte, um mit ihr reden zu können. Sie war so hübsch, dass er sie dabei gar nicht recht anzusehen wagte.

In München war er zuletzt mit einem Mädchen namens Kathi gegangen, die vorne aus der Sommerstraße stammte, lustigerweise, weil es ja auch eine Sommerliebe war, die seine von Pflichten freien letzten Münchener Monate vergoldet hatte und die mit dem nasskalten ersten Tag in Flensburg vorüber war. Sah man von den vergleichsweise seltenen Begegnungen mit Gewerblichen ab, die er in den Rotlichtvierteln von Flensburg, Kiel und später Triest gehabt hatte und bei denen er kaum je ein richtiges Wort hatte wechseln können, war die junge Frau mit ihrem verwirrenden österreichischen Akzent seit fast vier Jahren im Grunde die erste Frau, mit der er sprach und – Himmel! – es waren nur ein paar Sätze, aber die besaßen den Zauber abgelegener, nie betretener Buchten.

Auch die Kathi hatte ein Geheimnis gehabt – und es bewahrt. Er hatte es nicht einmal sehen, geschweige denn berühren dürfen. Aber geküsst hatten sie sich, und die Kathi, die ein paar Jahre älter war, hatte ihre miedergeschnürten Brüste an ihn gedrückt. Ihr Busen roch zart nach Lavendel und manchmal auch nach Kohl und Kraut. Da die Kathi in der Küche vom Fröhlichen Scheyrer arbeitete, brachte sie oft etwas Kaltes zu essen mit, wenn sie sich spät abends an der Wittelsbacherbrücke trafen, um an der Isar eine Bank zu suchen, auf der sie ungestört schmusen konnten. Und wenn sie ausgeschmust hatten, dann erzählte Sebastian ihr Geschichten von seinem kolumbianischen Onkel und den Plänen, selbst nach Kolumbien zu gehen. Sie lauschte gebannt und fröstelnd, wenn er vom Dschungel, dem Panther und den Kopfjägern berichtete, so ernst und überzeugend, als wäre er dort aufgewachsen und nur zeitweise in das gemütliche München versetzt worden, dessen Meeresabgeschnittenheit er nun durch den Beitritt zur Kaiserlichen Marine zu entkommen beabsichtigte.

Am Nachtzug nach Hamburg, der den Reisenden dritter Klasse am letzten Oktobersamstag vierzehnstündig rumpelnd in den norddeutschen Regen verfrachten sollte, hatten sie sich zum letzten Mal gesehen. Sebastians Kehle vom Reisefieber zugeschnürt, die Kathi verheult, unfähig etwas zu sagen, aber zwei tränengetränkte Semmeln mit kaltem Braten dabei, die er eine halbe Stunde hinter Nürnberg auspackte. Bei der Gelegenheit entdeckte er zwischen den beiden

Semmeln einen kleinen, fettfleckigen Zettel. *Wasti! Vergiss mich nicht!* stand da merkwürdig Schriftdeutsch, und auch wenn der Zettel selbst schon irgendwo auf der Reise verlorenging und Stichnote ihr in all den Jahren keinen einzigen Brief oder wenigstens eine Karte schickte, so hatte er ihrer letzten Bitte doch entsprochen, ganz von selbst, und ihr pausbäckiges Lachen und ihren Lavendel- und Küchenduft niemals vergessen.

Zwei Sekunden waren vergangen.

Stichnote wollte sich unbedingt weiter mit der jungen Frau unterhalten. Albanisch! Da waren sie gerade.

«Ich frage mich, ob Albanisch ebenso leicht zu lernen ist wie Spanisch.»

«Wer so was fragt, kann wohl weder das eine noch das andere.»

«Habla español?» Stichnote musste lachen.

«Si, señor», sagte sie mit beeindruckendem kastilischem Akzent, der Stichnotes Herz einen kleinen Hüpfer tun ließ, «aber es ist ein weiter Weg von der Mancha zu den Bergen der Skipetaren. Und es gibt keine Pässe. Es ist ein ganz anderes Land.»

«Was bedeutet ‹Skip› denn eigentlich?»

«Adler. Wir sind das Adler-Volk.»

«Und wie kommt es, dass Sie den Weg aus den Adler-Bergen in so viele Länder gefunden haben?»

Sie erzählte ihm, dass sie das heimische Durazzo, zu dem sie selbst Durrës sagte, nie verlassen habe. Doch ihr Vater, ein Kaufmann mit weitreichenden Verbindungen in alle Provinzen des Osmanischen Reiches und auch nach Europa, habe darauf geachtet, seine Kinder durch frühzeitiges Erlernen der wichtigsten Sprachen auf die Erfordernisse seines Geschäfts vorzubereiten. Französisch, Italienisch und Spanisch habe sie von einer Frau aus Arles gelernt, Deutsch und Englisch von einem Fräulein aus Hannover.

«Sie war so klein, dass meine Schwester und ich uns beim Schlafengehen immer Geschichten erzählt haben, wie wir sie in die Tasche stecken und mit ihr auf den Markt laufen und wie wir mit ihr heimlich nach Wien fahren und überall herumgehen, und wenn uns jemand eine Frage stellte, würde uns das deutsche Fräulein immer die Antworten vorsagen. Sie hatte eine Stimme wie eine Maus.»

«Und da war ihr nicht angst zwischen so vielen Adlern?»

«Aber nein, wir mochten sie gern. Leider ist sie dann krank geworden.»

Ein mürrischer Schafbock wurde von einem Jungen die Gasse entlanggezerrt und gab Laute von sich, die an das Aufstoßen eines schmerbäuchigen Säufers erinnerten. Eine Hausfrau kippte ihr Waschwasser auf die Straße und traf einen Passanten, der sich mit kratziger Stimme darüber beschwerte. Verstohlen blickte Stichnote auf seine Movado und sah, dass es schon kurz nach zehn Uhr war.

«Ich muss auch los», sagte die junge Frau, zögerte einen Moment und dann, so als sagte sie es zu einem ganz anderen Menschen:

«Ich kann gerne beim Albanischlernen helfen. Nachmittags um fünf hab ich Schluss im Büro. Ich geh dann oft unten am Basar spazieren.»

«Wo am Basar? Hier?»

«Kann sein.»

«Heute auch?»

Sie nickte. Er betrachtete das große Muttermal links an ihrer Oberlippe, vermochte aber nicht, ihr in die Augen zu blicken, und fast war er ein wenig erleichtert, als sie schnell davonging. Hochgewachsen und elegant. Stichnote betrachtete den Granatapfel in seiner Hand. Er wusste noch immer nicht, wie man ihn essen sollte.

6

In Durazzo suchte man vergeblich nach einem gutsortierten Kiosk, an dem internationale Zeitungen zu erwerben gewesen wären, aber schnell hatte Zickler herausgefunden, wo er die *NZZ* bekam, wenn auch mit jener Verzögerung von einem Tag, die sich aus dem eisenbahnerisch bewältigten Postweg von Zürich nach Triest ergab, von wo aus der Österreichische Lloyd per Schiff über Stationen in Pula, Bari und Brindisi auch Durazzo belieferte.

Der Postdampfer fuhr nur bis zu einer weit draußen liegenden Grenze, da der seit Jahrzehnten wenig gepflegte und verschlammte Hafen die Einfahrt größerer Schiffe nicht mehr erlaubte. Ein Schwarm von kleinen Booten umringte den Dampfer, gesteuert vornehmlich von Fischern, die der Aufstieg der kleinen Stadt zur Kapitale und die sich daraus ergebende Steigerung des Personen- und Nachrichtenverkehrs zu gutgelaunten Fährleuten hatte werden lassen. Am Kai wartete stets ein kleines Regiment von Dienstleuten, Beamten und unter anderem auch ein schlaksiger Groom des Hotel de Paris auf die Postlieferungen. Zickler hatte sich vor ein paar Tagen zum ersten Mal unter die Menge gemischt, die nach dem Eintreffen der ersten, randvoll beladenen Boote schreiend umherzuspritzen begann und mit dem Aufnehmen und Schleppen von Paketen und Briefkonvoluten beschäftigt war. Bald war Zickler auf das mächtige Paket internationaler Zeitungen aufmerksam geworden, die für die Lobby des Hotel de Paris vorgesehen waren, und hatte sich schnell mit dem in roter Uniform schwitzenden Jüngling geeinigt, dass dieser ihm die *NZZ* heraussuchte und gegen ein kleines Trinkgeld überließ.

Auf diese Weise hatte Zickler das Vergnügen, die Morgen- und Abendausgaben der Zeitung in aller Ruhe durchsehen zu können, fast so als wäre er in Zürich. Zwar war sein Artikel über die Geschehnisse in Nordepiros noch nicht gedruckt worden, aber eine Art von freudiger Erwartung lag schon auf jeder neuen Ausgabe, die er in die Finger bekam. Ein paar Tage verbrachte er ausschließlich damit, unten am Hafen die Zeitungen zu besorgen, baden zu gehen, durch die Gassen zu streifen und die eine oder andere Bekanntschaft dauerhaft hier lebender Kollegen zu machen. Sein alter Freund Amadeus Toth – der Sekretär im deutschen Konsulat – hatte ihm mitgeteilt, dass er auf Dienstreise in Skutari und erst ab Sonntag wieder zu sprechen sei, also saß er fest zwischen den Korrespondenten, die sich abends meist in einem Café schräg gegenüber seinem Hotel trafen, um zu trinken, Schach zu spielen und andächtig seinen Erzählungen aus den Balkankriegen zu lauschen, da die meisten von ihnen ziemlich unbedarfte Anfänger waren, die Militär nur von Paraden kannten und die Geschehnisse in Durazzo und Albanien für ganz große Politik hielten. Das Spannendste war da noch die Erforschung der verschiedenen Speiselokale und ihrer Karten, die in den seltensten Fällen gedruckt, manchmal mit Hand geschrieben waren, meistens aber nur in den Köpfen der Kellner existierten.

Ihm war inzwischen langweilig. Bis die Geldanweisung aus Zürich da war, würde er nicht reisen können, das strahlende Konstantinopel war fern, und so sprach nichts dagegen, doch noch eine Geschichte aus Durazzo zu schreiben. Die Präsenz deutscher Marineeinheiten in Albanien und das nagelneue Schlachtschiff im Hafen, das wahrscheinlich ein Mehrfaches des albanischen Staatshaushalts gekostet hatte, erschien ihm durchaus interessant. Einen der jungen Matrosen hatte er unlängst wieder in der Stadt gesehen, ein schlanker, gutaussehender Kerl mit kurzen blonden Haaren, der ein Buch unter dem Arm und einen Granatapfel in Händen gehalten hatte. Eigentlich ein guter Einstieg für eine kleine Geschichte, zu der er freilich auch die Sicht der kaiserlichen Vertretung kennenlernen musste.

Aber bevor Amadeus Toth nicht wieder da war, wollte er das deutsche Konsulat nicht aufsuchen. Stattdessen würde er erstmal nach der

Bauernfamilie aus Dharda suchen, mit der er nach Durazzo gekommen war.

Zickler war gut eine Woche zuvor mehr oder weniger geflohen, nachdem er eine Zeitlang mit einem Trupp griechischstämmiger Freischärler unterwegs gewesen war, die für die Unabhängigkeit eines neu erfundenen Staates namens Nordepiros kämpften. Dieser Phantasiestaat beanspruchte den keineswegs ausschließlich von Griechen bewohnten südwestlichen Rand des vor nicht einmal zwei Jahren aus der Taufe gehobenen Königreichs Albanien für sich. Nordepiros und seine Truppen wurden von Griechenland finanziert, das sich auf diese Weise einen Teil aus dem Land der Skipetaren herauszuschneiden gedachte.

Seit er beschlossen hatte, auf eigene Faust und jenseits der Militärzensurbehörden zu recherchieren, war Zickler schon unter den unwahrscheinlichsten Legenden aufgetreten, mal als sportlicher Vogelkundler, als Altertumsforscher und manchmal auch einfach nur als Reisender, Tourist, wie man das in der Schweiz nannte. Gegenüber Kommandant Stephanopoulos hatte er sich als begeisterter Panhellenist ausgegeben, der im Gebirgsland Südalbaniens unterwegs war, um später zu Hause echte Schweizer Goldfranken für die nordepirische Sache zu sammeln. Deshalb musste er auch so viel aufschreiben. Und Fragen stellen. Damit er zu Hause in Vorträgen und Artikeln vom gerechten Kultur- und Befreiungskampf der Nordepirer schwärmen konnte. Den Freischärler-Kommandanten, in seinem früheren Leben ein kleiner Angestellter der griechischen Nationalbank, der sich im Feld zu einem abgemagerten bärtigen Vollstrecker verwandelt hatte und düstere Monologe über die Macht des Schicksals sowie den Auftrag des Einzelnen hielt, hatte die Aussicht auf Schweizer Spendengelder bewogen, sein anfängliches Misstrauen gegenüber Zickler ruhen zu lassen, auch wenn seine Kämpfer von der gutgelaunten Omnipräsenz des Schweizers genervt waren. Dieses ständige Notizbuchgekritzel gefiel den Leuten nicht, ihm selber ebenso wenig – aber der Kommandant brauchte Geld, und Zickler versprach welches.

Nach gut zwei Wochen hatte dieser genug gesehen: das halbbarbarische Leben der Freischärler, ihre fast groteske Verehrung des heiligen Nikolaus, die Beschießung von Dörfern und deren Einnahme mit anschließender Vertreibung der nichtgriechischen Bevölkerung sowie die Lieferung einer fast nagelneuen Krupp-Haubitze, die ihn am allermeisten fasziniert hatte. Eines Nachts hatte er sich dann aus dem ihm vom Kommandanten überlassenen Zelt geschlichen und sich vier Tage zu Fuß nach Norden durchgeschlagen. Er hatte den Eindruck gehabt, als wäre der Kommandant irgendwie misstrauisch geworden, auch beobachtete er heimlich eine Gurgel-durch-Geste, und es war ihm, als hätte er dabei den Ausdruck «Schweizer Arschloch» vernommen. Also hatte er sich davongemacht. Er zweifelte nicht daran, irgendwann sterben zu müssen, aber bitte nicht durch die Hand eines ehemaligen griechischen Nationalbankmitarbeiters.

Zwei Tagemärsche vor Durazzo lernte er eine Großfamilie aus eben jenem Dorf Dharda kennen, dessen Beschießung durch die Nordepiroten er noch miterlebt hatte. Die Familie war mit einem Ochsenwagen unterwegs und lud ihn zum Mitfahren ein – wiewohl schon mit einer Großmutter, Kindern, Gepäck und Geflügel überladen. Der Mann lenkte, die Frau ging nebenher und zog mit kaum glaublicher Zähigkeit noch einen Handkarren. Der Journalist durfte sich hinten auf die Ladefläche setzen, von der er die aus den Stiefeln befreiten schwieligen Füße baumeln ließ, neugierig von dem Ziegenbock beäugt, der hinten an den Wagen angebunden war. Tirana, wo sich die Truppen Essad Paschas, des skrupellosen albanischen Gegenspielers des Königs, konzentriert hatten und das der Bauer wegen irgendeiner alten Familiengeschichte nicht betreten wollte, umfuhren sie mühsam südlich und erreichten schließlich einen Tag später Durazzo, das in sumpfiger Gegend an der Küste lag. Südlich der Stadt lagerten Teile von Essad Paschas Truppen, deren Linien sie aber ohne Mühe durchqueren konnten. Nachts hörten sie Maschinengewehrfeuer.

In einem der Flüchtlingslager vor den Toren Durazzos war ihre Reise zu Ende gewesen. Die Familie hatte sich inmitten von improvisierten Hühnerställen und Stümpfen frisch abgehackter Bäume eingerichtet. Er war ins Hotel Atlantic gezogen. Nun ging er ins Lager zurück, neugierig auf das, was sie ihm erzählen würden.

Aber entweder war das Lager mächtig angewachsen oder er hatte sich in seiner übernächtigten Erschöpfung keine richtige Vorstellung von dessen Ausmaßen gemacht: Denn obwohl er auf dem gleichen Weg zurückging, auf dem er vor Tagen gekommen zu sein glaubte, fand er weder die Familie noch den Platz, an dem er sie verlassen hatte. Das Leben der Flüchtlinge hatte den Ort vollständig übernommen, aber darauf verzichtet, Markierungen zu setzen. Der Weg aus der Stadt verlief sich bald in unzähligen, zwischen den Zelten, improvisierten Hütten und oftmals ausgesprochen findig überspannten Wagen hindurchführenden Trampelpfaden.

Die Luft fühlte sich hier anders an als in den Gassen der Stadt, es war sumpfig, und es herrschte eine lähmende Schwüle, in die sich die vegetative Anwesenheit tausender Menschen einflocht. Er hatte schon Flüchtlingslager gesehen, meist auf türkischer Seite und allesamt geprägt von erbärmlichen hygienischen Zuständen. Doch das waren größere Zeltlager gewesen, eher Zwischenstationen und immer irgendwie in Bewegung. Hier hatte sich längst Alltag breitgemacht, war die Ausnahme verfestigt. Das Licht schien ihm düster, was an den vielen schwelenden Feuern liegen mochte. Zickler empfand eine ernste Bedrückung, die zunahm, je länger er sich in der Stadt aus Brettern und Decken bewegte, missmutig beäugt, aber merkwürdig unbehelligt, so als würde man auf den ersten Blick sehen, dass bei dem komischen Ausländer in seiner absurden einheimischen Tracht nichts zu holen war, nicht einmal Neuigkeiten.

Mit tränenden Augen beobachtete er, wie ein paar Leute ein Zelt, das Feuer gefangen hatte, unter lautem Schreien mit Decken und wenigen Eimern Wasser zu löschen versuchten. Ausgezehrt wirkende Mütter sahen gleichmütig zu, Kinder, von oben bis unten zerstochen, spielten zwischen Kloaken und Abfallhaufen.

Zickler schloss die Augen. Von allen Seiten drang der Klang dieser erbärmlichen Siedlung zu ihm, weinende Säuglinge, streitende Stimmen, lachende Kinder, das Krähen eines Hahns, ein fernes Glöckchen, für das er keine Erklärung hatte, irgendwo Zigeunermusik, Händeklatschen und Gelächter, fast wie eine Hochzeitsgesellschaft, Gebell von Hunden, vor Feuchtigkeit knackendes Brennholz und ein leiser, aber unabweisbarer tiefer Ton, nahezu unhörbar, ein feines Brummen wie von Termiten, die ein Haus zerfraßen.

Mit einem Mal überkam ihn die Erinnerung an seinen Aufenthalt in der Hauptstadt von Rajasthan, während seiner Grand Tour nach der Schule. Er hatte das Hotelzimmer in Jaipur am frühen Vormittag bezogen und war dann losgegangen, um sich die in frischestem Rosa erstrahlende Altstadt und den berühmten Palast der Winde anzuschauen. Als er spät nachts wiederkehrte und seine Zimmertür öffnete, knisterte es auf ganz unbeschreibliche Art, er tat einen Schritt in den Raum und zu dem Knistern kam ein Knirschen, ausgelöst von seinen Stiefeln und danach stieg ein säuerlicher Geruch auf. Er entzündete ein indisches Streichholz, das aufflammte wie eine kleine Fackel und ihm den Blick auf eine Milliarde Ameisen gestattete, die den ganzen Raum bedeckten und wie ein einziger stählerner Panzer schimmerten. Ein deutliches Pulsieren dieses Panzers ging von der Stelle auf dem Bett aus, wo sein Bergrucksack lag. Ihm fiel ein, dass er eine vor zwei Tagen auf der Straße gekaufte Süßigkeit aus Mandeln, Kokos und eingekochter Milch, die nur in loses Papier gewickelt war, darin gelassen hatte. Schwindel erfasste ihn vor einem Abgrund aus Ekel und Faszination, dazu Panik, da er nicht wusste, was er jetzt tun sollte, und eine Ahnung, dass es nur eine Erinnerung war, die sich von ihm entfernte wie ein Luftballon, dem er hilflos zusah, wie er in einen vollkommen schwarzen Himmel stieg.

Entsetzt schlug er die Augen auf. Über ihm ein leuchtend weißes Zeltdach. Sein Kopf schien zerspringen zu wollen, übler Druck auf den Schläfen, er murrte eher, als dass er stöhnte, dann musste er zwinkern, da sich sein rechtes Auge anfühlte, als befinde sich ein Holzspleiß zwischen ihm und dem Lid. Er setzte sich auf und blickte einer sanftmütig wirkenden jungen Frau in die Augen, deren Haar unter einer weißen Haube verborgen war, auf der das Schweizerkreuz prangte.

«Mein Name ist Adolph Zickler», sagte er und lächelte die Rotkreuzschwester an. «Ich arbeite für die *Neue Zürcher Zeitung*. Ich bin Schweizer Staatsbürger.»

«Dottore, la testa calva si é svegliata!»

«Dove sono?»

«Lei é italiano?»

«No, svizzero. Dove siamo?»

Bewohner des Flüchtlingslagers hatten ihn bewusstlos aufgefunden und in das Lazarett des italienischen Roten Kreuzes gebracht. Der Arzt, ein für sein junges Alter ungewöhnlich dicker Mensch mit blauschattigen Wangen und melancholischem Ausdruck, teilte ihm mit, dass er wahrscheinlich zu wenig Wasser getrunken habe, und ließ ihm durch die Schwester, die eine komische Art hatte, seine mentalen und haptischen Fähigkeiten zu ignorieren, welches einflößen.

Zickler ließ es geschehen, fast schon amüsiert darüber. Das zweite Glas trank er selber, setzte sich dann vollends auf dem Feldbett auf und fühlte sich bald wiederhergestellt, wenngleich ihm noch ein wenig schwindelte. Die Schwester brachte ihm einen Blechnapf mit einem undefinierbaren Eintopf, den er, heißhungrig wie er war, dankbar verschlang. Draußen plauderte er noch ein wenig mit dem Arzt, der eine Zigarette rauchte und dem Zickler erzählte, dass er als Journalist und als Schweizer natürlich ein Bewunderer der internationalen Rotkreuzbewegung sei und er gerne, nicht zuletzt aufgrund seiner eigenen Rettung und Behandlung, einen positiv gestimmten Artikel über die Arbeit der Croce Rossa hier in Albanien verfassen würde, was der Arzt erfreut zur Kenntnis nahm.

Er führte ihn durch das Lazarett, das im Ganzen aus vier Zelten bestand, unter anderem einem kleinen, das die spärlich ausgestattete Apotheke und das Depot beherbergte. Dort erregte ein seltsamer Kolben, an dem zwei Schläuche befestigt waren, seine Aufmerksamkeit. Zickler hatte so ein Ding noch nie gesehen. Das sei eine *pompa di peristaltica*, eine Blutpumpe, eine ganz neue, übrigens deutsche Erfindung. Sie sei allerdings noch nicht im Einsatz gewesen. Dann betraten sie eine Art Operationszelt, in dem der Arzt schon mehr als ein Dutzend Geburten, drei Amputationen, ein paar Blinddärme und unzählige Brüche und kleinere Verletzungen über die Bühne gebracht haben wollte. Welcher Art «kleinere Verletzungen» seien, fragte Zickler und erhielt die Antwort, «kleinere Verletzungen» seien vor allem Verletzungen durch Messerstiche.

Im größten Zelt standen zehn Feldbetten, die alle belegt waren, überwiegend mit Kindern. Die Malaria, erklärte der Arzt achselzuckend, die bei den Kleinen die schlimmsten Folgen zeitigte, Koma und Tod binnen weniger Tage seien leider nichts Seltenes. Und solange die nahen Sümpfe nicht trockengelegt seien, werde sich daran auch nichts ändern. Hier im Lazarett könnten sie, wenn die Eltern ihnen die Kinder brächten, kaum mehr etwas tun. Es gebe einfach nicht genug Chinin, um alle Familien im Lager zu versorgen. Ob Zickler denn regelmäßig Prophylaxe betreibe – sonst könne er ihm eine Schachtel Tabletten überlassen.

Zickler hatte noch eine halbvolle Packung im Hotel, steckte die Tabletten dennoch dankend ein, notierte sich den Namen des Arztes, der Römer war und sich nach Abschluss des Studiums für drei Jahre bei der Croce Rossa verpflichtet hatte, offensichtlich, um dem Militärdienst zu entgehen. Er schien aber im Grunde unpolitisch zu sein, wusste nichts über die Lage in Albanien und das Spiel der Großmächte zu sagen. Auf die Frage Zicklers, wie er die Aussichten der Aufständischen um den von Italien unterstützten Essad Pascha einschätze, zuckte er nur mit den Achseln. Dann wurde er von einer der Schwestern ins große Zelt gerufen und ging merkwürdig langsam, wie schlafwandelnd zu seinen Patienten.

Es schien Zickler fraglich, ob er seine Bauernfamilie, nach der er gesucht hatte, je wiedersehen würde, vielleicht war sie auch schon weitergezogen. Er hatte jedenfalls genug erlebt. Nachher im Hotel würde er den bizarren Zwiespalt einer machtpolitisch ambitionierten Nation beschreiben. Die Italiener lieferten Waffen nach Albanien und zugleich Ärzte, die die Wunden, die diese Waffen rissen, behandelten. Großartig.

Wieder in der Stadt, hörte er den Gebetsruf Maghrib, es war also schon gegen fünf Uhr, viel zu spät, um noch zum Hafen zu gehen, der Postdampfer war schon lange entladen. Also marschierte er, verschwitzt wie er war, direkt ins Hotel de Paris und fand die eben eingetroffene gestrige Abendausgabe der *Neuen Zürcher Zeitung* sauber eingespannt auf einem großzügigen Pressetisch. Sein Artikel, vom Redakteur etwas plump, wie er fand, «Mit Krupp gegen Moscheen» überschrieben, war auf der Titelseite untergebracht, als Aufmacher der internationalen Politik, «von unserem Sonderkorrespondenten Adolph Zickler, Durazzo».

Der beste Champagner hätte seine Lebensgeister nicht so stimuliert wie die Freude, endlich wieder seinen eigenen Namen gedruckt auf einer Zeitungsseite zu lesen, und doch überlegte er, welchen zu bestellen, als schon ein Kellner zu ihm trat und ihm ein Glas echten französischen Schampus servierte. Zur Erklärung wies er auf einen am hinteren Ende in einem Alkoven stehenden Tisch, an dem fünf ihm nun zuprostende Herren saßen.

Es waren allesamt Schreiberlinge, unter denen das Auftauchen Albaniens und seiner Hauptstadt an so prominenter Stelle einer wichtigen Zeitung sofort bemerkt worden war und eine kleine Euphorie ausgelöst hatte. Zickler war für sie ein Held, der ihnen allen helfen würde, mehr von ihren Texten gedruckt zu bekommen. Jetzt, wo die *NZZ* solch ein Zeichen gesetzt hatte, gefiel es ihnen gleich wieder besser in Durazzo, und was für eine herrliche Gelegenheit, mit dem neuen Helden unter den internationalen Journalisten zusammenzusitzen und einen heben zu können. Wie sich im Gespräch herausstellte, hatte noch keiner von ihnen die Flüchtlingslager vor der Stadt aufgesucht. Alle hatten sie zu große Angst vor der Malaria. Mit keinem Wort erwähnte er die Geschichte, die er darüber vielleicht schreiben wollte.

Als er danach in sein Hotel kam, überreichte man ihm ein Telegramm, das von der österreichischen Post zugestellt worden war. Der Chefredaktor persönlich bedankte sich für den Artikel. Wenn möglich weiteren, soziale Lage Albaniens betreffend. Weiterreise nach Konstantinopel begrüßenswert. 250 Goldfranken angewiesen, zur Abholung k.u.k. Postamt, Durazzo.

Zickler atmete einmal kurz durch, ließ das Telegramm sinken und bestellte ein Abendessen aus Lammfleisch, Rosmarinkartoffeln und zwei Flaschen Weißwein auf sein Zimmer. Heute Nacht würde er wieder einmal am Schreibtisch spielen.

7

Konsulatssekretär Amadeus Toth, der oft die Augen zusammenkniff, wie um sein Gesichtsfeld den spielzeughaft wirkenden Rundgläsern seiner Brille anzupassen, blickte auf, als Stichnote das Pellegrino'sche

Wohnzimmer betrat, in welchem er seinen improvisierten Arbeitsplatz hatte, und schüttelte ungläubig den Kopf, als er sah, dass der Obermaat das erst vor wenigen Tagen ausgeliehene Buch unter dem Arm hatte.

«Wie ist das möglich? *Der Tunnel* hat doch vierhundert Seiten. Haben Sie womöglich Ihren Dienst geschwänzt?»

Stichnote erläuterte ihm die, wie er wusste, auf Goethe zurückgehende Technik des Schnelllesens, die ihm einer seiner Lehrer auf der Torpedoschule in Flensburg beigebracht hatte und bei der es darum ging, sich vom Lesen einzelner Wörter zu lösen und stattdessen die ganze Zeile zu erfassen. So wie man sich ja auch während der Volksschule vom mühseligen Zusammenbuchstabieren der Wörter befreit habe und diese mit einem Blick erfasse, so sei es auch für die Breitseite eines gesetzten Textes möglich, diese in der Zusammenschau zu lesen, wie ein Bild, das man ebenfalls im Ganzen betrachten und begreifen könne, ohne zuvor jedes Detail genau bestimmt zu haben.

Diese Erklärung löste bei dem Sekretär energisches Nicken aus. Er erklärte, diese Schnelllesekunst selbst erlernen zu wollen, und gab seinem Bedauern Ausdruck, nicht schon früher davon gehört zu haben – was bedeutet hätte, dass er mehr Bücher hätte lesen können. Aber wie auch immer. Er sei gerade erst von einer Dienstreise aus dem internationalisierten Skutari zurückgekehrt, worüber es zu berichten gelte, und müsse hier auch noch kurz einen Artikel aus einer italienischen Zeitung durchsehen und ihn mit anderen Nachrichten, die düstere Lage Albaniens betreffend, für das Amt zusammenfassen.

«Letzte Woche fingen die Italiener offiziell damit an. Jetzt scheint's, will sich Serbien auch noch sein Teil holen. Von den Griechen unten im Norden ganz zu schweigen. Vielleicht wären die Albaner doch besser bei den Türken geblieben. Kann einem vorkommen, als wäre das freie Albanien nur gegründet worden, damit es von seinen Nachbarn Stück für Stück zerlegt wird wie ein Hammel am Spieß.»

Toth stutzte und drehte seinen schmalen Kopf mit dem spärlichen blonden Haar, das ibisartig in die Höhe stand, mit ruckartigen Bewegungen hin und her. Er kratzte sich versonnen die Nase und beugte sich dann wieder über seine Schreibarbeit, deren Fortsetzung ihm ein kindliches Lächeln aufs Gesicht zauberte. Das präzise Kratzen seiner Feder, dem man die vorbildlich lesbare Schrift geradezu anhörte, erfüllte den Raum, in dem die Werkzeuge und Elixiere des Schreibers, seine Bücher, Zeitungen, Zeitschriften, Manuskripte und Elaborate alle freien Flächen bedeckten. Stichnote trat ans Fenster. Ein beeindruckender Schwarm Schwalben zog Kreise um die Villa. Klar hoben sich ihre dahinschießenden Leiber gegen den dunstigen Vormittagshimmel ab wie gegen ein graublaues, doch makellos reines Tuch, auf das die Vögel unermüdlich Zeichen schrieben.

Schwalben, Amseln und die Lerchen der frühen Morgenstunden, Meisen und Spatzen, die sich um Brotkrumen zankten – nichts davon gab es auf See, und seit Stichnote zum Konsulatsdetachement kommandiert worden war und sich also Tag und Nacht an Land befand, genoss er jede Spielart der mannigfaltigen Vogelexistenzen. Da das Reichsmarineamt bei den neuen Schiffen verstärkt auf Funkentelegraphie setzte, gab es nicht einmal mehr das Gurren mitgeführter Brieftauben zu hören, mit denen man im Notfall dem fernen Oberkommando zumindest korrekt vom Untergang des Schiffes seiner Majestät hätte Mitteilung machen können, wenn Knallfunkensender und Morseempfänger längst unter Wasser standen. Dabei hatte Stichnote im Sommer 1912, kurz vor der Abfahrt ins Mittelmeer, sogar noch die Qualifikation als Brieftauben-Schlagleiter gemacht, vorzüglich begabt im Umgang mit dem nachrichtentragenden Geflügel.

Für einen Moment schloss er die Augen, die Sprache der Schwalben versetzte ihn zurück in sein Elternhaus nach Giesing, in die Sommer auf dem Land bei ihrer Verwandtschaft in der Nähe von Pfaffenhofen, wo er bei der Hopfenernte Geld verdiente, in die Nachmittage auf der

Realschule und die Fußmärsche zur Arcisstraße, wo die Technische Universität stand, und schließlich nach Flensburg. Denn auch dort deuteten die Schwalben Erwartung und Gegenwart und durchteilten den Ozean der Sehnsucht, der Stichnote erfüllte.

Und heute Abend würde er an einer verlockenden Insel anlegen, die den wunderbaren Namen Arjona trug. Es schauderte ihn vor Vorfreude.

«Omnia possideat, non possidet aera Minos ...», sagte Amadeus Toth unvermittelt von hinten, dem über seiner Schreibarbeit Stichnotes träumerische Betrachtung des Vogelflugs nicht entgangen war.

«Tut mir leid», sagte der Obermaat, «ich war auf der Realschule. Kann leider kein Latein ...»

«Ach, nicht so wichtig, bloß Ovid», sagte der Schreiber, stand auf und trat zu Stichnote.

«Das denkt sich Dädalus, bevor er sich und seinem Sohn die Flügel baut, um seinem abscheulichen kretischen Gefängnis zu entkommen. Heißt so viel wie: Alles kann man besitzen, aber nicht die Luft. Setzen wir uns doch.»

Ein wenig geistesabwesend griff sich Toth eine auf dem überfüllten Tisch liegende Zeitschrift. *The Egoist.* Ein triumphal aufrührerischer Titel. Sehr modern.

Während der Schreiber die Zeitschrift ungeduldig durchblätterte, erklärte er Stichnote, dass er selbst nur aufgrund mangelnden Vermögens die Sekretärslaufbahn eingeschlagen habe, eigentlich Schriftsteller sei, besessen von der Idee eines literarischen Werks, in welchem nicht nur die Sprachen Europas, von denen er selber ein gutes Dutzend spreche, sondern auch jene des Orients wie Arabisch, Persisch und Hindi Eingang finden sollten. Ja, er wolle ein Werk verfassen, das gleichsam die Ursprache wiederherstelle, bevor der Turmbau zu Babel den Zorn Gottes und die vollständige Sprachverwirrung hervorgerufen habe. Deshalb lese er auch unentwegt die neuesten Bücher und

Zeitschriften, derer er habhaft werden könne, aus Interesse, aber auch aus Sorge, ein anderer Schriftsteller oder Dichter oder Sprachkünstler hätte einen solchen vielsprachigen Text bereits vorgelegt.

«Mein Onkel, der in Südamerika lebt, ist ein Anhänger des Esperanto», fiel Stichnote ein.

Der Sekretär sah kurz von seiner Zeitschrift auf, nickte anerkennend, schien dann aber auf etwas gestoßen zu sein, das seine Aufmerksamkeit fesselte. Er murmelte unverständlich, zog seine Stirn sorgenvoll in Falten und schürzte die Lippen, als wolle er eine imaginäre Flüssigkeit einsaugen, und buchstabierte lautmalend ein paar englische Zeilen. Dann knickte er die Seite, die er gerade noch gelesen hatte, brutal um und legte die Zeitschrift weg.

«Das ist eine Suffragettenschrift! Der Leitartikel thematisiert die jüngsten Bombenattentate in Australien. Ich weiß nicht, ob Sie davon gehört haben?»

Der Obermaat schüttelte den Kopf.

«Ob mit oder ohne Wahlrecht – in dreißig Jahren werden die Frauen so oder so das Sagen haben. Werden den Laden übernehmen. Haben doch jetzt schon alles in der Hand ...»

Er blickte düster drein, dann aber lachte er und deutete auf Stichnotes silberne Movado.

«Schauen Sie sich selbst an, Herr Obermaat: Es waren Mütter und Kindermädchen, die ihre Uhren als Erste um die Handgelenke banden, damit die Kinder sie nicht erwischen konnten! Kein Mann hätte vor, sagen wir, na ja, zehn oder meinetwegen auch zwanzig Jahren eine Uhr am Handgelenk getragen. Niemals – man war doch keine Frau! Und jetzt hat sogar ein glänzender junger Angehöriger der Kaiserlichen Marine, ein Krieger im besten Alter, eine Armbanduhr! Tempora mutantur!»

Stichnote war tatsächlich der Erste seiner Münchener Familie, der eine Armbanduhr besaß, doch war diese ein Geschenk des Überseeludwigs, das letzte übrigens, das er vom Jäger des Copals erhalten hatte: pünktlich zum Abschluss der Funkerschule und bevor es auf die erste große Fahrt ging.

Es war kaum vorstellbar, dass jemand durch den südamerikanischen Dschungel pirschte und eine Taschenuhr dabeigehabt hätte. Insofern war seine Armbanduhr mit einer Welt der Gefahr und des Abenteuers verbunden, und das Argument des Konsulatsschreibers fand Stichnote an dieser Stelle seltsam – weshalb er nur lächelte und nichts erwiderte.

Toth fasste, nun schon wieder lustiger, in die Innentasche seines Sakkos, holte ein schmales Etui hervor und bot Stichnote eine Zigarette an, die dieser dankend ablehnte.

«Ein Soldat, der nicht raucht?»

«Wissen Sie, bei mir daheim raucht jeder, vor allem meine Brüder qualmen die ganze Zeit. Gerber. Hab mit acht meine erste Zigarette gestaubt und gleich wieder aufgehört – war einfach schon zu viel Qualm überall. Aber ich kann Sie beruhigen, ab und zu rauche ich schon mal eine. Aber selten.»

Stichnote legte nun *Der Tunnel* auf den Tisch. Toth betrachtete das Buch liebevoll, da es wieder zu ihm zurückgekehrt war, und fragte Stichnote, ob dieser schon einmal von der Scharia gehört habe? Stichnote verneinte. Die Scharia sei das Gesetzbuch der Muselmanen und gehe auf den Propheten Mohammed zurück. Während dieser für Diebstahl gleich welcher Art das Abhacken der Hand verlange, mache er bei Büchern eine Ausnahme. Da es ja ausschließlich um den Inhalt gehe, wiege der Diebstahl eines Buches weniger schwer. Der Inhalt bleibe erhalten, das Buch aus Seiten und Tinte oder Druckerschwärze sei nur ein Träger.

Toth nickte anerkennend, so als bewundere er die Weisheit des Propheten Mohammed. Dann nahm er *Der Tunnel* zur Hand und blätterte versonnen darin, während er kleine Rauchwölkchen ausstieß.

«Ist ein sagenhafter Erfolg im ganzen Reich, Hunderttausende Exemplare hat Kellermann verkauft. Wird angeblich bald in Amerika erscheinen. Aus der Geschwindigkeit, mit der Sie es – Lesetechnik hin oder her – verschlungen haben, entnehme ich, dass es Ihnen gefiel?»

«Schon. Es ist ein wenig wie ... in der Geisterbahn vielleicht, für Momente zweifelt man daran, dass alles nur Erfindung ist, und ob es vielleicht doch stimmt. Das ist spannend. Etwa, wenn immer wieder die Rede vom Tunnel unter dem Ärmelkanal ist, dem Vorläuferprojekt. Für fünf Sekunden war ich mir zumindest unsicher, ob's den nicht tatsächlich gibt. Verläuft er nicht zwischen Le Havre und Dover? Dadurch kommt man manchmal ins Schwimmen. Das hat mir gefallen.»

«Auch wenn Kellermann nicht selten übertreibt. Bücher zum Beispiel scheint es bei ihm überhaupt nicht mehr zu geben; kann mich nicht erinnern, in irgendeinem Buch der letzten Jahre, das auf solchem Terrain spielt, so wenig von Literatur gehört zu haben wie in *Der Tunnel*.»

«Dafür gibt es Telekinematographie. Fern-Sehen. Kein Wunder, dass bei ihm niemand liest.»

«Ja», der Sekretär lachte, «und das Beste ist die eine Stelle, an der Kellermann beschreibt, wie die Fernsehgesellschaft ihren größten Erfolg einfährt – die Sendung, in der gezeigt wird, wie der große Tunnelbauer eine Sendung über sich selbst anschaut. Wird es das jemals geben?»

«Was jetzt? Fernsehen? Das gibt es doch schon.»

Stichnote berichtete, dass vor nicht allzu langer Zeit ein Privatdozent in seiner Heimatstadt München eine Vorlesung über drahtloses Fernsehen gehalten habe. Ein Kathodenstrahl könne so zerlegt werden, dass es möglich sei, auf einer Braun'schen Röhre zu schreiben und zu zeichnen, Signale liefere ganz leicht das Selen. Es fehle allerdings ein Aufzeichnungsgerät – dessen Erfindung er sich aber nur noch als eine Frage der Zeit vorstelle, denn sobald der eine Teil gefunden sei, dauere es nicht lange, und sein Gegenstück werde gleichfalls entwickelt. Das sei ein Gesetz der Technik.

Toth hatte nicht die geringste Ahnung, wie eine Braun'sche Röhre funktionierte oder was ein Kathodenstrahl war. Er wusste auch nichts von Elektronenströmen, träumte jedoch davon, wieder einmal elektrisches Licht zu haben, um seine Lektüre nachts länger fortsetzen zu können.

«Man hört gar nicht, dass Sie in Bayern aufgewachsen sind. Nicht, dass mich das stören würde», knüpfte Toth an.

«War jahrelang in Flensburg auf der Schule», sagte Stichnote, gab aber den letzten Worten jene von Toth offenbar vermisste Farbe, indem er ein paar Konsonanten verschluckte und dem Ganzen die süß-milden Konturen breiten Bayerischs verlieh, die auf der Stelle ein entzücktes Grinsen auf das Gesicht des Schreibers zauberten.

«Kann er es also doch! Sehr schön. Da habe ich auch gleich ein Buch für Sie. Als alter Münchener haben Sie von dem Autor vielleicht schon gehört.»

Er reichte Stichnote ein schmales Bändchen. Stichnote blätterte die ersten Seiten auf.

Auch wenn er sich beim Gedanken an seine Heimatstadt nicht unbedingt einen Spaziergang durch das als Künstlerdorf verschriene und zugleich berühmte Schwabing vorgestellt hätte, sondern das Geräusch der Eisenbahn, die an ihrem Haus in Giesing vorüberfuhr, das Geplärr der Marktleute in der Au und die bestialisch stinkende Gerberei, in der die Stichnotes seit drei Generationen ihr Auskommen fanden, so zog ihn der Text doch sogleich an. Denn als vom Aumeister-Biergarten die Rede war, unter dessen herrlichen Kastanien er, wie der Zufall es wollte, Abschied gefeiert hatte, bevor es mit der BRES-LAU ins Mittelmeer gegangen war, war er gerührt und beschloss, das Buch auszuleihen.

Er klappte es wieder zu und betrachtete es. *Tod in Venedig*. Ende März erst waren sie im Geschwader mit dem schweren Kreuzer GOEBEN, dem Flaggschiff ihres Verbands und der viel kleineren, aber schnellen BRESLAU dort vor Anker gegangen und hatten die Yacht HOHENZOLLERN von der Lagunenstadt nach Korfu begleitet, wo der Kaiser mit seiner Familie den Frühling verbrachte.

«Klingt irgendwie nach ... einer Gruselgeschichte.»

«Der Autor hat einen Hang zum Morbiden. War schon in seinem Debüt so, übrigens ein sensationeller Erfolg damals. In diesem Fall hat er sich eine orientalische Erzählung zur Vorlage genommen. Ein Künstler, Schriftsteller, um genau zu sein, versucht seinem Tod zu entgehen, flieht in eine andere Stadt, wo ihn der Knochenmann dann erwischt. Großartig.»

«Gut, danke», sagte Stichnote, ohne auf die schauerliche Begeisterung des Konsulatssekretärs einzugehen, und nahm das schmale Werk mit keineswegs befriedigter Miene an sich. Ganz klar, er wünschte noch mehr Lesestoff.

Die Freude darüber war Toth anzusehen, der nun aus einem wüst bepackten Regal weitere Bücher heranschleppte wie ein fliegender Händler, der seine Ware endlich einmal einem interessierten Kunden vorstellen durfte. Bevor es dazu kam, klopfte es unrhythmisch am Rahmen der offenstehenden Tür. Shemsi, der albanische Hausdiener, erschien. Er zuckte kurz mit dem Kopf.

«Ach Gott, sind die Kollegen schon da?», fragte Toth mit blitzartig eingestelltem offiziellem Tonfall. Der Hausdiener nickte, ohne wirklich zu nicken, die beiden waren – das wurde Stichnote klar – ein perfekt eingespieltes Paar. Toth drückte augenblicklich die Zigarette aus, bat den Obermaat, doch noch hier zu verweilen, er käme gleich wieder, schritt beherzt zur Tür, gab dem um zwei Köpfe kleineren Shemsi einen fast schon begeistert zu nennenden Schlag auf die Schulter und verließ mit ihm den Salon.

8

Die Movado zeigte an, dass es Viertel vor neun Uhr war. Noch eine
Viertelstunde, bis er sich bei Leutnant Dönitz zu melden hatte. Stichnote verstand sich ausgezeichnet mit Dönitz, einem der mit der Lupe
zu suchenden Nichtadeligen, die es ins Offizierskorps der Kaiserlichen Marine geschafft hatten.

Unter den jungen Offizieren, die seit ein paar Jahren aus dem roten
Schloss in Flensburg-Mürwik kamen, dominierten die Sprösslinge
der einflussreichsten Familien des Reichs, wobei Preußen, genauer
die Junkerfamilien aus Ostpreußen und Brandenburg klar bevorzugt
wurden. Dönitz stammte aus einer Bürgersfamilie und war in verschiedenen Städten Thüringens aufgewachsen; vielleicht war keine
darunter, die sich mit München vergleichen ließ, aber der Mann war
in Ordnung. Das Einzige, worauf er – ansonsten die Großzügigkeit in
Person – giftig reagierte, war Unpünktlichkeit.

Stichnote griff sich also beherzt einige der zahlreichen, vom Schreiber herangeschleppten Bücher. *Ssanin* stand auf dem einen. Der Autor
hieß Artzibatschew, wohl irgendein Russe, von dem Stichnote noch
nie gehört hatte. Es gab ein Vorwort des Münchener Verlags, das er
überflog, um nach ein paar Absätzen zu lesen, das Buch habe in Russland wie eine «erlösende Predigt geklungen», welche als das «einzige
Glück und den eigentlichen Sinn des gefundenen Lebens den unge-
hemmten Geschlechtsgenuss» empfahl. Sofort pulsierte das Blut in
seinem Unterbauch und natürlich dachte er an Arjona, die er seit ihrer
ersten Begegnung auf dem Basar viermal gesehen hatte, ohne mehr
von ihr berührt zu haben als ihre Hand. Als er auf eine Stelle stieß, wo
irgendein junger Russe an einem warmen Sommerabend die Phantasie durchlebte, seine Freundin oder jedenfalls ein geliebtes Mädchen
mit einer Rute zu peitschen und ihr Striemen auf ihrem «milchzar-
ten» Hintern zu verpassen, klappte er es zu. Klappte es sofort wie-

der auf und las weiter. Die Schilderungen körperlicher Züchtigungen hörten gar nicht auf. Ihm wurde heiß. Er klappte es wieder zu. Nicht sein Buch. Oder eigentlich gerade – war doch während der paar grundanständigen Albanischstunden, die Arjona ihm gegeben hatte, eine vertrauliche Empfindungswelt entstanden, voller Zuneigung und so anrührend höflich, dass es ihm einen Stich gab, wie sehnsüchtig er auf den Augenblick wartete, in dem sie sich endlich näherkommen würden. Vielleicht heute Nacht. Doch ließ er gerade deshalb die Finger von dem Russen. Zu heiß.

Das nächste Werk war auf Englisch und hieß *Tarzan of the Apes*. Unverständlich, aber interessant. Es spielte im afrikanischen Dschungel. Die Handlung begann mit irgendeinem Kolonialkonflikt. Die Herrin der Welt, das Britische Empire, entsandte einen Offizier, um nach dem Rechten zu sehen. Eigentlich reizte es Stichnote, zu erfahren, wer oder was «Tarzan» nun war, doch dann störte ihn der dünkelhaft weltläufige Offizierston der Erzählung. Er legte es weg.

Er sah sich das schmale Bändchen einer Autorin mit dem vertraut klingenden Namen Gertrude Stein an, das aber seltsamerweise auf Englisch geschrieben war. Dann fand er einen Heinrich Mann, *Die kleine Stadt*, fragte sich kurz, ob das ein Verwandter des Venedig-Manns war, und schob es zur Seite. Ein Mann war genug. Daneben *Die Verwirrungen des Zöglings Törleß*, offenbar eine Internatsgeschichte, die er gleich wieder weglegte, weil ihm zwei Jahre Torpedoschule gereicht hatten.

Jetzt endlich entdeckte er das Buch, das er offenkundig gesucht hatte. Mancherlei zwiespältige Empfindungen hatten die Titel und Bücher aus Toths Bibliothek bei ihm ausgelöst, doch nun war er so überrascht, dass er es sofort in die Hände nahm und den ersten Satz las:

Die ältere Bienendame, die der kleinen Maja behilflich war, als sie zum Leben erwachte und aus ihrer Zelle schlüpfte, hieß Kassandra und hatte

großes Ansehen im Stock. Es waren damals sehr aufgeregte Tage, weil im
Volk der Bienen eine Empörung ausgebrochen war, die die Königin nicht
unterdrücken konnte.

Als er, ohne länger zu zögern, die anderen Bücher wieder aufeinanderstapelte, Bonsels' Roman aber an sich nahm und vorsichtshalber unter seiner Uniformjacke verbarg, dachte er an die Meinung des Propheten Mohammed über den Bücherraub.

Er eilte die Treppe hinab, betrat seine Kammer und verstaute *Die Biene Maja* unter dem Kopfkissen, *Tod in Venedig* im Seesack. Er warf einen Blick in seinen Handspiegel und stellte fest, dass er manierlich genug aussah, um einem Offizier gegenüberzutreten.

9

«Ti je e bukur ...», murmelte er im Hausflur ein paarmal vor sich hin, aufgeregt und voller Vorfreude, da er noch nie einem anderen Menschen gesagt hatte, dass er ihn schön fand. Die Kathi hatte er gemocht. Aber Arjona ergriff ihn. Und heute Abend wollte er ihr sagen, wie sehr.

Draußen traf er die beiden Matrosen, die gerade von ihrer Wache abgelöst worden waren. Sie grüßten Stichnote korrekt und schlugen sich in das in der Mitte des Gartens angelegte Zeltlager, um zu frühstücken.

Als Stichnote den Garten halb durchquert hatte, hörte er den singenden Aufprall eines Tennisballes auf einen stramm gespannten Schläger, während ein dumpferes Geräusch, ein Ploppen, kurz danach den Aufschlag auf der Gartenmauer markierte. Die Formel schoss ihm durch den Kopf, mit der man die zwischen dem Abfeuern eines Geschosses und seinem Einschlag vergehende Zeit berechnete.

«Guten Morgen, Herr Leutnant.»

Leutnant zur See Karl Dönitz fing den heranschnellenden Ball mit der linken Hand. Seinen Drall aufnehmend, federte er in den Hüften und schien noch einen Sekundenbruchteil seiner Flugbahn zu gedenken, jenes energetischen Bogens, den auch Stichnote respektvoll wahrgenommen hatte. Er ließ den Ball noch einmal auf dem staubigen Gartenboden aufhüpfen und fasste schließlich Ball und Schläger mit einer Hand. Dönitz sah seinen Obermaat an.

«Schon ausgeschlafen?»

Stichnote stutzte einen Moment, war aber nicht bereit, auf diese Bemerkung einzugehen. Wenn der Chef des Kommandos der Meinung war, der hier zu nächtlicher Tätigkeit verpflichtete Funker sollte der Ordnung halber wie alle anderen auch um sechs Uhr aufstehen, würde er es bestimmt anordnen.

«Hier ist die Nachricht der BRESLAU von letzter Nacht.»

Sie besagte nur, dass sich nichts an der Aufgabenstellung – Bewachung des Konsulats, Schutz des Fürstenpalastes – ändere. Dönitz überflog das Papier und steckte es mit einem kopfnickenden Zwinkern ein.

«Würde da gerne noch etwas mit Ihnen besprechen, Herr Leutnant.»

Dönitz nahm den Ball wieder in die Linke und stellte sich zum nächsten Schlag hin, ohne angespannt oder allzu gelangweilt zu wirken. Jetzt lächelte er sogar andeutungsweise. Stichnote hatte seine zwei Minuten.

Er gab dem Offizier ein Bild der Lage aus funkverkehrstechnischer Sicht, betonte die Spannung, die über dem modrigen Hafen lag.

«Man kann ja kaum einen Schritt gehen, ohne von einer Meute verfolgt zu werden. Selbst nachts. Weiter außerhalb, den Sümpfen zu, hausen die Leute jetzt schon zu Tausenden. Die Stadt ist voll mit Flüchtlingen. Sobald die Sonne untergeht, werden die Ecken lebendig.»

«Heißt?»

«Ich würde gerne eine Änderung bei unserer Nachrichtenübermittlung vorschlagen. Der Geheimhaltung wegen.»

Dönitz blinzelte, sagte nichts und musterte Stichnote. Die Sonne kam gerade über die Mauer und setzte Lichtkronen auf die roten Blüten des Oleanders, der übermannshoch wuchs. Stichnote zog die Stirn in Falten, ein fragender Blick, den er sich auf dem Schiff wahrscheinlich niemals erlaubt hätte, und legte dem Offizier enthusiastisch dar, wie er sich den Lichtmorsedienst ab sofort vorstelle: ohne bewaffnete Eskorte, zu unregelmäßigen, aber natürlich mit dem Schiff abgestimmten Zeiten, ganz alleine und unauffällig. Nur er, Obermaat Stichnote und seine Daimon.

Er blickte den Leutnant, der keine Miene verzog, unsicher an, wusste für einen Moment nicht mehr weiter, doch dann erreichten ihn Töne italienischen Belcantos. Caruso sang wieder, und Stichnote hatte eine Eingebung. Mit einem Schlachtschiff in den Hafen zu fahren, sei doch etwas anderes als still und heimlich wie mit einem modernen Unterseeboot zu tauchen und seine Beobachtungen heimlich anzustellen. Jetzt erst schien Dönitz aufzumerken, dachte kurz nach, stellte sich zum Aufschlag bereit und gewährte Stichnote – schon in höchster sportlicher Konzentration – seinen Wunsch. Probeweise. Stichnote dankte knapp und trat ab.

Er vernahm das sehnige Geräusch eines Tennisschlägers, der auf seinen besten Freund, den Ball trifft und wenige Sekunden später, das leisere, fernere Ploppen des Abprallers. Aber noch bevor retourniert wurde, war des tennisspielenden Dönitz überraschende Entscheidung schon in Stichnotes Dienstblutbahn eingetreten und ließ ihn ganz und gar gutgelaunt ins Küchenzelt treten.

Dort erwartete der niederrheinische Smut die Anlieferung des zweiten Frühstücks, welches der andere Smut einzukaufen vor gut zwei Stunden losgegangen war, und zwar in Begleitung eines Bewaffneten, dummerweise auch eines Schwaben, weshalb der zurückgebliebene

Smut beim Obermaat die Vermutung äußerte, der andere Smut und dessen Kumpel säßen beim Schnaps und sie hier oben bekämen dann wieder nur steinharte Brötchen von gestern.

Es war offensichtlich, dass er das Ganze gar nicht so sehr der Sache nach kritisierte, sondern eher neidisch war, das Frühstücksgeld nicht selbst so wohlfeil einsetzen zu können, um dafür auch noch in den Genuss von Rrushi zu kommen.

Stichnote schlürfte eine Tasse Brühe, in welche er das trockene Brot vom ersten Frühstück tauchte. Er hörte scheinbar aufmerksam zu, doch keine Beschwerde hätte ihm gleichgültiger sein und kein Essen besser schmecken können. Lustvoll biss er immer wieder auf den sich seit Monaten vernehmlich meldenden Stockzahn oben links. Eine noch aus Giesing stammende Karies hatte während der zwei Jahre Torpedoschule geduldig eine beachtliche Mulde gegraben, immer gerne von Stichnotes sensibler Zungenspitze erkundet, mittlerweile aber so tief geworden, dass er, um auf ihren hochinteressanten Grund zu kommen, hart-krustige Nahrungsbrocken als Lote benutzte.

Kaum etwas hatte er so konsequent betrieben wie die trickreiche Umgehung der für alle Marineangehörigen obligatorischen Zahnarztbesuche. Es war sein erster durchgerosteter Zahn, und so hatte er keine Vorstellung, welche Prachtblüten des Schmerzes bald aus jenem haarfeinen Keim erblühen sollten, mit dem er im Moment noch ausgelassen wie ein Knabe mit einem Stecken spielte.

Der Schwabe kehrte ausgesprochen fröhlich mit einem Sack Brot zurück, und Stichnote verließ das Küchenzelt schnell genug, um jeder Verwicklung zwischen den Smuts aus dem Weg zu gehen, die bis auf das Einkaufen von Brot und einigen Grundnahrungsmitteln nichts anderes zu tun hatten, als mittags runter zum Hafen zu fahren und das in der Bordküche der BRESLAU gekochte Essen abzuholen. Zehn Portionen Mannschaftsessen und zwei Offiziersmahlzeiten, die eine für Leutnant Dönitz, die andere aber, da der ursprünglich vorgesehene zweite Leutnant kurzfristig vom Kommandanten gestrichen worden war, ohne dass der Bordküche von dieser Änderung Nachricht gegeben worden wäre, für Stichnote. Neben dem Einzelzimmer ein weiterer Aspekt, der den Aufenthalt des Obermaats in der jungen albanischen Hauptstadt zu etwas Außergewöhnlichem machte, wie überhaupt sein virtueller Offiziersstatus als Zweitrangältester innerhalb des Kommandos ihm ein ungewohntes Lebensgefühl verschaffte, das etwas von Urlaub hatte.

Während der zweijährigen Ausbildungszeit war Sebastian von Flensburg aus dreimal mit einem Reichsmarinetransportschein dritter Klasse nach München in den Urlaub gefahren, zweimal über Weihnachten und zuletzt im Sommer vor zwei Jahren.

Die ersten Stunden nach der jeweiligen Rückkehr in sein Vaterhaus waren immer schön gewesen, doch brauchten nur ein paar Tage zu vergehen, bis er des engen Lebens dort in Giesing wieder überdrüssig wurde. Seine beiden Brüder, Franz und Bartholomäus, der Bartl gerufen wurde, hatten nach dem Tod des Vaters das erste und zweite Stockwerk unter sich und ihren vielköpfigen Familien geteilt, im dritten schliefen die Hausmädchen, die Lehrlinge und ein Junggeselle, sodass ihn seine Brüder zuletzt beim Geisternazi unterm Dach einquartieren mussten, ihrem alteingesessenen Mieter.

Der Geisternazi, der eigentlich Ignaz Brunner hieß, war ein großgewachsener Tagelöhner, der sich seinen Lebensunterhalt in der nahegelegenen Gärtnerei der Stadt München verdiente, am Sonntag bei einem Verein in Schwabing für ein paar Mark Fußball spielte, das meiste Geld vertrank und schon seit jungen Jahren als Geist auf dem Oktoberfest arbeitete, eine nur zweiwöchige Tätigkeit, welche ihm aber so viel Freude und Erlebnisse bescherte, dass er das ganze restliche Jahr davon erzählen konnte. Als Sebastian noch ein Junge gewesen war, hatte ihn der Geisternazi abends oft über die Straße zum Bierholen geschickt, ihn großzügig dafür bedacht und dann von der

Hervorrufung der Todesangst und dem wahren Schrecken erzählt und wie man sich als guter Geist anstellen müsse, um die Vorlauten ebenso wie die Beherrschten so anzugehen, dass sie für einen Moment wirklich glaubten, einem Wesen aus dem Jenseits gegenüberzustehen.

Neben dem Überseeludwig und der Zenz war der Geisternazi der Dritte seiner Lieblingsmenschen. Dennoch war der Geisternazi, der einen sägenden Mordsschlaf hatte, nicht die Person, mit der er im Urlaub eine winzige Dachkammer teilen wollte, nachdem er auf der Torpedoschule schon mit zwanzig schnarchenden und ausdünstenden Kameraden die Nächte verbrachte.

Mehr aber noch als diese unbefriedigende Schlafsituation bedrückte ihn die elend schlechte Stimmung in seinem Vaterhaus. Rivalen waren seine Brüder immer gewesen, doch während sie früher in der Arbeit zusammengestanden hatten, machte sich der schwelende, von Sebastians Schwägerinnen verkomplizierte Konflikt, der sich aus dem Platzmangel ergab, langsam auch in der Werkstatt breit. Was das Geschäft anging, blieben die Brüder verschwiegen, doch hatte Sebastian mitbekommen, dass Franz, der um ein knappes Jahr ältere, der Meinung war, dass die Gerberei, so wie sie lief, nur eine Familie ernähren könnte – naturgemäß seine. Bartl hingegen sprach von einem Neubau weiter draußen. Allerdings war kaum Geld da, und auf dem Haus in der Kühbachstraße lagen bereits massive Hypotheken. Am liebsten hätte Franz, auf das Recht des Älteren pochend, den Bartl irgendwie ausbezahlt, aber da war noch Sebastian, der auch seinen Pflichtteil zu bekommen hatte, und den hatte er nicht flüssig. Man hing zusammen. Man konnte nicht auseinander. Und wollte spürbar doch nichts anderes.

So war Stichnote zuletzt alles andere als ungern nach Flensburg zurückgekehrt und hatte dann beschlossen, sich für zwei Jahre regulären Dienst auf einem Schiff zu verpflichten. Seit er also im November 1912 mit der BRESLAU ins Mittelmeer gestochen war, stand fest, dass er seinen Dienst bis zum November 1914 leisten würde. Sodann würde er etwas von dem bis dahin eisern gesparten Sold in eine Schiffspassage von Hamburg nach Kolumbien investieren. Der Überseeludwig würde ihn dort erwarten.

Diese Zukunft lag klar vor ihm und die Zuversicht, die er daraus zog, umgab ihn wie ein stabiles Feld aus reinstem Sauerstoff, das ihm die Durchquerung jener stickig-heißen, von unaufhörlichem Stampfen durchzogenen Maschinenwelt aus Stahl und künstlichem Licht erleichterte. An manchen Tagen mochte er das Schiff sogar: wenn es endlich wieder einen Hafen anlief. Es fing stets mit einem Funkspruch vom Kommandeur des Verbandes an, der auf der GOEBEN saß und Konteradmiral Souchon hieß. Dem folgte ein wirrer Vogelschwarm an Befehlen, was während des Ankergehens alles zu erledigen sei, die Maschinen, Kohlen, Vorräte betreffend. Immer wieder gab es auch Sonderaufgaben. Passagiere mit delikatem Status waren zu befördern, so wie sie letztes Frühjahr Bruder und Schwiegersohn des Kaisers zu einem Familienbegräbnis gebracht hatten, da König Georg von Griechenland ermordet worden war. Die Kommandanten hatten sich zu Festdiners auf Schiffen anderer Mächte einzufinden oder Offiziere als Boten an Land zu gehen, um sich mit Vertretern des Auswärtigen Amtes zu treffen und Informationen zu erhalten, die nicht durch Telefunkentechnik übermittelt werden durften. Doch viele Dinge erfuhren die Funkenpuster naturgemäß noch vor dem Kommandanten, was ihnen in der Mannschaft einen privilegierten Status verlieh.

Dutzende Häfen im ganzen Mittelmeer hatten sie mit der BRESLAU angelaufen, lange waren sie in Triest gelegen, regelmäßig und zuletzt vor Korfu, davor auch an der nordafrikanischen Küste, vor Malta und Spanien vor Anker gegangen. Doch ausgerechnet in diesem von einer marginalen Eruption der Weltgeschichte aus der Bedeutungslosigkeit gerissenen sumpfigen Hafen im Land der Adler hatte er endlich die Seefahrerliebe kennengelernt. Keine Woche war er hier, und schon hatte es ihn erwischt. Arjona. Die wunderbare Arjona, seine Albanischlehrerin. Seinetwegen hätten sie gerne bis zum Winter in Durazzo bleiben können.

«Ti je e bukur ...», murmelte er sich vor.

Er schaute bei den Wachen vorbei, die in der wieder stärker werdenden Sonne eisern vor dem Tor standen. Der eine von beiden erzählte Stichnote, dass der Chef – gemeint war Leutnant Dönitz – vor fünf Minuten Sanitätsmaat Friedrich in die Stadt losgeschickt habe, um Farben zu besorgen.

«Farben?»

«Blau, rot, violett, schwarz, gelb und ... rosa.»

Der andere Matrose grinste so breit und beseelt unter seinem gezwirbelten Schnurrbart, dass man hätte meinen können, der schwäbische Smut hätte ihm tatsächlich Rrushi eingeflößt.

«Vielleicht», sagte daraufhin der erste Matrose und verzog keine Miene, «hat er was Schönes zum Malen gefunden.»

Stichnote folgerte, dass der Leutnant an einer Erweiterung des Großen Spiels arbeitete und Spielfiguren, die er sich womöglich gerade schnitzte, zu bepinseln beabsichtigte. Er grinste den beiden zu und ging zurück zum Haus. Es war fein, dass der Chef gedanklich mit solchen Dingen beschäftigt war.

Deutlich hörte er jetzt wieder die Musik des Italieners aus dem Dachgeschoss, wie sie mit den Jubelrufen der Schwalben zusammenfloss, die in weiten Bögen über das Viertel jagten.

Bis zum Eintreffen des Mittagessens, bei dem auch stets eine Mappe mit größtenteils verschlüsselten Nachrichten geliefert wurde, die er in Klartext zu bringen hatte, waren es noch knapp zwei Stunden. Er würde sie mit Lesen verbringen.

In seinem Zimmer zog er sich die Uniformjacke aus, wagte es allerdings nicht, die Stiefel abzustreifen, sondern ließ diese gekreuzt über das Bett hinausschauen, während er sich längslegte.

Anders als *Der Tunnel*, welches sich fast wie eine Art längerer Zeitungsartikel gelesen hatte, war *Die Biene Maja* trotz einer relativ einfachen Sprache so eigentümlich und gleichsam aus der Zeit gefallen, dass er nur langsam vorwärtskam. Zwischendurch bedauerte er seine Entscheidung, nicht doch lieber das russische Buch über den Geschlechtsverkehr genommen zu haben. Statt von milchiger Haut und Peitschenstriemen las er von Bienen aller Größen und Funktionen. Was Stichnote über Bienen wusste, stand alles gleich auf den ersten Seiten, doch wurde er danach so unmittelbar in den revolutionären Aufruhr um den Hochzeitsflug einer neuen Königin versetzt, dass er sich, irgendwann vollkommen bienisiert, verwundert die frisch entfalteten Flügelchen rieb und gleich mit ihnen fliegen wollte. Als er an die Stelle kam, wo sich die Amme gegenüber der kleinen, von ihrer ersten Lebensminute an aufsässigen Maja über die allgemeine Arbeitsüberlastung beschwert, aufgrund derer ihre Gehilfin Turka nun unter «Ohrensausen» leide, hielt er verwirrt inne, hob die Augen von der Seite und blickte über das Buch hinweg in den Raum, der märchenhaft zu glühen begonnen hatte.

Er hätte gar nicht mehr zu sagen gewusst, wie Arjona und er das nächtliche Rendezvous miteinander verabredet hatten, doch stand es am Ende ihrer vierten Albanischstunde mit einem Mal in der Luft, kaum ausgesprochen, begleitet von einem Zögern des Seemanns, einem ernsten Nicken seiner anmutigen Lehrerin und bekräftigt von einem langen, vielleicht fünf Sekunden währenden Blick, den sie herzklopfend wagten.

Zum ersten Mal dachte er nun darüber nach, was es bedeutete, dass er heute Nacht tatsächlich mit ihr verabredet war, dass er ohne Begleitung losgehen würde und ihm zwischen dem Empfang der Nachrichten vom Schiff und dem spätesten Zeitpunkt seiner Rückkehr ins Konsulat leicht eineinhalb Stunden bleiben könnten. Eineinhalb Stunden, die er allein mit ihr hätte. Wenn sie da wäre.

Wenn sie nur da wäre, dachte er, klappte das Buch zu, wenn sie tatsächlich da wäre, stand auf und verbrachte die Zeit bis Mittag damit, in seinem Zimmer auf und ab zu gehen und sich aus den Erinnerungssplittern der letzten Tage wieder und wieder ihre Gestalt zu vergegenwärtigen, aber es fielen ihm stets nur Details ein. Der Leberfleck oberhalb der Lippen, der keck auf ihrer zarten Haut schwamm und sich einer auf dem Meer tanzenden Boje gleich bewegte, wenn sie sprach. Ihr Duft, den ihm der Wind manchmal gereicht hatte. Und jener unbeschreibliche Moment, als sie ihm ihre Hand auf den Arm legte, kurz zwar, aber mit einer Vertraulichkeit, die ihn bezauberte, sodass er sich jetzt selbst an jener Stelle berührte, die Augen schloss, um jene Arjonaberührung nachzuempfinden, und nicht wusste, wie er sich seine Gewissheit erklären sollte, dass es ihr gerade genauso erging.

10

Während die frischen Spielsteine – Unterseeboote – auf dem Fensterbrett in der Sonne trockneten, räumte Dönitz das Spielfeld ab und begann, die Truppen der verschiedenen Mächte neu aufzustellen. Er beachtete strikt die Regeln, dachte aber darüber nach, dass das Große Spiel trotz seiner Beliebtheit bei den Jungen im Kern ein stockkonservatives Gebilde war, das der Zeit nachhing, aus der es stammte.

«Hinterhältig, unfair und verdammt unenglisch», hatte Admiral Wilson noch vor fünfzehn Jahren das U-Boot genannt, was die Briten in der Zwischenzeit jedoch nicht daran gehindert hatte, die größte U-Boot-Flotte der Welt aufzubauen, vor den Amerikanern, den Russen, den Franzosen und den Italienern. Die Einzigen, die überhaupt noch schlechter aufgestellt waren als die Deutschen, waren die Österreicher und die Türken. Allen anderen Seemächten hinkte die Kaiserliche Marine hinterher, offensichtlich geblendet von ihrem innigen Wunsch, ihrem Lieblingsgegner, der Royal Navy, dereinst auf dem edelsten Court überhaupt gegenüberzustehen: der offenen Seeschlacht. Die Wahrheit jedoch war, dass die Kaiserliche Marine sich vor der Royal Navy fürchten musste, und nirgendwo war sie so schwach wie im Mittelmeer. Einer ernsthaften Konfrontation mit der an Tonnage und Bewaffnung zehnfach überlegenen britischen Marine wären GOEBEN und BRESLAU nicht annähernd gewachsen gewesen, das wusste jeder im Offizierskorps und die älteren Ränge unter der Mannschaft wussten es auch. Käme es zum Krieg, wären sie verloren. Er und seine Freunde hatten das oft genug durchgespielt. Mit Gibraltar, Malta und Ägypten besaßen die Briten drei wesentliche Operationsbasen, in Nordafrika hockten die Franzosen, und wie lange die Italiener den Mittelmächten treu blieben, wusste niemand. Klassische Friktionslage, da man ohne die Kohlebunker der Italiener nur einen Aktionsradius von wenigen Tagen haben würde.

Umso mehr fieberte Dönitz nun dem Beginn einer Partie des Spiels mit den neu eingeführten U-Boot-Steinen entgegen. Sie waren genau die Art von Waffe, die der Unterlegene brauchte.

Während er – wie jeder wahre Spieler vom Zauber neuerlichen Beginnens aufgereizt – die Armeen in ihre Ausgangspositionen brachte, Artillerie und Munitionsplättchen verteilte, die gewöhnlichen Kriegsflotten platzierte und auf diese Weise das Erdrund der Karte umspielte, ersann er erste Regeln für die U-Boot-Erweiterung. Diese mussten überraschend auftauchen, also gab er jedem U-Boot eine Quote von zehn Einsätzen, die die Spieler pro Einheit willkürlich in einem bestimmten Operationsgebiet einsetzen konnten. Dabei wollte er zunächst versuchen, die überraschende Angriffswirkung durch eine Reduktion der Verteidigerwürfel zu erreichen, sodass die Erfolgsaussichten eines U-Boot-Angriffs stiegen. Noch war ihm der

Modus nicht ganz klar, wie die U-Boote zu finanzieren waren, aber natürlich war auch ihre Produktion abhängig von der Wirtschaftskraft der einzelnen, in den verschiedenen Farben besetzten Gebiete.

Es war eine der interessanten Lehren des Großen Spiels, dass jeder Spieler zwangsläufig für sich versuchte, eine Innenwelt aus Militär, Bevölkerung und Wirtschaft zu bilden, sich Ressourcen zu sichern, zu deren Ausbeutung eine Infrastruktur zu schaffen und die Möglichkeiten des Planeten so optimal auszuschöpfen, wie es der ganzen Menschheit gemeinsam möglich gewesen wäre. Jede Nation, jedes Imperium spielte dennoch für sich um die Weltherrschaft, und darin lag das Fatale. Das hatte das Spiel ihm gezeigt.

Karl Dönitz war wie Stichnote im November 1912 direkt von der Schule als Fähnrich auf die BRESLAU gekommen, wenn auch nicht von der Torpedo-, sondern der Offiziersschule, dem «Roten Schloss» in Mürwik, und zu seiner Überraschung sofort zum Signaloffizier avanciert. Als solcher repräsentierte er einen der wichtigsten Nervenstränge der Marine – denn nur durch das Setzen von Signalen konnte ein Kommandant etwa die komplizierten Manöver der Hafeneinfahrten bewerkstelligen, bei denen es manchmal mit Dutzenden anderer Verkehrsteilnehmer zu kommunizieren galt. Von den gewaltigen Segelschiffen der Neuzeit über die ersten Dampf- und Panzerkreuzer bis hin zu jener Klasse schwimmender Kampfmaschinen wie der BRESLAU: Immer noch befehligte und rangierte die Brücke ein Schiff in der Hauptsache durch Signalfähnchen, deren Posten über das ganze Schiff verteilt waren. Auch der erste – französische – Langstreckentelegraph beruhte auf einem optischen System verschieden einstellbarer Flügel, mit deren Hilfe man die Buchstaben des Alphabets darstellen konnte.

Demgegenüber war Stichnote ein Vertreter der neuesten Generation maritimer Telekommunikation, derjenigen geheimnisvollen nämlich, die auf der Nutzung funkensprühender Elektrizität beruhte, auch wenn seine Aufgabe in Durazzo im Wesentlichen darin bestand, jede Nacht einen Hügel zu besteigen, um mit Hilfe einer Daimon-Taschenlampe zu der weit draußen im Hafenbecken liegenden BRES-LAU lichtzumorsen und Befehle und Nachrichten von dieser entgegenzunehmen. Altbewährt optisch.

Es war kurz nach einundzwanzig Uhr. Bald war es Zeit zum Aufbruch, und der Obermaat tauschte gerade die Bleiakkumulatoren für den anstehenden Einsatz aus.

Immer wieder lenkte er sich mit der Betrachtung des Fotos ab, das er vorhin zwischen den Seiten der *Biene Maja* gefunden hatte. Das Bild zeigte drei Personen, die an einem Seeufer standen, im Hintergrund Berge. Zwei waren gutaussehende Frauen, vollständig nackt. Stichnote studierte den angenehmen Anblick buschigen Schamhaars, die elegant kurvige Form ihrer Beine und vor allem den fröhlichen Ausdruck, mit dem sie, so etwas wie einen orientalischen Tanz andeutend, die Arme in Vasenform über dem Kopf zusammengeschlagen hatten, was ihre Brüste zur Geltung brachte. Der mit Turban und türkischem Gewand bekleidete Konsulatsschreiber dagegen sah – wiewohl deutlich jünger – alles andere als fröhlich, sondern furchtbar zerknirscht aus. Dieser Zwiespalt faszinierte Stichnote, da er sich zu erklären versuchte, wie man an einem Sommertag an einem See neben zwei nackten, lachenden Mädchen stehen und dabei so griesgrämig dreinschauen konnte.

«Herr Obermaat», drang es herein, drei eindrückliche Klopfer folgten, dann wurde auch schon die Klinke gedrückt, der Offizier trat ein und schloss die Tür. Er hatte ein Papier in der Hand.

Stichnote war es in einer blitzartigen Reaktion gelungen, Toths Foto unter dem Akkumulatorenkasten zu verbergen, vor dem er kniete, und federnd aufzustehen. Bestimmt war dem Leutnant eingefallen, dass er aus Sicherheitsgründen doch nicht alleine losgehen dürfte, was ein Dreck wäre. «Hat Ihnen der Maat Friedrich die Rapportmeldung ausgehändigt?»

«Ja», der Funker griff sich das Blatt, das er neben die Daimon aufs Bett gelegt hatte, und las die bescheidene Mitteilung eifrig vor.

«Zuletzt keine Vorkommnisse. Verbleiben in Stützpunkt. Chininvorrat geht zu Ende. Bitten um Nachschub. Gez. Dönitz.»

«In Ordnung. Wie viele Zeichen schaffen Sie in der Minute?»

«Letzte Nacht waren es zweiunddreißig.»

«Dann brauchen Sie dafür etwa eineinhalb Minuten. Korrekt?»

«Jawohl.»

«Sie wissen, dass die Übermittlung privater Mitteilungen untersagt ist?»

«Ja, natürlich.»

«Und ich weiß, dass es laufend passiert. Keine Ahnung, wie. Geschickt sind Sie jedenfalls, das steht fest.»

Stichnote sagte nichts.

«Ich habe hier», der Leutnant reichte ihm einen Zettel, den er in der Hand gehalten hatte, «eine Mitteilung an Leutnant Wodrig, die den Funkoffizier nicht zu beschäftigen braucht. Es ist mehr ein Freundschaftsdienst. Können Sie's einrichten, dass Leutnant Wodrig den Text heute Nacht noch erhält? Er wartet drauf.»

Stichnote las die Mitteilung durch: «U-Wa eingeführt. W-Red 2. Durchschlagend.» Stichnote ahnte mehr, als er verstand, worum es ging: das Große Spiel natürlich. Er verzog keine Miene. Nickte.

«Wenn Obermaat Matthes auf Wache ist – kein Problem.»

«Bestens. Dann machen Sie sich auf den Weg. Viel Glück.»

Der Offizier ließ die Tür offen und ging in sein Zimmer am Ende des Flurs. Stichnote atmete erleichtert aus und begann, seinen Rucksack wie jeden Abend mit zwei Daimons und diversen Bleiakkumulatoren zu füllen. Die beiden Nachrichtenblätter steckte er in die Jacke, band sich den linken Stiefel erneut, dann erinnerte er sich des Fotos mit Toth und den nackten Frauen, bewunderte es noch einmal, diesmal voller Zuversicht, und steckte es zurück in *Die Biene Maja*, deren romantisches Ende – das liebenswerte Bienchen verliebt sich in einen glänzenden Hornissenritter – ihm sehr gut gefallen hatte. Am liebsten hätte er es Arjona mitgebracht, aber das ging natürlich nicht, da er das Buch in Toths Zimmer zurückschaffen musste, bevor der sein Fehlen bemerkte. Er verstaute das Werk also unter dem Kopfkissen und nahm stattdessen die Fromms aus dem Seesack, steckte sie in seine Tasche, löschte das Licht und verließ mit leicht zugeschnürter Kehle die Kammer.

Die Mannschaft ruhte bereits, fünf für das Kommando Eingeteilte in voller Montur, da jederzeit der von den Niederländern ausgelöste Alarm losgehen konnte. Zwei hatten Nachtwache bezogen. Einer von ihnen war der tierimitierende Rixdorfer, der ihm zunickte, als Stichnote das Konsulat verließ, «Lass et blitzen, Kumpel!», murmelte und ihm ein paar Käuzchenrufe hinterherschickte.

11

Auf seinem Weg kam er durch ausgestorbene Gassen, die merklich anstiegen. Einmal blieb er stehen, weil er etwas hinter sich gehört hatte, konnte aber außer dem Schatten einer Katze, der gleich wieder verschwunden war, nichts entdecken.

Dann kam er zu der Stelle, an der Arjona auf ihn warten wollte, der Eingang eines alten Hauses, von der Gasse kaum einsehbar. Die Movado sagte ihm, dass es kurz nach halb zehn war. Sie hätte längst da sein müssen. Aber wie sollte ein bezauberndes neunzehnjähriges Mädchen aus gutem Hause um diese Zeit auch durch die Gassen einer belagerten Stadt laufen können! Eine Unmöglichkeit. Er blieb noch fünf Minuten, dann ging er weiter. Fast fühlte er sich erleichtert.

Er kam viel schneller als sonst mit der bewaffneten Eskorte voran, durchquerte den kleinen Olivenhain, der schon außerhalb der Stadt lag und über einen Trampelpfad weiter hinaufführte. Die Luft hier war herrlich frisch, auch gab es deutlich weniger Moskitos, und die vorhandenen wurden sirrend durch Fledermäuse dezimiert, die manchmal nur auf Armeslänge an ihm vorbeischossen.

Fledermäuse hatten ihn schon als Knaben fasziniert. Niemand wusste, wie sie sich nächtens so gut orientieren konnten, und er hatte in seinem letzten Münchener Jahr sogar einmal bei einer Vorlesung zugehört, in welcher dieses geheimnisvolle Vermögen der Fledermäuse Gegenstand einer Spekulation über Schallwellenresonanz war. Genaues wusste damals auch der Dozent nicht, aber letztes Jahr hatte ein Physiker namens Behm ein Patent für ein mit Schall arbeitendes Tiefenortungsgerät angemeldet, welches er Echo-Lot taufte und das zur Zeit auf einem Schiff der Kaiserlichen Marine getestet wurde, auf dem ein Bekannter von Eibo Dienst tat. Abgesehen davon, dass sich die Fischereiflotten erhofften, Fischschwärme damit zu orten, konnte man Untiefen oder generell die Beschaffenheit des Meeresuntergrunds ausloten. Für die Kriegsmarine höchst bedeutend würde das mit Schall bzw. dessen Echo arbeitende neuartige Lot aber vor allem dann werden, wenn irgendwann tatsächlich vermehrt Unterseeboote zum Einsatz kommen sollten.

Bei dem Gedanken an diese widerwärtigen Gefährte wurde Stichnote sofort unwohl, denn es erinnerte ihn auf unerwünschte Weise daran, dass die BRESLAU nicht nur ein mit wunderschöner neuer Technik vollgestopftes Schiff war, sondern auch eines, das viele am liebsten auf dem Grund des Meeres gesehen hätten. Ein Kriegsschiff eben.

Der laue Abend, der Duft des Olivenhains und die unermüdliche Jagd der nahezu blinden Flachnasen mit ihren abgründigen Schallerkennungsfähigkeiten stimmten ihn endgültig wehmütig.

Wenn sie auch nicht hier war, so wusste er Arjona doch irgendwo in der Stadt, und er war sich sicher, dass sie – womöglich gerade jetzt – an ihn dachte. Und diese ferngefühlte Verbindung hatte mit einem Sehnen zu tun, das ihm bislang gänzlich unbekannt gewesen war, sich aber so stark und mächtig anfühlte, als hätte es immer schon in ihm gewohnt. Wenn sie doch da gewesen wäre!

Zehn Minuten vor dem mit Eibo vereinbarten Zeitpunkt erreichte er, durch seinen schnellen Lauf bergan außer Atem, die kleine Ebene, von der aus das Panorama weithin vor ihm ausgebreitet lag – einerseits die nahezu dunkle Welt aus Gassen und Winkeln, andererseits der Hafen. Dort, wo das offene Meer der Adria begann, das im Licht des fast vollen Mondes glitzerte, lag die BRESLAU. Prächtiger noch als gestern kam sie ihm vor, herrlich beflaggt, voller Lichter, die vergessen ließen, dass auch über ein Dutzend Kanonen auf das Städtchen gerichtet waren. An denen standen die Nachtwachen und verfolgten aufmerksam alles, was sich um das Schiff herum abspielte, in dessen Zentrum, tief verborgen im Inneren, hinter Stahlwänden von Kinderarmstärke, ein Kraftwerk arbeitete, das eine deutsche Großstadt hätte versorgen können. Eine kleine, silberweiß im Mondlicht aufsteigende Rauchfahne aus dem ersten der vier Schlote war für Stichnote wie ein Gruß aus Kastens geliebter Heizerei.

Doch jetzt stutzte er, weil irgendetwas das Bild störte. Oder gerade nicht. Da fehlte was.

Dann begriff er, dass die KING EDWARD VII, das britische Schlachtschiff, sich nicht mehr im Hafen befand, sondern nun, nachdem man vierzehn Tage freundschaftlich nebeneinander gelegen, sich besucht und seemannschaftlich geehrt hatte, weit draußen vor Anker gegangen war, mehr als eine halbe Seemeile von der BRESLAU entfernt. Dies musste im Laufe des heutigen Tages geschehen sein und eine Erklärung dafür hatte Stichnote nicht – doch da sich weder am Wetter noch an anderen typisch maritimen Umständen etwas geändert hatte, konnte es eigentlich nur politische Gründe geben.

Die Übertragung von der BRESLAU würde jeden Moment beginnen. Eilig holte er seine Daimon heraus und machte einen ersten Versuch. Sie leuchtete sehr schwach. Er stieß einen Fluch aus – der Überraschungsbesuch von Dönitz hatte ihn so verwirrt, dass er darüber vergessen hatte, die Batterien vollständig auszutauschen. Stattdessen hatte er ein Arsenal gebrauchter Bleiakkumulatoren mitgeschleppt, die ihm vermutlich nicht viel nützten.

Das Lichtsignal auf der BRESLAU erschien, dreimal lang, dreimal kurz. Stichnote blinkte gespiegelt zurück, dreimal kurz, dreimal lang, auf dem Schiff tat sich erst nichts, dann kam das Rufsignal wieder. dreimal lang, dreimal kurz. Man hatte sein Signal also nicht erkannt und spätestens hier wurde Stichnote misstrauisch, da ihm das Geblinke vom Schiff merkwürdig ungelenk erschien, so ganz untypisch für Eibo.

Er nahm die andere Daimon, deren Licht ihm stärker vorkam, morste zurück, und jetzt hatte ihn der Funker auf der BRESLAU ausgemacht, morste den vereinbarten Code und teilte ihm mit, welchen Schlüssel Stichnote anzuwenden habe, um die Nachricht später in Klartext zu bringen. Stichnote morste «verstanden» und wartete mit gezücktem Notizbuch auf die Informationsübertragung, die äußerst schleppend vor sich ging. Unmöglich, dass das Eibo war, der da an dem 800-Watt-Strahler hantierte, außer er hätte zwei Tage durchgesoffen und sich dabei die rechte Hand gebrochen.

Mit einer Übertragungsrate von gerade mal zwanzig Zeichen pro Minute zog sich das Ganze hin, und als gegen Ende ein Korrektursignal kam und die Übertragung danach noch einmal einsetzte, war sich Stichnote sicher, dass sich irgendeiner der pfuschrigen Gasten des Funkraums am Morsen versuchte. Damit hatte sich die Übertragung der Privatnachricht von Leutnant Dönitz, die er später in die Meldung des Landkommandos eingeflochten hätte, erledigt.

Als die ungewöhnlich zeichenreiche Botschaft der BRESLAU übertragen war, setzte Stichnote die offizielle Meldung so schnell wie möglich ab, was aber nur dazu führte, dass das Schiff kurz danach um Wiederholung bat. Das war bestimmt – aus welchen blöden Gründen auch immer – Wiesinger da drüben, der nicht nur schwer von Begriff, sondern allgemein nicht der Hellste war, also bemühte sich Stichnote nun um vorbildlich sauberes und langsames Morsen der nicht eigens chiffrierten Nachricht. Doch mittendrin machte die Daimon schlapp. Ihr Licht funzelte nur noch so schwach, dass man selbst Wiesinger keinen Vorwurf machen konnte, wenn er sie nicht mitbekam.

Stichnote brach ab, tauschte einen Satz Batterien, aber die neuen waren ebenfalls leer, sodass gar nichts mehr ging. Er hatte kaum je eine solche Peinlichkeit erlebt. Der Leutnant würde – ganz abgesehen von seiner nicht weiter beförderten Privatnachricht – wenig begeistert sein, und was man sich auf dem Schiff jetzt dachte, wollte er sich gar nicht vorstellen. Gut, technisches Versagen gab es, die Batterien waren immer ein Schwachpunkt – trotzdem, wenn man auf Batterien angewiesen war, dann hatte man diese eben zweimal zu kontrollieren.

Hilflos starrte er zum Schiff hinüber, die kraftlose Daimon in Händen, und überlegte, was er tun konnte. Zurück ins Konsulat zu spurten, hätte zu lange gedauert, aber dann sah er, dass überall unter dem Gebüsch Äste und Laub lagen. In seiner Streichholzschachtel gab es noch zwei Hölzer, die ihre Schwefelköpfchen aufmunternd ins Mondlicht hielten, also zögerte er nicht länger, trug einen Haufen Reisig zusammen, entzündete ein Feuer, auf das er alles legte, was er an Brennmaterial fand, zog die Jacke aus, blies in die Glut, und als es gut einen halben Meter hoch loderte, schrieb er mit seiner Jacke, sorgsam darauf achtend, dass sie nicht anbrannte:

«DAIMON DEFEKT». Zweimal morste er den Text, eine mühsame Angelegenheit, dann wurde das Feuer zu schwach. Allerdings meldete Wiesinger oder wer immer da unten auf der Brücke war, schließlich, dass man verstanden habe. «ENDE.»

Er setzte sich ein wenig erschöpft neben die Feuerstelle, bis das letzte Knistern vergangen war, dann trat er die Glut aus. Langsam, den Blick ein letztes Mal auf das im Mondschein schimmernde Schiff gerichtet, zog er seine Jacke an, packte alles wieder in den Fahrtenrucksack und machte sich auf den Rückweg in die Villa Pellegrino, wo er die Daimons mit neuen Batterien bestücken würde, um dann in aller Ruhe *Tod in Venedig* zu lesen, bis ihm die Augen zufielen.

Aber kaum, dass er den fledermausdurchsirrten Olivenhain hinter sich gelassen und die erste Gasse betreten hatte, hörte er ein samtiges Flüstern mit österreichischem Akzent, das aus einem Hauseingang kam.

«Sebastian ...»

Schaudernd blieb er stehen und sah nun eine ganz in schwarz gehüllte schlanke Gestalt aus dem Dunkel treten.

«Hab schon gedacht, du kommst nicht mehr. Ich kam nicht weg von zu Haus, musst erst meinen Bruder loswerden. Bin zum Fenster rausgestiegen.»

«Du bist ...»

«Vorher war ich in der Botschaft, trotz Sonntag. Der Teufel war los. Bin viel zu spät nach Haus gekommen.»

«Was war denn?»

«Hat die deutsche Marine noch nichts davon gehört? Der österreichische Thronfolger und seine Frau sind heut Mittag ermordet worden. In Sarajevo. Komm jetzt, ich weiß was in der Näh.»

12

Das Hotel de Paris war die bevorzugte Absteige der ganzen Journaille, die sich im Weichbild der albanischen Hauptstadt ihre Zeilenhonorare zusammenschrieb und heute Abend in drei Fraktionen gespalten war. Die kleinste Fraktion, angeführt vom Korrespondenten von *La*

Stampa und einem auffallend von Haarschuppen geplagten Franzosen, der einige belgische und französische Provinzzeitungen belieferte, war der Meinung, dass die Ermordung des bekanntermaßen auch in Österreich unbeliebten Franz Ferdinand überhaupt keine Folgen für die albanische Nachrichtenlage habe, da doch dauernd irgendjemand ermordet werde, zuletzt der griechische König und nun eben ein österreichischer Herzog. Die zweite, etwas größere Fraktion sah den Informationsstandort Durazzo hingegen im Aufwind, weil man an dem Attentat sehen könne, dass die Gegend zwischen Adria und Schwarzem Meer einfach die besten Schlagzeilen liefere und es jederzeit auch den Fürsten zu Wied erwischen könne, selbst wenn der kaum das Haus verlasse. Nur weil es die letzten zwei Tage ruhig gewesen sei, hieße das nicht, dass die Aufständischen aufgegeben hätten. Zu dieser Ansicht bekannten sich besonders lautstark ein Mitarbeiter von Reuters und ein paar Deutsche, die für rheinische und berlinische Zeitungen schrieben, sich eigentlich nicht leiden konnten und nun zum ersten Mal einer Meinung waren. Die meisten allerdings sahen schwarz, Albanien sei immer schon ein kleines Licht gewesen, und wenn der Fürst zu Wied nicht ebenfalls rasch umgebracht werde oder Essad Pascha in Durazzo einmarschiere, sei absehbar, dass es nur noch schwieriger werden würde, Artikel über Albanien in die Blätter zu bekommen. Mein Gott – wenn man doch in Belgrad wäre!

Zu allem Überfluss verließ der neue Held der örtlichen Journalisten ausgerechnet jetzt die Stadt, Zickler, der *NZZ*-Sonderkorrespondent, von dem viele insgeheim gehofft hatten, er würde noch bleiben und mit seinen Edelfederqualitäten das Niveau heben. Seine letzte Reportage war in der heutigen Morgenausgabe der großen Zürcher Zeitung erschienen, ein messerscharf formulierter Text mit der Überschrift «Dottore Jekyll und Signor Hyde» über die Zwiespältigkeit der italienischen Albanienpolitik. Glänzend. Und nun war er nur noch einmal ins Hotel de Paris gekommen, um seinen Kollegen auf Wiedersehen zu sagen. Er trug einen neuen Anzug aus der Werkstatt des besten Schneiders der Stadt, und man konnte ihm förmlich ansehen, wie froh er war, bald von hier verschwinden zu können.

Ein korpulenter Österreicher, von dem niemand genau wusste, für welche Zeitungen er eigentlich schrieb, der sich selbst immer nur «Beobachter» nannte und seine Berichte vermutlich für das Evidenz-büro verfasste, kam geradewegs auf Zickler zu. Angeblich hatte er nach der Oberst-Redl-Katastrophe im Jahr zuvor seinen Dienst in der Armee quittiert und war als freier Mitarbeiter vom Stubenring auf den Balkan versetzt worden. Heute Abend nun spielte er seine große Rolle als Mann mit tiefem Einblick in das kakanische Universum, ging von Tisch zu Tisch, wo die verschiedenen Fraktionen über die Zukunft des internationalen Journalismus in Albanien diskutierten, und schien sich prächtig zu amüsieren. Er legte – etwas dreist – einen schweren Arm um Zickler, der sich das gefallen ließ, und stieß mit ihm an. Zickler trank Weißwein, der Österreicher war schon beim Schnaps angelangt.

«Konstantinopel also?», sagte er breit dahin. «Da kann man ja nur gratulieren. Ein Freund von mir ist neunzehnacht runtergegangen, der war vorher beim Geniestab gewesen, und hat sich dann mit einer Firma selbständig gemacht. Interessantes Geschäftsfeld hat er da unten aufgetan. Ich war selber nie dort, dabei hat er mir sogar eine Stelle angeboten, als wir uns das letzte Mal in Wien gesehen haben. Er sagt, man findet einfach keine guten Leut.»

«Interessant. In welcher Branche?»

«Vielleicht haben's des schon mal gehört, dass am Goldenen Horn, wo's schon ewig lang, eigentlich ja seit Jahrtausenden umeinander fahren, eine ganz ungeheure Masse von alten Schiffen da unten am Grund liegt. Mein Freund hat ein Kranschiff gekauft, das früher auf der Ostsee gefahren is, und hebt solche Wracks damit. An Land dann lasst er alles Metall rausholen. Man würd nicht denken, sagt er, wieviel Metall die früher in solche Segelschiff hineinverbaut hätten. Ein Bombengeschäft.»

Er lächelte Zickler vielsagend an.

«Die Konzession hat er von den Belgiern.»

«Tatsächlich?»

«Ja. Ein belgisches Konsortium hat der Hohen Pforte einen Kredit g'geben und dafür die Rechte zum Heben und Verwerten der Schlammschifferl bekommen. So wie üblich halt. G'hört doch gar nix mehr den Türken selber, eine jede Einnahmequelle ist doch praktisch an irgendeinen Kreditgeber verpfändet. Ist wirklich ein guter Freund von mir. Vielleicht wollen's mal über den schreiben.»

«Gute Idee.»

«Oder verfolgt er eventuell schon was anderes?»

«Könnte sein.»

«Ja, was denn?»

Zickler schwieg, fixierte den exilierten Wiener und sagte dann mit leiser Stimme: «Internationaler Mädchenhandel.» Nach einer Pause enthüllte er ein paar phantastisch-gruselige Details. Mädchen aus dem Russischen Reich, vor allem aus der Ukraine und Georgien würden unter den fürchterlichsten Bedingungen nach Konstantinopel geschmuggelt und dort als Sklavinnen verkauft, unter den Augen der Behörden. Und nicht nur Türken würden sich an dieser Monstrosität beteiligen. Mehr könne er nicht darüber sagen. Ein ungeheurer Skandal jedenfalls.

Der Evidenzler, sichtlich aufgestört, strich sich den buschigen Schnurrbart, nippte an seinem Schnaps und wollte gerade etwas erwidern, da setzte Zickler ein verbindliches Lächeln auf, entschuldigte sich, ein alter, zufällig in Durazzo weilender Freund sei soeben angekommen und mit dem wolle er seinen letzten Abend verbringen.

Legationssekretär Amadeus Toth stand im Eingang des Hotel-Restaurants, den runden Strohhut auf dem langgestreckten Schädel, eine Zigarette an den Lippen, den Stock in Händen und zwinkerte durch seine winzigen Brillengläser, bis er Zickler entdeckt hatte. Dieser winkte ihm zu, gab dem Wiener die Hand und sagte «Servus», trat noch an zwei, drei Tische, schüttelte auch dort Hände, nahm Visitenkarten entgegen und erteilte letzte Auskünfte über seine Abreise, die er morgen früh mit dem Dampfer nach Brindisi antrete, wo es am nächsten Tag mit der aus Triest kommenden GRAZ des Österreichischen Lloyd über Piräus weiter nach Konstantinopel gehe. Mittwoch werde er am Bosporus sein.

Dann begrüßten Zickler und Toth sich herzlich und verließen das Hotel de Paris, da Toth den jungen Freund in ein kleines Gasthaus führen wollte, etwas außerhalb des Zentrums, in welchem sie ungestört würden sprechen können.

Dort kannte man den Konsulatsschreiber, wusste, dass er nur Tee trank, der dann auch gleich serviert wurde, nachdem sich die beiden in einem Alkoven niedergelassen hatten.

«Wie lange trinkst du schon nichts mehr?», fragte Zickler.

«Sind prächtige drei Jahre. Fällt mir auch gar nicht schwer. Dafür qualme ich wie Vulcanus im Vesuv.»

Er zog ein kleines Tonpfeifchen aus der Tasche, dessen Kopf schwarzrandig eingefärbt war, legte einen dunkelbraunen Klumpen auf den Tisch und begann, diesen mit den Fingern zu bearbeiten, bis das Material weich genug war, um das Pfeifchen damit zu stopfen. Er entflammte ein langes Schwefelholz, Zickler hörte es aufzischen, als Toth die Flamme in das Pfeifchen sog. Der Schreiber inhalierte, feiner Schweiß brach ihm aus, aber seine Züge entspannten sich sichtlich, als er ausatmete; er sank ein wenig zurück, und Zickler erschrak, weil der knochige Mann in dieser Pose wie einer der bedauerlichen Opiumraucher aussah, die er in Shanghai gesehen hatte.

Toth bot ihm den Kif an, Zickler lehnte dankend ab. Sie tranken einen Schluck Tee, dann wiederholte Toth die Prozedur. Schließlich legte er das ausgerauchte Pfeifchen ab, hustete, dass ihm Tränen kamen, und schien nun selber wie angezündet, schlürfte den Tee auf einen Sitz und winkte dem Kellner, einem vielleicht zwölfjährigen, todmüden Knaben, damit er frischen brachte.

«Ist gut gegen die Moskitos», sagte er, schüttelte den Kopf und lachte. «Wie geht's deinen Eltern?»

Zickler erklärte ihm, dass er zuletzt vor einem Vierteljahr Kontakt in Briefform gehabt habe, von Saloniki aus, dort habe er übrigens auch erfahren, dass Toth ans deutsche Konsulat in Durazzo versetzt worden sei, seitdem aber nicht mehr, da er die ganze Zeit unter nordepirotischen Freischärlern zugebracht habe, Tagesreisen vom nächsten Telegraphen- oder Postamt entfernt. Er werde ihnen aber aus Konstantinopel schreiben, sobald er dort eingerichtet sei. Zuletzt gesehen habe er seine Eltern an Weihnachten vor zwei Jahren – damals ging es ihnen gut, bis auf den Umstand, dass das Rheuma seines Vaters immer schlimmer werde.

«Sind die beiden denn noch manchmal in Ascona?»

Zickler verneinte, soweit er wisse, gar nicht mehr, es habe sich doch einiges geändert auf dem Monte. Mit Ida sei seine Mutter zunehmend schlechter ausgekommen.

«Hatten sich noch nie gemocht. Ich selbst übrigens kam gut mit ihr zurecht – aber es stimmt schon, seit sie Gusto rausgeekelt haben, war es nicht mehr dasselbe.»

Toth seufzte, griff noch einmal, mit leicht nach unten gezogenen Mundwinkeln, zu seinem Pfeifchen, und Zickler dachte an jene paar Sommer, die er mit seinen Eltern in der Kommune am Lago Maggiore verbracht hatte, bis sie ihn, da war er zwölf gewesen, nicht mehr hatten mitnehmen wollen, um seine erwachende Männlichkeit durch die freizügige Atmosphäre dort nicht aufzustacheln.

Nach dem letzten Mal hatte er ihnen nämlich, wieder zu Hause in Zürich, gestanden, einen deutschen Anarchisten und eine französische Tänzerin hinter einem Gebüsch beobachtet zu haben – bei einer Tätigkeit, die er sich nicht habe erklären können. Von da an hatten seine Eltern ihn in ein katholisches Ferienlager geschickt, das furchtbar langweilig war – aber dort hatte er angefangen zu schreiben.

Ein übler, rhythmisch gestreckter Huster beendete die zweite Kifrunde, Toths Augen nahmen einen leicht verschwommenen Ausdruck an, der nach einem weiteren hinuntergeschütteten Glas Tee einer nervösen Fiebrigkeit wich. Auch stand ihm wieder Schweiß auf der Stirn, den er sich trocknete, um dann das Hemd und seine Anzugweste aufzuknöpfen, die Schuhe auszuziehen und sich im Schneidersitz neu zu positionieren.

Er erzählte, dass er Zicklers Artikel über die Nordepiroten mit größtem Interesse gelesen habe, auch wenn er eine etwas andere Meinung über deren Perspektiven habe. Aber das sei ja nun gleich, man könne ohnehin nicht wissen, wie es weitergehe, den Österreichern, die sich selbst für die größte Großmacht von allen hielten, sei alles zuzutrauen – er habe sich jedenfalls sehr gefreut, seinem Konsul einen echten Zickler in die Ausschnittmappe legen zu können. Er erinnere sich noch gut, wie ihm Johanna, Zicklers Mutter, voller Stolz dessen ersten Artikel aus der *NZZ* zugeschickt habe. Damals sei er ja noch stellvertretender Attaché an der Botschaft in Rom gewesen.

Amadeus Toth war Zickler von seinen Eltern stets als eine literarische Koryphäe angepriesen worden – der einzige deutsche Diplomat, der jemals die Höhen des Monte Verità erklommen habe, der Nietzsche seitenweise auswendig konnte und von nichts anderem als dem Ideal, dem Problem und dem Auftrag der Literatur sprach. Außerdem jeden Abend betrunken war, um dann in all den Sprachen, die er beherrschte, zu deklamieren und eigene Texte vorzutragen, Fragmente aus einem großen Buch, an dem er schrieb.

«Was macht dein Buch?», fragte Zickler und sah Toth lächelnd an. Dieser schien sich über die Frage zu freuen, skizzierte den Erzählbogen, der weit in die Geschichte reichte, eine Geschichte über Sklavenhandel im Mittelalter, und sagte, dass es mit seinen Vorstudien so weit gediehen sei, dass er demnächst mit der Niederschrift beginnen könne. Er müsse nur noch ein paar Bücher lesen. Dann berichtete er über die bemerkenswertesten Neuerscheinungen der letzten Zeit und irgendwie tauchte in Zickler das kartographische Bild des europäischen Kontinents auf, über welchem düstere Vögel, Krähen und Geier vagabundierten.

«Ich hoffe, es macht dir nichts aus, Amadeus», sagte Zickler, dem Toth ein ganz klein wenig auf den Geist zu gehen begann, «aber ich bestelle mir jetzt einen Schnaps.»

Er stand auf und trat zur Küche, da der Knabe, den Kopf auf seine Knie gelegt, eingeschlafen war.

«Was genau führt dich denn nun nach Konstantinopel?», fragte Toth, als Zickler, das randvoll eingeschenkte Glas Rrushi balancierend, wieder Platz nahm.

«Bin schon lange an der Geschichte dran.»

«Worum geht es?»

«Waffenhandel», sagte Zickler. Seine Augen blitzten. «Du weißt doch, dass ich vor zwei Jahren auf den Balkan gekommen bin, um darüber zu berichten, wie Griechen, Serben und Bulgaren gemeinsam gegen die Türken losmarschiert sind, Meereszugänge, Häfen und Städte eroberten, Menschen vertrieben, die sie nicht für ihre Landsleute ansahen, und das so lange, bis die Osmanen fast ihren ganzen europäischen Besitz verloren hatten.»

«Der erste Balkankrieg. Ich weiß.»

«In der Schlacht von Lüleburgaz standen sich 110 000 Bulgaren und 130 000 Türken gegenüber. Ich war damals mit einem Kerl von der *New York Times* und einem für Reuters London arbeitenden Ungarn unterwegs. Wir waren uns einig, dass es ein taktischer Fehler des bulgarischen Generals gewesen war, die ein paar Tage zuvor schon geschlagenen Türken ziehen zu lassen, um seinen Soldaten Ruhe zu gönnen. Die drei Tage Aufschub nutzten die Türken dazu, sich mit frischen Truppen aus Konstantinopel zu verstärken, die Stoppelfelder und Weiden mit Infanteriegräben zu durchziehen und mit modernster Artillerie auszustatten.» Er nahm einen Schluck. Der Schnaps brannte ihm in der Kehle.

«Was für ein Rachenputzer! Kurz vor Beginn erreichten uns Nachrichten von der türkischen Seite der Front, die ein Gewitter verhießen, wie man es in Europa noch nie erlebt haben würde: fast eine Viertelmillion Soldaten in einer Schlacht!

Wir hatten ein eigenes Automobil. Der Verbindungsoffizier, der uns begleitete, faselte die ganze Zeit vom Einzug der Truppen des bulgarischen Zaren Ferdinand ins heilige Zarigrad und von der Errichtung des orthodoxen Kreuzes auf der Hagia Sophia. Die Bulgaren kämpften mit dem neuen Bajonett-Gewehr. Damit stürmten sie gegen die Türken, deren Maschinengewehre unzählige Angreifer niedermähten, aber kaum waren die ersten Bulgaren in den Gräben, gab es ein furchtbares Gemetzel.»

«Wie nah wart ihr dran?», fragte Toth.

«Oh, nicht einmal besonders nah. Aber die Bulgaren hatten neuartige, mit Stromaggregaten aus englischer Produktion betriebene Flutlichtanlagen. Wir konnten alles beobachten, als sähen wir einem in weiter Ferne flackernden Lebensrad auf einem Jahrmarkt zu. Es war die Hölle auf Erden, aber für uns Journalisten ...»

«Wenn Homer beschreibt, wie Achill die Trojaner abschlachtete und wie viele verschiedene Tötungsarten Agamemnon beherrschte, dann ist das auch nichts anderes.»

«In der dritten Nacht der Schlacht bemerkte ich die Ankunft einer Gruppe, die offensichtlich weder zur bulgarischen Armee noch zum

Tross der Journalisten gehörte, sich aber frei bewegte. Sie kehrten von einem Beobachtungshügel zurück wie eine Jagdgesellschaft, die sich mit dem erfreulichsten Appetit an die Tafel setzte, um die Feldstecher zur Seite zu legen und sich über das Erlebte auszutauschen.»

Zickler musste an den Mann im schwarzen Anzug denken, dessen tiefschwarzes Haar glatt nach hinten gekämmt war und dessen ungewöhnlich dunkle Gesichtsfarbe und tiefernster Ausdruck ihn an einen jungen Brahmanen erinnert hatten, den er einst in Kalkutta beim Spendenkassieren beobachtet hatte.

«Als ich mich an dem Quartiersposten vorbeigeschoben hatte, um dem Gespräch in ihrem Zelt zu lauschen, hörte ich, wie sie über die Wirkungen verschiedener Waffensysteme diskutierten, die sie gerade zum ersten Mal in einer echten Kampfsituation erleben konnten. Es ging um Zahlen, plötzlich war von Geld die Rede, und dann wurde mir klar, was das war. Eine Art Verkaufsgespräch. Der Gastgeber war ein Waffenhändler und die Gruppe bestand aus Einkäufern verschiedener Mächte. An diesem Abend wurden Auftragszettel geschrieben.»

Dass der Krieg, den jener von den Agenten des Zaren ins Leben gerufene Bund aus Serbien, Griechenland und Bulgarien gegen das bröckelnde Reich des osmanischen Sultans führte, ein glänzendes Geschäft war, hatte Zickler natürlich schon vorher gewusst, auch dass sich die besten Waffenschmieden des zivilisierten Europas daran beteiligten, und zwar unabhängig von der jeweiligen Meinung und Strategie ihrer Regierungen, wohl aber mit deren Wissen und Billigung. Was er sich aber nicht hatte vorstellen können, war, dass die Schlachtfelder dort, wo neuestes Material eingesetzt wurde, von Angehörigen verschiedener Militärorganisationen besucht wurden, um dessen Wirkungen in der Praxis zu studieren und dann eventuell den Chefs in Berlin oder Paris Empfehlungen für die nächste Bestellung zu geben. Der Balkankrieg – eine Verkaufsmesse.

Eigentlich wollte Zickler, nach siebzehn Monaten Krieg, Elend und

Cholera, die hinter den türkischen Linien gewütet und ganze Dörfer ausgelöscht hatten, zurück nach Zürich in die Villa seiner Eltern und so wie alle anderen ein Fahrten- und Abenteuerbuch schreiben. Seine Notizbücher waren angefüllt von unheimlichen nächtlichen Ritten durch menschenleere Gebiete, Begegnungen mit Sterbenden, dem Chaos beim Rückzug geschlagener Armeen und dem Elend der zivilen Flüchtlingsströme – genug Stoff für zwei Bücher.

Aber auch wenn neue Staaten gegründet, ganze Volksstämme vertrieben und umgesiedelt und Verträge geschlossen worden waren – die Waffen waren noch da und auch ihr Nachschub war gesichert, um all die Aufständischen, Partisanen und Freischärler zu versorgen, die sich mit den von den Großmächten ausgehandelten Verträgen nicht abfinden wollten und weiterkämpften. Also blieb auch Adolph Zickler dran – mit einem geheimen, großen Thema: dem internationalen Waffenhandel.

«Du hast die letzten Artikel ja gelesen und weißt, dass ich mich mit so einer Verbrecherbande durch Südalbanien geschlagen habe. Eines Tages bekamen sie ein nagelneues Geschütz geliefert, Krupp, Baujahr 1910. Ich kam mit dem Lieferanten ins Gespräch. Um die Wahrheit zu sagen, habe ich die ganze Nacht mit ihm gesoffen, und er beschenkte mich mit einem Detail, das mich nun endlich einen Schritt weitergebracht hat. Der Lieferant bezog seine Ware nämlich – mit Deckung der griechischen Regierung – über ein Transportunternehmen, das zu Beginn des ersten Balkankrieges mit dem Ziel gegründet worden war, den Außenhandel der Türkei zu beleben. Im Gegenzug konnten die Türken dann Rüstungsgüter kaufen.»

«Diesem Unternehmen bist du auf der Spur?» Zickler nickte.

«Der Chef hinter dem Ganzen residiert angeblich irgendwo in Konstantinopel und hält dort Hof. Gestrandete Europäer, hochrangige Staatsbeamte, Diplomaten und Vertreter der europäischen Industrie. Alle da.»

«Ich würde sagen: Jetzt genehmigen wir uns aber ein Pfeifchen auf den Bosporus!»

«Mehr fällt dir dazu nicht ein? Und die Moral? Die Scheißmoral, die sie uns immer vorhalten? Das Gute im Menschen?»

«Eher kann der Mensch das Nichts wollen, als nicht wollen», sagte Toth und ließ eine gewaltige blaudunstige Wolke in den Raum steigen.

13

Arjona und Sebastian waren nicht weit gegangen, um jenen Ort zu erreichen, an dem Arjona viele Stunden ihrer Kindheit verträumt hatte. Es war ein Garten, dessen einstige Beete und Wege längst überwuchert waren. Aus der ihn umfassenden Steinmauer hatten sich Generationen Material für ihre eigenen Bauten geholt. Das im Mondlicht schimmernde Häuschen hingegen schien bis auf die leeren Fenster und ein teilweise eingebrochenes Dach unversehrt. Ganz leise hörte man das Plätschern einer Quelle.

Arjona führte sie zu einer gänzlich übermoosten steinernen Bank, neben der Heckenrosen dufteten. Sie nahmen Platz, nahe beieinander, doch ohne sich zu berühren. Stichnote stellte seinen Rucksack ab und legte die leicht zitternden Hände in den Schoß. Arjona schien auf etwas zu warten.

Stichnote, dem die Kehle trocken war, versuchte endlich sein

«Ti e bukur» herauszubringen, doch legte sie ihm schnell den Finger auf den Mund und flüsterte «Pass auf, der Bilbil», da sich nun in der Tiefe des Gartens etwas regte, ein membraniges Scharren, das Sebastian für einen Moment an eine Art Mechanik denken ließ, bis er schließlich eine Nachtigall erkannte, die gleich darauf mit ihrem unvergleichlichen Gesang einsetzte.

Schließlich lehnte Arjona ihren Kopf an Stichnotes Schulter, ihr lockiges Haar kitzelte ihn am Kinn, er wagte aber nicht, den Arm um sie zu legen, während sie den Kopf ganz leicht hin und her drehte, wie ein kleines Tier, das sich ein Nest baut.

«Du riechst ... nach Rauch, wie ein ... Köhler ...», stellte sie fest.

«Was hast du gemacht?»

«Ein Signalfeuer angezündet. Die Taschenlampe war kaputt. Zum Glück.»

«Wieso Glück?»

«Weil wir uns sonst verpasst hätten. Ich habe viel länger gebraucht als sonst.»

«Wann musst du gehen?»

«Noch nicht.»

«Warte», sagte sie, stand auf und kam nach einer Weile wieder, ein Taschentuch in der Hand, das sie in die Quelle getaucht hatte, um sein Gesicht ganz sanft damit abzureiben. Danach betrachtete sie ihn und lächelte ihn an.

«Wie hast du gesagt, heißt die Nachtigall?», fragte er.

«Bilbil.»

«Der Bilbil sagt ... Ti je e bukur.»

Ihre Lippen erinnerten ihn an Obst, sie schmeckten süß und waren so weich, dass Stichnote sich mit nichts anderem mehr beschäftigen wollte als damit, sie zu küssen, mit seiner Zunge über sie streichend und sie ausmessend, da sie ihm unerschöpflich und immer wieder anders waren, zumal als sie sich nach einer Weile langsam öffneten und Arjona ihm nun mit ihrer Zunge zu begegnen begann, die höchst neugierig war, was Stichnote so gefiel, dass er Arjona packte, um sie nicht mehr entwischen zu lassen. Er durchwühlte ihr Haar, an dem er hätte hinaufklettern mögen, sich hinaufziehen zu ihr, die ihre Arme um seinen Hals geschlungen hatte und ihn so leidenschaftlich küsste, dass er sie fast bremsen musste und ihren Kopf unwillkürlich ein wenig an den Haaren zurückzog, worauf Arjona ein leises Stöhnen von sich gab, ihren Kopf wie wild herumwarf und begann, seinen Hals zu küssen und an seinem Ohrläppchen zu saugen.

Es war wie eine Verwandlung, die Stichnote spürte, niemals hätte er solche Energie für möglich gehalten. Arjona kam ihm mit einem Mal so viel älter vor, wissender, weiser als er selbst und auch so rätselhaft, dass er fast erschrak, sie aber stattdessen mit aller Kraft an sich presste, dann nicht mehr anders konnte und ihre Brüste zu streicheln begann, eine ihrer Brustwarzen unter dem schweren schwarzen Stoff befühlte und zärtlich zu fassen versuchte. Ihr Herz schlug wie rasend.

Arjona atmete schwer, gab sich der Liebkosung für eine Weile hin, dann besann sie sich seufzend, drückte ihn ein wenig von sich fort, fasste seine Hände und legte sie sich mit sanftem Nachdruck in den Nacken. Sie gab ihm einen langen Kuss, löste ein paar Knöpfe seiner Uniformjacke und schmiegte ihren Kopf an seine Brust. Auch Stichnotes Herz schlug heftig, und sie lauschte seinem Klang ganz ernst und sagte kein Wort.

So saßen sie eine Weile, Stichnote spielte mit ihren Locken und fing wieder an, ihre Stirn und Schläfen mit neuen, ebenso hungrigen Küssen zu bedecken. Arjona neigte gerade ihren Kopf, um ihm wohlig zu erwidern, als Stichnote mit einem Mal abließ.

«Warte ...», sagte er unvermittelt. «Ich glaube, da kommt jemand.»

Arjona blickte auf.

«Mallkuar!», flüsterte sie entsetzt. «Mein Bruder, mit einem Cousin.»

«Dein Bruder?»

«Schnell, sie haben uns noch nicht gesehen. Hinter dem Haus ist ein Loch in der Mauer, da kommst du auf eine Gasse, die in die Unterstadt führt. Beeil dich ...»

Er knöpfte sich die Jacke zu, Arjona reichte ihm den Rucksack und sagte noch einmal «beeil dich ... und bis bald», sodass ihm nichts anderes blieb, als ihr über die Wange zu streichen und, so schnell er konnte, über verwucherte Wege zu springen, während der Bilbil unermüdlich sein sehnendes Rufen hören ließ.

Als er am Haus war, duckte er sich an die Mauer, von der der Putz rieselte. Nun waren Arjonas Bruder und der ältere, furchteinflößend aussehende Cousin bei ihr angekommen, die ungerührt dasaß und die beiden mit scharfer Stimme zurechtwies, zumindest kam es Stichnote so vor. Er schlich weiter, fragte sich, ob er nicht doch besser bei ihr geblieben wäre, dann sah er das Loch in der Mauer und lief geduckt darauf zu, stolperte in eine von Unkraut überwucherte Grube, fiel hin und krachte auf einen Ast, der ein morsches Knacken von sich gab. Er konnte hören, wie die streitenden Geschwister verstummten. Jetzt war die Stimme des Begleiters zu hören, und schon hetzten die beiden durch den Garten in seine Richtung.

Stichnote war oben wie der Blitz, warf seinen Rucksack durch das Loch, zwängte sich hindurch, seine Uniformjacke riss, aber er achtete nicht darauf, die Vorstellung, die beiden bekämen ihn an den Füßen zu fassen, war einfach zu schrecklich. Dann hatte er es geschafft, hörte die Stimmen seiner Verfolger hinter der Mauer. Den Rucksack verfluchend, der für diese Art von Flucht gänzlich ungeeignet war und schwer scheppernd auf und ab hüpfte, rannte er davon. Die Gasse führte steil bergab, oberhalb hörte er die Tritte der anderen. Er nahm die erste Abzweigung, eine Treppe, die ihn weiter nach unten führte, wo er mit einem Mal funzliges Licht auf die Straße fallen sah und leise Zigeunermusik hörte. Mit etwas Glück war das ein Lokal, in dem er Zuflucht finden konnte.

14

Die beiden Deutschen, von denen einer freilich ein Schweizer war, wollten ihr Wiedersehen und ihren gleichzeitigen Abschied nicht einfach nur begehen, sondern feiern, und so waren, vom Wirt gerufen, bald einige Zigeunermusikanten aufgetaucht sowie zwei Mädchen, denen Zickler ein großzügiges Trinkgeld für ihre Bemühungen gab, weit davon entfernt allerdings, mit einem von ihnen in das Nebenzimmer zu verschwinden, wozu ihn der Wirt – unter einem buschigen Schnurrbart zahnlos grinsend – ermuntert hatte. Die Mädchen waren süß, aber eben Mädchen. Stattdessen schmiss Zickler Lokalrunden, bestellte Wein und ein spätes Abendessen.

Legationssekretär Toth stopfte sein Pfeifchen ein ums andere Mal, ließ es kreisen und fing dann mit einem der Mädchen, das aus dem Lachen gar nicht mehr herauskam, ungelenk, aber ganz entschieden zu tanzen an, während Zickler sich mit dem eingetroffenen Amselfelder Rotwein betrank.

Der knochige Literat sah bizarr aus, wie er, mit aufgeknöpftem Hemd, unter dem die Rippen hervortraten, um das Kohlebecken in der Mitte des Raums tanzte, torkelnd, ohne je zu fallen, und groteske Schatten an die Wände warf. Der Wirt selbst war mit dem anderen Mädchen nach hinten gegangen, und jetzt vernahm Zickler von dort ein leises Stöhnen, über dem ein tiefbassiges Grunzen lag.

Vielleicht hatte die Zigeunerkapelle ohnedies geplant, eine Pause einzulegen, oder es war nur die Stille zwischen zwei Stücken, jedenfalls endete gerade die Musik, als die Tür aufging und ein hochgewachsener junger Mann in deutscher Marineuniform hereinstürzte. Er atmete schnell, als ob er gerannt wäre, schaute sich unsicher um, machte aber keine Anstalten, wieder zu gehen.

«Ja gibt's das!», schrie der Konsulatsschreiber und trat grinsend auf den Soldaten zu, der gleichfalls begeistert war, Amadeus Toth zu sehen, und ihm dankbar die schweißige Hand gab, die Toth nicht mehr losließ, bis er den jungen Soldaten zu Zickler hinübergezogen hatte.

«Darf ich vorstellen, Adi, das ist Herr Obermaat Stichnote. Er bewacht unser Konsulat. Zusammen mit seinen Kameraden.»

Zickler sah Stichnote freundlich an. Es war derselbe gutaussehende Seemann, den er ein paar Tage zuvor in der Stadt gesehen und fast angesprochen hatte. Seine tiefblauen Augen spiegelten Schrecken wider. Es fiel Zickler auf, wie derangiert seine Uniformjacke war, am Rücken und an der Schulter kalkweiß und ein wenig dreckig, ein Ärmel aufgerissen. Undenkbar, dass ein Angehöriger der deutschen Marine ohne Grund dermaßen schlampig herumlief. An dem Riss prangte ein Abzeichen, das Zickler noch nie gesehen hatte: Über dem für alle Marineangehörigen typischen Anker lag ein goldener Blitz. Er fragte danach.

«Kaiserlicher Marinefunker bin ich …», sagte Stichnote, selber überrascht von seinem abweisenden und gleichzeitig unbeholfenen Ton. Doch Zickler, betrunken und trotzdem gläsern klar, ließ sich nicht irritieren, hakte nach und erfuhr von Stichnote, dass dieser der jüngsten Einheit der Kaiserlichen Marine angehöre, und auch der kleinsten, denn die Marine verfüge zur Zeit nur über etwas mehr als sechshundert Funker, die tatsächlich mit den Funkentelegraphie-Stationen umgehen konnten. Die Blitze der Knallfunken- und Lichtbogensender würden bekanntlich durch Elektrizität hervorgerufen, deshalb der Anker mit Blitz. Zickler fand die Auskunft in Ton und Inhalt erstaunlich.

«Woher kommen Sie denn um diese Zeit, wenn ich fragen darf?»

«Sie müssen wissen, Herr Obermaat, mein Freund Adolph hier ist Reporter. Passen Sie also auf, was Sie sagen.» Amadeus Toth hatte winzige, gerötete Augen, die Stichnote sofort aufgefallen waren. Seit er ihn zuletzt gesehen hatte, schien er noch dürrer geworden zu sein – aber seine Laune war glänzend.

«Es ist wirklich zu dumm», sagte Stichnote. Er setzte den Rucksack ab und begann, sich die Jacke abzuklopfen. «Hab mich doch tatsächlich auf dem Rückweg verlaufen. Auf einer maroden Treppe bin ich gestürzt. Ein Wunder, dass ich mir nichts gebrochen hab. Bin böse hingefallen. Hab hier Licht gesehen.»

«Ich weiß nicht, wie es euch geht, aber ich sterbe vor Hunger», sagte der Konsulatsschreiber, warf dem zurückgekehrten Wirt einen Blick zu, rief «Dinner» und machte eine die drei Männer umkreisende Handbewegung. Der Wirt brachte Stühle, schob das Kohlebecken zur Seite, seine Gäste setzten sich, dann aber nahm Zickler eine der beiden Schüsseln mit geröstetem Huhn in Tomatensoße und trug sie zu den Musikanten hinüber.

Der Konsulatsschreiber, ohne seine überaus heitere Miene zu verziehen, lächelte Stichnote an und sagte:

«*Die Biene Maja* ist eines meiner Lieblingsbücher. Sehr gute Wahl.»

«Oh.»

«Ich mache Ihnen keinen Vorwurf. Hab's nur gesehen, als ich Ihnen vorhin eine weitere Empfehlung bringen wollte.»

Stichnote konnte nicht glauben, dass der Konsulatsschreiber in seine Kammer gegangen war und die Bettwäsche durchwühlt hatte.

«Wo haben Sie das Buch gesehen?»

«Es lag auf dem Bett. Neben dem Kopfkissen.»

«Nicht ... darunter?»

«Keineswegs. Hab das neue Buch danebengelegt. So schnell, wie Sie lesen können, dürften Sie Ende nächster Woche damit durch sein. Sind nur knapp achthundert Seiten.» Er zwinkerte, schenkte ihm Wein ein, den Stichnote hinunterstürzte, während Toth an seinem Teeglas nippte.

Zickler saß drüben bei den Musikanten, die sich über das Essen begeistert zeigten, und stieß mit allen an. Jetzt erst, während sie sich selbstvergessen über die Mahlzeit hermachten, erkannte er, dass dem einen ein Auge, dem zweiten ein Ohr und dem dritten ein Teil seiner Nase fehlte.

Er blickte zu Toth und dem Soldaten, der sich so lächerlich als «kaiserlicher Funker» vorgestellt hatte und an dem irgendetwas faul war. Nicht, dass er dagegen gewesen wäre, ihn am Tisch zu haben, im Gegenteil. Aber dass der Aufenthalt in dieser Spelunke nicht auf seinem Dienstplan stand, war eindeutig. Fast bedauerte Zickler, dass er dem Geheimnis des Funkers wohl nicht mehr auf die Spur kommen würde. Er und Toth schienen sich bestens zu verstehen, als wären sie hier verabredet gewesen.

Zickler stand auf, nickte den schon bei den Knöchelchen angelangten Musikern zu, legte zwei Lire auf den Tisch und ging wieder hinüber.

«Das musst du dir anhören, Adolph, was dieser Mann über Tauben weiß», rief Toth, nachdem sich Zickler an den Tisch gesetzt hatte, ließ aber den Funker nicht zu Wort kommen, fragte ihn nur, wo er noch mal seine Brieftaubenausbildung gemacht habe, worauf dieser «Flensburg» sagte, und Toth dann alles das wiedergab, was Stichnote ihm erzählt hatte, inklusive der Anekdote einer scheinbar von den Toten wiederauferstandenen Taube, mit der sie ihrem Ausbilder einen Osterstreich gespielt hatten.

«Aber Sie essen ja gar nicht, greifen Sie zu … solang es noch warm ist», lallte Zickler, der insgeheim beschlossen hatte, heute Nacht gar nicht mehr ins Bett zu gehen. Um sieben Uhr am Morgen legte der Dampfer nach Italien ab – die letzten paar Stunden in Durazzo würde er wach bleiben. Mit oder ohne Gesellschaft.

Stichnote hatten die zwei Gläser schweren Rotweins zwar beruhigt, aber sein Magen verlangte dringend nach etwas zu essen. Der ganze Abend war ein Desaster, Leutnant Dönitz würde ihn so oder so zur Schnecke machen – und da dies feststand und eine Stunde mehr oder weniger spätes Einlaufen im Quartier den Kohl nicht mehr fett machte, nahm er sich ein Stück Huhn und begann, es zu verspeisen.

Etwas Besseres als die Begegnung mit dem Schreiber und dessen Bekannten hätte ihm das Schicksal nicht schicken können. Das Essen war köstlich, und während er es verzehrte und merklich ruhiger wurde, dachte er an Arjona. Sobald es ihm möglich wäre, würde er zur österreichischen Botschaft gehen und nach ihr suchen.

Keine zehn Minuten später erhob sich Toth, der schon lange keinen Kif mehr hatte und deswegen nichts anderes tat, als Tee zu trinken und zu reden, kramte Geld aus seiner Westentasche und legte es auf den Tisch.

«Meine Herren», sagte er, band sich die Krawatte wieder fest und knöpfte die Weste zu, «unsere Stunde hat geschlagen.»

Zickler wuschelte dem Kellner-Knaben über den Kopf, zwinkerte ihm zu, dann drückte er ihm sein letztes Fünflirestück in die kleine Hand und sagte: «Shoh perseri.» Er legte den Arm um Toth und verließ das Lokal, gefolgt von Stichnote, der im Gehen seinen Rucksack aufschnallte.

Draußen dämmerte es schon, die Morgenvögel sangen und die Luft war so erfrischend, wie man sie in Durazzo nur in diesen allererersten Morgenstunden erleben konnte. Sie standen glücklich atmend draußen, Toth zündete sich eine seiner kakanischen Regie-Zigaretten an, hörte dann völlig unerwartet schnell herankommende Schritte zweier Männer, erbleichte und konnte gerade noch sehen, wie eine massige Gestalt mit einem Messer auf Stichnotes Rücken zuraste, das den Funker von hinten ins Herz getroffen hätte, wäre es von Zickler, der in fast überirdischer Schnelligkeit reagierte, nicht abgelenkt worden. Der Schweizer kam dabei jedoch so unglücklich mit dem Stahl des türkischen Militärdolchs in Berührung, dass die Klinge seine Halsschlagader verletzte, was Zickler wie einen unbegreiflich heftigen Schlag empfand, unbegreiflich, weil er trotzdem immer noch stand, dem Angreifer mit der ganzen Kraft seiner achtundzwanzig Jahre ins Gesicht zu schlagen vermochte, worauf dieser das Messer fallen ließ und zu Boden ging, sich keuchend abrollte, wieder auf die Beine sprang und so rasch verschwunden war, dass die beiden anderen, Toth und Stichnote, nicht wussten, was eigentlich geschehen war.

Zickler lag zwischen ihnen auf dem Rücken. Er zuckte wie ein müde gewordenes Tier, sein Blut breitete sich auf dem neuen Anzug aus, durchdrang die Weste, klebte das Hemd auf seine erbleichende Haut und lief auf die Gasse hinab.

«Verschwinden Sie, sofort!», schrie der Diplomat Stichnote zu, warf sich vor dem Sohn seiner alten Freunde auf die Knie und presste mit aller Kraft die Hände auf dessen Hals.

«So laufen Sie doch! Jetzt!» Und Stichnote lief.

II.

Bône

Im Krieg ist die Wahrheit das erste Opfer.

AISCHYLOS

1

Zwei Wochen nach der Messerattacke machte ein schwankendes Ruderboot an der BRESLAU fest und ein holländischer Kriminalbeamter in Zivil begab sich, unter Zurücklassung der zwei bewaffneten Gendarmen, die ihn begleiteten, an Bord. Der Kommissar wollte den Kommandanten sprechen.

Fregattenkapitän Kettner ließ sich zunächst versichern, dass der Kriminalist keinerlei Verdacht gegen irgendein Mitglied seiner Besatzung hegte, und lauschte dann eine knappe halbe Stunde dessen Ausführungen, weniger höflich als gleichgültig. Der Niederländer brachte schließlich sein Bedauern zum Ausdruck, dass ihm nicht gestattet worden sei, mit Angehörigen des Konsulatsdetachements zu sprechen, nicht einmal der Offizier, dieser Leutnant Dönitz, wäre zu sprechen gewesen. Diesen Vorwurf nahm der Kommandant mit Stirnrunzeln, aber kommentarlos zur Kenntnis.

Etwas zu dem Bild beizutragen, das sich der Ermittler von dem Vorfall gemacht hatte, war auch ihm nicht möglich, da keiner seiner Männer – wie er betonte – an jenem tragischen Abend dabei gewesen sei, was auch immer irgendwelche einheimischen Zeugen ausgesagt haben mochten. Dann dürfe er ja wohl davon ausgehen, stellte der Kommissar lächelnd fest, dass er sich für die Beschreibung, die es von dem Matrosen gebe, nicht interessiere. Ganz genau. Der Kommandant sah ihn ohne jede Regung an.

Auf die Frage nach der Versetzung eines Konsulatsmitarbeiters, von der ihm der Ermittler berichtete, wurde Kettner deutlich. Es sei zwar richtig, dass ein Kommando, bestehend aus Mitgliedern seiner Mannschaft, seit einiger Zeit zur Bewachung der deutschen Vertretung abgestellt wäre, doch weder der Konsul, geschweige denn das Auswärtige Amt würden ihn über ihre Personalplanungen auf dem Laufenden halten. Er gehöre nicht dem Diplomatischen Korps, sondern der Kaiserlichen Marine an. Hier setzte er ein eisiges Lächeln auf.

Der Holländer, den ein gutdotierter Zeitkontrakt nach zwanzig Jahren Rotterdamer Lustmorddezernat in den Dienst des albanischen Innenministeriums geführt hatte, hörte sich das alles aufmerksam an, zeigte Verständnis, nippte noch einmal an dem Kaffee und bedankte sich für die Bereitschaft des deutschen Kommandanten zu dieser informellen Befragung – bei den Gepflogenheiten so manch anderer Marine keine Selbstverständlichkeit, das wisse er zu schätzen.

Danach begleitete ihn ein Adjutant aus der Kommandantenkajüte auf der Brücke zurück an Deck. Dort hatten sich zwischenzeitlich zweihundert Matrosen versammelt. Lauthals schreiend, fluchend und pfeifend folgten sie einem Wasserballmatch, das eine aus ihren besten Schwimmern zusammengestellte Mannschaft gegen eine von dem weit draußen vor Anker liegenden britischen Schlachtschiff austrug. Das Spielfeld war mit Leinen markiert, die zwischen vier Booten gespannt waren, in die man als Tore Bojen geknotet hatte. Der Kommissar sah amüsiert, wie sich manche vor Aufregung so weit über die Reling beugten, dass sie fast hinausfielen. Andere Matrosen standen zwischen den Rettungsbooten, den stahlverkleideten Geschützen, an den dreißig Meter hohen Signalmasten. Dann fiel sein Blick auf einen der Niedergänge ins Innere des Schiffes, er trat näher heran und blickte hinunter. Ein schmächtiger Matrose hielt davor Wache, der Kommissar nickte ihm freundlich zu, ohne dass der junge Mann reagierte. In Gedanken lief der Kommissar die steilen Treppenstufen hinab, die im schwarzen Inneren des hundertvierzig Meter langen, hitzeglühenden Schiffes verschwanden, sah sich an genietete Stahltüren klopfen und durch Gänge eilen, die so schmal waren, dass man sich aneinander vorbeiquetschen musste. Das labyrinthische Paradies eines Ermittlers.

Der Kommissar spürte den aus dem Niedergang aufsteigenden Odem, dumpf getragen von Maschinenöl, feinstem Ruhrkohlenstaub und dem Brutdunst der vierhundert Männer, die das seit Wochen in der Sommerhitze stehende Schiff bevölkerten, in ihren Quartieren zusammengepackt wie die Heringe und unausweichlich miteinander vertraut, als führten sie eine Gemeinschaftsehe.

Irgendwo hier auf diesem Schiff, irgendwo da unten, da war er sich sicher, war sein dritter Mann, den er so gerne gesprochen hätte, der junge deutsche Matrose, den zwei Dirnen gesehen haben wollten, die dem aus der Schweiz stammenden Opfer, dummerweise einem Journalisten, an jenem Abend Gesellschaft geleistet hatten. Die Beschreibung: relativ groß, sehr schlank, streng gescheiteltes blondes Haar, ebenmäßige Züge und ein trauriger, sanfter bzw. schöner Blick, hätte auf viele hier gepasst. Aber ein Detail gab es, das ihm womöglich weitergeholfen hätte: eines der Mädchen glaubte sich nämlich genau zu erinnern, dass der Matrose ein ungewöhnliches, grün-rot-gelb-geflochtenes Lederband um den Hals getragen habe, wie sie es noch nie gesehen hätte.

Näher als an diesem heißen Julitag – das ahnte der Kommissar schon, als ihn der ungeduldig gewordene Adjutant schließlich durch einen Trupp Rekruten lotste, die zum hundertsten Mal «Mann über Bord» übten, und an der Reling wartete, bis er wieder in seinem schaukelnden Bötchen saß – würde der Ermittler der fraglichen dritten Person nicht mehr kommen. Zum Zeitpunkt seines Besuchs auf dem Kleinen Kreuzer der Magdeburg-Klasse, von dem der Kommissar noch Jahre später immer wieder gerne erzählte, da die BRESLAU eines der berühmtesten Schiffe des unmittelbar danach beginnenden Krieges werden sollte, befand sich Stichnote auf höchst willkommener Extrawache.

2

Mit einem kleinen Elektrikerbesteck, Lötkolben, Zinn, Ersatzkabeln und seiner Daimon-Taschenlampe bewaffnet, kroch er durch einen schlecht riechenden Leitungsschacht unter den zwei Zwischendecks nah beim Maschinenraum, der die Stahlwände leicht vibrieren ließ. Der Schacht barg stark umhüllte Gummiaderdrähte, Kabel, die sich verzweigten, ein Leitungsnetz, über das ein Drittel des Schiffes mit Strom versorgt wurde. Jetzt war es abgehängt, damit Stichnote es überprüfen konnte – irgendwo musste es einen Wackelkontakt geben, ein durchgeschmortes Kabel vielleicht. Er kroch immer wieder vor, drehte sich dann auf den Rücken und durchleuchtete die Kabelbäume. Er summte versonnen, robbte weiter, dem letzten Verteiler zu, und kam der Ursache dabei ausreichend näher, um sie in der allgemein üblen Luft erst riechen und dann erblicken zu können. Der Schweiß lief ihm in die Augen, während er mit dem Schraubendreher nach der Bordratte stocherte, die es beim Benagen der appetitlich umhüllten Panzeradern erwischt hatte – vorsichtig, damit ihm der verwesende Körper nicht aufs Gesicht platschte.

Neben dem normalen Wachdienst so viel zu arbeiten wie nur möglich war Stichnotes Weg, mit der bedrückenden Erinnerung an jenen Abend umzugehen, über den er in jeder unbeschäftigten Minute nachgrübelte. Er war weggelaufen, aber schon damals mit dem schmerzhaften Gefühl, dass es ein Fehler war, den anderen, der blutüberströmt auf der Straße lag, zurückzulassen. Im Konsulat hatte er sofort den Leutnant aufgesucht, der natürlich noch wach gewesen war, beim

Spiel, hatte ihm berichtet, was vor dem Lokal geschehen war, allerdings ohne Arjona und ihre Blutsverwandten zu erwähnen, sodass der Leutnant den allerdings bedenklichen Eindruck bekommen musste, sein Funker habe sich nach Erledigung des Dienstes mehr oder weniger verlaufen, dann – klar gegen die Dienstvorschrift – ein Lokal aufgesucht, sei dort auf den Konsulatssekretär gestoßen und sodann, schuldlos, in die Messerstecherei verwickelt worden. Kein Wort davon, dass der Angriff ihm, Stichnote, gegolten hatte.

Dönitz erkannte seinen Fehler, Stichnote alleine, ohne bewaffnete Begleitung gehen gelassen zu haben, und befahl dem Funker augenblicklich, seinen Seesack zu packen. Eine Stunde später standen sie unten am Hafen, ein Matrose feuerte die Signalpistole ab, die BRESLAU schickte ein Ruderboot, Stichnote und Dönitz stiegen ein, und während der Offizier nach einem längeren Gespräch mit dem Kommandanten wieder zurückfuhr, blieb Stichnote an Bord. Am nächsten Morgen schickte man Eibo für den Funkdienst an Land. Es gab kein Verhör, nicht einmal ein Gespräch. Es war, als wäre er niemals in Durazzo gewesen.

So verbrachte Stichnote die Juliwochen einerseits mit Rätselraten darüber, was Dönitz dem Kommandanten gesagt hatte, und kämpfte andererseits das würgende Schuldgefühl nieder, selber am Leben zu sein, weil ein anderer, eine arme Sau, die überhaupt nichts dafür konnte, für ihn hatte dran glauben müssen. Niemals ging er so weit, dabei auch an seine Mutter zu denken, da hatte er sich im Griff, doch vor allem nachts, wenn er sich auf der Koje quälte, weil es einfach zu heiß war zum Schlafen, sagte ihm etwas beständig vor, dass er hätte dort bleiben, dass er nicht auf den Schreiber hätte hören sollen, dann wäre er jetzt vielleicht in Schwierigkeiten, säße irgendwo im Bau, in albanischer Untersuchungshaft, wer wusste das schon. Es kam ihm aber so vor, als wäre das besser als das Verharren in seinem Schweigen und der wildphantasierenden Jonglage der Schuld.

Mit niemandem sprach er ein Wort darüber, Eibo war an Land und mit Ingenieuranwärter Thomas Kasten, der in letzter Zeit durch eine üble Saufphase schlingerte, wollte Stichnote nicht über die Sache reden. Der Einzige, mit dem er sich hätte austauschen wollen, wäre Dönitz gewesen, und der war auch nicht da. Also redete er gar nicht, und wenn ihn sein Schweigen auch langsam verrückt machte – es fiel nicht auf. Jeder an Bord wurde langsam verrückt.

Mit dem Attentat auf den österreichischen Thronfolger war eine Lunte gezündet worden, die sich aus den Zeitungsredaktionen und Schreibzimmern diplomatischer Vertretungen schlängelte, Ministerien und Staatskanzleien durchzischelte, auf Parlamentsfluren registriert und bei sämtlichen Generalstäben zunächst als Funkenflug, Kriechstrom, schließlich als sprühende Gewissheit wahrgenommen wurde. Der Tag kam näher, an dem es Krieg geben würde. Krieg. Auf allen Schauplätzen.

Was das deutsche Mittelmeergeschwader anging, war unter den zusammen 1500 Mann Besatzung nur ein Einziger, der schon einmal im Kielwasser eines Krieges gefahren war, und das war der Verbandschef, Konteradmiral Souchon. Der hatte am Boxeraufstand teilgenommen. Doch damals hatten sich sämtliche europäischen Großmächte gemeinsam mit Japan und den USA auf die Aufständischen geworfen, die China vom Diktat des Auslands hatten befreien wollen – mehr ein Gemetzel als ein Krieg.

Alle anderen, alte Seebären mit Armen, die aussahen, als wären sie in ein ozeanisches Tintenfass gefallen, Smutjes mit sieben fehlenden Fingerkuppen, die besten Techniker der Torpedoschulen in Wik und Kiel sowie die frisch ausgebildeten Absolventen von vier Kadettenjahrgängen – sie alle hatten keine Ahnung, was ein Krieg war. Gehört, gelesen hatte man davon. Oder ihn gespielt. Aber erlebt hatte ihn keiner.

In den mehr als zwei Jahren, die man nun fast unverändert zusammen Dienst getan hatte, waren sie mit ihren Schiffen verwachsen, waren wie ein Gallert aus Pflicht und Leidenschaft in jede Ritze dieser schwimmenden Festungen aus Stahl und Holz eingedrungen, hatten dort geatmet, gegessen und dreckige Witze gerissen, und immer hatten sie daran gedacht, dass es sie nur gab, weil es den Feind gab. Wie liebten sie ihn, den Feind. Wie sehnten sie die Begegnung mit ihm herbei. Bald. Endlich Krieg.

Alle wollten sie ihn, und selbst Stichnote empfand mittlerweile, dass nichts anderes mehr helfen würde, um ihr unglückliches Zauberschiff aufzuwecken, das ein böser Fluch zu einem unendlichen Ankerschlaf vor der Malariahochburg der östlichen Adria verdammt zu haben schien. Nur eines wollte er noch – weg aus Durazzo. So suchte er sich jeden Tag aufs Neue Arbeit, reparierte, kontrollierte, lötete auf allen Decks und hätte sogar noch bei den Smuts und dem Reinschiff ausgeholfen, wenn man ihn gelassen hätte. Jeder Handgriff war auf magische Weise mit Aufbruch verbunden; ein Gebet, dass es endlich losgehen möge. Tief in Stichnote saß die Trauer darüber, dass er mit dem schrecklichen Vorfall nicht nur seine innere Gelassenheit verloren hatte, seine Unschuld, sondern auch Arjona niemals mehr wiedersehen würde. Er verbot sich jeden Gedanken an sie, dachte aber doch namenlos, bildlos stets an das Mädchen mit dem seidigen schwarzen Haar und ihrem bezaubernden österreichischen Akzent.

3

Gut eine Woche nach der verschmorten Ratte, der Juli neigte sich dem Ende zu, kam Leutnant Dönitz zurück an Bord, und ein anderer junger Offizier übernahm das Landkommando. Von dem Moment an, als der beste Vorhandspieler des Korps seinen Fuß wieder an Deck gesetzt hatte, versuchte Stichnote ihn zu sprechen, aber als die beiden im überfüllten Kartenraum das erste Mal aufeinandertrafen, schaffte es Stichnote nicht, den Offizier um ein Gespräch zu bitten. Doch schien es ihm zumindest, als hätte Dönitz ihm zugezwinkert, wie es Leute tun, die ein Geheimnis miteinander teilen.

Dönitz selbst, der in jener Nacht in Durazzo erkannt hatte, dass die Version des Vorfalls, so wie sie ihm Stichnote erzählte, seiner Laufbahn eine Delle beibringen konnte, die auch das enorme Wohlwollen von Kommandant Kettner nicht so leicht wieder ausgebeult hätte, hatte gegenüber seinem Vorgesetzten die Schuld auf sich genommen. Ohne zu ahnen, wie nahe er der Wahrheit damit kam, konstruierte er ein Techtelmechtel mit einer Albanerin, gab an, der Obermaat sei ihm in einer brenzligen Situation beigesprungen und sollte nun – zu seinem Schutz – unverzüglich an Bord. Er selbst werde die Sache in Durazzo auf ehrenhafte Weise bereinigen. Das schluckte der Kommandant – ein junger Offizier ohne Liebeshändel bei jeder sich bietenden Gelegenheit war für ihn keiner.

Mit dem Konsulatsschreiber, der zwei Tage später aus dem österreichischen Hospital zurückkehrte und selbst in großen Schwierigkeiten steckte, auf die das Auswärtige Amt mit seiner sofortigen Versetzung ins persische Isfahan reagierte, kam er überein, Stichnote rauszuhalten und gegenüber den Kriminalbehörden anzugeben, er, Amadeus Toth, sei an jenem fraglichen Abend alleine mit dem Schweizer gewesen. Der schlaksige Mann war völlig deprimiert, da das Opfer ein Kind alter Freunde war. Als er wenig später abreiste, um über Venedig und Kairo ein Schiff an den Persischen Golf zu nehmen, schien es ihm allerdings wieder besser zu gehen. Zwei Tage danach tauchte ein Schnüffler auf, ein dicker Holländer, aber da war Toth schon weg. Dönitz redete kein Wort mit dem Kommissar, sondern ließ ihn an der Pforte von einem Matrosen abweisen.

Kurz danach tauschte der Kommandant ihn wie vereinbart gegen Wodrig aus, er kam zurück aufs Schiff, und das Kapitel war beendet.

Der Einzige, der ihm absurderweise hätte gefährlich werden können, war Stichnote. Er hatte zwar eher ein gutes Gefühl, was den Funkobermaat aus München anging, aber auch Dönitz wollte unbedingt mit ihm reden.

Ein weniger gutes Gefühl hatte Dönitz, wenn er an das dachte, was vor ihnen lag. Die Funksprüche vom Marinehauptquartier ließen, zusammen mit dem, was in den Zeitungen stand, keinen Zweifel mehr daran, dass es Krieg geben würde. Zweifelhaft war allerdings der Zustand der GOEBEN – eigentlich ein herrliches Schiff, war sie jedoch viel zu schnell, aus Prestigegründen ohne die sonst üblichen Probefahrten, ausgeliefert worden, und so waren ihre Maschinen nicht recht im Lot und produzierten eine Havarie nach der anderen. Wie lange sie durchhielt, war fraglich. Dönitz wusste, dass es keinen Ausweg mehr gab. Er hatte Angst. Es war die Beherrschung dieser Angst, die seiner Erscheinung ihren Glanz gab, und es war dieser Glanz, den Fregattenkapitän Kettner so an seinem Lieblingsoffizier mochte, weshalb er ihn zu sich rief, wann immer es ging. Auch an jenem Abend, an dem der Krieg für die BRESLAU begann, hatte er ihn zu einer Runde Bridge einbestellt.

Von Mohl, der Erste Navigationsoffizier, der zusammen mit dem Kommandanten das Nord-Süd-Paar gebildet hatte, rechnete die letzte Partie ab und kassierte auch noch die Prämie für den Rubber. Damit stand fest, dass sie gegen von Loewenfeld und ihn, Dönitz, die als Ost-West firmierten, haushoch gewonnen hatten. Kommandant Kettner gab ein zufriedenes Schmatzen von sich, kommentierte zwei Sans-Atout-Wendungen der letzten Partie und rekapitulierte noch einmal, dass sie fünf Honneurs gehabt hätten, was alles nach Dönitz' Meinung mit dem Ausgang nicht das Geringste zu tun hatte. Auch wenn er höflich nickte und sich interessiert zeigte, wurde ihm wieder einmal bewusst, was ihn an dem vom Kapitän so heißgeliebten Auction Bridge störte: Es war ein nettes Spiel, aber trotz Versteigerung und Bieten war es eigentlich kein Glücksspiel. Stand die Verteilung des Blattes einmal fest, konnten die spielerisch Schwächeren nicht viel unternehmen, um doch noch zu gewinnen. Nur Fehler der Gegenseite konnten dem Unterlegenen helfen. Nicht die Art von Spiel, die er wirklich schätzte.

Der Kommandant schenkte jedem noch einmal Cognac nach, etwas anderes trank Kettner nicht, man scherzte noch ein wenig, doch als die Karten wieder im Kästchen verschwunden waren, gab es nichts mehr zu scherzen. Kettner spürte einen furchtbaren Druck auf seinem Magen. Früher hatte der Cognac dagegen geholfen. Jetzt nicht mehr.

«Hat sich verpisst», sagte Kettner und blickte auf den honiggelb schimmernden Grund seines Glases, «einfach weg. Letzte Woche haben wir noch einen ganzen Nachmittag auktioniert, da hat er haushoch verloren. Troubridge.»

Erst jetzt fiel allen auf, welch passenden Namen der Kapitän des britischen Schlachtschiffes trug, das das internationale Geschwader vor Durazzo gestern in den frühen Morgenstunden verlassen hatte.

«Beim Wasserball letzte Woche haben wir auch gewonnen», fügte von Loewenfeld hinzu.

«Wird sich zeigen», sagte irgendwann der Kommandant, «was nun mit uns geschieht. Wenn es zum Kriege kommt, müssen wir irgendwie durchhalten.»

«Wie lange wird der Krieg dauern?»

«Sechs Wochen, vielleicht zehn», erwiderte der Kommandant.

«Hört sich nicht nach viel an, ist aber angesichts der Bündnislage eine lange Zeit für uns. Ich gehe davon aus, dass die Engländer neutral bleiben, aber die Franzosen werden alles tun, um uns zu erwischen. Ich mache mir ehrlich gesagt Sorgen.»

«Und die GOEBEN?»

«Ich weiß, dass Admiral Souchon in den letzten vier Wochen Tausende Leitungsrohre hat austauschen lassen. Ob das viel geholfen hat, werden wir sehen.»

«Na dann», sagte von Loewenfeld und derart einsilbig gingen sie auseinander.

Auf dem Rückweg suchte Dönitz kurz die Offiziersmesse auf, um einen Blick in die Zeitungen zu werfen. Er kaufte sich ein Päckchen Zigaretten und ging dann in seine Kammer; fensterlos und winzig, aber seine eigene. Er hatte sie von unten bis oben mit Teppichen in allen Farben vollgestopft.

Einen so deprimierenden Abend hatte er an Bord der BRESLAU noch nicht erlebt. Am Dienstag hatte die Doppelmonarchie dem kleinen Serbien den Krieg erklärt, und während England und Deutschland, wie man in den internationalen Gazetten lesen konnte, eine Konferenz zur Beilegung des österreichisch-serbischen Konflikts planten, hatte Russland, die serbische Schutzmacht, die Mobilmachung befohlen.

Heute in den Morgenstunden war die BRESLAU durch einen Funkspruch vom Admiralstab auf die «mittelbare Kriegsgefahr» aufmerksam gemacht worden. Denn das Deutsche Reich hatte Russland ein Ultimatum gestellt, seine Generalmobilmachung rückgängig zu machen, das um Mitternacht auslief, also in einer guten Stunde.

Ebenso wenig, wie Serbien auf die österreichischen Forderungen hatte eingehen können, würde sich Russland auf das deutsche Ultimatum einlassen. Sobald es zwischen ihnen und den Russen losginge, wären die Franzosen – Verbündete der Russkis – an Bord. Der im Offizierskorps allgemein bekannte deutsche Plan sah dazu vor, über Belgien nach Nordfrankreich vorzurücken, die französischen Kräfte auf deren eigenem Territorium in kürzester Zeit niederzuschlagen und sodann alles an die Ostfront zu werfen, um die Russen zu besiegen, von denen man – aufgrund ihrer Niederlage gegen die Japaner und von Informationen aus dem russischen Generalstab – annahm, dass sie, schlecht organisiert und ohne richtige Eisenbahnen, sechs Wochen benötigten, um überhaupt kampfbereit zu sein.

Dönitz und seine Freunde hatten den Schlieffen-Plan Dutzende Male durchgespielt und in mehr als neunzig Prozent aller Partien hatte der Spieler mit den blauen Steinen verloren. Die seltenen Male, in denen der Plan funktioniert hatte, waren ausschließlich unerhörtem Würfelglück zu verdanken gewesen, aber in der Regel scheiterte er gnadenlos – denn die deutschen Truppen respektive die blauen Steine hätten Hunderte von Kilometern reibungslos zurücklegen müssen und durften während des Aufmarschs nicht schon in Gefechte verwickelt werden, was unmöglich zu gewährleisten war, denn warum sollten die Franzosen, violett, tatenlos zusehen und den Feind genau dort erwarten, wo dessen Plan sie haben wollte?

Vielleicht war das der Grund, warum das Große Spiel von der Obersten Heeresleitung in der Anweisung 14/08 verboten worden war. Einen anderen als den Schlieffen-Plan hatte man nicht, also war der kleinste Zweifel an seinem Funktionieren auszuschließen, auch wenn jeder Idiot wusste, dass nicht einmal das am besten organisierte Land der Welt zwei aktive Fronten gegen zwei Großmächte aufbauen und durchsetzen konnte.

Dönitz schenkte sich ein Glas echten Jamaika-Rum ein, den ihm sein Vater letztes Weihnachten unter den Baum gelegt hatte und der bald zu Ende gehen würde, genoss das süß-aromatische Brennen im Gaumen, machte es sich bequem und steckte sich eine Zigarette an. Das beste Mittel gegen die Angst vor dem Krieg war immer noch das Spiel. Er holte den Kasten aus seiner Seemannskiste, zückte sein Notizbuch, in dem er sich die gestrige Variante notiert hatte, und baute die Stellung flink wieder auf. Dann warf er die Würfel in den mit Filz ausgeschlagenen ledernen Becher und versank im Spiel. Alle seine Spielkameraden waren überzeugt, dass diese Variante unter einem glänzenden Vorzeichen stand – aus blauer Sicht.

Doch als die blauen Steine auf dem Balkan, wohin Dönitz und seine Kameraden sie gestern geschickt hatten, um die Meerengen zu kontrollieren und einen Angriff auf Ägypten vorzubereiten, eine Serie schrecklicher Niederlagen einfuhren, kippte das Ganze. Die Russen, dunkelgrün, besetzten Königsberg, die Franzosen, die die neutrale Nordschweiz als Aufmarschgebiet okkupiert hatten, das rechte Rheinufer, und attackierten dann das Ruhrgebiet. Dönitz wischte sich den Schweiß von der Stirn, rauchte noch eine und schenkte sich nach. Er warf alles österreichische Material, gelb, gegen die Russen in Galizien und mobilisierte schließlich die Truppen des Osmanischen Reichs mit den roten Steinen, die bislang noch nie mitgespielt hatten, da man nicht wusste, auf welcher Seite die Türken stehen würden.

4

Während Leutnant Dönitz mit den blauen Steinen endgültig die Initiative verlor und begriff, dass die dunkelgrünen Armeen bald vor Berlin stehen würden; während Kommandant Kettner schlaflos dalag, Cognac schlürfte und sich tiefgehend Sorgen machte, nicht nur um sein Schiff, sondern auch um den maßlosen Druck auf seinem Magen; während Matrosen schweißtriefend in den Hängematten schnarchten und andere noch wach waren und Schach um Geld und Karten um Tabak spielten; während andere unter Zuhilfenahme dienstlicher Taschenlampen in Broschüren blätterten und sich selbst befriedigten; während die Männer der Wache auf den Posten standen, die kühle Luft genossen und gelegentlich die winzigen Leuchtfeuer ihrer Zigaretten erglimmen ließen; während unweit des Kleinen Kreuzers, an eben der Stelle weit draußen, wo bis vor kurzem noch ein englisches Schlachtschiff geankert hatte, eine Delfinschule vorüberzog; während der Ingenieuranwärter im Deckfeldwebelrang Thomas Kasten, der drei Schlucke zu viel aus der Ginflasche genommen hatte, sich erbarmungswürdig in einen Eimer übergab; während all das und noch manches andere an Bord und drum herum geschah, saß Funkobermaat Stichnote in einem Kokon nächtlicher Funksprüche, wie er ihn noch niemals zuvor erlebt hatte.

Es war, als besäße jeder noch so entlegene Außenposten irgendwelcher fernen Mächte seit neuestem Funkstationen und Sendemasten, als wären tausend Schiffe unterwegs und noch mehr Funker an ihren Geräten, um in einem Dutzend Sprachen und Codes funkensprühend zu kommunizieren. Es klang wie ein ungeheurer Vogelschwarm, der sich auf dem Dach des adriatischen Himmels niedergelassen hatte und dem Stichnote mit höchster Konzentration lauschte, gebannt und wie abgehoben zwischen den schweißnassen Polstern seines Kopfhörers, den er seit nun zweieinhalb Stunden ununterbrochen trug, mit zurückgelegtem Kopf und geschlossenen Augen meist, und nur gelegentlich aus dem unauffällig mitgeführten Flachmann nippend, den er sich von Tom Kasten geliehen und mit Gin hatte befüllen lassen.

Immer wieder lauschte er den Funksprüchen der Großfunkstelle Nauen, einem Dorf bei Berlin, dem größten Telefunkensender Mitteleuropas, der heute Abend das ganze Deutsche Reich von Helgoland bis zum Kilimandscharo und jeden Frachter, der mit Tropenholz oder Copal beladen unter deutscher Flagge fuhr, warnen wollte: Nehmt euch in acht. Lasst euch auf nichts ein. Lauft sichere Häfen an.

Stichnotes Morseempfänger ließ ihn schweben, während er die Funksprüche verfolgte und sie automatisch aufnotierte: so zum Beispiel einen atmosphärisch angegriffenen Morse-Singsang auf Italienisch, wo irgendjemand seit Stunden absurde Sätze wie

«Mammolo arriva a la casa – Pisolo non ancora e qui» von sich gab, ohne jemals eine Antwort zu erhalten.

Keine zwanzig Minuten nach Mitternacht, gerade hatte der 1. August begonnen, und Stichnote hatte noch kostbare drei Stunden bis zum Ende seiner Wache, dachte er daran, wieder einmal einen kleinen Schluck aus Kastens Flachmann zu saugen, als plötzlich ein klares Signal eintraf. So scharf, dass es ihm eine Gänsehaut machte und er sofort die Augen aufriss. Die GOEBEN meldete sich, der Verbandschef war dran.

Konteradmiral Souchon ließ in einem geheimen Funkschlüssel senden, der selten verwendet wurde. Noch während Stichnote die wirr erscheinende Buchstabenfolge notierte, begann ein Teil seines Hirns mit der Entschlüsselung in Klartext, da er den Code aus eigenen Nachrichten kannte, sodass er wenige Minuten nach Erhalt damit fertig war: Die BRESLAU sollte augenblicklich von Durazzo ablegen und nach Brindisi gehen. Dort waren zwei Mann abzusetzen, die den deutschen Konsul aufsuchen sollten, um das

«Unternehmen Sperling» einzuleiten. Sobald das Kommando an Land war, sollte die BRESLAU schleunigst nach Durazzo zurückkehren, um das dortige Konsulatsdetachement an Bord zu nehmen. Die GOEBEN würde gegen Abend in Brindisi sein, die beiden Männer aufnehmen und sodann mit der BRESLAU in Messina zusammentreffen. *Mit Kriegsausbruch ist zu rechnen. Souchon.*

Stichnote hatte die sich über Wochen hinziehende Tonänderung im Funkverkehr genauestens registriert, den Einzug jener Vokabeln der Unsicherheit, der Warnung und schließlich der immer deutlicher angesprochenen Gefahr. Nun war man noch einen Schritt näher dran, so nah, dass kaum noch irgendeine Verschärfung denkbar war als eben die letzte.

Mit Kriegsausbruch ist zu rechnen.

Der Offizier las die reingeschriebene Nachricht mit Begeisterung, grölte ein heiseres «Na endlich!» und lief los, um sie persönlich auf die Brücke zu bringen. Stichnote setzte sich wieder an den Funkertisch und nahm einen tiefen Schluck aus dem Flachmann. Der Gin kam ihm vor wie Limonade.

Er lehnte sich zurück, spielte ein wenig mit dem buntgeflochtenen Lederband um seinen Hals, zog schließlich den Copal aus dem Hemd und hielt ihn in das Licht der Schreibtischlampe. Unverändert war die Spinne auf dem Sprung und stand die Blattschneiderameise nichtsahnend mit dem Rücken zu ihrem Jäger, fünftausend Jahre vor seiner Zeit, im Urwald einer Gegend, die heute Kolumbien hieß. Mit dem unverbrauchten Vergnügen des Zwölfjährigen, der den magischen Stein aus der Hand seines Onkels entgegennahm, versenkte er sich in das Geschehen, reiste durch den Copal, und es kam ihm dabei vor, als wandelte sich die leise aus dem Kopfhörer dringende Kommunikation des adriatischen Nachrichtenverkehrs zum Insektensummen und Vogelgezwitscher eines elektrischen Gartens, durch den er von Blüte zu Blüte fliegen konnte.

Je dringlicher die Nachrichten, desto faszinierender, der Erste zu sein, der sie erfuhr. Nun wusste er, dass sie ablegen würden. Sein sehnlicher, doch auch schmerzender Wunsch, die ganze Durazzo-Geschichte mit der schönen Arjona und dem ausblutenden Schweizer endlich hinter sich lassen zu können, würde bald in Erfüllung gehen.

Wie das Klöppeln feiner Nadeln begann es, steigerte sich, die Nadeln wurden zu einem fern arbeitenden Hammerwerk, das einen schneller werdenden Takt schlug, bis ein mächtiges Klirren durch das Schiff ging und schließlich verklang. Der Anker war auf. In der lärmbrüllenden Heizerei, wo man seit Tagen alle Kessel vorbereitet hatte, sodass man zügig würde auslaufen können, wurde jede vorhandene Schaufel benutzt, um Kohle zu bewegen. Das Raumthermometer stieg auf achtundvierzig Grad, und Thomas Kasten, seit mehr als vierundzwanzig Stunden auf den Beinen, fiel in eine Art Delirium, in dem er von Bolzen und Schmierölleitungen phantasierte, die dringend kontrolliert werden mussten, während sich in der Kombüse die Smuts über eine nächtliche Sonderportion Rum hermachten, bevor sie anfingen, ein paar hundert Liter Kaffee zu kochen und ein erstes Frühstück aus dem zuzubereiten, was die Vorräte hergaben, insbesondere einige Säcke übriggebliebenen mazedonischen Mehls, aus dem bei jeder Berührung vielflügelige Mottenschwärme emporstiegen. Die Waffenmeister inspizierten das Munitionsarsenal und die Torpedoschachträume und sogar in der Bordkapelle regte sich Leben, wo sich einige gläubige Seemänner eingefunden hatten, um zu beten, da man nun den sicheren Hafen verließ. Die Freigänger purzelten aus den Hängematten, zogen sich in Windeseile an, versetzten sich Rippenstöße und schrien sich schweinische Witze zu, während sie über die Niedergänge nach oben rannten. Zu Hunderten standen sie auf den aus bester westfälischer Eiche geschnittenen Planken des Decks und sahen zu, wie das Schiff immer mehr Fahrt aufnahm. Die meisten begriffen, dass es nach Nordwesten ging, Richtung Italien, und die etwas von der Sache verstanden, bewunderten die Dschinngestalt des Rauchs aus den vier riesigen Schornsteinen, die sich unter dem gerade aufgegangenen Mond steil in den Fahrtwind legte. Schon bald machten sie zwölf Knoten.

Leutnant zur See Karl Dönitz, der Herr der blauen Armeen, hatte das Spiel beim ersten Geräusch der Ankerkette abgebrochen. Er hasste es, eine Partie nicht zu Ende spielen zu können, aber diese hier war ein neuer Tiefpunkt. Er hatte nicht nur seine Hauptstadt Berlin und das ursprüngliche Territorium verloren, wobei die Violetten das Ruhrgebiet und Süddeutschland, die Grünen Sachsen und Altpreußen hatten, sondern der kleine Rest der blauen Steine stand eingekesselt im Heiligen Land und Ägypten, von einer gewaltigen Streitmacht zu einer Art Expeditionskorps zusammengeschrumpft, hoffnungslos umzingelt von Rosa und getrennt von den verbündeten roten und gelben Armeen, die sich etwas besser hielten und vielleicht noch fünf oder sechs Runden überstanden hätten.

Die neue Strategie war auf ganzer Linie gescheitert, und Dönitz kämpfte zuletzt vor allem gegen den nagenden Kummer an, schon wieder der Verlierer zu sein, obwohl er es doch verdient gehabt hätte, zu gewinnen. Eine wohlbekannte Verlockung hatte ihn umschlichen, die Farben zu wechseln und das vermaledeite Blau gegen das prächtige siegreiche Rosa einzutauschen.

Er dachte, dass er diese Schwäche seinem Vater zu verdanken hatte, einem melancholischen Witwer, der den größten Ernst in die Erziehung seiner beiden Söhne gelegt, aber beim Schachspielen am Sonntag immer wieder nachsichtig lächelnd das Schachbrett gedreht und Karl die eigene, natürlich viel stärkere Stellung überlassen hatte, aus der heraus es dem kleinen Spieler ein Vergnügen gewesen war, die windschiefen Positionen, die er selber aufgebaut hatte, zu Klump zu hauen und den auf einmal fremd gewordenen König mit dem neuen, stärkeren Figurenmaterial anzugreifen, bis er ihn erledigt hatte.

Schon als zehnjähriger Knabe hatte er sich dabei insgeheim gewundert, wie leicht ihm jener Wechsel fiel. Treue war ihm nicht in die Wiege gelegt, und gerade deshalb hatte er während der Ausbildung an der Kadettenschule, wo er auch das Große Spiel kennenlernte, an sich gearbeitet, das Pflichtbewusstsein geübt, zumindest, wie man den Anschein davon gibt, und es in seinem Auftreten zu einer solch überzeugenden Darstellung dieser jedem Vorgesetzten so besonders wichtigen Eigenschaft gebracht, dass seine Kameraden und Ausbilder ihn für den verlässlichsten von allen hielten, obwohl er genau das Gegenteil war.

Auch auf der BRESLAU war das so, auch hier hielt der Kommandant größte Stücke auf ihn, und Dönitz wunderte sich häufig, dass dem erfahrenen Seemann seine tiefsitzende Luftigkeit und Unzuverlässigkeit nicht auffielen. Er wäre ein exzellenter Betrüger geworden, und so machte ihn die dauernde Bekämpfung seines zweifelnden Herzens zum perfekten Soldaten. Gerade weil er so schnell aufgeben und fort wollte, blieb er standhaft. Auch beim Spiel.

Eben hatte er einen strategisch bedeutungslosen, aber immerhin noch möglichen Angriff durch die Mobilisierung der letzten blauen U-Boote geplant, um von den Flotten der anderen Farben so viel wie möglich mitzunehmen. Doch das hartklirrende Reiben der Kette über den Bugspriet, das das Schiff wie das Aufgehen einer mittelalterlichen Zugbrücke durchdrang, kam ihm dazwischen. Nun ging es also los.

Fast erleichtert, das letzte Gemetzel ausfallen lassen zu können, stellte er den Würfelbecher sanft ab. Er achtete sorgfältig darauf, nicht versehentlich einen Blankwurf zu tätigen, denn das brachte Unglück. Schnell ließ er die Truppen aller Farben in ihren Beuteln verschwinden, legte den Plan zusammen und hatte das ganze Spiel gerade verstaut, als es an der Stahltür klopfte. Ein Maat von der Brücke. Kommandant Kettner wolle ihn sehen. Sofort. Ein Auftrag vom Admiral.

5

Konteradmiral Souchon mochte seinen Kaffee gerne süß und mit viel Sahne, was nicht immer möglich war. Doch diesmal, hatte ihm der Smut versichert, würde die Sahne in der Kühlung für eine Woche reichen, was eine fabelhafte Aussicht war. Er bestellte sich seine vierte Tasse. Halb drei Uhr morgens. Zweieinhalb Stunden zuvor hatte der Kaiser die Generalmobilmachung angeordnet. Der Krieg war da. Kurz nach Mitternacht hatte Souchon die BRESLAU nach Brindisi beordert. Er vermutete, dass Kommandant Kettner schon über die Hälfte des Wegs zurückgelegt hatte.

Gerade eben hatte er von seinem Zweiten Offizier erfahren, dass jetzt auch sein Schiff, der Große Schlachtkreuzer SMS GOEBEN auslaufen konnte. Viele Wochen waren sie mit der GOEBEN hier oben in dem entzückenden istrischen Pola gelegen, um das Schiff auf Vordermann zu bringen. Bis zuletzt hatten die Ingenieure beteuert, man bräuchte wirklich nur noch ein paar Tage. Doch innerlich hatte der Admiral längst eingesehen, dass die geschätzten Kesselmeister und Ölleitungsschrauber die Wiederherstellung dessen, was die GOE-BEN einst gewesen war – vor gut drei Jahren, als sie bei Blohm & Voss vom Stapel lief und Kurs aufs Mittelmeer nahm –, nicht mehr hinbekommen würden. Was für ein Fehler der Verzicht auf die Probefahrten doch gewesen war!

Tausende neue Rohrleitungen waren eingebaut, Hunderttausende Nieten gesetzt worden, viele Wochen hatte es an Bord gedröhnt, als hätte eine Armee eiserner Termiten angefangen, sich einen Bau zu errichten, und dennoch. Er war den Erklärungen der Ingenieure gefolgt und hatte ansatzweise begriffen, warum dies nicht befriedigend gelang und jenes im Augenblick nicht besser hinzubekommen war, warum Kessel sieben, acht und neun nur dreißig Prozent ihrer Leistung brachten, die Kamine in Gefahr standen durchzubrennen, überhaupt einfach die Gesamtmaschine des Schiffs angegriffen genannt werden musste und die gigantischen achtundzwanzig Knoten, für die sie ausgelegt war, auf längerer Fahrt nicht zu halten sein würden und man eher mit vierundzwanzig oder vielleicht besser mit zweiundzwanzig Knoten rechnen sollte.

Die Maschine war angeschlagen und würde es erstmal bleiben. Schlecht. Schlecht war auch, dass er sich, nach gewissen atmosphärischen Erlebnissen mit italienischen Admiralstäblern in letzter Zeit, auf den Verbündeten Italien nicht verlassen und mit dessen Unterstützung nicht rechnen wollte. Abgesehen von der geringen Stärke der Mittelmeerdivision – zwei Kriegsschiffe, GOEBEN und BRESLAU, plus Begleitschiffe und die Divisionsyacht LORELEY, die im Hafen von Konstantinopel lag und eigentlich zu nichts anderem diente, als hohe Herrschaften spazieren zu fahren – hatte ihm das Schicksal noch einige andere miese Karten in die Hand gespielt. Er musste folglich seine paar Trümpfe aktiv bringen und besser, sie würden stechen.

In ein paar Tagen schon sollte die ganze Weltpresse über Souchons Kommando schreiben, aber zum jetzigen Zeitpunkt, dem 1. August 1914, drei Uhr morgens, begehrte niemand intensiver als der Erste Lord der englischen Admiralität, Winston Churchill, zu wissen, wo Souchon hingehen und was er tun würde, schließlich war das Mittelmeer seit Jahrzehnten fest in britischer Hand. Eisern wachte die Royal Navy über diese Herrschaft. Sie war keineswegs Selbstzweck, sondern diente der Sicherung des kurzen Seewegs nach Indien, der durch den Golf von Aden, das Rote Meer bis zum Wunderwerk des Suezkanals und schließlich an Gibraltar vorbei führte – die Halsschlagader des britischen Weltreichs. Nicht einmal Churchill, der irdischen Verkörperung des Misstrauens, wäre eingefallen, der geradezu lächerlich kleinen deutschen Division einen Angriff an dieser Stelle zuzutrauen, aber ihn ärgerte nicht nur die streberische Präsenz deutscher Schiffe auf dem britischen Binnenmeer, sondern er fürchtete, der eigentliche Auftrag Souchons könnte lauten, französische Truppentransporte anzugreifen.

Sobald der Krieg zwischen Frankreich und Deutschland erklärt wäre, würden die Franzosen eilig Truppen aus Nordafrika an die zukünftige Front verlegen. Keines der französischen Schlachtschiffe erreichte auch nur annähernd die Geschwindigkeit und Geschützreichweite von GOEBEN und BRESLAU, weshalb es dem deutschen Verband möglich wäre, einen französischen Transporter nach dem anderen anzugreifen und zu versenken, mit jeweils zigtausend Mann an Bord. Deshalb hatte die britische Flotte höchsten Auftrag, Souchon zu beschatten. Und sobald der Krieg auch zwischen England und Deutschland erklärt war, sollten sie ihn so schnell wie irgend möglich vernichten.

Die Übertragung des neugeschaffenen Kommandos im Mittelmeer, eine Reaktion auf die Balkankriege, die sämtliche Großmächte zu verstärkter Präsenz in Adria, Ägäis und östlichem Mittelmeer veranlasst hatten, verband sich für Souchon auch mit der Aufgabe, eine strategisch wichtige Weltgegend zu erkunden, in der die Deutschen noch nie die geringste Rolle gespielt hatten. Und so hatte er die letzten beiden Jahre genutzt, mit seinen Schiffen jeden wichtigen Hafen zwischen den Dardanellen und Gibraltar abzuklappern, Hafenmeister, Konsulate, Zollbehörden und natürlich auch die Kommandanten der anderen Mächte kennenzulernen, um auf diese Weise eine Vorstellung davon zu entwickeln, was im Konfliktfall zu tun war.

Das Erste: Kaffee kochen lassen. Souchon besaß, was man in Marinekreisen eine Kaffeelunge nennt, die Fähigkeit, während eines für Nichtseefahrer unvorstellbar langen Zeitraums Schlaf durch Koffein zu ersetzen. Dadurch geriet er in einen Zustand, in dem er wie ein Wal blitzartig einzunicken und sich in einigen tiefen Schlafsekunden hinreichend zu erfrischen vermochte, um die Brücke so lange nicht zu verlassen, bis das Schiff einen sicheren Hafen erreicht hatte, jederzeit bereit, eine Entscheidung zu treffen, wenn sie anstand. Hauptsache, der Koffeinpegel stimmte.

Während er still seine vierte Tasse schlürfte, bemerkte er nebenbei, wie das nächtliche Pola, das er so schnell nicht wiederzusehen hoffte, zurückblieb. Von der Höhe der Kommandobrücke aus konnte man hinter dem Hafen die Dämmerung erahnen, doch der Admiral, sonst ein ausgeglichener Mann, der sich an den einfachsten Dingen zu erfreuen vermochte und neben rahmig-süßem Kaffee besonders romantische Kammermusik und die Werke seines sächsischen Landsmanns Karl May schätzte, hatte sich in die Karte vertieft. Wie ein Spieler, der sich, bevor noch der erste Zug getan, die erste Farbe angespielt ist, den Verlauf der Partie vorzustellen versucht, platzierte er in Gedanken die britische Flotte, dachte sich die französische und zog die der italienischen und österreichischen Verbündeten insgeheim ab. Wollte er nicht mit seinem Verband in der Adria eingesperrt werden, so musste er Messina auf Sizilien erreichen, von wo aus westliches wie östliches Mittelmeer zugänglich waren. Dort würde sich auch zeigen, was die Italiener für sie täten. Vermutlich nichts – dabei brauchte sein Verband, um überleben zu können, doch eines so dringend wie ein zitterndes Vogeljunges seine Atzung: Kohle. Viele Tonnen.

6

Um diese Kohle ging es bei «Unternehmen Sperling», mit dessen Durchführung der Kommandant der BRESLAU natürlich seinen Lieblingsjungoffizier bedachte. Dönitz hatte, ohne zu zögern, den Befehl akzeptiert und sogleich schneidig nach Obermaat Stichnote als funkentelegraphischem Begleitpersonal verlangt, was ihm der Kapitän ohne weiteres zugestanden hatte. Den Funker selber fragte man nicht.

Gegen vier Uhr setzte das kleine Dampfboot die beiden hinter dem Fährhafen von Brindisi ab. Sie erklommen den gemauerten Pier, das Dampfboot verschwand, kleine Rauchwölkchen von sich gebend, die in der frischen Morgenluft sacht nach oben stiegen.

Die beiden Seeleute gingen schweigend durch eine schlafende Stadt, Stichnote hinter Dönitz, der den Plan bei sich trug. Während der Funker die prächtigen Häuser entlangschritt, die alle mindestens zwei Stock höher waren als auf der anderen Seite der Adria, grübelte er darüber, ob er sich freuen oder beunruhigt sein sollte, dass er nun mit jenem Mann alleine unterwegs war, der ihn zuletzt so viel beschäftigt hatte. Noch war überhaupt nicht mit ihm zu reden, und Stichnote sah, wie sich sein Rücken anspannte, als er an einer Kreuzung stehen blieb, die anscheinend von der inneren Vorstellung, die er sich von der Stadt gemacht hatte, abwich.

«Hier sollte eigentlich eine Kirche sein …», sagte Dönitz und drehte sich halb zu Stichnote um.

«Zwei Straßen vorher, links runter, da stand eine, Herr Leutnant.»

Dönitz schien zu überlegen, ob er der Auskunft seines Untergebenen folgen sollte oder besser der Plan genauer zu studieren wäre, doch dann schlug nicht weit entfernt von ihnen eine Turmuhr halb fünf, Dönitz lachte, sagte «Sehr gut» und nach ein paar Minuten standen sie vor der barocken Kirche. Stichnote musste an die Heilig-Kreuz-Kirche oben auf dem Giesinger Berg denken, wo er als Bub mit der Zenz immer hingegangen war, um mit seiner Mama im Himmel Funkkontakt aufzunehmen. Seit er aus München weg und auf die Torpedoschule gegangen war, hatte er keine Kirche mehr betreten. Doch Dönitz fand ein Gässchen, das sie an blumengeschmückten Hintereingängen vorbeiführte, in deren Winkeln sie Katzen bei der Mäusejagd störten, bis sie auf einen kleinen Platz stießen, gesäumt von Orangenbäumen voller großer, nächtlicher Früchte. Die Orangen dufteten, der ganze Ort war wie in zartes Parfüm getaucht, das in der milden Luft spielte und beide für einen Moment innehalten ließ. Ein paar Vögel sirrten im Schlaf.

Sie standen vor dem Haus, aber Dönitz wollte den Türklopfer nicht benutzen, um kein Aufsehen zu erregen. Sie kletterten über ein Mäuerchen in einen weitläufigen Innenhof, der kostbar mit Intarsien aus weißen Steinen gepflastert war und auf dem riesige Palmen in Kupferkübeln standen. Erst riefen sie leise, dann lauter, bis auf der Galerie ein älterer, wohlbeleibter Herr im Bademantel auftauchte. Er schimpfte, als wären sie dreiste Fuhrknechte, die ihm einen Haufen Schafdung in den Hinterhof gekippt hatten.

Doch dann erkannte der Hausherr die deutschen Uniformen, wechselte den Tonfall und die Sprache, kam flugs die Treppe herunter, schüttelte Dönitz die Hand, nickte Stichnote zu und fragte den Offizier dann in seinem melodischen Deutsch nicht etwa, wie es ihm gehe oder von welchem Schiff er stamme, sondern als Erstes, ob England in den Krieg eintreten werde.

Als ihm Dönitz etwas reserviert sagte, dass davon auszugehen sei, pfiff er durch die Zähne, blickte zu Boden und fand erst, nachdem er offensichtlich die Konsequenzen für Italien durchdacht hatte, in seine Rolle als deutscher Honorarkonsul hinein, bat die beiden Soldaten in einen Salon und weckte die Köchin, um ihnen Kaffee kochen zu lassen.

Er brauchte lange, bis er sich angezogen hatte und, in einen eleganten weißen Anzug gekleidet, zu ihnen kam. Dönitz erläuterte ihm seinen Auftrag, der Konsul nickte, trat an ein schwer beladenes Bücherregal, zog ein dickes, in grünes Leder gebundenes Buch heraus, auf dessen Rücken *AVGVSTINO CONFESSIONES* geschrieben stand, fasste in die entstandene Lücke und löste eine Verriegelung. Das Bücherregal ließ sich nun leichter Hand herausdrehen, wodurch ein Geheimzimmer sichtbar wurde.

Stichnote und der Honorarkonsul führten ein längeres Gespräch über die Telefunkenanlage, die das Marineoberkommando zwei Jahre zuvor durch einen Trupp geheimdienstlicher Funktechniker in dem fensterlosen Raum hatte einbauen lassen und die seitdem noch nie in Betrieb gewesen war. Allerdings war sie in einwandfreiem Zustand und äußerlich gepflegt. Entweder kam der Konsul einmal in der Woche zum Abstauben oder aber – was Stichnote wahrscheinlicher fand – er ließ seine Hausangestellten hier rein, sodass von «geheimer Funkanlage» eigentlich nicht mehr die Rede sein konnte.

Strom bekam sie durch die städtische Leitung, der Konsul erwähnte jedoch, dass er im Keller seines Hauses ein kohlebetriebenes Aggregat besäße, mit dem er jederzeit eigenen Strom erzeugen könne. Dönitz, dessen Italienisch nicht besonders gut war, folgte dem Gespräch der beiden mit Stirnrunzeln, aber als Stichnote den Kopfhörer aufsetzte, drei Schalter umlegte, wodurch die Anlage hörbar Spannung aufzubauen begann, und sagte: «Schätze eine halbe Stunde, bis wir funken können», nickte der Offizier und machte sich mit dem Konsul daran, die Unterlagen von «Unternehmen Sperling» auszubreiten. Diese bewahrte er in einem Safe aus Velberter Produktion auf, nicht nur vom neunziffrigen Code des Schlosses gesichert, sondern auch vom Siegel des Hauptquartiers. Dönitz kannte es nur von Abbildungen.

Nachdem er es erbrochen hatte, lag ein beeindruckend detailreiches Dokument vor, das aber im Großen und Ganzen der Planungen für den Kriegsfall nur ein winzig kleines Schräublein war, das die Versorgung des deutschen Mittelmeerverbandes mit Kohle betraf. Es war ein Ankerplan für Kohlenschiffe.

Insofern Kriegsschiffe wie GOEBEN und BRESLAU alle paar Tage etliche Dutzend Tonnen Kohle brauchten, hätte man als deren Gegner gerne gewusst, wo sie diese Kohlen aufnehmen würden, denn dann hätte man sie an diesen Orten angreifen können.

Deshalb gab es einen klassifizierten Ablaufplan für «Unternehmen Sperling». Der Plan durfte nicht von einem der Schiffe, sondern nur von der speziell präparierten Telefunkenanlage des Konsuls eingeleitet werden, der für die Bereithaltung der Anlage einmal pro Halbjahr einen erklecklichen Betrag angewiesen bekam, direkt von der Kaiserlichen Botschaft in Rom.

Der Konsul verließ die beiden gegen acht Uhr, durchaus ein wenig mitgenommen, da es nun erstmals zu einem militärischen Sondereinsatz auf seinem Anwesen kam, und das unter der Perspektive eines Krieges gegen England. Die beiden waren froh, als er draußen war.

Sie arbeiteten den ganzen Vormittag hindurch, Dönitz entwarf die Meldungen, Stichnote codierte sie mit dem Schlüssel, den ein besessener Mathematiker entworfen haben musste, so aufwendig war er. Etwa eine Stunde, nachdem sie angefangen hatten, das Netzwerk von «Unternehmen Sperling» anzusprechen, kamen die ersten Reaktionen der Kontaktleute: für jeden fremden Lauscher vollkommen unverständliche Buchstabenfolgen, die Stichnote decodierte, was recht mühsam vor sich ging.

Doch die Schlaflosigkeit der letzten Nacht und die Anspannung der Stunden, die hinter ihnen lagen, vermengten sich zu einer heiteren Gefühlsmischung. Dönitz knöpfte den Kragen auf, zog die Uniformjacke aus und krempelte die Ärmel hoch, was Stichnote bei einem Offizier noch nie gesehen hatte. Dann entwarf er im Stehen die letzte Nachricht, die Stationierung eines Kohlenschiffs vor Kap Matapan am Südzipfel Griechenlands betreffend, und als Stichnote sie codiert hatte und jenen fünfteiligen Lockruf auszusenden begann, um den in einem deutschen Reederbüro untergebrachten Kontaktmann in Saloniki zu erreichen, trat der Offizier hinter den Funker und sah ihm kommentarlos zu. Wie von einem Automaten gestochen taktete er mit der linken Hand den Morsecode in den Äther, rechts hielt er den Stift, und wenn die Antwort kam, schrieb er nahezu zeitgleich mit, ganz und gar harmonisch in jenen himmlischen Nachrichtendienst eingespannt, dessen weitgespanntes Netz die kriegerische Phantasie des Spielers Dönitz zum Glühen brachte.

Es waren zwar nur ein paar Kohlenschiffe, die er an geheime Ankerplätze rund um die Ägäis bestellte, doch ihm war es, als würde er mit Hilfe des besten Funkers, dem er je bei der Arbeit zugesehen hatte, eine ganze Kriegsflotte über die Meere dirigieren und als wäre er nicht nur der ausführende Leutnant eines in Kiel und Berlin entworfenen Plans, sondern ein Großadmiral, der die Stellung der Geschütze auf den von ihm in Position gebrachten Schlachtkreuzern ausrichtete.

Stichnote war fertig und legte den Kopfhörer ab. Dönitz sammelte sämtliche Papiere ein und übergab ihm das dicke Paket.

«Gehen Sie in die Küche und verbrennen Sie alles», sagte er. «Ich werde den Hausherrn aufsuchen. Uhrenvergleich.»

«Elfhundertzweiundzwanzig, Herr Leutnant.»

«Korrekt. Kommen Sie um elfhundertfünfzig und eisen mich los», und da Stichnote ein wenig ratlos dreinblickte, fügte er noch hinzu:

«Ich hab keine Lust, den Nachmittag mit dem Konsul am Esstisch zu verbringen. Wir verschwinden hier so schnell wie möglich. Ihnen wird schon was einfallen.»

Sie schlüpften aus dem geheimen Funkraum zurück in das Arbeitszimmer des Konsuls, dann suchte Dönitz den Hausherrn in seinem Salon auf, wo dieser, wie vermutet, schon mit einem Aperitif wartete. Stichnote ging über den Hof zur Küche, in der an einem riesigen Essen gearbeitet wurde. Er verständigte sich mit der Köchin, einer freundlichen älteren Frau, ließ die Unterlagen in den weißemaillierten Ofen fallen und sah noch, wie ein Teil des Marinesiegels in der Glut sofort zu schmelzen begann.

Die Köchin platzierte ihn an einem Tisch, der vor der Küche auf dem schattigen Hof stand, und servierte ihm ein Glas Limonade und Brot, von dem er den Spatzen sogleich Krümel zuwarf. Einer ließ sich auf der Lehne des Nachbarstuhls nieder, betrachtete den Funker ausgiebig und kam dann furchtlos an seine Hand herangeschwirrt, um sich einen Bissen zu holen.

Als die Zeit gekommen war, trank er den letzten Schluck Zuckerwasser, fragte die Köchin, wo sich die Herrschaften aufhielten, und verabschiedete sich von ihr. Mit der Hand, die weiß von Mehl war, da sie gerade Gnocchi rollte, winkte sie ihm lachend zu.

Oben im Salon fand er Leutnant Dönitz im Kreise des Konsuls und dessen Familie, zu der auch zwei entzückende Töchter gehörten. Sie alle waren enttäuscht, als Stichnote nur ein nach Drill klingendes «Herr Leutnant, es ist Zeit» von sich gab, um dann stramm zu verharren, bis der Offizier – mit dem Ausdruck tiefen Bedauerns, dass er nicht zum Essen bleiben könne – bei allen die Runde gemacht, der Ehefrau die Hand geküsst und dem Hausherrn diese mit einer Verbeugung kräftig geschüttelt hatte. Eine gewisse Peinlichkeit entstand, als Dönitz dem Konsul noch den Dank des Deutschen Reichs und der Kaiserlichen Marine aussprach, als wäre er Tirpitz persönlich. Der

Konsul konnte ein Schmunzeln nicht verbergen, nickte brav mit dem Kopf, strich sich den Schnurrbart und brachte die beiden jungen Männer dann, noch immer mit einem ironischen Lächeln auf den Lippen, persönlich zum Tor.

«Viel Glück, Ragazzi», rief er ihnen nach und ließ die schwere Eingangstür zufallen. Auf dem kleinen Platz lastete schwer die Mittagshitze. Ein Geruch nach Staub und heißem Stein hatte den nächtlichen Orangenduft abgelöst. Sie waren für einen Moment wie erschlagen und blickten sich ratlos an. Was sollten sie tun, bis die GOEBEN käme, um sie abzuholen?

7

Keine halbe Stunde später betraten sie eine angenehm dämmrige Trattoria, in der der halbe Hafen sein Mittagessen einzunehmen schien. Die beiden deutschen Seemänner fielen da nicht weiter auf, nur ein Herr im Anzug mit nach hinten gekämmtem schwarzem Haar, der vor einem Espresso saß und seinen Schnurrbart zwirbelte, betrachtete sie eingehend.

Sie setzten sich an einen freien Tisch am Ende des Restaurants, ein Pikkolo kam heran und fragte nur, ob weiß oder rot. Mit seinem schlechten Italienisch brauchte Dönitz eine Weile, bis er Rotwein bestellt hatte, danach starrte er seltsam stumm auf die Tischdecke und löste sich erst aus seinem Schweigen, als eine Karaffe auf dem Tisch stand.

«Ich übernehme das selbstverständlich», sagte Dönitz und goss erst Stichnote und dann sich selbst ein, eine Geste, die den Funker überraschte. Einen Offizier, der einem einschenkte, gab es eigentlich nicht.

Sie stießen zögerlich, fast schüchtern an, hocherfreut dann aber beide über den ersten Schluck des kühlen Getränks. Der Kellner trat zu ihnen und teilte ihnen mit, was es gab, aber da setzte auch Stichnotes Italienisch aus, er wusste zwar, was ein *campo minato* und ein *ormeggio* waren, doch von *tramezzini* und *focaccia* hatte er noch nie gehört. Unschlüssig blickten sie sich an, dann bemerkte Dönitz ein paar Tische weiter einen alten Mann in einfacher Kleidung, der mit einem Löffel in der rechten und einem Stück Weißbrot in der linken Hand Nudeln mit einer cremigen Tomatensoße verschlang. Dönitz nickte Stichnote zu und der bestellte: Was der Herr dort hätte, das wollten sie auch, zweimal.

Als sie ihre *pasta pomodori con ricotta* gegessen hatten, kaum weniger beherzt als der Alte, der danach, die adrigen Hände zufrieden auf seinem Bauch verschränkt, einnickte und ein leises Schnarchen von sich gab, überkam sie ebenfalls eine zähe Müdigkeit, der sie wie bei Seemännern üblich damit begegneten, dass sie tranken. Nachdem Dönitz die Literkaraffe geleert hatte, indem er wieder beiden einschenkte und danach dem Kellner das leere Gefäß entgegenstreckte, zum Zeichen, er möge frischen Wein bringen, hob er sein Glas mit einem lebenslustig-frechen Ausdruck, den Stichnote noch nie an ihm wahrgenommen hatte.

«Manche sagen, die Familie Dönitz habe deshalb drei Becher im Wappen, weil wir immer schon gerne einen gehoben hätten! Prost.»

«Prost.»

«Sie stammen aus München?»

«Aus Giesing, genau.»

«Familie?»

«Zwei Brüder. Arbeiten beide in unserer Gerberei.»

«Großer Betrieb? Bei dem, was jetzt wohl kommt, können sich alle, die Leder verarbeiten, nur freuen. Beliefern Sie das bayerische Heer?»

«Nicht gerade. Wir beliefern kleine Handwerker, die machen Stiefel und Lederhosen draus.»

«Die Bayern und ihre Lederhosen! Gutes Geschäft?»

«Die Werkstatt ist viel zu klein, die Firma müsste umziehen. Aber es ist kein Geld da. Und Kredite bekommt man in Bayern ja so gut wie gar nicht. Außerdem weiß jeder, dass die kleinen Gerber schlechte Karten haben. Übernimmt alles die Industrie.»

Dann, nach einer kleinen besinnlichen Pause:

«Bin heilfroh, dass ich weg bin.»

Ohne dass sie hätten sagen können, wie, erkannten sie aus ein paar eingestreuten, nur dem Eingeweihten verständlichen Hinweisen, dass sie beide ohne Mutter aufgewachsen waren, sie jene spezielle Müdigkeit in den Stimmen der Väter kannten sowie die Ersatzmutterliebe von Ammen und Kindermädchen. Und sie wussten auch beide, was Bruderzwist war, der durch nichts gemildert werden konnte, außer fortzugehen.

«Müsste Sie mal meinem Freund Hugo vorstellen, der ist auch Bayer. Mein bester Freund seit der Akademie. Ist jetzt beim Ostasien-Geschwader.»

«Dann ist er ja gerade auf dem Weg in den Nordatlantik. Halten auf Kap Hoorn.»

«Woher wissen Sie das?»

«Kam mal irgendwann kürzlich als Nachricht durch, für den Kommandanten.»

«Ihr Funker kriegt einfach alles mit, was?»

«Bleibt schon einiges hängen, stimmt.»

«Müsste man nur noch wissen, wonach man fragen soll, oder?» Stichnote wurde heiß, da Dönitz ihn interessiert betrachtete.

Würde er die Sache jetzt nicht zur Sprache bringen, dann nie. Dönitz kam ihm zuvor.

«Ich habe gehört, dass ein Kommissar an Bord war, vor zwei Wochen. Was mitbekommen?»

«Das habe ich auch gehört. War aber nichts weiter.» Stichnote schluckte tief und sah den Offizier entsetzt an.

«Hätte übel ausgehen können, neulich in Durazzo. Hatten Glück, wir beide», sagte dieser nur und nahm den Wein entgegen, den der Kellner gerade brachte. Er schenkte ein und erzählte dabei ganz offen, dass er den Vorfall gegenüber dem Kommandanten auf seine Kappe genommen habe. Stichnote hatte solches irgendwie vermutet, wie sonst war es zu erklären, dass ihn so gar nichts Disziplinarisches ereilt hatte. Dies nun von demjenigen zu hören, der sich vor ihn gestellt hatte, machte ihn beklommen.

«Wir hatten Glück, aber der Schweizer ...»

«Den hat's erwischt, ja.»

«Ist er ...»

«Tot? Keine Ahnung. Der Konsulatsschreiber war tagelang weg. Kreideweiß und dürr wie ein Klappergestell kam er zurück und packte sofort seine Koffer. Haben ihm wohl eine Menge Blut abgezapft.»

«Wem? Herrn Toth?»

«Eine Transfusion, nehme ich an.»

«Dann hat der Schweizer also überlebt?»

«Was anderes angenommen?»

«Ich war sicher, dass er ...»

«In die ewigen Jagdgründe eingegangen ist?»

«Ja.»

Dönitz beugte sich ein wenig vor und blickte Stichnote tief in die Augen.

«Mir kannst du's sagen, ich hab meinen Kopf für dich hingehalten. Was war da eigentlich los?»

Der Funker zögerte einen letzten Augenblick, dann brach der Damm, und er erzählte die ganze Geschichte, von seiner Begegnung mit Arjona, ihren heimlichen, zunächst harmlosen Treffen, bei denen sie tatsächlich Albanisch geübt hätten, sich aber nähergekommen seien, schließlich von Arjonas rachedurstigen Blutsverwandten, seiner Flucht und der Gewissensqual, in der er seither gelebt hatte.

Er fühlte sich, anders als erhofft, kein bisschen erleichtert. Das Schweizerblut klebte noch immer an seinen Fingern.

Dönitz hingegen wirkte ziemlich unbeeindruckt, nickte nur nachdenklich mit dem Kopf und meinte dann, unter normalen Umständen hätte man dem Kriminalisten diese Informationen schon noch geben müssen, nun allerdings habe für sie alle eine neue Zeitrechnung begonnen. Der Vorfall sei bedauerlich, Stichnotes Verhalten, insbesondere die Lüge gegenüber ihm, Dönitz, seinem Vorgesetzen, sei nicht astrein gewesen – aber das Kapitel sei geschlossen. Während sie hier beim Wein säßen, würde die BRESLAU vermutlich gerade den letzten Matrosen aus Durazzo an Bord nehmen. Was jetzt auf sie alle miteinander zukomme, das werde Stichnote schon sehen, werde diesen Vorfall auslöschen wie die Flut eine Kinderzeichnung im Sand.

Dann standen zwei sehr gut eingeschenkte Gläser einer wasserfarbenen Flüssigkeit vor ihnen, dem seifigen Geruch nach ein Tresterschnaps. Der Kellner zeigte auf den schwarzpomadisierten Herrn im Anzug, der dem Offizier von ferne zunickte und, da Dönitz und auch Stichnote nicht zögerten, die Gläser zu heben und ihm zuzuprosten, aufstand und gemessenen Schrittes an ihren Tisch trat. Er war der Patron des Lokals, sprach lächelnd und melodiös, die Finger zu einem wohlmeinenden Spitzdach zusammengelegt.

«Er will wissen, ob wir Neuigkeiten haben», übersetzte der Funker. «Über die Engländer.»

«Die Engländer – natürlich. Gibt es auch irgendwo mal einen Arsch, der sich für Nachrichten interessiert, die Deutschen betreffend?»

Stichnote nickte seinem Chef zu und wandte sich dann an den Italiener, den Kopf schüttelnd und höflich bedauernd erklärend, sie seien leider ohne neuere Informationen. Der Patron lächelte verständnisvoll, auch wenn ihm der Ton von Dönitz' aufbrausender Antwort nicht entgangen war.

«Er fragt, ob wir noch einen trinken wollen? Er hat das Zeug Grappa genannt.»

«Gut, aber den nehmen wir vorne an der Bar ... müssen dann auch los.»

Der Patron ließ ihnen auf dem blankpolierten Tresen servieren und wehrte dann ab, als Dönitz die Rechnung haben wollte. Er sprach es nicht aus, aber Stichnote vermeinte so etwas zu spüren wie, solch armen Schweinen, die es bald mit den *Engländern* zu tun bekämen, könne man für ihre letzte zivilisierte Mahlzeit schwerlich Geld abnehmen. Kellner, Pikkolo und der Patron höchstselbst brachten sie schließlich an die Tür und wieder war hinter der Freundlichkeit eine gewisse Erleichterung in Gesten und Blicken zu erkennen, die beiden Unglücksraben in ihren fatalen deutschen Uniformen endlich los zu sein.

Die Hitze draußen traf sie wie ein Schlag. Stichnote wurden die Knie weich. Der Leutnant, der noch etwas mehr getrunken hatte als er, blinzelte in die Sonne, richtete sich dann straff auf, drückte das Kreuz durch, als wäre das brennende Gestirn ein Admiral, und marschierte los.

Stichnote erkannte gleich, dass der Offizier die falsche Richtung eingeschlagen hatte, die sie in das Gassengewirr führen würde und nicht zum Hafen, aber er folgte ihm zunächst. Einmal machte Dönitz den Eindruck, als wollte er eines der Häuser betreten, aber Stichnote fürchtete, sie könnten womöglich ihr Schiff verpassen, und dirigierte ihn unmerklich fort, zog den anderen sogar behutsam mit sich, da dieser partout vor der Tür mit der leise herausdringenden Musik stehen bleiben wollte.

Gegen halb vier Uhr erreichten sie endlich den Pier, an dem sie in den frühen Morgenstunden an Land gestiegen waren und an dem die GOEBEN sie aufnehmen sollte. Sie suchten den Horizont ab, ob schon Rauch zu sehen war, aber es waren nur Dampfer im Fährbetrieb und Handelsschiffe aller adriatischen Nationen unterwegs, und sogar eines, das sie als ecuadorianischen Frachter ausmachen konnten. Sie setzten sich auf den aus großen Gesteinsbrocken gemauerten Pier, der Offizier blickte immer wieder eingehend auf seine Uhr, und Stichnote erzählte vom Überseeludwig und seinen eigenen Plänen, am Ende der Dienstzeit nach Kolumbien zu gehen.

Der Offizier betrachtete ihn skeptisch. Wie lange seine Dienstzeit denn noch dauere? Bis Ende November. Dönitz schüttelte den Kopf. Die Kolumbianer müssten wohl noch ein wenig warten, außer – Dönitz verfiel in ein albernes Lachen – die Mittelmächte würden gleich innerhalb der nächsten Wochen mit ihren Gegnern fertig. Und während Stichnote, aufgeschreckt vom Dönitz'schen Pessimismus, seinen Rausch abzuschütteln versuchte, entwarf dieser, leicht lallend, aber umso drastischer ein Bild vom Krieg und seinem Verlauf, das ihn als glatter Defätismus vors Kriegsgericht hätte bringen können.

Wahrscheinlich wären ihre beiden Schiffe im Mittelmeer die ersten, die versenkt würden. Der Rest der Hochseeflotte, die doch von der Politik und dem Kaiser gedanklich längst abgeschrieben sei, werde dafür aus der Ostsee nicht herauskommen. Fleet in being nenne man das, und Dönitz erklärte Stichnote, dass Großadmiral Tirpitz' gewaltiges Flottenbauprojekt nur zur Abschreckung getaugt habe. Jetzt, wo der Krieg ausbreche, sei die Flotte nutzlos geworden. Die Abschreckung habe versagt. Es sei passiert, was niemals hätte passieren dürfen.

Stichnote warf ein, dass es ja noch gar nicht ausgemacht sei, dass England überhaupt in den Krieg eintrete, danach seien sie doch heute unentwegt gefragt worden.

Dönitz lachte heiser, nahm die Aktentasche, die er sorgsam mit sich getragen hatte, und holte eine auf Karton aufgezogene, gefaltete Weltkarte heraus, mit deren Hilfe er die Lage zu erklären begann. Es war die Karte des Großen Spiels, die Stichnote in der Konsulatsvilla gesehen hatte.

Nicht weniger eindringlich als Großadmiral Tirpitz selbst es wenige Stunden später im Berliner Kabinett darstellen sollte, erklärte Dönitz, der Spieler, dass der deutsche Plan, «unser Plan», eine Invasion Belgiens vorsehe. Da aber London die belgische Neutralität zu schützen vertraglich verpflichtet sei, wäre die einzige Chance, England herauszuhalten, die Invasion Flanderns auszusetzen. Aber das, stellte Dönitz bitter fest, würden die Generäle des Heeres, die längst das Heft in der Hand hielten, niemals dulden, sei Zeit doch ihr einziger Vorteil, und diesen könne man nur nutzen, wenn die Maschinerie der Mobilmachung reibungslos anzulaufen beginne.

Obwohl niemand besser wissen sollte als die deutschen Militärs, Clausewitz' Enkel, welch herausragende Bedeutung der negative Zufall im Kriege immer schon gespielt habe, plane man nun die Bewegung ganzer Armeen, der größten in der Geschichte der Menschheit, und zwar so wie ein Defilee Unter den Linden. Das werde schiefgehen.

«Die Dreckspolitik ist schuld, dass wir jetzt in einen Krieg gezogen werden, in dem außer Österreich-Ungarn kein Verbündeter auf unserer Seite ist. Und wie die Kaundkaler dastehen, brauche ich kaum zu sagen. Wir werden denen helfen müssen.»

«Ist denn niemand Deutschland wohlgesonnen?», fragte Stichnote plötzlich mit einsamer, vaterlandsliebender Traurigkeit.

«Siam steht auf unserer Seite, habe ich gehört», erwiderte Dönitz und lachte. Dann, todernst: «Das einzige Mittel: totaler Krieg gegen England, ohne Rücksicht auf Verluste, gleich auf welcher Seite – wir bräuchten eine U-Boot-Flotte von eintausend Einheiten und müssten alles, Frachter, Fischerboote und Passagierdampfer, einfach alles, was von der Insel kommt oder auf die Insel will, gnadenlos versenken, ganz egal ob britisch oder amerikanisch ...»

«Amerika?»

«Ja, zu wem werden die Amerikaner wohl halten? Zu denen, denen sie das meiste Geld geliehen haben, das wäre ja sonst weg. Also – England.»

«Wie viele U-Boote haben wir?»

«Keine fünfzig. Es sind die besten, die es gibt – aber viel zu wenige. Scheiße. Wär nicht schlecht, wenn wir noch einen Schluck zu trinken hätten.»

Verdutzt sah Stichnote dem Leutnant hinterher, der fast im Laufschritt den Pier hinunterrannte und in einer der schattigen Gassen verschwand. Hoffentlich verläuft er sich nicht wieder, dachte der Funker. Ihn beunruhigte der Gedanke, in den nächsten Minuten die GOEBEN am Horizont auftauchen zu sehen, aber kein Leutnant weit und breit, und dann irgendeinem knurrigen Wachtmeister erklären zu müssen, warum die planmäßige Weiterfahrt des Schlachtschiffes sich noch etwas verzögere, von wegen «negativer Zufall im Kriege».

Andererseits war er froh, alleine zu sein. Die Vorstellung, dass die Kaiserliche Marine, mithin also auch die BRESLAU, Passagierdampfer mit Zivilisten an Bord angreifen würde, war unmöglich, so gegen alles, was er in der Ausbildung gelernt, was jemals zwischen ihm und seinen Kameraden gesprochen und von den Offizieren angeordnet worden war – wie verzweifelt war Deutschlands Ausgangslage, wenn seine Kriegsschiffe Fischer und Frachter versenken müssten, um eine Chance zu haben? Wenn es wirklich so schlecht stand, dass man nicht Englands Soldaten, sondern seine Bevölkerung angreifen musste, dann war es mit dem Reich so oder so vorbei. Und mit Bayern auch. Das mochte er nicht glauben. Konnte einfach nicht wahr sein.

Möwen stritten sich um die Lufthoheit über einem Kutter, auf dem er einen Fischer mit nacktem braungebranntem Oberkörper erkennen konnte, der ein Netz spleißte. Gemächlich schnaubte weiter draußen ein Dampfer des Österreichischen Lloyd vorbei, der größten Passagierschifffahrtsgesellschaft der Welt, Richtung Norden, vielleicht nach Triest. Winzig klein sah er elegant gekleidete Leute an den Decks. Sie würden der GOEBEN auf ihrer Fahrt begegnen. Zwei Wölkchen, aus dem Land der Skipetaren kommend, waren kurz davor, von der Sonne verzehrt zu werden, und bemühten sich um angemessene Haltung an einem ansonsten tiefblauen Himmel.

Verwirrt von Dönitz' Katastrophenszenario und niedergedrückt vom Wein, spürte Stichnote dennoch absurde Fröhlichkeit in sich aufsteigen. Das Leben hielt immer wieder Überraschungen bereit. Der totgeglaubte arme Schweizer hatte überlebt. Und vielleicht schien es im Moment so, als wäre Deutschland verloren, trotzdem konnte man plötzlich unabweisbare Lust darauf verspüren, sich auszuziehen und ins Meer zu steigen.

Stichnote hatte sich wie um die Besuche beim Zahnarzt auch um den in der Ausbildung der Kaiserlichen Marine vorgesehenen Schwimmunterricht herumgedrückt. Dahinter hatte weniger die uralte Seemannsüberzeugung gestanden, dass das Meer mit einem Mann über Bord sowieso sein ganz eigenes Spiel trieb und es gar nicht schätzte, wenn der Arme den ihm bevorstehenden Schicksalsspruch durch aussichtsloses Herumplanschen zu beeinflussen versuchte, sondern vor allem seine persönliche Abneigung vor dem Untertauchen. Er hatte sich einfach schon immer davor gefürchtet, vollständig von Wasser umgeben zu sein, und wenn er denn mal seine hundeartigen Paddelzüge machte, so musste er immer daran denken, dass er jederzeit versehentlich untertauchen konnte, was ihn lähmte und ihm jede Freude am Schwimmen nahm.

Als er sich nun aber von der Leiter ins Wasser gleiten und seinen dankbar jubilierenden Körper unter den ersten Schwimmzügen ausatmen ließ, brannte ihm die Sonne auf den Scheitel, und mit einem Mal überkam ihn die bislang unbekannte Lust, zu tauchen. Er holte tief Luft, ließ sich absacken, fand es wahnsinnig erfrischend und fürchterlich gleichermaßen, kam gleich wieder nach oben, japsend, prustend, um sogleich noch einmal abzutauchen, diesmal tiefer, sich mit einem

Mal drehend wie ein Seehund, um sich schließlich, berauscht von der Überwindung, ein wenig im Hafenbecken treiben zu lassen. Bald hörte er nur noch – von fern – den eigenen, ruhiger werdenden Herzschlag und – von ganz fern – das Rumoren Dutzender Schiffsschrauben. Er blinzelte in den wolkenlosen, wie ein anderes Meer über ihm stehenden Himmel. Spürte, wie ihn das Irdische trug. Schmeckte sein Salz. Fühlte sich wie ein freier Mann.

8

Als Dönitz zurückkam, hatte Stichnote schon wieder seine Hose an, vorerst aber darauf verzichtet, Stiefel und Hemd anzuziehen. Er hatte sich ein wenig mit dem Spielbrett beschäftigt, fühlte sich glänzend und frisch. Das ließ sich auch vom Offizier sagen, der plötzlich rasiert war und einen auffallenden Seifenduft an sich hatte, was die Dauer seiner Abwesenheit erklärte. Vielleicht hatte er ja noch angenehmer Grammophonmusik gelauscht, jedenfalls stellte er gutgelaunt einen Korb auf den Pier, aus dem zwei Flaschen Rotwein, Brot und Käse ragten. Käse hatte Stichnote, wie nahezu jeder an Bord, schon seit einem Jahr nicht mehr gegessen. Und Eis überhaupt noch nie, seit er an Bord war. Der Offizier hatte zwei Waffeln in der Hand.

«Ich hoffe, Sie mögen Vanille.»

Stichnote mochte es sogar sehr gerne, weshalb er etwas unbedacht einen vollen Bissen nahm, sich den Mund mit eiskalter indonesischer Vanillecreme vollstopfte, die seinen angegriffenen Backenzahn erst umschmeichelte, um ihm durch den angefaulten Schmelz einen Stromschlag direkt in den Nerv zu senden. Ein Schmerz, den Stichnote eigentlich schon kannte, aber jetzt war es, als hätte der Scheißkerl in seinem Mund zum ersten Mal gezeigt, wozu er fähig war. Die Augen aufgerissen wie ein Nachtvogel, hätte er die Waffel beinahe auf den Pier fallen lassen. Er stöhnte, so gut es ging, ohne das Eis auszuspucken.

«Was ist los?»

«Nichts ... nur ... Zahnweh. Was haben Sie da eigentlich?»

«Damit haben wir den Krieg immer und immer wieder durchgespielt. Ich hätte Ihnen das gar nicht zeigen dürfen, aber ich weiß ja, dass Sie etwas für sich behalten können.»

Dönitz erklärte ihm daraufhin beflissen die Regeln des Großen Spiels, und Stichnote überkam eine ungeahnte kindliche Freude, als er die bleiernen Figuren das erste Mal in die Hand nehmen durfte, von beherzt zugreifenden Offiziershänden poliert und nun erstmals das Werkzeug eines einfachen Funkers. Anders als er angenommen hatte, besaßen die Waffengattungen keine unterschiedlichen Funktionen oder Fähigkeiten, sondern standen nur für Mannschaftseinheiten, auch die unterschiedlichen Wirtschaftskräfte wurden rein in solche Einheiten umgerechnet, sodass letztlich nur noch Zahlenverhältnisse übrigblieben, die aber auf erstaunliche Weise das widerzuspiegeln schienen, was er über den kommenden Krieg zu wissen glaubte. Wenn man am Zug war, bekam man eine genau berechnete Anzahl Einheiten, die davon abhing, welches Territorium man gerade besetzt hielt, welche Städte darin lagen und wie seine Wirtschaftskraft war.

Gebirge wurden durch schwarze pyramidale Einheiten abgebildet, die man nach einem bestimmten Schlüssel abtragen konnte, um über sie hinwegzuziehen, was auch für Flüsse galt, tiefblaue Plättchen, die jedoch leichter zu überwinden waren. Die Flotten funktionierten genauso, allerdings gab es neben den Schiffen auch U-Boote, die Dönitz als Schiffsgattung erst in das Spiel eingeführt hatte und die am meisten wert waren, worin dessen U-Boot-Manie zum Ausdruck kam. Zusammenhängende Territorien brachten mehr Einheiten. Durch Trennung der Gebiete konnte man die Gegenspieler empfindlich treffen. Das kam aus dem Go-Erbe.

Schnell begriff Stichnote, worum es ging, viel schneller als der wie verwandelt agierende Dönitz erwartet hatte, der ihm alles ganz genau und geduldig erklärte. Er freute sich schon darauf, Stichnote zu beweisen, dass alles, was er vorhin über das zu erwartende Desaster der Mittelmächte prophezeit hatte, zutraf.

Doch Stichnote setzte seine Armeen nicht so ein, wie Dönitz es angenommen hatte. Stichnote hatte ein anderes Ziel, und so erdachte er sich eine Strategie, zögernd und vorsichtig zunächst, aber konsequent: Er wollte nicht den Gegner vernichten, sondern den Krieg zum Stillstand bringen. Der Krieg selber war der Gegner, und so versuchte er im Spiel der Friktion, die Reibung für sich arbeiten zu lassen.

Dönitz begriff das bei dieser ersten Partie noch nicht, weshalb er sie sogar verloren hätte, wäre den Spielern nicht eineinhalb Stunden später die Ankunft der GOEBEN dazwischengekommen. Mächtig wie die Barke des Kriegsgotts selbst erschien sie vor der Bucht von Brindisi und schickte ein schnelles Beiboot, die Seemänner abzuholen. Wie aus einem Rausch erwachend, räumten diese das Spielbrett, zogen sich die Stiefel an, tranken den letzten Schluck Wein, packten den Käserest ein und standen, fünf Minuten bevor die Pinasse anlegte, tadellos gekleidet am Pier. Sonnenverbrannt wie Urlauber, der Offizier vor dem Obermaat, und nichts ließ darauf schließen, dass die beiden Spielkameraden geworden waren.

9

Konteradmiral Souchon ließ Dönitz, den der Kommandant der BRESLAU in seinen Berichten regelmäßig lobend erwähnte, persönlich antreten. Einerseits wollte er den verheißungsvollen jungen Offizier endlich einmal kennenlernen, andererseits wollte er genau wissen, wie «Unternehmen Sperling» angelaufen war.

Was ihm der Leutnant mitteilte, stellte ihn zufrieden, sechs Schiffe würden ihre verabredeten Positionen von Sizilien bis Griechenland einnehmen, beladen mit Kohle, an der sich sein Verband im Notfall bedienen konnte. Schien alles perfekt ausgeführt von Dönitz. Höchstens eine gewisse Fahne hatte der Kerl, aber all die jungen Leutnants tranken, die ganze Flotte soff.

Souchon selbst blieb beim Kaffee, er verzichtete sogar auf Mahlzeiten und süßte lieber stärker. Bislang konnte er mit der Leistung des Schiffes zufrieden sein, er hatte konstant zweiundzwanzig Knoten halten lassen, und es war ihm aus dem Maschinenraum versichert worden, dass auch vierundzwanzig Knoten kein Problem seien. Die reparierten Leitungen hielten dicht – einstweilen.

In Tarent hatten die Italiener ihnen das Aufnehmen von Kohlen verweigert, wegen zu starker See, eine lächerliche Ausrede, nun erreichten sie in den Morgenstunden des 2. August Messina. Italiens wichtigster Kriegshafen war der in den Planungen des Dreierbundes vorgesehene Treffpunkt der Verbände, aber als die GOEBEN dort einlief, lag kein einziges österreichisches und auch kein italienisches Kriegsschiff vor Anker.

Um acht Uhr morgens studierte Souchon die neuesten Funksprüche, wusste die BRESLAU auf dem Weg nach Messina, sie würde gegen Mittag da sein, und erfuhr durch den Admiralstab, dass Deutschland seit sechs Uhr dabei war, Luxemburg zu besetzen. Aber außer der Forderung an Belgien, den deutschen Armeen freien Durchmarsch zu gewähren, gab es bislang keine Kriegserklärung, weder an Frankreich noch an Russland.

Um acht Uhr dreißig schickte Souchon seinen Zweiten Offizier zum Hafenmeister, um diesem mitzuteilen, dass er nach Eintreffen der BRESLAU mit dem Kohlen zu beginnen wünsche. Erst gegen elf Uhr kam der Mann, den man unverschämt lange hatte warten lassen, mit der Information zurück, das Kohlen werde abgelehnt, da es gegen die

Neutralitätsbestimmungen verstoße, an die Italien sich strikt halten wolle. Im Übrigen erwarte man vom deutschen Verband, innerhalb eines Tages wieder abzulegen.

Ein Verbündeter, der auf Neutralität pochte, der einem die Kohle verweigerte und auch noch verlangte, dass man binnen vierundzwanzig Stunden wieder verschwand! Als er das hörte, entfuhr dem Konteradmiral in breitestem Sächsisch ein Ausdruck, der sich in Windeseile verbreiten sollte, er nannte die Italiener nämlich nach ihrem wie von keinem anderen Volk kultivierten Lieblingsgemüse: «Treulose Tomaten, beschissene!», und schwor sich, dass er auch gegen deren Willen an seine Kohlen kommen werde. Noch war zwar keines der Schiffe da, die Dönitz und Stichnote unter anderem auch nach Messina gerufen hatten, aber eine deutsche Handelsfirma vermittelte ihm zweitausend Tonnen vom freien Markt, die er sofort ankaufte. Dann ließ er per Funk den aus dem Suezkanal kommenden deutschen Passagierdampfer GENERAL requirieren, ein Schiff der Ostafrika-Linie. Seine Passagiere wurden ausgebootet, er stattete sie mit Geld für Zugfahrkarten aus und schickte sie über Neapel nach Hause. Der GENERAL diente sodann als Tender und wurde mit Kohle vollgeschüttet. Als die BRESLAU eintraf, waren sie gerade dabei, wie in einer Ameisenstraße die GOEBEN zu bekohlen, danach kam der Kleine Kreuzer dran. Mit immerhin etwas Kohle also verließ die deutsche Mittelmeerdivision Messina am 3. August um ein Uhr früh. Ihr Ziel: die Küste Nordafrikas.

Stichnote und Dönitz waren zuvor auf die BRESLAU zurückgekehrt, der Offizier mit der Admiralsorder, sich ein paar Stunden hinzulegen. Stichnote dagegen, der freilich zwischendurch, ohne direkte Erlaubnis, ein paar Stunden gedöst hatte, musste, kaum war er wieder an Bord seines Schiffes, sofort die Funkzentrale aufsuchen und den Dienst antreten.

Seinen Freund Eibo Matthes habe in Durazzo die Malaria erwischt, hieß es, er liege auf der Krankenstation. Der Funkoffizier konnte es daher nicht erwarten, Stichnote endlich zurückzubekommen.

Während Stichnote, sich um den Freund sorgend, spätnachts das Regiment über die Telefunkenstation übernahm, die er für die nächsten achtundvierzig Stunden kaum verlassen sollte, versuchte der Erste Seelord Winston Churchill, die britische Flotte mit Hilfe eben dieser neuen Funkentelegraphie von London aus in die richtigen Positionen zu dirigieren. Admiral Milne ließ er wissen:

Adriaausgang weiter beobachten mit Hauptziel GOEBEN. Folgen Sie ihr und beschatten Sie sie ständig und halten Sie sich bereit anzugreifen, sobald der Krieg erklärt wird, was wahrscheinlich ist und unmittelbar bevorsteht.

Allerdings hatte sein Schiff, das den Feind aufspüren sollte und deshalb von Malta in die Straße von Messina eingelaufen war, die GOEBEN knapp verpasst, und Churchill wusste nun nicht, wo der deutsche Verband war. Er nahm an, dass die Deutschen nach Westen fahren würden, um französische Truppentransporte anzugreifen, und danach über die Insel Mallorca, wo, wie er erfahren hatte, ein deutsches Kohlenschiff wartete, um bei Gibraltar den Durchbruch zu versuchen. Also schickte er zwei Schiffe seines Verbandes, die INDOMITABLE und die INDEFATIGABLE, aus der Adria nach Westen, um die deutschen Schiffe zu finden.

Während dieser nächtlichen Schachzüge mit Schlachtschiffen, die winzig klein auf dem Mittelmeer umherfuhren, hatten die vor gut einem Jahrzehnt errichteten Kommunikationslinien ihre Tätigkeit aufgenommen, riesige Maschinerien, mit denen die Militärbürokratien von vier Großmächten die Abwicklung eines einzigen Zwecks verfolgten: die Einleitung des Großen Krieges. Generalmobilmachung.

Bürokratenheere aus Generälen und Hauptmännern, Admiralen und Kapitänen, Gefreiten, Adjutanten, Feldwebeln und einfachen

Bürodienern hatten begonnen, ungezählte Tonnen Aktenpapier umzuwälzen. Stellungsbefehle und Transportbescheide wurden ausgefertigt. Hunderttausende Kilometer Telegraphenleitungen gerieten in einen Zustand insektenhafter Vibration, infizierten Kasernen, Magistrate und Postämter, Verzeichnisse und Registraturen ins Spiel bringend, in denen die Namen all derjenigen standen, die nun einzurücken hatten: die in den Völkern verborgen lebenden Heere.

Männer, die Felder bestellten, Knöpfe verkauften, Straßenpflaster legten oder in Konservenfabriken arbeiteten, die Brüder, Ehemänner, Väter oder auch nur Saufkumpane waren, sollten aktiviert werden, indem man sie an den Rang erinnerte, mit dem ihre Armeen sie einstmals entlassen hatten – bis zum Wiedersehen.

10

Am nordöstlichen Zipfel Algeriens, nur wenige hundert Seemeilen von Messina entfernt, lag die Stadt Bône, gegründet am Rande der Ruinen des antiken Hippo, wo der heilige Augustinus dreißig Jahre lang Bischof gewesen war. Bône, das die Araber Annaba nannten, war ein Hafenstädtchen mit nicht einmal zwanzigtausend Einwohnern, an einer weitgestreckten Bucht liegend und von strategischer Bedeutung für die Einschiffung von Truppen aus dem Südosten des Departements.

Und keine zwanzig Kilometer vom Hafen entfernt lag Mondovi, eine Arabersiedlung aus Wohnhäusern von flüchtiger Erscheinung, mit einer kleinen Moschee, einem Café du Jour, einer Grundschule, der Kommandantur und einem der Kellerei Jules Ricome & fils gehörenden Weingut, auf dem vor allem Grenache-noir- und Cinsault-Trauben geerntet wurden. Es war der fruchtbarste Boden der ganzen Region, und die Ernte 1914 versprach hervorragend zu werden, was zweifellos auch an dem jungen Kellermeister Lucien Camus lag, der nach der Lese 1913 mit seiner hochschwangeren Frau und dem kleinen Lucien, seinem Erstgeborenen, in die Domaine du Chapeau de Gendarme gekommen war. Kurz nachdem sie sich eingerichtet hatten, brachte Catherine ihren zweiten Sohn zur Welt, Albert.

Camus stammte aus einer Vorstadt von Algier. Seine älteren Geschwister hatten ihn nach dem Tod des Vaters in ein Waisenhaus abgeschoben, wo er eine vollständig lieblose, traurige Kindheit verbrachte. Mit seinen Geschwistern wollte er seitdem nichts mehr zu tun haben und war froh, als er später bei einer Tante unterkam. Er lernte bei einem Weingärtner und traf dort die bildschöne Catherine, die nahezu taub war, seine Liebkosungen dafür umso besser verstand. Noch bevor sie verheiratet waren, konnte er zu ihr und ihrer Familie nach Belcourt ziehen, einem Kleineleuteviertel Algiers. Nach seinem Militärdienst, den er als Angehöriger der Zuaven bei der «Operation Casablanca» beendet hatte, besorgte ihm sein Schwager eine Stelle bei Ricome & fils, einem der größten Weinproduzenten des Landes mit Sitz in Algier.

Nachdem der alte Kellermeister auf der Domaine du Chapeau de Gendarme von einem Skorpion gestochen, falsch behandelt worden und gestorben war, hatte man Camus kurzerhand dorthin beordert und ihn zum Maître-caviste gemacht. Die überraschende Beförderung – er war nur ein Hilfsarbeiter, wenn auch ein sehr begabter – dankte Lucien seinen Chefs in Algier damit, dass er unermüdlich arbeitete, Weinstöcke schnitt, den Boden auf moderne Weise mulchte und die Abrechnungen mit der Akribie eines miserablen Rechners durchführte, der die ganze Zeit fürchtete, einen Fehler zu machen, und deshalb nie einen machte. Wo er konnte, versuchte er, den arabischen Arbeitern ein Gefühl für den Umgang mit den Weinstöcken zu geben, er modernisierte die Pressung und rationalisierte die Verschiffung der Fässer.

Darüber schrieb er seinen Chefs ausführliche Berichte, in einem eigenartigen Stil, der von dem unsagbaren Vergnügen erzählte, das es Lucien bereitete, sich schriftlich ausdrücken zu können, einer Fähigkeit, die in seiner von Analphabetismus geprägten Familie bislang ohne Beispiel war. Er war der beste Schreiber, der je den Namen Camus getragen hatte, auch wenn er nur am Barockroman eines Kellermeisters arbeitete.

Eigentlich hätte er die nächsten Jahre in Mondovi bleiben sollen, so war es vereinbart, aber Anfang Juli hatte sich sein altes Zuaven-Regiment gemeldet, um ihn just zur Zeit der Lese zu einer dreiwöchigen Übung einzuziehen. Lucien korrespondierte deshalb mit Algier hin und her, und seine Chefs wollten, dass er seinen Vorgesetzten beim Militär darum bat, ihn freizustellen. Lucien fürchtete aber, dass man ihm dies verweigerte, und so hatte er bislang nichts unternommen, außer viele Briefe in seinem lebhaften Stil zu entwerfen, Briefe an seinen Vorgesetzten, in denen er immer wieder von Neuem zu begründen ansetzte, warum er nicht fortkönne von seinen Reben und seiner jungen Familie: *Albert beginnt gerade zu sprechen ... «Papa» war sein erstes Wort ...*

Seine Briefe waren Beschreibungen seines Glücks – dass er den griesgrämigen Hauptmann Dupont damit hätte überzeugen können, glaubte er selber nicht. Jetzt war schon der 3. August, und er hatte den Bittbrief noch immer nicht losgeschickt.

Die 1914er Beeren waren grandios. Die Vorstellung, sie bald alleine lassen zu müssen, betrübte Lucien maßlos. Er schlief schlecht und freute sich sogar, wenn Albert in der Nacht aufwachte und er aufstehen, den prächtigen Knaben, sein Bébé, aus dem Bettchen nehmen und ihn Catherine bringen konnte, damit sie ihn stillte.

Danach sang er ihm etwas von einer Brücke in Avignon und rief die Kinder des Vaterlands zu den Waffen, da der Tag des Ruhms gekommen war, die einzigen beiden Lieder, die er konnte, das eine im Waisenhaus, das andere bei der Armee gelernt, und trug ihn schaukelnd durch ihr kleines Haus. Ein herrliches Haus. Seines und das seiner Familie.

Trotz der schlaflosen Nächte konnte er es morgens kaum erwarten, aufzustehen und einen ersten Besuch bei den Reben zu machen. Er probierte immer wieder einzelne Beeren, fasziniert und manchmal enttäuscht von ihrem Geschmack und Gehalt, doch in dem Bewusstsein, dass er sehr zufrieden sein konnte. Der Weinanbau in Algerien würde in ein paar Jahrzehnten selbst den in Frankreich überholen – das Klima, der Boden, alles war hier günstig. Die Winzer Algeriens mussten nur noch lernen, ihren Wein besser auszubauen.

Wie jeden Landwirt überkamen ihn im Vorfeld der Ernte Euphorie und Sorge gleichermaßen. Wenn er das Problem mit der Militärübung ausklammerte – und das tat er, sobald er den ersten Weingarten betreten hatte –, dann konnte er sich zutiefst dankbar am Ergebnis freuen, wohl darauf sinnend, dass ihm die Ernte nicht noch verdorben wurde, aber auch schon in Gedanken darüber, was er nächstes Jahr besser machen wollte. Da gab es genug. Die Arbeit in seinen Weingärten hatte gerade erst begonnen.

Kurz nach dem Morgengebet Fadschr, gegen halb sechs, trafen die ersten Arbeiter ein, und er dachte daran, dass er nachher noch Brot bestellen musste. Gestern war es zu knapp gewesen, und wer gut arbeitete, musste auch gut zu essen haben, das war seine Meinung. Er gab Rafik, dem Vorarbeiter, die Hand und rauchte eine Zigarette mit ihm, um über die anstehenden Arbeiten zu sprechen. Rafik liebte es, seinen Chef Arabisch radebrechen zu hören. Als alles in vollem Gange war, schnitt Camus eine schöne Traube und beeilte sich, zum Frühstück nach Hause zu kommen.

Catherine Camus' Vorfahren waren vor zwei Generationen von der Insel Menorca nach Algerien gekommen. Catherine, die schönste unter ihren Schwestern, die Schönste ihrer Straße, die Schönste von Belcourt, besaß wie keine andere in ihrer Familie das Blut ihrer spanisch-maurischen Vorfahren. Von früh auf hatte sie damit leben müssen, angelächelt und dann angesprochen zu werden, und obwohl sie gelernt hatte, von den Lippen zu lesen, fiel ihr selbst das Sprechen schwer. Also schwieg sie oft, und wer sie nicht kannte, mochte sie für stolz halten.

Mit Lucien hatte sie niemals viel zu sprechen brauchen, er hatte sie das erste Mal gesehen, sie angeblickt und war selber sprachlos gewesen, er war der erste Fremde, dem sie in die Augen hatte schauen können. Immer noch verstanden sie sich ohne Worte. Ihre Kinder behütete sie wie eine Wölfin, aber sie litt manchmal darunter, dass sie ihnen nichts vorzusprechen wagte, dass sie ihnen nichts vorsingen konnte, dass sie eine stumme Mutter war. Wenn Lucien dem Kleinen abends die Marseillaise vorsang, erlaubte sie sich eine heimliche Träne, etwas, was es tagsüber niemals gab. Lucien war ein liebevoller Vater, er sorgte für sie, hatte sie noch kein einziges Mal grob angefasst. Sie hielten zusammen, und sie wäre ihm überallhin gefolgt. Sie führten ein glückliches Leben.

Und jetzt der Brief. Catherine Camus hatte nicht schreiben und lesen gelernt, aber dass mit dem Brief, den ein unbekannter Postbote in Uniform gebracht hatte, etwas nicht richtig sein konnte, hatte sie beim Anblick all der Stempel sofort begriffen. Das war kein Brief, sondern ein Angriff. Das war die Armee.

Lucien, der Große, liebte es, lang zu schlafen, und lag noch im Bett. Den neun Monate alten Albert auf dem Arm, umschritt sie den Esstisch, auf dem sie für das Frühstück gedeckt hatte, und starrte den Brief an, der auf dem Platz ihres Mannes lag. Sie hatte Kaffee gekocht, der Duft erfüllte das Haus, Albert brabbelte vergnügt, schmiegte dann wieder seinen noch ziemlich kahlen Kopf an ihren Hals und hinterließ eine kleine Schleimspur. Für einen Moment dachte sie daran, den Brief verschwinden zu lassen, jetzt sofort, bevor Lucien nach Hause kam. Doch natürlich wollte sie nicht, dass ihr Mann Schwierigkeiten bekam. Sein Fleiß hatte ihn weit gebracht, das durfte sie nicht gefährden.

Als er dann ein paar Minuten später gutgelaunt mit einer wunderbaren Traube Weinbeeren hereintrat, ihr Albert abnahm und ihm Küsse auf die Wange drückte, die den Kleinen wegen seiner Bartstoppeln furchtbar kitzelten, sodass er ein nicht enden wollendes meckerndes Gelächter von sich gab, sich an den Tisch setzte und sein sich schlagartig verdüsternder Blick auf das amtliche Schreiben fiel, brach sie zum ersten Mal vor seinen Augen in Tränen aus, stumm, wie sie war. Lucien riss den Umschlag auf.

Er musste sich keine Gedanken mehr wegen der dreiwöchigen Übung im September machen und Hauptmann Dupont keinen Brief schreiben: Die Übung fiel aus. Stattdessen würde er in den Krieg ziehen. Die Weinlese 1914 würde auf jeden Fall ohne ihn stattfinden, sein Leben sollte eine neue Wendung nehmen – und zwar ab morgen früh. Seine Zuaven waren als Teil der 5. Armee vorgesehen, die Einschiffung fand im Hafen von Bône statt, er musste sich um drei Uhr in voller Uniform einstellen.

Langsam und eindringlich sprach er mit Catherine, die dagegen protestierte, noch heute mit den Kindern zu ihrer Mutter nach Algier geschickt zu werden. Sie wollte mitkommen nach Bône. Alles Zureden von seiner Seite, es sei zu gefährlich, ob sie sich nicht vorstellen könne, was morgen am Hafen los sein werde, dass sie ohne ihn nicht hierbleiben könne, wies sie, ihren schwarzlockigen Kopf schüttelnd, ab. Albert wollte gestillt werden, sein Bruder war aufgewacht und rief nach ihr, aber sie rührte sich nicht von der Stelle – bis ihr Mann einwilligte. Er werde Rafik bitten, mitzukommen und sie später im Laufe der Woche nach Algier zu bringen.

Der Rest des Tages nahm eine absurde Geschäftigkeit an, unter der ein Eisberg von Tränen und Kummer verborgen lag. Lucien schrieb –

so blumig wie eh und je, aber mit einigen groben Fehlern – seinen Chefs in Algier, dass er einberufen worden sei und sie einen neuen Kellermeister für die Domaine du Chapeau de Gendarme suchen müssten. Er steckte den Brief in einen der geliebten Briefumschläge der Firma, dann ging er auf die Post.

Im Café trank er einen Wein, das Gesicht in den Händen vergraben, raffte sich schließlich auf und sprach mit einem kleinen Fuhrunternehmer über die Räumung des Hauses. Die Möbel sollten zunächst eingelagert werden, bis der Krieg vorbei war und die Camus' wussten, wo sie bleiben würden. Dann suchte er Rafik im Weingarten auf, schilderte die Lage und kam mit ihm überein, dass der Vorarbeiter die ganze Familie mit dem kleineren der beiden Pferdefuhrwerke zum Hafen nach Bône und dann, wenn der Kellermeister Camus als Sergeant Camus der leichten Infanterie der Zuaven eingeschifft worden war, seine Frau und die Kinder zurück ins Dorf und anschließend nach Algier bringen würde.

Catherine legte unterdessen, fassungslos und stumm wie das Schweigen selbst, seine Sachen zurecht, suchte die besten Wäschestücke zusammen und holte dann die eingemottete Uniform heraus, die ihren Mann stets begleitet hatte. Die Zuaven besaßen die auffälligste Ausstattung aller französischen Einheiten, hatten sie zu einer offen getragenen grünen Weste doch strahlend rote Pumphosen und eine langgezogene rote Mütze mit Bommel, wie sie die Araber und Berber trugen, gegen die sie bislang vor allem gekämpft hatten – in Marokko und vorher bei den algerischen Kriegen gegen Abd el-Kader. Nun würden die Zuaven, gekleidet wie diejenigen, die sie besiegt hatten, den afrikanischen Kontinent verlassen, um Frankreich gegen die Deutschen zu verteidigen. Catherine schluchzte. Ganz Frankreich – das sie nie betreten hatte – hätte sie sofort preisgegeben, um ihren guten Mann und den fleißigen, singenden, lachenden Vater ihrer Kinder behalten zu können.

Einen Tag waren GOEBEN und BRESLAU ohne Unterlass Richtung Süd-Süd-West gedampft, mit konstant zweiundzwanzig Knoten, also etwa vierzig Kilometern in der Stunde. Auf der GOEBEN leckten die Dampfrohrleitungen inzwischen an allen Ecken und Enden, und ein frisches Leck in einer Dampfrohrleitung bedeutete herausschnalzende Stahlbolzen und Fontänen von Wasserdampf. Schon drei Heizer hatten sich verletzt. Einem hatte der Dampf einen Teil der linken Gesichtshälfte gesotten wie einen Kalbskopf und auch sein linkes Auge erwischt, das daraufhin die Farbe und Konsistenz eines gekochten Hühnereis angenommen hatte. Der Schiffsarzt der GOEBEN entschied, ihm den Rotz auszuschälen, bevor er sich entzünden konnte, und so gab es einen Seemann mit Augenklappe mehr in der deutschen Hochseeflotte.

Trotz dieser Zwischenfälle war eine Havarie bislang ausgeblieben. Fiel ein Kessel weg, was etwa alle fünfundvierzig Minuten der Fall war, hatten sie gerade wieder einen anderen repariert und dazugeschaltet, sodass die Leistung in etwa beibehalten werden konnte. Die GOEBEN verbrauchte bloß viel mehr Kohle, als es mit einwandfrei funktionierender Maschine der Fall gewesen wäre. Sie konnte mit den Schiffen ihrer Feinde mithalten, war vielleicht sogar im Zweifel immer noch schneller – bei dem eklatanten Mehrverbrauch an Brennstoff stellte sich nur die Frage, wie lange.

Die BRESLAU lief knapp einen Kilometer östlich von ihrem angeschlagenen Schwesterschiff, leichter Hand und ohne die geringsten technischen Probleme. Mit seiner Sorgfalt bei der Pflege der Heizerei, die aus seiner Liebe für die 30000 Pferdestärken liefernde Maschine kam, ließ Ingenieuranwärter Thomas Kasten sie brummen wie einen Stock gigantischer Bienen.

Kastens Liebe zur Maschine stand bedauerlicherweise in fürchterlichem Kontrast zum Umgang mit seinem Körper, den er durch Kaffee, Zigarillos und Gin aufpeitschte wie ein besessener Kutscher den armen Gaul, der ihm den Wagen ziehen musste. Stichnote war erschrocken, als er ihn nach seiner Rückkehr auf die BRESLAU kurz gesehen hatte, aufgedunsen, mit rotunterlaufenen Triefaugen und einer hängenden Lippe, die ihm das Aussehen einer alten, völlig erschöpften Bracke verliehen. Schlaf hätte man ihm als Erstes gewünscht, doch von nichts hielt Kasten weniger. Niemand konnte sagen, wann er einmal nicht vor Ort gewesen wäre, und immer gab es jemanden, der ihn zugleich auch noch ganz woanders gesehen haben wollte, mit zusammengebissenen Zähnen und einem Schraubenschlüssel in den klobigen Händen, die von Rissen, Narben und krustigen Kratern frischer Wunden übersät waren. Seine direkten Vorgesetzten wussten kein Mittel, ihn schlafen zu schicken, obwohl sie ernsthaft um seine Gesundheit fürchteten und stündlich erwarteten, dass er zusammenbräche.

Niemand wollte sich eine BRESLAU ohne den Ingenieuranwärter im Deckfeldwebelrang vorstellen, schien die Beziehung, die er zu ihrer Maschine aufgebaut hatte, doch von einer fast magischen Intimität, die zu stören nicht einmal der Kommandant gewagt hätte. Also ließ man ihn eben machen, wie er wollte. Uferlos.

Als Kasten, eine stark nach Rum duftende Zigarre im Mund, die seinen Geruch nach Schmieröl eher noch zu verstärken schien, Stichnote die raue Hand gab, blickte er den Funkerfreund für einen Moment an, als steckte sein Bewusstsein gerade weit entfernt an einem anderen Ort.

Stichnote hatte danach kurz seinen Spind aufgesucht, doch auch als er durch die Gänge lief und Blicke in die Messen und Quartiere warf, trat ihm die eigenartige, fremde Stimmung entgegen, eine angespannte Aufgeräumtheit, die er nicht kannte, wiewohl er sie durchaus verstand. Das Schiff, das Innere des Schiffs, alles war in der Hitze wie abgemagert, als wäre ein zäher Wüstensturm durch die Gänge gefegt und hätte alles mitgerissen, was nicht niet- und nagelfest war. Kaum einer schlief, alle waren an Deck oder auf Posten, und selbst die, die sich noch nie hatten leiden können, nahmen Kontakt miteinander auf, da man auf Gedeih und Verderb zusammen auf einem Schiff war, das sich auf seiner ersten Kriegsfahrt befand.

Stichnote hatte wieder seinen Platz auf der Funkstation übernommen, und niemand außer Eibo, der schweißgebadet im Lazarett lag, hätte ihm den streitig machen können. Er dachte natürlich daran, dass er Eibo noch nicht auf seinem Krankenlager besucht hatte, aber da war einfach keine Luft gewesen. So fischte er mit etwas schlechtem Gewissen Schwärme englischer, französischer, italienischer Funksprüche aus dem Äther und bekam natürlich auch mit, was für Nachrichten auf der GOEBEN eintrafen und an den Admiral gerichtet waren. Bislang waren nur Statusberichte und keinerlei direkte Handlungsanweisungen aus Berlin gesendet worden, der Admiral schien vollkommen eigenständig oder nach einem zuvor festgelegten Plan zu handeln. Die beiden Schiffe fuhren gemeinsam Richtung Nordafrika, bis zu dem Punkt, an dem die GOEBEN weiterhin nach Süd-West halten, die BRESLAU aber eine leichte Süd-Ost-Route einschlagen würde. Die GOEBEN ging nach dem westlicheren Philippeville, die BRESLAU steuerte das am Fuß des Djebel Edough liegende Bône an. Zwischen beiden Städten lagen knappe hundert Kilometer, und der Doppelschlag des deutschen Geschwaders würde exakt zur gleichen Zeit, nämlich um vier Uhr zehn, stattfinden. Stichnote konnte mit dem Gedanken, dass sie bald angreifen würden, überhaupt nichts anfangen. Er wusste nicht, was er sich darunter vorstellen sollte – und verdrängte, dass sie nicht einen Namen oder eine Idee, sondern Menschen angreifen würden. Doch es gab genug zu tun, um vergessen zu können, dass sie nicht spielten.

Nun war es kurz vor zwei Uhr morgens, GOEBEN und BRESLAU hatten bereits, einen zweizinkigen Dolch aus Kielwasser schmiedend, an die fünfzig Seemeilen zwischen sich gebracht. Stichnote, mit einigen Schlucken Gin gut eingeschossen und glühend wie ein elektrischer Widerstand, lauschte dem Rauschen des Äthers, als eine Botschaft eintraf, deren Signatur zwar auf den Admiralstab hinwies, die Stichnote aber nicht kannte. Die Nachricht war an den Admiral gerichtet:

Bündnis mit Türkei geschlossen. Abbruch aller laufenden Operationen. Anlaufen Konstantinopel sofort. Tirpitz.

Tirpitz! So weit war es nun schon, dass Tirpitz persönlich anfunkte. Wer wie Stichnote, für dessen Schiff die Meldung gar nicht bestimmt war, mit den Bandbreiten über den Äther zog, als werfe er ein Netz in den Raum, um an Nachrichten zu gelangen, die frei herumflogen und bloß dechiffriert werden mussten, betrachtete die Funksignatur des Großadmirals wie ein Lepidopterologe den Catch eines seltenen Amathesfalters. Und da war wieder dieses Gefühl von Ätherintimität, wie sie nur ein Funker kannte, der irgendeinen Kollegen dort oben in Berlin wusste, hinter dem der zweizüngige Bart des ansonsten kahlköpfigen Großadmirals schwebte und ihm diktierte.

Erst nach einer Weile realisierte er den eigentlichen Inhalt der Nachricht, und deshalb erwartete er hoffnungsfroh einen baldigst eintreffenden Spruch von der GOEBEN, in welcher Konteradmiral Souchon dem Fregattenkapitän Kettner mitteilen würde, dass die Beschießung der zwei algerischen Häfen abgeblasen sei und beide Schiffe Kurs auf die Dardanellen nehmen sollten. Aber Souchons Funkspruch kam nicht. Der Konteradmiral hatte anders entschieden.

Immer war in deutschen Strategiepapieren davon die Rede gewesen, die Türken als Bündnispartner zu gewinnen. Man erhoffte es sich mit einer gewissen Zurückhaltung, hatte das Osmanische Reich doch mehr oder weniger jeden Krieg der letzten zwanzig Jahre verloren. Und da man einen Großteil davon genau hatte beobachten können, wusste man um die Defizite in der Ausbildung der Truppen und vor allem der Rüstung. Dennoch waren die Osmanen immer noch eine Großmacht, die überdies in einer der sensibelsten Regionen der Welt saß, wo die Briten den Suezkanal bewachten und die Russen ihren Traum von einem eisfreien Hafen umzusetzen suchten. Bald, binnen Stunden vielleicht, würde Deutschland mit beiden Mächten im Krieg stehen, was läge also näher als ein deutsch-osmanisches Bündnis. Irgendetwas hatte sich offensichtlich getan, dachte Souchon, also sollten seine Schiffe an den Bosporus gehen. Er fand das eigentlich sogar eine glänzende Lösung, die seine Division vielleicht vor der Vernichtung hätte retten können, und dennoch wurde er sich binnen Minuten darüber klar, dass er dem Befehl des Großadmirals nicht folgen wollte. Zumindest noch nicht.

Der Grund war die Kohle – sie würde niemals ausreichen, um einfach nach Konstantinopel weiterzudampfen, ja sie würde auch nicht genügen, um etwa Kap Matapan zu erreichen, wo eines der von Dönitz und Stichnote organisierten Kohlenschiffe wartete. Er müsste so oder so zuerst nach Messina zurückkehren. Da seine Schiffe ihr Ziel, die algerischen Einschiffungshäfen, fast erreicht hatten, wäre es unsinnig gewesen, sie jetzt unverrichteter Dinge nach Messina zurückfahren zu lassen. Nein, es war viel mehr im Sinne der Kriegsökonomie, den Angriff durchzuführen und erst dann Sizilien anzulaufen. Also tat er nichts, sondern ließ den Befehl des hochgeschätzten Tirpitz bloß abheften. Niemand sonst unter seinen 1500 Männern hätte das gewagt, außer Thomas Kasten vielleicht.

12

Während Stichnote mit wachsender Verwunderung auf eine Nachricht an den Kommandanten Kettner wartete, die aber – das ahnte er langsam – nicht mehr kommen würde, weshalb die BRESLAU weiter auf Bône zuhielt, führte ein gewisser Rafik Zamsa aus dem Örtchen Mondovi die Pferde aus dem Stall des Weinguts, auf dem er arbeitete, und fuhr los, um die Familie seines Chefs abzuholen.

Beruhigend auf die Pferde einsprechend, steuerte er den Wagen zur Stadt, denn zwei kleine Kinder waren mit dabei, das größere schlafend bei der Mutter auf dem Schoß, das kleine dick eingehüllt und mit einer Mütze auf dem kahlen Köpfchen, welche fast die gleiche Farbe hatte wie die Zuavenmütze seines Vaters. Der Vollmond stand am Himmel, die Nacht war lau – Kellermeister Camus warf seiner Frau dankbare Blicke zu, da es furchtbar gewesen wäre, diesen herrlichen Flecken Land ein vorerst letztes Mal alleine zu sehen. So könnte er den silbernen Glanz auf dem Haar seiner Frau mit sich nehmen, um sich wie an einem Spinnfaden an ihm hochzuziehen, wenn er es schwer haben würde, dort oben im Norden, wo sie ihn hinschickten, um für Frankreich zu kämpfen.

Wie alle, die in diesen Tagen in den Krieg gezogen wurden, hatte Lucien Camus keine Vorstellung von dem, was ihn an der Marne erwartete. Sein erster Krieg war grausam genug gewesen, die Zuaven waren leichte Infanterie, was nichts anderes hieß, als mit einem Gewehr, fünfzig Patronen und einem Dolch an der Seite anzugreifen. Im Süden Marokkos, wo schon die Sahara begann, hatten sie gegen die Berber des Ahmed al-Hiba gekämpft, Zeltlager gestürmt, mit besseren Gewehren und bedeutend mehr Angst als die Berber einen Wüstenkrieg geführt, in dem er Glück gehabt und bis auf einen harmlosen Streifschuss nichts abbekommen hatte. Aber er hatte genügend Männer sterben sehen, mit durchgeschnittenen Kehlen, Sand fressend und mit ihrem Blut netzend, das die Saharasonne dann wieder trocknete. Er erinnerte sich an jene unbegreifliche Stille, wenn ein ganzes Regiment im Kampf Mann gegen Mann wie in Watte gepackt dastand, getrennt voneinander durch diese unfassliche Wüstenstille, während man sich auf breiter Front umbrachte. Jeder Schuss versprengt wie aus weiter Ferne, jeder Dolchstoß nur ein Reißen von Papier. Hass hatte er keinen empfunden, nur die stets lauernde, beständige Angst. Die hatte ihn geführt. Während sie dahinfuhren, fühlte er, wie sie sich von weither erhob – und begriff, dass sie nie fortgewesen war.

Nun erreichten sie auf dem Wagen, auf dem sie ansonsten ihre Grenache-Fässer transportierten, Bône. Dessen Kommandantur hatte den Auftrag, in den nächsten beiden Tagen 15 000 Mann nach Frankreich einzuschiffen. Der erste Transport sollte um sechs Uhr morgens ablegen, also in gut drei Stunden, und Rafik hatte bald Schwierigkeiten mit dem Pferdewagen weiterzukommen, da es überall von Kutschen und sogar Automobilen sowie unzähligen Soldaten zu Fuß wimmelte, die aus allen Gegenden Ostalgeriens eintrafen und sich, ihre Gestellungsbefehle in der Hand, zu orientieren suchten.

Stromaggregate dröhnten an den Ecken und tauchten alles in gleißendes Licht, Bäcker verschenkten Brot und tatsächlich gab es auch viele Frauen und Kinder, die mitgekommen waren, ihren Männern, Söhnen und Brüdern Lebewohl zu sagen.

Drei mächtige Transportschiffe lagen vor Anker, alle unter vollem Dampf, und die ersten Mannschaften, die man seit dem gestrigen Abend registriert hatte, waren schon fast beim Borden. Lucien sah zu, wie einer nach dem anderen die Sperre durchschritt, an der Wache vorne seine Papiere zeigte und dann weitergeschickt wurde, zu den Baracken, wo man sich melden musste, um sein Schiff zugewiesen zu bekommen. Er hatte immer noch den schlafenden Kleinen auf dem Arm, während der Große todunglücklich war und weinte. Das Baby auf der Schulter ging er in die Knie und gab ihm eine Weinbeere von der letzten Traube, die er vor ihrer Abfahrt geschnitten hatte. Catherine legte ihm die Hand auf die Schulter und strich ihm am Saum der Mütze entlang über sein Haar. Wie schrecklich er sie vermissen würde. Dann drückte er seine beiden Jungs noch einmal an sich, und als er sie so hielt, blitzte eine Erinnerung auf: Berberkinder, die ihn um Essen

angebettelt hatten, einem Jungen hatte irgendjemand ein Ohr abgeschnitten, der hatte am allermeisten gelacht.

Er reichte Albert zu Catherine hinüber, drückte Rafik die Hand,
wies ihn darauf hin, dass er, solange kein neuer Kellermeister da sei,
jeden Morgen die Trauben probieren solle, wollte auch noch etwas
anderes sagen, hatte aber nicht mehr die Kraft dazu. Er gab Catherine
einen Kuss, sie gab ein Wimmern von sich. Er blickte ihr in die Augen
und meinte dann, sie solle nun fahren, aber sie schüttelte nur den
Kopf und überwand sich, es auszusprechen, dass sie warten werde, bis
sein Schiff abgelegt habe. Er seufzte, küsste sie noch einmal und sagte,
dass er ihr nach Algier schreibe, ihr Bruder werde ihr vorlesen.

Dann holte er die Einberufung heraus und suchte sich seinen Weg
durch die Menge. Nach zehn Minuten hatte er den Posten erreicht,
winkte seiner Frau noch einmal zu und entschwand Catherine aus
den Augen, als er die Absperrung hinter sich brachte, auf dem Weg
zu Baracke D.

13

«Was haben wir denn hier?», fragte Leutnant zur See Karl Dönitz,
der auf seiner Wache als Signaloffizier stand und ohne den nicht das
kleinste Fähnchen auf der BRESLAU gehisst wurde. Der erste Offizier lachte und wies die beiden Matrosen an, die Flagge, die er aus den
Beständen hervorgeholt hatte, auszubreiten: das blaue Andreaskreuz
auf weißem Grund, die Flagge der russischen Kriegsmarine, im Licht
des Vollmonds schimmernd.

«Der Kommandant will, dass wir uns als russisches Schiff ausge-
ben?» Dönitz war eigentlich zu jeder Schandtat bereit – aber unter
falscher Flagge segeln, ein Schiff der Kaiserlichen Hochseeflotte?
Absurde Idee.

Der erste Offizier betonte, dass es die Idee des Admirals gewesen war. Es sei nicht auszuschließen, dass die französische Flotte sich in der Nähe befinde. Eine Tarnung als russisches Schiff könne die entscheidenden zehn Minuten zum Angriff bringen.

Dönitz erwiderte, dass das Haager Abkommen das Anlegen fremder Uniformen und überhaupt die Nutzung fremder Hoheitszeichen verbiete.

Kriegsbrauch im Landkrieg, das vom Generalstab herausgegebene Handbuch, erlaube es ausdrücklich, erwiderte der erste unter den Offizieren knapp.

«Und jetzt rauf mit dem Fetzen. Bis später.»

Dönitz ließ die Flagge der Kaiserlichen Marine einholen. Er dachte weniger darüber nach, dass er damit gerade die deutsche Unterschrift unter dem Haager Abkommen ungültig machte, sondern sinnierte, während die Signalgasten die schwarz-weiß-rote Flagge mit dem Reichsadler einholten, etwas umständlich zusammenlegten und dann die russische Flagge hissten, wie oft er sich beim Spiel heimlich gewünscht hatte, die Farbe wechseln zu können. Dort war es eine Unmöglichkeit, da sich die Spieler mit dem Wissen über die Stellung des anderen gegenübersaßen, aber hier, im Licht dieser zauberhaften Vollmondnacht, wurde es gerade Wirklichkeit.

Hinter dem Horizont konnte man den Hafen von Bône bereits erahnen, dort streckten sich weißgolden schimmernde Lichtäderchen über die See. Dönitz ging es durch und durch, als er sah, wie sich die russische Flagge im sanften Wind des Mittelmeers streckte. Bald würden sie in Position sein. Noch dreißig Minuten bis vierhundertzehn. Sah man von der Besetzung Luxemburgs ab, die, wiewohl militärischen Charakters, ohne einen einzigen Schuss abgegangen war, stand nun der erste Einsatz von Waffengewalt in diesem Krieg bevor, und alle an Bord, besonders jene Platt schnackenden alten Seebären, die ihren Dienst auf Segelschiffen der Bundesflotte begonnen, die erste deutsche Reichsflotte erlebt und selbst noch den Klabautermann gesehen hatten, spürten genau, wie man sich nun einer Grenze näherte, nach deren Überschreiten die Welt für die BRESLAU eine andere sein würde.

Seit Beginn ihrer Ausbildung auf den Seekriegsschulen und Akademien hatten es alle an Bord gewusst, und viele hatten es auch gehofft, waren sie doch einzig darauf vorbereitet und gedrillt worden. Und vom Kommandanten, der zwar Magenprobleme hatte, aber sonst auf der Höhe seiner Leistungskraft stand, über seine vor Diensteifer glühenden Offiziere und Smuts, die seit Stunden in einer langgezogenen Mitternachtswache schufteten, bis hin zu den Geschützgasten, deren Aufgabe es sein würde, unter Hochdruck und mit maschineller Präzision nachzuladen, spürten alle so etwas wie ein langsames Auftauchen, als stießen sie mit ihrem Schiff in andere Regionen vor, von denen sie wohl gehört, die sie aber noch nie betreten hatten.

Der Rest der Mannschaft, der gerade nicht gebraucht wurde, hundertfünfzig Mann vielleicht, stand rauchend an Deck und versuchte, die Lieblichkeit dieser Nacht, die das Meer mit dem gleißenden Band der Milchstraße überspannte, ihrerseits mit dem zusammenzubringen, was bevorstand, der Erwartung des Angriffs. Viele fühlten sich wie in einem Traum.

Stichnote und die Gasten im Funkraum hatten schon vor einer ganzen Weile auf Befehl des Kommandanten jegliches aktive Senden eingestellt. Admiral und Kommandant erwarteten – natürlich ohne der Mannschaft das mitgeteilt zu haben – die Anwesenheit von französischen Schiffen in Nähe der Häfen. Seit sie selbst nicht mehr sendeten, versuchten die Funker, Sprüche der französischen Flotte aufzufangen, um Informationen über deren Position zu bekommen. Tatsächlich war es Stichnote gelungen, zumindest Fragmente von etwas zu erwischen, das ihm Französisch zu sein schien. Aber die Signale waren schwach. Er mochte nicht glauben, dass Kriegsschiffe in der Nähe waren. Der

Rest dessen, was der Äther auf allen möglichen Wellenlängen hergab, stammte von Handelsschiffen, auch ein deutsches war dabei.

Unter dem schwachen Sirren der Signale breitete sich in Stichnote eine eigenartige Ruhe aus. Er blickte auf die Uhr, dann bat er den Offizier, an Deck gehen zu dürfen, was dieser ihm, der nun schon fast zwanzig Stunden Wache hinter sich hatte, erlaubte. Fünfzehn Minuten vor vierhundertzehn sah er zum ersten Mal die Stadt Bône – dann schrillte der Alarm «Alle auf Gefechtsstation». Damit war Stichnotes Ausgang beendet.

14

Lucien Camus hatte seine *papiers d'embarcation* schon bekommen, er würde auf die STENDHAL gehen, einen alten Frachter, auf dem 1200 Zuaven einer ungemütlichen Überfahrt entgegensahen. Er kannte den Pier, dort hatte er schon oft das Verladen von Weinfässern beaufsichtigt, nun fand er es fast zum Lachen, selbst dort eingeschifft zu werden. So wie es aussah, würde er noch eine Weile warten müssen, bis er auf sein Schiff käme. Er nahm sich eine Zigarette, sah sich um.

Ja, in der Tat. Er kannte den Hafen gut. Das Flutlicht ließ ihn fremd erscheinen, aber drüben war das Büro des Hafenmeisters, dort saß jetzt das 6. Regiment und registrierte seine Reserven. Wie ein Ameisenvolk wimmelten die Männer um das Häuschen, in dem man sonst, wenn man Glück hatte, einen Kaffee bekam, während man auf den Zoll wartete.

Zu seinem Erstaunen sah er auch viele Schwarze unter den Männern, großgewachsene Kerle in Grenadieruniformen, wahrscheinlich aus dem Senegal. In der Nähe des Piers sah er einen Mann, mit dem er einmal eine schreckliche Nacht voller Schakalgebell verbracht hatte.

Er mochte ihn eigentlich nicht besonders, freute sich dennoch, ihn zu sehen. Wie hieß er noch? Favre. Und da drüben, vielleicht zwanzig Meter von ihm, erkannte er mit einem Mal Hauptmann DuPont, den großartigen DuPont, an den zu schreiben er nicht geschafft hatte, um dem lächerlichen Herbstmanöver zu entgehen. Die Art, wie der Hauptmann, sich an den Spitzen seines Schnurrbarts zwirbelnd, durch eine Gruppe wartender Soldaten drängte, ohne sich aus der Ruhe bringen zu lassen, war unverkennbar.

«Monsieur le Capitaine! Hier! Erkennen Sie mich noch?»

«Merde, Camus! Kommen Sie her, Mann, ich will Sie küssen!»

«Wird wohl nichts mit unserer Übung?»

«Ach, hören Sie auf, ich habe schon gehört, dass Ihre Chefs bei meinem angerufen haben. Sind Kellermeister, hä? Aber wie soll ich ohne meinen besten Mann in den Krieg ziehen?»

Lucien, von der Nachricht, dass Algier für ihn tätig gewesen war, ein wenig überrascht, nahm den Rucksack von den Schultern und schnürte ihn auf.

«Unsere beste Abfüllung. Für Sie!»

«Domaine du Chapeau de Gendarme 1912. Alle Achtung! So schnell hat kein Polizist je seinen Hut gezogen, um ein Schloss zu betreten. Großartige Scheiße! Den trinken wir, wenn wir an der Front sind.»

«Wohin geht's?»

«An die Marne.»

«Nie gehört. Wie ist es da?»

«Anders als in der Wüste auf jeden ... Scheiße! Was ist da vorne los?»

Wie eine Welle ging aus Richtung der Piers ein zurückweichender Schauder durch die Menge. Lucien sah ihn deutlich im Schwanken der Schweißhelmtücher, wie ein Wind, der über ein Weizenfeld streicht. Rufe brandeten auf, dann, nach drei, vier Sekunden, sah er es endlich: Vor dem Hafen von Bône befand sich ein Kriegsschiff.

Vom Vollmond beschienen, stieg der Rauch aus seinen vier Schornsteinen nahezu senkrecht nach oben, so unbewegt und still war die Luft. Das Schiff hatte dem Hafen seine Backbordseite zugewandt, die Positionslichter über hundertzwanzig Meter verteilt. Wie winzige Törtchen, in die man Zahnstocher gesteckt hatte, ragten die Geschütze in die Dunkelheit, und Lucien kam es vor, als wiesen auch die Geschütze der Steuerbordseite in Richtung Hafen. Jetzt hörte er Stimmen, die von einem russischen Schiff sprachen, sieh doch, das ist kein Deutscher, das blaue Andreaskreuz, das sind Russen.

Mit den Russen war man glücklicherweise verbündet, und als sich diese Information herumzusprechen begann, fühlten sich alle maßlos erleichtert. Hauptmann DuPont zwirbelte sich, immer noch die Weinflasche in der Hand, den Schnurrbart und blickte Lucien mit gerunzelter Stirn an.

«Russe oder nicht, ich frage mich, wo eigentlich unsere Scheißflotte steckt.»

«Die wird schon kommen», erwiderte Camus, ohne dass er darüber nachgedacht hatte, während der Hauptmann mit einem Nicken weiterging. Lucien hatte noch nie mit der Kriegsmarine zu tun gehabt. Er hatte in der Wüste gekämpft, wo die Infanterie auf sich selber gestellt war und das wichtigste Transportmittel, das es gab, Kamele waren.

Lucien dachte plötzlich daran, wie ihm eine Kamelstute einmal aus der Hand gefressen und ihn dann immer wiedererkannt hatte, spürte, wie sich ihm der absurde Gedanke aufdrängte, mit seinen Söhnen in die Wüste zu fahren, sobald es ginge. Ja, absurd, dass er jetzt daran dachte, da er gerade dabei war, so weit von ihnen fortzugehen wie noch nie.

Seit er die Absperrung hinter sich gebracht hatte, war eine Stunde vergangen, in der er sich ihnen immer noch auf die selbstverständlichste Weise nah gefühlt hatte. Nun erst begriff er auch mit dem Herzen, dass er nicht zurückkonnte, dass sie zwar noch in seiner Nähe, aber schon durch einen Apparat von ihm getrennt waren, aus dessen

Fängen ihn nur die Unmöglichkeit einer Fahnenflucht würde befreien können.

Es gab Bewegung am Pier, Soldaten schleppten eine schwere Kette weg, offenbar begannen sie endlich mit dem Borden. Das russische Schiff stand unbewegt und friedlich vor sich hin dampfend am nächtlichen Horizont. Lucien stieß einen älteren Mann neben sich an, dem eine Uhrkette aus der Tasche hing. Der Mann fuhr hoch, als hätte Lucien ihn aus seinen Träumen gerissen.

«Wie spät ist es?»

«Kurz nach vier», stellte der Mann fest und schnaufte. Vorne legten sie die Kette wieder vor, und es gab einen Rückstau. Typisch. Nichts ging voran. Es war wie immer.

15

Kommandanten von Kriegsschiffen hatten zu allen Zeiten damit zu kämpfen, dass in den entscheidenden Momenten irgendetwas eintrat, das einem die Sicht verbaute, dass Nebel aufzog oder die See auf einmal hoch ging. Heute Abend, bei Kapitän Kettners erstem Kriegskommando, war das anders. Die Luft war nur ganz sacht bewegt, die See lag da wie ein endloser quecksilberner Spiegel, und die Franzosen drüben hatten so viel Licht gemacht, dass er mit Hilfe seines Fernglases sogar einzelne Gesichter erkennen konnte. Bunte Truppe. Hatten ja sogar Neger dabei. Im Ganzen zweitausend Mann, bisschen mehr vielleicht.

Auf den Frachtern, die, wie es aussah, noch gar nicht unter Volldampf waren, standen weißgekleidete Offiziere und blickten mit Ferngläsern zu ihm herüber, aber seine Sicht war natürlich wesentlich besser. Fragten sich bestimmt, was von dem russischen Schiff zu halten sei. Würden gleich die Antwort bekommen. Nirgendwo konnte

er Geschütze oder irgendetwas erkennen, womit sie hätten zurück-
schießen können, weder auf den Schiffen noch auf den Gebäuden der
Docks. Bône war vollkommen schutzlos. Da er für die gerechte Sache
seines Landes kämpfte, kam ihm nicht die Idee, so etwas wie Unbehagen zu empfinden, eher das Gegenteil. Er freute sich darauf, die
Treffsicherheit seiner Artilleristen in Aktion studieren zu können. Als
Ziele hatte er sowohl die Schiffe, die allerdings quer vor Linie standen
und nur bedingt zu treffen sein würden, als auch die Hafenanlagen,
die Docks, Lagerhallen, Kräne und Verwaltungsgebäude ausgegeben. Ein Fass Bier war demjenigen Artilleristen versprochen, dem es
gelänge, den Leuchtturm zu treffen. Der Admiral hatte Kettner die
Entscheidung über die Dauer der Beschießung überlassen, was natürlich von einem eventuellen Auftauchen französischer Schiffe abhing.
Aber zwanzig Minuten müssten auf jeden Fall möglich sein. Seine
zwölf baugleichen 10.5 cm Geschütze konnten fünf Granaten in der
Minute abfeuern, machte eine Granatenlast von sechzig pro Minute.
Also würden sie eintausendzweihundert Granaten drüben ablegen,
nicht die Welt, aber ausreichend, um die Einschiffung der Nordafrika-
ner gehörig durcheinanderzubringen. Kettner sah auf die Uhr. Es war
zehn Sekunden nach vierhundertzehn. Mit einem Kopfnicken gab er
seinem Adjutanten den Befehl und setzte das Fernglas wieder an.

16

Lucien war noch keinen Schritt weitergekommen, als er ein unter
dem Knattern der Stromaggregate eben noch zu hörendes Donnern
vernahm. Wie jeder seiner Kameraden, der den Donner gehört hatte,
wunderte er sich – die Nacht war so lau, dass ein plötzlich auftreten-
des Gewitter unwahrscheinlich war. Ein paar Sekunden später donnerte es ein zweites Mal, alle sahen sich verwirrt an und blickten aufs

Meer, ob dort ein Unwetter aufgezogen war, aber die See lag friedlich unter wolkenlosem Himmel. Vor dem dritten Donner sah Lucien jedoch deutlich einen Blitz, der auf Höhe des russischen Schiffes aufflackerte. Andere hatten das Mündungsfeuer ebenfalls gesehen, starrten ungläubig zu dem Schiff hinüber, aber erst als der dritte Donner eintraf und es gleich darauf wieder blitzte, begriffen die ersten, was im Gange war.

Nach ein paar Sekunden schlug die erste Granate ein, sie zerstörte nur den Funkmast auf einem der Transporter. Doch die krachende Wucht dieser ersten Detonation fuhr der ohnehin schon aufgewühlten Masse wie ein Stromschlag in die Glieder, dann, fünf Sekunden später, schlug die zweite Granate krachend auf dem Pier ein, Mauerwerk schoss durch die Gegend, einer der Brocken verletzte einen Sergeanten, und schon kam die dritte, traf ein Lagerhaus weiter vorne, sodass die Menge nun auch von dort fortzulaufen versuchte. Während das Fluchen und Schreien immer lauter wurde, stellte sich Lucien, der die Abfolge von Blitz und Donner gesehen hatte, auf Dauerbeschuss ein, der so präzise ablief, als brenne jemand ein Feuerwerk ab. Lucien rammte sich unerbittlich den Weg frei. Er musste zu Catherine und den Jungs!

17

Dönitz, wie die meisten Offiziere mit einem Fernglas ausgerüstet, verfolgte den Beschuss akribisch. Während die Geschütze ununterbrochen alle fünf Sekunden feuerten, zählte er fünf Wassertreffer, die die Gischt im hell beleuchteten Hafenbecken hochspritzen ließen wie Geysire. Auf die Entfernung und bei dem nahezu perfekten Zielgebiet eigentlich eine Schande für jeden anständigen Artilleristen.

Nach etwa drei Minuten und 162 gelandeten Treffern, die mittlerweile deutliche Schäden an den Anlagen und Gebäuden verursacht und die Männer im Hafen in heillose Panik versetzt hatten, legte er das Fernglas ab und gab den beiden Signalgasten den vom Kommandanten kommenden Befehl, die falsche Flagge einzuholen und endlich die der Kaiserlichen Marine zu hissen. Während sie in der aufziehenden Brise nach oben stieg, war es ihm für Momente, als sähe er das Grinsen des Freibeuter-Totenkopfs in der mondlichtschimmernden Seide aufblitzen. Es schauderte ihn.

Lautlos spritzten Lichtfontänen hoch. Gebäude begannen einzustürzen. Er konnte kaum mehr die Menschen erkennen, die undeutlich über dem ganzen Gelände wogten, anonym, gesichtslos, aber er musste sich einfach vorstellen, wie grauenhaft es war, wenn eine Granate einschlug, und kurz danach die nächste, ohne Unterlass. Jetzt schien eines der Lichtaggregate getroffen worden zu sein, ein gewaltiger Fetzen Dunkelheit legte sich schlagartig über einen Teil des Hafens nahe dem mittleren Pier, und für einen Moment faszinierte ihn der Gedanke, dass die BRESLAU die ganze Szene ausknipste wie den Projektor in einem Lichtspieltheater.

Tatsächlich fiel nach zehn, fünfzehn Granaten das nächste Aggregat aus, weiter hinten, wo ein kleiner Platz zwischen Hafen und Stadt lag. Dönitz fragte sich, ob die Dinger mit Kohle oder Steinöl liefen. Steinölfeuerungen gab es zuletzt immer häufiger, aber das war nur ein Gedankensplitter, der ebenso davonflog wie all die hunderttausend Granatsplitter, Mörtelbrocken und Eisenteile, die die BRESLAU im Hafen von Bône aufwirbelte wie ein übermütiger Götterknabe, der aus sicherer Entfernung mit Steinen wirft. Die Kraft dieser Würfe war beeindruckend. Dönitz blickte gebannt, bis ihm mit einem Mal einfiel, dass das Götterkind sich auch leicht gegen sie wenden konnte, um Schiffe versenken zu spielen.

Auf einem Kriegsschiff tritt mit Beschuss der sogenannte Gefechts-
verschlusszustand ein, außer auf dem Artilleriestand und der Brücke
ist dann niemand an Deck, alle Schotten werden geschlossen. Wer
auf der BRESLAU jetzt nicht Wache hatte, hielt sich im Quartier auf,
untätig mit den Kameraden zusammengesperrt, Seevieh, das dem
Donner lauschte.

Schlaflosigkeit und Erschöpfung hatten Stichnote unterdessen
in einen merkwürdigen Zustand versetzt. Er glaubte weiter das Sirren Aberhunderter von Morsewellen zu vernehmen, während die
Geschütze einen grässlichen Lärm veranstalteten, so arg, dass er
damit rechnete, das erste werde in kürzester Zeit selber explodie-
ren. Wie hatte er nur vorhin, als er die Stadt kurz gesehen hatte, so
etwas wie Erleichterung spüren können? Ganz gewiss hatte Dönitz
recht behalten, als er prophezeite, dass der Krieg in den Augen der
Welt alles löschen würde, was in irgendwelchen Häfen an der albanischen Küste geschehen war, denn das, was gerade vor sich ging, war in
der Tat um vieles entsetzlicher. Mit solcher Art von Entlastung aber
konnte er nichts anfangen. Ihm war übel. Er bekam plötzlich unend-
liche Sehnsucht, Eibo zu sehen.

Er bat den Offizier darum, ein wenig ausruhen zu dürfen, was ihm
dieser widerwillig genehmigte. Ein Funkgast setzte sich auf Stichnotes Platz und dieser nahm den Niedergang in das vordere Zwischendeck, wo die Krankenstation untergebracht war. Gedämpft mischte
sich das Donnern der Geschütze zwischen seine Schritte, doch je tiefer er auf dem Niedergang stieg, desto dumpfer klangen die Schläge.

Im Inneren des Schiffs herrschte eine Hitze, die selbst Urwald-
affen wahnsinnig gemacht hätte. Er stolperte ein paarmal gegen die
Stahlwände, während die Geschütze oben unaufhörlich sprachen,
verpasste einen Seitengang, kam an einen Lagerraum, den er schon
einmal, ganz am Anfang seiner Dienstzeit, vergeblich zu durchqueren versucht hatte. Er drehte um und stand vor der Tür der Kranken-

station. Sie war etwas höher ausgelegt als die meisten Räume unter Deck, die Wände voller Schränke, auf denen sich die Schlange des Äskulap kringelte. Die Station musste eine eigene Lüftung besitzen, denn die Luft hier war besser als im Rest des Schiffes, wenngleich sich neben dem öligen Geruch, der in allen Ritzen saß, auch die süßlicheren, ebenso befremdlichen Aromen von Medizin und Betäubungsmitteln bemerkbar machten. Bevor er den Sanitäter ansprach, der an einem Schreibtisch saß und ihm skeptisch entgegensah, war es ihm, als zucke etwas durch den verdammten Backenzahn, und am liebsten wäre er wieder umgedreht, womöglich sprach ihn der Kerl auf die letzten fünf versäumten Zahnuntersuchungen an.

«Moin. Würde gerne Obermaat Matthes besuchen.»

«Quarantääne. Bist madig? Dit is'n Gefecht, de stelln di vör't Kriegsgericht», sagte der Sanitäter, ein blonder Typ mit Sommersprossen, den Stichnote noch nie gesehen hatte. Sanitäter waren sowieso, bis hoch zum Admiralsarzt, eine eigene Spezies.

«Quarantäne? Wie das?»

«Kaleunt frogen», sagte der Blonde abweisend und meinte damit den Offiziersrang von Dr. Metzger. Den wollte Stichnote nun als Allerletzten sehen.

Für einen Moment schien es, als hätte der Geschützdonner aufgehört, aber es war nur eine Unregelmäßigkeit, weil Geschütz sieben auf dem Vorderdeck Steuerbord mittlerweile ausgefallen war.

«Aber, Jung, ik kann di särgen, blief better butten. Em geit dat gor nich god.»

«Drecksviecher», murmelte Stichnote und blickte den Sanitäter an. Der murmelte irgendetwas Unverständliches, dann fügte er bissig und vielsagend hinzu: «Dat kummt dorfun, wenn man de Finger nich fun de Wieber lotten kann.»

Stichnote erschrak – Franzosenkrankheit, Schanker oder was meinte der Sani?

Aber es war nicht die Frau gewesen, von der Eibo dem Arzt berichtete, als er noch einigermaßen klar hatte sprechen können, sondern der laue Tee, den sie ihm servierte. Denn Eibo hatte nicht die Malaria erwischt, sondern die Cholera, jene aus den Weiten Asiens stammende Seuche, die bei ihrem ersten Auftreten in Europa sowohl Hegel, den Denker des absoluten Idealismus, als auch einen gewissen Carl von Clausewitz das Leben gekostet hatte. Doch das hatte Marinestabsarzt Metzger nur Fregattenkapitän Kettner mitgeteilt und bedauernd hinzugefügt, dass der entscheidende Zeitraum einer Behandlung, die ersten beiden Tage, leider verpasst worden sei und die Cholera bei diesem armen Funkobermaat aus Bremen zudem ungewöhnlich schwer, ja bedrohlich verlaufe. Kettner hatte nicht lange überlegt, für den Patienten totale Quarantäne und für seinen Arzt absolutes Stillschweigen angeordnet. Es durfte an Bord eines Schiffes der Deutschen Kaiserlichen Marine keine Cholera geben.

Der Sanitäter, der den Quarantäneraum bewachte, wollte Stichnote daher immer noch nicht einlassen, zog die Lippen kraus und schüttelte den Kopf. Stichnote bettelte, nur ganz kurz, es sei seit Flensburg sein bester Freund, der da drin liege. Noch dazu sei Eibo die Ablösung für ihn gewesen, drüben in Durazzo, in dem verdammten Sumpfloch, wo er sich den Dreck geholt habe.

Schließlich ließ sich der Sanitäter erweichen, das Argument, unter Seemannschaft ausgesprochen, wog zu schwer, um den Quarantäneriegel weiter geschlossen zu halten. Seine Augen wurden zu Schlitzen, er sah Stichnote prüfend an, während die Beschießung unverändert ihr fernes Bollern hören ließ.

«Fief Minuten, Ole, keen Sekünd länger. Und denn verdufdest du und bist hier nie wen, klor?»

18

Luciens Nebenmann riss die Hand hoch, als wollte er irgendeinen vorüberfliegenden Gegenstand greifen, und sein Gesicht nahm einen träumerischen Ausdruck an. Die Augen groß wie die eines Kindes, schien er etwas sagen zu wollen, bevor er niedersank. Lucien beugte sich inmitten des Lärms zu dem Mann hinab, doch dessen Lippen brachten nur ein leises Schmatzen zustande. Dann blickte er Lucien ratlos an, lächelte und schloss die Augen. Lucien brüllte nach einem Sanitäter, blickte dabei voller Entsetzen auf den Stumpf, der vom Oberschenkel seines ihm unbekannten Kameraden übriggeblieben war und presste die Hand dagegen, ohne das Sprudeln des Bluts damit stoppen zu können. In zehn Metern Entfernung sah er einen Sanitäter, der geduckt vorüberlief, auf eine der Baracken zu. Lucien sprang hoch, spürte, wie ihm das Blut des anderen von den Händen tropfte, warm und weich wie flüssige Schokolade, schrie weiter und bekam den Sanitäter am Arm zu fassen. Voller Entsetzen blickte der ihn an, und Lucien sah, dass dieser selbst etwas abbekommen hatte, ein Splitter hatte ihm die Backe zerfetzt. Er packte ihn fester, wies auf den Mann, dem es das Bein weggerissen hatte, aber der Sanitäter reagierte nicht und wollte weiter. Da zog Lucien ihn mit Gewalt hinüber, sie nahmen den Mann mangels einer Trage mit den Händen und schleppten ihn in Richtung der Baracke. Sie kamen nur langsam voran, überall lagen Tote und Verwundete, die die Hände ausstreckten, während unaufhörlich weitere Granaten einschlugen. Lucien fühlte angesichts der vielen Verletzten für einen Moment die furchterregende Sinnlosigkeit seines Tuns und dachte daran, wegzulaufen und endlich seine Familie zu suchen, aber er schleppte den Verwundeten weiter. Sie erreichten die Baracke, vor der schon unzählige andere saßen, standen, lagen und darauf warteten versorgt zu werden.

Im Inneren der Baracke war der Lärm der Detonationen weniger laut, was den Eindruck hervorrief, hier wäre man sicherer als draußen. Sie legten den Mann mit dem abgerissenen Bein auf die Erde. Der Sanitäter beugte sich hinab, legte die Hand an den Hals des Verletzten, um den Puls zu prüfen, und als da kein Puls war, murmelte er etwas, lachte ein wenig irr und deutete Lucien mit einer Kopfbewegung an, dass sie den Leichnam des Mannes wieder nach draußen bringen mussten.

Als Lucien alleine vor der Baracke stand, fiel ihm zum ersten Mal auf, dass er seinen Rucksack und seinen Koffer nicht mehr bei sich hatte. Das Transportschiff, mit dem er hätte übersetzen sollen, schien Schlagseite zu haben. Aus dem zerstörten Kamin eines anderen Schiffes quoll dicker schwarzer Rauch und kroch über das Deck, das weiter vorne Feuer gefangen hatte. Fast alle Lichtaggregate waren ausgefallen, überall standen Pioniere, die diejenigen, die noch nicht vollständig zerstört waren, wieder in Gang zu bekommen versuchten. Dreißig Meter vor ihm schlug eine Granate ein und riss das Pflaster auf, die Brocken flogen Lucien um die Ohren. Er versuchte, auf keinen der Verletzten zu treten, die überall wehklagend herumlagen, sah aber, dass sich der Hafen merklich geleert hatte. Hinter der kaum mehr existenten Absperrung standen nur noch vereinzelte Angehörige, die ihre Männer zur Einschiffung begleitet hatten. Dort wo er Catherine, Rafik und die Jungs eine Stunde zuvor zurückgelassen hatte, war niemand mehr. Weiter vorn, in der rue l'avant port, die parallel zum Hafen verlief, fuhr ein Lastwagen, und immer wieder kamen Fuhrwerke vorbei, mitgerissen von wild schnaubenden Pferden, die durchgegangen waren. Er hörte die näherkommende Sirene einer Feuerwehr, deren clownesker Klang die kurzen Detonationspausen untermalte.

Lucien blieb stehen, erleichtert, dass Catherine nicht mehr da war, und sah, wie das Dach eines großen Schuppens, in dem sie manchmal Weinfässer zwischengelagert hatten, einstürzte. Die Zerstörung von Gebäuden kam ihm jetzt viel weniger tragisch vor. Ein Trupp von fünf Zuaven lief an ihm vorbei, sie trugen einen Verletzten und feuerten sich gegenseitig an, schnell, schnell. Er wischte sich über die Stirn, blickte sich um und fragte sich, ob er das Hafengelände einfach so verlassen konnte, um nach seiner Familie zu suchen. Rafik hatte sich um sie gekümmert, kein Zweifel, sie waren bestimmt irgendwo in der Stadt. Aber durfte er nach ihnen suchen?

Er betrachtete den gleichmütig strahlenden Vollmond und entschied, dass er es durfte. Dann hörte er zum ersten Mal in seinem Leben einen hellsingenden Ton, den nur derjenige wahrnimmt, auf den eine moderne 10.5 cm Granate zufliegt, ein Pfeifen, nach dessen Höhe und Intensität erfahrene Kombattanten genau bestimmen konnten, wo das Objekt einschlagen würde. Lucien hatte gegen Berber gekämpft, und die hatten keine Geschütze besessen, aber den singenden hohen Ton des Geschosses nahm er trotzdem wahr. Es blieben ihm Bruchteile von Sekunden, um zu begreifen, was dieses seltsame Pfeifen bedeutete.

19

Stichnote wurde klamm ums Herz, als er Eibo auf der Pritsche des Quarantäneraums liegen sah. Im gedämpften elektrischen Licht wirkte Eibos Haut wächsern. An seinen Mundwinkeln war Speichel hinabgelaufen und getrocknet. Er hatte die Augen geschlossen, doch Stichnote sah, dass seine Lider die ganze Zeit wie in einem verrücktspielenden Morsetakt zitterten. Zwischendurch schien er würgen zu müssen, sein abgemagerter Körper krümmte sich dabei kraftlos. Stichnote nahm Eibos Hand, die eiskalt und klebrig war und setzte sich an den Rand der Pritsche. Er wusste nicht, was er sagen sollte.

Plötzlich verklang das tobende Rumoren der Geschütze und mit dem Ende des Bombardements erfüllte augenblicklich ein anderes, tiefbassiges Geräusch das Schiff. Die Maschinen, die ganze Zeit in Wartestellung, liefen wieder mit voller Kraft.

«Eibo, Dicker, es ist vorbei. Hörst du? Wir haben Fahrt aufgenommen.»

Kaum hatte Stichnote gesprochen, spürte er, wie Eibo seine Hand drückte, dreimal kurz, *verstanden*, und ein vages Lächeln über sein Gesicht ging.

«War wieder mit Dönitz unterwegs, Brindisi, wir haben Kohle besorgt. Deshalb konnte ich nicht früher kommen. Die GOEBEN hat uns gebracht. Wir sind im Krieg. Eine Nachricht kam direkt von Tirpitz, hat Admiralstabskennung, dann dreimal ‹W› – was immer das heißen mag. Tirpitz! Sauber abgesetzt. Hat dem Admiral gesagt, dass wir nach Konstantinopel gehen sollen. Weißt du noch, wie dieser eine Typ uns in das Lokal geschleppt hat, wo die hübschen Russinnen rumsaßen, und die eine dafür, dass sie mit uns angestoßen hat, zwei Mark wollte? Und als wir auf der Yacht waren, wir und die ganzen Offiziere, wer war das noch, den wir da geschippert haben, der amerikanische Botschafter und seine Tochter, oder?»

Eibo drückte seine Hand. *JA*. Obwohl zunächst eine Pause eintrat, spürte Stichnote, dass Eibo weiterfunken wollte. Und so war es. *HUT*. Ja, das stimmte, eine Bö hatte der wahnsinnig gutaussehenden Tochter des Botschafters, Morgenthau hieß der, genau, ein Deutsch-Amerikaner, den Hut vom Kopf geweht. Der Hut war im Bosporus gelandet, und drei der jüngeren Offiziere hatten sich fast darum geprügelt, reinspringen und das Ding rausholen zu dürfen.

Die Tür ging auf. Der Sanitäter blickte herein, viel weniger streng als zuvor.

«Deit mi weh. Aber dat wert, sog tschüss», sagte er und verließ den Raum wieder. Stichnote hätte am liebsten geheult.

«Ich muss los. Der Sani. Du brauchst deine Ruhe.»

Er konnte sich nicht rühren und legte nun auch seine linke Hand um Eibos rechte, die er schon eine ganze Weile hielt. Sie fühlte sich an, als sei er am Ende. Doch Eibo krümmte sich, schnaufte erschöpft aus, und dann spürte Stichnote, wie der Freund alle Kräfte mobilisierte, seine Hand noch einmal fest zugriff und einen letzten Spruch absetzte.

NIMMDASBUCHNIMMDASB U C

Für das viermal kurz des H hatte Eibo keine Kraft mehr. Stichnote blickte sich um, und tatsächlich: Links neben dem Bett lag ein Buch. *Auf zwei Planeten* war der Titel, von Kurd Laßwitz. Links von «Kurd» stand ein silberner Halbmond und unter diesem eine silbern geprägte Vollmondscheibe. Sich von Eibo lösend, nahm Stichnote das Buch in die Hand und sah es sich an, aber es war nicht der Mond, sondern die Erde, er erkannte Eurasien und Afrika zentral auf der silbernen Scheibe, sogar der Schlitz des Mittelmeers war zu sehen mitsamt den Dardanellen. Unter der silbernen, Millionen Kilometer entfernten Erde spannte sich die Milchstraße und darunter, in braun geprägt, der Saturn. Doch rechts von der Erde gab es, viel kleiner, wie ein neuer Mond um den Heimatplaneten kreisend, eine dritte silberne Scheibe. Das musste, dachte Stichnote, der Mars sein. Mars. Gott des Krieges.

Wieder sprang die Tür auf, und an der Art, mit der der Sanitäter sich in den Quarantäneraum schob, wurde klar, dass Stichnote jetzt wirklich gehen musste.

«Danke dir, Kamerad.»

Er nickte dem Sani zu, nahm das dicke Buch in die linke Hand, blickte noch einmal auf den armen Eibo, der keinerlei Reaktion zeigte, und machte, dass er wieder auf seinen Posten kam.

20

Catherine Camus hatte das Bombardement nur gedämpft wahrgenommen. Wohl hatte sie gleich die allerersten Einschläge gespürt, deren Lärm sie vor allem auf den unteren Frequenzen erreicht hatte, die Druckwellen, die die Bauchregionen erschütterten.

Von Geburt an hatte sie den Schall erst dann wirklich erlebt, wenn es richtig laut wurde, und Zeit ihres Lebens war das ein Nachteil gewesen. Doch in den Morgenstunden der Beschießung von Bône, als um sie herum, unter den Ehefrauen, Verlobten, Müttern, Vätern und Geschwistern der Reservisten Panik ausbrach, die zuerst auf dem entsetzlichen Lärm der explodierenden Granaten und noch gar nicht auf tatsächlich spürbaren Treffern beruhte, vermochte Catherine Ruhe zu bewahren.

Während um sie herum Wehklagen und Entsetzensschreie ausbrachen, hatte sie Lucien hochgenommen und Rafik in die Arme gedrückt, den kleinen Albert an ihre Brust gepresst und die drei dann unerschütterlich mit sich fortgezogen. Sie waren einige Straßen weitergefahren, wo sie den Karren abstellten und in den Arkaden des Rathauses Schutz suchten.

Äußerlich unbewegt, doch innerlich vor Furcht zitternd, wartete sie das Ende der Beschießung ab, dann ließ sie Lucien bei Rafik und lief mit Albert auf dem Arm zurück zum Hafen, um nach ihrem Mann zu suchen.

Nicht mehr als eine halbe Stunde war vergangen, als sie und das Baby wieder am Hafen eintrafen, und da sie die Vehemenz, mit der das Gelände von den Geschützen der BRESLAU umgepflügt worden war, nur aus der Ferne erlebt hatte, erfasste sie doppeltes Erstaunen – einerseits erschrak sie über das Ausmaß der Schäden, die umgeknickten Kräne, das brennende Schiff, die eingestürzten Dächer und die unzähligen kleinen Krater, andererseits vermochte sie nicht zu begreifen, wie routiniert und fast empörend gelassen die Armee schon dabei war, den Einschiffungsbetrieb wieder aufzunehmen. Im Umgang mit den Trümmern der Niederlage erkannte sie den alles verschlingenden Charakter des Krieges. Als wären es nur Kulissen eines Schauspiels, dessen Prolog gerade vorüber war, räumten Soldaten den Schutt zur Seite, brachten die Lichtaggregate wieder zum Laufen, löschten die Feuer, sammelten Verletzte ein – und bedeckten die Toten mit Leinentüchern.

Ihr Herz verkrampfte, und sie drückte Albert ganz fest, als sie an dem ersten Leichnam vorüberkamen. Sie fragte sich, ob sie das Tuch anheben sollte, aber dann sah sie die Stiefel des gefallenen Zuaven und wusste, dass es nicht ihr Mann war. Überhaupt – wie kam sie nur darauf, dass Lucien tot sein könnte? Er lebte, sonst würde sie seine Präsenz doch nicht so deutlich spüren. Er war hier irgendwo. Sie sah eine Baracke, die Sanitäter gingen ein und aus, und ohne zu zögern trat sie ein. Bis auf einen alten Sergeanten, der sie mürrisch anstarrte, schenkte ihr niemand Beachtung.

Etwa achtzig Männer lagen stöhnend über den Boden verteilt, sie blickte über die verdreckten, müden Gesichter der Verletzten, ihre frisch verbundenen Glieder, manche schon wieder vom Blut durchtränkt. Ein paar rauchten und unterhielten sich leise. Lucien konnte sie nirgendwo entdecken, und sie wollte schon all ihren Mut zusammennehmen und einen der Sanitäter fragen, ob es noch eine andere Sanitätsbaracke gebe, da berührte sie jemand an der Schulter. Ein zögerlicher Griff, sie drehte sich um. Ein junger Soldat mit adrett gestutztem Schnurrbart wies auf einen Mann, der in der Ecke lag und erschöpft zu winken versuchte. Lucien.

Er hatte einen Splitter in den Oberschenkel abbekommen, einen in die Hand und einer war ihm zwischen den Rippen steckengeblieben. Nachdem er die Detonation der Granate fast wie durch ein Wunder überlebt hatte, hatte er sich selbst in die Baracke geschleppt. Die meisten Splitter hatte ihm ein Sanitäter, ohne lange zu fackeln, mit der Blechzange herausgezogen, nur der zwischen den Rippen war noch verblieben, der steckte zu fest und musste operiert werden. Er nahm ihre Hand, sie ging in die Knie, und Lucien drückte Albert an sich, der ganz ruhig, nur ein wenig verwundert auf seinen Vater blickte und dann lachte.

Lucien setzte sich auf. Die Rippe tat weh, als würde ihm ein Messer drinstecken, er fragte ächzend nach dem Großen und erfuhr, der sei in Sicherheit, bei Rafik.

«Du musst gleich zurück», sagte er und blickte Catherine mit jenem strengen Gesichtsausdruck an, den er immer dann annahm, wenn er übertrieben deutlich mit ihr sprach, damit sie ihm Wort für Wort von den Lippen ablas. «Rafik ist heute Morgen alleine. Er muss mit dem Weingarten bei Chaixa anfangen. Geh zurück und sag es ihm.»

Aber seine Frau gehorchte ihm nicht, schüttelte ihren Kopf, blieb bei ihm sitzen und ging nur einmal hinaus, um Albert zu stillen.

Als sie zurückkam, kniete ein energisch dreinblickender, wohlgenährter Offizier an Luciens Lager und überreichte ihm Papiere. Es war Capitaine DuPont.

«Scheiße, für dich ist der Krieg erst mal vorbei, Camus! Werd mir einen anderen suchen müssen, der den Wagen fährt. Deinen Wein mach ich auf, wenn wir im Quartier sind. Und sobald du wieder gesund bist, kommst du nach …», sagte er, drückte Lucien einen Kuss auf die Wange und legte die Hand an die Mütze, als er Catherine mit ihrem Baby herantreten sah. Dann drängte er, sich auf unnachahmliche Art seinen Schnurrbart zwirbelnd, nach draußen.

Catherine hatte nicht genau gesehen, was der Capitaine gesagt hatte, doch sie begriff, dass Lucien durch die Splitter in seinem armen Körper gerettet war, dass er bei ihr bleiben würde. Und da sie nicht an Frankreich, nicht an dessen Armee und auch nicht an das große Spiel der Weltpolitik dachte, sondern nur an sich, an ihre Söhne, an ihren

Mann, schickte sie dem deutschen Kriegsschiff, vor dessen Granaten sie zuvor geflohen war, Gedanken hinterher, die von einer Art Dankbarkeit erfüllt waren.

21

Stichnote hatte nun endgültig frei und war so müde, dass ihm die letzten Lichter von Bône, die er hinter dem Horizont verschwinden sah, wie Funken vorkamen, die durch den nächtlichen Teil seines Bewusstseins tanzten. Er hielt Eibos Buch fest an seine Jacke gepresst. Eiskalte Schauer liefen ihm über den Rücken, wenn er an den so schwer erkrankten Freund dachte.

Die BRESLAU machte schnelle Fahrt, der Qualm der etwas minderwertigen Kohle, die sie zuletzt gebunkert hatten und die gerade ausreichen würde, um es zurück nach Sizilien zu schaffen, waberte wie ein schwarz-nebliges Phantom über der frühmorgendlichen See.

Bald waren sie fern der Küste, der fast gläsern gewordene Vollmond stand tief. Stichnote saß auf einer Taurolle, betrachtete in der Morgensonne blinzelnd *Auf zwei Planeten*, konnte sich aber nicht entschließen, den mit dem Universum geschmückten Buchdeckel aufzuschlagen. Er sah sich nur die Abbildung an. Die silberne Prägung changierte im Morgenlicht, und für einen Moment dachte er an das Spielbrett, das ihn in Brindisi so fasziniert hatte. Vielleicht führten die Leute auf dem Mars oder dem Saturn auch Krieg gegeneinander und vertrieben sich die Zeit mit Würfelspielen.

Überall an Bord wurde gehämmert und loderten die Bolzenfeuer, da die erste Wache aufgezogen war und sich die ausgeruhten Männer fröhlich an die Reparatur der bis zur Höchstbelastung ausgereizten Geschütze machten.

«Na, sieh einer an: Stichnote, der Funkenpuster. Alles klar?»

Dönitz hatte mit dem Kapitän und einigen Offizieren oben auf der Brücke Champagner getrunken und alle nächtlichen Gespenster, die ihn heimgesucht hatten, weggespült. Er stützte die Arme in die Seite und zwinkerte Stichnote zu, als dieser aufstand und ihm die Hand gab – es war ja niemand da, der sie hätte sehen können.

«Was passiert jetzt?», fragte Stichnote.

«Jetzt, mein Lieber – werden sie uns jagen. Bis aufs Blut.» Dönitz schnaubte lachend und schüttelte seinen schmalen Kopf, auf dem ein wenig schief die Offiziersmütze saß. «Was ist, bist du Freiwächter?»

«Ja.»

«Dann komm. In meiner Kajüte steigt ein Spiel.»

Stichnote überraschte die Einladung des Offiziers zwar, er war aber sofort willens, die Bedrücktheit seiner ersten Kriegsfahrt durch die Versenkung in eine Jungensphantasie und die Wechselfälle des Würfelglücks hinter sich zu lassen – und man kann sagen, dass Stichnote bei seinem zweiten, bis in die Vormittagsstunden währenden Spiel ein solch unfassliches Glück hatte, dass Dönitz und sein Freund Leutnant Wodrig aus dem Staunen gar nicht mehr herausfanden.

Während Stichnote, der die gelben Steine spielte, also die österreichische Position, die halbe Welt eroberte, ein New Vienna an der Ostküste der Vereinigten Staaten gründete und seine U-Boote sowie ungeschlagenen Schlachtschiffe ungehindert durch den Panamakanal brachte, um sich auf Japan zu stürzen, erlitt sein bester Freund an Bord in der für den Kranken geradezu mörderischen Hitze im Quarantäneraum eine Sepsis, die unbemerkt bleiben musste, war der Patient doch trotz Infusionen unansprechbar.

22

Eibo Matthes starb zwei Tage später, am 6. August, als die BRESLAU schon wieder im Hafen von Messina lag. Eibo war in seiner letzten Stunde allein, der wachhabende Sanitäter bemerkte seinen Tod erst, als Eibos sterbliche Überreste schon kalt waren. Dazu erklang von fern die Blasmusik, die Konteradmiral Souchon an den Kai des sizilianischen Kriegshafens bestellt hatte, Österreicher, viele Böhmen unter ihnen, die sich durch die jüngste, die klassische und schließlich auch die abgelegene Militärmusik spielten, da ihr Auftritt fast zwei Tage währte.

Derweil schleppte Stichnote, so wie jeder andere an Bord, der kein Offizier war, Kohlen. Einzig davon ausgenommen waren Männer, die vom Kohleschleppen ohnmächtig geworden waren oder sich dabei verletzt hatten. Die Smuts zapften unentwegt Bier, auf den Schaumkronen Kohlestaub. Der schwarze Staub stand während der ganzen Zeit in einer dichten Wolke um beide Schiffe, ein bizarrer Anblick, der zahllose Schaulustige auf die Piers gerufen hatte. Daneben lagen Transportschiffe mit aufgerissenen Holzdecks und demontierten Relings, aus denen die Seeleute tagelang schleppten, bald blasenübersät und voller Schwielen, mit Eimern, von denen beladen jeder seine dreißig Kilo wog. Die sizilianische Augustsonne dörrte sie aus, zog über jeden einen dichten Film aus Schweiß und Staub.

Am Mittag des 6. August begriff Konteradmiral Souchon mit Unbehagen, dass mehr von seiner Mannschaft nicht zu verlangen war. 1500 Tonnen Kohle waren gebunkert, viel weniger, als er erhofft hatte – dennoch war es nun Zeit, das Kohlen zu beenden. Souchon gab vier Löffel Zucker in seinen Kaffee, drehte die Augen zum langsam wieder klar werdenden Himmel und fast war es ihm, als empfinde er so etwas wie qualvolle Lust an der Vertracktheit ihrer Situation.

Kurz nach der Beschießung der algerischen Häfen war es zu einer ersten Berührung mit britischen Schiffen gekommen, noch auf der Höhe von Bône, am 4. August, um halb zehn Uhr morgens. Der deutsche Verband, gerade eben in gehobener Stimmung wiedervereinigt, befand sich mit einem Mal in Schussweite zweier Schlachtkreuzer der Royal Navy. Souchon wusste, dass Großbritannien dem Deutschen Reich ein Ultimatum gestellt hatte, sich bis Mitternacht aus dem besetzten belgischen Territorium zurückzuziehen. Erst nach Ablauf des Ultimatums wäre der Krieg erklärt. Vorher durfte nicht geschossen werden.

Winston Churchill, der Erste Lord der Admiralität, der sich nichts mehr wünschte, als die deutschen Einheiten auf dem Grund des Mittelmeers zu wissen, befeuerte seinen Befehlshaber mit Funksprüchen, GOEBEN und BRESLAU nicht mehr außer Schussweite kommen zu lassen, telefonierte vor Aufregung lallend mit Premierminister Asquith, ob es denn möglich sei, vielleicht doch vor Ende des Ultimatums, vorab, rein vorsorglich loszufeuern, aber der Premier lehnte das strikt ab. Die britische Kabinettsdisziplin kam den Deutschen zu Hilfe, und so wurde es eine schweigende Jagd.

Zehn Stunden lang hetzten die beiden britischen Schiffe GOEBEN und BRESLAU über das Mittelmeer Richtung Norden. Souchon ließ die Maschinen bis zur höchsten Belastung ausfahren, was die BRESLAU gut verkraftete, während auf der GOEBEN die Rohre batterienweise explodierten. Aber ihnen gelang die Flucht. Gegen fünf Uhr nachmittags waren sie erstmals außer Schussweite. Gegen sieben zog Nebel auf und um neun Uhr abends verloren die Engländer sie aus den Augen. Da waren sie schon auf der Höhe Siziliens angelangt. Als es Mitternacht schlug, Deutschland seine Truppen noch immer in Belgien stehen hatte und die britische Regierung folglich den Krieg erklärte, liefen sie gerade wieder in Messina ein.

Die Italiener hätten Souchon und seinen Leuten jedoch kaum unfreundlicher begegnen können und wollten sie so schnell wie möglich wieder loswerden. Der Konteradmiral war das schon gewohnt und hatte sich zähneknirschend auf nichts anderes eingestellt. «Unternehmen Sperling» hatte genügend Transportschiffe einbestellt, er brauchte die Italiener nicht. Zwei Funksprüche aus Berlin aber waren hinzugekommen, die ihm zu schaffen machten. Im ersten Funkspruch teilte Großadmiral Tirpitz mit, dass der frühere Befehl, der ja immer noch gegolten hatte, nämlich die Division durch die Dardanellen nach Konstantinopel zu führen, aufgehoben sei. *Einlaufen Konstantinopel zur Zeit noch nicht möglich aus politischen Gründen.* Politische Gründe hinterfragte ein Admiral so wenig wie das Wetter, auch wenn es einen das Leben kostete. Dann, zwei Stunden später, kam ein weiterer Funkspruch, in dem stand, dass Österreich von der Blaskapelle abgesehen, im Mittelmeer keine aktive Flottenhilfe leisten könne.

Souchon fluchte laut, als er das las. Ohne Zweifel hegten die Österreicher die Vorstellung, sich allein mit Serbien und Russland zu beschäftigen, und England den Deutschen zu überlassen. Dazu stand natürlich nichts in dem Funkspruch, aber das musste der Hintergrund sein. Tirpitz endete mit der Bemerkung, Souchon könne aufgrund der neuen Lage nun selbst entscheiden, wohin er sich wenden wolle. Hatten die Seefahrer der Antike in der Straße von Messina nicht Skylla und Charybdis verortet? Wäre die Lage nicht so verteufelt ernst gewesen, so hätte Souchon diesen Umstand direkt zum Lachen gefunden.

Auf den Kais rund um die beiden nunmehr bekohlten deutschen Schiffe tummelten sich zwischen den Schaulustigen Obsthändler, Brötchenverkäufer und Hausierer mit Andenken und Postkarten von Messina und dem Ätna. Am lautesten schrien die Zeitungsverkäufer, die mit dicken Paketen von Sonderausgaben ihrer Blätter auf und ab schritten und den kohlschwarzen Matrosen zu ihrer nicht geringen Verblüffung die Titelseiten vor die Nase hielten, auf denen die beiden Schiffe im Hafen von Messina zu sehen waren, am Vortag fotografiert und der Presse zugänglich gemacht. «Schande oder Untergang» oder «Der Salto vom Gipfel des Ruhms» lauteten die Schlagzeilen. Hatte sich die Nachricht von der die Franzosen vollkommen überraschenden Operation an der nordafrikanischen Küste sowie ihre gelungene Flucht vor den geladenen Geschützen der Royal Navy doch tatsächlich zur ersten Sensation des noch blutjungen Krieges gewandelt, über die alle internationalen Zeitungen berichteten. Nun wartete die Welt auf den nächsten Akt. In Messina durften die Schiffe nicht bleiben. Aber wohin sollten sie sich wenden?

Funkobermaat Sebastian Stichnote hatte sich eine dieser Zeitungen besorgt und las über sein Schiff, den ausgefuchsten Admiral, ja sogar über Details der gerade hinter ihnen liegenden Flucht. Eindringlich wurde geschildert, dass sowohl die – beschämend spät eingetroffene – französische als auch die britische Flotte bereit stehe, die Bombardierung bitter zu rächen, dass nicht Italien und vielleicht noch nicht einmal Österreich den Deutschen helfen würde und dass diese nun, um der ansonsten drohenden Stilllegung durch die strikt nach den Gesetzen der Neutralität vorgehenden italienischen Behörden zu entgehen, nicht anders könnten, als ganz allein hinauszufahren. Ihrem Untergang entgegen.

Zupackend hinterließ Stichnote zahllose schwarze Fingerabdrücke auf dem Papier, las die ganze Geschichte gierig, geradezu rauschhaft durch, weil ja vielleicht weiter hinten noch irgendeine günstige Aussicht hätte kommen können, was allerdings nicht der Fall war. Als nicht nur die drohende Schande – mit der hätte er leben können –, sondern auch noch der tatsächliche Untergang ausgemalt wurde, reichte es ihm, und er warf die Zeitung wütend auf den Kai. Weiter vorne posierten einige Matrosen, unter ihnen auch der lustige Rixdorfer, der so hervorragend den Ruf des Käuzchens nachzuahmen verstand, für einen Fotografen, der sie lautstark auf Englisch, das sich anhörte wie Italienisch, vor seine Kamera dirigierte, um ein Bild vor der todgeweihten deutschen Mittelmeerdivision zu schießen.

«Fronte page!», schrie der Fotograf die ganze Zeit mit gespielter Begeisterung, winkte die Matrosen weiter nach vorne und schoss das letzte Bild schließlich mit der BRESLAU im Hintergrund, auf der erste Anzeichen für die bevorstehende Abfahrt sichtbar wurden.

Auf dem Weg ins Quartier fragte Stichnote sich, ob die Zeit wohl reichte, vor seiner Wache, die um siebzehn Uhr begann, noch einmal schnell bei Eibo vorbeizuschauen, vorausgesetzt, der wachhabende Sani würde ihn wieder reinlassen. Doch als er unten an seine Koje kam, die neben Eibos lag, war ein Wachtmeister gerade dabei, die Sachen seines Freundes auszuräumen, die vor allem aus Büchern und Zeitschriften bestanden.

«Das sind ja Sozischriften», schimpfte er, erbost durch Eibos Druckwerke gehend. «Hör sich das einer an: *Der Aufstand der arbeitenden Klassen, Kolonialpolitik und Weltökonomie.*» Er gab eine Art Spuckgeräusch von sich.

«Entschuldigung, Herr Wachtmeister. Darf ich fragen, was Sie da tun?»

Der Dienstältere in Deckoffiziersuniform, die über seinem Bäuchlein spannte, wandte sich Stichnote zu.

«Was soll'n das heißen, Obermaat? Das sehen Sie doch. Ich räume den Spind.»

«Mit welchem Recht, wenn ich fragen darf.»

«Mit dem Recht der Kaiserlichen Marine, einen Spind, der nicht mehr gebraucht wird, zu räumen.»

«Wird Obermaat Matthes verlegt? Er liegt auf der Quarantänestation.»

«Lag.»

«Ich verstehe nicht.»

«Sind wohl schwer von Begriff, Obermaat.»

Wie die Marine mit ihren toten Kameraden umgeht, wird von der Mannschaft eines Kriegsschiffes genauestens beobachtet. Und so, wie es zu den Gesetzen der Seefahrt gehört, alles Erdenkliche zu versuchen, um jeden noch so unbedeutenden oder unbeliebten Kerl aus dem Wasser zu fischen, so gehört die Bestattung eines toten Matrosen, der Abschied, den das Schiff ihm bereitet, auf dem er viele Monate, manchmal Jahre seines endlichen Lebens zugebracht hat, zu den sensibelsten Dingen an Bord, die sich unmittelbar auf die Mannschaft und ihre Moral auswirkt.

Doch war allen, die davon erfuhren, klar, dass es auf einer BRES-LAU, die sich auf der Flucht vor einer Übermacht befand, keine Zeit gäbe, Eibo mehr als eine kurze Zeremonie zu widmen. Die Wachen würden nicht einbestellt, die Maschinen nicht gestoppt werden. Der Kommandant würde einen Bibelvers verlesen und das Schiff an der Seite der GOEBEN mit Höchstgeschwindigkeit weiterfahren, seinem ungewissen Schicksal zu.

Und so kam es. Kaum eine halbe Stunde nach dem Ablegen von Messina, auf Geheiß des Admirals zunächst nach Nordosten, also Richtung Adria, stand Stichnote zusammen mit einem still weinenden Ingenieuranwärter Thomas Kasten, der mit seiner rot angelaufenen Maschinenraumblässe zum Fürchten aussah, und einigen Kameraden aus der Funkabteilung an Deck, unter einem gemächlich dämmernden Mittelmeerhimmel, der von den Rauchwolken der beiden Schiffe wie von zwei gigantischen Würmern durchwühlt wurde. Kommandant Kettner sprach ein paar allgemeine Worte über Pflicht und Ehre, dem Kaiser zu dienen, dabei sorgenvoll den Rauch betrachtend, dessen rußige Schwärze ein klares Indiz für die schlechte Qualität der gebunkerten Kohle war.

Er sagte, dass Eibo seit 1910 bei der Kaiserlichen Marine gedient habe, aus Bremen gebürtig und einundzwanzig Jahre alt geworden sei, weshalb man mit allem Recht und umso mehr Bedauern davon sprechen könne, dass der von allen geschätzte Kamerad in der Blüte seiner Jugend dahingegangen wäre.

Zum Abschluss las der Kommandant eine kurze Stelle aus der Offenbarung des Johannes, in der von den vier Wesen voller Augen vorn und hinten die Rede war, Löwe, Stier, Mensch und Adler, und die mit den Worten endete: «Denn du bist es, der die Welt erschaffen hat – durch deinen Willen war sie und wurde sie erschaffen.»

Dann ging der in weißes Tuch eingenähte, mit ausrangierten Dampfrohren beschwerte Eibo über Bord, ein schmales Paket, das schnell kleiner wurde, sich ein, zwei Mal hob, noch einmal aufstellte und schließlich in den Wassern der Straße von Messina versank.

23

Auf Geheiß von Konteradmiral Souchon hatten die Mannschaften beider Schiffe noch in Messina damit begonnen, die Gefechtsbereitschaft herzustellen, und dazu alles, was nur irgendwie brennen konnte, loszuwerden: die Fallreeps und sämtliche Beiboote, Tische und Stühle aus den Messen und Kajüten, Schränke und Bücherregale, nahezu alles, womit sich die Mannschaften auf den Schiffen eingerichtet hatten, ging über Bord. Der rasende Perfektionismus ging sogar so weit, die Ölfarbe von den Wänden zu kratzen, wo das möglich war, denn auch diese konnte brennen. Das ganze Schiff glich danach einer düsteren Höhle des Stahlzeitalters.

Während der weiße Sack mit den sterblichen Überresten seines besten Freundes in den Fluten versank, entdeckte Stichnote einen Tisch und ein paar Stühle, die von den wütenden Feldwebeln achtern über die Reling geworfen worden waren. Der Anblick der dahintreibenden Möbel, die eine Laune des Meeres gerade dort, wo Eibo versunken war, zusammenschaukelte, als wollte es das gemütliche Zusammensitzen, das es nun nicht mehr geben würde, noch einmal wie zum Hohn nach-spielen, erfüllte Stichnote mit Verzweiflung. Der Freund war ihm ent-rissen, doch, als spüre er Eibos Hand noch in seiner, drückte Stichnote beim Anblick der dahintreibenden Möbel unwillkürlich die Finger zusammen, wie um mit ihm in Verbindung zu treten.

Es war ein herrlicher Sommerabend auf See. Die chimärische Sitz-gruppe tanzte schon in weiter Ferne und der Letzte, der von der klei-nen Trauergemeinde noch übrig war, war Ingenieuranwärter Thomas Kasten. Er legte Stichnote seine Heizerpranke auf die Schulter und blickte ihn mit blutunterlaufenen Augen an.

«Jetzt hat er's hinter sich», sagte Kasten. «Sieh es so.»

Stichnote vermochte nichts darauf zu erwidern und kam wieder auf den bedrückend quälenden Gedanken, dass Eibo nur wegen ihm über-haupt nach Durazzo geschickt worden war. Auch an Arjona musste er wieder denken, mit der Sehnsucht eines einsamen Menschen, der hoffte, es gebe doch noch jemanden auf Erden, der seine Verzweiflung vielleicht verstanden hätte.

Niemals würde er das Mädchen wiedersehen, aber wenigstens wusste er, dass sie lebte. Arjona befand sich noch auf diesem Planeten, in Durazzo oder anderswo. Sie war da, atmete diese Luft, sah dieselbe sinkende Sonne.

«Er war so ein guter Kerl ...», brachte er heraus und wischte sich die Augen mit dem Ärmel.

«Du musst seiner Mutter schreiben, wenn wir hier raus sind», sagte Kasten und strich ihm über den Hinterkopf. Doch gleich danach sagte er «Elender Bettseicher ...», ließ seine Hand wieder sinken und wies mit unmerklichem Zittern auf etwas, das am südöstlichen Horizont aufgetaucht war. Stichnote lief es eisig über den Rücken – ein engli-sches Schlachtschiff. Damit war ihr Gespräch am offenen Grab der See beendet, und jeder hatte sofort auf seinen Posten zu gehen.

Es handelte sich um die GLOUCESTER, das neunte Schiff eines

englischen Monarchen, das diesen Namen trug. Die erste GLOUCES-
TER war 1654 mit fünfzig Kanonen an Bord vom Stapel gelaufen, und
seitdem hatte es immer ein Kriegsschiff dieses Namens in der Flotte
Großbritanniens gegeben. Diese neueste Ausgabe war ein Leichter Kreuzer der Town-Klasse, mit einem Dutzend Geschützen, mit
denen sie der BRESLAU durchaus hätte gefährlich werden können,
aber nicht der etwas weiter nördlich fahrenden GOEBEN. Fregattenkapitän Kettner erhöhte also augenblicklich die Geschwindigkeit
seines Schiffes und schob sich wesentlich näher an die GOEBEN.
Die GLOUCESTER musste mindestens neun Seemeilen Abstand
von der GOEBEN halten, denn so weit reichten deren viel größere
Geschütze, während die der GLOUCESTER selbst nur eine Reichweite von fünf Seemeilen besaßen.

Es dauerte nicht lange, da fischte der an den bloß noch aus einer
Eisenplatte bestehenden Funktisch zurückgekehrte Stichnote den
klaren Spruch «They come» aus dem Äther, woraus er mit Unbehagen
schloss, dass die GLOUCESTER lediglich die Vorhut eines größeren
Verbandes war. Der Leichte Kreuzer war ein Späher und würde nun
versuchen, seine irgendwo in der Nähe lauernden Schwesterschiffe
heranzuführen. Stichnote schlug dem Offizier vor, den Funkverkehr
des Engländers zu stören, dieser fragte auf der Brücke nach, erhielt
die sofortige Genehmigung, und Stichnote begann, mit der ganzen
Kraft seiner elektrischen Apparatur, auf gleicher Frequenz Störtext
zu senden. Nach kurzer Zeit wechselte der gegnerische Funker die
Frequenz, und der Nachrichtenfluss verstummte, Stichnote suchte
die Frequenzen durch, fand den Engländer wieder, störte erneut, der
andere wechselte wieder, Stichnote stöberte ihn wieder auf und versuchte so, fieberhaft seinem Verband zu helfen.

Gegen ein Uhr morgens erschien der Vollmond am wolkenlosen
Himmel, und die Nacht auf See war von windstiller Klarheit. Die
schlechte Kohle der deutschen Schiffe produzierte gigantische Rauch-

wolken, die man noch über Dutzende Meilen hin ausmachen konnte. Ideale Bedingungen für eine Jagd auf See.

Als einer der wenigen in der Mannschaft ahnte Stichnote, was Souchon, der, einen Kaffee nach dem anderen schlürfend, auf der Brücke der GOEBEN stand, nun im Sinn hatte, um seine beiden Schiffe zu retten: die Flucht an den Bosporus.

III.

Bosphorus Transfer

Die Seelen sind so sterblich wie die Leiber. Aber der Knoten
von Ursachen kehrt wieder, in den ich verschlungen bin, –
der wird mich wieder schaffen!

FRIEDRICH NIETZSCHE,
«ALSO SPRACH ZARATHUSTRA»

1

Die See östlich Messinas, die das verzauberte Mädchen auf der Flucht
durchschwamm, bekam ihren Namen und wurde das Ionische Meer
genannt. Io durcheilte vierbeinig Griechenland und Thrakien zur
Gänze, stets verfolgt von der Gemahlin des obersten Gottes, der Io
als Nebel beigewohnt, sie geschwängert und zum Schutze danach in
eine Färse verwandelt hatte, erreichte Asiens Ufer schließlich, stieg
zu Tode erschöpft, doch gerettet, dort aus den Fluten des trennen-
den Stroms, der Rinderfurt fortan hieß – Bousporos. Sie brachte ein
Nymphchen mit goldenem Horn zur Welt, das später dem Onkel,
Poseidon, dem Meergott und Erderschütterer, Byzas gebar. Dieser
Kerl, ein König der Megarer, suchte, grad großjährig geworden, nach
dem besten Platz für eine neue Stadt und das Orakel von Delphi sah
ihm den Ort voraus, gegenüber – wie die Pythia wortwörtlich sagte –
dem Lande der Blinden. Noch niemand hatte von diesem gehört, doch
als den Hellespont er hinaufgerudert war wie vor ihm die Helden der
Argo, vorbei an Trojas mächtiger Burg, kam er dorthin, wo drei Wasser sich trafen: die weißdurchäderte Marmorsee, die Rinderfurt seiner Großmutter Io und jener schlanke Meeresarm, dem seine Mutter später den Namen gab, das Goldene Horn, in dem seine Ruderer,

erschöpft von der Reise gegen den Strom, sorglos die Boote vertäuten, da kein Hafen der Welt seiner Freundlichkeit glich. Als Byzas zufrieden mit einem Becher megarischen Weins aus dem Reiseproviant in der Hand sich umsah, entdeckte er drüben in Asien direkt gegenüber ein Städtchen, das es schon gab, einen göttlichen Steinwurf nur entfernt vom Goldenen Horn, das den Siedlern drüben bislang, schien's, nicht aufgefallen war. Und da er als griechischer Fürst genug Anstand besaß, folgerte er, dass die Leute dort von Blindheit geschlagen sein mussten, denn sonst hätte nur Dummheit erklärt, dass der beste Platz weit und breit noch frei war. An diesem gründete Byzas die Stadt, die fortan nach ihm Byzantios hieß und gedieh.

Doch anderer Städte Namen erklangen in den Dezennien danach: Sparta, Athen – die Herren Griechenlands, die gemeinsam, wiewohl im Tagesgeschäft verfeindet, dem Großkönig Persiens den Einfall nach Westen, nach Europa, verwehrten –, und schließlich kam Rom, deren Gründer Romulus war, von der Wölfin gesäugt der verlassene Knabe und sein Zwilling, den er später erschlug. Auf Raub, erst von Frauen, an denen den ersten Römern es mangelte, sodann auf andere Städte Italiens waren sie aus, und schließlich, als schon Kaiser das Römische Reich regierten, waren nicht nur Gallien, Britannien und Bayern, die Halbinsel der Iberer und die Griechen ihm untertan, sondern auch Ägypten, Syrien, Palästina und das Land der zwei Ströme, Meso-Potamien, und alle Völker und Stämme darin. Gemessen daran lag Rom weit im Westen und Konstantin, der durch des Schwertes Sieg zum Heiland der Juden, dem Christos, bekehrt worden war, verspürte die Sehnsucht nach einem neuen Rom, im Osten gelegen, in der Mitte des Reichs, das ein Kaiser regieren und das den einen Gott alleine anbeten sollte. Er fand den Ort in Byzanz und staunend sah die Welt nun, was es hieß, wenn der römische Kaiser eine neue Hauptstadt sich schuf.

Seinem himmlischen Herrn Jesus Christus zum Trotz schaffte Konstantin aus Rom gar das Palladium dorthin, jenes uralte Schnitzbild der Pallas Athene, welches aus Troja war, der mythischen Feste und ganz Griechenlands heiligster Schatz, den der kluge Odysseus verstanden hatte zu stehlen. Das Palladium vergrub der Kaiser tief in Byzanz, setzte einen Obelisken darauf, und als auch noch eine neue Mauer gebaut und die Stadt, die ja von drei Seiten durch Wasser geschützt, gänzlich uneinnehmbar geworden war, tilgte er Byzas' Namen, denn nun war es seine, Konstantins Stadt: Konstantinopel.

Längst herrschten Nordmänner über Italien und nördlich der Alpen rauften sich volkreiche Stämme zusammen, die sich die Kühnen nannten, die Franken, um Rom zu beerben, da versuchten die Araber, Konstantins Stadt sich zu holen, in der nun Griechisch wieder wie einst gesprochen ward.

Von einem Mann, Mohammed, den damals kaum einer kannte, von der Blutfehde und anderen scheußlichen Sitten befreit und geeint, hatten sie sich von Rom und Persien geraubt, was am wertvollsten war, doch des griechischen Kaisers Burg zu nehmen, gelang seinen Nachfolgern, Kalifen genannt, nicht, und so bauten sie Bagdad, das allein an Prächtigkeit mit dem alten Byzanz sich zu messen vermochte.

Doch dann – nachdem Dschingis Khan, der Mongole, über die Araber gesiegt und für Jahrzehnte mit Furcht und Schrecken geherrscht – zog ein anderes Volk aus Asiens Herzland nach Westen, die Türken, den Waffen und der Ordnung geneigt wie kein zweites, weshalb Söldner sie einstmals gewesen, bezahlte Soldaten, die selbst sich zur Herrschaft fühlten erkoren durch Gottes gnädigen Willen. Niemand vermochte ihnen lange zu widerstehen, nur Konstantins Stadt war noch übrig, über die sie nicht herrschten.

Bei den einfachen Griechen hieß der magische Ort *i poli*, die Stadt, weshalb ein jeder auf dem Weg nach Byzanz, gefragt, wohin er wolle, nur sagte: in die Stadt – *is tin poli*, woraus die Türken dann *Istanbul* machten.

Der siebte König aus dem Hause Osman, nach dem Propheten, auf den sich berief, wer Muselmanen befahl, Mehmed genannt, war ein in Europa geborener Türke. Lehrer und Vater zum Trotz träumte er schon als Knabe von der Einnahme Istanbuls. Als Sultan schloss Mehmed Frieden mit Ungarn und dem stolzen Venedig und warf sich sodann mit aller Macht auf die Stadt, nicht achtend der Truppen noch Schiffe, die im Feuer vergingen, das Byzanz als Waffe besaß. Mit seiner Ruderer Knochen düngte Mehmed die kostbare Rinderfurt, die Scheide von Ost und West, doch ließ er nicht nach und zog schließlich ein, ein König der Türken, der römischer Kaiser nun war und Kalif der Muselmanen.

2

Inzwischen war Konstantinopel die Hauptstadt des am höchsten verschuldeten Landes der Welt, denn alles, was man neuerdings unbedingt brauchte, Maschinen und von Maschinen hergestellte Produkte, Eisenbahnen und Armbanduhren, Dampfschiffe und Waffen, kam aus dem westlichen Ausland und war über Kredite finanziert. Die Kredite wurden durch die Verpfändung von staatlichen Einnahmen bedient, die Salzsteuer in Syrien hier, Kohlebergwerkserträge auf dem Balkan dort, und so geschickt die osmanische Bürokratie über die Jahrhunderte gewesen war, Steuern und Abgaben zu erfinden, so war sie nun mit fast nichts anderem mehr beschäftigt, als dieses Wunderwerk sprudelnder Quellen zu zerlegen und ihren Gläubigern zu überschreiben.

Unter den Türken, Griechen, Armeniern und Juden trieben sich neuerdings auch viele Westler in Konstantinopel herum, englische Handelsvertreter und Anwälte, Makler aus Italien, Schuldenverwalter aus Frankreich, Bauingenieure aus Österreich und viele Offiziere, die

Teil der deutschen Militärmission waren, um der osmanischen Armee technisch auf die Sprünge zu helfen.

Da ihre Heimatländer seit einem Monat im Krieg lagen, war Konstantinopel einer der wenigen Orte in Europa, an dem sie alle noch friedlich nebeneinander zu leben vermochten, denn bislang war das Osmanische Reich offiziell so neutral wie die Schweiz oder Italien. Doch während die Neutralität der mit den Mittelmächten verbündeten Italiener aggressiv behauptet wurde, neigten die Türken immer deutlicher zu Deutschland und Österreich-Ungarn hinüber, was keine Selbstverständlichkeit war, besaßen Frankreich und England in der Führungsschicht der Osmanen doch viele glühende Bewunderer, England seiner Militärmacht wegen, Frankreich aufgrund seiner Kultur.

An der besten Schule des Landes, dem Galata-Lyzeum, wo sogar Prinzen erzogen wurden, sprach man Französisch und spielte den englischen Sport schlechthin: Fußball. Doch trotz dieser offensichtlichen Sympathien behandelte vor allem England die Türken schlecht. Ägypten, offiziell immer noch Teil des Osmanischen Reichs, stand seit zwanzig Jahren unter englischer Verwaltung, und die Briten hatten sich auch schon Brückenköpfe und Häfen am Golf gesichert.

Am deutlichsten allerdings war die Geringschätzung, die die britische Regierung den Türken entgegenbrachte, durch die Beschlagnahmung der beiden Kriegsschiffe geworden, die in London gebaut worden waren, ihre Probefahrten absolviert hatten und zu deren Übernahme zwei komplette türkische Mannschaften in London bereitstanden. Doch Winston Churchill hatte sich rundweg geweigert, die Schiffe herauszurücken, obwohl die Hohe Pforte sie schon bezahlt hatte.

Über Monate waren die Bettler des Sultans durch Anatolien gezogen und hatten den Bauern ihre Ersparnisse abgeschwatzt. So war ein Sonderopfer von dreißig Millionen Pfund zusammengekommen, damit die osmanische Marine endlich auch zwei jener schwimmenden Festungen der neuesten Generation kaufen konnte, ohne die man sich heutzutage bei keiner Seeschlacht mehr blicken zu lassen brauchte. Das größere der beiden hatten ursprünglich die Brasilianer bestellt, um mit den Argentiniern gleichzuziehen, dann aber war der Weltmarkt für Kautschuk zusammengebrochen, den Brasilianern ging das Geld aus, und sie drehten das Schiff den Türken an, die von den technischen Daten beeindruckt waren. Das Schiff wäre nominell das größte Kriegsschiff auf dem Planeten gewesen, war aber leider eine totale Fehlkonstruktion, was die Briten erst später bemerkten, nachdem sie es selber in Dienst gestellt hatten. Die Empörung im ganzen Osmanischen Reich über diese entwürdigende Enteignung durch den Ersten Seelord war jedenfalls enorm.

Dann, eine gute Woche nachdem der Raub stattgefunden hatte, tauchten in den frühen Morgenstunden des 10. August plötzlich zwei Stahlkolosse im Bosporus auf, Kriegsschiffe, wie man sich schönere kaum vorstellen konnte, und es hieß, es seien deutsche gewesen, nunmehr aber türkische, denn Kaiser Wilhelm habe sie dem Sultan Mehmed brüderlich verkauft.

Und tatsächlich, da wehte auch nicht mehr die schwarz-weiß-rote Flagge der Kaiserlichen Marine am Mast, sondern der Halbmond auf rotem Grund, und die Matrosen und Offiziere trugen Feze und waren, wenn auch keiner von ihnen ein Wort Türkisch sprach, sämtlich zu Osmanen geworden. Der Sultan persönlich besichtigte kurz danach die Schiffe. Der Kai am Goldenen Horn, wo GOEBEN und BRESLAU angelegt hatten, wimmelte von Menschen, die voller Begeisterung lesen konnten – wenn sie denn lesen konnten –, dass die Prachtstücke jetzt YAVUZ SULTAN SELIM und MIDILLI hießen.

Tausenderlei Geschichten kursierten, wie ihnen die Flucht vor den Briten gelungen war, aber Genaues wusste niemand. Als sicher galt, dass der Kriegsminister Enver Pascha selbst ihnen, angeblich sogar gegen die Meinung wichtiger Kabinettsmitglieder, die Zufahrt durch die Dardanellen erlaubt habe. In jedem Fall aber – und darüber freuten sich Minister ebenso wie Straßenkinder – war klar, dass es eine bittere Schlappe für die Royal Navy war, die beiden nicht schon im Mittelmeer erledigt zu haben. Doch diese Chance war vertan, die Schiffe lagen unversehrt vor Anker und die neuerdings osmanischen Matrosen bevölkerten fröhlich die Hafenkneipen Peras.

Auch Oberleutnant Oskar Niedermayer vom 10. Königlich-Bayerischen Feldartillerieregiment hatte von der unglaublichen Flucht von GOEBEN und BRESLAU gehört und gelesen. Er kannte Konstantinopel, und um bald wieder genau dorthin aufzubrechen, war er von der Front im Westen nach Berlin gekommen.

Er verzichtete auf die Droschke, die ihm der Hotelpage zugedacht hatte, entschädigte den schmalen Burschen für die Mühe aber mit einem bayerischen Kreuzer. Der Morgen des 16. September 1914 war mild und wolkenlos, da würde er den Weg zum Auswärtigen Amt zu Fuß zurücklegen, nicht so sehr um der Bewegung willen, an der es in den letzten Wochen nicht gemangelt hatte, sondern weil sein anstehender erster Besuch in der Schaltzentrale deutscher Außenpolitik ihn mit Gefühlen erfüllte, die er auf den letzten Metern noch ein wenig auf sich wirken lassen wollte.

Der bayerische Generalstab hatte ihn von der Front wegbeordert, weil vom Auswärtigen Amt die Bitte ergangen war, den Oberleutnant für eine «kriegswichtige» Expedition in den Orient abzustellen. In München hatte man ihm erklärt, Genaueres erfahre er nur in Berlin, doch der Major, mit dem er das Gespräch führte, hatte undeutlich etwas von «Afghanistan» gemurmelt und dann väterlich hinzugefügt, dass es ihm selbstverständlich freistehe, den Bitten Berlins nachzukommen oder an die Front zurückzukehren. Afghanistan? Auf der Stelle war Niedermayer nach Berlin gefahren.

Dabei ahnte er, dass die mysteriöse Einbestellung ins Auswärtige Amt irgendwie mit dem seltsamen Paar zu tun hatte, das kurz zuvor an der Front aufgetaucht war: der eine ein Dragoman, ein Mitglied jener berühmt-berüchtigten Abteilung des Amtes, in der sprachkundige Orientalisten arbeiteten und aus der die Botschaften und Konsulate im Orient mit Dolmetschern versorgt wurden, und der andere ein Tunesier in weißem Umhang, angeblich ein Scherifen-Scheich. Beide waren sie an der Front unterwegs, um, wie der Dragoman berichtete, auf die mohammedanischen Kämpfer auf Seiten der Franzosen und die islamischen Gefangenen, die es schon zuhauf gebe, einzuwirken. Sie waren beim Kronprinzen Rupprecht zum Essen eingeladen gewesen, danach hatte der Dragoman Niedermayer sehr freundlich in ordentlichem Persisch begrüßt und war dann mit dem Scheich, der irgendwie unzufrieden schien, da sich kaum jemand um ihn kümmerte, noch in der Nacht im offenen Automobil weitergefahren.

Am Bahnhof Friedrichstraße warf er einen Blick auf die Zeitungen, die sich nicht entscheiden konnten, ob sie die Siege im Osten, wo den Russen seit Kriegsbeginn schon Zehntausende Männer verblutet waren, oder die herben Rückschläge an der Westfront für die wichtigsten Nachrichten halten sollten. Er kaufte die Ausgabe der *Vossischen Zeitung*, überflog den Bericht über das Geschehen an der Marne, hinter die sich die Deutschen Armeen nach «überraschend starker Offensive» der Franzosen hatten zurückziehen müssen. Er fand auch eine kleine Meldung, die sich noch einmal auf den Besuch des Kaisers ein paar Tage zuvor bezog.

Der Kaiser hatte die Kämpfe bei Nancy beobachtet, wo Niedermayer mit seinem Erlanger Regiment lag, das ein kleiner Teil der vom Bayrischen Kronprinzen Rupprecht kommandierten 6. Armee war. Von seiner Division stand nichts geschrieben, auch nicht, ob es nach den Problemen bei Champenoux – aus dessen Wäldern die Franzosen zu Niedermayers Schrecken ohne Ankündigung wie Wölfe herausgeschossen gekommen waren, unglaublich zahlreich, mit massivem Feuer gedeckt, sodass er mit seiner kleinen Schwadron von Aufklärungsreitern nur knapp in seine Stellung zurückgekommen war – noch weitere Schwierigkeiten im Bereich der 6. Armee gegeben hatte. Wahrscheinlich gab es zu viele. Aber immerhin war zu lesen, dass dem Kaiser die Leistungen der bayerischen Truppen gefallen hatten und wie zuversichtlich er sei, dass Deutschland den Gegner auch im Westen vor dem Winter niedergeworfen haben würde, damit 1914 ein Weihnachtsfest im Frieden gefeiert werden könne.

Er legte die Zeitung kopfschüttelnd zusammen, reichte sie dem Verkäufer mit einem Zwinkern zurück, entdeckte ein hübsches Straßenmädchen, das ihm zulächelte und ihn durch Wippen seines Kopfes, auf dem ein gewagtes Witwenhütchen saß, darauf hinwies, dass es nicht weit zu ihrem Zimmer war, gab ihm aber mit einem Blick zu verstehen, dass aus ihnen an diesem Morgen kein Paar werden würde.

In die Behrensstraße eingebogen, schritt er nun doch zügig aus und stand fünf Minuten später vor der nüchternen Fassade des Auswärtigen Amtes. Er prüfte noch einmal die Adresse, Wilhelmstraße 76, und fand sich mit dem zweigeschossigen Bau ab, neben dessen stattlicher Eingangstür Laternen standen, der aber ansonsten auf jeglichen Schmuck verzichtete. Es war nicht einmal eine Fahne aufgezogen. Sicherlich erstreckte sich das Gebäude weiter nach hinten, doch von der Straße aus betrachtet umgab etwas vollendet Biederes den Bau: steife und absolut fadengerade deutsche Diplomatie.

Am Empfang, wo ihn zwei ernst dreinschauende Beamte begrüßten, stellte sich heraus, dass sich Niedermayers Ziel, die Nachrichtenstelle für den Orient, keineswegs im Gebäude befand, sondern im Reichskolonialamt. Dieses wiederum residierte in der nahegelegenen Mauerstraße, wohin ihn ein Amtsdiener führen sollte, auf dessen Mitsendung die beiden Beamten bestanden: Da Niedermayer nun einmal in Kontakt mit dem Amt getreten war, würde er auf den Straßen Berlins auch von diesem geführt werden, die damit gleichsam den Charakter von Amtsfluren annahmen.

Der durch ein dezentes Glöckchen herbeigerufene Diener war ein alter Mann mit eindrucksvollen weißen Koteletten und einem hängenden Augenlid, der beim Gehen von fast jugendlicher Flinkheit war. Keineswegs gebildet, war er gleichwohl ein wacher Kopf, der mit den Prätentionen höherer und höchster Strategien vertraut war, respektvoll und stets schweigend, doch sich sein Teil denkend angesichts der Diplomaten und Staatsmänner und den gemurmelten Bemerkungen, die sie mit ernsten Gesichtern auszutauschen pflegten.

Nahezu jeder im Amt, der wirklich dazugehörte, hasste den Krieg, wie immer er auch ausgehen würde. Er war die Vernichtung der deutschen Diplomatie. Und nun kamen immer weniger Exzellenzen, dafür umso mehr Militärs wie dieser bayerische Oberleutnant, der zwar respektabel schien für einen Mann, der noch keine dreißig war, den aber doch spürbar ein ganz unziemlicher Abenteurerodem umgab. Der alte Diener wusste nicht, was genau die aus Platznot im Kolonialamt untergebrachte Nachrichtenstelle für den Orient tat, außer dass in ihr sogar Turban tragende Perser, Türken und Inder arbeiteten. Aber dass ihr Chef, der außer der Reihe und nur auf Wunsch des Kaisers zum Legationsrat beförderte Max von Oppenheim, trotz seines Freiherrntitels ein Jude war, das wusste er schon. Kölner Juden und bayerische Abenteurer. Schlimmer ging es beinahe nicht.

Dann erreichten sie das Kolonialamt, in dessen Foyer Trouvaillen aus den deutschen Besitzungen rund um die Welt ausgestellt waren, afrikanische Masken und ein aus zartesten rosafarbenen Vogelfedern gefertigter helmartiger Hut pazifischen Ursprungs, der auf einem hölzernen Stab ruhte, als hätte ihn sein Träger nur für einen Moment abgesetzt und würde gleich wiederkommen.

Nachdem sich Niedermayer an der Pforte als Besucher eingetragen hatte, stiegen sie die Treppe hoch, erster Stock, dritter Flur, von dem schließlich ein Seitenflügel abging. Der Diener klopfte und öffnete selbst die Tür zur Nachrichtenstelle, den Blick servil zu Boden gerichtet, wie er es zu tun pflegte, wenn er jemanden nicht leiden konnte.

Niedermayer beschäftigte dagegen weniger die Missbilligung durch den Diener, der sich danach rasch zurückzog, sondern die Platzierung der Nachrichtenstelle in der mit der Verwaltung der Kolonien beschäftigten Behörde. Die Vorstellung, in den Orient zurückzukehren, um dort als Speerspitze irgendwelcher Annexionsphantasien eines Berliner Bürokraten zu fungieren, der den Orient womöglich nur als Gefährte Kara Ben Nemsis bereist hatte, war ihm ganz und gar unbehaglich.

Die beengten Räumlichkeiten boten etwa einem Dutzend Schreibtische Platz, an denen tief in Bücher und Dokumente versunkene Herren saßen. Niedermayer fiel auf, dass sie entweder überraschend jung oder relativ alt waren: Studenten und Privatgelehrte. Weiter hinten in dem schmalen Trakt standen einige Türen offen, hinter denen sich weitere Büros befinden mochten, vielleicht residierten dort die leitenden Köpfe. Über allem lag das Klappern neuer Schreibmaschinenmodelle, und vereinzelt standen einige Mitarbeiter zusammen und diskutierten. Verschiedene Landkarten jener «Orient» genannten Weltgegend zwischen Bosporus und Indien hingen an den Wänden, dazwischen standen Regale mit Handbüchern und Lexika, auch Wörterbüchern. Ein junger Mann weiter vorn, in strengem Kontorzivil mit feingeschnittenen Gesichtszügen und einer tiefdunklen Haut, kam ihm indisch vor. Er schrieb von rechts nach links, und Niedermayer war sich ziemlich sicher, dass es Persisch war. Er überlegte, ob er ihn in der geliebten Sprache ansprechen sollte, aber da trat schon der Bürovorsteher, gleichfalls ein junger Mann mit nach hinten gestriegeltem blondem Haar und strengem Schlips, zu ihm und nahm den Gestellungsbefehl entgegen, der Niedermayer beim Generalstab in München ausgehändigt worden war.

«Oha, Oberleutnant Niedermayer! Herzlich willkommen. Herr von Oppenheim wird sich freuen! Wir haben gehofft, aber nicht wirklich erwartet, Sie so schnell von der Front bei uns in Berlin zu sehen. Kommen Sie, der Legationsrat hat gebeten, nicht gestört zu werden, aber ich denke, in Ihrem Fall sollten wir.»

Damit ging er Niedermayer voran, auf eine Flügeltür in einer Art Alkoven zu, klopfte energisch, öffnete und flüsterte etwas in den Raum, das Niedermayer nicht verstand. Dann trat er zurück und fragte ihn, ob er etwas zu trinken wünsche. Der Oberleutnant bestellte Mokka.

3

Dass das Büro des Leiters einer reichsbehördlichen Abteilung, die Nachrichtenstelle für den Orient hieß, mit entsprechenden Fundstücken und Reminiszenzen aufwarten würde, war nur natürlich. Doch Oppenheims im Vergleich zu der drückenden Enge, in der seine Mitarbeiter hausten, recht großzügiges Büro bildete auf den ersten Blick eine Mischung aus Bibliothek, archäologischer Sammlung und Grabungszelt, da auf einer hölzernen Arbeitsbank kleine Spachtel, Pinsel jeder Art, Vergrößerungsgläser und eine Reihe von Holzkisten standen, in die Scherben und Gesteinsbrocken einsortiert waren. Ein Stück uralten behauenen Steins lag in der hereinfallenden Morgensonne. Daneben kräuselte sich die bläuende Spur einer nahezu verglommenen Salem-Aleikum-Zigarette im Cendrier.

Oppenheim, eine Leinenschürze über dem massigen Leib, mit fliehendem Haaransatz und Vollbart, der am Kinn ein wenig gestutzt war, blickte schmunzelnd auf ein steinernes Fragment, das er gerade mit einem Pinsel bearbeitete, hob es ein wenig an, wie um es noch einmal zu wiegen, legte es in ein Holzkästchen und wischte sich die Hände an seiner Schürze. Er reichte dem Bayern die Hand.

«Da wird dat Vogelmänneken noch ein wenig warten müssen. Ich freue mich sehr, Sie zu sehen, Herr Oberleutnant. Ich bin Max von Oppenheim – herzlich willkommen.»

Niedermayer war von der freundlich-geschmeidigen Art überrascht. Beim Handschlag ließ er dezent die Hacken zusammenklacken und blickte dann interessiert auf das Fragment. Niedermayer hatte sich mit Archäologie nur ganz am Rande seiner Studien beschäftigt, aber natürlich sah er, dass es sich bei dem Stein, den Oppenheim gesäubert hatte, um ein uraltes Artefakt handeln musste.

«Was haben wir hier?»

«Einen kleinen Vogelmann. Wir haben aber auch riesige Statuen gefunden, Vogelskorpionmänner und Raubvögel. Ganz beeindruckend.»

«Welcher Kultur?»

«Dat wissen wir noch nicht so genau», gab Oppenheim stirnrunzelnd zu. «Aramäisch, assyrisch, Alter mindestens 1500 vor Christus, aber wir haben auch teilweise Sachen gefunden, die noch viel, viel älter sein müssen. Prähistorisch sogar. Eine Kultur auf der anderen, wie das eben so war im Zweistromland. Nördliches Syrien. Von Aleppo zweihundert Kilometer. Ein Dorf in der Nähe heißt Halaf, also haben wir dat Ganze direkt Tell Halaf genannt. Meine Grabungen dort sind derzeit unterbrochen. Die Arbeit hier geht vor.»

Während Oppenheim sich der Schürze entledigte, fiel Niedermayers Blick auf einen Katalog der Firma Dingeldey & Werres, ältestes und größtes Spezial-Geschäft für vollständige Tropen- und Übersee-Ausrüstungen. Klar, nur vom Feinsten. Er fragte nicht nach, hatte aber beim Generalstab schon gehört, dass Oppenheim sein archäologisches Steckenpferd privat zu finanzieren in der Lage war. Das ging, wenn der Herr Papa ein Bankhaus hatte.

Oppenheim – nun in tadellosem dreiteiligem Anzug – lief in kleinen Schritten an Niedermayer vorbei auf eine Sitzgruppe links neben dem Schreibtisch zu. Der Teppich, auf dem sie stand, war blaudurchwirkt, eindeutig ein kostbarer Perser, so groß, wie ihn Niedermayer nur einmal in Kerbala gesehen hatte.

Bevor Oppenheim darin versank, schlüpfte er aus seinen Pantoffeln und legte sich mehr, als dass er sich setzte, auf eine Ottomane.

«Verzeihen Sie bitte, Herr Oberleutnant. Das ist eine Marotte von mir. Seit meiner Zeit in Kairo. Bin ein halber Ägypter geworden, was diese Dinge angeht. Fühlen Sie sich bitte ganz frei.»

Für eine Sekunde überlegte Niedermayer, was er tun sollte, lächelte dann und begann, sich die Stiefel aufzuschnüren.

Als Oppenheims Bürovorsteher kurz darauf mit dampfendem Mokka, ein wenig Gebäck und einer Akte hereinkam, sah er, ohne eine Miene zu verziehen, einen strumpfsockigen Oppenheim und ihm gegenüber einen strumpfsockigen Niedermayer, der es sich im Schneidersitz auf einem der Sessel bequem gemacht hatte.

«Erzählen Sie doch mal, Herr Oberleutnant: Wie steht es an der Front?»

«Noch ist Paris nicht eingenommen.»

«Aber es verläuft alles nach Plan, oder? Was man in den Zeitungen liest, ist doch sehr, sehr ermutigend.»

«Seit dem 25. August drängen uns die Franzosen zurück, auf ganzer Front, aber speziell auch im Bereich meiner Armee, der Sechsten.»

«Kronprinz Rupprecht führt da den Oberbefehl. Und nördlich davon steht gleich die fünfte Armee, unter dem kaiserlichen Kronprinzen, richtig? Es muss ein ungeheuerliches Erlebnis sein, unter den edelsten jungen Köpfen unserer königlichen Familien dienen zu dürfen. Wahrlich – eine ganz besondere Zeit, die wir erleben.»

Jeder Offizier wusste, dass der bayerische Kronprinz Rupprecht, im Gegensatz zum preußischen Wilhelm, ein echter Soldat war, der selbst das Kommando führte. Aber Niedermayer sagte nichts, sondern nickte nur.

«Und wo stehen Sie genau?»

«Wir standen schon fast südlich von Nancy, wurden aber von der zweiten französischen Armee zurückgedrängt, etwa auf die Höhe von Metz.»

«Genau dort ist zurzeit ja auch mein Stellvertreter unterwegs, Dragoman von Schowingen. Er bereist mit dem tunesischen Scheich Salih die Front und sucht nach Kontakten zu islamischen Kriegsgefangenen.»

«Ich glaube, die beiden habe ich kennengelernt.»

«Abgesehen davon, dass er schon eine interessante Truppe zusammengestellt hat, hat er mir eindrücklich geschildert, was für ein gewaltiges Unternehmen da an der Westfront am Laufen ist.»

«Nun ja.»

Niedermayer war davon überzeugt, dass es zum Schlieffen-Plan keine Alternative gegeben hatte, dass die sechs Wochen, die für den Krieg im Westen vorgesehen waren, aber nicht ausreichen würden. Und dass der eigentliche Schlieffen-Plan in seiner Grundidee damit schon im Ansatz gescheitert war, wusste er gleichfalls. Jetzt musste einfach das Kriegsglück helfen. Aber ein Militär, der gegenüber einem Zivilisten vom Glück zu philosophieren anfing, machte stets einen schlechten, ja befremdlichen Eindruck, wie ein Politiker, der zu viel von Gottes Hilfe sprach. Also entschied er, sich nicht weiter darüber auszulassen. Oppenheim wollte nun ohnehin endlich auf sein eigenes Vorhaben zu sprechen kommen. Er nahm die Akte zur Hand.

«Verzeihen Sie bitte, wenn ich ein wenig in den Unterlagen blättere. Hier, das wollte ich Ihnen direkt zeigen.»

Es war ein Telegramm, ausgegangen von der deutschen Botschaft in Konstantinopel am 8. September, also genau vor einer Woche:

wann kommt niedermayer? wassmuss

Niedermayer schluckte ein wenig Speichel.

«Sie kennen den Herrn?»

«Wassmuss? Allerdings. Ich bin ihm in Buschir begegnet. Im Februar. Er war, glaube ich, Konsulatssekretär.»

«Vizekonsul, um genau zu sein», ergänzte Oppenheim. «Wassmuss hat mich schon vor Wochen auf Sie aufmerksam gemacht. Ihre Kenntnisse des Persischen seien verblüffend.»

«Nun ja. Mein Reisebegleiter und ich sind zwei Jahre gereist. Wir hatten keinen Dragoman dabei, wenn Sie verstehen. Über weite Strecken trugen wir Landeskleidung und haben oft bei den einfachsten Leuten übernachtet. Ich darf behaupten, dass wir am Ende glatt als Perser durchgegangen sind.»

Oppenheim ließ seinen Finger über Niedermayers Lebenslauf gleiten.

«1885 in Freising geboren. Nach dem Abitur in Regensburg Eintritt in die Bayerische Armee als Fähnrich, 1905. Garnison in Erlangen, Offizierspatent 1909, Beförderung zum Leutnant, sodann Studium an der Universität Erlangen, Geographie und Geologie bei Hans Lenk, einer Kapazität, wie wir wissen. Und Sprachen. Englisch, Arabisch, Türkisch, Persisch. Orientalistik hörten Sie bei Georg Jacob?»

«Professor Jacob war mein Lehrer, ja.»

«Seine Arbeiten über die Bektaschi, die Bahai und andere orientalische Geheimgesellschaften sind mir ein Begriff.»

Niedermayer zeigte ein fragendes Lächeln und sagte nichts. Oppenheim sah ihn interessiert an, doch da der Bayer weiter keine Miene verzog und nichts von seinem Geheimnis preisgab, hob er nur unmerklich den Kopf, gleichfalls lächelnd.

«Und dann kam 1912 die Forschungsreise nach Persien?»

«Richtig. Unterstützt von der königlichen Familie. Namentlich von Prinzessin Therese, die den Wissenschaften höchst aufgeschlossen gegenübersteht.»

Oppenheim schlürfte seinen Mokka, Niedermayer über den feinziselierten Tassenrand erwartungsfroh anblickend. Niedermayer wusste nicht, was er hätte sagen sollen, zog die Brauen hoch und nahm nun selber Kaffee. Er schmeckte köstlich. Eine gewisse Ungeduld stieg in ihm auf. Wollte Oppenheim etwa einen Reisebericht, den er dann von seinen komischen Mitarbeitern auf irgendwelche Nachrichten hin auswerten lassen würde?

«Zigarette?»

«Danke.»

«Bei der gewaltigen Aufgabe, mit der mich Seine Majestät der Kaiser betraut hat, kommt Ihnen eine Schlüsselstellung zu, Herr Oberleutnant.»

«Jetzt bin ich aber gespannt, zu erfahren, worin diese Aufgabe besteht, Herr von Oppenheim.»

Der untersetzte Freiherr stellte das Mokkatässchen zurück, seine Füße strampelten ein wenig und kamen dann auf dem tiefen Blau des Perserteppichs zu ruhen.

«Unseren tapferen Landheeren wird es gewiss gelingen, Frankreich niederzuringen und im Verein mit unserem österreichischen Verbündeten Russland in Schach zu halten. Dann werden wir aber noch immer mit der leider überlegenen Flottenmacht des perfiden Albion zu rechnen haben. Ich denke, das können Sie unterschreiben, Herr Oberleutnant. Dass England nichts unversucht lassen wird, uns mit seiner Flotte weiterhin das Leben schwer zu machen und den Krieg in die Länge zu ziehen, um uns wirtschaftlich zu vernichten. Da sind die gnadenlos. Bitte, folgen Sie mir doch kurz hier rüber.»

Seitlich hinter Oppenheims Schreibtisch befand sich eine Tafel mit einer aufgespannten Weltkarte, auf der allerdings die Amerikas am Kartenwestrand nur mit Neufundland und im Süden mit einem großen Teil Brasiliens angeschnitten waren, unten tauchte noch Australien auf. Europa, Afrika und Asien waren vollständig dargestellt, vom nördlichen Sibirien abgesehen. Japan war natürlich drauf, aber der Pazifik fehlte.

Wie ein Weltgeist in Socken wippte Oppenheim vergnügt vor seiner Karte auf und ab, und bei dem, was er dabei referierte, konnte Niedermayer ihm nur zustimmen, das wusste jeder, der einmal eine Stunde Wehrgeographie über sich hatte ergehen lassen. Großbritannien, jener von Fisch umgebene Klumpen Kohle, hatte es in den letzten zweihundert Jahren vermocht, sich nicht nur halb Afrika, vor allem das östliche und südliche einzuverleiben, sondern zuletzt auch noch Ägypten und damit den Sudan zu besetzen. Der englische König regierte über Kanada und Australien und war auch noch Kaiser von Indien. Und Indien war zweifellos das kostbarste Stück in der Sammlung, Rohstofflieferant und gleichzeitig ein gewaltiger Absatzmarkt – immerhin die sechstgrößte Volkswirtschaft der Welt! Von Indien aus versorgten die Briten China nicht nur mit ihren Industriewaren, sondern auch mit Opium, dem lukrativsten Geschäft von allen. Und war das Reich der Mitte auch noch halbwegs unabhängig, so hatte sich das Empire doch mit festem Biss an einer Schlagader festgesaugt.

«Die Kolonien haben England reich und mächtig werden lassen. Aber sie sind auch Englands verwundbarste Stelle. Vor allem zwei sind es, gegen die wir dringlichst vorgehen müssen und auch können: Ägypten und Indien.»

Niedermayer begriff, dass der untersetzte, doch angenehm agile Mann in vollem Ernst sprach. Er dachte an das Telegramm, das der mit allen Wassern der Täuschung gewaschene Wassmuss, der Niedermayer mehr als unsympathisch war, aus Konstantinopel geschickt hatte: *wann kommt niedermayer?*

«Ich habe aber noch keinen Begriff davon, wie Sie das alles bewerkstelligen wollen. Vorgehen gegen Ägypten und Indien. Ja – eine gute Idee. Aber wie?»

«Während unsere Heere mit Hilfe unserer glänzenden Rüstung den Sieg auf dem Kontinent erringen, werden wir – nicht nur am Nil und am Indus, sondern überall dort, wo Muselmanen leben – den Heiligen Krieg ins Werk setzen. Dschihad! Sie wissen, was das ist?»

Niedermayer wusste es genau. Es gab den kleinen Dschihad, den physischen Kampf gegen die Ungläubigen. Der viel wichtigere aber war der große Dschihad, und dies war der Kampf, den der Prophet Mohammed jedem Moslem lebenslang befohlen hatte. Der große Dschihad war der Kampf gegen das Böse, die Schwächen und Laster, die einen verzehrten, der Kampf mit sich selbst, der jeden Tag neu begann, in jedem Einzelnen. So hatte man ihn in Astrabad gelehrt, jener Stadt der Sterne am Kaspischen Meer, wo Niedermayer seinen Meister gefunden hatte. Doch hatte ihm sein Meister auch «Takija» ans Herz gelegt, die Kunst der Verstellung, die es erlaubte, die Wahrheit, den Glauben, die Religion, einfach alles, was einem gefährlich werden konnte, zu verleugnen, wenn die Umstände es forderten. Ohne diese Kunst der Tarnung hätte es die Bruderschaft der Bahai schon lange nicht mehr gegeben.

«Natürlich weiß ich, was Sie meinen, Herr von Oppenheim. Der Heilige Krieg des Islam. Aber ich weiß auch, dass es jemanden geben muss, den Kalifen, den wiedergekehrten Mahdi, den verheißenen Anführer, der ihn erklärt.»

«Das wird der Sultan Khalifa tun.»

«Wer? Sultan Mehmed? Ich habe zwar Türkisch studiert, kenne die Türkei jedoch nur wenig, das gebe ich zu, aber ich weiß, dass dort unten die Jungtürken das Heft in der Hand halten. Der Sultan ist eine Marionette. Und die Herren des Komitees scheinen mir herzlich wenig mit dem Islam am Hut zu haben.»

«Enver Pascha selbst will die Erklärung des Dschihad.»

«Aber das Osmanische Reich ist ja noch nicht einmal in den Krieg eingetreten.»

«Glauben Sie mir, Herr Oberleutnant, ich kann wirklich nicht über zu wenig Nachrichten aus Stambul klagen. Ich weiß, wovon ich rede.

Seit der Kaiser dem Osmanischen Reich zwei unserer besten Schiffe geschenkt hat, unsere Mittelmeerdivision, hat sich die Stimmung am Bosporus eindeutig zu unseren Gunsten gedreht. Die Bilder unserer Matrosen von GOEBEN und BRESLAU, wie sie mit türkischen Fezen auf dem Kopf die deutsche Fahne einholen und den Halbmond setzen, haben die Hohe Pforte ein für alle Mal für Deutschland eingenommen. Es ist nur noch eine Frage der Zeit, bis die Türken mit aller Konsequenz an unsere Seite treten werden. Aber so lange können wir nicht warten.»

4

Es war Zeit für ein zweites Frühstück, das der Bürovorsteher servierte, scharf angebratene Nierchen, die Oppenheim im Stehen verzehrte, während Niedermayer sich mit ein paar Butterstullen begnügte. Er wollte auch nichts von dem Champagner, den Oppenheim ihm anbot. Das dünne kelchförmige Glas in der Hand, skizzierte er Niedermayer sodann, vor der Karte behände auf und ab springend, was alles zu geschehen habe. Was geschehen werde. Mit diesem Zement der Zukunft mauerte Oppenheim so geschwind ein Gebilde, das er seinen «Dschihadplan» nannte, so lebhaft und blumig geschildert, dass Niedermayer zu seiner eigenen Überraschung zwischendurch fast vergaß, dass es sich ja nur um einen Plan handelte. Der Kartenrausch packte auch ihn.

Zunächst schickte Oppenheim die Truppen der Türkei durch den Sinai nach dem Suezkanal, unterstützt von deutschen Offizieren, Truppen, Waffen und Propaganda. Die Einnahme des Kanals werde ein herber Schlag für die Engländer sein, vor allem auch öffentlichkeitswirksam. Ein sich anschließender Volksaufstand in Ägypten und Sudan sei wahrscheinlich, zumal wenn es gelänge, die Bruderschaften um die Ashar-Moschee zu gewinnen. Auch wolle er einen gewissen Slatin Pascha aus Wien holen, von dem Niedermayer noch nie gehört hatte. Die Erinnerungen an den Aufstand des Mahdi im Sudan seien höchst lebendig. Schon längst stünden ganze Regimenter von Jung-Mahdisten bereit, sich gegen ihre ungläubigen Unterdrücker zu erheben.

Für die Pilgerstädte Mekka und Medina, wo die Türken ohnedies schon mit Truppen stünden, werde in massivster Weise Propagandamaterial erarbeitet, um die Ende Oktober anstehenden Pilgerfeste damit zu erreichen und die Pilger zu Hunderttausenden als Fackelträger die Botschaft des Dschihad überall dorthin tragen zu lassen, wo Moslems lebten. Wichtig sei hierbei natürlich die Mitwirkung des Großscherifen Hussein Pascha, der bekanntlich lange Jahre in Konstantinopel gelebt habe – dieser Mann, neben dem Sultan Khalifa eine der wichtigsten Persönlichkeiten der islamischen Welt, werde auch weiterhin eine gewaltige Rolle spielen. Im Übrigen habe man den bekannten österreichischen Arabienreisenden Alois Musil gewinnen können, sich um die zentralarabische Frage zu kümmern und zu bewirken, dass die Beduinenstämme ihrerseits in die Kämpfe gegen England eingriffen, vor allem am Suezkanal.

Musil war Niedermayer natürlich ein Begriff. Der Mann war ein Pionier und fraglos eine Autorität. Der Oberleutnant begann, beeindruckt zu sein.

Gleichzeitig, fuhr Oppenheim selbstsicher fort, müsse ein Schlag gegen die Schwarzmeerflotte Russlands geführt und diese vernichtet werden. Die GOEBEN, die jetzt ja YAVUZ heiße, und die vormalige BRESLAU, jetzt MIDILLI, würden dabei zeigen, wozu deutsche Matrosen und Kommandanten in der Lage seien, auch – und vielleicht gerade – wenn sie Feze trügen. Die Vernichtung der russischen Schwarzmeerflotte sei Voraussetzung für einen Aufstand der unter russischer Zwangsherrschaft stehenden Moslems, vor allem im Kaukasus. Auch gelte es, die während der russischen Expansion vor einem halben Jahrhundert aus dem Kaukasus Geflüchteten, die Muhadjir, die sich zu Hunderttausenden in Kleinasien, Syrien und Mesopotamien angesiedelt hätten, zu einer eigenen Truppe zusammenzustellen und gegen ihre früheren Unterdrücker ins Feld zu führen.

Oppenheim sprach von einer in ihren Planungen bereits weit fortgeschrittenen Aktion gegen die unter britischer Kontrolle stehenden Ölquellen von Basra. Auch gegen Abadan am Schatt al-Arab, wo die Pipeline der Anglo-Persian Oil Company ende, werde man vorgehen. Abgesehen von der ungeheuren propagandistischen Wirkung werde man damit die Royal Navy schädigen, deren Flotte zum Großteil auf das persische Öl angewiesen sei.

Aber ebenso müsse man in Persien selbst tätig werden, hier stehe neben anderen der unermüdliche Vizekonsul Wassmuss bereit, der über beste Beziehungen zu den lokalen Stammesfürsten verfüge. Zwar sei Persien dem Buchstaben nach noch unabhängig, doch sei es ja seit dem Englisch-Russischen Vertrag von 1907 de facto zwischen diesen beiden Mächten aufgeteilt, die Russen ständen im Norden und die Briten beanspruchten die Küste und den Süden.

Niedermayer, der einerseits das brutale Vorgehen der Russen im Norden Persiens kennengelernt hatte und nicht nur immer wieder schikaniert, bedroht, sondern von russischen Gendarmen auch seiner Ausrüstung beraubt worden war und der andererseits im Februar an eben dieser Küste entlang auf einem englischen Passagierschiff nach Bombay gereist war, gab zu bedenken, dass doch Persien dem schiitischen Islam angehöre und sich wahrscheinlich keineswegs zwangsläufig von einem Aufruf des sunnitischen Kalifen in Konstantinopel beeindrucken lassen werde.

Das habe man natürlich direkt bedacht, entgegnete Oppenheim und schon längst eine eigene Expedition auf die Beine gestellt, die zum Grab Husseins in Kerbala ziehen werde, das bekanntlich gar nicht einmal auf persischem Territorium liege, dennoch der spirituelle Mittelpunkt der Schia sei. Gelinge es, die Geistlichkeit dieser von jährlich zweihunderttausend Pilgern besuchten Wallfahrtsstätte dazu zu bringen, sich dem Dschihad des Kalifen anzuschließen und gegen die Ungläubigen, also die nicht-deutschen Ungläubigen, vorzugehen, wo immer man sie in Persien finde, so werde dies zu einer tiefen Beunruhigung in London führen – und nicht nur dort, auch in New Delhi.

«Persien ist ungeheuer wichtig, aber doch nur in zweiter Linie. Neben dem Beginn des Seekriegs im Schwarzen Meer und dem Suez-Unternehmen, Herr Oberleutnant, ist das wichtigste Projekt dasjenige, für das wir Sie gewinnen möchten, ja für das wir Sie dringend brauchen: unsere Afghanistan-Expedition!

An die fünfundzwanzig hervorragende Militärs, Diplomaten, Wirtschaftsvertreter sind bereits an den Bosporus gereist und in Wartestellung. Enver Pascha selbst – und da können Sie noch einmal sehen, wie weit wir mit den Türken sind – legt auf dieses Projekt den größten Wert, hat dem afghanischen Emir Habibullah schon vor Wochen telegraphiert und wird auch Truppen dafür bereitstellen. Es ist dies eine ausdrücklich gemeinsame osmanisch-deutsche Unternehmung. Alles, was jetzt dafür noch fehlt, ist ein Mann, der das Ganze von unserer Seite militärisch anführen kann.»

«Ich soll eine Expedition nach Afghanistan führen?»

«Vor nichts dürfte sich unser Gegner mehr fürchten. Die bislang einzige saftige Niederlage, die die Briten in den letzten hundert Jahren überhaupt hinnehmen mussten, hat ihnen Akbar Khan anno '42 beigebracht. Die Afghanen haben die Khurd-Kabul-Schlucht mit englischem Blut getränkt.»

Er hob das Glas wie zu einem Toast und deklamierte dann, in einem halb amüsierten Bühnendeutsch, Fontane:

«Die hören sollen, sie hören nicht mehr, vernichtet ist das ganze Heer, mit dreizehntausend der Zug begann, einer kam heim aus Afghanistan.

Außer dem Osmanischen Reich gibt es kein anderes islamisches Land, in dem noch keine britischen Truppen stehen, das noch wirklich frei ist. Sie werden Emir Habibullah ein Schreiben Seiner Majestät des Kaisers überreichen, an dem wir gerade arbeiten. Wir wissen, dass Emir Habibullah von den Engländern jedes Jahr einen Haufen Geld an Subsidien bekommt, aber auch wenn er ihr Geld nimmt, er hasst die Briten! Und Ihre Expeditionskasse, Niedermayer, wird randvoll mit Gold sein, das überlassen Sie ruhig mir, es wird Ihnen da an nichts mangeln. Emir Habibullah wird jede Unterstützung von uns erhalten, die er braucht, um mit seinen Truppen nach Indien einzufallen. Dort steht ja längst alles bereit. Dutzende unserer Agenten sind über das ganze Land verteilt, viele von ihnen haben in Deutschland studiert, sind durch und durch revolutionär gesonnen und haben übrigens auch gelernt, wie man mit Sprengstoff umgeht. Schon beim großen Aufstand 1857 waren die neu erwachten islamischen Denker die Ideengeber, und denken Sie zuletzt an die Riots im Jahr 1908! Damals, vor ein paar Jahren, fehlte nicht viel, und es wäre zu einer allgemeinen Erhebung gekommen. Alles, was es braucht, um den Heiligen Krieg dorthin zu tragen, ist ein massiver Angriff der Afghanen. Die Nordwestgrenze Indiens ist der schwächste Punkt des gesamten britischen Weltreichs. Und dort werden Sie losschlagen, Niedermayer!»

Oppenheim, der sich einen letzten Schluck Champagner eingeschenkt und diesen mit fröhlicher Geste auf einen Zug geleert hatte, bat Niedermayer sich wieder zu setzen, holte seinen Bürovorsteher herein und ließ diesen die Planungsakten der Afghanistan-Expedition bringen. Dann übergab er Niedermayer den dicken Akt und entschuldigte sich auch gleich, er müsse jetzt direkt zu einer Sitzung beim Unterstaatssekretär in die Wilhelmstraße hinüber, die etwa eine Stunde dauern werde. Niedermayer solle sich mit den Unterlagen vertraut machen – und sich entscheiden, ob er den Auftrag übernehmen wolle.

Auch der Büroleiter zog sich zurück, freilich mit der Bitte, ihn sofort zu verständigen, sollte der Oberleutnant etwas benötigen. Die Flügeltür blieb weit offen. Das Murmeln der Gespräche, die nicht nur auf Deutsch, sondern, wie Niedermayer deutlich vernehmen konnte, auch auf Persisch, Arabisch und Türkisch geführt wurden, das Klingeln der Telefone und das energische Klappern der Schreibmaschinen drangen zu ihm. Alle zusammen, das wusste er jetzt, arbeiteten an dem großen Plan, der den Dschihad aus der Berliner Mauerstraße Nummer 45 in die halbe Welt tragen sollte.

5

Niedermayer betrachtete den Aktendeckel eine Weile. Unter dem Signet des Auswärtigen Amts stand *Afghanistan* in sorgfältigster Kurrentschrift. Datum, Abteilung, Sachbearbeiter. Quer darüber der unvermeidliche Stempel GEHEIM – DARF NICHT MITGENOMMEN WERDEN.

Bevor er die Akte öffnete, dachte er noch einmal nach, betrachtete den ganzen Oppenheim'schen Masterplan, so weit er ihn kennengelernt hatte. Von Marokko und Algerien war etwa noch gar nichts verlautbart. Oppenheim wollte zunächst wohl vor allem gegen das Britische Empire vorgehen – was Niedermayer natürlich sehr begrüßte. Die Engländer beherrschten ein Viertel der Landmasse des Planeten und sämtliche Meere. Sie waren die Pest, wenn auch eine von überragender Intelligenz, mit der sie trotz ihrer unerbittlichen Gewaltherrschaft gelernt hatte, sich kritisch mit sich selbst zu beschäftigen. Auch waren die Briten die besten Kenner der Welt, die sie beherrschten und ausbeuteten. Die Angst, das ganze herrliche Imperium wieder zu verlieren, trieb sie dabei an. Und das war es, was Niedermayer an Oppenheims Idee einer Afghanistan-Expedition reizte – sie nahm sich wie der lebendig gewordene Albtraum englischer Weltpolitik aus. Sie roch nach den schweißgebadeten Abgründen von Downing Street, folgte einer Logik, die zutiefst britisch war und die Niedermayer mit einem Mal auch genau zu verorten wusste: Oppenheim plante im Kern einen Angriff auf das *heartland*. Wieso war er da nicht gleich draufgekommen!

1904 hatte Halford Mackinder – der größte weltpolitische Analytiker, den das Vereinigte Königreich besaß und den Niedermayer und seine Kommilitonen an der Universität Erlangen mit grimmiger Begeisterung gelesen und diskutiert hatten – seine «Heartland-Theorie» veröffentlicht. Mackinder hatte darin den Begriff der Weltinsel geprägt, bestehend aus Eurasien und Afrika. Dort sei das Gros der Bevölkerung und der Ressourcen der Welt versammelt. Beherrscht würde die Weltinsel aber vom Herzland, Zentralasien, dort sei der «Drehpunkt der Weltgeschichte». Den mantrischen Dreisatz Mackinders kannten sie auswendig:

Who rules Eastern Europe commands the Heartland.
Who rules the Heartland commands the World Island.
Who rules the World Island commands the World.

Mackinder hatte als kommende Bedrohung für das Heartland ein sich militärisch nach Osten ausdehnendes Deutschland prophezeit. Davon war bisher nichts zu sehen, dafür aber kam jetzt Oppenheim mit seinem Masterplan.

Niedermayer begriff plötzlich, worin die eigentliche Sprengkraft der ganzen Geschichte lag: Mackinder hatte ein rein machtpolitisches Modell entworfen, für ihn war eine Armee, wofür er den Ausdruck *manpower* geprägt hatte, letztlich eine Recheneinheit. Eine Macht kämpfte gegen eine andere, und es gewann die mit der größeren Manpower.

Oppenheim nun hatte, ob ihm selbst das klar war oder nicht, den Kampf um das Heartland, den Kampf also um die Weltherrschaft, nicht länger rein machtpolitisch interpretiert, sondern mit der Welt des Islam identifiziert, die mit dem Vordringen der osmanischen Heere bis vor Wien ihre größte Ausdehnung erreicht hatte und seitdem im Verfall begriffen war. So saß die am meisten geschwächte Zivilisation auf dem wichtigsten Stück Erde.

Dort wollte Oppenheim angreifen, nicht durch Armeen, sondern durch Explosion, durch eine geistige Kraft, die er einzusetzen gedachte, wie ein Schwert aus Licht – den Islam. Die brüderliche Religion. Die Religion des Friedens. Aber auch eine, die seit Jahrhunderten stagnierte.

Abgesehen davon, dass Niedermayer Oppenheims Vorstellung von einer werkzeugartigen Benutzbarkeit des ja auch in sich gespaltenen Islam fremd war, hielt er es doch für möglich, hier etwas bewegen zu können. Schnell begann er nun, die Akte *Afghanistan* zu lesen. Detaillierter als die mündlichen Ausführungen Oppenheims entwickelten die Unterlagen zunächst noch einmal allgemeine Überlegungen einer militärisch-diplomatischen Expedition von Konstantinopel über Bagdad, durch Persien bis nach Afghanistan. Unvermutet fanden viele Fragen eine Antwort, die Niedermayer hätte stellen wollen, Transportmöglichkeiten, Propaganda und Unterstützung während der gewaltigen Reise betreffend. Das ging so weit, dass er sogar eine Liste mit allen für ihre Deutschenfreundlichkeit bekannten schwedischen Offizieren fand, die das persische Polizeiwesen leiteten und deren Vorhandensein sich Niedermayer nicht anders erklären konnte, als dass sie der Nachrichtenstelle von der schwedischen Regierung selbst überlassen worden sein musste. Dann beschrieb der Afghanistan-Plan die Einrichtung einer stehenden Kommunikationsverbindung nach Kabul und Herat, unter Zuhilfenahme einer transportablen Funkenstation und möglicherweise auch Heliographen, wozu nicht nur in Persien, sondern auch in Afghanistan Stationen aufgebaut werden sollten. Es wurden mögliche Standorte für diese Stationen genannt, ein paar der Orte kannte Niedermayer sogar.

Völlig undurchdacht war das Projekt nicht, Oppenheim und seine Mitarbeiter kannten sich schon aus, das musste er zugeben – aber ob sie wirklich wussten, was sie sich da vorstellten, das bezweifelte er. Es war ein Bürokratenplan, trotz seiner sachkundigen Details. Die Durchquerung der persischen Wüsten war für sie nur ein Satz: Die Wüsten Persiens werden durchquert.

Niedermayer und sein österreichischer Reisegefährte hatten als erste Europäer die Wüste Lut bereist, einen der heißesten Orte der Erde, und auch durch die Kewir, die Salzwüste, waren sie gezogen, den Salzstaub so dicht in ihrem Haar, dass es knisterte, wenn sie sich hinlegten, um auszuruhen. Nirgendwo eine Quelle, zwei Maultiere verendeten. Als sie es hinter sich hatten, wussten sie, warum diese Wüsten seit jeher unbewohnt waren. Doch hatten sie Niedermayer mit gleißendem Licht erfüllt, niemals war er sich so sicher gewesen, dass das Leben gerecht war. Nirgendwo war er jemals so eins mit sich gewesen, manchmal überhaupt nur noch ein durch die Nacht ziehender Gedanke zu Pferde. Unter einem Sternenhimmel, wie es keinen zweiten gab.

Die Akte schloss mit einer Liste derjenigen Personen, die bereits als Teilnehmer der Expedition feststanden und nach Konstantinopel vorausgeschickt worden waren, mit Angaben zu ihrem Alter und ihrer Befähigung. Niedermayer war entsetzt. Bei den Militärs handelte es sich fast ausschließlich um ehemalige Angehörige der afrikanischen Schutztruppen, von denen keiner je auch nur in Kleinasien gewesen war. Pera, der europäische Teil Konstantinopels, war für die wahrscheinlich schon tiefer Orient. Des Weiteren gab es junge Kaufleute, zwei Ingenieure der Bagdadbahn-Gesellschaft, einen Pflanzer, der «in den Tropen» Erfahrungen bei der Urbarmachung wilder Landstriche gesammelt hatte, und weiterhin die seltsamsten Männer, die ihre Berufung allem Möglichen verdanken mochten, aber nicht ihren Kenntnissen und Fähigkeiten.

Dann kamen eine Reihe von Orientalen, offensichtlich die erwähnten indischen Revolutionäre. Einer war unterstrichen: Prinz Ashraf Hassan Khan. Der werde sich bald auf den Weg nach Konstantinopel machen, von Bombay aus. Und dann war da natürlich noch Wassmuss, der Verschlagene, der sich in Persien und Mesopotamien zweifellos bestens auskannte, vertraut mit allen Verruchtheiten eines Wegelagerers. Wassmuss' Name war der letzte auf der Liste.

So sehr Niedermayer die britische Weltherrschaft verabscheute und alles dafür tun wollte, sie zu beenden, mit dieser Idiotentruppe und Wassmuss als Strippenzieher würde Niedermayer keinen Schritt Richtung Afghanistan gehen. In dieser Konstellation war die Expedition zum Scheitern verurteilt. Dann lieber wieder an die Front.

Er schloss die Akte und blickte auf seine Uhr – es war kurz vor zwölf. In einer guten halben Stunde wäre er im Hotel, Jakob, sein treuergebener Bursche, würde bestimmt, wie es seine Art war, auf fertig gepackten Koffern sitzen, sodass sie leicht gegen zwei Uhr am Anhalter Bahnhof sein könnten, wo – wie er wusste – um halb drei der Zug Richtung Straßburg abging. In den frühen Morgenstunden könnten sie beim Divisionsstab sein. Er zog seine Stiefel wieder an.

Entschlossen, den Akt dem ihm geschäftig entgegenblickenden Bürovorsteher zu übergeben und sich mit Verweis auf die Eisenbahn noch vor Oppenheims Rückkehr zu verabschieden, trat er hinaus. Doch dann fiel sein Blick auf ein Geschehen im hinteren Teil des Büros, wo sich fünf Männer, darunter der mit Turban und auch der, den er für einen jungen Inder hielt, zum Gebet versammelt hatten. Natürlich, dachte Niedermayer, das war Zuhr, das Mittagsgebet.

Wer nicht wusste, dass die Betenden ihre Gesichter Mekka zuwandten, hätte sich über deren Anordnung gewundert, halb schräg, in einem schiefen Winkel zur Wand hatten die Männer ihre Teppiche ausgebreitet. Einen Vorbeter gab es auch, der einen gewöhnlichen Anzug trug und überhaupt nicht orientalisch aussah, ein Durchschnittsberliner. Leise, doch glasklar lagen die Gebetsformeln im Raum, das Schreibmaschinengeklapper wurde zu Wasserklöppeln, leise kratzende Federn ein Blätterrascheln, und das Telefon hatte seine mechanische Schrillheit verloren. Eingebettet in den Frieden des Gebets hätte es Vogelgezwitscher sein können. Eine Lichtung. Niedermayer dachte an die Prophezeiung, die sein Bahai-Meister in Astrabad ihm kurz vor seinem Abschied verkündet hatte. Binnen eines Jahres werde er, Niedermayer, nach Persien zurückkehren, das habe ihm ein Traumgesicht offenbart. Der Lauf der Geschichte hänge davon ab. Niedermayer hatte oft daran gedacht, zuletzt an der Front. Jetzt begriff er.

6

Max von Oppenheim eilte die Flure der politischen Abteilung entlang, mit angeekeltem Gesichtsausdruck «Ick sare mal so ...» murmelnd, die zackig berlinernde Sprechweise des Unterstaatssekretärs nachäffend. Der blöde Kerl pfuschte ihm laufend in die Geschäfte, entsandte, ohne ihn zu fragen, irgendwelche unqualifizierten und, wie Oppenheim sich sicher war, auch charakterlich ungeeigneten Männer, zuletzt einen ganzen Schwung altgedienter Afrikaner, die ihre Nilpferdpeitschen im Gepäck hatten und ein für Konstantinopel indiskutables Benehmen an den Tag legten. Und jetzt sollte mit einem Mal auch noch an der Finanzierung herumgeschraubt werden. Einige der Altadeligen, die hier den Ton angaben, nickten ihm gnädig zu, manche übersahen ihn schlicht. Er war froh, als er wieder auf der Straße war, wo ein herrlicher Spätsommertag blühte.

Oppenheim würde sich diese Behandlung nicht länger gefallen lassen, schließlich hatte er das Ohr des Kaisers. Ein paar Details fehlten noch, ein paar Zahlen. An der Akte «Marokko» wurde noch herum-

gefeilt. Aber gerade war ja Niedermayer da, ein Mann des Generalstabs, und Oppenheim war überzeugt, dass dieser junge bayerische
Abenteurer seinem Angebot nicht würde widerstehen können – dann
wäre auch «Afghanistan» abgedeckt. Bald würde der gesamte Dschihadplan fertig und sauber getippt sein. Wie viel sollte er als Budget für
die ganze weltweite Aktion ansetzen? Bloß nicht zu wenig. Beschei-
denheit gegenüber Bürokraten war der größte Fehler überhaupt.

Er nickte dem Pförtner des Kolonialamtes zu, der gerade einen
Gähner unterdrücken musste und entsetzt dreinblickte. Er lief die
Treppe nach oben. Geld darf keine Rolle spielen, dachte er. Er blieb
vor der Tür der Nachrichtenstelle stehen. Kürzen konnte man es
immer noch.

Die meisten Mitarbeiter waren zu Tisch, nur Abdullah Fasil saß an
seinem Schreibtisch, in einen arabischen Wälzer versunken. Natürlich
war auch Bürovorsteher Hermann da.

«Oberleutnant Niedermayer ist schon gegangen, er wollte den
nächstmöglichen Zug bekommen und lässt sich entschuldigen.»

Oppenheim fühlte eine Enttäuschung, die ihn ganz lau werden ließ.
Hermann sah es seinem Chef an und schüttelte nur lächelnd den Kopf.

«Den nächsten Zug nach München. In fünf Tagen will er in Stambul
sein. Ich habe ihm alles mitgegeben, was wir vorbereitet hatten. Und
gleich ein Telegramm an Vizekonsul Wassmuss auf den Weg gebracht,
dass Niedermayer kommt und er sich bei ihm melden wird.»

Oppenheim fasste sich an den Bart, zwirbelte ein wenig die Haare
am Kinn, seine Augen blitzten mit einem Mal wieder. Er nahm sich
den Akt *Afghanistan* von Hermanns Schreibtisch, dann teilte er dem
Bürovorsteher mit, dass er durchzuarbeiten beabsichtige. Er möge
ihm ein Mittagessen vom Franziskaner holen lassen, Schweinebraten
wäre nicht schlecht, und ihm dann sobald möglich den mit Marokko
beschäftigten Professor Reinle avisieren. Der müsse jetzt bald fertig
werden und abgeben, die *Denkschrift betreffend die Revolutionierung*

der islamischen Gebiete unserer Feinde müsse endlich dem Kaiser vorgelegt werden.

Der Denker des deutschen Dschihad setzte sich an seinen Schreibtisch und blickte auf die riesige Weltkarte. Aber er dachte ausnahmsweise nicht an den Heiligen Krieg, sondern an die verflossenen Wonnen mit seiner letzten ägyptischen Zeitfrau Amaunet. Wie es ihr wohl ging?

Er klappte *Afghanistan* auf und setzte der Teilnehmerliste handschriftlich einen Namen hinzu: «Obrlt. Niedermayer, Kgl.-Bayer. Feldartilleriereg. No 10.» Dann schloss er Afghanistan wieder.

Es klopfte. Ah! Endlich: Marokko stand vor der Tür.

7

Oskar Niedermayer erwirkte sich während einer langen Münchener Woche noch die Genehmigung, seinen Burschen Jakob zum «Generalstabsauftrag Afghanistan» mitnehmen zu dürfen, und traf Ende September 1914 am Bosporus ein. Die alten Fischer unten in Ortaköy waren der Meinung, dass das auffallend regnerische Wetter auf einen raschen Herbst mit viel kaltem Schwarzmeerwind hindeutete, und genehmigten sich noch einen Raki in der warmen Sonne, bevor es dunkel und unangenehm werden würde.

Niedermayer, der sich nach der geistigen Erhabenheit der persischen Einöden sehnte, deren Karten er während der angenehmen Zugfahrt im Schlafwagen des Orientexpresses ausgiebig studiert hatte, war das Wetter egal. Seinetwegen hätte es *Köpekler ve kediler* regnen können, der Bosporus hätte über Nacht zufrieren mögen, es hätte ihn nicht bekümmert, solange er möglichst schnell auf die asiatische Seite hinüberwechseln durfte, um in die Bagdadbahn zu steigen und nach Osten zu reisen. Doch davon konnte, in beklemmendem Widerspruch zu Oppenheims Emphase, überhaupt keine Rede sein. Kaum dass die ausgesprochen noblen Zimmer im Pera Palace Hotel bezogen waren, hatte er sich, mit einer Personalliste ausgestattet, auf die Suche nach den übrigen Mitgliedern der Expedition gemacht und dabei feststellen müssen, dass die allermeisten inklusive Vizekonsul Wassmuss bereits nach Aleppo abgefahren waren, um dort das zu tun, was sie bislang auch in Konstantinopel getan hatten: warten und saufen.

Wassmuss hatte ihm in der deutschen Botschaft einen längeren Brief hinterlassen, dem er entnahm, dass dieser indische Prinz Ashraf Hassan Khan demnächst in Konstantinopel eintreffen werde. Seine Abfahrt habe sich verzögert, nun aber komme er zuverlässig mit der SS MARIENBAD des Österreichischen Lloyd aus Bombay, die am 9. Oktober am Goldenen Horn anlegen werde. Wassmuss bat den «hochgeschätzten Herrn Magister» – eine unziemliche Ansprache an einen Offizier, dessen Armee gerade im Krieg stand, wie Niedermayer fand –, den Prinzen abzuholen, im Pera Palace einzuquartieren und später mit auf die Reise zu nehmen. Leider gebe es niemanden vor Ort, der ihn je gesehen habe, und es gebe auch keine Fotografie, aber Niedermayer und die verbliebenen Mitstreiter würden sich schon zu helfen wissen, um den «höchst wichtigen Kontaktmann zum indischen revolutionären Komitee» unter den Passagieren ausfindig zu machen. Ansonsten hoffe er wie alle Beteiligten auf ein baldiges Signal zum Aufbruch, das freilich von den Türken – «Enver Pascha!» – ausgehen müsse, die sich das letzte Wort ausbedungen hätten. Dann beteuerte er noch, wie sehr er sich freue, Niedermayer bald wiederzusehen. Der gab den Brief zu seinen Unterlagen und dachte sich sein Teil.

Der von Wassmuss erwähnten Mitstreiter waren es noch zwei, Zivilisten, die ihm relativ tüchtig vorkamen. Sie erzählten ihm, sie seien genauso erleichtert wie das Personal des Pera Palace, dass die meisten Teilnehmer der Afghanistan-Expedition schon vorausgefahren seien; die seien zumeist alte Afrikaner, Prachtkerle einer wie der andere, aber im Auftreten etwas zu forsch für den osmanischen Geschmack. Man sei ja schließlich nicht hier, um aus der Türkei eine Kolonie zu machen.

Hätte man Niedermayer, der sich so etwas ja schon gedacht hatte, dieselbe Schilderung in Berlin gegeben, er wäre sofort an die Westfront zurückgegangen. Doch da er schon hier war und jeden Tag hinüber nach Kleinasien blicken konnte, war er trotz der unangenehmen Aussicht auf die Qualitäten seiner zukünftigen Truppe nicht mehr von dem Plan abzubringen.

Die beiden Mitarbeiter, der eine lang und dürr, der andere klein und dick, beide aber von konsternierender Bleichheit, waren noch da, um die große Materiallieferung aus Berlin entgegenzunehmen. Sie drehten Däumchen und spielten den ganzen Tag Schach, ziemlich schlecht, wie Niedermayer fand, jeder persische Ladenschwengel hätte sie blind und mit drei Figuren Vorgabe geschlagen. Der Materialtransport, erklärten sie, hätte längst angekommen sein sollen, man habe ihnen aber auf der Botschaft gesagt, es gebe in Berlin Sorgen wegen Rumänien, weshalb die Lieferung per Eisenbahn getarnt vonstattengehen müsse.

Niedermayer machte sich unterdessen mit allen möglichen Leuten an der Botschaft und der Militärmission bekannt und trank Tee mit einem äußerst liebenswürdigen Hauptmann, der Adjutant eines wichtigen Mitarbeiters Enver Paschas war, über ein komfortables Büro verfügte und unbedingt sein Englisch verbessern wollte, was Niedermayer, der zu gern Türkisch geübt hätte, drei quälend langweilige Stunden bescherte, deren einziger Informationsgewinn darin bestand, dass er jetzt genau wusste, dass Enver Pascha nicht zu sprechen war.

Natürlich lief er durch die zahllosen Viertel der Stadt, spazierte durch den Park des Topkapi-Palastes, den die Jungtürken nach ihrer Revolution 1908 als sichtbarstes Zeichen ihres demokratischen Willens für die Bevölkerung geöffnet hatten, und sah sich in den Trümmerstätten um, die der jüngste Brand geschaffen hatte – Dutzende alter Holzhäuser waren vernichtet, aber im Hof eines Hauses stand zwischen schwarzen Mauern eine hohe, immer noch grüne, leicht herbstliche Eiche.

Im Basar erklärte er vergnügt auf Persisch, warum er gerade jetzt keinen Teppich kaufen konnte, er ging mit Jakob in die einfachsten Restaurants, studierte seine Karten, schrieb ein wenig Tagebuch und versuchte, Ruhe zu bewahren. Der Luxus seines Hotels, von dessen Terrasse aus man über die weiten Hügel Thrakiens blicken konnte, störte ihn nur wenig.

Eines Morgens beim Frühstück kamen die beiden Mitarbeiter zu ihm an den Tisch, aufgeregt, weil sie von der Botschaft erfahren hatten, dass der Waggon mit ihrer kompletten Ausrüstung in Rumänien beschlagnahmt worden war. In Berlin sei man auf die Idee verfallen, das Ganze als Gepäck eines Wanderzirkus zu deklarieren. Die Masten der tragbaren Funkstation habe man als Zeltstangen ausgegeben, aber da man sich nicht die Mühe gemacht habe, die Kondensatoren abzuschrauben, seien die Zöllner misstrauisch geworden, der Schwindel sei aufgeflogen, und nun stelle man in Berlin eine neue Sendung zusammen.

Abgesehen davon, dass hier peinlicher Dilettantismus vorlag, fiel Niedermayer bei der Geschichte auf, dass man ihm also tatsächlich eine Funkenanlage mitgeben wollte, obwohl es gar keinen Funker in seiner Truppe gab, der sie hätte bedienen können. Auch darum würde er sich kümmern müssen. Als Nächstes aber käme erst mal der indische Prinz dran. Hoffentlich würde da nicht auch wieder etwas schiefgehen.

Keine zwei Kilometer Luftlinie von ihm entfernt, unten im Hafen, hatte Sebastian Stichnote, ebenfalls bayerischer Staatsbürger, dennoch Astsubay, also Obermaat der osmanischen Marine, Freigang und setzte gerade seinen Fez auf den Kopf, um den deutsch-türkischen Feldwebelposten anstandslos passieren zu können. Er zeigte seinen Urlaubsschein vor, den der deutsche Feldwebel sorgfältig durchlas und ihn ohne ein Wort, aber mit strengem Blick dem türkischen Kollegen weiterreichte, der ihn genussvoll abstempelte und damit das Tor zu einem freien Tag an Land aufstieß, der um exakt 23 Uhr enden würde, wenn er sich wieder an Bord zu melden hatte.

Dort wo die beiden Schiffe lagen, weit hinten am Goldenen Horn, standen immer Dutzende Schaulustige, da nicht nur die Bewohner der Stadt, sondern auch nahezu jeder Besucher, der sich nur ein bisschen für die Fährnisse der großen Politik interessierte, die beiden berühmtesten Kriegsschiffe der Welt besichtigen wollte, den ganzen Stolz des so viele Male gedemütigten Osmanischen Reichs. Als sich der Obermaat nun, seinen kleinen Fahrtenrucksack aufgeschnürt, daran machte, die BRESLAU zu verlassen, kam Bewegung in die Gruppe der Bewunderer. Ein Vater in anatolischbäurischer Tracht nahm seinen kleinen Sohn auf den Arm und ging mit ehrfurchtsvoller Miene auf Stichnote zu, damit der Matrose dem vielleicht dreijährigen Knaben, der ihn aus großen, nussbraunen Augen anblickte, über sein Köpfchen streiche. Er bedankte sich mit einer tiefen Verneigung, Stichnote lächelte verlegen und hatte dann schon ein kleines Mütterchen an der Hand, das aus zahnlosem Munde weihevolle Worte krächzte und ihre bärtige Oberlippe wiederholt auf seine Knöchel drückte, die sich danach feucht anfühlten, was aber auch vom Nieselregen herrühren konnte.

Am Ende des Kais starrte ihn ein Junge von vielleicht dreizehn Jahren mit einer auffälligen Schirmmütze auf dem Kopf fasziniert an, ein richtiger Lausbub. Stichnote wollte schon auf ihn zugehen, aber plötzlich war der Junge verschwunden.

Überall folgten ihm die Blicke, rief er nickende Köpfe und bewundernde Zeigefinger hervor, doch als er nach einer halben Stunde die

Galatabrücke erreichte und in ihren Menschenstrom eintauchte, spürte er, wie er zwischen den Tausenden von Leuten, die die schwimmende Riesenbrücke in der einen oder anderen Richtung überquerten, gleichsam wieder unsichtbar wurde.

Als er die Brücke hinter sich gelassen hatte, ging er den Berg von Galata hinauf, neben ihm fuhr die kleine, zwei Wagen umfassende Trambahn, der Regen ließ nach, und die Sonne kam heraus. Er ging an dem berühmten Gymnasium vorbei und erreichte dann die steil nach unten gehende Treppe zur Kirche des heiligen Antonius von Padua, die auf ihn wirkte, als sei sie wie aus einem Felsen herausgebrochen, was sie ihrer dem Bergrücken abgetrotzten spektakulären Tieflage verdankte. Bei seinem ersten Landgang vor ein paar Wochen hatte er sie entdeckt und nebenbei erfahren, dass die Kirche dem Lieblingsheiligen seiner Amme geweiht war. Die Zenz hatte unter der jeder Hausfrau lästigen Vergesssucht gelitten und fand immer wieder irgendetwas anderes gerade nicht, um dann jedes Mal mit kindlich gefalteten Händen und geschlossenen Augen in spekulativem Hochdeutsch zu beten:

«Heiliger Antonius, du guter Mann,
du hast die göttliche Macht ausgeübt,
verlorene Dinge wiederzufinden.
Hilf mir, die Gnade Gottes wiederzuerlangen
und mach mich stark im Dienst an Gott und
an den Tugenden. Lass mich das Verlorene
wiederfinden und erweise mir so deine Güte.»

Neben dem Vaterunser und dem Ave Maria war dies das einzige Gebet, das Stichnote auswendig kannte, und er hatte aus seinen Kindertagen das Gefühl mitgenommen, dass der Zenz dieser stehende Anruf erstaunlich oft geholfen hatte. Und als er damals vor dem Beginn der Torpedoschule seinen Abschiedsbesuch bei ihr gemacht hatte, im Herbst 1910, da hatte sie ihn mit feuchten Augen und ein wenig schniefend darauf hingewiesen, dass der Schlamperdone – wie man ihn in Bayern liebevoll nannte – nicht nur den Fischen gepredigt habe, sondern auch bei Schiffbruch anzurufen sei, weshalb sie ihrem Wasti, der ja nun zu den Preußen aufs Meer hinausginge, dringend empfohlen hatte, mit dem heiligen Antonius in Verbindung zu bleiben für den hoffentlich nie eintretenden Fall der Fälle. Die Zenz hatte damals vergessen zu erwähnen, dass der Heilige aus Padua in der Funktionshagiographie der katholischen Kirche auch noch für das Finden des ausersehenen Ehe- und Liebespartners zuständig ist, was mit Schiffbruch und Verschmeißen bestens zusammengeht.

Betrat er die Kirche, dann nahm er zunächst den Fez ab und setzte sich meist in den mittleren Bereich der Bänke, nicht ganz nach vorne, wo immer zwei oder drei alte Frauen im Rosenkranzbeten versunken waren, und auch nicht ganz nach hinten, wo man die Eingangstür fast an den Kopf geschlagen bekam. Sobald er sich gesetzt hatte, begann die Kirche auf ihn zu wirken, zog ihn wieder hinüber auf den Giesinger Berg, er brauchte nur die Augen zu schließen und war dort, im Kirchenraumklang und Weihrauchduft, und wenn er sie wieder öffnete, konnte er die Darstellung des Heiligen Geistes sehen, einer Taube im Strahlenkranz, die hoch oben über dem Altar schwebte und hinter der schräg das Vormittagslicht einfiel.

Den Altar dominierte eine Maria mit Kind, so liebevoll und menschlich, dass er sich an die Zeit erinnerte, als er selber ein Kind gewesen und an der schwieligen Hand seiner Amme durch Giesing gelaufen war. Die Kirche als Funkstation, als Relais. Hier fühlte er sich der Zenz, dem Geisternazi und dem Überseeludwig in Kolumbien ganz nah, die alle drei noch auf Erden wandelten, aber eben auch seiner unbekannten Mutter und Eibo, dessen Verlust er immer noch nicht erfasst hatte. Eibos Koje war seit über einem Monat leer, als könnte er jederzeit zurückkommen.

Noch immer hatte er Eibos Mutter nicht geschrieben, und während er nun zum Auftakt seines Freigangs in der Kirche des heiligen Antonius saß, nahm er sich fest vor, dieses Versäumnis endlich nachzuholen, auch wenn er sich gar nicht vorstellen konnte, wie. Sollte er Frau Matthes womöglich von den Notizzetteln berichten, die er in dem Buch *Auf zwei Planeten* gefunden hatte und auf denen Eibo so erstaunliche Dinge notiert hatte, dass es Stichnote manchmal zumute war, als entdeckte er einen beinahe unbekannten Menschen? Sollte er ihr diese kargen Hinterlassenschaften ihres Sohnes womöglich schicken? Er, Sebastian, mochte die paar Zettel seines Freundes eigentlich nicht hergeben. Was hätte Eibo gewollt? Bei allem, was so durcheinander und ungeordnet in ihm dachte, war auch immer das Arjonagefühl dabei, das ganz ohne Worte auskam, fast wie von außen in ihn drang, als sähe sie ihn oder als würden sie in einer anderen Zeit zusammenkommen und als wäre, was Stichnote erlebte, in Wahrheit nur das, was er ihr später einmal erzählen würde.

All das zusammen wurde mit einem Male so viel, dass ihn spätherbstliche Trauer überkam. Er ging in der Bank auf die Knie und barg sein Gesicht in den Händen, während das lateinische Rosenkranzbeten der alten Frauen den Raum durchdrang.

Als ein heftiger Windstoß Regen gegen die Scheiben schlug, löste er sich, warf einen letzten Blick auf die Taube des Heiligen Geistes, stellte fest, dass er sich ein wenig besser fühlte, und trat hinaus. Den Fez wieder auf dem Kopf, schlug er den Kragen seiner Uniformjacke hoch. Der Regen hatte die Treppen geschwärzt, und oben auf der Grand Rue de Pera hielten die Männer ihre Kopfbedeckungen fest, kniffen die Münder zusammen, da ihnen der kalte Regen ins Gesicht sprühte, und die Frauen verbargen sich unter Kopftüchern und Schirmen. Was er in der Kirche eigentlich gemacht hatte, wusste er nicht mehr. Er musste mit einem Mal darüber lächeln und blickte auf seine Uhr. Die Movado meldete halb zehn. Er stellte sich seine Brüder vor, wie sie gerade mürrisch über der vormittäglichen Brotzeit saßen und sich angifteten. So lange hatte er nichts von ihnen gehört. Auch ihnen würde er schreiben. Sollte er Zeit dazu finden.

Stichnote hatte für seinen Landgang nämlich einen Plan, der davon bestimmt war, dass um fünfzehn Uhr im Hinterzimmer eines weiter unten am Bosporus gelegenen Restaurants ein Spiel angesetzt war, das bis etwa zwanzig Uhr ginge, sodass danach noch genügend Zeit wäre, auf die BRESLAU zurückzukehren.

Die Leutnants Dönitz, Wodrig und einige andere junge Offiziere hatten schon bald nach der Eingliederung in die osmanische Marine angefangen, das gesellschaftliche Leben Konstantinopels zu erkunden und dabei selbstverständlich Kontakte zu Vertretern anderer Mächte, die sich hier auf neutralem Boden begegneten, wie auch zum jungen Offizierskorps der Türken geknüpft. Wie nicht anders zu erwarten, war das Große Spiel, das die Deutschen spielten, den neuen Offizierskameraden nicht verborgen geblieben. Ein paarmal hatte man gespielt, und ob es einfach ein Zufall war oder ob der nunmehr schon fast sechs Wochen alte Krieg dahinter steckte, war schwer zu sagen: Das Große Spiel hatte auf jeden Fall Begeisterung ausgelöst. Irgendwann war es am Rande eines Botschaftsempfangs zu einer Art Zweikampf zwischen Dönitz und einem Türken gekommen, angeblich einem entfernten Neffen des Kriegsministers, der zwar nur ein Jahr älter war als Dönitz, dafür aber schon Hauptmann. Der Türke musste wohl gewonnen haben, wenn auch äußerst knapp und mit ungeheuer viel Glück, doch dieser Sieg eines Außenseiters hatte der Faszination für das neuartige Brettspiel der Deutschen einen unvorhergesehenen Schub versetzt.

All das wusste Stichnote nicht so genau. Dönitz hatte ihn einfach aufgefordert, am nächsten Mittwochnachmittag um kurz vor drei Uhr zum Spielen in einem Ausflugslokal im Norden von Pera, im Fischerdorf Ortaköy, aufzutauchen. Moment mal, wollte Stichnote sagen;

ja, ich weiß, unterbrach ihn Dönitz sofort. Wir haben eine Wohnung in Cihangir gemietet, ist überhaupt nicht weit vom Hafen, da ziehst du dir vorher eine Offiziersuniform an. Dafür können sie mich vors Kriegsgericht stellen. Wir schicken ein Automobil, um dich abzuholen. Niemand wird dich sehen. Ich hab deinen Urlaubsschein schon fertig, vom Kommandanten unterschrieben.

Stichnote ging trotz Nieselregen und gelegentlichen Windböen immer besserer Laune Richtung Taksimplatz. Irgendwo sah er eine Schirmmütze vorbeiflitzen und zuckte kurz, ohne zu verstehen, wieso.

Er wollte in einem der großzügigen Cafés frühstücken, einen Blick in die Zeitungen werfen und womöglich den Brief an Eibos Mutter beginnen. Im Café Wien, von dem er wusste, dass man dort deutschsprachige Presse lesen konnte, machte er halt und betrat den lichten Raum. Zahllose Westler saßen vor ihren Kaffeetassen, rauchten und unterhielten sich. Stichnote fand eine Nische weiter hinten, legte seinen Rucksack ab und ging an den ausladenden Ständer mit Zeitungen. Zwischen den gängigen deutschen Blättern vom Vortag fiel sein Blick auf eine zwei Tage alte Ausgabe der *Neuen Zürcher Zeitung*. Wie der Teufel das Weihwasser hatte Stichnote bislang jeden Kontakt mit diesem Blatt vermieden, um sein schlechtes Gewissen wegen des Vorfalls in Durazzo nicht noch weiter anzustacheln. Nun aber sagte ihm etwas, dass er die *NZZ* nehmen sollte. Dennoch hielt er sich zunächst an die *Frankfurter Zeitung*, die ausführlich über die schweren Kämpfe in Nordfrankreich berichtete. Der französische Vormarsch war zurückgewiesen, und zwischen Paris und Verdun hatte sich die Lage stabilisiert. Die über die Save gegangenen Serben waren wieder aus dem Banat vertrieben worden. Ein australisches U-Boot war vor der eigenen Küste gesunken. Ein Schauder lief Stichnote über den Rücken. Was für arme Schweine! Eingepfercht in dem stinkenden Stahl zu ersaufen wie die Ratten.

In den Annoncen wurde für «Steckenpferd-Seife» geworben, «die

beste Lilienmilch-Seife für rein-zarte Haut», für eine Zigaretten-
marke namens «Grathwohl» und daneben für «Stempfle's Kinder-
zwieback». Der Richard-Ungewitter-Verlag aus Stuttgart warb für
«Nackt. Eine kritische Studie, mit 62 Abb. Freigegeben. Behandelt auf
120 Seiten Nacktkultur, natürl. Moral, Prostitut. u. Geschlechtskrank-
heiten».

Das Rad von Assoziationen begann sich augenblicklich wieder zu
drehen, da Stichnote unwillkürlich an das Foto denken musste, das
den Konsulatsschreiber Toth als jungen Mann inmitten zweier nack-
ter Frauen am Seeufer zeigte, und wie hätte er an Toth denken können,
ohne nicht sofort auch wieder an den Journalisten. Er ging hinüber
und holte sich die *NZZ*. Auch hier ging es auf den ersten Seiten überwiegend um den Krieg an allen Fronten, doch etwas weiter hinten –
neben der Meldung, dass der Präsident des deutschen olympischen
Reichsausschusses die Austragung der Olympischen Spiele 1916 in
Berlin nicht gefährdet sehe – stieß er auf einen Artikel, den kein anderer als Adolph Zickler beigesteuert hatte: «Adolph Zickler, Sonderkorrespondent, Konstantinopel».

Es war ein atmosphärischer Bericht über einen Besuch im alten
osmanischen Arsenal und das Gefühl melancholischen Niedergangs,
das den Autor angesichts der weitläufigen Hallen überkam, in denen
noch vor fünfzig Jahren dreitausend Handwerker an der Bewaffnung
der zweitgrößten Flotte der Welt gearbeitet hatten, und jetzt nur noch
ein paar Abwrackarbeiter damit beschäftigt waren, Metall zu bergen,
das eingeschmolzen und verkauft wurde, um die Schulden des Staates
zu bedienen.

Mit freudigem Herzklopfen trank er seinen Kaffee aus und etwas
unterhalb der Tischkante trennte er sorgfältig die Seite mit dem
Zickler-Artikel aus der Zeitung, faltete das Blatt zweimal und verstaute es im Rucksack, indem er es zwischen die Seiten von *Auf zwei
Planeten* legte. Er hatte stets gehofft, dass Zickler die ganze Sache über-

standen hatte, aber ihn nun nicht nur am Leben zu wissen, sondern offensichtlich so vollständig geheilt, dass er wieder schreiben konnte und noch dazu hier in der Stadt, versetzte ihn in einen Zustand lange nicht gekannter, simpler Freude. Was für eine Erleichterung!

Er schlenderte und sah der Straßenbahn bei ihren Bemühungen zu, schneller als die Fußgänger zu sein. Als er den Taksimplatz erreicht hatte, eine weithin unbebaute, von einer Kaserne begrenzte Fläche mit wahrhaft altrömischen Ausmaßen, auf der die vielen Passanten nach der Enge der Straße munter ausschritten, blieb er stehen, weil er das ganz deutliche Gefühl hatte, verfolgt zu werden. Er drehte sich langsam im Kreis, aber nirgendwo sah er eine Uniform oder auch nur irgendjemanden, der ihm verdächtig vorgekommen wäre oder zu Boden geblickt hätte. Die Schirmmütze, die sich in einen Hauseingang weiter hinten am Eck zu einer Seitenstraße drückte, sah er nicht. Er ging weiter, wunderte sich dabei ein wenig über sich selbst und seine Empfindungen. Musste wohl mit dem vor ihm liegenden Offiziersbluff zu tun haben.

Die Wohnung in Cihangir, die die jungen Offiziere um Dönitz gemietet hatten, befand sich in einem kleinen, nicht unansehnlichen Haus, das einem Perser gehörte. Stichnote hatte eine präzise Skizze erhalten. Die Straße war nicht gepflastert und weiter hinten schien sie durch die Ruinen eines verfallenen Tors in eine Art Obstgarten zu führen. Ein paar Katzen strichen dort herum und saßen krummbucklig auf den Trümmern. Dönitz hatte ihm einen Schlüssel gegeben, die Wohnung lag im ersten Stock. Man kam in einen schmalen Flur, an dem gleich eine Küche lag, in der eine Menge Alkohol lagerte. Gläser standen gespült auf einem Regal. In dem einen Zimmer waren ein Bett und ein schmaler Kleiderschrank, an dem eine tadellose deutsche Uniform hing. Es war die eines Deckoffiziers, erkennbar an den blauen Klappen und der flachen Mütze. Stichnote musste trocken schlucken.

Das andere Zimmer enthielt einen runden Tisch und sieben Stühle.

Auf einer schmalen Anrichte standen unterschiedlich volle Rakiflaschen, ein paar Gläser und Aschenbecher. Sonst nichts. Ein reines Spielzimmer, allerdings vollgestopft mit bunten Teppichen. Sie hatten es sich gemütlich gemacht. Er schenkte sich einen kleinen Schluck ein und stürzte ihn hinunter.

Dann ging er ins Schlafzimmer und warf einen Blick auf den Bosporus, auf dem sich Lichtflecken und Schatten der vom Schwarzen Meer herziehenden Wolken gegenseitig zu fangen versuchten. Ein paar Möwen flogen nah am Haus vorbei, drehten und stiegen im präzisen Bogen über die Wipfel von ein paar wilden Ölbäumen hinab Richtung Tophane. Er öffnete das Fenster und beugte sich nach draußen. Auf der Straße war niemand. Am Eck gab es einen Krämerladen, und davor saß ein alter Mann, die eine Hand auf dem Schoß, die andere gelassen mit einer Gebetskette beschäftigt, deren Perlen er sorgsam zählte.

Stichnote machte das Fenster wieder zu. Seltsame Mischung widerstreitender Gefühle, fand er. Vielleicht hatte ihn die Freude über den Artikel durcheinandergebracht. Er legte seine Sachen ab und rasierte sich mit kaltem Wasser in der Küche. Erst überlegte er, das Copal-Amulett abzulegen, weil für einen Offizier vielleicht unpassend, konnte sich aber doch nicht dazu durchringen. Man würde es ja ohnehin nicht sehen. Während er die nagelneue Offiziersuniform anlegte, verdunkelte sich der Himmel, und Regentropfen begannen, an die Scheibe zu schlagen.

Als er fertig war, betrachtete er sich in dem kleinen Spiegel in der Schranktür. Die Uniform saß perfekt. Er drehte ein wenig den Kopf, setzte die Mütze auf, nickte sich zu und salutierte grinsend. Er dachte an den Feldwebel von heute Morgen und was der mit ihm anstellen würde, wenn er ihn jetzt so sähe. Sofort ins Loch mit der Ratte. Aber wer wusste das schon – vielleicht würde er ihn gar nicht erkennen, sondern nur die Hacken zusammenschlagen. Er blickte auf die Movado. Kurz vor vierzehn Uhr.

Gleich darauf vernahm er leise Motorengeräusche. Er ging zum Fenster und sah, dass am Ende der Gasse, vor dem Krämerladen, eine geschlossene rote Limousine mit laufendem Motor stand. Ein schmaler türkischer Soldat mit jünglingshaftem Schnurrbart kam auf das Haus zu und blickte fragend nach oben. Stichnote nickte ihm zu. Dann zog er die für einen Offizier unabdingbaren Handschuhe und den Überzieher an und ging nach unten.

8

Mr. Hilton hatte die Gesellschaft schon während des Mittagessens prächtig unterhalten. Zwar hatte er eigentlich nur übers Geschäft gesprochen, aber das war gerade das Angenehme an diesen Amerikanern, dass sie es verstanden, mit heiterer Gelassenheit von nichts anderem als der Gegenwart zu reden, von dem, «was gerade lief». Seine Zuhörer, in diesem Falle neben einigen deutschen und türkischen Marineoffizieren vor allem Angehörige der mittleren diplomatischen Ebene, erfreuten sich an seiner ungezwungenen Art, die ihren Takt nicht aus den Gepflogenheiten der Konvention und den Versprechen der Herkunft, sondern aus der Situation selbst bezog.

Mr. Hilton war seit Mai in Konstantinopel. Er arbeitete für eine amerikanische Agentur namens Moody's Investors Service, die hier ein Büro eröffnet hatte.

«Sehen Sie, wir kommen von der Eisenbahn, vom Eisenbahnbau. In den Staaten baut nicht die Regierung die Eisenbahn, sondern Privatleute. Unternehmer. Und wenn nun jemand auf den Gedanken kommt, eine Eisenbahnlinie zwischen, sagen wir mal St. Petersburg, Arizona, und Berlin, Texas, zu bauen» – amüsiertes Tuscheln bei den Damen und ironisches Stirnrunzeln bei den Herren, vor allem den jungen deutschen Offizieren – «dann hat er zwar die Idee, aber in der

Regel nicht das Geld. Hier kommt Moody's ins Spiel. Wir prüfen seine Pläne, wir beschäftigen uns mit der Geologie der geplanten Strecke. Wir fragen uns, gottverdammt, gibt es überhaupt Leute, die zwischen diesen beiden wunderbaren Käffern, es sind Käffer, glauben Sie mir, hin- und herfahren wollen? Wenn wir alle Informationen haben, die wir brauchen, erstellen wir ein Gutachten – der Planer der Eisenbahn bezahlt uns dafür –, in dem wir unverblümt sagen, was wir von der ganzen Idee halten. Wir erteilen eine Note. Und je besser unsere Note, desto leichter bekommt der Mann für sein Projekt Kredit.»

«Ah, ich verstehe», sagte Graf Wunderlich. «Sie sind eine Bank.»

«Nein», sagte Mr. Hilton, «wir sind das Gegenteil einer Bank. Wir sind Wissenschaftler. Reporter. Ein Freund von mir, der in Philly für uns arbeitet, hat Philosophie studiert. In Florenz und Heidelberg. Wir geben Leuten, die Geld zu verleihen haben, und das sind beileibe nicht nur Banken, Hinweise über das Verhältnis von Einsatz und Profit. Wir bewerten. Projekt A – wird glänzend laufen, Projekt B – schwierige Geschichte.»

«Und jetzt sind Sie hierhergekommen», sagte Hauptmann Mustafa Bey, «um unsere Eisenbahnprojekte ... zu bewerten?»

«Ja, aber nicht nur. Das Osmanische Reich» – wie er das sagte: «the Ottoman Empire!», ließ den Hauptmann unwillkürlich lächeln – «muss nicht nur Eisenbahnen bauen, sondern braucht auch Fabriken, Krankenhäuser und Staudämme. Da die Regierung ziemlich klamm ist, wenn ich das so sagen darf, ist ja nun wirklich kein Geheimnis, springen Privatleute und Firmen in die Bresche. Sie brauchen für die Realisierung ihrer Projekte naturgemäß Geld. In den Staaten gibt es viele Leute, die ihr Geld gerne in Europa investieren würden. Wir sind vor Ort und machen Vorschläge.»

«Verstehe», sagte nun wieder Graf Wunderlich. Niemand am Tisch wusste, was er eigentlich genau machte, aber er gehörte zur österreichischen Gesellschaft. Manche munkelten, er sei ein Spion. Aber da man ihn ständig bei Diners und Empfängen antraf, konnte man sich überhaupt nicht vorstellen, wann er noch Zeit zum Spionieren haben sollte. Alle blickten ihn an. Wunderlich sprach mit vorzüglicher Liebenswürdigkeit.

«Da werden Sie sich in Europa dieser Tage schwer tun, mit den Einschätzungen, oder irre ich mich? Glaubt Moody's an den Sieg der Entente? Oder sind Ihre Philosophen in Philadelphia zur Ansicht gelangt, dass sich die Mittelmächte durchsetzen werden?»

«Oha, Stopp! Augenblick. Ich kenne meine Grenzen. Als Mitarbeiter von Moody's sage ich nur, dass wir den Krieg für ein Unglück halten – aber natürlich haben Sie vollkommen recht, Mr. Wunder...., sorry, Graf Wunderlich, dass uns die Lage, was Projekte im Osmanischen Reich angeht, zur Zeit ein wenig Kopfzerbrechen bereitet. Natürlich beobachten wir intensiv und fragen uns, was die türkische Regierung tun wird. Am liebsten wäre uns die Wahrung ihrer Neutralität. Wenn das nicht möglich sein sollte – und alle Anzeichen sprechen bedauerlicherweise dafür –, dann wird es schon von Bedeutung sein, für welche Seite sich die Hohe Pforte entscheidet. Insofern gebe ich Ihnen recht, dass wir uns im Augenblick tatsächlich zurückhalten und abwarten.»

Der Tisch wurde flugs abgeräumt und Kaffee serviert. Mr. Hilton schüttelte den Kopf, als ihm der Kellner ein Tässchen Mokka hinstellen wollte, griff nach einer wattierten flachen Tasche mit Henkeln, die neben seinem Stuhl stand und holte eine dunkelbraune Flasche hervor. Sie war gekühlt. In dem warmen Salon überzog sich das Glas sogleich mit einem feinperligen Tropfennetz. Es war eine ungewöhnlich gedrungene Flasche aus dickem Glas, das an ein Medikamentenfläschchen erinnerte. Er reichte es, mit aufmunterndem Schnalzen dem Kellner, der sich von einem anderen, niederrangigen Kellner einen Kapselheber bringen ließ, von Mr. Hilton sodann aber gehindert wurde, ihm einzuschenken. Stattdessen nahm der Amerikaner die dunkle Flasche, aus deren Hals bräunlicher Schaum getreten war, in die Hand, hob sie an, sagte: «Verzeihen Sie bitte, meine Damen!», und setzte die Flasche doch tatsächlich an seine Lippen. Er legte den Kopf nach hinten und genehmigte sich einen langen Schluck, zu dem sein glattrasierter Adamsapfel munter auf und ab tanzte. Dann stellte er die Flasche wieder auf den Tisch und trocknete sich mit der Serviette die Lippen.

«Sie müssen entschuldigen, aber aus einem Glas schmeckt es einfach nicht so gut.»

«Handelt es sich um … Bier?», fragte Graf Wunderlich recht aufgeschlossen.

«Guter Gott, nein. Bin zwar kein Mohammedaner, trinke aber keinen Tropfen Alkohol! Nein, es ist eher Medizin, für die Verdauung. Habe leider ein Magenproblem. Der Stress in der Agentur. Dieses Zeug trinken wir in den Staaten die ganze Zeit. Hier in Europa kennt man es nicht, deshalb habe ich zehn Kisten davon mitgebracht und schon welche nachbestellt.»

«Ein Magenmittel?», fragte Fräulein von Werder, die Tochter des Vorsitzenden der deutschen Handelsdelegation, die mit ihrer Mutter da war.

«Das alleine würde es nicht beschreiben. Es ist eine Limonade, aber eben mit vorzüglichen Eigenschaften. Schmeckt köstlich und ist gesund.»

Damit holte er eine zweite Flasche hervor, ließ sie öffnen und Fräulein von Werder das Getränk servieren, in einem Glas selbstverständlich. Ihre Mutter nickte ihr aufmunternd zu. Der ganze Tisch sah mit Interesse, wie sie von der pechschwarzen, schäumenden Flüssigkeit kostete und danach anerkennend nickte. Graf Wunderlich ließ sich gleichfalls einen Schluck einschenken.

«Coca-Cola», las er von der Flasche, auf der eine Art Wappen mit dem Namen und einem nach oben weisenden Pfeil in das Glas geprägt war, und drehte das Fläschchen dabei hin und her. Er kostete, dann überzog ein sardonisches Lächeln sein schmales Gesicht, und er rief auf die andere Seite des Tisches hinüber, wo die jungen deutschen Marineoffiziere saßen:

«Ich würde sagen, mit Whisky vermischt wäre das was für Ihre Messe. Auch mit Rum denkbar. Oder hat man das alles aufgegeben, seit man unter dem Halbmond segelt?»

Mustafa Bey und einige andere türkische Offiziere, die Graf Wunderlich verstanden hatten, zuckten zusammen und korrigierten ihre Irritation augenblicklich durch ein besonders wohlwollendes Lächeln. Leutnant zur See Dönitz nutzte die Gelegenheit, das Wort zu ergreifen, nicht ohne zuvor unauffällig auf seine Armbanduhr gesehen zu haben, die halb drei anzeigte.

«Als wir am 8. August – lang ist es her, sechs Wochen – mit der BRESLAU vor Gallipoli lagen und auf das Funksignal aus Konstantinopel warteten, das uns die Durchfahrt gestatten würde, da war es so still an Bord wie nie zuvor in all den Jahren. Das Einzige, was uns retten konnte, war diese Erlaubnis zur Durchfahrt. Ich verrate vielleicht ein kleines Geheimnis, wenn ich sage, dass Admiral Souchon zu diesem Zeitpunkt zu allem entschlossen war. Doch man ließ uns ein, und seitdem wir am Goldenen Horn ankern, heißt unser Schiff MIDILLI, und ich muss ehrlich sagen, dass wir alle miteinander noch niemals solche Freundschaft erlebt haben wie im Austausch mit unseren türkischen Kameraden.»

Demonstrativ erhob er jetzt ein Schnapsglas, das mit einer milchigen Flüssigkeit gefüllt war, und prostete Mustafa Bey ergeben zu. Dem Hauptmann schoss wieder Farbe ins Gesicht, und er erhob mit ernster Geste sein Glas. Sämtliche deutsch-türkischen Offiziere am Tisch stimmten ein, da alle ein solches Getränk vor sich stehen hatten. Es war Raki. Man trank ihn dezent, aber bestimmt. Auf ex.

Unter den übrigen, die den letzten Zügen dieser Mittagstafel beiwohnten, war nun doch noch einmal Bewegung entstanden. Man hätte von den deutschen Offizieren gern mehr erfahren, traute sich aber nicht, sie zu fragen, bis die Gastgeberin selbst, die Baronin Elbogen, sich zu Wort meldete.

«Kommen S' schon, Herr Leutnant», sagte die Frau des kakanischen Kulturattachés, eine gebürtige Ungarin von ausgesprochener Distinktion, «wie ist denn dos nun eigentlich zugegangen, damals? Man hört ja so viel.»

«Frau Baronin meinen unsere Flucht von Messina durch das Ionische Meer und die Ägäis?»

«Ja aber sicher, mein junger Freund. Mon hod ja so viel drüber gelesen, aber wissen tut eigentlich niemand wos.»

Dönitz zwinkerte seinen Kameraden zu, lächelte über den ganzen, höchst aufmerksamen Tisch hinweg, prüfte unauffällig die Zeit, noch zwanzig Minuten bis fünfzehn Uhr. Er hatte die Geschichte ihrer Flucht mittlerweile mehr als zwei Dutzend Mal erzählt. Diesmal entschied er sich für die Kurzversion.

Alle am Tisch, speziell aber die Damen, folgten seinen Ausführungen äußerst gespannt. Wie sie, gerade aus Messina ausgelaufen, schon den ersten Engländer gesichtet und sich mit diesem, aufs Schönste vom hell strahlenden Mond beschienen, eine Verfolgungsjagd geliefert hatten. Erst Richtung Adria, dann aber abdrehend, mit Ziel Kap Matapan an der Südspitze Griechenlands.

«Aber wäre es denn nicht besser gewesen», fragte nun Graf Wunderlich, «wenn Sie weiter in die Adria gefahren wären? Da wären Sie doch bald in österreichischen Gewässern angekommen und in Sicherheit gewesen?»

«Dieselbe Sicherheit, mit der die österreichische Kriegsflotte bislang gesegnet ist?»

«Wie meinen?»

«Hätten wir uns etwa oben in Pola verstecken sollen?» Der Leutnant war im Ton etwas zu scharf, was nicht zuletzt daran lag, dass er damals insgeheim, wie nicht wenige auf den Schiffen des deutschen Verbandes, selber mit dieser Vorstellung geliebäugelt hatte. Aber das hätte er natürlich niemals zugegeben.

«War nur eine Frage.» Der Graf zog sich auf seine Stuhllehne zurück, nippte von seinem Likör und blickte lächelnd auf die Tischdecke. In der Tat war die Rolle der österreichischen Flotte bislang die einer klassischen *Fleet in being*. Sie war noch kein einziges Mal ausgelaufen, und es war auch nicht zu ersehen, ob sie es jemals tun würde.

«Als es hell geworden war, sahen wir den englischen Aufpasser, der uns seit Messina gefolgt war, aber von der restlichen Flotte keine Spur. Sehr seltsam. Da unsere strategische Aufgabe nun einmal darin bestand, nach Konstantinopel zu gehen, verzichteten wir darauf, den Engländer gleich anzugreifen. Der Admiral wollte sich mit der GOEBEN hinter der Insel Kythera auf Lauer legen und den Engländer in einen Hinterhalt locken. Erst dann sollte die BRESLAU angreifen, die GOEBEN würde, aus der Deckung kommend, mit ihren schweren Geschützen eingreifen und die Entscheidung bringen. Aber der Engländer kam uns zuvor, er beschoss die BRESLAU, wir gaben sofort zurück, bekamen einen Treffer, den wir abkonnten, und hatten an Deck ein paar Leichtverletzte durch Splitter. Wir beobachteten zwei Treffer bei unserem Gegner, der danach bedient abdrehte.»

«Gottchen», sagte Frau von Werder. «Die Tochter und einige Enkelkinder des amerikanischen Botschafters Morgenthau», hier nickte sie freundlich zu Mr. Hilton hinüber, «waren an Bord eines von Brindisi kommenden Passagierdampfers und konnten das alles genau beobachten. Unser Botschafter, Herr von Wangenheim, hat sie danach befragt und war sehr froh zu erfahren, dass unsere Schiffe das Gefecht überstanden hatten.»

«Warum hat der Engländer denn überhaupt abgedreht? War das Angst?», fragte die aufgeweckte Tochter.

«Vermutlich hatte er keine Kohle mehr und musste deshalb aufgeben», sagte Dönitz.

«Na bravo!», rief Graf Wunderlich jetzt. Konnte es sein, dass er ein wenig lallte?

«Das gleiche Problem hatten wir aber auch. Glücklicherweise war das in einer geheimen Operation vorab alles arrangiert worden. Wir ankerten bei Denusa, einem wirklich abgelegenen Eiland. Auf einer Bergspitze stand ein Offizier, um das Meer nach Schiffen abzusuchen, aber es kam keins – bis auf unser Kohlenschiff, ein Dampfer der Levante-Linie. Während wir schleppten, fragten wir uns die ganze Zeit, warum keine Gegner auftauchten, auch dann nicht, als wir nach dem Kohlen Anker auf gingen und die Weiterfahrt nach den Dardanellen antraten. Dort erwartete uns ein türkisches Torpedoboot. Wir setzten die Lotsenflagge, erbaten also friedliche Einfahrt. Die Antwort ließ auf sich warten. Mit jedem Recht der See hätte die Türkei uns die Einfahrt verwehren können. Dann hätten wir auf eigene Faust an den Minenfeldern vorbeigemusst und wären womöglich von den Sperrbatterien unter Feuer genommen worden. Wir hätten es versucht, aber wir hätten es nicht überlebt.»

«Aber doch sitzen Sie hier … Bravo», murmelte Wunderlich, der einen glasigen Eindruck zu machen begann.

«Das Torpedoboot setzte kurz danach die Flagge ‹Folgen Sie mir›. Kurz vor der Dunkelheit ankerten wir vor Tschanak innerhalb der Dardanellen, und zwar keine Minute zu früh. Um neun Uhr abends waren die Engländer da, die ganze Flotte, sie wollten ebenfalls einfahren, aber die Türken ließen das nicht zu. Die Engländer verwiesen auf die beiden deutschen Schiffe, die gerade hineingefahren waren, und verlangten das gleiche Recht. *Es gibt keine deutschen Schiffe in den Dardanellen, gaben die Türken zurück, nur den osmanischen Schlachtkreuzer SULTAN YAVUS SELIM und den osmanischen Kleinen Kreuzer MIDILLI.* Die Telegraphendrähte zwischen Konstantinopel und Berlin müssen geglüht haben – aber was genau da besprochen wurde ...»

Hauptmann Mustafa Bey beugte sich ein wenig vor und murmelte geheimnisvoll:

«Enver Pascha hat sich durchgesetzt.»

Die Offiziere nickten respektvoll. Dönitz sah jetzt den roten Mercedes die Einfahrt hinaufkommen und halten, und noch bevor der Fahrer um den Wagen herum war, stieg ein stattlicher junger Deckoffizier der Kaiserlichen Marine aus, blickte den anderen fragend an und folgte ihm dann durch die im Halbrund stehenden Säulen des Eingangs. Stichnote war da. Der Spieler, auf den sie alle gewartet hatten. Es war fünf Minuten vor drei.

Dönitz erhob sich, mit ihm die anderen Offiziere, schritt zur Gastgeberin hinüber, küsste ihr die Hand und wies auf eine wichtige militärstrategische Besprechung hin, die nun in einem Nebenzimmer der Restauration beginne.

Während sich die Offiziere zurückzogen, löste sich die Tischgesellschaft unter Geplauder auf. Mr. Hilton verteilte seine Visitenkarten und verabschiedete sich. Graf Wunderlich war eingenickt. Die Baronin Elbogen wusste nicht genau, ob sie ihn wecken oder schlafen lassen sollte, und entschied sich für das Letztere. Sie beglich die Rechnung, die wieder einmal enorm war und ihren mit seinem Salär als Kulturattaché lachhaft bezahlten Mann zu der bissigen Bemerkung veranlassen würde, dass er die andere Hälfte des ererbten Waldes an der Eger nun auch noch verkaufen müsse, weil seine Frau mit ihren schmarotzerischen Bekannten in Restaurants essen gehe, die sich nicht einmal der Botschafter leisten könne.

9

Stichnote stand währenddessen in dem von Ordonnanzen vorbereiteten Nebenraum und wippte auf und ab. Er betrachtete das enorm vergrößerte Spielbrett, das auf dem Tisch ruhte und darauf wartete, mit den Spielzeugheeren, den Bleifiguren stürmender Artilleristen, zielgenauen Kanonen und Schlachtschiffen belebt zu werden und für Stunden eine eigene Welt zu bilden, die ihre Spieler so manches Mal mehr packte, als die wirkliche es je vermocht hätte. Warum nur, dachte er, besaß das, was in der Phantasie geschah, solche Kraft und Leidenschaft, während ihnen der reale Krieg, den sie den Zeitungen entnahmen und den mitunter kryptischen Meldungen des Marinehauptquartiers, weit weg, fast wie auf einem anderen Planeten stattzufinden schien.

Stichnote war schrecklich nervös und hatte eiskalte Hände, die klamm in den Handschuhen steckten, die ihm jetzt eine glänzende Idee gewesen zu sein schienen. Die falsche Offiziersuniform war eine Provokation von allem, was man ihm in vier Jahren Kriegsmarine eingebläut hatte, da die Brauchbarkeit eines Schlachtschiffes von der unumstößlichen Geltung seiner Hierarchie abhing und der absoluten Einhaltung seiner Befehlsketten. Allein schon, dass sie sich mittlerweile heimlich duzten – Offizier und Obermaat – war unerhört.

Nun betraten, freundschaftlich plaudernd, seine Mitspieler den Raum, die Ordonnanzen stellten sich in Reihe auf. Dönitz kam sofort auf Stichnote zu, drückte ihm die Hand und nickte aufmunternd. Dann flüsterte er: «Hervorragend, dass das so gut geklappt hat. Steht dir ausgezeichnet, das Stöffchen.»

«Mir ist überhaupt nicht wohl.»

«Das wird schon, wenn es erst losgeht. Komm, ich stell dich vor.»

Neben den drei Türken und Dönitz sollte noch ein junger Artillerieoffizier mitspielen, ein Vize-Feuerwerker, den Stichnote wohl schon

ein paarmal gesehen hatte, dessen Namen er allerdings nicht kannte.
Auf einen allerdings, warf Dönitz ein, würden sie noch warten.

Er blickte auf seine Uhr. Der Hauptmann bestellte Raki und reichte sein Zigarettenetui herum, jeder nahm sich, Stichnote lehnte erst dankend ab, doch der Hauptmann setzte ein so gütig bejahendes Lächeln auf, dass er schließlich doch eine Zigarette nahm und sie sich vom Adjutanten des Hauptmanns entzünden ließ.

Die Zigarette war zu stark für ihn, also paffte er nur, blickte auf das Spielbrett und begann, sich auf dieses aus der Geborgenheit der Offizierskabine herausgerissene erste Spiel mit völlig Fremden zu freuen. Zwar sprachen sie alle Deutsch oder Englisch, aber in diesem prächtigen Salon, von dem aus man über einen Park auf den Bosporus blicken konnte, herrschte spürbar ein anderer, strengerer Stil.

Dann bemerkte Stichnote, dass eine schwere Limousine die Auffahrt zum Restaurant erreichte und ein junger Mann in türkischer Uniform und Fellmütze ausstieg, eine Art Feldmantel um die Schultern gelegt und eine Zigarette mit Spitze im Mund. Es war jener Neffe des Kriegsministers, mit dem sich Dönitz zuletzt so intensiv duelliert hatte. Gleich darauf betrat er den Salon, legte den Mantel ab, verzichtete darauf, jedem Einzelnen die Hand zu geben, sondern salutierte nur schneidig in die Runde und setzte sich sogleich an den Spieltisch. Er mochte sich täuschen, aber Stichnote hatte den Eindruck, dass der Kriegsministerneffe ihn aufmerksam musterte. Ein interessiertes Lächeln stand ihm auf den Lippen, Stichnote nickte ihm seinerseits freundlich zu, worauf der andere überraschend ernst wurde, fast beleidigt wirkte und sich zur Seite beugte, um ein paar Worte mit Hauptmann Mustafa Bey zu flüstern.

Alle am Spieltisch verstummten, als Dönitz die neue Regel erklärte, auf die man sich in einer Art Spielerrat verständigt hatte, nachdem man das Große Spiel durch die ausufernden Schlachten aus den Fesseln strategischer Theorie und militärakademischer Ausbildung befreit hatte und es nicht mehr nur dazu benutzen wollte, die Wirklichkeit auf die eine oder andere Weise analytisch nachzuspielen, sondern dazu im Spiel gleichsam eine neue zu erschaffen.

Im Wesentlichen bestand die neue Regel darin, dass jeder der Spieler die gleiche bestimmte Anzahl von Truppeneinheiten zu Land und Schlachtschiffstonnage zu Wasser erhielt, die aber zunächst einzeln nacheinander einzusetzen waren. Die Aufstellung der Farben würde nun nicht länger die tatsächliche Aufstellung der Großmächte nachempfinden, es sollte sich vielmehr neu entscheiden, wie die einzelnen Farben sich über das Spielbrett verteilten. Das würde zweifellos den Reiz erhöhen, auch wenn Stichnote voraussah, dass das Setzen selbst sich damit zu einer langwierigen Angelegenheit oder mehr noch, zu einer eigenen Phase des Spiels auswüchse. Würde ein Spieler auf den britischen Inseln Truppen stationieren, dann würde der nächste womöglich gleichziehen wollen und es ihm nachtun, denn wer wäre nicht gerne England? Das aber hätte zur Folge, dass das Große Spiel gar nicht mehr auf dem Stand ihrer Gegenwart begänne, sondern auf dem des Römischen oder Persischen Reichs, dem Stand der Völkerwanderung oder des Mongolensturms, in einer Zeit also, in der sich die großen Mächte erst bildeten und durch regionale Konflikte herausschälten. Das Große Spiel würde noch etwas größer werden, würde die militärische Landkarte von Anfang an gänzlich umschreiben und damit die nachgespielte Geschichte selbst, denn wer konnte schon voraussagen, ob es unter diesen neuen Voraussetzungen England wieder gelänge, eine Vormachtstellung zu erreichen, oder ob es überhaupt zu einem gleichsam wie eine Dampfmaschine unter Druck stehenden Mittelreich wie Deutschland käme?

Dönitz schlug vor, die Reihenfolge, in der gesetzt würde, mit den drei Angriffswürfeln zu bestimmen. Niemand hatte etwas dagegen. Die deutschen Offiziere am Tisch konnten allerdings ein wissendes Grinsen nicht verbergen, als Stichnote, der falsche Deckoffizier, mit den drei Würfeln sechzehn Punkte erzielte, den Kriegsministerneffen, der fünfzehn erreicht hatte, damit auf den zweiten Platz verwies und als Erster zu setzen begann.

Da Stichnote seine Freude keineswegs im Gewinnen, sondern im Spielen selbst fand, weshalb er bislang auch mit den schwierigsten Konstellationen stets heiteres Einverständnis gezeigt hatte, begnügte er sich damit, seine erste Truppeneinheit genau dorthin zu setzen, wo sie sich gerade befanden, an jene Stelle des Übergangs zwischen zwei Meeren, an der Konstantinopel lag. Dönitz lachte leise, der Kriegs-ministerneffe, Hauptmann Ercetin Bey, konnte sein Glück nicht fassen und setzte einen ersten Spielstein nach London, Dönitz ging nach Berlin. Dann kamen reihum die Übrigen dran.

Stichnote spürte, wie jeden Einzelnen ein Hunger nach Gebiet erfasste, und beschloss nun, trotz des Vorteils des ersten Steins, seine Strategie nicht im Angriff, sondern in Zurückhaltung zu suchen und so zu setzen, dass sein langsam entstehendes Gebiet zunächst wenig bedrohlich wirkte.

Stichnote sah zu, wie sich die scheinbar am besten aufgestell-ten Spieler, der Kriegsministerneffe, Hauptmann Mustafa Bey und Dönitz, gegenseitig zu bedrängen begannen. Das ungewohnte Gefühl, das die neue Regel mit sich brachte, hatte sie förmlich aufgestachelt.

Die Würfelbecher kreisten und schlugen auf den Samt des Spieltisches, die ersten Überraschungen, Sensationen und skurrilen Kombinationen traten auf, rissen die Spieler mit, die vor allem Augen für ihre Schlachten und Scharmützel hatten und darüber nachdachten, ihre Schlachtschiffe in Stellung zu bringen, Kanäle und Meerengen zu kontrollieren, Gebirgspässe und Ebenen zu sichern und auf diese Weise immer tiefer in Konflikt miteinander gerieten. Während sie sich so nur gegenseitig schwächten, wuchs im Osten und Süden Stichno-tes Macht, der sich diszipliniert aus allem heraushielt und beständig stärker wurde. Er agierte, wie es schien, weit ab vom europäischen

Kriegsschauplatz und machte sich in den Augen der türkischen Offiziere beinahe ein wenig lächerlich, war er ihnen doch als besonders starker, ja als der stärkste Spieler angekündigt worden, und nun war es fast, als spiele er gar nicht mit, sondern verharre in somnambuler Passivität. Ein Träumer und kein Feldherr.

Der Nachmittag verging schnell, es wurde Kaffee getrunken, Cognac und Raki, und natürlich qualmten die Offiziere eine Zigarette nach der anderen. Nach einer Reihe Attacken, die sich auf den komplizierten Schlachtfeldern Europas abspielten und die darin verwickelten Farben geschwächt zurückließen, ohne einer von ihnen den erhofften Vorteil zu verschaffen, verständigte man sich auf eine kleine Pause, zu der die Kellner *sandwichs à l'américaine* reichten und die der Kriegsministerneffe dazu nutzte, an einem Nebentisch zusammen mit einem Kameraden ein weißes Pulver zu schnupfen. Stichnote, wie im Spiel etwas abseits stehend, sah ihnen zu, wie sie das Pulver mit einem winzigen silbernen Löffelchen aus einem Beutel nahmen und mit dezentem Grunzen hochzogen, wonach beiden der Schweiß ausbrach, sie ein merkwürdiges Flackern in den Blick bekamen und auf eine seltsame Art und Weise zu lachen anfingen. Dönitz, ein Glas Cognac in der Hand, trat zu Stichnote.

«Was ist das, was die beiden da nehmen?», fragte Stichnote leise.

«Schnupftabak?»

«Kokain. Solltest du eigentlich kennen – kommt aus Kolumbien. Ist so was Ähnliches wie Kaffee. Auf U-Booten wird das gern genommen. Hilft bei Beschwerden jeder Art und lässt einen lange durchhalten.»

«Ob das heute noch nötig sein wird ...», sagte Stichnote versonnen und dachte insgeheim für einen Moment an seinen linken Backenzahn, der erfreulicherweise seit Wochen Ruhe gab.

«Wieso?»

«Na ja, lange wird die Partie nicht mehr dauern ...»

«Ich frage mich schon die ganze Zeit, was du eigentlich vorhast.»

«Lass mich nur machen. Um 23 Uhr muss ich wieder auf dem Schiff sein.»

«Das nächste Mal besorgen wir dir eine Freigängernacht.»

«Das nächste Mal?»

«Hör zu», flüsterte Dönitz verschwörerisch, «früher war das mit dem Spielen immer schwierig, Kettner war ja strikt dagegen, aber seit wir hier in Konstantinopel sitzen, stellt sich die Sache ganz anders dar. Ich hatte eine Unterredung mit Souchon persönlich. Der Admiral arbeitet Tag und Nacht daran, die Türken so weit zu bekommen, uns endlich ausfahren zu lassen, um den Russen im Schwarzen Meer auf den Leib zu rücken.»

Dönitz trat noch einen Schritt näher an Stichnote heran, der alles andere als begeistert zuhörte.

«Alles, was unsere Beziehung zur türkischen Führung verbessern hilft, ist nun ausdrücklich erwünscht. Der Admiral selbst will, dass wir, so oft es nur geht, mit unseren türkischen Kameraden zusammentreffen und auf unsere Weise für gute Stimmung sorgen – wir sind sozusagen Spieler im diplomatischen Dienst. Komm jetzt, es geht weiter.»

Nach der Pause war zu spüren, dass alle Spieler, besonders aber der Kriegsministerneffe, der hektisch agierte und dessen Augen einen matten Glanz angenommen hatten, davon ausgingen, gewinnen zu können, und entsprechend benahmen sie sich: vorfreudig, berechnend, abschätzend, siegesgewiss, heiter, dennoch ernst wie leibhaftige Feldmarschälle, die Pläne zur Einnahme der feindlichen Hauptstadt schmiedeten. Von Dönitz abgesehen, der langsam ahnte, was auf sie alle zukam, erkannte keiner, dass Stichnotes Position und sein Material, das er die Runden zuvor aus allen heiklen und gefährlichen Situationen herausgehalten hatte, unwiderstehlich geworden waren. Sie verkannten allesamt die chimärische Eigenheit des Großen Spiels, das es vom japanischen Go geerbt hatte. Ihre Stellungen schienen weitläufig, ihre Einflussgebiete groß, aber wer genau hinsah, erkannte, dass die vitalen Punkte angreifbar waren, brüchig, dass die Grenzen zwar weitgesteckt, aber ihre Wachtürme tönern waren.

Stichnote wartete noch einmal zwei Runden ab, es war fast schon lächerlich, wie sich die anderen Spieler Zug um Zug gegenseitig zusetzten, bis Europa, Kleinasien, Nordafrika heruntergehungert waren und reif für die Übernahme. Er kam dran. Niemand achtete darauf, weil sich schon alle daran gewöhnt hatten, in Stichnote den Asiaten, einen außerhalb stehenden passiven Spieler zu sehen, der nicht in das eigentliche Geschehen eingriff und um den man sich kümmern würde, sobald die anderen erledigt wären. Er ergriff die roten Würfel, die Werkzeuge des Angriffs, und nannte, sorgsam seine Vorfreude verbergend, in sachlichem Ton sein erstes Ziel, als würde er aus einem Geographiebuch zitieren:

«Ägypten.»

Hauptmann Mustafa Bey – der ein wenig vom Pech verfolgt war, aber auch ungeschickt, und der viel zu lange an Frankreich und Italien festhielt, deren Prestige ihn fesselte – war hier sein Gegner. Die anderen hatten ihn im Verlauf des Spiels an den Rand gedrängt, und er nannte ein fragwürdiges Reich in Nordafrika sein eigen, das Stichnote binnen kürzester Zeit erledigte, indem er die Fahne, also das Hauptquartier des Hauptmanns, eroberte, womit die roten Steine zu ihm gehörten. Nun ließ er, von Süden und Osten kommend, eine Flutwelle los, die seinen Mitspielern eine gute halbe Stunde später ernüchternd aufzeigte, dass sie – all ihrer strategischen Tiefenspannung, ihrer hochfliegenden Ablauf- und Aufmarschpläne zum Trotz, die sie an der Weltherrschaft hatten knabbern lassen – nur ein Spiel spielten. Ein großartiges zwar, das sie zu berauschen vermochte, weil es so wirklich schien, das sich aber ganz anders verhielt als die Realität, indem es nämlich zu enden vermochte.

Bei den Skatrunden und Schach- oder Damescharmützeln auf der BRESLAU gab es danach eigentlich fast immer Ärger, brüllte irgendwann einer oder schlug die Spielfiguren vom Brett, und so war es auch in den Kneipen von Kiel, wo die Seeleute von Handels- und Kriegsmarine mit Vorliebe aufeinanderstießen, um sich bereitwillig in allem Möglichen zu messen, solange man derweil trinken konnte und es anschließend einen Grund gab, sich zu prügeln und ein paar Zähne auszuschlagen. Unter den leidenschaftlich dem Großen Spiel ergebenen Offizieren war das anders. Man nahm einen Imbiss ein, trank großzügig verdünnten Raki und die, die verloren hatten, diskutierten Stichnotes vollkommen überraschenden letzten Zug, knufften dem Obermaat in falscher Offiziersuniform in die Seiten, was dieser lächelnd und ansonsten unbewegt über sich ergehen ließ. Mustafa Bey, der Hauptmann, der als Verbindungsoffizier im Finanzministerium arbeitete, bot allen, väterlich lächelnd, aus seinem Zigarettenetui an und verabschiedete sich dann. Dönitz begleitete ihn nach draußen, während die anderen zusammenstanden und rauchten.

«Noch nie habe ich einen Spieler wie Sie erlebt», sagte der Kriegsministerneffe zu Stichnote. Er sah ziemlich erschöpft, aber auch glücklich aus. «Ich hoffe, wir sehen uns bald wieder, ich möchte es von Ihnen lernen ...»

Er gab Stichnote und den anderen die Hand und zog mit den zwei übrigen Offizieren des türkischen Korps ab, weit über die Teppiche des Salons ausschreitend, seinen Mantel über die Schultern gelegt wie ein Soldat im Feldlager.

Der zurückgekehrte Dönitz schien hochzufrieden.

«Ercetin Bey, das habe ich aus sicherer Quelle, arbeitet für die Teskilat, die ‹Sonderorganisation›», sagte er langsam, «ein wichtiger Mann, trotz seiner Jugend ...» und, da Stichnote ihn fragend anblickte, fügte er hinzu: «Das ist Enver Paschas Geheimpolizei. Enver fühlt sich verfolgt. Vermutet überall Spione und Anhänger des alten Sultans, die ihn und das Komitee stürzen wollen. Deshalb ist Admiral Souchon auch so sehr davon überzeugt, dass der Zeitpunkt gekommen ist, die Türkei durch Taten ganz und gar auf unsere Seite zu bringen. Die Osmanen müssen endlich wissen, wo sie hingehören ...»

Dann erklärte er Stichnote, dass sie jetzt zusammen mit dem Wagen wieder in die Stadt fahren könnten, dass er und der Feuerwerker-Leutnant allerdings bei der deutschen Botschaft aussteigen würden, da sie noch auf einen Empfang eingeladen seien, zu dem sie den deutschen Militärattaché zu begleiten hätten. Der Fahrer würde Stichnote zu der Wohnung in Cihangir bringen. Er solle, nachdem er sich umgezogen habe, wieder absperren und den Schlüssel mitnehmen.

Draußen hatte der Regen aufgehört. Fern unter den tiefblauen Wolkendecken, im Nordwesten, wo das Schwarze Meer zu erahnen war, entdeckte Stichnote einen letzten lichten, von der eigentlich schon untergegangenen Sonne beschienenen Streifen. Es war kühl, aber die Luft war herrlich. Dönitz und der andere Offizier hatten hinten Platz genommen, also setzte sich Stichnote neben den Fahrer. Der Chauffeur war ein anderer als der, der ihn ein paar Stunden zuvor in Cihangir abgeholt hatte, viel älter, mit pockennarbigen Wangen. Sein stark lückenhaftes gelbes Gebiss bleckend, nickte er ihm mit düster-verwegenem Ausdruck zu, fuhr den Mercedes dann aber sacht an, als steuere er eine zerbrechliche Kutsche aus dem Besitz des Großherrn. Als sie die Landstraße am Bosporus erreichten, die über die Fischerdörfer Besiktas und Kabatas führte, gab er Gas und raste mit mehr als vierzig Kilometern pro Stunde den Bosporus entlang.

Dann ging es den Berg hoch, wo sich die vor ein paar Jahren neugebaute deutsche Botschaft befand, ein riesiger, nicht anders als prächtig zu nennender rot-weißer Bau mit flach geneigtem Dach und vielerlei Anmutungen eines antiken Tempels, auf dessen Firstecken vier riesige Adler saßen und ihre Schwingen in die kühle Konstantinopler Nacht streckten. Während der Fahrer behände hinaussprang, um den beiden echten Offizieren beim Aussteigen zu helfen, betrachtete der Funker die Wappentiere seines fernen Heimatreichs, doch er dachte dabei nicht an Deutschland, das für ihn eigentlich nur aus München und Oberbayern, Flensburg, Kiel und der Nordseeküste bestand, sondern an das Land der Adler. Albanien. Durazzo.

«Toka e shqiponjave, dashuria ime ...», murmelte er wehmütig und lächelte dabei, da der frühe Abend und seine zufriedene Erschöpfung die Gedanken nicht nur zu jenem letzten desaströsen Abend, sondern auch zu den sonnenerfüllten Nachmittagen davor fliegen ließ, an denen Arjona und er unten am Hafen zusammen spazierten und sie ihn lachend und streng zugleich durch die Untiefen der unregelmäßigen Verben führte. *«Flas flet flet flasim flisni flasin folur»*, sagte er sich leise vor und dachte daran, was Arjona für ein böses Gesicht machen konnte, wenn er die Verbformen durcheinanderbrachte.

«Also, Herr Obermaat», Dönitz beugte sich noch einmal zum Fenster herein, die Arme lässig verschränkt, «vergiss nicht, unsere kleine Zuflucht in Cihangir drüben ordentlich zu versperren. Und komm nicht zu spät auf das Schiff – du weißt, wie streng der Feldwebel mit Zuspätkommern umgeht, und wir brauchen dich bald wieder am Spieltisch und nicht in der Arrestzelle ...»

Keine Viertelstunde später hatte sich der Chauffeur kaltblütig durch den abendlichen Verkehr gehupt, der kurz nach Isha'a wieder gewaltig war. In Cihangir selbst verpasste er eine Straße, kam zu weit nach Süden, musste umkehren, doch Stichnote legte ihm die Hand auf den Arm, sagte in seinem unbeholfenen Türkisch «Burada da iyidir», stieg aus, salutierte und sah dem roten Mercedes nach, der langsam hinter einem holpernd sich nach unten mühenden Eselswagen herfahren musste.

Die Gasse lag verlassen, doch konnte er oben an ihrem Ende wieder einige der Katzen sehen, die offenbar gefüttert worden waren, denn sie steckten die Köpfe zusammen, als fräßen sie aus einer Schüssel

oder von einem Fisch. Stichnote sah ihnen zu. Von weit unten hörte
er das Horn eines Dampfers, der sich irgendein nächtliches Fischer-
boot aus dem Weg tutete. Stichnote suchte den Haustürschlüssel. Ein
Junge in kurzen europäischen Hosen und mit einer eindrucksvollen,
viel zu groß geratenen Schirmmütze trat aus dem Schatten des Haus-
eingangs, einen halbaufgegessenen Sesamkringel in Händen und
starrte Stichnote mit großen Augen an. Stichnote zweifelte für einen
Moment, aber dann war er sich ganz sicher, dass er den kleinen Kerl
schon einmal gesehen hatte. Am Morgen.

«Signore», hob der Junge mit hochfliegender Stimme an. «Come
conmigo! Vite! Takip etmek! Takip! Etmek! Come la strada!» Und da
Stichnote unschlüssig stehenblieb, fasste er den Offiziershandschuh
und zog den Mann, der seinen Widerstand mit einem Mal aufgab, die
Gasse wieder hinunter, an dem Krämerladen vorbei, aufmerksam von
dem bärtigen Türken beobachtet, immerzu «Come! Come!» rufend
und «Come conmigo, signore!», bis sie, fast schon unten am Bosporus,
an die hellerleuchteten Fenster eines armenischen Lokals kamen, vor
dem große Töpfe mit blühenden Oleandern in roter Erde standen. Der
Junge zeigte durch die Fenster: «Mira, signore, look, look!», schrie er,
schob sich die Schirmmütze zurecht und hüpfte vor Aufregung, da er
den Seemann nach so langer Verfolgung nun endlich erwischt hatte.
Stichnote beugte sich ein wenig nach vorn in den goldenen Glanz, der
aus dem schmalen Fenster fiel.

An einem Tisch, ganz allein und von ernster Majestät, ihr Haar mit
einem dunkelroten Tuch umschlungen und die schlanken Hände mit
sorgenvoll weißen Knöchelchen ineinandergefaltet, in ganz ungewöhnlich elegante, dennoch strenge Pariser Mode gekleidet, die sie
wie eine erwachsene Frau aussehen ließ, saß Arjona Dushek, den
Blick ihrer wundervollen dunklen Augen auf die schmale Eingangstür
gerichtet, voller Erwartung.

10

Er brachte es nicht über sich, das Lokal zu betreten. Als wäre der ganze goldleuchtende Raum durch Arjonas Warten, ihrem Warten auf ihn, zu einem heiligen Ort geworden, in den er nicht so einfach eindringen konnte, ein Traumbild, das sofort verschwinden würde, wollte er nach ihm greifen. Er schickte den Jungen hinein, sah, wie dieser, die Schirmmütze in der Hand, vor Arjona trat, ihr aufgeregt etwas zuflüsterte und auf das Fenster wies, wie Arjona, ohne zu zögern, aufstand und den Raum verließ. Ihm stockte das Herz.

Draußen blickte Arjona ihn mit ihren dunklen Augen an, lächelte nicht, biss sich auf die Lippen, und fast schien es Stichnote, als sei sie böse auf ihn, und da sie kein Wort sagte, konnte er es auch nicht. Glücklicherweise tauchte nun der kleine Junge hinter ihr auf und zupfte Arjona ein wenig am Ärmel ihrer Bluse. Arjona beugte sich zu ihm hinab, redete in einer Sprache mit ihm, die Stichnote nicht kannte, und strich ihm über die Wangen. Dann steckte sie ihm ein wenig Geld zu und sah ihm nach, wie er die Gasse hinunterrannte.

«Wer ist dieser Moses?», fragte Stichnote, froh, dass ihm endlich etwas eingefallen war.

«Moses?»

«So nennen wir den Jüngsten in der Mannschaft ...»

«Levon ist der Sohn der Familie, die sich um das Haus kümmert. Wo ich wohn.»

Trotz der Düsternis in ihrer Stimme erfreute sich Stichnote an dem Klang, an ihrem Akzent.

«Heute Morgen habe ich ihn schon gesehen.»

«Levon ist dir nachgestiegen. Bis zu deiner Wohnung.»

«Ist gar nicht meine.»

Wieder schwiegen sie und traten an den Rand der Gasse, da ein breit mit Möbeln beladener Karren durchkam, von einem verschrumpelten alten Mann gezogen, hinter dem eine ältere Frau in weißer osmanischer Tracht herging und laut lachte, als habe sie eine Wette gegen ihn gewonnen. Weiter unten, wohin sich der Möbeltransport langsam bewegte, kam ein Wasserverkäufer vorbei, der herrliches, frisches Nass aus seiner Kupferkanne anpries.

Arjona schien jetzt beleidigt, jedenfalls auf eine verstörende Art unglücklich, strich mit beiden Händen den Rock ihres Kostüms glatt, starrte auf den Staub der nächtlichen Gasse und schenkte Stichnote keinen Blick.

Dieser war so verwirrt, dass er nur darüber nachdachte, was er – der zwar so oft an sie gedacht, sie aber gar nicht mehr gesehen hatte – ihr angetan haben konnte. Doch danach zu fragen, wagte er nicht. Stattdessen atmete er tief, streckte den Arm vor und blickte auf die Movado.

«Ich muss eine Stunde vor Mitternacht wieder auf dem Schiff sein und vorher muss ich zur Wohnung.»

Er stellte das nüchtern fest, zweifelnd, was Arjona darauf sagen würde. Fast war es ihm, als wären sie gar nicht beieinander, sondern durch etwas getrennt, das sich nicht fassen ließ. Nun erst blickte sie ihn an, so ernst, dass er sich zu fürchten begann.

«Willst du nicht, dass ich mit dir geh?»

Er riss die Augen auf, wie aus größtem Schrecken, dass er sie gleich wieder verlieren könnte, und ergriff ihre Hände, weil er plötzlich ahnte, dass ihre Düsternis und ihr Ernst einfach nur daher rührten, dass sie sich nicht sicher war, ob er sich überhaupt freute, sie zu sehen. Ihre Hände waren eiskalt, und sie stieß einen Seufzer aus, als erwachte sie aus tiefstem Schlaf. Sie legte den Kopf schief, seufzte noch einmal, doch dann tauchte ein fernes Lächeln an ihr auf. Sie zog ihn an seinen Händen und ließ sie unvermittelt ein wenig schaukeln, als wären sie Spielzeug.

«Dann komm, lass uns gehen ...»

«Mire ...»

Keiner von beiden hatte die schwarzen Turbane der osmanischen Sittenpolizei gesehen, die streng darüber wachte, dass das, was in den Kellern, Bars und anderen Etablissements Peras geschah, nicht auch auf den Straßen sichtbar wurde, dennoch verzichteten sie darauf, das zu tun, was sie am liebsten getan hätten, nämlich Hand in Hand zu gehen. Sie liefen eng nebeneinander, schnellen Schrittes und mit dem Ernst von Menschen, die eine Wüste durchquert hatten und nun, in Sichtweite der Oase, nicht davon ablassen wollten, sorgsam mit jedem Tropfen Wasser umzugehen, weil sie dem Überfluss noch nicht trauten.

Sie brauchten nicht lange bis zur Wohnung oben in Cihangir, doch war auf diesem Weg genug Zeit, um Arjona erklären zu lassen, wie ihr Vater nach den tragischen Ereignissen in Durazzo zwar ungeheuer wütend, aber auch väterlich besorgt gewesen sei, dass seine Kinder es mit der holländischen Polizei des deutschen Fürsten zu tun bekommen könnten. Arjonas Bruder und ihren Cousin, den Sohn seiner verwitweten Schwester, habe er augenblicklich nach Österreich geschickt, auf ein katholisches Internat bei Salzburg, auf welchem beide ihre Matura machen konnten. Arjona, sein ältestes Kind, habe er nicht so weit fortschicken wollen, doch weit genug von Durazzo, um sie aus der Schusslinie zu nehmen. Und da ein alter Freund und Geschäftspartner, ein armenischer Kaufmann, ihm schon vor Jahren, als Albanien noch Teil des Osmanischen Reichs gewesen sei, angeboten habe, das eine oder andere seiner Kinder bei sich aufzunehmen, wenn es einmal den Handelsplatz Konstantinopel kennenlernen solle, habe er Arjona zwei Tage später mit dem Postdampfer über Brindisi an den Bosporus geschickt. Hier arbeite sie als Volontärin im österreichischen Krankenhaus St. Georg.

Bei der Abfahrt habe sie die BRESLAU im Hafen liegen sehen und sich traurig gefragt, wie es Stichnote wohl ergangen sei. Sie habe auch eine Freundin in Durazzo gebeten, Erkundigungen einzuholen, aber die habe nichts in Erfahrung bringen können. Atemlos habe sie dann einen Monat später, so wie die ganze Stadt, das ganze Land, ja die ganze Welt, die Flucht der deutschen Schiffe verfolgt und es als ein Zeichen höheren Willens gedeutet, als die BRESLAU schließlich mit dem anderen deutschen Schiff hier eingelaufen sei. Doch habe sie zunächst nicht gewagt, an den Kai zu gehen, wiewohl voller Sehnsucht, zu erfahren, was aus Stichnote geworden sei, den sie nicht habe vergessen können und der durch die Weltläufte selbst zu ihr zurückgekommen sei, auch wenn sie natürlich nicht habe wissen können, ob Sebastian überhaupt noch an sie dachte.

Stichnote hatte die Flucht über das Mittelmeer damals mehr oder weniger vollständig am Funktisch verbracht und die entsetzlichen Stunden des Wartens vor den Dardanellen wie im Fegefeuer durchgestanden. Und wie alle aus der Mannschaft hatte er ihre Rettung wie eine Wiedergeburt aus höchster Not erfahren, den Hellespont hatten sie staunend passiert, ein Geburtskanal gleichsam, hinter dem ein neues Leben auf sie wartete. Als er nun aber erfuhr, dass Arjona immer schon dort gewesen war, ihn gewissermaßen erwartet hatte, da war es ihm, als würde sich ein Schleier lichten, ein Trugbild, das ihm die Sinne vernebelt hatte. Er blieb stehen, sie blieb stehen – und er sah sie an und schüttelte unmerklich den Kopf.

«Was?»

«Ich verstehe trotzdem nicht, wie du mich gefunden hast. Du hast den Buben doch nicht die ganze Zeit vor dem Schiff warten lassen können. Und überhaupt – woher wusste er denn, wie ich aussehe?»

«In Konstantinopel kann man fast alles herausfinden.»

Und so erfuhr Stichnote, dass Arjona über einen Mittelsmann, den stellvertretenden Polizeikommissar ihres Viertels drüben jenseits des Taksimplatzes, bei einem der osmanischen Feldwebel habe nachfragen lassen, wann der Funker Stichnote demnächst das Schiff verlassen werde. Schließlich erzählte Arjona ihm noch, warum sie sich gerade jetzt entschlossen hatte, ihn aufzusuchen, trotz ihrer Bedenken, wie er reagieren würde. Wieder waren sie stehengeblieben.

«Hier», sagte sie und reichte ihm eine gefaltete Zeitungsseite, die sie aus ihrem Kostüm herausholte, «das ist der Mann. Ich wollte unbedingt, dass du das weißt ...»

Es war eine Seite der *NZZ* mit einem Artikel von Adolph Zickler, zwei Wochen alt, und während Stichnote heute Morgen von Zicklers Besuch im Arsenal gelesen hatte, ging es in dem älteren Text um einen geselligen Abend in einer kleinen deutschen Pension:

Der Mann, ein Ingenieur der Bagdadbahn-Gesellschaft, ist ein Hüne, las Stichnote eilig, *und ein Riese an Gesundheit und Humor. Ich lernte ihn vor ein paar Wochen kennen, als er sich den Typhus holte, obwohl ihn alle warnten, Austern zu essen. Er sagte nur: Im besten Hotel! Gleichwohl, sie waren aus dem Bosporus. Er lief noch acht Tage lang mit vierzig Grad in den Straßen herum, dann las man ihn auf und schaffte ihn ins österreichische Krankenhaus – das hier in der Wertschätzung voransteht. Dort habe ich ihn besucht und mich über die Schwestern gewundert, die so sittsam und streng sind, als wären es wahrhaft Klosterfrauen.*

«Ach so», nun begriff Stichnote endlich, während sie schnell weiterliefen, denn die Zeit drängte, zu spät durfte er trotz der wundersamen Umstände dieses Abends auf keinen Fall zurückkommen. «Er hat dein Krankenhaus besucht! Hast du ihn gesehen?»

«Ja ...», Arjona schauderte es. «Die Oberin wollt ihn mir sogar vorstellen, das hab ich vermeiden können, es wär mir doch zu unheimlich gewesen. Dabei war ich ja so froh!»

«Wie sah er aus?»

«Dünn war er, aber ganz munter. Mit einem Vollbart. Hat er den früher schon gehabt?»

«Nein, nicht an dem Abend jedenfalls.» Er machte eine Pause.

«Und das Verrückte ist, dass ich heute Morgen selber einen Artikel von ihm gelesen hab. Ich hab ihn oben in der Wohnung ...»

«Ist es hier?», fragte Arjona.

«Die Gasse rauf, das dritte Haus.»

«Ja, dann ...»

«Was denn?» Wieder blickte er in ein trauriges, zweifelndes Gesicht.

«Ich hab dir gesagt, was ich sagen musste.»

«Und jetzt?»

«Ich weiß nicht ...» Sie sah ihn nicht an.

Stichnote begriff, dass er sie nicht auffordern durfte, mit ihm nach oben zu gehen. Also bat er sie, in dem Krämerladen auf ihn zu warten, er müsse nur eine Kleinigkeit erledigen, seinen Rucksack holen und die Wohnung verschließen. In zehn Minuten sei er wieder da. Arjona war einverstanden, er sah ihr zu, wie sie den Laden betrat, ein paar türkische Worte mit dem Besitzer wechselte, der ihr freundlich einen Platz zwischen Kochgeschirr und Säcken mit Reis und Hirse anbot.

Seemänner aller Marinen können sich, wenn es darauf ankommt, so schnell aus- und wieder anziehen, wie niemand sonst, werden sie doch vom ersten Tag ihrer Ausbildung an mit widrigen Umständen vertraut gemacht, Wellengang, Eisbergen, Orkanen und nächtlichen Frontgewittern. Dann ist keine Zeit für Garderobe oder Etikette.

Und kaum ein Fahrensmann, der sich auf einem Schiff im Ringen mit den Elementen befand, hat sich je so bestürmt und umtost gefühlt wie Stichnote an jenem Abend. Es war ihm, als stünde er allein oben, um das Marssegel einzuholen, und sähe eine fürchterliche Windhose auf sich zukommen. Er musste sich beeilen und war so schnell wieder der normale Obermaat mit Fez, als der er am Nachmittag gekommen war, dass Arjona staunte. Nicht nur wegen der fabelhaften Geschwindigkeit, sondern auch wegen des Fezes natürlich. Sie war der Ansicht, dass er Stichnote ausgezeichnet stand – auch wenn sie dabei lachen musste.

Die ganze Strecke liefen sie nebeneinander, rückten immer näher zusammen und redeten. Zum ersten Mal konnte er mit einem anderen Menschen über Eibos Tod sprechen. Sie kamen in der Nähe von St. Georg vorbei, dem Krankenhaus der österreichischen Lazaristen, wo Arjona arbeitete. Auf der Brücke waren sie noch einmal stehengeblieben und hatten den Anglern zugesehen, die zu jeder Tages- und Nachtzeit hier anzutreffen waren, und Arjona hatte zwei kleine Barsche gekauft, die sie lachend wieder in den Bosporus warf, weil sie das immer tat, wenn sie über die Brücke ging.

Es war halb elf, als sie sich am Kai des Goldenen Horns, aber noch weit von der BRESLAU, der Arjona nicht zu nahe kommen wollte, verabschiedeten. Stichnote würde sie über den Pförtner des Krankenhauses erreichen können, sobald er wieder Landgang hätte. Sie umarmten sich, und es fühlte sich überwältigend an, so zu spüren, dass sie zusammengehörten. Dann riss sich Stichnote los, fest entschlossen, am nächsten Tag sofort Leutnant Dönitz aufzusuchen, um ihm seine Bereitschaft zu jedweder spielerischen Aktivität zu verkünden. So schnell als irgend möglich wollte er wieder in die Stadt.

Stichnote hätte sich gewundert, wenn er geahnt hätte, auf was für eine außerordentliche Idee Karl Dönitz in der Zwischenzeit schon gekommen war, um den besten Spieler aus seiner Beschränkung regulärer Wachen am Funktisch loszubekommen.

11

Der Schiedsrichter war ein Grieche. Im normalen Leben arbeitete er für eine französische Versicherungsgesellschaft, und als man in der Spielpause zusammenstand, erzählte er mit der Jovialität, die man brauchte, um aus der Todesangst der Menschen ein für beide Seiten erfreulich erscheinendes Geschäft zu machen, einen Witz:

«Letzte Woche kam ein alter Kerl zu mir, natürlich ein Grieche, und wollte einen Vertrag abschließen. Ich sage, wie alt sind Sie? Achtzig.

Beim heiligen Nikolaus, sag ich darauf, und da wollen Sie noch eine Lebensversicherung abschließen? Der Alte: Unbedingt. Es war aber schon spät, und ich wollte mein Büro gerade schließen, also sage ich zu ihm: Kommen Sie am Montag wieder. Am Montag kann ich nicht, sagt daraufhin der Alte, da hat mein Vater Geburtstag. Sie haben noch Ihren Vater? Donnerwetter, wie alt wird er? Hundert. Na gut, sag ich, dann kommen Sie eben am Dienstag. Er darauf: Da kann ich auch nicht, da heiratet mein Großvater. Was? Einen Großvater haben Sie auch noch? Und wie alt ist der denn? Hundertzwanzig. Hundertzwanzig? Und da will er noch heiraten? Darauf der Alte: Was heißt da will?»

Die Männer, die um den Unparteiischen herumstanden, allesamt Geschäftsleute, Bankbuchhalter und Inhaber kleiner Firmen, ein paar Briten, Griechen und Armenier, amüsierten sich köstlich. Auch Zickler lachte.

Ohne sich durch gezückten Füller und Notizbuch als Reporter zu erkennen zu geben, stand er zwischen den lachenden Männern, von denen er nicht sagen konnte, ob sie Funktionäre der Liga oder einfach nur Enthusiasten waren, die die Nähe des Schiedsrichters suchten.

Den Ball unter dem Arm, sah der Spielleiter auf seine Taschenuhr und entschloss sich, die Pfeife in den Mund zu stecken, um die Mannschaften von Fenerbahçe und Galatasaray wieder auf das vom schlechten Wetter der letzten Wochen durchgeweichte Union Club Field zu rufen. Der heutige Tag war strahlend und warm, und der Himmel nur von einigen aufgetürmten Wolken geschmückt. Ideales Fußballwetter.

Galatasaray hatte bislang fast jedes Spiel in dieser Saison gewonnen, und die Anhänger des aktuellen Meisters der Freitagsliga, Fenerbahçe, waren aufgebracht, weil sie spürten, dass die Neulinge von der europäischen Seite dabei waren, ihrem stolzen Club aus Kadıköy, der auch die Sonntagsliga bislang nach Belieben dominiert hatte, den Rang abzulaufen. Noch im Januar hatte Fenerbahçe die Schuljungs 4:0 nach Hause geschickt. Aber irgendwas hatte sich bei Galatasaray getan, denn von der alten Überlegenheit des Klubs mit dem Leuchtturm im Wappen war nichts übrig geblieben.

Entsprechend angespannt war die Stimmung. Gut vierhundert Zuschauer waren da, und solange die Mannschaften pausierten, brüllten sie sich gegenseitig in so ziemlich allen Sprachen, die in Konstantinopels Straßen gesprochen wurden, Schmähungen zu.

«Sir», sprach jetzt ein hochgewachsener Mann den Schiedsrichter an. Sein schellackglänzender Bowler, an den er verbindlich lächelnd die Spitzen seiner rechten Hand legte, der streng geschnittene schwarze Anzug mit gestreifter Weste und der am linken Handgelenk baumelnde Schirmstock wiesen ihn eindeutig als Briten aus.

«Ich erlaube mir, Sie darauf hinzuweisen, dass Ziya Hasan zuvor einen unserer Spieler angespuckt und so stark getreten hat, dass dem anderen jetzt noch das Blut aus dem Stiefel schwappt. Natürlich geschah das, als Sie ihm gerade den Rücken zugedreht hatten.»

«Ich kenne Ziya Hasan nicht ...», sagte der Schiedsrichter mürrisch.

«Es ist der Kerl mit dem dünnen Schnurrbart und dieser Topfhenkelfrisur, der da vorne steht und so geschickt auf die Befestigung der Tribüne eintritt, als wäre sie ein Punchingball. Er ist bekannt dafür, dass er foult.»

«Ich habe nun mal keine Augen im Rücken», erwiderte der Schiedsrichter. Er war es leid, dass die Engländer immer noch so taten, als wären sie die Einzigen, die etwas von Fußball verstanden. Zwar waren es auch hier in Konstantinopel Engländer gewesen, die als Erste Fußball gespielt hatten, aber mit wem hätten sie spielen sollen, wenn nicht mit den Griechen?

Der Versicherungsvertreter-Schiri starrte den Engländer in seinem gänzlich unpassenden Aufzug an, besann sich darauf, dass er der Unparteiische war und sich weder mit der einen noch der anderen Mannschaft oder einem ihrer Anhänger einlassen durfte. Er zwinkerte dem Galatasaray-Anhänger mit seiner Melone sogar freundlich zu und war im Begriff, die zweite Halbzeit anzupfeifen, als ihn der Engländer am Arm fasste. Es war ein ungewöhnlich starker Griff, einer, mit dem ein Grobschmiedemeister einen unwilligen Lehrling hätte packen können. Die Finger gruben sich tief in den Unterarm des Griechen. Der Engländer zog ihn zur Seite und flüsterte ihm lächelnd etwas ins Ohr. Dann ließ er ihn los, und Zickler, der die Szene, ohne Einzelheiten zu verstehen, mitbekommen hatte, sah dem etwas bleich gewordenen Mann in Schwarz zu, wie er auf den Platz trabte, die Kapitäne der beiden Mannschaften zu sich rief und, bevor er das Spiel wieder anpfiff, noch einen Blick zurück auf den Engländer warf, der ihm lächelnd zunickte, bevor er sich unter die Zuschauer mischte, unter denen seine in der Sonne schwarzglänzende Melone gut sichtbar blieb.

Es stand 0:0. Fenerbahçe, weiße, knielange Hosen, blau-gelbe Hemden, hatte den Ball, schob ihn sich im Mittelfeld zu, musste aber den frühzeitig attackierenden Stürmern Galatasarays immer wieder nachgeben, den Ball zurückspielen, verlor ihn in der eigenen Hälfte, eroberte ihn sich im Kleinklein wieder, gab zurück zum Goalie, der ihn schließlich zu einem Mann spielte, der bislang noch wenig in Erscheinung getreten war: Fuat «das Kamel» Hüsnü Kayacan. Fuat, den ein eleganter, weitgeschwungener Schnurrbart zierte, war der erste Türke, der jemals Fußball spielte, und als er den Ball auf seine ungelenke, dennoch federnde Art an den Fuß bekam, ging ein Raunen durch die Reihen der Zuschauer: Seht hin, riefen sie, der Altmeister, Fuat, hat das Leder, zeig's ihnen Kamel, he, pass nur auf Kamel, gebt dem Kamel einen Nasenring, quetscht ihm die Eier!

Fenerbahçes Kamel verdankte seinen Namen einem einzigartigen Stil. Er erweckte den Eindruck, beim nächsten Schritt auf die eine oder andere Seite hinüberzukippen und zu stürzen, sodass seine Gegenspieler instinktiv immer schon drauf und dran waren, ihm den Ball abzunehmen. Dann aber bekam er erstaunlicherweise jedes Mal den Bogen und vermochte sich wider die Schwerkraft zu stabilisieren. Atemlos erlebten die Zuschauer das Antigravitationsballett, jenes federnde Schwanken des Kamels, mit dem Fuat zwei, drei Jungspieler Galatasarays ausdribbelte und endlich in die Hälfte des Gegners kam, allerdings spürbar langsamer werdend, der großgewachsene Mann ging auf die Vierzig zu. Dort, weit entfernt von den Kameraden seiner Mannschaft, die seinem Alleingang eher bewundernd denn unterstützend zugesehen hatten, traf er auf Horace Armitage, den englischen Spielertrainer von Galatasaray, begleitet von den äußerst humorlosen und starken Innenverteidigern Asim Sonumut und Abidin Daver. Für einen Moment entstand eine Art gelb-rotes Flammenspiel, in dem das Kamel verschwand, niemand sah genau, was vor sich ging so nah am Strafraum, vielleicht sogar schon im Strafraum, denn die Kreidelinien, mit denen das Feld markiert war, befanden sich nicht im besten Zustand.

Was war los? Fuat das Kamel lag am Boden, die beiden Verteidiger trabten von dannen, und Armitage machte sich nach einem kühlen Blick hinab auf den Gegenspieler daran, mit dem Ball in Richtung gegnerischer Hälfte zu laufen. Die Anhänger von Fenerbahçe begannen zu schreien, der Schiedsrichter kam energisch pfeifend dazu, sprach kurz mit Armitage, beugte sich mit grimmigem Gesichtsausdruck hinab zu Fuat Kayacan und sprach dann einen Platzverweis aus – gegen das Kamel! Fuat allerdings bekam davon nichts mit, drehte sich stöhnend auf die Seite und hielt sich den blutenden Knöchel.

Kaum war der Platzverweis bei Trainer und Vorstand von Fenerbahçe angekommen, rannten diese aufs Feld, doch der Schiedsrichter, in ein hektisches Griechisch verfallend, wedelte abwehrend mit den Händen, betätigte seine Pfeife und wurde von Fenerbahçes Präsident Songülen, der bis vor kurzem selbst als Spieler aktiv gewesen war, an die Schulter gestoßen, stieß zurück, wurde von Armitage zurückgehalten, stieß nun diesen und kaum war dieses Stoßen und Schreien, während dessen das arme Kamel weiterhin stöhnend am Boden lag, so richtig in Fahrt gekommen, als die ersten Anhänger beider Mannschaften auf das braunmatschige Feld zu laufen begannen und sich erst zögerlich, schließlich hemmungslos mit ihren Fäusten attackierten.

Das Spiel wurde abgebrochen, und der Schiedsrichter erklärte brüllend, während er in einem wogenden Pulk aus Fenerbahçe- und Galatasaray-Spielern hin und her geschoben wurde wie ein Schiffchen auf den Wellen des Bosporus, Galatasaray, den Gymnasialklub von der europäischen Seite, zum Sieger.

Am Rande des Trubels bemerkte der Engländer mit der Melone auf dem Kopf den munter dreinblickenden Schweizer mit dichtem rötlichbraunen Vollbart, den er noch nie beim Fußball gesehen hatte. Er trug eine cremefarbene Schirmmütze und hatte Knickerbocker mit karierten Strümpfen an. Er hielt ein kleines Notizbuch, in das er fleißig hineinschrieb, ungerührt zwischen den wildesten Knäueln kämpfender Anhänger.

Es würde eine fabelhafte Geschichte werden, das spürte Zickler schon beim Notieren der Eindrücke. Amüsant und doch geeignet, das Leben in der modernen Türkei zu erfassen; waren Fußballklubs schließlich bis zur jungtürkischen Revolution verboten gewesen, da der paranoide Sultan Abdülhamid hinter jeder Form von Vereinigung seiner Untertanen Verschwörungen gegen seine Person gewittert hatte.

Zicklers liebenswürdig-romantische Impressionen aus der Hauptstadt des Osmanischen Reichs nahm sein Redaktor in der Zürcher Falkengasse genau wegen dieser delikaten Gemengelage mit wohlwollender Sympathie entgegen. Aber sowohl der Redaktor wie auch der Chef erwarteten endlich ein anderes Stück, das ihnen der von seiner schlimmen Verwundung glücklich Genesene schon seit Wochen angekündigt hatte – seinen Artikel über einen der geheimnisvollsten Bewohner Konstantinopels, den gebürtigen Russen, deutschen Sozialdemokraten und Waffenschieber Dr. Alexander Helphand, genannt «Parvus». Zickler hatte schon viel zusammengetragen und hätte längst etwas schreiben können, doch war es ihm letzte Woche tatsächlich gelungen, endlich mit Helphands Büro in Kontakt zu kommen.

Er hatte um ein Treffen gebeten. Man hatte ihn aufgefordert, eine Mappe mit Artikeln aus seiner Feder vorbeizubringen. Das hatte er getan. Nun verließ er, amüsiert und guten Mutes, das Union Club Field, um zum Bahnhof Haidar Pascha zu spazieren, in dessen Restaurant er um siebzehn Uhr europäischer Zeit mit Helphands Mitarbeiter verabredet war.

Das Fußballfeld, vormals ein Acker, lag am Rand von Kadiköy, der Stadt der Blinden, die Byzas einst den Weg gewiesen hatten, und ohne das es kein Byzanz, kein Konstantinopel und kein Stambul gegeben hätte. Bis nach Haidar Pascha war es noch ein gutes Stück, er musste durch das ausgesprochen grüne Städtchen hindurch und legte ein höheres Tempo vor, während hinter ihm der Lärm der widerstreitenden Fußballanhänger langsam leiser wurde. Er ging am Wasser entlang, durch den großzügigen, aber etwas unentschlossen angelegten Park, dessen Leuchtturm auf dem Wappen des Fußballklubs prangte, der gerade verloren hatte.

Er erreichte den Bahnhof, der wie eine überdimensionierte rheinländische Villa aussah und direkt am Wasser stand, getragen von elftausend Holzpfählen, die deutsche Ingenieure fünf Jahre zuvor in den Grund des Bosporus gerammt hatten. Es war eines der ganz wenigen Gebäude in der Riesenstadt, an dem es eine Uhr gab, und diese sagte ihm, dass er fünf Minuten zu spät war.

Zickler betrat das Bahnhofsrestaurant. Nach dem Gewimmel in der Halle und auf den Bahnsteigen staunte er darüber, dass mehr Personal da war als Gäste. Zickler wurde auf der Stelle registriert, und ein Kellner im Frack, mit elegantem Schnurrbart und gestärkter Hemdbrust trat an ihn heran. Zickler nickte ihm zu und blickte sich um.

Weiter vorne saß ein ehrwürdig dreinblickender, Fez tragender Großvater mit einem Enkelkind, das unter dessen liebevollen Blicken eine Bohnensuppe verzehrte und fast bei jedem Löffel auf die Tischdecke kleckerte, was wiederum das Gelächter des Patriarchen hervorrief. Nahe am Eingang trank ein junges, westlich gekleidetes Ehepaar Kaffee. Es unterhielt sich in jener weichen, flatterhaften Version des Spanischen, die man Ladino nennt, woraus Zickler schloss, dass es sich um Konstantinopler Juden handelte. Beinahe jeden Satz begannen sie mit dem unvermeidlichen «Adyosanto».

Und dann war da noch ein bleichgesichtiger junger Mann mit streng gescheiteltem Haar. Seine Augen lagen in dunklen Höhlen und sahen Zickler an. Hübscher Kerl. Hatte die Haltung von sehr jungen Leuten am Beginn ihrer Laufbahn, ihre Aktentaschen vollgestopft mit wichtigen Dokumenten, die sich selbst dafür bewunderten, wie leicht sie damit umzugehen verstanden. Er nickte ihm verbindlich zu.

Zickler setzte sich zu ihm an den Tisch.

«Schön, dass Sie kommen konnten.»

«Oh, kein Problem, hab mir ein Fußballmatch angesehen, ganz hier in der Nähe.»

«Wer hat gespielt?»

«Galatasaray gegen Fenerbahçe.»

«Und wie ist es dem Leuchtturm ergangen?»

«Schlecht. Da lag Schiebung vor. Guter Stoff, um drüber zu schreiben.»

«Dr. Helphand hat Ihre Arbeiten mit großem Vergnügen gelesen. Er kann sich eine Zusammenarbeit mit Ihnen vorstellen.»

«Das freut mich, danke.»

«Worüber möchten Sie denn nun mit Dr. Helphand sprechen?»

«Ich möchte ein Porträt über ihn schreiben. Sein Leben in Konstantinopel. Es ist ja bekannt, dass er beste Kontakte zur Hohen Pforte unterhält. Seine Sicht der Dinge dürfte unsere Leser interessieren.»

«Verstehe. Dr. Helphand ist bereit, sich mit Ihnen zu treffen. Allerdings unter der Bedingung, dass sie zuvor einer Vereinbarung zustimmen.»

Der bleichgesichtige Mitarbeiter nahm eine gebundene Mappe aus seiner Tasche und holte ein getipptes Schreiben hervor. Es trug keinen Briefkopf.

Zickler überflog es und las dann, aufgestört von einigen Formulierungen, die gegen jede Reporterehre verstießen, das Ganze noch einmal langsam von vorne.

«Ich verstehe nicht. Das ist keine Vereinbarung, sondern ein Auftrag.»

«Richtig. Dr. Helphand möchte Sie beauftragen, über ihn zu schreiben. Er erwirbt sämtliche Rechte daran. Dafür zahlt er Ihnen ein Honorar.»

Das hatte Zickler wohl gesehen. Es lag zehnmal über dem, was er von der Zeitung bekam.

«Das ist ja, was ich nicht verstehe.»

«Dr. Helphand alleine wird entscheiden, was mit dem Text geschieht.»

Er hätte natürlich ablehnen müssen. Das hätte die Redaktion von ihm erwartet. Er hätte dem gutaussehenden Mitarbeiter des großen Dr. Helphand den Vertrag lächelnd zurückgeben müssen, um sich auf die Fußballgeschichte zu konzentrieren, und sich dann mit all dem, was er ohnedies schon über den Waffenhändler in Erfahrung gebracht hatte, endlich daran zu machen, über ihn zu schreiben. Die Begegnung im Restaurant von Haidar Pascha würde eine exzellente Einleitung abgeben. Bestechungsversuch gescheitert.

Das hätte er tun sollen, aber er konnte es nicht. Nach zwei Jahren kreisender Suche, die ihn über die großen und die kleinen Schlachtfelder des Balkan geführt, die Transportwege und den Zahlungsverkehr des Waffenhandels verstehen gelehrt hatte, die internationale Buchhaltung des Krieges, stand er nun kurz davor, die Person zu treffen, die nur ein ungreifbarer Schemen gewesen war. Sie würde sich herauslösen, er würde ihr ins Gesicht sehen. Wenn er unterschrieb. Er durfte nicht, aber er konnte einfach nicht ablehnen.

Er schraubte seinen Füller auf. Der bleichgesichtige junge Mann zuckte anerkennend mit den Augenbrauen und nahm das unterzeichnete Dokument zufrieden an sich.

«Sie logieren nach wie vor im Pera Palace?»

Zickler nickte, haltlos und mit klopfendem Herzen, da er nicht wusste, ob er nicht einen üblen Fehler begangen hatte. War es zu spät, die Unterschrift rückgängig zu machen? Nein.

«Wir werden Sie in den nächsten Tagen kontaktieren, einverstanden?»

12

Die beiden führenden Anhänger des Großen Spiels – Leutnant zur See Dönitz und der kokainschnupfende Kriegsministerneffe – hatten sich den Kopf zerbrochen, wie sie den besten Spieler am Bosporus loseisen konnten, und waren dann auf die einfache Lösung verfallen, ihn im Rahmen der deutschen Militärmission mit einer Dozentenstelle an der Marineakademie zu versehen, an der nicht nur Offiziere, sondern auch Ingenieure und technisches Personal sowie Funker ausgebildet wurden.

Die Osmanische Marineakademie, die sich erst bei den Werften in Kasimpasa am Goldenen Horn befunden hatte, war nach einem Brand auf die zweitgrößte der neun Prinzeninseln verlegt worden, Heybeliada. Die Jungtürken hatten nach ihrer Revolution das englische Schulsystem eingeführt, allerdings war der Flottenchef jetzt ein Deutscher, Wilhelm Souchon.

Und dieser Souchon hatte auf die dringliche Bitte der Akademie den Funk-Unteroffizier Sebastian Stichnote bis auf weiteres abgestellt, um türkischen Funkschülern die Anfangsgründe des Morsens beizubringen, und auch der außerordentlichen Beförderung des Obermaats zum Deckoffizier stattgegeben. Die korrekte Laufbahn hätte erst den Wachtmeister vorgesehen, aber für auffällig begabte Unteroffiziere waren Ausnahmen zulässig, und auf Nachfrage hatte der Konteradmiral von Stichnotes direkten Vorgesetzten zu hören bekommen, dass der Obermaat auch blind in Höchstgeschwindigkeit zu funken vermochte, dass er schon oft die kompliziertesten Reparaturen vorgenommen hatte und sich mit der Technik der Telefunkenanlage so gut auskannte, wie keiner sonst. Von dem toten Eibo Matthes, der vielleicht noch ein wenig schneller und raffinierter gewesen war, erfuhr der Admiral natürlich nichts.

Korrekterweise hätte der Obermaat vor der Beförderung noch die Deckoffiziersschule in Berlin absolvieren müssen, aber angesichts des Krieges zwischen den Mittelmächten und der Entente sowie der Eingliederung in die bislang noch neutrale, doch womöglich bald herüberzuziehende türkische Marine, der man schlecht einen Obermaat schicken konnte, wenn sie nach einem Deckoffizier verlangte, sah der Konteradmiral davon ab und setzte dem Beförderungsschreiben nur handschriftlich hinzu, dass der neue Deckoffizier die Schule «zu gegebener Zeit» nachzuholen habe.

Wie einen Traumgänger hatte Dönitz' und des Kriegsministerneffen Plan Stichnote in einen Zwischenstand katapultiert. Zwar war der frischgebackene Deckoffizier immer noch Angehöriger der MIDILLI, gleichzeitig aber Dozent an der kaiserlich-osmanischen Marineakademie und konnte – sofern kein anderer Befehl vorlag – mit einer simplen Formalität das Schiff verlassen und auch über Nacht wegbleiben, da die Akademie weit draußen im Marmarameer lag.

An diesem Oktobermorgen trug Stichnote zum ersten Mal seine

neue Uniform mit flacher Offiziersmütze und Jacke mit blauen Achselklappen, auf denen gemäß seiner Laufbahn Blitz und Anker prangten. Wie der seemännisch schabernackende Zufall es wollte, lief ihm sogleich der grimmige Feldwebel, der ihn so argwöhnisch verfolgt hatte, über den Weg, riss entsetzt die alkoholgeröteten Augen auf und starrte den ihm nun vorgesetzten Stichnote an. Dieser, der von Rache noch nichts wusste, nickte ihm nur zu, signierte seinen Abgang und lief los, um das frühe Dampfboot von Eminönü zu bekommen, das ihn nach Heybeliada bringen würde.

Das Boot tuckerte durch den leicht nebligen Morgen und setzte zunächst auf die asiatische Seite über, um am Hafen von Haidar Pascha anzulegen, wo neben etlichen anderen Passagieren ein wohlgenährter junger Mann mit juvenil dünnem Vollbart zustieg und sich, freundlich nickend, neben Stichnote setzte. Wie sich herausstellte, fuhr der andere auch nach Heybeliada, das er Chalki nannte und wo sich das Priesterseminar des griechisch-orthodoxen Erzpatriarchats von Konstantinopel befand. Der junge Mann wollte Geistlicher werden und erzählte Stichnote in holprigem Französisch recht freizügig von seinen Plänen. Er studiere Tag und Nacht, sage sich die Liturgien murmelnd selbst noch im Bett vor und sehne sich danach, endlich mit der Ausbildung fertig und geweiht zu werden, denn dann erst könne er heiraten. Sein Herz gehöre einem Mädchen aus seinem Viertel in Kadiköy, mit dem er schon seit Kindertagen befreundet sei. Stichnote hörte dem Priesterseminaristen interessiert und mit jener freudigen inneren Gespanntheit zu, die ihn die ganze Zeit erfüllte, seit er und Arjona sich wiedergefunden hatten.

Je weiter der Dampfer Richtung Süden hinunterkam, desto mehr klarte es auf. Jetzt erreichten sie das offene Marmarameer. Die weitläufige Landschaft aus Städten und Dörfern, die sich zu beiden Seiten von Europa und Asien hingestreckt hatte und die Hügel bedeckte, rückte immer weiter fort, bis man das Gefühl bekam, tatsächlich auf

See zu sein, begleitet nicht mehr von den Geräuschen der Großstadt, sondern von den Rufen der unermüdlich anfliegenden Möwen. Manche der Reisenden auf der Fähre, die von auf und ab schreitenden Händlern mit Simitkringeln und Tee versorgt wurden, rollten kleine Kügelchen, mit denen sie die Vögel im Fluge fütterten und sich über ihre Geschicklichkeit amüsierten.

Der griechische Seminarist hatte sich in ein Buch versenkt und bei seiner stillen Lektüre, zu der er unmerklich die Lippen bewegte, einen fast kindlichen Ausdruck angenommen. Stichnote genoss die Sonne und den Wind auf See, sah den vielen Seglern, Fischerbooten, Dampfern und großen Passagierschiffen zu, die überall unterwegs waren, und staunte, wie schön die weit zurückgetretene Stadt doch war, die an so unzähligen Stellen mit den nun spielzeuggroßen Kuppeln der Moscheen und den unzählbaren, schlanken Türmen der Minarette durchstochen war, dass sie fast wie eine Flotte wirkte.

Nach einer dreiviertel Stunde etwa passierte der Fährdampfer die erste der Prinzeninseln, kaum mehr als ein Riff, legte aber erst bei der nächstgrößeren an, auf der ein paar Fahrgäste ausstiegen, fast allesamt Griechen, wie es Stichnote schien. Die dritte Insel war Heybeliada. Der Seminarist schnappte sich seinen schmalen Koffer, nickte Stichnote eifrig zu und beeilte sich, um als Erster an Land zu gehen. Die Marineakademie, ein strahlend weißer Bau, der eher an einen Yachtclub erinnerte, lag ein ganzes Stück abseits, aber man konnte die roten Flaggen mit dem Halbmond gut erkennen.

Am Tor standen zwei Matrosen in weißen Hosen, Segeltuchschuhen und tief ausgeschnittenen dunkelblauen Blazern, zu denen sie keine Feze, sondern flache, weiße Mützen trugen. Es waren Männer mit ausladenden Schnurrbärten, annähernd gleich groß, die unbewegt aufs Meers blickten, während der Unteroffizier der Wache Stichnotes deutsch-türkischen Gestellungsbefehl entgegennahm und ihn sodann in das Büro des stellvertretenden Direktors führte.

Dieser war ein liebenswürdiger Komutan, ein Fregattenkapitän mit weißem Bart und verschmitzten Augen. Er bat Stichnote, sich zu setzen, ließ Tee bringen und brachte den Deckoffizier – unterstützt durch einen Dragoman, der gut Deutsch sprach und die Fragen übersetzte – ein wenig in Verlegenheit, da Stichnote weder über das Wohlbefinden von Konteradmiral Souchon solide Auskunft geben konnte, noch von Recep Hakim Bey oder dem Kriegsminister selbst, Enver Pascha, irgendetwas zu berichten wusste. Allerdings schien es Stichnote, dass der Dragoman beflissen einiges dazu tat, um seine Antworten angenehm zu gestalten.

«Der Komutan möchte ausdrücken, dass er stolz darauf ist, nun ein Mitglied von YAVUZ SULTAN SELIM und MIDILLI als Lehrer an unserem Lyzee zu wissen. Wann immer ein Problem auftaucht, kommen Sie bitte zu ihm ...», schloss der Dragoman feierlich. Stichnote drückte die Hand des großväterlich lächelnden Mannes und folgte dem Dragoman auf den Flur hinaus.

Sie passierten Hörsäle, hinter denen Dozentenstimmen zu vernehmen waren. Auf einem Innenhof sah man Marineinfanteristen beim Exerzieren. Sie erreichten die Funktechnische Abteilung. Der Dragoman hatte den Schlüssel dabei.

Der Raum wies Tische auf, Stühle, eine große Schiefertafel, einen Beistelltisch mit Teegeschirr und einen beeindruckenden Dozentenschreibtisch. Allerdings keine irgendwie geartete Funktechnik. Durch die Fenster sah man in der Ferne mit Kiefern bedeckte sanfte Hügel und ein Stück schönwelliges Marmarameer.

Insofern es jedoch, wie der Dragoman ihm versicherte, auch noch keine Funkschüler gebe, die hier an der Akademie zur Ausbildung bereitstünden, sei der Mangel an technischer Ausstattung weniger schlimm, als man bei der ersten Betrachtung vielleicht denke. Stichnote wollte wissen, wann denn mit dem Eintreffen von angehenden Funkern zu rechnen sei.

«Sehr, sehr bald, nächste Woche, vielleicht ...»

Er war sich nicht sicher, ob der Dragoman der Richtige war, um das Ausstattungsproblem anzusprechen, aber da er nicht unbedingt auf der Stelle zurück zum stellvertretenden Direktor laufen wollte, besprach er das Ganze mit ihm, der die Verhandlungen ungerührt und mit größter Selbstverständlichkeit führte, als wäre er kein Dragoman, sondern Leiter des Beschaffungsamtes. Er protokollierte mit, dass Deckoffizier Stichnote beabsichtigte, aus Ersatzteilen, die er auf seinem Schiff besorgen wollte, einen provisorischen Knallfunkensender zu bauen, mit dem er die Funkschüler unterrichten könnte. Einzelne technische Bauteile würde er eventuell in Konstantinopels Geschäften oder auf Basaren finden. Die dabei entstehenden Kosten – würde die die Schule übernehmen?

Der Dragoman nickte zwar immer noch, aber weniger eifrig, als vielmehr nachdenklich. Das Beste sei wohl, gab er zu bedenken, sich mit der Frage lieber gleich an «den guten Freund» zu wenden.

«Wen meinen Sie?», fragte Stichnote.

Anstatt zu antworten, wies der Dragoman in seiner blütenweißen Uniform mit dem Finger nach oben, und da war klar, dass er auf den Kriegsministerneffen oder sogar den allmächtigen Onkel anspielte. Stichnote nickte. Das konnte ja lustig werden.

«Ich werde Ihre Begleitung sein», fügte der Dragoman ganz ernst hinzu, «und bin erfreut mich vorzustellen: Faruk Erdöl, Astsubay und Dragoman der Osmanischen Marine.»

Der Dragoman Erdöl verneigte sich leicht.

«Wie viele Sprachen können Sie denn?»

«Ich vermag Ingles, Français, Deutsch. Dieses am deutlichsten, habe sehr viele Karl-May-Geschichten gelesen und auch die Bibel. Auch Sprachen unseres Reiches sind mir vertraut, Kurdisch, Arabisch. Armenisch ein wenig. Persisch, aber nur schlecht. Griechisch ist fein, denn dies war die Sprache einer Großmutter.»

So erfuhr der beeindruckte Stichnote auch noch, dass Faruk Erdöl aus einem Dorf an der Küste der Ägäis stammte, aus der Nähe von Bodrum. Die Neigung zum Lesen und zum Studium der Sprachen habe er schon als Kind gezeigt und so habe man ihn, als er groß genug war, auf die Schule nach Izmir geschickt. Seine Familie gehe von jeher dem ehrbaren, wenngleich gefährlichen Beruf des Schwammtauchens nach.

«Ich bin der erste Mann meiner Familie, welcher nicht taucht. Meine Mutter ist sehr glücklich darüber, denn die Untergründe des Meeres bergen viele Gefahren.»

Er habe eine Frau und drei Kinder, welche jedoch in Bodrum geblieben seien. Das Leben in Konstantinopel sei sehr kostspielig, und so bewohne er ein Zimmer in der Akademie und könne seinen Sold, sofern er welchen bekomme, fast ohne Abzüge nach Hause schicken. Nun sei es aber schon ein halbes Jahr her, dass er seinen letzten Kurus gesehen habe.

«Dieser Geldmangel ist eine bittere Verschärfung meiner Einsamkeit. Vielleicht kann der gute Freund einmal ...»

Stichnote, bei dem der Mann, der wohl nur ein paar Jahre älter als er selbst und doch schon dreifacher Vater war, stark sympathisierende Gefühle auslöste, versprach, sich bei der nächsten Gelegenheit für ihn einzusetzen, worauf der Dragoman noch einmal seine Hand ergriff und ihm mit leiser, ernster Stimme versprach, dass er sich – was auch geschehe – immer auf Faruk Erdöl werde verlassen können.

13

Vollends strahlend wurde der Tag, als Okutman Stichnote eine Stunde später mit dem Dampfboot zurück in die Stadt fuhr. Am frühen Nachmittag legte der Fährdampfer an, Stichnote überquerte die Brücke und während er den Berg zum St. Georg-Spital hochmarschierte, kaufte er honigtriefendes Gebäck und blickte in die Auslagen der Vogelhändler, in denen es die schönsten Täubchen, Kanaris und Kakadus gab.

Das Hospital war kein mächtiger Steinbau, wie sich Stichnote das angesichts des Namens vorgestellt hatte, sondern ein Holzhaus mit Erker, wenn auch ein ziemlich großes. Es lag an einem unbefestigten lehmigen Platz etwas unterhalb des Galataturms und hatte neben dem Hauptgebäude ein paar schuppenartige Nebenhäuser. Vor einem standen spindeldürre Leute mit Schüsseln an, andere saßen auf der Erde oder auf Holzkisten und schlürften einen Eintopf, der drinnen ausgegeben wurde. Trotz seines improvisierten Charakters war der lehmige Vorplatz aufgeräumt und sauber, und auch als Stichnote durch die schmale Eingangstür getreten war, setzte sich dieser Eindruck fort. Alles war einfach, ja ärmlich, aber von sorgsamen Händen gepflegt, wie der gefegte Lehmboden im Haus seiner Amme, der Zenz. Es gab keine Pforte, nur einen kleinen Vorraum, dahinter lag schon ein erster Saal mit einem Dutzend Betten, die allesamt von apathisch dreinblickenden Männern belegt waren. Schwerer Geruch lag in dem Raum.

Die erste Schwester, die ihm über den Weg lief, eine ältere Frau mit einer heiseren, laut bellenden Stimme, die ein breites, kaum verständliches Grazerisch sprach, kannte Arjona Dushek nicht und konnte ihm nicht weiterhelfen, aber die nächste schon. Arjona arbeite nicht hier in diesem Haus, sondern drüben im Kinderspital. Er überquerte einen Hinterhof, fand den zweiten Eingang, fragte noch einmal und dann schließlich entdeckte er sie. Ihr schwarzlockiges Seidenhaar war zusammengebunden und unter ein weißes Tuch gesteckt, über ihrer Straßenkleidung hatte sie eine gleichfalls weiße Kutte gezogen. So saß sie in der Nähe der Fenster inmitten eines Kreises von Kindern und las ihnen auf Türkisch Märchen vor. Die Kinder – mit einfachen Hemdchen bekleidet und ein paar auch mit dicken Schals umwickelt – saßen auf kleinen Stühlen, die meisten mit Pantoffeln an den Füßen und so blass und dünn, als stammten sie selber aus Märchen. Ein etwas älteres Mädchen, bleich wie die Wand und mit tiefen Augenringen, hatte zwei kleinere Kinder auf dem Schoß. Ein Junge, der offenbar nicht aufstehen konnte, lag in seinem Gitterbett, das nahe an die Gruppe geschoben war. Alle lauschten Arjonas dunkler Stimme und wanderten gedankenverloren mit großen Augen an der fleckigen Decke entlang.

Dann entdeckte eines der Kinder den Deckoffizier, tat einen Ausruf und zeigte mit dem Finger auf ihn. Arjona drehte sich um, schien ein wenig zu erschrecken, fasste sich aber gleich und flüsterte den Kindern etwas zu, die ihr dann dabei zusahen, wie sie Stichnote mit ernster Miene entgegentrat. Sie legte ihre Hand sanft auf seinen Arm und flüsterte ihm zu, dass sie nur noch eine gute Stunde Dienst habe. Ob er warten könne? Ja, er sei ja nur wegen ihr gekommen. Er werde sich unten in den Hof setzen und warten. Zeit spiele keine Rolle, er habe unendlich viel davon.

Nachdem sie heruntergekommen war, ganz dezent nach Veilchen duftend, begann für beide eine neue Zeitrechnung. Es ergriff sie wie eine magische Eröffnung, ein Traum, aus dem sie immerzu neuerlich erwachten, um erstaunt festzustellen, dass er sich noch einmal verlängert hatte. Hängende Gärten. Ein Leben auf dem Silbermond, von der Schwerkraft der alten Erde befreit. Sie wagten zunächst nicht einmal, miteinander zu sprechen. Stichnote reichte ihr das Paket mit Süßigkeiten, aus dem sich Arjona erfreut zwei grüne Lokum herausholte und ihn dann herausfordernd angrinste. Also nahm er sich auch eines, verzehrte es vorsichtig, da mittlerweile nicht nur Kaltes, sondern auch Süßes den Nerv in seinem angegriffenen Stockzahn ausschlagen ließ. Als er, während er sich die Köstlichkeit in den Mund steckte, ein wenig mit der Oberlippe zuckte, warf Arjona ihm einen Blick zu, an dem man sehen konnte, dass sie die Verhaltensweisen verschämter Kranker mittlerweile kannte – aber sie sagte keinen Ton, und Stichnote lachte.

Sie liefen am Gallierturm vorbei auf die Grand Rue de Pera, wo sie im Gewimmel der vielen Passanten untertauchen konnten. Als sie die Pforte der Kirche des heiligen Antonius passierten, blinzelte Stichnote respektvoll hinüber, als sehe er einen alten Bekannten an der Ecke stehen.

Sie drucksten herum, mochten nichts sagen oder konnten es nicht und schafften es dann, das Ende ihrer heutigen Begegnung aufzugreifen, sprachen in sparsamen Worten oder Andeutungen darüber, wann der jeweils andere würde gehen müssen, und bekamen ganz beiläufig heraus, dass Stichnote die nächsten Tage nicht zurück auf sein Schiff musste, während Arjona sich bereit erklärt hatte, ab morgen eine knappe Woche lang Nachtdienst zu übernehmen. Heute Nacht hatte sie noch frei, hatte der Familie Tavanian, den Freunden ihrer Familie, aber gesagt, dass sie im Hospital schlafen werde. Vor ihnen lag also eine ganze Nacht, und das war Grund genug, sich zu fürchten. Deshalb taten beide so, als hätten sie gar nicht darüber gesprochen, aber allein dass sie sich so rasch und wortkarg einig werden konnten, mit einem Lächeln, einem Zwinkern, einem Kopfschütteln war aufregend genug für sie beide.

Bei einem Küchenmeister unterhalb des Taksimplatzes kauften sie gegrillte Hackfleischbällchen und geröstetes Hühnchen, Gemüse und Fladenbrot, das sie einpacken ließen, um dann an den Bosporus hinabzugehen. Hinter ein paar alten Fischerhütten, an denen vielfach geflickte Netze hingen, fanden sie einen schmalen gemauerten Kai, der halb in der späten Sonne, halb unter dem Schatten großer Weiden lag. Dort ließen sie sich zum Essen nieder. Obwohl sie recht einsam saßen, dauerte es nicht lange, bis ein Wasserverkäufer auftauchte, der ihnen zwei Gläser verkaufte, welche er ihnen mit dem Hinweis daließ, er kehre in einer halben Stunde zurück und nehme sie dann wieder mit.

Sie blickten nach Skutari hinüber, der größten der asiatischen Vorstädte mit ihren schönen Moscheen und sonnenbespielten Höhen, auf denen der große Friedhof mit seinem Zypressenwald stand, und dazwischen wieder Wohnviertel, deren Straßen sich, von buntgefärbten Laubbäumen gesäumt, hinab bis ans Wasser zogen. Genau auf ihrer Höhe ragte ein Turm zwischen Europa und Asien aus dem Bosporus, und während sie genüsslich an den Fleischbällchen knabberten und zusahen, wie die zierlichen, erstaunlich vollbesetzten Kaiks vorbeigerudert wurden, erzählte Arjona, dass einer osmanischen Prinzessin einst prophezeit worden sei, sie werde durch Gift sterben, woraufhin ihr Vater sie in den Turm auf der winzigen Bosporusinsel verbringen ließ, wo sie von einer Schlange gebissen wurde – und starb. Deswegen heiße der Leuchtturm Mädchenturm.

«Das erinnert mich an eine Geschichte, die ich mal gehört habe», sagte Stichnote und blinzelte gegen die Sonne zu dem wie aus den Tiefen des Bosporus hochgestiegenen Turm hinüber. «Auch ein Märchen, wie war das gleich, *Tausendundeine Nacht*?»

Arjona nickte.

«Ein Mann erfährt, dass der Tod ihn holen will, und flieht Hals über Kopf in eine andere Stadt. Genau dort wartet der Tod dann auf ihn.»

«So wird gedacht bei den Türken. Oder im Orient überhaupt. Dein Schicksal steht fest, du kannst es nicht ändern. Und wenn du es ändern willst, erfüllt es sich gerade.»

«Das kann ich einfach nicht glauben.»

«So?» Es war ein spöttisches Lächeln, mit dem sie ihn jetzt ansah und zweifellos auch ein verliebtes. Eine Verliebtheit, die, berauscht von den Umständen, natürlich erst recht an Schicksal glauben wollte, und sich daran freute, dass es nicht den geringsten Grund mehr gab, sich zu verstecken.

«Ich will nicht behaupten, dass ich es verstanden hätte», sagte Stichnote, «aber in München an der Technischen Universität habe ich in der Vorlesung von Professor zu Mehlwurm ...»

«Was für ein Wurm?»

«Mehlwurm. Der war sogar Universitätspräsident, ich weiß nicht, ob er es noch ist. Er hat über die Arbeit von Albert Einstein gesprochen. Schon mal gehört, Einstein?»

Arjona schüttelte den Kopf.

«Einstein hat den sogenannten photoelektrischen Effekt entdeckt und gezeigt, dass das Licht das eine und gleichzeitig auch etwas anderes sein kann. Welle und Teilchen zugleich. Von der einen Gestalt wechselt es flüssig und umkehrbar in die andere. Wenn man darüber nachdenkt, dann ...»

«Was meinst du, dass man irgendwo sein kann ... und zur gleichen Zeit woanders?»

«Nicht so. Aber je nach Betrachtung wäre die Welt dann zwei unterschiedliche Welten gleichzeitig. In der einen sitzen wir hier am Bosporus und unterhalten uns ...»

«Und die andere möcht ich mir gar nicht vorstellen ...»

«Hast recht.»

«Hast du lange studiert?»

«Ich hab eigentlich gar nicht studiert», sagte der Deckoffizier und Funker. «Ich hab mich nur zwischen den Studenten in die Hörsäle geschlichen.»

«Oh, du warst also Spion.»

«Genau. Ich hab bei der Wissenschaft spioniert. Das meiste hab ich aber nicht verstanden.»

«Und jetzt bist selber Dozent an der Akademie.»

«Ja. Ohne Ausrüstung und ohne Studenten.»

«Was wirst da machen?»

«Um das Morsen zu üben, braucht man keinen starken Sender. Es reicht, wenn ich das Ergebnis kontrollieren kann. Also werde ich ein paar Funkplätze zusammenbauen, die bei mir über Kabel zusammenlaufen und dann ausgedruckt werden. Dafür wird's ja hoffentlich Strom genug geben auf der Insel.»

«Welche Insel?»

«Heybelida oder so.»

«Heybeli-ada. *Ada* heißt Insel ...», sagte Arjona. Dann erklärte sie: «Wenn ein neuer Sultan an die Macht kam, hat er alle seine Brüder umbringen lassen, damit er keinen Widerstreiter hat. Später hat man sie nicht mehr umgebracht, sondern die Brüder auf die Inseln eing'sperrt, wo sie dann bis zum Tode leben mussten. Deshalb heißen sie die Prinzeninseln.»

«Dann gab es ja fast nichts Schlimmeres, als der jüngere Bruder eines Sultans zu sein», sagte Stichnote und dachte an seine zwei großen Brüder zu Hause in München.

«Ja, die Osmanen waren schrecklich grausam zu sich und großzügig zu anderen.»

«Großzügig?»

«Unser Papa hat uns das beigebracht. Im alten Reich konnten auch die kleinen Völker gut leben, das Einzige, wo der Spaß aufg'hört hat, war die Steuer. Ansonsten waren die Menschen frei, zu denken und zu tun, was sie wollten. Meine Familie ist römischkatholisch, unser Nachbar ist orthodox und unten an der Straße wohnt ein reicher Kaufmann, der ist Muslim. Unter dem Padischah hatten wir Albaner es alle viel besser – was nützt uns unser König, wenn jetzt alle anderen über uns herfallen? Hier in Stambul leben fast mehr Griechen, Armenier, Syrer und Russen als Türken. Und als die Juden vertrieben worden sind aus Spanien, wo sind sie hingegangen? Hierher, der Sultan hat sie aufgenommen.»

«So wie uns», sagte Stichnote. «Wir wären verloren gewesen mit unseren zwei Schiffen.»

«Und was wird jetzt aus euch?»

«Wir sind alle offiziell Türken geworden. Der Admiral ist ja sogar Oberbefehlshaber der osmanischen Flotte.»

«Der Krieg ist weit weg.»

«Und wegen mir braucht er nicht herzukommen.»

Den ganzen Abend zogen sie durch die Straßen Peras, vorbei an Orten, wo griechische Sängerinnen und ägyptische Tänzerinnen Darbietungen gaben, wie man sie nirgendwo sonst im Orient finden konnte, sie suchten sich Kahvezis und tranken geharzten Wein, teilten sich eine Wasserpfeife und den angenehmen Schwindel, den der mondschwere Rauch ihnen bereitete, rückten immer enger zusammen, fassten sich in den Gassen von Kuloglu an den Händen, aßen zwischendurch geröstete Kleinigkeiten, gingen auf die Brücke – nicht ohne wieder zwei Fische zu kaufen, die sie in das nächtliche Wasser warfen –, besuchten spät noch ein Kellerkabarett voller französischer und italienischer Matrosen, die von mageren Fräuleins aus England zum Sekttrinken animiert werden sollten, tranken dort ein englisches Bier, das Arjona einen kleinen Schnurrbart machte, den Stichnote ihr vorsichtig wegküsste, woraufhin sie sich – geborgen in einer ruhigen Nische des ansonsten tobenden Lokals – rückhaltlos umarmten und sich so wild küssten, als müssten sie die Monate, die sie ohne einander verbracht hatten, in dieser einen Nacht endgültig wieder aufholen.

Als sie weit nach Mitternacht auf die Straße traten, brannten ihre Lippen in der kühlen Nacht. Sie ließen die Köpfe hängen und schwiegen, müde und ein wenig betrunken, doch irgendwann erlösten sie sich und beschlossen in stummer Übereinkunft, zur Wohnung in Cihangir zu gehen. Als sie die Straße erreicht hatten, an deren oberem Ende nun der Sichelmond über den Bäumen des verwilderten Obstgartens auftauchte, und sie schließlich vor der Haustür standen, lief es ihnen eisig über den Rücken. Stichnote brauchte lange, um aufzuschließen und dabei nicht allzu sehr zu zittern, weil er abergläubisch fürchtete, dass sich das Verhängnis von Durazzo auf die eine oder andere Weise wiederholen könnte, um Arjona und ihn wieder auseinanderzureißen.

Was konnte eine Tür für unverheiratete Liebende nicht alles sein – der größte Schrecken, ein Folterinstrument, ein schlechter Scherz.

Doch als in jener Nacht das schwere Türblatt, auf dem Ornamente die persische Version der Phönix-Geschichte erzählten, hinter ihnen ins Schloss fiel und sie die Dunkelheit des Treppenhauses umfing, da hätte es kein schöneres Geräusch geben können. Hand in Hand stiegen sie hinauf.

Bei ihrer ersten jäh unterbrochenen Mittsommernacht in Durazzo waren sie sich schon sehr nahegekommen, doch in ihrer ersten Nacht in Cihangir, wo niemand sie hätte hindern können, wagten sie nicht mehr, als in aller Eile das schmale Bett zu beziehen. Stichnote zog sich Jacke und Stiefel aus, ließ den Rest an, legte sich aufs Bett und lauschte neugierig den leisen Geräuschen von Arjonas Toilette, die sie in der Küche vornahm. Dann kam sie herein, trug noch ihren Rock und hatte auch nur ihre Jacke und Schuhe ausgezogen. Sie löschte die Petroleumlampe und legte sich neben Stichnote. Der zog die kratzige blaue Decke über sie beide, legte den Arm um Arjona und konnte gar nicht glauben, dass sie binnen kurzer Zeit tatsächlich einschlief, während er, der noch nie Seite an Seite mit einer Frau die Nacht verbracht hatte, trotz steinerner Müdigkeit vor Aufregung kein Auge zumachte. Er staunte über Arjonas vollkommen ruhige Atemzüge, setzte sich zwischendurch auf und streichelte ihr Haar, betrachtete sie innig. Erst als schon fast wieder der leicht neblige Oktobermorgen graute und die Fackelzüge der Gaslaternen auf der asiatischen Seite unter der aufgehenden Sonne verblassten, überwältigte ihn endlich der Schlaf.

14

Die Muezzins waren gerade dabei, die Lastenträger, Tischler, Bäcker, Barbiere und Apotheker zum Morgengebet in die Moscheen ihrer Viertel zu rufen. Oberleutnant Niedermayer war schon lange zuvor aus seinem luxuriösen Zimmer im Pera Palace hinausgeschlichen, da er hier in Istanbul einen so leichten Schlaf hatte wie kaum je in seinem Leben. In den letzten Tagen war er immer wieder mit seinem Derwisch-Knotenstock und vollständig wie ein Perser gekleidet aus Pera hinaus ins alte Stambul gegangen, zu den Buchhändlern in den Gassen um den Basar, ins Judenviertel Balk oder am Goldenen Horn entlang, am Kriegshafen, wo GOEBEN und BRESLAU in ihrer sechsschornsteinigen Granatenwucht lagen, und weiter ins Tal von Kagithane und zu den Quellen der süßen Wasser im Belgrader Wald, deren Fluten die Ingenieure des Sultans in mächtigen Stauseen gesammelt hatten.

Heute Morgen jedoch überquerte er die Galatabrücke zusammen mit seinem Burschen Jakob in der Uniform der Bayerischen Infanterie, mit Säbel anstelle des Knotenstocks und einer dicken Aktentasche voller Dokumente, mit deren Hilfe er niemand Geringerem als dem Vizegeneralissimus des Osmanischen Reichs, Kriegsminister Ismail Enver Pascha, den offiziellen deutschen Plan für die Afghanistan-Expedition und seine eigene Einschätzung erläutern würde. Oder eigentlich das glatte Gegenteil davon, denn so sehr er persönlich mittlerweile darauf erpicht war, endlich abreisen zu dürfen, so sehr bezweifelte er die Tragfähigkeit des strategisch-diplomatischen Gerüsts der ganzen Geschichte. Aber darüber würde er natürlich kein Wort verlieren, sondern alles tun, damit der fast allmächtige Enver ihm wenn nicht schon die Erlaubnis zur Abreise, so doch zumindest einen Horizont in Aussicht stellte.

Nach Überquerung der Brücke holten er und sein treuer Jakob sich an der Neuen Moschee, die von unzähligen Tauben umschwärmt war, ein Frühstück auf die Hand und nahmen die Pferdekalesche eines griechischen Kutschers, der sie über die noch unbelebten Boulevards zum Kriegsministerium fuhr. In einem östlich ausgeschwungenen Bogen brachte die Kutsche sie auf den mit Akazien bepflanzten Platz vor dem gewaltigen Eingangstor aus rotem Stein, dessen Gestalt ein wenig an den Arc de Triomphe erinnerte und das links und rechts zwei niedrige, etwas gedrungene Türme besaß. Hinter den drei Prachtstockwerken des Ministeriums, das sich groß wie ein Marsbahnhof hinstreckte, ragten die beiden Türme der Beyazid-Moschee hervor.

Seit seinem letzten Besuch vor vierzehn Tagen waren, so schien es Niedermayer, noch einmal einige Landsleute dazugekommen, denn wohin man in dem großzügigen Vestibül auch blickte, sah man deutsche Leutnants, Majore und Oberste, die mit Aktentasche unter dem Arm oder ins Gespräch vertieft vorübergingen. Das Gebäude besaß zahllose Räume, aber die beiden größten lagen rechts oberhalb des Haupteingangs – das Vorzimmer von Enver Pascha im zweiten Stock und das Empfangszimmer im Stock darüber, wo die Besucher von Oberst von Bronsart begrüßt wurden, dem wichtigsten Mitarbeiter Envers und dessen Generalstabschef.

Bronsart war letztes Jahr nach Konstantinopel gekommen, als die deutsche Militärmission das erste Mal massiv verstärkt worden war. Seinen Namen kannte man, denn sein Vater war eine Zeitlang preußischer Kriegsminister gewesen. Er war ein rundköpfiger, schlanker, etwa fünfzig Jahre alter Mann, der seinen Schnurrbart buschig trug, Niedermayer mit einem zeitsparenden Zwinkern die Hand gab und sich ihm dann aufrecht wie ein Stock gegenübersetzte. Vor ihm lag ein ledergebundenes Buch, in das er sich Notizen machte und dabei eine Miene zog, als wäre er kein Militär, sondern der Manager eines Industriebetriebes, der die ganze Zeit mit Produktionsausfällen beschäftigt war.

Wie die meisten Männer, die die deutsche Militärmission an den Bosporus und die verschiedensten, über das ganze Land verteilten Stellungen gebracht hatte, war er offiziell Mitglied der türkischen Armee geworden. Angesichts der taktisch-technischen Zurückgebliebenheit seiner Truppen loderte das Flämmchen Perfektionismus bald mächtig in ihm auf und brannte nun von früh bis spät.

Niedermayer begriff, dass von Bronsart das Gespräch vorbereitete, das er anschließend mit Enver Pascha zu führen hatte. Bronsarts zentrale Botschaft war einfach und bestand darin, dass Enver die Afghanistan-Expedition ausdrücklich begrüße und unterstütze, dass er aber mehr türkische Offiziere unter den Teilnehmern wünsche. Enver betrachte die Türkei als die natürliche Schutzmacht der Turkvölker Zentralasiens, und so berechtigt und wichtig der deutsche Anstoß zu dem Unternehmen in Afghanistan sei, müsse auch den pantürkischen Interessen genüge getan werden. Vom Heiligen Krieg, dem Dschihad, und der Rolle des Sultans als Kalif aller Gläubigen sprach von Bronsart nicht.

Niedermayer nickte, und der Generalleutnant, der sich nun ein wenig nach vorne beugte, berichtete ihm im Klageton, dass die armen Türken, das Volk der bravsten und tapfersten Soldaten, die man sich nur denken könne, nach den Preußen, pardon, den Deutschen natürlich, in der absurden und bedauerlichen Situation seien, wie kein anderes Land in der Welt, von Teilen der eigenen Bevölkerung auf die perfideste Weise hintergangen und ausgebeutet zu werden. Allen voran von den Armeniern, vergleichbar den Juden in Europa, die ihren hakennasigen Geschäftssinn wie giftiges Efeu über alles wuchern ließen. Die Armenier seien noch schlimmer als die Griechen, die zwar auch Ranküne schmiedeten, aber mit der Perfidie der Armenier nicht mithalten könnten. Allein die Verhältnisse hier in Konstantinopel! Der Hauptstadt!

«Man stelle sich vor», sagte von Bronsart, schob noch «ernsthaft» dazwischen, und schmatzte abschmeckend mit den Lippen, «Berlin wäre zur Hälfte von Polen – dit wären jetzt mal im Beispiel die Griechen – und Juden bewohnt! In dem Fall hätten Se dann die Verhältnisse, die in etwa hier herrschen. Unvorstellbar, was? Die sitzen hier breit und fett und warten auf die Niederlage ihres Landes, weil se sich die größten Vorteile von versprechen. Aber die werden schon sehen, wozu Türken mit deutscher Hilfe fähig sind. Werden sich noch sehr wundern ...»

Dann stand von Bronsart auf, gab Niedermayer die Hand, salutierte schneidig, um sich sofort wieder in die Täler und Schluchten seiner Aktenberge zu begeben, während Niedermayer, dem die düstere Rede des Oberst ganz und gar nicht geheuer gewesen war, nach unten in Envers Vorzimmer geführt wurde.

Dort warteten, neben einigen Offizieren, die Niedermayer militärisch grüßten, vor allem Zivilisten. Türken im offiziellen Staatsrock, Araber in Turban und Burnus, ein schwarzafrikanischer Scheich, der ganz ähnlich wie die Araber gekleidet war, aber einen gelben Turban trug, zwei Perser in Kaftan und schwarzen Lammfellmützen, ein Derwisch in braunem Burnus, zwei Hodschas in grauem Gewand und grünem Turban sowie ein griechischer Geschäftsmann in europäischem Anzug.

Gerade als Niedermayer sich nach einem freien Sessel umsah, betrat der schwedische Militärattaché den Raum, in enggeschnittener blauer Kavallerieuniform und mit sonnenhell leuchtendem Haar. Er wurde an die erste Wartestelle bugsiert, was bei den so Düpierten eisige Blicke auslöste.

Niedermayer, der letzte in der Schlange, machte sich nicht die geringsten Illusionen über die zeitliche Ausdehnung seines Besuchs und schickte als Erstes seinen Burschen Jakob zurück ins Hotel. Dann machte er es sich auf einem ottomanisch rot gepolsterten Sessel bequem und begann sich umzusehen. Der Raum war zwanzig Meter lang, fünfzehn Meter breit und etwa acht Meter hoch. Auf dem Boden lag ein riesiger Teppich in Blautönen, Schiefer und Weiß. An beiden Enden des Raums stand ein marmorner Kaminsims. Zwischen den riesigen Fenstern befand sich ein hoher Spiegel mit weißem Rahmen, an der Decke sehr sparsam Stuck. Die Wandfarbe ein helles Beige. Auf einer Konsole vor der Scheibe standen zwei Uhren. Die eine Uhr zeigte die Weltzeit, die durch die Eisenbahnen hervorgebracht worden war und schließlich vom Nabelpunkt Greenwich ausgehend den ganzen Erdball überzogen hatte. Die andere zeigte die Zeit à la turca, die täglich neu nach dem Sonnenmittag ermittelt wurde und deshalb jeden Tag ein wenig anders war, eine natürliche Zeit. Anachronismus schlechthin.

In der Mitte des Raums hing ein riesiger Kristalllüster, erkennbar aus höchstwertiger französischer Industrieproduktion. Niemand hätte vermuten können, dass er sich im Epizentrum des Osmanischen Reichs befand, wäre da nicht – an der Wand gegenüber den Fenstern – eine Sammlung präsentiert worden, die äußerst osmanisch war. In Glaskästen, links und rechts neben der Tür, hingen einige Standarten von roter und grüner Farbe, die allermeisten zerrissen und zerfetzt und – in arabischer Schrift – bedeckt von den Namen der Formationen, denen sie einst vorangetragen worden waren. Daneben Waffen von jeder Größe und aus allen Epochen, uralte mittelalterliche Büchsen, Gewehre, so schwer, dass sie von zwei Mann bedient werden mussten, und Pistolen, die nur von den bulligen Händen anatolischer Infanteristen abgefeuert werden konnten. Auch an Schwertern, Säbeln, Dolchen und Messern war die Sammlung reich, viele davon aus Gold und Silber, kunstvollste Damaszener Klingen darunter. Von wie vielen Schlachtfeldern diese Waffen wohl stammten, wie sie wohl mit dem Aufstieg des Reichs verbunden waren, darüber dachte Niedermayer lange nach und fühlte sich gar nicht so sehr wie im Vorzimmer eines Ministers, sondern eher wie im Kabinett eines Museums.

Er wartete den ganzen Vormittag, von den Bürodienern regelmäßig zeremoniell mit Kaffee versorgt, und sah, trotzdem von lähmender Müdigkeit an den Stuhl gefesselt, wie einer nach dem anderen in Envers Büro verschwand und nicht mehr auftauchte, vermutlich weil das Büro einen zweiten Ausgang besaß. Ohne diesen hätte er den frühesten Besucher Envers an diesem Morgen erleben können, einen aus

Leipzig stammenden Mann mit der Figur eines Turners, der zu den Berühmten dieser Tage am Bosporus zählte – Konteradmiral Souchon.

Der Oberbefehlshaber der osmanischen Marine war wieder einmal bei dem allmächtigen Enver gewesen, während der Minister nebenbei die Depeschen der diplomatischen Vertretungen und den ersten Bericht seiner Geheimpolizei studierte, die ihre Augen und Ohren überall hatte. Und so wusste niemand besser über die Sittenlosigkeit Konstantinopels Bescheid als der arbeitssame und von sinnlichen Gelüsten nahezu unangefochtene Ismail Enver, den weder Knaben noch Jungfrauen reizten, der kein Opium rauchte und kaum Alkohol trank, der allein der kristallenen Substanz der Macht verfallen war.

Admiral Souchons Thema, immer dasselbe, war der Erstschlag gegen die russische Schwarzmeerflotte, jenem letzten Rest Schiffsmaterial des Zaren, den die Japaner 1905 übriggelassen hatten und den zu vernichten Souchon sich und seine Jungs gekommen sah, um das Schwarze Meer der türkischen Oberhoheit zurückzugeben. Manchmal verstand Enver, dessen Deutsch während seiner Jahre als Attaché in Berlin geschliffen worden war, das massive Sächsisch Souchons nicht ganz. Aber es gab kaum jemanden, mit dem er lieber zusammensaß, und ganz besonders gern traf er sich mit Souchon am Morgen. Der Mann trank Kaffee wie ein Kamel Wasser und war überhaupt sehr amüsant.

Als er ihn verabschiedete, ein schmaler, eleganter Mann neben einem energischen Athleten, vertraute er ihm an, Großwesir Said Halim und Innenminister Talaat seien längst überzeugt, dass der Platz der Türkei an der Seite der Mittelmächte wäre. Ironischerweise sei es innerhalb des innersten Kreises nur noch Marineminister Cemal Pascha, der schon immer auf ein Bündnis mit Frankreich gesetzt habe und darauf dränge, zu warten.

«Aber das ist nur eine Frage der Zeit, Admiral, seien Sie versichert. Einen guten Tag.»

Dann schloss Enver Pascha die Tür und ließ seine Bürodiener wissen, dass er bereit war, den nächsten Besucher zu empfangen. Es war dies der schwedische Militärattaché, ein unvorstellbarer Langweiler, der ihn in größter Regelmäßigkeit aufsuchte. Seine Phantasie war ein Militärbündnis der Neutralen, zu dem neben den Skandinaviern bloß noch das Osmanische Reich und einige südamerikanische Staaten hinzuzutreten hätten.

Wenn man bedachte, wie es dem neutralen Belgien ergangen war, war es durchaus verständlich, dass Neutralität einen in kriegerischen Zeiten nicht weiterbrachte. So weit fand er den Gedanken der Schweden, die eine der ältesten Botschaften in Istanbul unterhielten, durchaus einleuchtend. Aber Enver sah das Osmanische Reich noch nicht so tief gesunken, dass es auf die Hilfe von Schweden, Norwegen oder Kolumbien setzen musste; es war noch immer eine Großmacht, ein autonomes Gebilde, für das es keine Neutralität geben konnte. Also ließ er den Schweden reden, zuckte gelegentlich mit den gezupften Augenbrauen und freute sich daran, dass sein eigenes Deutsch – das des Sohnes eines Eisenbahnarbeiters – besser war als das des Grafen aus Stockholm.

Während Enver einen Besucher nach dem anderen empfing und sich mit selten nur gespielter Geduld und höchstens einmal angedeutetem eisigem Lächeln durch den Vormittag arbeitete, rückte Niedermayer nach vorne. Aus der nahe gelegenen Moschee drang der Mittagsruf Zuhr, doch kaum hatte der Muezzin diesen mit ein paar heiseren *Allahs* beendet, begann auf dem Hof das Mittagskonzert mit einem Paukenschlag, der dem Ruf des Muezzins folgte wie Donner dem Blitz. Basstrommel, Becken und das gewaltige Blech setzten ein, die Kapelle gab sich mit Leidenschaft Militärmärschen hin. Sie wanderte hin und her, entfernte sich und kam wieder näher. Niedermayer schaute vom Fenster aus zu, und als er sich schließlich von Envers Diener aufgefordert sah, das Büro des Kriegsministers zu betreten, war es fast schon ein Uhr. Die Kapelle gelangte zum Ende ihrer Probe und spielte die Ouvertüre zum *Fliegenden Holländer*, rein mit Schlagwerk und Bläsern.

Enver trug – dem deutschen Kaiser nachempfunden – einen auf beiden Seiten in Haken nach oben gehenden Schnurrbart und zeigte jenes feine Lächeln, das er auch auf Fotografien stets zur Schau trug. Aber nie hätte Niedermayer ihn so zierlich vermutet, mit fast damenhaft schmalen Händen. Man mochte sich kaum vorstellen, dass diese zarte Person als der begabteste Feldherr und beste militärische Organisator der zweiundzwanzig Millionen Untertanen des Sultans galt und dessen Vorgänger Abdülhamid gestürzt hatte.

Abdülhamid umzubringen, darüber hatte der damals siebenundzwanzigjährige Enver wohl nachgedacht, aber dann hatten er und seine Mitverschwörer entschieden, dass sie so weit nicht gehen konnten und den vom Verfolgungswahn gepeinigten Ex-Sultan, der das Reich hatte verkommen lassen, aber den höchsten Respekt bei den Muslimen in der ganzen islamischen Welt genoss, nur eingesperrt, erst in Saloniki und seit ein paar Jahren drüben im Schloss Beylerbey. Den Verfolgungswahn hatte Enver von Abdülhamid übernommen, weshalb er auch schleunigst seine Geheimpolizei aufgebaut hatte, die «Sonderorganisation».

«Seien Sie willkommen», sagte Enver. Die Wagner-Musik ging mit Flöten, Posaunen und Fagotten ihrem Höhepunkt entgegen, um dann im Tutti aller Bläser und des ganzen Schlagwerks zu enden und das Schiff des verdammten Kapitäns knirschend an Land zu setzen. Der Vizegeneralissimus zog die Brauen hoch, zeigte das feine Enver-Lächeln, die einzige Regung in einem ansonsten unbewegten Gesicht.

«Ich hoffe», fuhr er mit deutlichem Berliner Akzent fort, «Sie verzeihen mir, dass ich Sie von Ihrer Arbeit abhalte, Herr Oberleutnant und Ihre Zeit beanspruche.»

«Die Pflichten, die ich derzeit zu erfüllen habe, sind äußerst gering, Exzellenz. Als ich vor gut einem Monat hier eintraf, hätte ich nicht erwartet, so lange ... ausharren zu müssen.»

«Geduld ist die Tugend des Offiziers», erwiderte Enver lächelnd, doch ein wenig kühler als zuvor, «das hat mir Ihr großer Clausewitz beigebracht. ‹Richten wir den Blick auf die Geschichte des Krieges, so finden wir, dass ganz offenbar Stillstehen und Nichtstun der Grundzustand der Heere mitten im Kriege ist und das Handeln die Ausnahme.› Drittes Buch, Kapitel 16. Über den Stillstand im kriegerischen Akt.»

Niedermayer kannte die Stelle gut und erinnerte sich, dass Clausewitz als ersten von drei Hauptgründen für die Verzögerung die Neigung des Menschen zur Furcht genannt hatte.

«Bei allem Respekt, Herr Minister, an der Westfront, wo mein Regiment derzeit steht, südlich von Metz, geht es zwar im Augenblick nicht weiter, aber Nichtstun ... habe ich dort nicht kennengelernt.»

«Ich verstehe Ihre Ungeduld, Herr Nie... Mayer. Als mein Land vor drei Jahren gegen Italien im Krieg stand, konnte ich es nicht erwarten, an die Tripolisfront zu kommen. Aber Sie werden einsehen, dass die Aufgabe, die vor Ihnen liegt, damit nicht ganz zu vergleichen ist. Es ist ja ein geheimes Unternehmen, das Sie da voranbringen sollen. Ich jedenfalls bin froh, dass wir uns einmal kennenlernen, damit Sie mich auf den Stand bringen können.»

Niedermayer, der schon fünf oder sechs Mal stundenlang in den Büros niederrangiger Mitarbeiter des Ministeriums herumgesessen hatte, ohne etwas bewegt zu haben, begann nun, mit neu erwachtem Elan dem Minister zu berichten, gleichwohl er natürlich seinen Ärger über den Stand der Dinge für sich behielt.

Er schilderte also, dass die allermeisten der bereits feststehenden Teilnehmer der Expedition inklusive des Enver namentlich bekannten Vizekonsuls Wassmuss nach Aleppo vorausgefahren seien und dort darauf warteten, dass es weiterginge. Er erwähnte nicht, dass die von der Berliner Nachrichtenstelle für den Orient als Gepäck eines Wanderzirkus deklarierte Ausrüstung von den Rumänen beschlagnahmt worden war, sondern formulierte es positiv: Die vollständige Ausrüstung sei unterwegs und müsse bald per Eisenbahn in Konstantinopel eintreffen. Er erwähnte auch nicht, dass er noch immer keinen Funkoffizier hatte. Dann führte er noch die von ihm geplante Reiseroute aus, über Bagdad und Teheran nach Herat und Kabul. All das nahm der omnipotente Enver mit seinem kühlen Lächeln auf, ohne sich weiter dazu zu äußern, doch machte er sich, was Niedermayer wohl bemerkte, Notizen.

Als der Oberleutnant fertig war, gab Enver ihm zu verstehen, dass er seine Bemühungen und den Stand der Vorbereitungen gutheiße, dass man aber der Meinung sein könne, dass für ein deutschtürkisches Expeditionsunternehmen etwas zu wenige Angehörige der hiesigen Streitkräfte darunter seien. Das stellte er mit sanften Worten in den Raum und fuhr erst fort, als Niedermayer deutlich gemacht hatte, dass er verstanden habe.

Des Weiteren führte Enver aus, dass ihm kürzlich von Seiten des deutschen Botschafters mitgeteilt worden sei, dass auch ein Inder für die Afghanistan-Expedition vorgesehen sei, mithin also ein Untertan des britischen Königs. Niedermayer nickte. Und dass es sich bei diesem jungen Mann um einen Prinzen handele, den Abkömmling eines der zahllosen indischen Fürstenhäuser, das sei auch richtig? Richtig.

Das sei ja hochinteressant, fand der Kriegsminister, denn er interessierte sich nicht erst seit der Heirat seines Hauptkonkurrenten, Innenministers Talaat Bey, eines ehemaligen Telegraphenbeamten aus Saloniki, der sich mit einer Sultanstochter vermählt hatte, für alles Adlig-Dynastische.

Ob Niedermayer ihm denn nicht mehr von diesem Prinzen erzählen könne, wollte er wissen, doch Niedermayer, der sich daran erinnerte, was ihm Generalleutnant von Bronsart vorhin über pantürkische Interessen in Zentralasien erzählt hatte, schüttelte den Kopf. Den Namen kenne er, Ashraf Hassan Khan, und die Ankunft des jungen Mannes, die sei übermorgen. Ursprünglich habe Khan mit der Bombay-Triest-Linie des Österreichischen Lloyd anreisen wollen, nach Ausbruch der Feindseligkeiten und der Erklärung des Kriegszustandes zwischen Großbritannien und Österreich-Ungarn sei das Schiff wie viele andere der österreichischen Flotte allerdings beschlagnahmt worden, weshalb sich seine Anreise verzögert habe. Er komme nun mit einem Schiff der Peninsular and Oriental Steam Navigation Company nach Port-Said, werde dort von Bord gehen und weiter mit einem Postdampfer nach Konstantinopel fahren. Er, Niedermayer, werde ihn abholen.

Damit gab sich Enver zufrieden, fügte noch hinzu, dass er sich freuen würde, den Prinzen bei Gelegenheit kennenzulernen, sprang auf, drückte Niedermayer die Hand, ließ ihn von seinem Attaché hinausführen, um mit diesem daraufhin die Belange des nächsten Besuchers vorzubesprechen, eines bleichgesichtigen jungen Mitarbeiters von Dr. Helphand, der einen interessanten Vorschlag zu machen hatte.

15

Und während der ehrgeizige Kriegsminister des Osmanischen Reichs ein neues Waffengeschäft ins Auge fasste und insgeheim vom zukünftigen pantürkischen Reich von Anatolien bis Zentralasien träumte und der durch die Prachtstraßen des alten Stambul wieder zurück in sein Luxushotel zurückmarschierende Niedermayer darüber nachdachte, wie er einen türkischen Offizier finden konnte, der ihm und der Afghanistan-Expedition auch wirklich von Nutzen sein würde, erlebte Prinz Ashraf Hassan Khan seine letzten Stunden als freier Mann, bevor er – gefesselt, mit verbundenen Augen und sehr geschwächt durch eine vorhergehende intensive Befragung, die ihm Hämatome, Brandwunden an intimen Körperstellen und den Verlust von zweieinhalb Fingern der linken Hand eingebracht hatte – an Bord eines soliden britischen Frachters davonfuhr.

Die SS SWALLOW brachte den geschundenen jungen Mann zunächst auf derselben Strecke, die er von Bombay gekommen war, durch das Rote Meer, hielt dann aber am Horn von Afrika nicht weiter dem Persischen Golf zu, sondern fuhr nach Süden, entlang der Küste Ostafrikas bis hinab zum Kap der guten Hoffnung, wo sich in der Tafelbucht gegenüber dem prächtigen Kapstadt eine kleine, gut überschaubare Insel befand, auf der die Briten immer schon gerne widerspenstige koloniale Untertanen einsperrten. Die eiskalten Strömungen des Südatlantiks machten Robben Island zum vollendeten Gefängnis.

Ashraf Khan verbrachte dort viele Monate ohne Anklage, ohne je einen Richter gesehen zu haben und ohne gesagt zu bekommen, wo er eigentlich war. Selbst nach dem Ende des Großen Krieges hielt ihn die britische Regierung noch lange dort gefangen, weil sie die Dominion-Verhandlungen mit Indien nicht gefährden wollte. Später schrieb Khan, der während der bitteren Jahre der Gefangenschaft eine spirituelle Erweckung in Form von Botschaften erfahren hatte, die aus dem Geschrei der das Gefängnis umkreisenden Möwen stammten, einen Zukunftsroman mit dem Titel *Die stählerne Swastika*, in dem er einen alternativen Verlauf der Weltgeschichte zeichnete: Dort dauert der Große Krieg über dreißig Jahre und bringt schließlich einen düsteren Gewaltherrscher an die Macht, der alles Leben auf der Erde vernichtet.

An jenem späten Oktobernachmittag nun, an dem er für ein paar letzte Stunden in Freiheit auftauchte, befand sich Ashraf Khan unter den hundert meistgesuchten Männern des indischen Subkontinents und hatte zuletzt, bevor der Auftrag seiner deutschen Unterstützer ihn auf die komplizierte Reise an den Bosporus geschickt hatte, das indische Kaiserreich mit einer Serie von Terrorakten überzogen, deren Höhepunkt ein Brandanschlag auf das Postamt der Stadt Agra gewesen war, bei dem der gewaltige Bau zu Teilen zerstört und das britische Postwesen in Rajasthan für Tage gelähmt worden war. Zwar hatten die Briten es verstanden, das Bekennerschreiben, das Khans Gruppe zwei Tage nach dem Attentat sowohl der *Indian Times* als auch den *Delhi News* lanciert hatte, unter den Tisch fallen zu lassen und den Anschlag offiziell als Unglück zu titulieren, dennoch saß der Treffer. Unter den britischen Intelligence-Leuten galt Khan daher als Topterrorist, wie er den dunkelsten, whiskyimprägnierten Verschwörungstheorien aus dem Kabinett des Vizekönigs entstiegen sein mochte. All das, was die Briten in Indien gebaut hatten, um die Rohstoffschätze des Landes auszubeuten und ihre industriell produzierten Waren zu vertreiben, die Post- und Telegraphenämter, Schulen und Ministerien, vor allem aber natürlich die Eisenbahn, bot sich den Angriffen wagemutiger Kämpfer offen dar. Die Kasernen mochten uneinnehmbare Festungen sein – ihre Behörden und ihre Bahnhöfe waren es nicht.

Khan war über seine Mutter mit dem Hause Katwara, einem kleinen Fürstentum im Norden Indiens, verbunden – ihn deshalb aber einen Prinzen zu nennen, wäre niemandem am Hof von Lakhimpur eingefallen, war seine Mutter doch nur die jüngste Halbschwester des 84. Raja von Katwara, Madar Husain Ali, der 1857 verstorben war. Der Thron des winzigen Fürstentums war seitdem verwaist. Zwar gab es einen offiziellen Thronfolger, doch der lebte, alimentiert von der britischen Krone, mit seiner Familie in der Schweiz.

Er hatte diesen seinen Großgroßonkel nur einmal gesehen, im Alter von fünf Jahren, als die über Europa verstreute Familie eingeladen worden war, in einer Villa am Genfer See den siebzigsten Geburtstag des expatriierten Monarchen zu feiern. Ashraf erinnerte sich an die Diamantringe, die die eleganten Hände seines Onkels schmückten, und vor allem die goldene, eigens von einem kleinen Uhrmacher namens Vacheron gebaute Uhr war ihm deutlich in Erinnerung geblieben. Er hätte sie gerne gehabt.

Dass ihn seine deutschen Verbündeten mit Prinz titulierten und ihm für den wahrscheinlichen Fall eines Sieges jede Unterstützung in Aussicht gestellt hatten, damit er den Thron seiner Vorväter bestieg und nicht etwa einer der Söhne seines verräterischen, von den Briten gekauften Großonkels, war einer jener äußerst stimulierenden Anreize, mit denen die Agenten des deutschen Kaisers ihr bislang karges finanzielles Engagement aufwerteten. Prinz Khan handelte zwar aus Überzeugung und nicht aus egoistischem Kalkül, aber seine Jugend konnte sich der träumerischen Vorstellung nicht entziehen, dass das Haus Katwara unter seiner Führung die Engländer aus Indien vertreiben sollte. Bis zur Ankunft der East India Company hatten die moslemischen Mogule über weite Teile Indiens geherrscht: gerecht und unangefochten. Unter der Vorherrschaft des Islam war Indien aufgeblüht. Doch dem unwiderstehlichen Sog, der von der eigentlichen Waffe der Briten ausging, ihrer Handelsmacht, konnten auch die mächtigen Führer des Islam nichts entgegensetzen.

Fern seiner Heimat war Ashraf in Berlin aufgewachsen. Sein Vater war ein aus Bombay stammender Chirurg, der an der Charité beschäftigt war, seine Mutter widmete sich mit Unterstützung eines Hauslehrers der Kindererziehung, vor allem aber legte sie höchsten Wert darauf, dass Ashraf und seine zwei großen Schwestern nicht nur das familiäre Urdu sprachen, sondern auch Arabisch, Persisch und Hindu lernten. Er hatte sein Abitur im Charlottenburger Lyzeum abgelegt, dann auf Wunsch seines Vaters ein Medizinstudium begonnen, das er aber schleifen ließ. Über eine Gruppe moslemischer Studenten in Berlin kam er in Kontakt mit einem Mann, der zu Ashrafs Verblüffung fließend Arabisch und Persisch sprach und der sich zwischen den Mitgliedern der Gruppe mit größter Selbstverständlichkeit zu bewegen verstand. Der Mann arbeitete im Auftrag des Auswärtigen Amtes, und nach gut drei Monaten nahm er Ashraf eines Abends beiseite und schlug ihm vor, seiner Wut über die britische Zwangsherrschaft in Indien selbst zu begegnen. Wie das geschehen könne? Der Mann erklärte es Ashraf mit vielen Worten, es lief darauf hinaus, dass er zunächst von einem erfahrenen deutschen Offizier eine Ausbildung in Bombenbau und Waffentechnik erhalten würde, und danach solle er – mit Mitteln aus einem Geheimfonds ausgestattet – nach Indien fahren, um dort eine revolutionäre moslemische Gruppe zu bilden.

Das war vor vier Jahren gewesen, und der Brand des Postamts war der bislang letzte Streich, den Khan und seine Mitverschwörer ausgeführt hatten. Der Bericht darüber hatte Berlin ein paar Wochen später erreicht, und kurz danach war der Krieg in Europa ausgebrochen, was man in Indien entweder für ein gutes oder ein ganz besonders schlechtes Vorzeichen hielt, da nun auch indische Truppen an die Westfront verlegt wurden und damit zwar weniger Truppen in Indien standen, aber eben auch Inder auf den Schlachtfeldern Flanderns sterben würden.

Der Krieg war keine zwei Wochen alt, da traf über ihren Kontaktmann in Bombay das verschlüsselte Telegramm aus Berlin ein, das ihn zu einem konspirativen Treffen in die Hauptstadt des Osmanischen Reichs berief. Von einer Expedition an den Hindukusch war die Rede, von einem Bündnis mit dem Emir von Afghanistan und einem militärischen Eingreifen in Indien. Etwas Großes nahm seinen Anfang, an dessen Ende womöglich nicht nur ein freies Indien, sondern auch die Wiedererrichtung des Hauses Katwara stand.

Unglücklicherweise hatte er einen Großteil des Geldes für ein Erste-Klasse-Ticket an Bord der SS MARIENBAD, einem Schiff des Österreichischen Lloyd ausgegeben, doch dann wurde das Schiff beschlagnahmt, das Büro der Österreicher geschlossen, Ashraf musste umbuchen, und es reichte nur noch für die dritte Klasse auf einem abgeranzten Dampfer der Peninsular and Oriental, der übelsten aller Schifffahrtsgesellschaften. Er musste sich die Kabine mit zwei Handelsreisenden aus Sheffield teilen.

Während der knapp zehn Tage, die die Passage über den Indischen Ozean währte, verstanden sie es, Ashraf auf eine an Zauberei grenzende Weise zu ignorieren, da es offensichtlich nur ihr Geiz war, der sie zwang, ihre Kabine mit einem Inder zu teilen. Doch der Sprössling des Hauses Katwara, begründet durch Raja Mull, der im Jahr 866 nach der Hidschra den Islam angenommen hatte, was in der christlichen Zeitrechnung dem Jahr 1488 entspricht, ließ sich nicht dazu hinreißen, die Mistkerle zu attackieren. Er hatte sich als ein zum Christentum bekehrter Buchhalter einer Handelsgesellschaft in Bombay getarnt und ging ihnen aus dem Weg. Er las nicht im Koran und verzichtete auf das Gebet – er verstellte sich.

Nach der Durchquerung des wichtigsten Nadelöhrs der Welt, dem Suezkanal, musste er in Port Said das Schiff wechseln, ganz erschlagen vom fortwährenden Auftrumpfen britischer Herrschaft, jener perfiden Genialität, mit der sich dieses kleine Land sein Weltreich geschaffen hatte. Die Geläufigkeit, mit der die Engländer in dem großen Eingangshafen, in dem das halbe Mittelmeer seine Schiffe versammelt zu haben schien, ihr Mandat wahrnahmen, beeindruckte ihn, jene Reibungslosigkeit, mit der einheimische Fuhrleute und andere Tagelöhner, englische Zollinspektoren und Lotsen das Ganze am Laufen hielten. Ingenieure, Kapitäne und Kaufleute bevölkerten die Kais. Unter der Sonne Ägyptens war eine neue Stadt entstanden, die aus den Phantasien der Seefahrer dieser Welt zu stammen schien und neben den Hafenanlagen und Verwaltungsgebäuden der Kanalgesellschaft nur aus einem einzigen großen Vergnügungsviertel bestand.

Kaum war er mit seinen zwei Koffern durch die Zollkontrolle gekommen und hatte sich die Fensterglasbrille zurechtgeschoben, da sprach ihn ein auffallend elegant gekleideter Gentleman an, dessen Bowler in der Sonne glänzte. Er schien die Liebenswürdigkeit in Person.

«Hocherfreut, Sie zu sehen, Sir», sagte der Mann und legte die Finger der rechten Hand beflissen an die Hutkrempe. «Zu Ihren Diensten, Sir», setzte er noch hinzu und reichte Ashraf lächelnd seine Visitenkarte.

Bosphorus Transfer Inc. – Transporte aller Art las Ashraf. Sonst stand nichts weiter darauf, aber die Karte wirkte grundsolide.

Durchaus erleichtert, da er sich inmitten des Gewimmels am Kai noch nicht recht orientiert hatte, berichtete Ashraf, er sei auf der Suche nach einem Gepäckträger, um zu seinem Postschiff nach Konstantinopel zu kommen. Der Mann mit dem Bowler nickte ihm verständnisvoll zu, meinte, das wisse er, er sei hier, um Ashraf zu helfen. Er fasste ihn freundlich, aber bestimmt am Arm und zog ihn zwischen den Lastträgern und den zahllosen Reisenden zu einer geschlossenen Limousine, deren Fahrertür aufging und einen über beide Ohren grinsenden jungen Mann orientalischen Aussehens freigab, der ihm lachend die Koffer abnahm und hinten verstaute. Und dann kam der Moment, an dem Ashraf das Ganze verdächtig vorzukommen begann, als nämlich der Gentleman mit dem Bowler ihn auf die Rückbank bugsierte und dort ein Dritter saß. Es war nicht einmal der Mann selbst mit seinem glattrasierten, braungebrannten Gesicht, der ihn beunruhigte, sondern seine Kleidung, ein hochgeschlossener schwarzer Anzug, wie man ihn unter indischen Studenten oft fand ... da dämmerte es Ashraf, dass irgendetwas an dieser lustigen, hilfsbereiten Truppe, in deren Wagen er gerade gestiegen war, nicht in Ordnung sein könnte.

«Salam Aleikum», sagte der braungebrannte Mann auf dem Rücksitz, «Friede sei mit dir.» Ashraf erwiderte unsicher den Gruß, jetzt überzeugt, einen Fehler gemacht zu haben, da der Gentleman mit dem Bowler neben ihn auf die Bank rutschte, die Tür des Automobils zuschlug und dem anderen zunickte, der Ashraf daraufhin mit unvermuteter Kraft packte, während der Mann mit dem Bowler in Sekundenschnelle das in den Händen operierender Ärzte so überaus beliebte Chloroform großzügig auf ein Taschentuch träufelte.

Sie brachten Ashraf in ein Lagerhaus, fesselten ihn auf einen Stuhl, weckten ihn mit Wassergüssen, und dann begann der braungebrannte Mann, der ein exzellentes Oxford sprach, die Befragung. Der Mann mit dem Bowler durchsuchte unterdessen Ashrafs Gepäck nach sachdienlichen Dokumenten, die es dem mit der Befragung beschäftigten Agenten später erleichtern würden, in die Rolle des indischen Revolutionärs zu schlüpfen.

Ein paar Stunden und eine ekelhafte Foltertortur später, unter der Ashraf dem schlanken Mann im indischen Gewand alles mitteilte, was er über sich, die Gruppe und die Pläne der Deutschen wusste, dampfte die SS SWALLOW mit einer Ladung von dreizehn Tonnen Besteck aus Sheffielder Industrieproduktion und einem undeklarierten Passagier zurück Richtung Aden.

Andrew Gilbert, so hieß der Mann, der Ashraf mit Leidenschaft befragt hatte, wusch sich das Blut von den Händen und wechselte sein Hemd, das gleichfalls voller roter Spritzer war. Er trank einen letzten Whisky, einen dreifachen, nicht ohne Bedauern, denn da er nun für unabsehbare Zeit in die Rolle eines muslimischen Revolutionärs schlüpfen sollte, war Alkohol bis auf Weiteres tabu. Womöglich wäre dies der schwierigste Teil seiner Mission.

Dann rasten der Gentleman mit dem Bowler und er zurück zum Hafen, damit der Geheimagent rechtzeitig das Schiff nach Konstantinopel erreichte, für das er eine Reservierung hatte. Am Kai verabschiedeten sie sich voneinander. Der Mann mit dem Bowler, der ein späteres Schiff nehmen würde, teilte Gilbert mit, wie er ihn in Konstantinopel erreichen konnte. Sie gaben sich die Hand.

«Alles Gute, Sir», sagte der Mann mit dem Bowler.

«Friede sei mit Ihnen», erwiderte Gilbert und grinste.

Und so fand schließlich ein braungebrannter, schlanker Mann in indischer Kleidung und mit zwei schmalen Koffern seinen Platz an Deck eines griechischen Dampfers, der über Athen nach Konstantinopel fuhr, eine Reise, die über Nacht ging und ihn in den späten Nachmittagsstunden des nächsten Tages an den Bosporus brachte. Oberleutnant Oskar Niedermayer hieß der Mann, der ihn am Landungssteg abholen sollte.

16

Ein paar Tage vergingen, von denen jeder dem anderen glich und aus einem kühlen Morgen einen warmen Mittag machte und ein tiefes Blau über die prächtigen Hügel am Bosporus spannte.

Arjona hatte wieder Nachtdienst im St. Georg-Spital und verließ gegen acht Uhr abends das Haus, musste vorher aber noch bei ihrer Gastfamilie, den Tavanians vorbeischauen, damit diese, zweifellos die Großzügigkeit selbst, keinen Verdacht schöpften. Stichnote hingegen, der frischgebackene Deckoffizier, hatte sich einmal an Bord der jetzt MIDILLI getauften BRESLAU blicken lassen, die inzwischen hinter den Prinzeninseln in der Tuzlabucht ankerte und täglich Manöver und Übungsfahrten im Marmarameer durchführte. Aber er hatte seinen Besuch kurz gehalten, etwas verschämt und ohne seinen Freund Ingenieuranwärter Thomas Kasten zu besuchen, der gänzlich in der arbeitsamen Routine der Türkenwerdung aufgegangen war. Stichnote hatte sich Ersatzteile, Spulen, größere Mengen Draht, Lötzinn, Lötkolben und anderes Material aus dem Technikfundus des Funkraums ausgeliehen, sich kurz mit Leutnant Dönitz abgesprochen, der zwei weitere, noch etwas größere Spielrunden arrangiert hatte und froh war, ihm die Termine mitteilen zu können. Dann war Stichnote zurückgefahren und hatte die Tage damit verbracht, in den Vierteln rund um den Kriegshafen nach Bauteilen zu suchen, die er für die Ausstattung seiner Funkerklasse an der Marineakademie brauchte, ohne bislang allerdings fündig geworden zu sein. Elektrohandlungen, wie es sie in München oder Kiel gab, suchte man hier vergeblich.

In einem von Juden betriebenen Lampenladen in einer Seitenstraße der Grand Rue de Pera, der einen vorzüglich ausgebildeten jungen Mann aus Belgien als Elektriker hatte, bekam er den Tipp, sich bei den Feinschlossern in einer Gasse rund um den großen Basar nach Einzelanfertigungen zu erkundigen. Also war Stichnote am nächsten Morgen mit dem allerersten Postdampfer zunächst zur Marineakademie getuckert, um sich seinen Dolmetscher an die Seite zu holen.

Faruk Erdöl genoss den Ausflug mit Dozent Stichnote und führte ihn nicht nur treulich durch die oftmals auf der Straße betriebenen Feinschlosserwerkstätten Stambuls, sondern erkundete mit ihm auch die besten und günstigsten Imbisse und Garküchen. Der improvisierten Ausstattung der Funkklasse kamen sie zwar nicht wirklich näher, aber Erdöl beruhigte Stichnote damit, dass ja auch noch immer kein einziger Funkschüler eingetroffen sei und man also durchaus noch Zeit habe.

Am frühen Nachmittag verabschiedeten sie sich mit dem Versprechen, sich am nächsten Tag am Kopf der Galatabrücke wiederzutreffen und gemeinsam weiterzusuchen. Es gebe – meinte Erdöl – auch drüben im asiatischen Skutari noch viele ausgezeichnete Fein- und Kopfschlosser, die man fragen könne, und er sei sich vollkommen sicher, dass sie jemanden fänden, der ihr Problem löse und ihnen Morsetasten schmiede.

Wenn seine Mission als Angehöriger der osmanischen Marine und Okutman ihrer Akademie darin bestehen sollte, mit Faruk Erdöl auf die Suche nach dem ersten Morsetastenschmied von Arnautvuköy oder Besiktas zu gehen, dann würde es eben so sein. Er dachte nicht darüber nach, wie viele Kilometer Telefondraht die kämpfenden Armeen des Bündnisblocks, dem er angehörte, heute an den diversen Fronten wohl verlegt haben mochten, und machte sich auch über die Ausmaße des gegnerischen Drahtlosverkehrs sowie der insgesamt ergriffenen Maßnahmen, diesen zu stören, keine Vorstellung. Nach der Verabschiedung von Erdöl fand sich Stichnote auf der am meisten benutzten Fußgängerbrücke des Planeten Erde wieder, betrat die Tunnelzahnradbahn am Fuße des Galatabergs, wo er im Gedränge zwischen Kurden und Italienern stand, und kam sich angesichts der unzähligen auf ihn einströmenden Sprachen und Stimmen vor, als wäre er in einem Funknetz gefangen. Was für ein unglaublicher Tummelplatz Konstantinopel doch war!

Oben an der Grand Rue de Pera war er froh, die Enge der Untergrundtunnelbahn hinter sich lassen zu können. Er stöberte in einer Buchhandlung, da er Arjona eine Freude damit machen konnte, ihr eine der modernen Zeitschriften mitzubringen, die aus Paris und London kamen und in denen über Mode oder Theater geschrieben wurde. Er fand auch die *Neue Zürcher Zeitung*, durchblätterte deren Auslandsteil und fand doch tatsächlich wieder einmal einen Artikel von Adolph Zickler, ihrem Schicksalsschreiber, wie sie ihn halb im Scherz getauft hatten. Zickler hatte heute etwas über ein Fußballspiel verfasst, «das neue Spiel» in der Hauptstadt des Osmanischen Reichs. Stichnote kaufte die Zeitung.

Eine gute halbe Stunde später betrat er das Haus in der Katzengasse von Cihangir, über der sich der wolkenlose Nachmittagshimmel schon dunkelnd von Asien nach Europa spannte. Er traf einen der anderen Mieter, der immer einen verwegenen Eindruck auf ihn machte mit seinem hohen Kragen und dem flackernden, halb düsteren Blick. Heute trug er einen Geigenkasten unter dem Arm und nickte Stichnote einmal scharf zu, während er eilends die Treppen nach unten hastete.

Arjona und er hatten nur einen Schlüssel. Der Letzte, der die Wohnung verließ, gab den Schlüssel bei dem Lebensmittelhändler vorne an der Straße ab, wer als Erster kam, holte ihn dort und ließ die Tür angelehnt. Sebastian betrat die Wohnung und erkannte schon am Geruch, dass Arjona schlief. Auch wenn er die letzten drei Jahre nicht ausschließlich unter Seemännern geschlafen hätte, hätte er dieses Heimkommen in eine frühnachmittägliche Wohnung, die veredelt von der Anwesenheit seiner Herzensfreundin war, zu schätzen gewusst. In der Küche roch es nach kaltem Essen, manchmal brachte Arjona etwas aus dem Krankenhaus mit. Auf dem Tisch standen zwei kleine Töpfe. Er zog seinen Mantel aus, hing die Offiziersmütze an einen Haken und trat dann in das größere der beiden Zimmer.

Das Bett war schmal, Arjona, ihren lockigen Kopf auf einen Arm gebettet, lag etwas quer unter dem Laken, über das sie die Kamelhaardecke gebreitet hatte. Ihr Nachthemd war ihr über die Schulter gerutscht und Stichnote bewunderte die seidenhautüberspannte Kuhle ihres Schlüsselbeins. Ihre Augenlider mit den langen schwarzen Wimpern zitterten leicht, als er sich vor ihr hinunterbeugte, um ihr das Laken über die Schultern zu ziehen. Dann hob er das Buch vom Boden auf, das sie offensichtlich vor dem Einschlafen gelesen hatte und das ihr aus der Hand geglitten war. *Auf zwei Planeten.* Einer der Notizzettel, die Eibo während seines Aufenthalts in Durazzo verfasst hatte, war herausgefallen.

SONNENFELDER/zweit. Bd.: was für ne rasse mensch ist
das/hunderttausend jahre vorsprung
die nackten schwarzknochigen bäume;
anschtatt des Laubs langes Schtroh in den ergreifenden ästen –
kampf dem (sonnen)kapital=kapital immer böse
ergo: kein mensch/kapitalist böse, sondern arm & nur natur

Es war etwas Seltsames an Eibos Notizzetteln, die er zwischen den Seiten des utopischen Romans von Kurd Laßwitz gefunden hatte, etwas Seltsames, das sich immer wieder einstellte, wenn er sie in die Finger bekam. Eibo war so ein lieber Kerl gewesen. Egal worüber man sich mit ihm unterhielt, immer hatte er es verstanden, den anderen zum Lachen zu bringen. Sogar über seine SPD hatte er Witze gemacht, die ihm doch heilig war und deren Parteibuch er wohlweislich bei seiner Mutter in Bremen gelassen hatte. Keine einzige Funknachricht hatte ihm sein Triton-Kamerad jemals rübergefunkt oder aufnotiert, in der nicht wenigstens ein kleiner Scherz versteckt gewesen wäre. In den Notizen zu *Auf zwei Planeten* zeigte sich Eibos Witz zwar durchaus, aber es war insgesamt ein buntes Gemisch: dichterisch-poetische Sprache, eigenartige Wortbildungen, sozialistisch-ökonomische Begriffe und Bruchstücke aus der Handlung des Romans. Die Notizen waren so ernst. Auf einigen hatte Eibo sogar verschiedene Skizzen von einem «Sonnenstromgenerator» gemacht.

Er legte den Zettel zurück zwischen die Seiten und das Buch auf den kleinen Hocker, den sie als Nachtkästchen benutzten. Arjona schlug ihre Augen auf, schloss sie bei seinem Anblick wieder wohlig und beruhigt, wie ein Kind, das ein vertrautes Gesicht gesehen hat. Ihr Arm erwachte zum Leben, ihre Hand krallte sich kätzchenartig in den Stoff seiner Uniformhose und begann ihren Träger wie ein Bäumchen zu schütteln und zu drehen. Als Stichnote sich ein wenig zu ihr hinabbeugte, schlang sie ihren zweiten Arm um ihn, um ihn zu küssen, knöpfte ihm dann die Jacke auf und verführte ihn, die letzten Ausläufer ihrer samtig warmen Traumwelt zu betreten.

Anfangs war es Stichnote überraschend schwer gefallen, mit Arjona zu schlafen, sie hatte ihn, der sich verkrampft und schwitzend wie ein Fiebernder auf ihr gewälzt hatte, einfangen, zähmen müssen. Sie hatte ihn an sich genommen und ihm alles beigebracht, ihm das gefährliche und das lustige Loch gezeigt, wie sie selbst es von ihrer älteren

Cousine erklärt bekommen hatte. Sie liebte seine Kraft, die Gerüche, die Küsse, verlor aber nie ganz den Kopf, sondern achtete streng darauf, dass Sebastian dem gefährlichen Loch nicht zu lange nahe kam, und führte ihn, dankbar und auch gerührt, zum Höhepunkt. Danach war Sebastian noch jedes Mal wenigstens für ein paar Sekunden eingeschlafen, mehr oder weniger auf ihr liegend. Oft wenn sie dann an ihre Eltern und ihr Zuhause dachte, wurde sie traurig und konnte es einfach nicht vermeiden zu weinen. Stichnote hatte es manchmal mitbekommen, obwohl sie das nicht wollte.

Heute weinte sie nicht. Während Stichnote, zwischen Decke und Laken verwickelt, ein wenig schlief, wusch sie sich in der Küche mit dem Wasser, das sie am Morgen nach ihrer Heimkehr aus dem Krankenhaus vom nächstgelegenen Brunnen geholt hatte. Sie kämmte ihr Haar, band es zu einem doppelten Knoten, knöpfte sich ihre Bluse zu und zog die Schwesterntracht an, die sie zuvor ans Küchenfenster gehängt hatte. Dann trug sie das, was noch vom Essen übrig war, hinüber. Stichnote war wieder wach und las *Auf zwei Planeten*. Arjona setzte sich an den schmalen, am Fenster stehenden Tisch und aß in kleinen Bissen.

«Ich habe vorhin auch drin gelesen.»

«Wie findest du es?»

«Kann nicht sagen, ob ich das alles ganz verstanden hab, worum es geht. Was wollen die Marsleute überhaupt auf unserer Erde?»

«Die Marsianer», sagte Stichnote, klappte das Buch wieder zu und betrachtete gähnend das Titelbild, die Erde, ihren Sichelmond und den Mars. «Die Marsianer in diesem Buch sind gekommen, um Energie bei uns auf der Erde zu produzieren. Sonnenenergie.» Er gähnte tief.

«Aber wieso? Das können sie doch auch auf dem Mars?»

«Da ernten sie schon alles, was es gibt. Aber sie wollen mehr, deshalb sind sie auf die Erde gekommen.»

«Sie wollen noch mehr ... Sonnenenergie? Und wie?»

«Das hat der Autor nicht geschrieben. Er spricht nur von ‹Sonnenfeldern›, nicht wie sie es technisch machen», sagte Stichnote.

«Die Zettel im Buch?», fragte Arjona. «Sind die von dir?»

«Von meinem besten Freund. Von Eibo. Du weißt schon.» Arjona wusste.

«Möchtest du auch was essen, mein Liebster?», fragte sie, und da er nickte, legte sie ihm etwas auf einem Teller zurecht und stellte diesen auf den Schemel vor dem Bett.

Er lächelte ihr dankbar zu und begann zu essen. Bevor sie ging, setzte sie sich noch kurz auf das Bett, den Mantel über dem Arm und strich ihm über sein kurzes blondes Haar. Er nahm ihre Hand, roch an ihrem Handgelenk, küsste es, dann kündigte sie an, etwas früher nach Hause zu kommen, so gegen sechs, beugte sich zu einem Abschiedskuss hinab und verließ die Wohnung. Stichnote, der erst am nächsten Abend wieder eine Partie des Großen Spiels zu absolvieren hatte, aß auf und kam dann auf die Idee, sich die Zeitung zu nehmen, um den Zickler-Artikel zu lesen. Er linste schräg zum Fenster hinaus. Ein paar Dampfer fuhren über den nächtlichen Bosporus und schoben ihre Positionslichter von Süd nach Nord oder umgekehrt. Drüben in Asien sah er das Flackern der Laternen, wie einsam geschriebene Leuchtzeichen, die er noch nicht verstand. Er hörte eine der Katzen von der Straße, vernahm das Rufen eines Simitverkäufers. Müde und wohlig las er, was Zickler über den türkischen Fußball geschrieben hatte.

Eine uralte Leidenschaft für den sportlichen Wettkampf, die schon die alten Byzantiner umgetrieben habe, sei mit dem Fußball wieder zum Leben erwacht. Schon in der Antike, so Zickler, habe man sich hierorts für Wagenrennen begeistert und die Anhänger der verschiedenen Lenker, die ihre Gespanne durch das für sage und schreibe hunderttausend Besucher ausgelegte Hippodrom jagten, hätten sich anschließend die wüstesten Schlachten geliefert – woran ihn, den Autor, nun ein Besuch bei einem Fußballspiel erinnert habe, bei dem es am Ende zwischen den rivalisierenden Anhängern ebenfalls ruppig zugegangen sei.

Der Artikel ging nun ins Detail des Charakters und der Ursprünge der einzelnen Mannschaften, eine kam offensichtlich von einem französischen Gymnasium, aber Stichnote fielen die Augen zu. So glücklich war er, dass er sich dem Knaben näher fühlte als dem Mann. Im Land der Geheimbünde und Verschwörungen war er, ein Seemann, fern seines Schiffs und verliebt in den festen Grund und das Grün eines unbeschreiblichen Fleckchens Erde. Beglückt von einer geliehenen Wohnung ohne Heizung und fließend Wasser, doch erfüllt vom Blütenduft der Liebe.

Während er einschlief, war es ihm, als könnte er den Bienenflug Arjonas durch das Universum wie eine glühend auf die Matrix der Nacht geschriebene Planetenbahn verfolgen und vor sich sehen. Er spürte seine Müdigkeit wie eine Trance, die ihn hellsichtig machte, so als hörte er die Sterne in tiefen, unbeschreiblichen Klängen singen, als wäre ihrer aller Leben Ausschnitt einer Unendlichkeit, von der zu wissen allein schon genügte, um Anteil an ihr zu haben.

Wahres Glück, großes Glück erlebte er kurz vor dem endgültigen Einschlafen. Auf der Höhe seiner Zeit fühlte er sich, ohne Mangel, sogar seiner Mutter und Eibo nahe, grenzenlos lebendig und das Leben bejahend, diesen Moment und den nächsten und jeden Bruchteil einer Sekunde liebend, als wären sie die eigentlichen Antworten. Antworten sogar auf Fragen, die er noch nicht einmal kannte.

17

Neben den unterhaltsamen Artikeln, die er nach Zürich telegraphiert hatte, den schönen, aber gedanklich doch immer nebenbei entstandenen Stücken, berichtete Zickler dem Redaktor stets auch von seinem eigentlichen Interesse, dem Stand seiner Recherchen über den russischen Geschäftsmann Dr. Alexander Helphand, in dem er seit vielen Monaten, schon lange vor Durazzo, schon seit dem zweiten Balkankrieg, einen der einflussreichsten Waffenhändler des Balkans und des verbliebenen Osmanischen Reichs vermutete. Nun hatte der letzte Akt der Recherche begonnen.

Der bleichgesichtige Sekretär, dessen hohe Wangenknochen ihm schon das letzte Mal so gut gefallen hatten, holte ihn morgens mit einer Privatkutsche ab, die von zwei Rappen gezogen wurde. Vom Pera Palace ging es über den Taksimplatz auf die Landstraße, die Fahrt endete nach nicht ganz einer halben Stunde an der Mauer einer Villa am Bosporus. Der Türwächter ließ sie ohne Weiteres passieren.

Sie durchquerten den Garten. Hinter einem mit Blauregen überwucherten Kiosk kamen sie an einen Steg, an dem ein kleiner Steamer schon unter Dampf lag. Der Bootsführer half ihnen beim Einsteigen und während sie eine geräumige Kabine betraten, die rundum mit grünen Lederpolstern ausgestattet war, legte das Gefährt ab.

«Wohin fahren wir?», fragte Zickler.

«Dr. Helphand lebt etwas außerhalb. Die Fahrt wird eine Weile dauern.»

Das Wasser hatte die Farbe dunklen Quecksilbers. Zickler strich sich über den Bart und seine Finger fuhren vorsichtig über die lange Narbe an seinem Hals. Wie immer, wenn er angespannt war, pochte sie ein wenig.

Gedämpft drang das Motorengeräusch in die Kabine. Der Sekretär bot ihm etwas zu trinken an, aber Zickler lehnte ab. Es war merkwürdig, aus der in ihrer maßlosen Weitläufigkeit hingebreiteten Stadt hinauszufahren, vielleicht weil er sich Helphand immer nur inmitten eines von Telefonschrillen und Telegraphentickern erfüllten Büros hatte vorstellen können, zwischen emsigen Buchhaltern und Maklern, wie eine dämonische Bienenkönigin inmitten ihres geschäftigen Volkes. Stattdessen fuhren sie – zwischen langsam weniger werdenden Frachtkähnen, Passagierdampfern und Fischerbooten – ins Marmarameer hinaus, passierten die erste der Prinzeninseln, kamen an jener vorbei, auf der das weiß strahlende Gebäude der Marineakademie lag, und erreichten schließlich, ein paar Seemeilen weiter, die Gestade von Principo, der größten Insel des Prinzenarchipels. Auf wundersame Weise schien auf der Insel des Dr. Helphand die Sonne.

Hinter den weiß gestrichenen hölzernen Hafenanlagen lag ein Fischerdorf, Zickler sah dort einige Kutschen stehen, deren Fahrer zu dösen schienen. Der kleine Dampfer fuhr nun an der Küste der Insel entlang. Zwischen den hohen Palmen, Zedern und Eichen konnte man Blicke auf unwirklich schöne Villen werfen.

Schließlich legten sie an einem Steg an, an dem schon eine kleine Segelyacht lag. Der Weg führte über eine Treppe zu einer griechisch anmutenden Villa, sonnengelb gestrichen mit weißen Säulen und vielsprossigen Fenstern, zu denen sich über die Fassade verteilte Rundfenster gesellten, die an Bullaugen erinnerten. Uralte Kiefern, deren untere Äste entfernt waren, bildeten ein Dach über dem Garten. In ihrem lichten Schatten wuchsen Rhododendren, Kirschlorbeersträucher und Buchsbäume. Überlebensgroße Statuen, griechische Heroen und Götter aus weißem Stein waren über den englischen Rasen verteilt.

An der Flügeltür der Terrasse wartete ein Diener mit gestreifter Weste und weißen Handschuhen, nicht viel älter als der Sekretär und von derselben schlanken Eleganz. Zickler dachte, dass es sich bei den beiden um Brüder hätte handeln können.

Der Sekretär nickte Zickler zu und blieb auf der Terrasse, um eine Zigarette zu rauchen. «Wenn Sie mir bitte folgen wollen.» Der Diener sprach mit Wiener Akzent.

Die Halle, die sie jetzt betraten, war gut sechs Meter hoch, dominiert von der Treppe in das obere Stockwerk. Auch hier standen wohl verteilt griechische Statuen. Außerdem großzügige Sitzmöbel in einigen Gruppen. Das alles erinnerte eher an ein Hotel.

Aus einem links abgehenden Salon drangen die Stimmen einer fröhlichen Gesellschaft heraus. Es war gerade einmal Mittag, doch im Salon schien die Stimmung einer spätnächtlichen Spielrunde zu herrschen. Ein Diener, ebenso gekleidet wie der andere, etwas älter, mit einer fliehenden Stirn, zurückgekämmten Haaren und nervösen Augen, kam heraus und trug ein Tablett mit benutztem Geschirr ab. Er rief seinem Kollegen etwas auf Französisch zu. Offensichtlich gab es für die fröhliche Gesellschaft bald Essen.

Sie gingen die Treppe hoch, und der Diener führte Zickler in eine Bibliothek.

«Der Herr Doktor wird gleich erscheinen. Bitte nehmen Sie Platz. Was darf ich Ihnen bringen? Tee, Kaffee, Wein?»

Zickler bestellte Kaffee, den er aber kalt werden ließ. Er sah sich die Bücherwände an. Sie waren nicht alphabetisch geordnet, sondern eher wie der gewaltige Handapparat eines Wissenschaftlers. Eines sozialistischen Wissenschaftlers. Zickler war ein Liberaler, sein Pazifismus war bürgerlicher Natur, aber manche der Autoren kannte er natürlich, die Klassiker, Marx in dicken, neugebundenen Ausgaben, sein Freund Friedrich Engels. Manche, Karl Kautsky oder Rosa Luxemburg kannte er als aktive deutsche oder österreichische Politiker, Sozialdemokraten.

Dann aber stieß er auf Helphands eigene Bücher und Broschüren, die alle unter dem Pseudonym «Parvus» erschienen waren.

«Parvus» war Lateinisch und bedeutete «der Kleine». Zickler wusste, dass viele der emigrierten russischen Sozialdemokraten, von denen es auch einige in Zürich gab, unter solchen noms de guerre publizierten. Ein Erbe aus der Verfolgung durch die russische Geheimpolizei, wie man ihm einmal erklärt hatte.

Von Parvus gab es viele Dutzend Bücher, darunter Ausgaben auf

Englisch, Bulgarisch, Serbisch, Türkisch, in arabischer Schrift, die meisten aber auf Deutsch. Das eine oder andere Werk hatte Zickler schon einmal gesehen, aber dieser riesigen Sammlung gegenüberzustehen war doch etwas anderes. Der leise Neid des Journalisten gegenüber dem Bücherschreiber erfasste ihn, Neid auf die zwischen Buchdeckeln verbürgte Produktivität. Er nahm einen schmalen, in grünes Leinen gebundenen Band heraus und setzte sich damit auf das Sofa. Das Buch hieß *Der Staat, die Industrie und der Sozialismus.* Zickler schlug es irgendwo am Anfang auf:

Wir dienen nicht bloß den Reichen, wir dienen dem Reichtum. Das Kapital ist der unversöhnliche Gott Mammon, der alles beherrscht. Der Geist, das produktive Erschaffen, Wissenschaft, Kunst, Literatur, das alles wird von den Aufgaben, die dem Gesellschaftsinteresse entspringen, auf Aufgaben abgelenkt, die das Kapital stellt. Man denkt an die Entwicklung der Technik, aber nicht an die Entwicklung der Menschen.

Er blätterte zurück. «Das soziale Problem unserer Zeit» war dieser Teil überschrieben. Ein anderer lautete «Die Verstaatlichung der Banken und der Sozialismus». Den Schluss bildete ein Abschnitt, der «Komplott gegen das deutsche Volk» hieß.

Das oberschlesische Kohlenkartell ist mehr eine Familienvereinigung. Es sind folgende Familien, die das Ganze beherrschen: Fürst von Donnersmarck, Fürst Hohenlohe, Graf Schaffgotsch, Graf von Ballestrem, Fürst Pleß.

Zickler blätterte weiter, es folgte noch ein Anhang, der den seltsamen Titel «Energetik und Volkskraft» trug. Darin bezog sich Parvus auf den Nobelpreisträger Wilhelm Ostwald.

Zickler erinnerte sich, dass Ostwald zu den dreiundneunzig Wissenschaftlern und Künstlern gehörte, die letzten Monat den in allen möglichen Zeitungen publizierten *Aufruf an die Kulturwelt* unterzeichnet hatten. Einer Bejahung des Krieges, an der sich zu Zicklers großer Enttäuschung auch der von ihm hochgeschätzte Autor der *Buddenbrooks*, Thomas Mann, beteiligt hatte.

In den Ausführungen zu Ostwald ging es darum, dass dieser eine Lösung des Elends auf der Welt durch eine Steigerung der Energieeffizienz forderte. Der Autor Parvus widersprach. Das Problem läge nicht in der Menge vorhandener Energie, sondern in deren Verteilung.

Herr Professor Ostwald erzählt uns mit Begeisterung, was es ausmachen würde, wenn die PFLANZE den Sonnenschein mehr ausnützen würde, – aber man sehe sich doch die KINDER in den dumpfen, dunklen Arbeiterquartieren der Großstadt an: wieviel Sonnenlicht erhalten sie? Welche Luft atmen sie? Welche Nahrung wird ihnen zuteil? Und ist der Mensch eine geringere Energiequelle als die Pflanze? Wenn das Auge des Kindes mehr Sonnenschein aufnehmen, sein Herz mehr Freude, sein Geist mehr Wissen empfangen würde – welcher ungeheure Zuwachs an Energie, welcher Reichtum für die Gesellschaft würde daraus entstehen?

Zickler mochte nicht weiterlesen, behielt das Buch aber in Händen, wie als Beleg für die Wut, die in ihm aufstieg. Welche Luft atmeten die von Granaten zerfetzten Soldaten? Was würden deren Kinder von ihren Vätern sehen, außer deren Gräber?

Er atmete tief aus, trank einen Schluck kalten Kaffee im Stehen. Er war aufgeregter, als er vermutet hätte. Musste sich beruhigen.

Es klopfte, Zickler räusperte sich, war fast ein wenig erschrocken, die Klinke wurde heruntergerissen. Parvus.

Was immer er für eine Vorstellung von Alexander Helphand gehabt hatte, beeinflusst von dessen Pseudonym womöglich, sie wurde völlig über den Haufen geworfen.

Helphand war zwei Meter groß und beleibt, schob sich ungelenk durch die Tür, als trüge er den künstlichen Bauch eines Clowns unter seinem schwarzen Anzug. Ein fliehender Haaransatz verlieh seinem ohnedies schon riesigen Schädel eine ausladende Stirnpartie. Er wirkte wie ein Bär oder besser ein Elefant, ein kraftstrotzendes Säugetier jedenfalls, über dessen Vollbart vor Intelligenz blitzende dunkle Augen saßen. Ein Knopf seiner Weste hing am Faden, und Zickler fielen Kaffeespritzer auf seinen Manschetten auf. Er wirkte auch sonst ein wenig ungepflegt.

Seine Hand war groß und weich, aber sehr kräftig.

«Herr Zickler! Ich bin ein großer Bewunderer Ihrer Arbeit.» Seine Stimme stand im Gegensatz zu seiner zwiespältigen Erscheinung, war tief und wohlmoduliert. Helphand sprach ein fast akzentfreies, mildes Deutsch, dem man anhörte, dass er es wohl zuerst in der Schweiz gelernt hatte.

«Sie sind Dr. Helphand?» Zickler ärgerte sich augenblicklich über seine Frage. Sicher merkte der andere, wie beeindruckt und verunsichert er war. Aber Helphand nickte nur und wies auf den schmalen Band, den Zickler immer noch in Händen hielt.

«Dieses war das Letzte, das ich noch in Deutschland herausgebracht habe. 1910. Bitte, ich stehe zu Ihrer Verfügung.» Helphands massige Gestalt ließ den Sessel, in dem er sich seufzend niederließ, klein erscheinen. «Es ist natürlich ein großer Fehler von mir, Sie zu empfangen.» Parvus lächelte, strich sich seinen schwarzen Vollbart und fixierte Zickler. «Aber Ihr Stil hat mich gereizt. Sehr sogar. Modern und beweglich.»

«Merci vielmals.»

«Der Ehrlichkeit halber will ich lieber gleich gestehen, dass Sie mir nicht erst seit der Mappe mit Textproben ein Begriff sind. Ich verfolge Ihre Artikel in der *NZZ* seit ein paar Jahren. Anfangs natürlich aus rein geschäftlichem Interesse.» Helphand wirkte wie ein Schachgroßmeister, der sich spaßeshalber auf eine Partie mit einem Schuljungen einlässt. «Mir ist aufgefallen, dass Sie dieses Jahr eine größere Pause hatten. Mit einem Mal war nichts mehr von Ihnen zu lesen.»

«Ich hatte einen Unfall.»

«Ich habe sogar in der Redaktion nachfragen lassen, was mit Ihnen los ist.»

«Wie bitte?»

«Über einen Freund in Zürich. Er kennt Ihren Herrn Redaktor vom Kartenspielen.»

Zickler brauchte einen Moment, um diese Information zu verdauen.

«Wenn Sie mich kennen, wie Sie sagen – warum haben Sie mich dann überhaupt eingeladen?»

«Weil ich will, dass Sie über mich schreiben.»

«Ich verachte Ihre Geschäfte. Ich verachte Menschen wie Sie.»

«Ich habe dafür das größte Verständnis. Ich wollte Sie trotzdem kennenlernen.»

«Warum?»

«Sie sind ein guter Mensch. Ein Idealist. Und ein hervorragender Autor.»

«Sie wollen mich kaufen.»

«Lassen Sie mich fragen: Warum wollten Sie mich sprechen?»

«Weil ich verstehen will, wie man Bücher wie dieses hier schreiben kann, in dem man die mangelnde Sonne für Arbeiterkinder beklagt, und gleichzeitig mit Waffen handelt, die diesen Kindern die Väter nehmen oder sie als lebenslange Krüppel zurücklassen.»

«Die Waffen sind nicht das Problem, glauben Sie mir. Trinken Sie einen Schluck. Und dann lassen Sie uns anfangen.»

Israel Lasarewitsch Helphand – den Namen Alexander legte er sich erst später im Westen zu – war 1867 in einem Städtchen im weißrussischen Gouvernement Minsk zur Welt gekommen. Die Juden machten dort die Hälfte der Bevölkerung aus. Sein Vater betrieb eine kleine Schmiede. Er erinnerte sich vage an die Glut in den Essen, die starken Arme seines Vaters und seiner Gesellen, den Geruch nach Schweiß und Eisen, die Beharrlichkeit formender Schläge mit dem Schmiedehammer. Auch seine erste klare Erinnerung hatte mit Feuer zu tun.

«Das Stadtviertel, in dem wir wohnten, brannte an einem Abend ab. Ich bekam nichts davon mit, sondern spielte sorglos in der Zimmerecke. Die Fensterscheiben bekamen einen schönen roten Glanz, das freute mich. Plötzlich wird die Tür aufgerissen, meine Mutter kommt herein, ganz verstört, packt mich und schleppt mich fort. Ich möchte mich umsehen, aber ich kann nicht. Wir kommen auf einen breiten Platz, voller Habseligkeiten. Meine Mutter richtet mir in einem Bett ein Lager. Drumherum rennen die Leute wie verrückt. Ich staune und bin ganz aufgekratzt. Meine Mutter lässt mich schwören, dass ich nicht fortlaufe. Ich strecke mich wohlig aus. Schlafe ein. Die halbe Stadt wurde durch diesen Brand vernichtet.»

Die Familie baute die Schmiede nicht wieder auf, sondern zog nach Odessa, was auch damit zu tun hatte, dass das Leben der Juden in Russlands fernen Provinzen betrüblich und rechtlos geworden war. Immer häufiger kam es zu Pogromen, ganze Viertel wurden ausgeräubert. Die Behörden ließen dem Mob freien Lauf, froh darüber, dass die allgemeine Unzufriedenheit mit den immer bedrückenderen Verhältnissen an den Juden ausgelassen wurde und sich nicht gegen die Selbstherrschaft des Zaren richtete. Auch in Odessa gab es Pogrome, aber sie waren nicht so verheerend. Die kosmopolitische Stadt mit ihrem geschäftigen Hafen war gut zu den Helphands. Der märchenhafte Reichtum der Händler und die märchenhafte Art, wie sie ihn mit vollen Händen ausgaben, faszinierten den Jungen trotz der Unerreichbarkeit.

«Ich träumte unter dem Sternenhimmel der Ukraine, horchte auf den Wellenschlag an den Gestaden des Schwarzen Meers. Wenn ich jetzt daran denke, dann verbinden sich die Geschichten der Handwerksmeister im Haus meines Vaters mit Taras Schewtschenkos revolutionärer Dichtung. Er hat mich als Erster den Klassenkampf gelehrt.»

Gymnasium, Privatunterricht, nach dem Abitur eine einjährige Lehre als Schmied, wo ihm Zweifel am Bewusstsein der russischen Arbeiterklasse kamen. Danach eine erste Reise in die Schweiz, da war er neunzehn. In Zürich lernte er die «Gruppe zur Befreiung der

Arbeit» kennen, Marxschüler um Leo Deutsch. Die ersten sozialistischen Revolutionäre Russlands.

«Das Café Schwalbe werden Sie vielleicht kennen. Dort war das Hauptquartier. Als ich nach einem Jahr nach Russland zurückkam, hatte ich zu reden gelernt. Bei der Einreise wurde zum ersten Mal mein Gepäck von der Geheimpolizei gefilzt.»

Damit hatte sich Helphand künftig abzufinden. Er übte sich in Agitationsreden, las, was er in die Finger bekam. Ging dann erneut in die Schweiz. Studium der Nationalökonomie in Basel bei dem großen Karl Bücher.

«Die Schweizer Bürgersöhne konnten nichts mit ihm anfangen. In seinen Vorlesungen waren wir zwei Drittel Russen.»

Nach dem Ende des Studiums scheute er sich vor einer Rückkehr. Die Jahre im Westen hatten ihm die Rückständigkeit des ihm immer verhassteren zaristischen Russlands, aber auch seiner armen Bevölkerung aufgezeigt. Deutschland mit seiner starken Sozialdemokratie, seinen disziplinierten Arbeiterorganisationen wurde seine neue Heimat. Überzeugt, dass die Weltrevolution nirgendwo anders entschieden werden würde als auf den Straßen deutscher Großstädte, ging er im Sommer 1891 nach Stuttgart. Zwar zeigte sich seine bittere Armut in seiner abgerissenen Kleidung, aber seine breitschultrige Riesengestalt, sein wilder Bart und der monumentale Denkerschädel beeindruckten Clara Zetkin und die übrigen Stuttgarter Genossen. Ende des Jahres zog er weiter nach Berlin. Er fand eine billige Studentenbude im Wedding und begann, wie rasend, für die zahllosen Organe der Partei zu schreiben. Schon ein Jahr später druckte auch der *Vorwärts* einen ersten Text von ihm. Ein Jahr später wies ihn Preußen als «lästigen Ausländer» aus.

«Danach sind Sie zwischen Stuttgart, München, Zürich und Wien herumgereist. Haben geschrieben.»

«Und Schlachten geschlagen.»

«Ich weiß. Für die Teilnahme an den Wahlen, aber gegen die Zustimmung zum Haushalt. Man sagt, Sie haben versucht, die deutsche Sozialdemokratie zu spalten.»

«Ja, das hat man gesagt. Der jämmerliche Drang, in der Legalität zu bleiben, anstatt alles für die Revolution zu tun, war schon damals das Gift, das die Partei lähmte. Die soziale Revolution musste das Ziel sein, nicht kleinliche Reformen.»

«Das ging so weit, dass Sie nicht mehr in den Blättern der Partei veröffentlichen durften. Da lebten Sie in München, überall sonst hatten die Behörden der deutschen Länder Sie ausgewiesen. In München-Schwabing waren Sie auch als Verleger tätig.»

«Ja.»

«Es heißt, sie hätten Maxim Gorkis Tantiemen für *Nachtasyl*, dessen deutsche Rechte Sie verwalteten und das über fünfhundert Mal inszeniert wurde, veruntreut.»

«Der Verlag war in eine finanzielle Schieflage geraten, das stimmt.»

«Ihre eigenartige Beziehung zum Geld haben Ihnen viele vorgeworfen.»

«Eigenartige Beziehung? Ich wollte genug haben, um endlich frei zu sein. So einfach.»

«Und dann kam die Revolution in St. Petersburg, an der Sie beteiligt waren. Ihre Verhaftung.»

«Ja. Am 21. März 1905. Ein durchaus höflicher Polizeihauptmann durchsuchte meinen Schreibtisch – und weil es schon in einem herging – auch den Schreibtisch meiner Freundin, durchstöberte unsere ganze Wohnung, nahm jeden beschriebenen Fetzen an sich und brachte mich erst auf das Polizeirevier, dann in die Festung.»

Helphand stemmte sich aus dem Sessel, verließ den Raum, kam mit einer Fotografie zurück. Sie wirkte winzig in seinen riesigen Händen.

«Man konnte sich gegen Bezahlung vom Polizeifotografen ablichten lassen.»

«Wer sind die anderen beiden neben Ihnen?»

«Der außen ist Leo Deutsch und der in der Mitte ist Trotzki.»

«Nie gehört.»

«Lange Freundschaft verbindet mich mit ihm, heute noch. Wir waren in München oft zusammen. Ein brillanter Geist.»

Er blickte noch einmal versonnen auf die Fotografie, dann trat er an das große Fenster, das nach vorne auf den ausgedehnten Garten ging. Er forderte Zickler auf, es ihm gleichzutun.

Zwei Männer und eine Frau arbeiteten in einem Beet und rechten Laub. Die Männer waren dunkelhäutige Kerle in groben Kleidern. Die junge Frau, fast noch ein Mädchen, trug ein weites weißes Leinengewand, darüber einen kostbaren Mantel, beides zusammen wirkte seltsam für eine Gärtnerin.

«Wissen Sie, in der Zeit im Kreuz-Gefängnis habe ich viel gelernt. Willenlosigkeit habe ich dort gelernt, Ausgeliefertsein. Ich wurde zum Anhängsel einer Dokumentenmappe: sie wurde getragen, treppauf, treppab, von einer Kanzlei zur anderen, von einem grünen Tisch zum anderen, von Gefängnis zu Gefängnis, schließlich bis in den weiten Nordosten Sibiriens.

Nach meiner ersten Nacht als Gefangener trat ich ans Fenster. Im großen Hof vor mir lag ein Berg von Steinkohle. Gefangene trugen die Kohle in Binsenkörben weg. Andere waren damit beschäftigt, den Schnee abzuräumen. Die Aufseher folgten ihnen träge. Nicht minder träge und apathisch waren die Arbeiter. Sie sahen abgezehrt und erdfahl in ihren grauen Kitteln aus. Unbeholfen machten sie sich ans Werk und warfen mit Schaufeln den schmutzigen Schnee in den Wagen. Wenn er voll war, spannten sich mehrere an die Deichsel, andere griffen seitwärts, nach vielen Anstrengungen kam das Gefährt vom Fleck, und mühsam ging es vorwärts. Das Ganze nahm furchtbar viel Zeit in Anspruch. Es war eben Zwangsarbeit. Sie ist vielleicht billiger, aber weniger vorteilhaft. Die Hungerpeitsche, die dem Arbeiter scheinbar die freie Entscheidung über den Einsatz seiner Arbeitskraft lässt, ist viel wirksamer, als die Lederknute, denn die nutzt sich ab, schläfert ein. Aber der Hunger des freien Mannes erschöpft sich nie. Dahinter verbirgt sich das Geheimnis des Kapitalismus.»

Der Waffenhändler schwieg. Er wollte, dass Zickler ihn verstand.

«Wer ist die junge Frau da unten? Sie sieht mir nicht gerade wie eine typische griechische Gärtnerin aus?», fragte Zickler. Er genoss es, Helphand in die Parade zu fahren. Sein Pathos zu ignorieren.

«Sie heißt Nadja.» Helphand war keineswegs irritiert. Er nahm eine Zigarette aus einem silbernen Etui. Zickler nahm dankend auch eine. Sie rauchten.

«Eine Russin?»

«Nadja ist irgendwo im Süden der Ukraine aufgewachsen, in einem kleinen Bauerndorf. Ihre Eltern haben Sie verkauft, da muss sie dreizehn gewesen sein. Genau weiß sie das nicht, sie kennt ihren Geburtstag nicht. Man brachte sie in ein vornehmes Bordell in Pera. Man gab ihr so lange Opium, bis sie abhängig davon war. In der Zeit hat sie am meisten Geld eingebracht. Ich habe sie ausgelöst. Sie ist verstört. Im Garten zu arbeiten, hilft ihr.»

«Von solchen Fällen habe ich schon gehört.»

«Aber wissen Sie, was man daraus lernen kann? Ein Sklave ist immer noch mehr wert als ein Lohnarbeiter.»

«Warum?»

«Weil der Sklave ein Kapital darstellt, auf das man achtgeben muss. Der Arbeiter kann zugrunde gehen, das spielt keine Rolle. Dann kommt einfach der Nächste. Einen Sklaven kann man freikaufen. Den Arbeiter nicht.»

Sie setzten sich wieder. Je näher Helphand der Gegenwart kam, desto mehr wusste Zickler selbst schon darüber. Helphands Rückkehr aus Sibirien nach Deutschland, seine Ächtung durch die Parteiführung nach einer weiteren geschäftlichen Affäre. 1910 dann seine Flucht auf den Balkan, Bulgarien und Serbien, wo er sich mit schlecht bezahlten agitatorischen Vorträgen über Wasser hält. Schließlich Konstantinopel. Ein Berufsrevolutionär kurz vor dem Untergang. Er organisiert zwei Streiks von Hafenarbeitern, muss aber sein letztes Geld aufwenden, um die Leute bei der Stange zu halten. Das Ganze verläuft sich ergebnislos. In seinem schäbigen Dachzimmer in Beyoglu schreibt er wie im Fieber Artikel, Analysen zur ökonomischen Lage des Osmanischen Reichs, die in türkischen Zeitungen erscheinen. Er ist finanziell erledigt. Und vollkommen allein. Doch eines Tages besucht ihn ein hochrangiger Beamter. Eine Staatskarosse wartet unten. Der Finanzminister des Osmanischen Reichs will ihn sprechen.

18

Draußen wurde es langsam Abend. Es klopfte, und der Diener, der Zickler vorhin hinaufgeführt hatte, erschien. Er nickte dem Hausherrn zu, der sich sogleich erhob.

«Zeit zum Abendessen.»

«Das war es schon?»

«Lieber Freund, wir können doch weitersprechen. Ich stehe Ihnen die ganze Nacht zur Verfügung.»

«Ich hatte nicht damit gerechnet, über Nacht zu bleiben.»

«Keine Sorge. Mein Haus hat viele Zimmer. Und viele Betten.»

Und die brauchte es auch. Es war ein gutes Dutzend Hausgäste da. Zickler saß neben Helphand, dessen massige Gestalt wie ein gleichgültiger Richter das Kopfende der Tafel einnahm. Die anderen Gäste ergaben eine bunte Mischung. Damen der Halbwelt, die ein derbes Französisch sprachen, zwei hohe Offiziere der osmanischen Armee, die bester Laune waren und Raki zum Essen tranken, ein Deutscher und ein Engländer, die einträchtig beieinander saßen und sich intensiv unterhielten – sie wirkten wie typische Handelsvertreter. Der bleichgesichtige Sekretär mit den hohen Wangenknochen saß neben ihnen und warf gelegentlich Zahlen oder Details ein. Er lächelte Zickler ein paarmal freundlich zu. Und da waren noch einige andere Männer, die alles Mögliche hätten sein können, Türsteher oder Schlepper irgendwelcher Nachtlokale, Geheimagenten oder Revolutionäre, Typen mit tiefliegenden dunklen Augen und müden Gesichtern. Ein Jüngerer mit einem spleenigen karierten Anzug wurde Conte genannt, aber Zickler war sich nicht sicher, ob es sich wirklich um einen italienischen Grafen handelte. Er lachte immer wieder schnatternd, fast hysterisch.

Die vier Diener trugen Schüsseln mit Fleisch, Suppen und Gebackenem herein, wild durcheinander, jeder nahm sich, was er gerade wollte, dazu tranken die meisten reichlich Champagner, dem deutschen Handelsagenten wurde ein Bierkrug nach dem anderen hingestellt. Die Diener, alle in Livree und mit makellosen weißen Handschuhen, hätten jedem Grand Hotel zur Ehre gereicht, aber die Gesellschaft, die sie bedienten, versank in haltlose, lärmende Ausschweifung. Zickler begriff, dass einige der Anwesenden wohl schon länger bei Helphand weilten, vielleicht in dem Salon beim Spielen gesessen hatten, als er angekommen war.

Sein anfänglicher Widerwille löste sich in der Beobachtung auf. Die Gesellschaft hatte ihn einfach geschluckt, keiner wunderte sich über ihn oder schien ihn auch nur zu bemerken.

Die Ersten begannen zu rauchen, einige der Damen amüsierten sich mit einem kräftigen Kerl, der Kelch um Kelch leerte. Bald klirrte das erste Glas. Die osmanischen Offiziere lachten, erhoben sich und gingen in den Salon zurück. Sie wollten, was immer es auch war, weiterspielen.

Helphand aß noch, mit kleinen Bissen, aber er führte sich das Fleisch mechanisch zum Mund, kaute schnell, trank auch dazwischen.

Für seine Gäste schien er die größte Gleichgültigkeit zu empfinden und jede neuerliche Steigerung der Lautstärke, jede neue Kapriole schien sie nur noch zu verstärken.

«Wo ist das Mädchen?», fragte Zickler. «Nadja.»

«Sie liebt Gesellschaften nicht. Und manchmal bekommt sie am Abend ... Anfälle. Der Entzug, Sie verstehen.»

«Was wird mit ihr geschehen?»

«Eines Tages wird sie gehen, nehme ich an. Ich muss zugeben, dass ich kein besonderes Händchen für meine Frauen habe.»

«Sie waren verheiratet?»

«In München, ja. Aber das liegt lange hinter mir.»

«Kinder?»

Helphand nickte, fast erstaunt über die Frage. Zickler verstand, dass es da nichts zu erzählen gab. Auf ein Nicken seines Sekretärs entschuldigte Helphand sich, wischte sich den Mund flüchtig mit einer Serviette, stand auf und zog sich mit den beiden Vertretern und dem Sekretär zurück.

«Wird nicht lange dauern, dann reden wir weiter.»

Mit Helphands Verschwinden löste sich die Tafel auf. Ein paar der Männer gingen zu den Offizieren, darunter auch der im karierten Anzug, der Conte gerufen wurde. Bald schon hörte Zickler sein meckerndes Gelächter aus dem Spielsalon.

Eine der Halbweltdamen setzte sich zu Zickler, sagte, sie heiße Juliette, und fragte ihn, ob er nicht etwas Gesellschaft gebrauchen könne. Ihr Parfüm war schwer und verband sich klumpig mit dem in der Luft liegenden Essensgeruch. Aus der Nähe wirkte sie jünger, hübsch und nur ein wenig verlebt. Vorne fehlte ihr ein Zahn, beim Sprechen hielt sie ihre Hand stets so, dass die Lücke verdeckt wurde. Sie trug schwarze Seidenhandschuhe und ein Abendkleid, das ein wenig spannte.

Er ging nicht auf ihre Frage ein, unterhielt sich aber mit ihr. Sie war intelligenter, als er vermutet hätte. Sie erzählte, sie stamme aus Brüssel. Sie nannte Helphand «Alexandre».

«Bist du ein Freund von ihm?»

«Das würde ich nicht sagen. Ich beschäftige mich mit seiner Person. Ich bin Journalist.»

«Da war doch neulich schon einer von euch da.»

«Neulich?»

«Aus Deutschland. Er war furchtbar gesprächig, aber ich habe ihm gesagt, dass ich mich nicht für Politik interessiere.»

Zickler biss sich auf die Lippen. Er war sich, aus welchen illusionären Gründen auch immer, sicher gewesen, der Einzige zu sein, der auf Helphands Spur war. Er strich sich über den Bart und befühlte die Narbe. Sie pochte. Er trank seinen Champagner aus. Die Tischgesellschaft war über das ganze Haus verteilt. Überall hörte man Stimmen, Gelächter.

«Ich gehe auf die Terrasse.»

«Warte, ich komme mit», sagte sie.

Es war kühl draußen, die Luft feucht und salzig, fast windstill, man konnte das Murmeln des Marmarameers hören. Der Weg hinab zum Kai war mit Fackeln gesäumt, die griechischen Statuen bewegten sich in flackernden Schatten. Juliette legte die Arme um Zicklers Hals und küsste ihn. Ihre Lippen waren weich.

«Was ist? Magst du keine Frauen?»

«Ich bin verlobt.»

Sie schien nicht überzeugt. Nach ein paar Minuten jedoch gab sie auf und ging wieder rein.

Zickler verließ die Terrasse, schlenderte durch den Garten, umrundete das Haus. Alle Fenster waren erhellt. An einem sah er Nadja, Helphands Geliebte. Sie schien mit jemandem zu sprechen, fuhr sich durch ihr blondes Haar, warf den Kopf hin und her.

Zickler ging über die Treppe zum Haupteingang an der Straße. Im Pförtnerhäuschen saß ein alter Mann.

«Iyi geceler», sagte er, «guten Abend.» Zickler nickte ihm zu und trat auf die Straße. Von weitem hörte er ein Pferdefuhrwerk.

«Kommen noch Gäste?»

«Es kommen immer Gäste», sagte der Alte.

Im großen Salon war der Tisch abgeräumt. Eine makellose Tischdecke wurde von zwei Dienern wie ein riesiges Segel ausgebreitet, die anderen deckten neu ein. Ihre weißen Handschuhe wirbelten das Silber des Bestecks nur so durch die Luft. Aus dem Spielsalon drangen Rumoren, Gelächter, aber auch Protestgeschrei. Die Runde hatte offenbar wieder an Fahrt gewonnen, Diener schleppten Champagner hinein.

«Wo waren Sie?», es war der bleichgesichtige Sekretär. Er wirkte müde.

«Ein wenig an der frischen Luft.»

«Dr. Helphand wartet in seinem Arbeitszimmer auf Sie. Ich bringe Sie hoch.»

Der Raum lag im Halbdunkel, nur erhellt von zwei großen Lampen auf dem Schreibtisch. Der Waffenhändler schrieb. Sein riesiger Schädel wiegte vor und zurück. Der Füller wirkte in seiner massigen Hand wie ein Spielzeug.

«Ich habe es gleich, bitte nehmen Sie Platz. Trinken Sie einen Cognac oder was Sie möchten», sagte er mit leiser Stimme. Zickler nahm sich schottischen Whisky aus der reich bestückten Bar und setzte sich. Er ließ die Flüssigkeit im Glas kreisen, hörte das zarte Kratzen der Schreibfeder; er empfand kaum noch Widerstand bei der Vorstellung, dass Helphand mit derselben Feder Waffengeschäfte abzeichnete, mit der er Schriften zur Verstaatlichung der Banken verfasste. Fast physisch spürte er die elementare Kraft dieses Abkömmlings jüdischer Schmiede, die sich in dem riesigen Mann zu unbändiger Intelligenz zusammengeballt hatte, zu einem skrupellosen Geisteskraftwerk.

Zum ersten Mal seit langer Zeit dachte Zickler daran, dass er selber Jude war, wenn auch aus einer assimilierten Familie. Seine Mutter war Künstlerin, malte modern, sehr schön und ohne Erfolg, aber das war kein Problem, sein Vater war Nervenarzt, Psychiater sagte man seit ein paar Jahren. Sie lebten hervorragend von der Hysterie Zürcher Fabrikantengattinnen und den hochsensiblen Töchtern aus Bankiershaushalten. Religion oder das jüdische Erbe war zu Hause niemals Thema gewesen, stattdessen gab es die Literatur, die Kunst und für den kleinen Adolph die Welt der Abenteuergeschichten. Zickler war beschnitten, das wohl, und sein Großvater, der Vater seiner Mutter, hatte ihn früher manchmal in die Synagoge in der Löwenstraße mitgenommen. Aber das war so lange her. Fast grotesk, dass er nun, im Haus des Atheisten Helphand, so intensiv daran denken musste.

«Nun bin ich wieder für Sie da.» Helphand setzte sich ihm gegenüber, ein Glas Sherry in der Hand. Die Krawatte hatte er gelöst. Dennoch wirkte er kein bisschen müde.

«Sie haben viele Gäste in Ihrem Haus.»

«Wissen Sie, als ich in Basel studiert habe, gab es einen jungen Professor für Griechisch, ich habe mich zwar nicht für Altphilologie interessiert, aber er war schon damals eine kleine Berühmtheit. Sein Name war Friedrich Nietzsche. Er ist vor ein paar Jahren gestorben. Angeblich war er geisteskrank. Kennen Sie seine Schriften?»

«Natürlich, die erfreuen sich derzeit ja gewaltiger Popularität. *Also sprach Zarathustra* gehört doch zur Grundausstattung der deutschen Armee wie die Pickelhaube und das Sturmgewehr. Ich habe ihn aber schon während der Gymnasialzeit gelesen. Großer Stilist!»

«Professor Nietzsche hat einen Kult aus der Einsamkeit gemacht. Er mag psychisch gestört gewesen sein, schon möglich, aber ich habe das immer mit Verwunderung gelesen. Der Starke ist am stärksten allein. Das ist, erlauben Sie bitte den Ausdruck, einfach nur Bockmist. Wir Menschen sind geboren, unter den Menschen und mit den Menschen zu wirken. Außerhalb ihrer gibt es für uns keine Seelengröße, keine

Schönheit und kein Glück. Sind wir außerhalb der Menschen, so bleibt uns das Leben stumm.»

«Sie waren in Einzelhaft.»

«Ich wusste, hinter der Festungsmauer floss die breite Newa. Hinter der Newa war die Stadt mit ihrem großen Treiben. Ich war also durch diese Wände und die Festungsmauer und den Fluss vom Leben und von den Lebenden getrennt. Kein Laut von mir konnte da hindurchdringen, ich war eingekapselt wie das Insekt im Bernstein. Und wie ich, so auch die anderen. Jeder in seiner Kapsel. Wir waren nebeneinander, aber hermetisch abgeschlossen voneinander. Allein, losgelöst von allem! Hunger, Kälte, Krankheit, das ist alles schlimm. Das schrecklichste Leiden jedoch für den Menschen ist – das Alleinsein.»

Er nahm einen Schluck. Von unten hörte man ganz leise die Stimmen aus dem Spielsalon.

«Sind das alles Ihre Freunde?»

«Freunde? Nein. Ich habe Freunde, aber die sind über ganz Europa verteilt, und ich sehe sie nur sehr selten. Ich korrespondiere mit ihnen. Hier, in diesem Haus, das ist etwas anderes. Aber immerhin – es sind Menschen.»

«Menschen ... Welche Bedeutung hat der Mensch für jemanden, der mit dem Tod Geld verdient?»

«Ich verdiene Geld, das ist wahr. Aber meine Geschäfte sind notwendig – ich habe sie mir nicht ausgesucht.»

«Das müssen Sie mir erklären.»

Helphand blieb sachlich, hielt keine Verteidigungsrede. Er ging zurück ins Jahr 1910.

«Der Finanzminister, Djavid Pascha, führte seit dem Putsch der Jungtürken ein Haus, das nichts anderes mehr tat, als Löcher zu stopfen, indem es an anderer Stelle welche aufriss. Ich habe mich in meinen Artikeln mit der Verschuldung der Türkei beschäftigt – der Minister war höchst erstaunt, von mir zu erfahren, in welch aussichtsloser Lage sich das Land befand. Man hatte ihm stets geschönte Zahlen vorgelegt. Die Hälfte der Beamten war bislang nur dazu da gewesen, die Zahlen zu frisieren, damit der Sultan keinen Tobsuchtsanfall bekam.

Übrigens ist das in anderen Ländern nicht viel anders. Im Laufe vieler Jahre hat etwa die französische Regierung die Lösung der Deckungsfrage für eine ganze Reihe unbedingt notwendiger Ausgaben verschoben und sich auf unbedeutende Maßnahmen zur Ausbalancierung der Budgets beschränkt, durch die bedeutende Summen von einem Jahr ins andere überschrieben wurden, ohne gedeckt zu sein. Jedes Kabinett zog es vor, die sogenannte Budgetehrlichkeit seinem Nachfolger zu überlassen. Aber dieses Jahr – ein Vierteljahr vor dem Kriegsausbruch – musste die französische Regierung bei der Verabschiedung des Budgets für das Jahr 1914 direkt und offen vor dem ganzen Volke zugeben, dass dem reichen Frankreich 1300 Millionen Franken fehlen, um seine Schulden zu decken. Das scheint mir einer der Gründe zu sein, warum auch die französische Regierung so wenig unternommen hat, um den Krieg doch noch zu vermeiden, aber das nur nebenbei.

Vom Ansatz des Schuldendeckens konnte man vor vier Jahren im Osmanischen Reich schon nicht mehr sprechen. Die Absicht meiner Artikel war, die osmanisch-türkische Arbeiterklasse aufzurütteln, die übrigens nicht sehr ausgeprägt ist. Ich wollte agitieren, etwas anderes habe ich nie getan. Aber ich wurde Berater – glauben Sie mir, da war kein Plan dahinter.»

«Wie haben Sie Ihre Texte für die türkischen Arbeiterzeitungen verfasst?»

«Ich habe sie auf Deutsch geschrieben, und ein junger Mann, noch Schüler, vom Galatasaray-Gymnasium, hat mir die Sachen übersetzt. Sie kennen ihn übrigens.»

Zickler dachte nach.

«Ihr Sekretär?»

«Ganz genau. Onur glühte für die soziale Revolution. Das tut er noch. Er kam dann auch immer mit ins Ministerium, um zu übersetzen. Mittlerweile hat er aber weit wichtigere Aufgaben.»

Zicklers feste Anschauung bekam einen zarten Riss. Wie immer, wenn plötzlich ein Detail eine Sache in ganz neuem Licht erscheinen ließ. Wenn die wahre Geschichte an Kontur zu gewinnen begann.

Helphand legte dar, wie kurz der Weg vom Berater zum Akteur, zum Händler war. Aufgrund der Überschuldung war es der türkischen Regierung nicht mehr möglich, auf dem Weltmarkt frei zu agieren. Alle Einnahmen des Staates waren an ausländische Schuldkonsortien verpfändet. Also baute Helphand mit Wissen der wichtigsten Köpfe der Jungtürken ein Handelsnetzwerk auf. Helphand kaufte mit Protektion der Regierung im Inland Rohstoffe zu Spottpreisen auf, vor allem Holz, Getreide, Erze, Wolle, verkaufte sie auf eigene Rechnung an den internationalen Börsen und kaufte dafür das, was Zickler auf seine Spur geführt hatte: moderne Waffen. Er umging die Macht der Gläubiger. Helphands Firmenkonglomerat hatte letztlich die Funktion eines Rüstungsministeriums übernommen, nur dass dieses privat geführt wurde und verschleiert arbeitete.

«Sie werfen mir vor, Herr Zickler, dass ich mit englischen, französischen und deutschen Waffenschmieden gleichermaßen zusammenarbeite. Ich weiß das. Und Sie haben recht: Ich kaufe, was ich kriegen kann. Aber ich beliefere nur das Osmanische Reich.»

«Das stimmt nicht. Ich habe einen Ihrer Leute kennengelernt, der Geschütze an griechische Rebellen in Südalbanien geliefert hat. Ich war dabei, als sie ein von moslemischen Albanern bewohntes Dorf damit eingeäschert haben.»

Helphand merkte auf, wollte wissen, wie der Mann hieß. Zickler sagte es ihm.

«Ich kenne diesen Namen nicht, aber das heißt nichts. Wir werden das herausfinden. Es ist nicht immer möglich, alles unter Kontrolle zu haben.»

«Wollen Sie damit sagen, Sie hätten nichts damit zu tun?»

«Ich werde dem nachgehen.» Er stand auf, machte sich eine Notiz. Wieder tauchte sein riesiger Kopf in die Lichtkreise am Schreibtisch. «Es geht hier nicht um die Waffenindustrie, es geht auch nicht um die Industrie überhaupt. Diese Komplexe sind nicht der Gegner, sie sind nur Anhängsel, Werkzeuge, bloße Maschinen. Es geht um das Kapital. Nicht einmal um die Menschen, die es besitzen, das ist keine Frage von Persönlichkeit. Es ist das Geld, lieber Freund, der innere Zwang des Kapitals, mehr und mehr werden zu müssen, immer mehr, ohne Ende, ohne Ziel.»

«Vor ein paar Stunden noch haben Sie selbst gesagt, dass Sie schon immer vom Geld fasziniert waren, es besitzen wollten. Haben Sie nicht davon gesprochen, dass Sie stets von einem Haus wie diesem geträumt haben?»

«Ich würde keine halbe Stunde brauchen, um meinen Koffer zu packen. Dieses schöne Haus bedeutet mir nicht mehr als das, was es eben ist. Ein Ort, an dem ich das Leben genießen kann. Aber mein Blick richtet sich auf andere Dinge.»

«Welche? Das Osmanische Reich mit Waffen zu versorgen?»

«Das Osmanische Reich braucht Hilfe. Das Kapital ist kalt. Aber es wirft sich auf Dinge, die warm machen.»

«Ich verstehe kein Wort.»

«Sie haben doch sicherlich einmal den berühmten Satz von Karl Marx gehört: Religion sei Opium fürs Volk?»

«Kenne ich. Und dem würde ich mich durchaus anschließen. Diese Rebellen, von denen ich Ihnen vorhin erzählt habe und mit denen Sie, wie Sie sagten, nichts zu tun hätten, haben auch immer gebetet, bevor sie die Krupp-Haubitze ausgepackt haben, daran kann ich mich gut erinnern.»

«Ja, sicher. Aber ich will auf etwas anderes hinaus. Marx hätte eigentlich schreiben müssen: Zucker ist Opium fürs Volk. Oder aber: Religion ist Zucker fürs Volk.»

Zickler begriff nicht. Helphand skizzierte. Irgendwann im Mittelalter habe die katholische Kirche das Zinsverbot aufgehoben. Ob Zickler schon mal die schöne Geschichte vom Josephspfennig gehört habe? Zickler hatte nicht.

«Das ist eine Geschichte, die sich Ökonomiestudenten erzählen, die davon träumen, in ein Bankhaus einzutreten. Es ist die paradiesische Erzählung vom Geld, das Zinseszinsen einträgt. Anfangs wächst es langsam, aber sein Wachstum beschleunigt sich fortwährend. Ein Pfennig, von Joseph dem Zimmermann angelegt bei der Geburt seines unehelichen Sohnes Jesus auf Zinseszinsen zu fünf Prozent, wäre irgendwann zu einer Summe herangewachsen, größer als 150 Millionen Erden aus purem Gold. Und das war Ende des 18. Jahrhunderts, als diese Geschichte zum ersten Mal erzählt wurde. Heute könnte man die Goldmenge wahrscheinlich nur noch in Milliarden Sonnenmassen angeben. Das ist der Zinseszins. Die Geschichte ist natürlich nur ein Märchen, ganz so einfach ist es nicht.»

Bis zum Mittelalter sei Geld ein Tauschmittel gewesen, und wenn es verliehen wurde wie von den Fuggern zum Beispiel, dann eher aus politischen Gründen, nicht um durch das bloße Verleihen von Geld mehr Geld zu verdienen. Wenn irgendwas vermehrt werden sollte, dann das Seelenheil, die Investitionen für den Eintritt ins Paradies.

Dann aber habe die Kirche das Zinsverbot aufgehoben. Was man heute Kapital nenne, sei damals entstanden, und mit ihm der Anspruch, einfach durch das Vergehen von Zeit mehr zu werden. Eigentlich eine Unmöglichkeit – eine Rechnung, die nur aufgehen konnte, wenn unaufhörlich eine neue aufgemacht wurde. Oder indem man es anderen wegnahm. Das Kapital brauchte Anlagemöglichkeiten, es wollte in Geschäfte fließen, bei denen es sich vermehren konnte.

«Das erste große Geschäft, das die Welt revolutioniert hat, war ... nun?»

Zickler dachte nach, was Helphand zuvor gesagt hatte. Religion – Zucker fürs Volk.

«Etwa Zucker? Das ist nicht Ihr Ernst.»

«Oh doch. Zucker kam aus Südostasien und Indien. Zuckerhüte – in Gefäßen, die an ihre Kopfbedeckungen erinnerten, haben die Perser den Saft des Zuckerrohrs ausgekocht. Ein Bombengeschäft. Der Schah von Persien schwamm in Gold und Silber, und die osmanischen Sultane verdienten prächtig an ihren Zöllen. Die Europäer, die sich plötzlich das Leben zu versüßen vermochten, zahlten jeden Preis: Wer im Zuckergeschäft war, wurde steinreich.» Um den Orient als Zwischenhändler zu umgehen und die Rendite zu verbessern, habe man den Seeweg nach Indien gesucht. Amerika wurde entdeckt. Schon Kolumbus habe bei seiner ersten Reise Zuckerrohrpflanzen dabei gehabt, und wie durch Zufall sei er auf genau jene Gegenden des amerikanischen Kontinents gestoßen, die für den Anbau von Zuckerrohr geeignet waren.

«Sie kennen doch die Geschichte. Europäische Schiffe, Franzosen, Engländer, Holländer, beladen mit Glasperlen und anderem Krimskrams aus europäischer Manufaktur, fahren an die Sklavenküste, tauschen Negersklaven gegen das Spielzeug, befördern die Sklaven nach Amerika, verkaufen sie an die Besitzer von Zuckerrohrplantagen, zumindest die, die die Überfahrt überlebt haben, und bringen auf der Rückfahrt in ihre Heimathäfen Zucker mit. Ein Dreiecksgeschäft, wie es noch nie eines gegeben hatte. Und der erste Dämpfer für die Kaufleute des Orients. Das Zuckergeschäft machten die Europäer jetzt allein. Aber Zucker wurde immer billiger. Das nächste große Geschäft musste her.»

Jetzt wusste Zickler natürlich schon, worauf es hinauslief: Opium.

«Auch Opium war so ein Dreiecksgeschäft. Die Europäer, die Engländer vor allem, wollten den Tee und die Seide aus China, aber ihre Wirtschaft und die anfängliche Industrie stellte nichts her, was die Chinesen wirklich brauchen konnten. Es entstand ein ungeheures Handelsdefizit – der Begriff sagt Ihnen etwas, oder?»

«Ich bin auf ein Schweizer Gymnasium gegangen.»

«Gratuliere. Einfach gesprochen wurde der Schlafmohn, der vorher vor allem aus Anatolien und Persien stammte, von den Engländern in Indien angebaut, wo er viel besser gedieh als irgendwo sonst. Und dann wurde er illegal nach China geschmuggelt, wo sein – vom Kaiser verbotenes – Endprodukt ähnlich begeistert aufgenommen wurde wie zuvor der Zucker in Europa. Und für die Abnahme von Wollstoffen, von Maschinen gewoben, zwar etwas kratzig, aber unschlagbar günstig, hatte man Indien. In diesem Dreieck hat das britische Empire grenzenlos Geld verdient.»

«Das weiß ich, aber was ist schon ein wenig Opium gegen – eine Dampfmaschine, einen Generator. Ein Maschinengewehr. Dort liegt doch der Profit.»

«Im Jahre 1830 machte Opium dreißig Prozent des Welthandelsvolumens aus. Vor achtzig Jahren also.»

«Das kann unmöglich sein.»

«Vertrauen Sie mir. Ich habe einen Doktorhut in Nationalökonomie.» Helphand lachte nun genüsslich, ein Bariton, der wusste, dass er endlich den Ton getroffen hatte. «Kommen Sie, lassen Sie uns trinken.» Helphand stand eigens auf, um Zickler umständlich nachzuschenken. Er machte das Glas voll. «Nun ist doch die Frage, die eigentlich Sie mir stellen sollten, Herr Zickler: Was hat das mit dem Osmanischen Reich zu tun?»

Es war Zickler nicht einmal unangenehm, dass er jetzt auch lachen musste. Zumindest ein wenig.

Mittlerweile, so führte Helphand aus, habe sich die Industrie tatsächlich gegenüber der agrarischen Produktion und den Genussmitteln, mit denen einst das große Geld verdient worden war, einen Vorrang erarbeitet. Das Genussmittel der Gegenwart sei etwas anderes: Energie.

«Alle Länder, die über genügend Kohle verfügten und die Zeichen der Zeit erkannten, haben eine Industrie entwickelt. Denken Sie an Deutschland. Es ist ungeheuerlich, wie Deutschland aufgeholt hat, dank des Ruhrgebiets. Das wissen Sie. Aber nun ist ein neuer Stoff aufgetaucht, der die Kohle in den Schatten stellen wird. Es ist der Zucker, es ist das Opium der Zukunft. Naphtha.»

«Was meinen Sie damit? Petroleum?»

«Naphtha sagen wir Russen. Petroleum, ja. Es gibt viel davon in Amerika, aber die größten Quellen liegen in Baku und gehören dem Zaren. Dann sind da die persischen Quellen, die heute schon von größter Bedeutung für das Britische Empire sind. Aber wir wissen, dass Petroleum in Mesopotamien von selbst zu Tage tritt. Die Quellen dort müssen unendlich sein. Die Byzantiner haben früher ihre Feuerwaffen daraus gemacht, aber danach wurde es nicht mehr gefördert. Die Osmanen hatten bislang ja auch keinen Bedarf, da sie keine Industrie haben und nur wenige moderne Schiffe. Sie haben es nicht einmal versucht. Aber die Zeit wird kommen.»

«Vielleicht schlägt sich die Hohe Pforte ja doch noch auf die Seite der Entente. Oder das Reich bleibt neutral.»

«Seine Neutralität wird nicht mehr lange bestehen. Es darf auch nicht länger zögern, sondern muss in den Krieg eintreten. Sonst wird das internationale Kapital das Osmanische Reich in tausend Stücke reißen und all seine Völker versklaven, um an das Petroleum zu kommen, das auf seinem Gebiet liegt. Die Knochen aber wird sich der zaristische Despotismus holen. Es gibt kein rückständigeres, schlechter regierendes, die Menschheit mit größerer Scham erfüllendes Regime als das von Zar Nikolaus.»

«Und Kaiser Wilhelm halten Sie also für fortschrittlich?»

«Ich schwöre Ihnen, ich habe nichts übrig für den Hohenzollern mit seinem Schlenkerärmchen. Überhaupt nichts. Ich habe den preußischen Staat und seine Lakaien kennengelernt, glauben Sie mir. Und ich schätze die revolutionäre Energie des russischen Proletariats über alles. 1905 musste sie scheitern, aber sie ist da, und ich liebe sie. Aber ich weiß auch, dass nichts auf der Welt der deutschen Arbeiterschaft gleicht. Sie haben mich ausgestoßen, das war für mich überaus schmerzlich. Ich bin verfemt. Ich gelte als Verräter der deutschen Sozialdemokratie. Das ist sehr traurig für mich, doch damit muss ich leben. Aber ich werde alles tun, um Deutschlands Arbeiterklasse vor dem Zarismus zu beschützen. Noch ist es nicht so weit. Aber der Tag wird kommen, an dem ich mein Vermögen und meine Beziehungen nutzen werde.»

«Wozu?»

«Die Bremse ziehen. Den Zug aufhalten. Für einen Fehler sorgen. Eine Friktion herbeiführen, um die Mechanik des Kapitals zu stoppen.»

19

In München-Giesing, Durazzo und an tausend anderen Orten hätte man das, was Arjona und Stichnote eine Woche lang erlebten, ein g'schlampertes Verhältnis, wilde Ehe oder sündhafte Unzucht genannt. Arjonas Eltern, wohlhabende katholische Kaufleute und im besten Sinne liberal zu nennen, hätten sich selbst für die Freiheiten verflucht, die sie ihrem ältesten Kind all die Jahre über gewährt hatten, wäre ihnen bewusst gewesen, dass sie mit einem deutschen Funker in türkischen Diensten schlief, dass sie eine Wohnung mitten in Konstantinopel mit ihm teilte, dass sie vergnügt mit ihm einkaufen ging, für ihn kochte und über Bücher mit ihm diskutierte, so als gebe es noch mehr als blindes Verliebtsein, als führten sie einen gemeinsamen Haushalt und müssten kluge Entscheidungen treffen, wo doch den zwei jungen Leuten die Katastrophe schlechthin dräute: ein uneheliches Kind.

Sebastians Brüder, von denen jeder mittlerweile mehr als sechs Kinder hatte, hätten dem Jüngsten, der sich aus Bayern auf und davon gemacht hatte, um Seemann zu werden, dagegen keine großen moralischen Vorwürfe gemacht, schließlich standen jedem Pfarrer kirchlicherseits drei uneheliche Kinder zu, deren Kosten getragen wurden. Aber genau da, beim Unterhalt, hätte die Sorge der Gebrüder Stichnote gelegen, wären ihnen die Lebensumstände des kleinen Bruders bekannt gewesen.

Vielleicht hätten sie sich einen Augenblick sogar für ihn freuen können, wie er mit Arjona Dushek die Treppen rund um den Galataturm bestieg, wie er in der Yüksek Kaldirim bei einem der Vogelhändler zwei wunderschöne weiße Tauben kaufte, wie er mit Arjona auf die Brücke ging und sie von dort aus in den stahlblauen Oktoberhimmel zwischen den Kontinenten aufsteigen ließ, wonach sie ihnen händchenhaltend nachblickten, während sie einander umkreisend höher stiegen, über Barken und Dampfer hinweg, um dann zusammen nach Asien hinüberzufliegen, bis sie nicht mehr zu sehen waren.

Dann standen sie in der Nähe des Krankenhauses St. Georg in einer gebührlich entfernten Tornische. Nicht weit davon war eine kleine Moschee mit einem Friedhof. Mächtige Zypressen säumten ihn, auf deren nächtliches Tiefgrün Arjona sorgenvoll blickte. Stichnote bedauerte, ihr überhaupt von der vormittäglichen Begegnung erzählt zu haben. Von diesem Oberleutnant der Bayerischen Armee, der ihn im Büro des stellvertretenden Direktors der Marineakademie erwartet hatte, um ihn zu fragen, ob er sich als Funkoffizier einer großen deutsch-türkischen Expedition beizutreten in der Lage sehe, die demnächst, mit definiertem, aber geheimem Ziel aufbrechen werde.

Keine Sekunde lang hatte er darüber nachgedacht, von hier, dem schönsten Ort, an dem er jemals gewesen war, verschwinden zu wollen, und genau das versicherte er Arjona, doch diese blieb beunruhigt. Sie hatten eine Woche miteinander verbracht, nun würde Arjona nach der letzten Nachtschicht zu ihrer Gastfamilie zurückkehren müssen, sodass sie sich erst übermorgen wiedersehen würden, und das bereitete ihr zusätzliches Unbehagen. Auch wusste sie, dass Stichnote auf dem Weg war, die Nacht am Spieltisch zu verbringen. Was ihr ebenfalls nicht gefiel.

Sie gaben sich verstohlen einen Kuss, dann ging Arjona zu ihrer Schicht und Stichnote zu seinem Spiel. Es würde in einem Hotel oben an der Grand Rue de Pera stattfinden, dem Tokatlian, dessen Name für Stichnote einen südamerikanisch-aztekischen Klang hatte und ihn an Kolumbien denken ließ. Aber das Hotel hieß so, weil es Migirdiç Tokatlian gehörte, der einst bitterarm aus Tokat gekommen war, einer kleinen armenischen Stadt, nach der er sich in der Fremde nannte. Das Tokatlian war das zweite Haus am Platz, nach dem Pera Palace, das dieser Tage aber restlos ausgebucht war. Es lag direkt neben der britischen Marinemission, die trotz der Brüskierung durch einen deutschen Admiral, den man, ohne sie zu fragen, zum Oberkommandierenden der bislang doch von ihr beratenen osmanischen Marine ernannt hatte, nach wie vor in Konstantinopel ausharrte, was dem angesetzten Spielabend eine gewisse Pikanterie gab.

Dönitz und die anderen deutschen Offiziere hatten einen günstigen Postdampfer erwischt und saßen schon alle zusammen in der Lobby. Ihre Stimmung war aufgekratzt. Sie begrüßten Stichnote, den Deckoffizier ohne Patent, wie einen alten Freund, was er keineswegs war.

Dönitz nahm ihn zur Seite. Hinter einem aus Goldkübeln wachsenden Palmenwäldchen teilte er ihm wieder eine Änderung der Spielregeln und der Umstände der anstehenden Partie mit.

«Nach dem letzten Abend kam Ercetin Bey auf mich zu. Einige Dinge passten ihm nicht ...»

«So?»

«Im Wesentlichen geht es um die Frage, wann der Sieger feststeht. Theoretisch könnte eine Partie tagelang dauern. Der Punkt, an dem ein Spieler eine solche Übermacht hat, dass jeder andere resigniert und ihm den Sieg zuerkennt, könnte sich fast beliebig nach hinten verschieben lassen.»

«Irgendwann kippt doch jede Stellung, und dann ist es nur noch eine Frage der Zeit, bis man vom Brett genommen wird. Warum sollte sich jemand das antun, immer kleiner zu werden und sich Runde um Runde aufreiben zu lassen?»

«Weil ...», sagte Dönitz unsicher, da er nicht wusste, wie der beste Spieler seiner Mannschaft diese Information aufnehmen würde, «weil der Sieger künftig Geld bekommt ... Und rate mal, auf wen wir alle gesetzt haben?»

Stichnote schüttelte ungläubig den Kopf, aber Dönitz' Eifer und sein leicht fiebernder Blick machten ihm klar, dass es sich nicht um einen Scherz handelte.

«Was ihr mit eurem Geld anstellt, ist eure Sache.»

«Keiner wird dir einen Vorwurf machen, wenn du verlierst. Unter Kameraden ist das doch selbstverständlich.»

Stichnote, der sich nach der Woche mit Arjona unendlich reich und unverwundbar fühlte, dachte überhaupt nicht ans Verlieren und wollte jetzt lieber die neuen Regeln hören.

Die Neufassung der Regeln, auf die sich der deutsch-türkische Spielerausschuss letztlich geeinigt hatte, bestand neben einigen zum ersten Mal schriftlich fixierten Formalia über das Prozedere und der Beschränkung auf sechs Spieler pro Partie im Wesentlichen aus der Einführung von «Spielaufträgen».

Von nun an würden die Spieler nicht mehr alle dasselbe Ziel verfolgen, die Weltherrschaft, sondern nur noch die Vertreibung einer anderen Farbe vom Spielbrett. Stichnote sah die Vereinfachung, die darin lag. Er begriff aber auch, dass ein neues, unsicheres Moment dazugekommen war: Nachrichtendienst. Wie auch immer es jemand schaffte, die Aufträge seiner Gegner in Erfahrung zu bringen, er würde einen Vorteil daraus ziehen. Das Spiel wurde leichter und schwerer zugleich.

Vielleicht war es typisch Geheimdienstmann, wie Ercetin Bey das Spiel mit den neuen Regeln verändert hatte, aber Stichnote blickte der Partie gleichmütig entgegen, hatte er doch noch nie verloren und deshalb auch keine Angst davor.

Allerdings fühlte es sich durchaus anders an, als er sich an den in einer großzügigen Suite im dritten Stock des Hotels aufgebauten Spieltisch setzte und mit dem Eintreffen der übrigen Spieler feststellte, dass er der einzige Deutsche am Tisch war. Er warf Dönitz einen fragenden Blick zu, aber der nickte bekräftigend und machte klar: Stichnote spielte für die Deutschen. Ihm gegenüber saß Ercetin Bey als einziger Türke. Ein Beamter aus dem osmanischen Innenministerium war sein Sitznachbar, ein Grieche, der schon öfter mit ihnen gespielt hatte und für einen Zivilisten erstaunlich viel strategischen Sachverstand besaß. Hauptmann Zwetkoff von der bulgarischen Botschaft kam als Nächster, ein beweglicher Mann mit breiter Stirn, lachenden Augen und enorm viel Würfelglück. Zum ersten Mal war Oberleutnant Zenbashi dabei, einer von fünf Vertretern Japans, die als Beobachter der Balkankriege ins Osmanische Reich geschickt worden und geblieben waren. Außerdem saß da noch Graf Nadarski, ein strohblonder polnischer Edelmann im Dienst des Zaren. Er war der erste russische Vertreter, der das Große Spiel spielte, und wenn es auch eigentlich eine Unmöglichkeit darstellte, angesichts des Kriegszustands zwischen den beiden Kaiserreichen, so herrschte die klare Übereinkunft der Spieler, sich auf türkischem Boden so lange als möglich neutral zu verhalten.

An diesem Abend waren so viele Zuschauer wie nie zuvor anwesend, was an der Möglichkeit zum Wetten liegen mochte. Eine andere Spannung lag über dem ganzen Spiel, während sie zu Beginn ihre

Truppen einsetzten und ihre Positionen aufbauten. Als sie damit fertig waren, zogen sie die auf Französisch formulierten Aufträge und wie der Zufall es wollte, erhielt Stichnote den Auftrag, Ercetin Bey aus dem Spiel zu werfen.

Sofort begann er gleich den anderen, Spekulationen darüber anzustellen, wie die Aufträge verteilt sein mochten, und schon während der ersten Züge realisierte er zwar den Reizgewinn durch die neue Regel, fand sich aber viel weniger gut zurecht, als er das erwartet hatte. Ercetin Bey hingegen schien das neue Spiel bestens zu bekommen, und auf seltsame Weise trübte Stichnotes leichte Unsicherheit auch das Würfelglück oder ließ das der anderen steigen, Stichnote musste viel häufiger hintereinander, als er gewohnt war, Enttäuschungen und Rückschläge im Stellungsaufbau hinnehmen. Es lief schlecht für ihn.

Insofern kam es Stichnote im ersten Moment gelegen, als kurz nach Mitternacht, in den frühen Morgenstunden des 27. Oktober, ein Trupp Marineinfanterie unter Kommando eines Kapitänleutnants eintraf, bestimmt an die Tür der Suite klopfte und sich vertraulich mit Leutnant Dönitz besprach. Das Spiel wurde daraufhin sofort unterbrochen, und Dönitz setzte zunächst Ercetin Bey, dann den übrigen Gruppen und Spielern auseinander, dass die Mannschaftsmitglieder von BRESLAU-MIDILLI und GOEBEN-YAVUS auf dringenden Befehl der beiden Kommandanten augenblicklich an Bord ihrer Schiffe zurückzukehren hätten. Bei solcher Ansage war klar, dass es ein wenig dauern würde, bis man sich wiedersähe. Graf Nadarski erklärte daraufhin, dass er aus der Partie ausscheide und auf seinen Einsatz verzichte. Er verschwand, auffallend blass, als Erster.

Seine Truppen und Territorien wurden verteilt und danach die Spielstände genauestens notiert. Ercetin Bey machte den Vorschlag, sich zur Fortsetzung des Spiels an einem ruhigen und abgelegenen Ort zu treffen. Er habe ein großzügiges Anwesen auf einer der Prinzeninseln im Auge, dessen Besitzer ihn vor einer Weile schon einmal eingeladen habe. Darauf einigte man sich, und die deutsch-türkischen Marineoffiziere zogen ab.

Draußen standen Kaleschen, die sie nach Kabatas brachten. Dort am Pier arbeitete schon die Maschine des Steamers, mit dem Konteradmiral Souchon die letzten fehlenden Angehörigen der Mannschaft auf seine Schiffe bringen ließ. Denn er hatte wieder einmal einen Plan.

20

Selten zuvor hatte ein einzelner Seemann solchen Einfluss auf das reale Spiel der Weltgeschichte wie dieser sächsische Kaffeeliebhaber. Er war derjenige, der mit der Bombardierung von Philippeville und Bône die erste Kampfhandlung des Krieges durchgeführt hatte, seine Flucht versiegelte die Dardanellen für die britische Flotte, und nun wollte er, zum Oberkommandierenden der Kaiserlich-türkischen Marine ernannt, die nächste Präzedenz schaffen und das Osmanische Reich, das trotz seiner Schwäche noch immer die Schlüssel zu unermesslichen Schätzen in Händen hielt, unwiderruflich in den Krieg führen. Enver Pascha stand dabei hinter ihm und verfolgte seine Züge wie eine Dame die Bewegungen ihres Springers, der drauf und dran ist, den Gegner auf dem schwächeren Flügel anzugreifen.

Als Stichnote, Dönitz und die anderen Offiziere nach einer guten Stunde Fahrt auf der BRESLAU eintrafen, war es kurz vor zwei Uhr morgens. Die Mittelwächter begrüßten die späten Ankömmlinge kurznervig und unwirsch, was verständlich war, da sie sich hauptsächlich mit der Frage beschäftigten, wie viele Minuten Schlaf sie nach ihrer Ablösung um vier Uhr noch abbekämen. Jeder von ihnen kannte den Tagesbefehl des Admirals an den gesamten Verband:

Morgens 5:30 Anker lichten, Auslaufen ins Schwarze Meer zu Aufklärungsübungen.

Kein einziges verdächtiges Wort stand darin, und doch war die Mannschaft spürbar am Fiebern. Die Messe war belebt, glattrasierte Offiziere saßen bei Kaffee und Zigaretten, unterhielten sich leise und schauten immer wieder auf ihre Uhren. Stichnote, der als geduldeter, aber irregulärer Besucher in der Offiziersmesse saß, beschloss, in den Funkraum zu gehen und dem Kameraden die vorzeitige Ablösung anzubieten.

Jetzt erst, da er wieder an Bord war, begriff er, wie groß seine Sehnsucht nach dem Schiff gewesen war, nach dem schmierölig riechenden Stahlleib, der von der leisen, ununterbrochenen Präsenz der Maschine belebt wurde. Er genoss es, das glattpolierte Holz und den handläufigen Stahl der Niedergänge zu spüren. Zwei Wochen war er fortgewesen, und er wusste, dass er bald wieder gehen würde, da er ja Dozent an der Akademie war, aber im Moment berauschte ihn das Gefühl, falls erforderlich sogar mit geschlossenen Augen durch die BRESLAU rennen zu können.

An Deck standen die mit Wasser gefüllten Baljen bereit. Der Mond war nicht zu sehen. Auch die Sterne versteckten sich schon die ganze Nacht hindurch hinter Gewölk. Der Funkraum jedoch war hell erleuchtet, und unter den Anwesenden, einem Funkmaat und zwei Gasten, löste Stichnotes Eintreten hocherfreute Reaktionen aus. Der Funkoffizier blieb etwas reserviert. Wie nicht anders zu erwarten, ließ sich der Maat mit Vergnügen ablösen, und Stichnote nahm auf dem Funkersessel Platz, stülpte sich die Kopfhörer über, und seine Fingerspitzen stoben nach links, rechts, oben und unten. Unglaublich, wie gut ihm diese Funkerei sofort wieder gefiel, er legte Schalter um, segelte ein wenig durch die Frequenzen und freute sich an den präzise arbeitenden Mechaniken, an der wie mit Samt unterlegten Geschmeidigkeit der Regler.

Um vier Uhr wurden die Mittelwächter von den Morgenwächtern abgelöst. Stichnote blieb am Pult, diesmal mit einem der Offiziere konfrontiert, die er mittlerweile flüchtig von den Spielabenden kannte und der ihm derart auffällig respektvoll entgegentrat, dass ein leises Raunen durch die Morgenwache ging. Es war Stichnote etwas peinlich, dass sich auch unter der Mannschaft die unwahrscheinlichsten Legenden über die Spielabende an den exklusivsten Orten Konstantinopels verbreiteten. Und mittendrin: dieser Funker aus München, der eine, du weißt schon, den sie außer der Reihe befördert haben.

Der höchstrangige Morgenwächter auf der BRESLAU, Leutnant zur See Wodrig, ließ um zwanzig Minuten nach vier die Spielleute wecken, den Hornisten und den Trommler, beide noch halb im Tiefschlaf, da sie am Abend etwas Rum getrunken hatten. In diesem Zustand spielten sie, nur auf die Lautstärke achtend, «Freut euch des Lebens». Dazwischen gellten die Rufe der Wachhabenden in den Quartieren.

Während die Gasten und der Rest der Mannschaft aus dem Schlaf schossen, stellten sich die Hängemattenstauer an die Kästen, um die Schlummerrollen entgegenzunehmen, trotz der Eile genauestens prüfend, ob sie auch wirklich fest und ordentlich gezurrt waren: Denn nur eine ganz dicht gezurrte Hängematte konnte einen Mann notfalls über Wasser halten.

Um 4 Uhr 40 standen die Ersten an den Wasserbecken an Deck und wuschen sich. Schlafwarm, wie sie waren, steckten die Männer die kühlen Temperaturen weg.

Die Banken wurden heruntergeschlagen, die Backschaften holten Kaffee, Brot und Butter. Korl und Hein hatten an der Back längst das frühe Aufstehen vergessen und racten schon wieder. In ihre Sorglosigkeit pfiff der Bootsmaat der Wache hinein. Schreie waren zu hören. Ein Röhren, wie es nur Nordseefahrer zuwege brachten.

«Die ersten Nummern Seeposten der Steuerbordwache Backbordvordeck!»

«Die Lotgasten ans Lot!»

«Die Steuerbord-Kuttergasten zum Ankerlichten auf die Back!»
Nur noch Schreie. Gebrüllte Ansagen. Klares Platt.

Fünf Uhr fünf. Der Erste Offizier erschien auf der Back und sah sich regungslos an, wie die Kuttergasten ohne Eile aus dem Niedergang erschienen und dann bei seinem Anblick molekülschnell auf ihre Manöverstationen davonflitzten.

Der Wachhabende musterte die Seeposten. Überzeugte sich, dass das Schiff seeklar war. Die Maschine meldete über Telegraph:

Maschinen klar.

Fünf Uhr zweiundzwanzig. Der Kommandant kam auf die Brücke.

Punkt fünf Uhr dreißig befahl Fregattenkapitän Kettner, Anker zu lichten.

Die GOEBEN vierhundert Meter weiter südlich in der Tuzlabucht, war längst aufgeglüht und stand unter vollem Dampf, ebenso HAMIDIYE, BERK und PEYK, Kleine Kreuzer aus englischer Produktion. Sündteuer und schon veraltet, als sie vom Stapel liefen. Auslaufmodelle. Also liefen sie aus. Die BRESLAU war Anker auf, die Maschinen gingen an – und sie fuhren dem Bosporus zu. Die anderen Schiffe folgten.

Die Morgendämmerung überzog die Hügel und Hänge am Ufer mit einem pfirsichfarbenen Grauton. Es war so still, dass man die frühen Vögel auf den dahingleitenden Schiffen hören konnte.

Höchst vorsichtig passierten sie die türkische Minensperre, dann waren sie auf der offenen See des Schwarzen Meers. Den Vormittag verbrachten sie mit Fahrmanövern und übten das Schießen. Und sie trafen gut.

Unter der Mannschaft begann sich das Gerücht zu verbreiten, die Russen hätten die Zufahrt zum Bosporus vermint, um GOEBEN, BRESLAU und dem Rest der türkischen Flotte die Rückfahrt zu vermiesen.

Um Sechzehnhundert, also um vier Uhr nachmittags, setzte die

GOEBEN Signalflaggen und funkte ein ums andere Mal eine einfache, aber dringliche Botschaft: Der Admiral rief alle Kommandanten zur Sitzung. Keine Stunde später war Fregattenkapitän Kettner wieder zurück, und alle an Bord sahen das Leuchten in seinen Augen. Zwar gab es keine Kriegserklärung. Aber die Friedenszeit war dennoch zu Ende.

Offiziell lautete der Auftrag: Vergeltung für die russischen Minen.

Die GOEBEN würde mit ein paar Torpedobooten und einem Minenleger nach Sewastopol gehen, eine kleinere Flottille nach Odessa. Die BRESLAU würde mit BERK und zunächst auch noch HAMIDIYE weiter nach Osten fahren. Die HAMIDIYE sollte Feodossija angreifen, jenen wichtigen russischen Schwarzmeerhafen, der bei seinen genuesischen Gründern Caffa geheißen hatte und von dem aus die Pest einst nach Europa eingeschleppt worden war.

Die BRESLAU würde zunächst den Spezialauftrag wahrnehmen, in der Straße von Kertsch Minen zu legen, um sodann weiter östlich nach Noworossijsk zu gehen, wohin die BERK schon vorausfahren würde. Noworossijsk war eine der reichsten Handels- und Industriestädte Russlands, eine Perle des Schwarzen Meers, und besaß ungeheure Lagerkapazitäten für einen Rohstoff, den die Russen vom Kaspischen Meer bezogen, aus der Wunderstadt Baku: Naphtha. Steinöl. Petroleum.

Noch aber war die aus einer Handvoll Schiffen bestehende Kaiserlich-osmanische Flotte an jenem frühen Abend des 26. Oktober zusammen. Bevor sie sich trennte, ließ Wilhelm Souchon auf altseemännische Weise Flagge setzen:

An alle Schiffe. Tun Sie Ihr Äußerstes für die Zukunft des Osmanischen Reichs! Admiral.

21

Souchon bildete aus seiner Flotte eine Gabel und gab ihr den Auftrag, an vier – rechnet man das dezente Verminen der Enge zwischen Schwarzem und Asowschem Meer hinzu, sogar an fünf – Punkten aufzutauchen. Irgendwo würde sich die russische Flotte aufhalten, vermutlich ungeteilt und stärker. Wenigstens einen der vier Teile seiner Flotte zu verlieren, musste Souchon hinnehmen. Für diesen Preis wäre dafür die Zukunft des Osmanischen Reichs an der Seite Deutschlands gesichert – würden die Russen angreifen, womit zu rechnen war, herrschte endlich Krieg.

Aber die russische Flotte tauchte einfach nicht auf, nirgendwo, weder vor Odessa noch vor Sewastopol, noch vor Feodossija, und auch beim Erdölhafen Noworossijsk befand sich kein einziges Schlachtschiff des Zaren.

Während die BRESLAU erst noch ihre Minen loswurde, hatte sich der Torpedokreuzer BERK-I-SATVET, 1906 auf der Kieler Germaniawerft vom Stapel gelaufen, gemächlich daran gemacht, alle im Hafen von Noworossijsk liegenden Dampfer zu begutachten. Wer auf die Innenfläche seiner rechten Hand blickt, den Daumen ganz leicht nach links einknickt, wird in der Form des Daumens, das Wasser darstellend, ungefähr die Lage und die Gestalt der Bucht von Noworossijsk erkennen können: ein perfekter, großzügiger Naturhafen.

Erst gegen zehn Uhr morgens trafen BRESLAU und BERK dort, wo in der Ferne die Westausläufer des Kaukasus lagen, wieder zusammen. Der blutjunge deutsche Kommandant der BERK konnte der BRESLAU per Funkentelegraphie zu Händen des Deckoffiziers melden, dass sich sechzehn Dampfer im Innenhafen befänden, darunter ein Holländer und ein Engländer. Man habe die Russen zur Herausgabe der vierzehn russischen Dampfer aufgefordert und mit Beschießung gedroht, sollten die sich weigern, aber bislang keine Antwort erhalten.

Fregattenkapitän Kettner ärgerte sich, dass er dem englischen Dampfer nichts würde tun dürfen, und schickte den Torpedokreuzer an den Eingang des Hafens, zum Schmierestehen. Dann fuhr er mit der BRESLAU an den dicht bewaldeten Felsen vorbei, die die langgestreckte Bucht von Noworossijsk zu beiden Seiten umsäumten.

Über Nacht war es stürmisch und kalt geworden, und seit den frühen Morgenstunden schüttete es in Strömen. Die Kriegswache war längst aufgezogen, die Geschütze klar gemacht, die Fahnen und Wimpel, die Telegraphen und Bordtelefone mehrfach getestet, die Scheinwerfer abgezogen und ihr Fernantrieb überprüft.

Alle beobachteten die entlang der Küste gebauten Geschützbatterien, auf denen sich nichts regte, kein Schuss, keine Salve. Doch nun konnte man Offiziere sehen, die auf der Landstraße mit Pferden zu den Batterien galoppierten, wohl um die Leute zu verständigen, dass ein türkisches Kriegsschiff hereingefahren war, aber sie kamen zu spät. Die ersten Salven galten den Batterien, aus denen die russischen Artilleristen nach mehreren Volltreffern zu allen Seiten herausliefen. Vom Hafen kam ein Motorboot mit Regierungsflagge auf sie zugefahren, doch da sie alles wollten, nur nicht verhandeln, ließ Kettner die Beschießung auf volle Last steigern, nur der englische und der holländische Dampfer durften nicht getroffen werden. Bald brannten alle vierzehn russischen Schiffe oder lagen mit Schlagseite im Hafenbecken. Der Beschuss pausierte.

Die BRESLAU war unterdessen weiter an die Mole herangefahren. Der Kommandant und die Offiziere sahen durch ihre Ferngläser nun zum ersten Mal die schier unglaubliche Ausdehnung der Petroleumtanks. Der erste Tank wurde getroffen, aber, außer dass ein dicker Strahl schillernd-erdigen Steinöls herausschoss, geschah erst nichts. Der nächste Treffer schlug ein. Jetzt ging es richtig los.

Sprache, die vermittels von Ausrufen des Äußersten, des Höchsten, des Gewaltigsten, des Undenkbarsten arbeitet und die man speziell im Industrie-Wunderland Deutschland pflegte, hatte in diesen Tagen begonnen, sich massiv auszubreiten. Je unübersichtlicher und riesenhafter die Schlachtfelder des Westens und Ostens, je unfasslicher die Anstrengungen wurden, Menschen, Tiere und Maschinen zu versorgen und mit Waffenmaterial auszustatten, und je dunkler und unbeherrschbarer der Krieg wurde, desto triumphaleren Einzug hielten die Superlative. Weil die Erlebnisse der Beteiligten eigentlich gar nicht mehr zu fassen waren. So etwas Unfassliches, das dennoch vor aller Augen geschah, war die Explosion des Petroleumlagers von Noworossijsk.

Die unzähligen, aufwendig vernieteten Stahltanks waren so hoch und breit wie Häuser. Der getroffene Tank explodierte mit einer unbeschreiblichen Detonation, und unbeschreiblich war auch, mit welcher Wucht sein viele Tonnen schwerer Deckel senkrecht ein paar hundert Meter nach oben geschleudert wurde, um Sekunden danach in ein orangerotes Flammenmeer hinabzufallen, das aus dem explodierten Tank schlug wie der sich aus dem Nichts öffnende Papierblumenstrauß eines Magiers. Detonation folgte auf Detonation.

Petroleum war seit Jahrtausenden bekannt, aber erst seit wenigen Jahren hatte man begonnen, es im großen Stil zu verwenden und – zu lagern. Noch nie in der Geschichte der Menschheit war so viel Petroleum auf einmal verbrannt worden. Ein Tank nach dem anderen explodierte und entzündete mit seiner Detonation weitere Tanks. Es bildete sich eine Rauchwolke, die es dunkle Nacht werden ließ über Noworossijsk, eine unheimliche, seltsam glimmende Nacht, die der Sonnenfinsternis ein paar Monate zuvor ähnelte. Danach beschoss die BRESLAU noch die riesigen Speicher, die angefüllt waren mit ukrainischem Getreide, und auch diese gingen, wenngleich schwerfälliger, in Flammen auf, lodernd wie Vorgebirge aus Feuer.

Jeder an Bord begriff das Unheimliche dieser Feuersbrunst, insbesondere Stichnote, der nach Wachablösung und dem Ende des

Beschusses an Deck stand, den gelblich-dunklen Himmel studierte und an das Buch *Auf zwei Planeten* denken musste, in welchem das Verbrennen fossiler Energieträger als Frevelei und Schandtat bezeichnet wurde. Die ungeheure Macht des Petroleums war erschreckend und faszinierend zugleich. Der Höllenbrand, den sie so spielerisch leicht entfacht hatten und der kilometerweit hinter ihnen den Horizont beleuchtete, ging keinem, der ihn gesehen hatte, mehr aus dem Sinn. Dazu zählte nicht nur Deckoffizier der Funkerlaufbahn Stichnote, sondern auch Ingenieuranwärter Tom Kasten. Seit Eibos Bestattung hatten sie sich nicht mehr gesehen, nun standen sie wieder beieinander, schweigend, da sie beide erschüttert und aufgewühlt waren, Gin aus einem Flachmann trinkend, den Kasten mit nach oben gebracht hatte. Kastens Hautfarbe hatte mittlerweile etwas Dunkelviolettes angenommen, fast wie der Schimmer rohen Fleisches, die Augen blutunterlaufen und glasig.

«Gott, was für ein Feuer», brachte Kasten mit rauer, ja röchelnder Stimme hervor, und da das tatsächlich das Einzige war, was er zwischen tiefen Schlucken Gin sagte, hatten jene Worte einen düster-prophetischen Klang, der einiges dazu beitrug, Stichnote den Krieg, für den er ausgebildet und bestimmt war, endgültig unheimlich werden zu lassen. Zum ersten Mal spürte er, welch kostbarer Zustand der Frieden gewesen war.

Die BRESLAU lief am 1. November ohne Zwischenfälle wieder in den Bosporus ein, begleitet von aufgeschmückten Verkehrsdampfern und bejubelt von Tausenden Menschen auf dem Wasser und am Ufer. Nachdem ihr die BERK ein paar Stunden vorausgehabt hatte, war die BRESLAU das letzte Schiff der osmanischen Flotte, das noch gefehlt hatte. Sie ankerte neben der leicht beschädigten GOEBEN in Haidar Pascha auf der asiatischen Seite, unweit des gleichnamigen Ausgangsbahnhofes der Bagdadbahn.

Diese erste Kriegsfahrt der osmanischen Flotte im Schwarzen Meer endete mit einem glänzenden Ergebnis. Die Torpedoboote waren in den Hafen von Odessa eingelaufen und hatten ein russisches Kanonenboot versenkt und eines schwer beschädigt. Die HAMIDIYE, der dritte Kleine Kreuzer, hatte Feodossijas Hafen übel zugerichtet, die GOEBEN hatte zuerst einen Zerstörer und einen großen Minenleger überholt und klar versenkt und danach, trotz heftigen Beschusses, Sewastopol bombardiert und schwer getroffen. Wie bei einer besonders glücklich verlaufenden Partie des Schuljungenspiels Schiffe versenken war es Admiral Souchon gelungen, vier Trefferserien zu landen, ohne selbst getroffen zu werden, denn die paar Löcher in den Schornsteinen der GOEBEN waren nicht der Rede wert. Der Brand von Noworossijsk war allerdings bei weitem der schwerste Schlag und wurde von den Russen sogar filmisch dokumentiert.

Es war rätselhaft, dass keines von Souchons Schiffen dem russischen Gros begegnet war, aber so war es. Dennoch blieb die russische Antwort nicht aus. Am 2. November 1914 erklärte die Herrschaft des Zaren dem Osmanischen Reich den Krieg, aber nicht nur der russische Botschafter verlangte seinen Pass, auch die Briten und die Franzosen zogen ihr Personal offiziell ab, und es war klar, dass die Erklärung des Kriegszustandes zwischen diesen Ländern und der Türkei nur noch eine Formfrage war. Der Teil des jungtürkischen Komitees, der lieber neutral geblieben, auf jeden Fall kein Feind Englands und Frankreichs geworden wäre, war damit endgültig von Enver Pascha ausgespielt worden. Die Admiralskünste Wilhelm Souchons und die Stärke der Schiffe, die er einst rettend an den Bosporus dirigiert hatte, waren das Werkzeug dazu gewesen.

Während die Botschaften der Entente geräumt wurden und geheime Papiere, die man nicht außer Landes bringen konnte, die Kaminfeuer speisten, erfasste eine wühlende Umtriebigkeit ganz Konstantinopel. Gremien traten zusammen, Beamte und Militärs berieten sich und überall fanden geheime Treffen statt. Seltsame Gestalten eilten durch die Straßen, als wären sie mit einem Mal aus einem zauberischen Schlaf erwacht.

Eine davon war ein Mann namens Alois Musil, der mit Burnus und Kopftuch, Messer und Säbel ausgerüstet war, als wäre er dem Märchen von Ali Baba und den vierzig Räubern entschlüpft. Er verließ gerade das Pfarrhaus der Kirche des heiligen Antonius von Padua, in dem Stichnote das ein oder andere Gebet gesprochen hatte, denn dort wohnte er beim Pfarrer. Auch wenn er mit schwarzem Vollbart und finsterem Blick ganz und gar wie ein Bilderbuchbeduine erschien, dem sich niemand in den Weg zu stellen wagte, so war er doch ein aus Mähren stammender Österreicher, der aber besser Arabisch als Hochdeutsch sprach, denn seine Muttersprache war Tschechisch. Er war römisch-katholischer Priester und Doktor der Theologie, Professor für Arabisch an der Universität Wien. Und der Freund von Prinz Sixtus von Bourbon-Parma, dessen Schwester Zita seit dem Attentat von Sarajevo die Frau des künftigen Kaisers von Österreich war.

Musils Geschichte war die eines Sohnes verarmter Landleute, der den einzigen Weg zu akademischer Bildung gegangen war, den es für ihn gab: die Priesterweihe. Während fließbandartig erteilten Katechismusunterrichts in Olmütz kam die Promotion, schließlich ein Stipendium an der von den französischen Dominikanern betriebenen École Biblique in Jerusalem, wo er sein Hebräisch und Arabisch perfektionierte. Vom völlig heruntergekommenen Jerusalem war er enttäuscht, aber es zog ihn ohnedies mehr ins Hinterland: zu den Arabern. Er war der Erste, der die Felsenstadt Petra untersuchen konnte, jene unheimlichste Siedlung der alten arabischen Welt, deren aus dem puren Fels gemeißelte Fassaden den Eindruck außerirdischer Kunstfertigkeit hervorriefen. Von Petra, der Verlassenen im Wadi Musa, dem Mosestal, brachte er Aufzeichnungen und Skizzen mit, deren Akribie ihm ein weiteres Stipendum eintrugen, diesmal im prächtigen Beirut, von wo seine Exkursionen immer weitere Kreise durch das tiefe, Europäern fast gänzlich unbekannte Arabien zogen. Er entdeckte die omaijadischen Wüstenschlösser östlich des Toten Meers, Kasr al-Tuba und Kasr Amra, und kehrte immer wieder nach Petra im Wadi Musa zurück. Im Zuge seiner Reisen erlangte er den Schutz der Terabin, der Hwejtat at-Tihama, der Beli, der Schur und der Kerakije. Er hielt mit den Beduinen, deren Haartracht, Bart, Kleidung und Sprache er auf das Vollkommenste angenommen hatte, die Gebetszeiten ein, sprach immer nur von Allah und war doch stets ein treuer, untadeliger Mann der katholischen Kirche geblieben. Eines Sonntags im März 1909 erklärte Fürst an-Nuri Eben Scha'lan ihn vor allen Häuptlingen der Ruala zum Oberhäuptling – seitdem war sein arabischer Name Scheich Musa Eben Nemsa ar-Ruejli. Dieser stand in seinen osmanischen Reisepapieren gleich neben seinem kakanischen Namen Alois Musil.

Auf direkten Befehl seiner Majestät des Kaisers und Königs war er mit dem Auftrag nach Konstantinopel gereist, die Araber auf die Seite der Mittelmächte zu ziehen.

Nach Überquerung der Brücke und in südlicher Richtung vorbei am taubenumschwärmten Platz der Neuen Moschee im alten Stambul erreichte dieser Musil von Arabien einen Geschäftsneubau, dessen Eingang am Eck zweier aufeinander zulaufenden Straßen lag und auf dem in großen lateinischen Lettern DOYCE BANK geschrieben war. Denn der Ort, an dem das Treffen, außerhalb der Kassenstunden natürlich, stattfinden sollte, war die fünf Jahre zuvor eröffnete Konstantinopler Filiale des wichtigsten, zumal im Ausland operierenden deutschen Geldinstituts. Die Deutsche Bank hatte wesentlich dazu beigetragen, die Bagdadbahn zu finanzieren, und sie war eine gewisse Macht im Orient, wobei sich die Osmanen das meiste Geld von England und Frankreich geliehen hatten, jenen beiden Mächten, die ihr Investment dieser Tage deutlich gefährdet sahen, denn mittlerweile pfiffen es die Spatzen von den Bleidächern der Hauptstadt am Bosporus: Nachdem seit zehn Tagen Krieg mit den Russen herrschte, stand die nächste Kriegserklärung bevor.

Scheich Musil wurde von einem der Bankmitarbeiter, die hinter der Eingangstür auf das Klopfsignal der Verschwörer warteten, in Empfang genommen. Hinter dem Foyer kam ein Flur und danach ein Konferenzsaal, in dem sich die Vorstände der Filiale sonst zu beraten pflegten. Heute Abend, das erste und einzige Mal, dass solches geschah, hatte die Nachrichtenstelle für den Orient alles und jeden zusammengerufen, der an der Umsetzung von Oppenheims Dschihadplan, der *Denkschrift betreffend die Revolutionierung der islamischen Gebiete unserer Feinde*, beteiligt werden sollte.

Neben Alois Musil, der wegen seiner einzigartigen Entdeckungen und Kontakte auch über das Geheimdienst- und Diplomatenvolk hinaus bekannt war und für den Oppenheim selbstverständlich das innere Arabien als Einsatzgebiet vorgesehen hatte, waren über zwei Dutzend Männer mit ihren Begleitern versammelt, aber keine Frau. Im Westen und an der Ostfront, in ganz Europa gab es weibliche Spione zuhauf – hier, bei den von der Wilhelmstraße organisierten deutschen Dschihadis vertraute man nur auf Männer.

Da war etwa der Afrikaforscher Leo Frobenius, mit Zigarillo und skeptischem Lächeln zwischen seinem halbrund rasierten Bart und dem krempigen Tropenhut; ihn wollte Oppenheim in den Sudan schicken, wo die Erinnerung an den Aufstand des Mahdi noch frisch war. Leo Frobenius, der das sudanesische Arabisch wie seine Muttersprache beherrschte und daneben sechs andere afrikanische Sprachen wie

Suaheli und Hausa, würde sein Bestes geben, den immer noch wachen Funken des Glaubens an einen neuen Mahdi anzufachen, den angekündigten Stellvertreter des Propheten, der den Sieg des Islam auf Erden und die Wiederkehr Jesu einläutet.

Hauptmann Fritz Klein, ein hochgewachsener, hellwacher Militär, der den Fruchtbaren Halbmond bereist hatte, war dazu ausersehen, Abadan anzugreifen und diesen für die Briten wichtigsten Ölhafen am Schatt al-Arab in ein Flammenmeer zu verwandeln. Dazu würde er den Scheich Ali el-Iraki, Großmufti der Schiitenhochburg Kerbala, für die deutsch-islamische Sache zu gewinnen versuchen, was – kannte man den erschreckenden Dissens zwischen den beiden wichtigsten Glaubensrichtungen des Islam, Shia und Sunni – größtes Feingeschick erforderte.

Nur einer fehlte: Wilhelm Wassmuss, der Vizekonsul aus dem persischen Buschir. Er hatte die indiskreten und sogar störenden Angehörigen der Afghanistan-Expedition zur Abkühlung nach Aleppo geführt, wo sie bis zu diesem Zeitpunkt darauf warteten, dass es endlich losginge.

Glück für jenen Andrew Gilbert, der in die Rolle des indischen Verschwörers Ashraf Khan geschlüpft war, denn Wassmuss kannte jemanden aus Khans Gruppe. Er allein hätte den Spion gleich zu Beginn seiner Mission in Schwierigkeiten bringen können. Und Gilbert-Khan wusste von Wassmuss' Gefährlichkeit und mit nagender und zu keinem Zeitpunkt verklingender Sorge hatte er an der Seite Niedermayers die Doyce-Bank-Filiale betreten. Gilbert-Khan wusste, dass er jünger aussah als seine fünfunddreißig Jahre. Ob man ihm aber den revolutionären indischen Mittzwanziger abnahm, war eine Frage, auf die es keine theoretische Antwort gab, weshalb er insgeheim damit rechnete, jeden Augenblick aufzufliegen.

Ein vornehmer Herr mit Spitzbart im dreiteiligen Anzug, mit auffälliger Uhrkette und dolchblitzenden Augen trat auf sie beide zu.

«Schön, Sie wiederzusehen, Herr Oberleutnant. Salam Aleikum.»

«Aleikum Salam, Herr von Oppenheim.»

«Wie ist es Ihnen ergangen? Sind ja doch einige Wochen her, seit wir uns in Berlin getroffen haben.»

«Ich kann sagen, einiges von Konstantinopel gesehen zu haben und die Stadt nun zu kennen. Und meine Fähigkeit zur Geduld hat endgültig orientalische Ausmaße angenommen.»

«Das Warten wird bald vorüber sein, versprochen. Mittlerweile ist ja auch Ihre Ausrüstung angekommen, inklusive Telefunkenanlage.»

«Ja. Und ich bin im Gespräch mit einem deutschen Funkoffizier, der offiziell in Diensten der osmanischen Marine steht, unserer Expedition beizutreten.»

«Nicht schlecht. Wie ich gehört habe, gibt es Vorbehalte bei der hiesigen Führung, was unsere Dominanz bei der Unternehmung angeht. Da ist ein Türke mehr in der Mannschaft natürlich von Vorteil.»

«Ich hoffe, dass er bald zusagt. Übrigens, Herr von Oppenheim, darf ich Ihnen Prinz Hassan Ashraf Khan vorstellen? Er ist vor kurzem aus Bombay angekommen.»

Niedermayer fasste Gilbert-Khan am Ellbogen und schob ihn dem Kölner Chefdenker entgegen.

«Prinz!» Oppenheim senkte den Kopf, nicht zu tief, denn das wäre lächerlich gewesen, aber doch voller Respekt gegenüber dem viele Jahre Jüngeren. «Mein Freund Vizekonsul Wassmuss hält große Stücke auf Sie und Ihre Gruppe, direkt begeistert ist er von Ihrer Arbeit in Indien. Sie waren in Charlottenburg auf dem Gymnasium?»

«Ein paar Jahre ... richtig.»

«Wo haben Sie gewohnt?»

«Oh, meine Familie ... wir hatten mehrere Wohnungen. Am Landwehrkanal hat es mir am besten gefallen.»

«Ungeheuer, was sich gerade da in den letzten Jahren getan hat.

Wird ja sehr viel gebaut in Berlin. Bald werden wir Paris auch städtebaulich hinter uns lassen, denken Sie nicht?»

«Sicher. War die letzten Jahre aber nicht mehr da, sondern in Indien. Aber das ist sicherlich richtig.» Verdammt ungemütlich war es für Gilbert-Khan. Alles, womit er die von ihm zu verkörpernde Rolle unterfüttern konnte, waren die Geständnisse während der Folter, die aber zunehmend wirr geworden waren, sowie vage Informationen, die er vom Geheimdienst des indischen Vizekönigs erhalten hatte. Und dann hatte er noch eine Art Tagebuch gefunden, Aufzeichnungen des echten Prinzen auf Englisch und Urdu, der allerdings eine furchtbar unleserliche Handschrift hatte. Aber manche Details hatte er entziffern können. Durchaus seltsame.

«Im Café ... äh ... Kronprinz waren wir immer zum Schachspielen, nach der Schule.«

«Ach ja, sehr nett. Kenn ich direkt. Wohn ja selber in Charlottenburg ...» Oppenheim zwinkerte freundlich und auch ein bisschen müde, er hätte wohl noch etwas zu Berlin sagen wollen, doch dann nickte er nur und löste sich von ihnen. Gilbert-Khan versuchte, seine Erleichterung zu verbergen, und entschuldigte sich kurz bei Niedermayer, um sich auf der Toilette Wasser ins Gesicht zu spritzen und durchzuatmen.

Eine Gruppe schüchtern zusammenstehender dunkelhäutiger Muselmanen fiel Niedermayer jetzt auf, deren umtriebigen Führer er schon einmal gesehen hatte. Er musste nachdenken, aber dann fand er ihn in seinen Fronterinnerungen wieder – es war jener Dragoman und Mitarbeiter Oppenheims, der mit dem tunesischen Scheich durch die Hauptquartiere der Westfront gereist war. Es handelte sich um den aus Baden stammenden Emil Schabinger von Schowingen. Die Turban tragenden Männer, die um ihn herumstanden wie eine Gruppe Schulkinder, waren Kriegsgefangene, französische Kolonialtruppen, Angehörige der algerischen Zuaven, die während der Marne-Schlachten gefangengenommen worden waren. Von Schowingen hatte, natürlich mit Unterstützung von oberster Stelle, dafür gesorgt, die über hunderttausend moslemischen Gefangenen in speziellen Lagern zu sammeln, um sie auf die deutsche Seite hinüberzuziehen.

Man stellte ihnen Imame für das Gebet zur Verfügung, versorgte sie mit Essen, das nach den Regeln des Koran zubereitet war, und Schabinger von Schowingen hatte es sogar geschafft, eine eigene propagandistische Zeitschrift herauszugeben: *El Dschihad*, in hocharabischer Sprache verfasst und redigiert in der Berliner Mauerstraße. In diesem alle zwei Wochen erscheinenden Druckwerk hatte Schabinger von Schowingen Kaiser Wilhelm zum ersten Mal als Sultan von Deutschland bezeichnet, hier sponn der badische Dragoman seinen Traum einer gewaltigen deutschen Moslem-Legion, gebildet aus Marokkanern, Tunesiern und Algeriern, die sich im Namen des Propheten Mohammed und Wilhelms von Hohenzollern gegen ihre französischen Unterdrücker wandten. Schabinger von Schowingen hatte einen Stoß der neuesten *El Dschihad*-Ausgabe dabei, die er mit behänder Munterkeit unter den Agenten, Gelehrten und Abenteurern verteilte.

Jetzt erklomm Legationsrat Oppenheim ein Podest, der Größte war er ohnehin nicht, doch so konnte er über die Feze, Turbane, Afrikanerhüte und Tropenhelme hinwegblicken, die sein Dschihadplan, die Autorität des Kaisers und die Märker aus dem Geheimfonds des Auswärtigen Amtes hier zusammengebracht hatten.

So wie an diesem Abend, Freitag, dem 13. November 1914, würden sie niemals mehr zusammenkommen. Morgen begänne das Uhrwerk aus Gedanken und Fiktionen zu ticken, zumindest, wenn alles nach Plan verliefe oder nach Gottes Willen, oder nach beidem.

«Freunde, Gefährten, verehrte Herren ...», hob Oppenheim an, und augenblicklich verstummten sämtliche Anwesende, froh, dass es im offiziellen Programm weiterging – denn die meisten waren für Salonatmosphäre nicht gemacht.

«In dem uns aufgedrängten Kampfe gegen England, den dieses bis aufs Messer führen wird, wird der Islam eine unserer wichtigsten Waffen sein. Ägypten und Indien sind die Achillesfersen des seegewaltigen britischen Kolosses. Darum hat England uns schon seit langem davon abzubringen versucht, Fühlung mit den ihm so gefährlichen panislamischen und nationalistischen Bewegungen des Orients zu halten.» Oppenheim vermochte sein bedächtiges Temperament aufzupeitschen und redete sich selbst in Rage. «Aber der Boden für eine Erhebung des Islam gemeinsam mit uns war schon genügend vorbereitet.»

Augenbrauen wurden hochgezogen. Oppenheim, der Mann des stillen Bürokratenmonologs, auf den niemand von den Vorgesetzten hören wollte, zog alle Register.

«Seine Majestät der Kaiser hat vom ersten Augenblicke an die Wichtigkeit dieses Momentes erkannt und in weiser Fürsorge die Möglichkeit einer Benutzung der mohammedanischen Völker geschaffen, durch die von Seiner Majestät dem Islam gegenüber stets bezeugte Achtung und die seinen Anhängern erwiesenen Freundlichkeiten und Hilfen. Er hat gut dran getan, und nun genießt unser gnädiger Kaiser und Herr in allen Teilen der islamischen Welt, in Ägypten, im Innern Mesopotamiens, in Tunesien und Algerien, die höchste Wertschätzung. Nicht nur im Osmanischen, sondern gewiss auch im Persischen Reiche wird für den Sieg der deutschen Waffen gebetet – jetzt in diesem Augenblick.»

Er hielt inne, wie immer wenn er vom Kaiser sprach, den er selbst in seinem Leben fünf Mal gesehen hatte. Es waren fünf Begegnungen, bei denen vor allem Höflichkeiten ausgetauscht und im Ganzen drei bis vier richtige Sätze gewechselt worden waren, die sich dennoch wie die Kronjuwelen eines geheimen Oppenheim'schen Emirats anfühlten, dazu bestimmt, im richtigen Moment hervorgeholt zu werden, um der Bande wilder Räuber den neuen Kalifen anzuzeigen.

«Was es nun zu sagen gilt, ist noch ein Geheimnis, aber nicht mehr lange. Vorbereitet wurde diese große Tat durch die von Seiner Majestät unserem Kaiser angeordnete Militärmission im Osmanischen Reich, jüngst erst durch das energische Eingreifen unserer Marine, durch die Vereinigung von GOEBEN und BRESLAU mit der türkischen Flotte.» Ein Schluck aus dem stürmisch im Kreise geschwungenen Wasserglas folgte.

Gilbert-Khan klangen die Ohren. Niemals hätte er für möglich gehalten, dass er tatsächlich so schnell in das leibhaftige Paradies eines englischen Spions versetzt werden konnte, in einen Raum voller deutscher Verschwörer, die nicht nur eine Telegraphenstation, Erdölleitungen und Handelsschiffe angreifen oder irgendwelche Höllenmaschinen an der Tower Bridge deponieren wollten, sondern das Weltreich selbst, die Zentralachse des Imperiums in Flammen zu setzen trachteten – und das alles, zumindest wurde es gerade behauptet, auch noch auf unmittelbaren Befehl des Kaisers. Vor seinem geistigen Auge sah er den Schnurrbart des deutschen Potentaten, wie er hämisch grinsend die Weltkugel betrachtete und einen eisengrauen Reichsadler, das Krummschwert des Islam in den Krallen, auf sie ansetzte wie den Falken auf die Taube.

«Edle Herren, Mitstreiter!», rief Oppenheim, «in diesem weltgeschichtlich bedeutsamen Augenblick ...» – Gilbert-Khan hätte laut auflachen mögen, dass die Deutschen immerzu, wenn nicht über das Scheißen oder das Biersaufen, dann über die Weltpolitik, die Weltgeschichte, den Weltgeist sprechen mussten – «... in dem der größte Krieg der Erde entbrannt ist, wird auch zum ersten Male wieder seit Jahrhunderten der Gesamtislam zum Kampfe gegen den Feind aufgerufen werden. Der Heilige Krieg wird morgen vom Sultan und Kalifen Mehmed gegen die Feinde Deutschlands und seiner Verbündeten erklärt werden!»

Deutliches Raunen ging durch den Raum. Ein echter Coup. Gelehrte und Militärs gleichermaßen starrten sich mit großen Augen an, schmeckten mit den Lippen oder ließen den Unterkiefer fallen. Wenn Oppenheim, der Kölner Bankierssohn, Wilhelms jüdischer Freund, die Wahrheit sprach, dann ...

«Durch das Eingreifen des Kalifen in den Weltkrieg werden sich die Verhältnisse grundlegend ändern. Bis jetzt hatte unsere, auf die möglichste Hebung des Kriegswertes des Osmanischen Reichs hinzielende Arbeit mit dauernden Intrigen unserer Gegner und gewissen in der orientalischen Psyche begründeten Widerständen zu kämpfen. Mit der Psyche des Orients werden wir auch in der Folge zu rechnen haben. Es gilt, vor allem hier, in Konstantinopel – und das ist auch der Grund, warum ich mich unbedingt an diesem Abend hierher einfinden wollte – die gegenwärtige Situation auszunutzen und auf der ganzen Linie ... das zu gewinnen, was ich Ellbogenfreiheit nennen möchte. Vor allem müssen wir die Türken selber dazu bringen, unsere Hilfe in der von uns gewollten Weise anzunehmen und unsere Ratschläge zu befolgen ...»

Ob es an seiner brillanten Schauspielkunst lag oder daran, dass Niedermayer ein alles andere als argwöhnischer Mann war – eigentlich unvorstellbar für jemanden, der sich monatelang alleine zwischen persischen Räuberbanden herumgetrieben hatte –, jedenfalls durfte Gilbert-Khan, ohne dies weiter begründen zu müssen, den Terror- und Dschihad-Kongress in der Doycen Bank verlassen, sein zukünftiger Kommandant nickte ihm nur zu.

Gilbert-Khan lief eilends zur großen Brücke, auf der nächtens zu dieser Zeit kein Zoll mehr erhoben wurde, da auch Bettler und die Ärmsten der Armen das Recht besaßen, von Stambul nach Galata zu gehen, indem sie das Goldene Horn überquerten, den Halic. Er hatte es eilig und achtete doch darauf, ob ihm jemand folgte. Seiner Einschätzung nach hatte er in seinen abenteuerlichen Wanderjahren im

Auftrag seiner Majestät noch niemals eine so wichtige Information mit sich getragen wie heute Nacht.

Es war der Auftrag an ihn ergangen, sich auf die Spuren einer revolutionären Gruppe aus Bombay zu setzen und zu sehen, wohin sie ihn führten, und nun war er einem Plan zum Sturz des Britischen Empires auf die Spur gekommen, in den Dutzende, offensichtlich besonders herausragende deutsche und österreichische Agenten verwickelt waren. Mit Wissen des Kaisers, geplant von höchsten Stellen, von diesen budgetiert, und das Ganze auch noch in innigster Absprache mit dem Osmanischen Reich, schließlich schien dieser Oppenheim sich vollkommen sicher zu sein, dass Sultan Mehmed morgen den Heiligen Krieg erklären würde. Ellbogenfreiheit! Die Deutschen planten so etwas wie die islamische Weltrevolution, bei der die Zelle in Bombay nur ein winziger Teil war. Er war wirklich gespannt, was Downing Street dazu sagen würde.

23

Vieles kam in Gang. Lange vorbereitet und geplant, begannen sich die Truppen des Osmanischen Reichs auf die künftigen Fronten zuzubewegen: Ägypten und Südmesopotamien gegen England, und oben im Norden, von der Festung Erzurum ausgehend, gegen das Russische Reich. Doch waren diese Vorgänge, Truppenverschiebungen, Schiffstransporte, nächtlichen Güterzüge voller Soldaten, Waffen und Lebensmittel, die sich in enervierender Langsamkeit über den schließlich vom großen Krieg erfassten mittelsüdöstlichen Spielplan bewegten, nur der eine Aspekt dieser Mechanik. Etwas anderes war da noch ins Werk gesetzt worden, das wie ein Dschinn, ein böser Wüstenteufel, ausgerechnet dort begann, wo der christliche Westen seine seit Jahrhunderten unangefochtene Bastion besessen hatte.

Durch die spätherbstlich unwirtlichen Straßen Peras begann sich ein tatenzeugendes Gerücht auszubreiten, niemand konnte sagen, wie es angefangen hatte. Schaufenster von Niederlassungen französischer Banken einzuschlagen war das eine – Peras unwürdig, zweifellos. Aber wer war auf den Gedanken gekommen, der von Sultan Kalif Mehmed Resa Pascha, gegürtet mit dem Schwert des Propheten, verkündete Heilige Krieg könnte sich auch gegen die Christen Konstantinopels richten, die womöglich schon vor der Ankunft der Osmanen hier gelebt hatten, wie die Griechen oder auch diejenigen, die Sultan Mehmed der Eroberer zur Besiedelung der Stadt hierhergeholt hatte – die Armenier?

An jenem zugigen Novembertag, als am frühen Nachmittag, kurz nach Asr und seinen so lange und vielstimmig wie nie erklungenen hundertkehligen Allahu Akbars, schwarzmeerkalter Regen einsetzte und die Straßen Konstantinopels und seiner Vorstädte schwer und schmutzig zu werden begannen, erwachte jener teuflische Keim zum Leben, der unter den alten Osmanen keine Ahnung erhalten hatte – die glorreiche türkische Armee bekam eine Fratze.

Auch das Kalifat erhielt einen düsteren Schlag. Denn jene Vereinzelten, die nach Einfall der Dämmerung wie Räuberbanden begannen, in von Griechen, Juden und Armeniern bewohnten Vierteln der Stadt zu plündern, Feuer zu legen und Angst und Schrecken zu verbreiten, hatten Mehmed Resas Worte gar nicht gehört. Doch die geheime Botschaft der Jungtürken und ihrer deutschen Generäle hatten sie wohl vernommen. Sie waren eine Vorhut.

Arjona Dushek hörte am späten Abend dieses Tages gegen neun Uhr, wie die Mutter des kleinen Levon die Straße auf und ab ging und nach ihrem Sohn suchte, der nicht nach Hause gekommen war. Arjona öffnete das Fenster, beugte sich hinaus und rief Levons Mutter zu, dass sie gleich hinunterkommen wolle, um ihr suchen zu helfen.

Das Anwesen der Tavanians, ehrliche Kaufleuten seit dreihundert Jahren, erstreckte sich über mehrere große Häuser, die im Laufe der Jahrhunderte verbunden worden waren und sowohl Wohnung als auch Geschäft beherbergten. Arjonas Zimmer lag im dritten Stock.

Sie eilte die enge Treppe hinunter. Erst als sie unten ankam, bemerkte sie, dass im Innenhof die Gaslaternen angezündet waren, und nicht nur Levons Mutter trotz Regen draußen unterwegs war. Die zwei Fuhrknechte hatten Knüppel in den Händen und riefen sich in ihrem unverständlichem Kutscher-Armenisch etwas zu. Aus den Augenwinkeln sah Arjona, wie sich Herr Tavanian im hinteren Teil des Geschäfts mit seinem Buchhalter besprach. In fast allen Fenstern, die auf den Innenhof gingen, brannte Licht, während die Fenster zur Straße dunkel waren, so wie bei den anderen Häusern auch. In einiger Entfernung vernahm Arjona Rufe, wild durcheinander, irgendein Unglück musste passiert sein.

Levons Mutter war nicht mehr zu sehen, aber weiter unten an dem orthodoxen Kirchlein und gegenüber dem Kochgeschirrhändler glaubte Arjona jetzt etwas zu erkennen. Drei Männer. Sie waren mit dem Haupttross der im Namen des Islam Plündernden hierhergezogen, hatten dann auf gut Glück eine Seitengasse genommen und nun die Orientierung verloren, da sie sich in diesem Viertel nicht auskannten. Arjona erschrak, als sie, leise herangeschlichen, das Straßenräuberhafte in ihren Gesichtern erkannte. Irgendwelche Halsabschneider aus den albanischen Bergen hätten nicht furchterregender sein können.

«Was sollen wir tun, Brüder?», sagte einer von ihnen. Einen Fetzen um den Kopf geschlungen, sprach er aus zahnlosem Mund. Seine Spießgesellen blickten sich ratlos an. Die Häuser in dieser Straße hier, die allesamt armenischen Kaufleuten gehörten, sahen eigentlich alle gleich gut aus. Eine vornehme Gegend. Aber nirgendwo brannte Licht. Zwar hätte man wie zuvor Steine in die teuren Glasfenster schmeißen können, aber eigentlich hatten die drei die Absicht, etwas zu stehlen. Nur wo lohnte es sich am meisten, im Namen Gottes die Tür aufzubrechen?

«Ich würde es da drüben versuchen.»

«An der alten Bude? Blödsinn. Lieber da drüben, da hab ich was blitzen sehen im Fenster ...»

«So wird das nichts ...», das war der Zahnlose. «Lasst uns nach vorne gehen, ans Eck, da ist was zu holen, sag ich euch.»

Während sie also darüber stritten, ob sie lieber das Haus der Tavanians oder das ihrer Nachbarn überfallen sollten, war Arjona zurückgelaufen und hatte die beiden Fuhrknechte verständigt, die dem Dreierspuk mit ihren Knüppeln ganz schnell ein Ende machten und die Halunken vertrieben.

Auch Levon und seine Mutter kamen bald danach wieder, der Knabe, der in der Abendschule und gerade auf dem Heimweg gewesen war, hatte sich, als der Zug mit den Allahu Akbar rufenden Randalierern die Straße hochkam, klug wie er war, versteckt. Die Plünderer hatten einen Brand zwei Straßen weiter verursacht, der allerdings unter Kontrolle gebracht schien, eine Seltenheit in Stambul. Viele Fensterscheiben waren eingeworfen und weiter unten war eine der Banden in das Haus der Familie Allahverdi eingedrungen und hatte versucht, Hausrat zu stehlen. Ansonsten war das Pogrom in ihrer Gegend glimpflich verlaufen, und kurz nach Mitternacht war auf den Straßen wieder Ruhe eingekehrt. Nicht aber in den Häusern, wo die Familien zusammensaßen und beratschlagten.

Viele der Alten erinnerten sich an christenfeindliche Übergriffe, vor zwanzig Jahren, vor fünfzig Jahren, und damals waren immer wieder auch Menschen ums Leben gekommen. Aber jetzt stand das Pogrom in Zusammenhang mit dem Eintritt in den Krieg, das hatte man längst begriffen. Im Tripoliskrieg hatte man gegen Italien verloren. In den Balkankriegen hatte man gegen Bulgarien, Rumänien und

Serbien verloren. Und nun würde man Krieg führen gegen Frankreich, Russland und das Britische Empire!

Am nächsten Morgen brodelte Konstantinopel vor Gerüchten über Gräueltaten an Christen. Wer an Bürgern Frankreichs, Englands und Russlands noch in der Stadt war und es sich leisten konnte, brach seine Zelte ab. Die Mietverträge von Wohnungen, Villen und Landhäusern wurden gekündigt. Das Pera Palace hatte auf einen Schlag wieder Zimmer frei. Sirkeci, der europäische Bahnhof, war so überlaufen und voller Reisender wie nicht mehr, seit der erste Orientexpress hier gehalten hatte. Fahrkarten für die Eisenbahnlinie Istanbul–Thessaloniki wurden so rar, dass sich ein Schwarzmarkt entwickelte. Die allermeisten wollten jedoch nach Dedeagatsch fahren, einer Stadt direkt hinter der Grenze, die die – zum jetzigen Zeitpunkt noch neutralen – Bulgaren vor ziemlich genau zwei Jahren erobert hatten und die ihnen als Mittelmeerhafen zugesprochen worden war. Von Dedeagatsch aus konnten Russen über Bulgarien und Rumänien heimgelangen, und Franzosen sowie Briten fanden den Hafen voller eigener Schiffe, die sie über Griechenland in die Heimat bringen würden.

Arjonas Vater und Herr Tavanian telegraphierten miteinander, und Herr Tavanian versprach, sich um Arjonas Abreise nach London zu kümmern. Ein entfernter Onkel der Familie Dushek lebte dort, der Arjona aufnehmen würde. Am darauffolgenden Abend fielen die ersten Schneeflocken, die aber nicht liegen blieben.

24

Stichnote war inzwischen mit der BRESLAU von ihrer ersten richtigen Seeschlacht mit russischen Kräften zurückgekehrt, die vier Tage nach der offiziellen Kriegserklärung vor Sewastopol stattgefunden hatte. Die GOEBEN hatte eine 12er Granate von der EVSTAFI abbekommen, dabei waren fast zwanzig ihrer eigenen 15er Geschosse explodiert und hatten zwölf deutsche Artilleristen getötet, ein türkischer Matrose starb auf der Rückfahrt im Lazarett. Auf Seite der mit fast zwanzig großen und kleineren Schiffen kämpfenden russischen Flotte gab es drei massive Gegentreffer auf der erwähnten EVSTAFI, Aufbau und Deck wurden schwer beschädigt. Ein Geschützturm wurde hart an der Wasserlinie getroffen, der Aufzug für die Granaten dabei beschädigt, und auch hier explodierte eigene Munition. Vier Offiziere und neunundzwanzig von der Mannschaft kamen sofort ums Leben. Gut zwanzig wurden schwer verletzt, von denen vier Fünftel starben.

Die BRESLAU hatte, da zu weit entfernt, nur einen Schuss abgegeben und keinen Treffer erhalten. Aber die ganze Mannschaft einschließlich Stichnote beschäftigte das unheimliche und niemandem an Bord erklärliche Verschwinden Thomas Kastens. Kurz vor der Einfahrt in den Bosporus hatte sich das Gerücht verbreitet, der geniale Maschinist hätte sich die weiße Uniformjacke vom Leib gerissen, mit blutunterlaufenen Augen und nahe dem Delirium tremens die Tür eines Kessels aufgerissen, der gerade frisch bekohlt worden war, und sich selbst kopfüber hineingestürzt. An den Rändern des Kessels wollte einer der schreckstarren Heizer eine Zeitlang noch abgebrannte Hautreste von Kastens Händen gesehen haben, mit denen er sich tief in den Glutofen hineingedrückt habe. Ein anderer behauptete, er sei von den aus den Flammen hervortretenden brennenden Augen angestarrt worden.

Stichnote bekam einen üblen Geschmack im Mund, wenn er sich die Geschichte vorstellte, die so grotesk war, dass er sie nicht glauben wollte. Viel wahrscheinlicher war die andere Version, diejenige, die der Kommandant verbreitete: Kasten sei nach der Schlacht vor Kap Sarych nachts bei rauer See über Bord gegangen, unbemerkt von der Wache. Stichnotes letzter alter Freund auf dem Schiff war jedenfalls nicht mehr da, und im Kriegshafen wartete ein Brief auf ihn, den die österreichische Botschaft übermittelt hatte.

Es war der erste Brief, den er von Arjona je erhalten hatte, und ihre Worte, in einer Handschrift, die so fein war, als wäre sie aus winzigen Veilchenblütenblättern gesetzt, sagten nichts anderes, als dass ihm jetzt noch zwei Stunden blieben, von Bord zu kommen und ihr am Bahnhof Sirkeci auf Wiedersehen zu sagen.

Der Zug nach Dedeagatsch war ohnedies verspätet, aber der Deckoffizier machte dem Bahnsteigschaffner klar, dass er noch länger würde warten müssen. Zehn Minuten.

In Reisegarderobe, mit einer eleganten Pariser Pelzmütze, einem schwarzen Mantel, den sie noch nie getragen hatte, Handschuhen und Schnürstiefeln, stand Arjona da, bereit auf den Plafond des Zuges zu steigen.

Etwas weiter unten am Bahnsteig warteten Herr und Frau Tavanian, die entsetzt dreingeblickt hatten, als plötzlich dieser junge deutsche Marineoffizier aufgetaucht war, und die noch wesentlich entsetzter dreinblickten, nachdem sie begriffen hatten, dass Arjona und der Seemann sich durch nichts in der Welt davon abhalten ließen, sich zu umarmen, zu küssen und allein miteinander zu sprechen.

Noch während Stichnote Arjonas Bericht darüber hörte, was während des Seegefechts in der Stadt geschehen war und dass sie nun nach London gehen müsse, zu einem Verwandten, breitete sich die Gewissheit in ihm aus, was er selbst zu tun habe und wie es weitergehen würde. Sie sagte, sie werde ihm schreiben, aber er erwiderte, das würde nichts nützen, da er beschlossen habe, das Schiff zu verlassen, um als Funkoffizier an der Expedition in den Osten teilzunehmen. Er wolle mithelfen, den Krieg so schnell wie möglich zu beenden. Wenn der Frieden da sei, werde er nach London kommen.

Arjona war fassungslos, aber Stichnote war sofort auf eine Weise von seinem Plan überzeugt, wie es nur ein junger Liebender sein kann.

«Hör zu», sagte er, mit seinen Gedanken spinnend, als wären es Goldfäden, die er zu einer neuartigen Lieben-Röhre zusammenlöten könnte, «bald haben wir den 1. Dezember. Ein halbes Jahr Zeit musst du mir bestimmt geben. Wir treffen uns am 1. Juni. Dann hole ich dich ab.»

«Liebster, erklär mir doch wo?»

«Wo?»

«Wo sollen wir uns treffen?» Sie schluchzte fast, gleich fuhr der Zug ab, und Sebastian schien so verwirrt, dass sie ein wenig Angst um ihn bekam. Drei Bahnsteige weiter setzte sich schnaubend ein anderer Zug in Bewegung und ließ sie beide zusammenzucken. Stichnote starrte sie an.

«Tower», sagte er, mit so euphorischem Unterton, als seien dadurch alle ihre Probleme gelöst.

«Mittags am 1. Juni am Tower von London. Ich war da nie, aber man liest immer davon. Er ist mitten in der Stadt. Den gibt es auch in einem halben Jahr noch. Und wenn einer von uns es, aus welchen Gründen auch immer, nicht schafft, dann treffen wir uns am 1. Dezember. Und im Jahr drauf auch. Immer 1. Juni, 1. Dezember. Wenn man nicht selber kommen kann, kann man zumindest eine Botschaft schicken. Jemanden mit einer Nachricht. So können wir uns nicht verlieren – denk nur dran: mittags 1. Juni. Oder 1. Dezember. Am Tower von London.»

Ihr wurde himmelangst. Noch eine Minute.

Stichnote hatte ein klares, sogar ein glasklares Gefühl. Sie hatten Funkverbindung aufgenommen. Die Amplitude ihrer Frequenz war groß. Eigentlich war schon Juni 1915. Sie blickten sich an, er wie im Fieber, Arjona verzweifelt. Ihm schoss der Gedanke an die Partie des Großen Spiels durch den Kopf, die heute Abend stattfinden sollte. Dann hätte er seine Schuldigkeit getan und würde den Bosporus ein letztes Mal überqueren, aber eigentlich nur, um am 1. Juni am Tower von London zu sein.

Arjona begriff plötzlich, dass es nicht die rasend dahineilende Zeit war, die sie schweigen ließ, sondern ihre Furcht davor, was er sagen würde. Ihre Furcht, es vor sich selbst auszusprechen. Also schwieg sie über das Wichtigste, das Eigentliche, das, worüber sie unbedingt mit ihm hätte sprechen müssen.

Die Tavanians blickten betreten zu Boden, als die beiden sich einen letzten, innigen Kuss gaben, aber Entsetzen packte sie, als Stichnote nach Abfahrt des Zuges auf sie zutrat, um ihnen für alles zu danken, was sie für Arjona getan hatten. Er sprach, mit brüchiger Stimme, auf Türkisch. Herr Tavanian antwortete ihm zurückhaltend auf Französisch, mit hochrotem Kopf und etwas kurzatmig, sodass seine Frau sich Sorgen um sein Herz machte. Deckoffizier Sebastian Stichnote verbeugte sich tief, salutierte. Dann verließ er den Bahnhof, um zu seinem Spiel zu gehen.

IV.
Pachisi

«Siehe», sagte Moses zu seinem Begleiter, «ich werde nicht
aufgeben, bis ich die Grenze zwischen den beiden Meeren
erreiche, und wenn ich auch viele Jahre reisen muss.»

KORAN, SURE 18

1

Angenommen, die Bewohner des Mars, die sich in Kurd Laßwitz'
Roman *Auf zwei Planeten* Nume nennen, hätten mit ihren Methoden
an diesem 5. Dezember 1914 die Erde unter dem für sie wichtigsten
Gesichtspunkt betrachtet, dem Energieverbrauch, graphisch dargestellt durch Lichtblitze unterschiedlicher Stärke, so wäre ihnen gewiss
das Weltzentrum menschlicher Energetik aufgefallen: die Westfront.

Vom Mars aus betrachtet und durch die Hochtechnologie der Nume
sichtbar gemacht, erschiene sie wie ein hell glühender Strom purer
Energie, der sich von der belgischen Küste hinabzog, am Fluss Oise
nach Osten bog und weiter Richtung Verdun, jener Stadt, von der die
Geschichtsschreiber der Menschen sagten, dort sei das Reich Karls
des Großen einstmals geteilt worden. Ein Jahrtausend später hatten
sich Karls jüngste Erben in einen Bruderkrieg verwickelt, der ein für
alle Mal beweisen sollte, wer der Stärkere war. Nun verbrannten sie
Kohle, um Stahl zu kochen und Waffen daraus herzustellen, beluden
Eisenbahnzüge damit, die sich, einem Geflecht von Glühdrähten
gleich, zur siedenden Linie schlängelten. An ihr ging in Form von
Granaten und Explosionen jeden Tag mehr Energie in entropischen
Rauch auf, als im gesamten Reich von Kaiser Karl für ein Jahr zur Verfügung gestanden hatte.

Doch auf der energetischen Weltkarte der Marsianer gab es noch andere Brandherde: riesige bewegliche Glutöfen in Ostpreußen und Polen, kleinere auf dem Balkan, dem Kaukasus und neuerdings, wenn auch im kosmischen Maßstab gesprochen, nur ein Lichterflackern im Orient. Gerade war etwa nördlich von Basra eine Schlacht zwischen britisch-indischen Truppen und Osmanen im Gange und ließ das Städtchen al-Qurna aufblitzen.

Es flackerte schwach an manchen Stellen Afrikas, und dann gab es überall auf den Weltmeeren die winzigen Lichtpunkte der Schlachtschiffe, deren Kessel unentwegt mit Kohle und Öl versorgt wurden. Aus Sicht der marsianischen Beobachter war augenblicklich eine größere Gruppe Lichtpunkte zu erkennen, die Kap Hoorn umrundeten: Dies war das deutsche Ostasiengeschwader, aus dem fernen Osten abberufen und nun dabei, Kurs Richtung Falklandinseln zu nehmen.

Tatsächlich, der Krieg zwischen den Großmächten Europas hatte es in den vier Monaten seit seinem Ausbruch geschafft, sich weit über das Spielfeld fast der ganzen Welt auszubreiten; zwar waren weite Teile davon noch unberührt, doch lagen schon überall Lunten und Zünder bereit, die ihn weitertragen sollten, weiter und immer weiter, nach Arabien, Ägypten, in den Sudan, nach Persien und sogar bis ins Herzland Zentralasiens: Afghanistan.

Dieses Land, das noch kein Deutscher und auch kein Österreicher zuvor betreten hatte, war die Bestimmung der Niedermayer-Expedition. Fast 5000 Kilometer lagen vor ihr, die sie im direkten Auftrag des Sultans von Deutschland zurücklegen würde.

Hadschi Wilhelm el-Almani hatte auf seiner geheim durchgeführten Wallfahrt gen Mekka geschworen, der starke Beschützer aller dreihundert Millionen Moslems zu sein und zusammen mit seinem Bruder Sultan Mehmed Resat, dem wahren Kalifen, die ungläubigen Imperialisten aus den Ländern der Gläubigen zu vertreiben. Jeder Mann, der sich zum Propheten Mohammed bekenne, solle zu den

Waffen greifen und in den Dschihad ziehen, den der Kalif befohlen habe.

Das war die Botschaft der in Leipzig und Berlin gedruckten Flugblätter, die, in den gängigen Sprachen des Orients ausgefertigt, einen gewichtigen Teil der Ausrüstung der Niedermayer-Expedition darstellten. Tonnen von Papier. Seit den frühen Morgenstunden wurde ein Sonderzug der Bagdadbahn damit beladen. Zu den Hunderten von Kisten voller Dschihad-Propaganda kamen Waffen, darunter mehrere Feldhaubitzen und ein Maschinengewehr, Munition, Feldstecher, geodätische Instrumente, geeichte Marinechronometer, Karten, haltbare Lebensmittel, tropenmedizinische Ausrüstung, Zelte, Decken und tausend andere nützliche Kleinigkeiten. Und dann noch eine nagelneue transportable Funkenanlage mit allem Drum und Dran, Teleskopantennen, einem Generator für die Stromversorgung und einer exzellent bestückten Werkzeugkiste.

Deckoffizier Stichnote, der bajuwarisch-osmanische Funkentelegraphiemeister der Expedition, hatte die Kisten vor ihrer Verladung öffnen lassen und voller Glück die Maschine aus der Charlottenburger Fabrik von Siemens & Halske betrachtet. Der gleichermaßen mit Kohle und Petroleum zu betreibende Generator war von Endress aus Württemberg, und bei seinem stahlglänzenden Anblick waren dem Funker die Augen übergegangen, denn ohne Elektrizität konnte der Mann mit Blitz und Anker auf seiner Uniform ja gar nicht sein. Die Vorstellung, irgendwo in einer Wüste zu sitzen und sich den eigenen Strom zu erzeugen, begeisterte ihn.

Was seinen Beitrag zur Expedition anging, war er also bester Dinge – was auch daran lag, dass er noch keinen Gedanken an die Mühen verschwendet hatte, welcher es bedürfen würde, die vier Tonnen schwere Anlage zu transportieren, wenn sie an der Endstation ihres Zuges angekommen wären und ihr ganzes Gepäck auf Lasttiere und Ochsenwagen umladen müssten.

Sehr aufgeräumt, wenn auch etwas müde, da er seit etwa zwei Uhr morgens auf den Beinen war, sah er zu, wie die letzte seiner Kisten verladen wurde, nickte dem Feldwebel-Packmeister zu und stieg in den Waggon, um nach seinem Abteil zu suchen.

Viele der Expeditionsteilnehmer saßen schon auf ihren Plätzen. Es waren dies hauptsächlich türkische, deutsche und österreichische Mannschaften und Offiziere der Infanterie, einige Gebirgsjäger, gute Reiter, und auch ein erfahrener Tiroler Bergsteiger war unter ihnen.

Drei Männer unter den knapp fünfzig aber, die den auf Gleis fünf von Haidar-Pascha-Stasion stehenden Zug der Bagdadbahn nehmen würden, hatten ein Geheimnis.

Der erste war der Chef der ganzen Truppe, der Königlich-Bayerische Oberleutnant Oskar Niedermayer. Der disziplinierte Soldat, Geograph und Orientalist war bei seiner ersten Reise durch Persien Mitglied einer Geheimgesellschaft geworden. Mysteriös war seine Begegnung mit den Bahai und ihren Lehren, und Niedermayer trug seitdem eine rätselhafte Prophezeiung mit sich: dass er nach Persien zurückkehren und dies von Bedeutung für den Verlauf der Geschichte sein werde. Mit keinem Menschen hatte Niedermayer darüber gesprochen. Doch seit seiner Abberufung von der Westfront im September, seinem Treffen mit dem Planer des weltweiten Dschihad und seinem Aufbruch nach Konstantinopel war ihre Erfüllung unter widrigen Umständen Stück für Stück näher gerückt.

Der zweite Geheimnisträger war Andrew Gilbert, der Mann, der etwa vier Wochen zuvor die Rolle des Prinzen Ashraf Hassan Khan eingenommen hatte. Mit als Erster war Gilbert-Khan auf dem Bahnhof erschienen, hatte sich bei Niedermayer gemeldet und sich einen Platz gesucht. Braungebrannt wie er war, mit seinem neuen Vollbart, dem schulterlangen schwarzen Haar und der spartanischen Kleidung aus indischer Herstellung, die er im Gepäck des echten Prinzen gefunden hatte, war seine Erscheinung perfekt. Niemand hätte diese Rolle besser zu spielen vermocht.

Wer im *Peerage* nachschlug, stellte fest, dass der dritte Sohn Edward Gilberts, des 11. Earl of Kincardine, im Jahr 1879 geboren worden war: Andrew Theophilus Seumas Gilbert, gemeinhin als der «Ehrenwerte» angeredet. Er wuchs in Bombay auf, wohin sein hochadeliger, aber bettelarmer Vater gegangen war, um bei der Hafenbehörde Karriere zu machen. Andrew wurde später zurück auf die Inseln geschickt, in Eton erzogen und im New College, Oxford. Er diente einige Jahre, offiziell ehrenhalber, als Attaché bei verschiedenen britischen Gesandtschaften, am längsten in Berlin.

Damit schloss der *Peerage* seinen Artikel über ihn. Natürlich war das keineswegs alles, was es über Andrew Gilbert zu berichten gab. Nun saß Gilbert als Khan auf seinem Platz in der Bagdadbahn und betrachtete das Gewimmel auf dem Bahnsteig. Als ein Mitglied der Expedition, das er aus dem Pera Palace kannte, die Abteiltür öffnete, erhob er sich leicht von seinem Sitz.

«Salam Aleikum! Der Friede sei mit Ihnen.»

«Morgen auch, Hoheit», erwiderte der Mann. «Ist hier noch frei?»

«Niemand wäre mehr willkommen», sagte Gilbert-Khan und strahlte über das ganze bärtige Gesicht.

Als die Zeit der Abfahrt gekommen war, betrat auch noch der dritte geheimnisbeladene Mann den Bahnhof: Adolph Zickler. Er wusste nicht, ob es das größte Glück oder der absolute Tiefpunkt gewesen war, als er in den frühen Morgenstunden mit der Fähre von Sirkeci den Bosporus gequert und auf die asiatische Seite übergesetzt hatte, auf der Suche nach einem Sonderzug der Bagdadbahn.

Zicklers elegantes Khaki-Zivil, das von einem jüdischen Meister in Pera stammte, entsprach dem Stil der letzten Kolonialmode und sah glänzend aus, aber Zickler fror aufgrund des nasskalten Wetters, das sich der Stadt am Bosporus bemächtigt hatte, wie ein Schneider. Seine Hosen reichten knapp bis über die Knie.

Sein brauner Vollbart war sorgfältig gestutzt, seine manikürten Hände umfassten die Griffe exzellenter Koffer und wuchteten diese voran auf den Zug, um dann einzusteigen und sich kurzentschlossen nach links zu wenden, den Abteilen der ersten Klasse zu, wo er den Leiter der Expedition vermutete. Zickler hatte sich umgehend bei ihm zu melden, fragte sich durch und erfuhr schließlich, der Oberleutnant sei beim Oberschaffner in dessen Dienstabteil vorne in Wagen zwei.

Die Unterhaltung zwischen den beiden war hitzig und drang auf den Gang hinaus.

«Ich werd gleich noch lauter», rief Niedermayer.

«Da könnet Se sich jetzeda aufrege, wie Se wolle. Des ändert au nix an dere Gesamtsituation.»

«Sie wollen mir die ganze Zeit weismachen, dass Sie nicht in der Lage sind, ein einziges Telegramm an die Endstation zu schicken.»

«Habet Se gsähe, was da draußen los isch? Des isch der Krieg! Des Telegraphebüro isch voll.»

«Ich bin hier auch nicht auf Urlaubsreise. Zefix!»

«Wered Se jetzeda wieder beleidigend?»

«In zwei Tagen stehe ich mit hundertzwanzig Kisten Gepäck und sechzig Mann in Bozanti. Das Osmanische Reich befindet sich in Mobilmachung, und ich rechne mit Problemen, Zugtiere und Wagen zu bekommen. Wollen Sie uns denn nicht helfen? Wir sprechen doch dieselbe Sprache.»

«Also gut. Wär amal zusehe.»

Der aus Stuttgart stammende Oberschaffner legte die Finger an seine Mütze und entwand sich Niedermayers Zugriff, indem er irgendwelche Listen durchzugehen begann. Sollte Niedermayer nun wie angewurzelt stehen bleiben und sich weiter lächerlich machen?

Als er auf den Flur hinaustrat, stand Zickler vor ihm, grüßte mit betont schweizerischem Akzent und reichte dem Oberleutnant seine von Enver Pascha selbst unterschriebene Akkreditierung.

«Ach ja», seufzte Niedermayer und starrte dem Neuankömmling mit jener lächelnden Direktheit ins Gesicht, die dem Offizier seit seiner Ankunft in Konstantinopel zunehmend den Ruf eines groben Klotzes eingebracht hatte.

«Wie gut, dass wir jetzt auch noch einen Handelsvertreter in unseren Reihen haben. Das hat wirklich gefehlt.»

«Freut mich, dass ich dabei sein kann …», erwiderte Zickler in vollendeter schweizerischer Geschäftsmanier. Um nichts in der Welt würde er aus seiner Rolle fallen: ein strebsamer junger Waffenhändler, der nach Persien und Afghanistan reiste, um Kontakte anzubahnen, Geschäfte zu machen und auch gleich deren Finanzierung mitzuliefern, ganz so, wie Dr. Helphand das machte.

In seinem Koffer befand sich eine Art Musterbuch, das der Russe ihm mitgegeben hatte: Krupp, Škoda, SIG und Hämmerli. Von modernsten schweren Geschützen bis zu feinsten Jagdwaffen reichte seine Auslage. Man würde ihn sicherlich gerne empfangen, ob am Hof des Schahs in Teheran oder im sagenumwobenen Kabul, der Festung des afghanischen Emirs. Über nichts sprachen Potentaten lieber als über neue Waffen.

Niedermayer hatte ein großes Notizbuch zur Hand genommen, in das er, mit dem Rücken an das Dienstabteil gepresst, die Daten aus Zicklers Akkreditierung übernahm.

«Sie sind Schweizer Staatsbürger, Herr Zickler?»

«Seit fast dreißig Jahren.» Ein kleiner Scherz, den Niedermayer regungslos hinnahm.

«Sie haben lange in Konstantinopel zugebracht?»

«Ach wissen Sie, die letzten Jahre war ich für meinen Auftraggeber ziemlich viel unterwegs, vor allem auf dem Balkan.»

«Aha. Sprachkenntnisse?»

«Englisch, Italienisch, Französisch natürlich ...», zählte Zickler auf, der andere zog die Mundwinkel nach unten. «Griechisch recht flüssig und dann äh, Türkisch, alltagstauglich.»

«Also keine relevanten Sprachkenntnisse, Arabisch oder Persisch?»

«Nein. Aber ich war schon einmal in Indien. Vor ein paar Jahren erst. Jaipur, Delhi, Agra, Kalkutta.»

Jetzt strich sich Niedermayer über seinen Schnurrbart und betrachtete Zickler abschätzig.

«Kommt mir so vor, als hätte ich Sie schon mal gesehen.»

«Durchaus möglich. Hab zuletzt im Pera Palace logiert.»

«Dann wird es dort gewesen sein.»

Der Offizier klappte das Notizbuch zu und klemmte sich seinen Bleistift hinters Ohr.

«Sie tragen einen wunderbaren Anzug, Herr Zickler.»

«Danke.»

«Man sieht förmlich noch, wie Ihr Schneider dran herumgewerkelt hat.»

«Ich verstehe nicht ...»

«Um ganz offen zu sein: Sie sind bei weitem nicht der Einzige, der in den letzten Tagen zu meiner Gruppe gestoßen ist, und von dem ich vorher nichts gewusst habe. Manche sind sicherlich eine Bereicherung, bei anderen weiß ich es noch nicht. Ich kann das nur hinnehmen, bin da ganz weisungsgebunden. Aber da ich für den Erfolg unserer Unternehmung verantwortlich bin, frage ich mich natürlich, ob jeder, der jetzt hier in diesem Zug sitzt ...» Niedermayer zog die Brauen hoch und grimassierte. «Das wird kein Ausflug, Herr Zickler. Und auch keine Geschäftsreise mit Aperitif auf der Hotelterrasse.»

«Dessen bin ich mir bewusst.»

«Die Eisenbahn hier werden wir bald hinter uns lassen, an der kilikischen Pforte, um genau zu sein. Sind Sie sich darüber klar, dass wir den allergrößten Teil der Strecke auf Reittieren zurücklegen werden?»

«Glauben Sie mir, ich bin schon oft geritten. Auch lange Strecken.»

«Ich glaube Ihnen alles. Die Frage ist, ob Sie es selbst glauben.»

Zickler wurde rot und blickte unsicher den Flur des Waggons entlang. Ein Soldat in deutscher Uniform kam mit einem dicken Bündel Papier unter dem Arm energisch auf sie beide zu. Er sprach ein grobes Fränkisch und berichtete dem Chef, dass alles bis auf den letzten Nagel, so drückte er sich aus, verladen sei.

«Danke, Jakob», sagte Niedermayer. «Muss gleich noch was mit Ihnen bereden.» Und dann, zu Zickler gewandt: «Sie haben es gehört. Jetzt hätten Sie noch die Gelegenheit auszusteigen.»

Aber so garstig der Oberleutnant diesen letzten Versuch auch gestaltete, den, wie er fand, reichlich dubiosen Waffenhändler loszuwerden, Zickler schüttelte nur den Kopf, faltete trotzig seine Akkreditierung zusammen und steckte sie ein. Niedermayer resignierte und rang sich nun doch noch ein Lächeln ab.

«Dann also: Willkommen.» Er reichte ihm die Hand. Zickler schlug ein, sichtlich erleichtert.

«Es gibt keine Sitzordnung. Suchen Sie sich einfach irgendwo einen freien Platz.»

Zickler nahm sein Gepäck auf und zwängte sich an Niedermayers Adjutanten vorbei, der ihn mit Verachtung betrachtete. Bevor Zickler die Tür zum Plafond öffnen konnte, um außen am Zug entlangzugehen, rief ihm Niedermayer noch etwas hinterher:

«Besorgen Sie sich einen vernünftigen Rucksack und packen Sie Ihr Zeug um. Mit den Koffern wird das nichts.»

Und damit klopfte er wieder an das Dienstabteil, um noch einmal beim Oberschaffner auf die Absendung des Telegramms an die Endstation zu dringen. Er hatte keinen Zweifel, dass das sinnlos war.

Vorne gab der Lokführer durch ein gewaltiges Fuder Dampf zu verstehen, dass man abfahrbereit war. Zickler hastete durch das Gedränge auf dem Bahnsteig, die kalte Morgenluft an den Beinen, und versuchte, irgendwo einen freien Platz auszumachen. Überall saßen schon Männer, die meisten im lebhaften Gespräch. Am fünften Wagen entdeckte er einen in ein Buch vertieften jungen Mann am Fenster, einen gutaussehenden Kerl mit blonden Haaren, bei dessen Anblick ihm das Kinn etwas blöde nach unten klappte.

Es war der Seemann, der Bekannte seines Freundes Amadeus Toth, den er in jener fatalen Nacht in Durazzo kennengelernt hatte, wenn das der richtige Ausdruck dafür war, was ihn mit diesem zehn Jahre jüngeren Kerl verband.

Seine Beine wollten mit einem Mal nicht mehr weiter. Wenn es einen Menschen gab, der seine Tarnung als Vertreter des internationalen Helphand'schen Waffenhandels hätte auffliegen lassen können, dann saß ausgerechnet dieser Kerl in dem Zug, den er gleich besteigen musste, außer er wollte Oberleutnant Niedermayer die Genugtuung verschaffen, ihn doch noch vergrault zu haben. Er war wie gelähmt.

Stichnote gähnte und warf einen versonnenen Blick auf den Bahnsteig, schien Zickler aber nicht zu sehen. Jetzt traten die ersten Fezträger deutlich zurück. Jeden Augenblick konnte der Bahnsteigschaffner den Zug abfahren lassen, die Kelle hatte er schon in der Hand.

Zickler befahl seinen Beinen, sich wieder in Bewegung zu setzen, lief wie in einer Art leichtem Albtraum zwei Waggons weiter, der Pfiff zur Abfahrt kam, der Zug ruckte an, er warf seine Koffer auf den Plafond, die damit ihre ersten Kratzer weg hatten, und als er seinen Fuß auf den Stahl der schmalen Stufen stellte, hatte sich der Zug unwiderruflich in Bewegung gesetzt, um die Stadt am Bosporus zu verlassen. Zickler betrat das erste Abteil. Zwei deutsche und ein österreichischer Offizier waren darin, rauchten kakanische Regie-Zigaretten und unterhielten sich müde über einen abwesenden Vierten.

«Ungelogen», sagte der Österreicher, «wie der Gatte plötzlich in der Tür steht und der Hlusicka hinten in Unterwäsche auf den Hof hupft und mir Zeichen macht hat, dass ich seine Hosen und seine Börse mitnehmen soll, bin ich fast abbrochen.»

Die anderen nickten beifällig, aber keiner lachte. Es waren Soldaten, Vertraute der Langeweile, die wussten, dass sie sich die Erzählungen von den menschlich-allzumenschlichen Händeln aus der jüngsten Etappe von nun an immer und immer wieder erzählen würden.

Zickler nickte den dreien zu, die kaum Notiz von ihm nahmen, sondern weiterhin gelassen qualmten und plauderten. Er wuchtete seine Koffer auf die Gepäckablage, setzte sich und begann, seinen Geist mit der Frage zu foltern, was er tun sollte, nun da er wusste, dass auch Stichnote Teil der Afghanistan-Expedition war.

Dem Buch, das er schreiben wollte, hätte – erzählerisch gesehen – wohl kein besserer Anfang beschieden sein können. In der Wirklichkeit aber bedeutete dies womöglich schon das Ende.

2

Stichnote, formal von der Osmanischen Marine abgestellt, war in Niedermayers Stab berufen. Die gesamte Nachrichtenübermittlung lag in seinen Händen. Als sein Adjutant und Dolmetscher war Faruk Erdöl mit an Bord. Erdöl hatte begeistert eingewilligt, den brotlosen Dienst an der Marineakademie aufzugeben und Stichnote auf die Afghanistan-Expedition zu folgen. Niedermayer hatte ihm einen ganzen Jahressold im Voraus bezahlt, Erdöl hatte das Geld fast vollständig seiner Familie geschickt und war zweifellos der glücklichste Mann im ganzen Zug.

«Schon lange hat meine Frau davon geträumt, das Erwerben eines kleinen Feldes neben unserem Garten zu betreiben. Das ist jetzt leicht möglich. Eine große Zufriedenheit erfüllt mein Herz, Chef.»

Neben Erdöl gehörten noch zwei Berliner Heeresfunker, die Gefreiten Palinke und Schmitt, zur Funkabteilung. Beide waren frisch von der Schule und schienen auf dem neuesten Stand der Technik. Sie waren froh, der Westfront entgangen zu sein, und hatten sich freiwillig gemeldet. Sie anerkannten Stichnotes Offiziersqualitäten fraglos.

Als der Zug nun die in der Morgendämmerung langsam erwachenden Außenbezirke Skutaris erreichte, schob er das Fenster hinunter und streckte den Kopf in die vorüberrasende kühle Luft. Auch wenn an manchen Stellen zwischen den rasch immer seltener werdenden Häusern noch der Bosporus hervorleuchtete, an dessen Wassern er mit Arjona die Nächte verbracht hatte, so empfand er alles andere als Wehmut oder gar den Wunsch, an die Enge zwischen den zwei Meeren zurückzukehren, war doch seine Liebste selbst nicht mehr da, und die von Menschen wimmelnde Stadt ihrer glücklichen Zeit von daher verödet. Jetzt, das fühlte Stichnote so klar, als hätte der Engel der Geschichte selbst ihm diesen Auftrag erteilt, musste er alles daran setzen, so schnell als irgend möglich nach London zu kommen. Doch dazu musste er erst einmal fünftausend Kilometer nach Osten reisen. Dazu musste erst Frieden sein.

Wie durch ein Wunder hatte er noch einen Brief Arjonas bekommen, abgestempelt in Bulgarien und voller Zuversicht. *Ich hoffe, dass wir uns bald wiedersehen und hoffe auf den 1. Juni. Ich denke immer an dich, mein Liebster, Deine Arjona.* Dann kam noch ein Postskriptum: *Bitte geh bald zum Zahnarzt!!*

Die Liebe hatte ihm den Krieg zu einer persönlichen Angelegenheit gemacht – was noch durch eine Kriegspost von der Westfront verstärkt wurde, die er über die BRESLAU erhalten hatte.

Der Geisternazi hatte sich der bayerischen Armee zur Verfügung gestellt und dem Wasti in einem längeren, schwer lesbaren Brief von den Umständen berichtet, unter denen er München verlassen hatte. Den krakeligen Zeilen, in denen es vor Ausrufezeichen und Gedankenstrichen nur so wimmelte, konnte Stichnote jedoch entnehmen, dass der wirtschaftliche Aufschwung durch den auch nach Leder gierenden Krieg seine Brüder dazu veranlasst hatte, dem alten Mieter das Zimmer zu kündigen. Dem Mann, den ihr Vater vor einem Vierteljahrhundert ins Haus geholt und der seine Mutter noch gekannt hatte, dessen Tür stets offen für sie Kinder gewesen war, der ihnen gezeigt hatte, wie man Fußball spielt, der ihnen Geschichten von der Wiesn erzählt hatte und von der Kunst, einen wahren, aber heilsamen Schrecken zu erzeugen.

Der Stellungskrieg in Frankreich war dagegen anscheinend von solcher Art, dass der Geisternazi dafür keine Worte finden konnte. Aus unsagbar dunkler Tiefe schien das Brieflein zu stammen. Es sprach immer wieder davon, dass es hier «in den Gräbn» so schrecklich sei, dass er sich nichts anderes wünsche, als ihn, Sebastian, eines Tages wiederzusehen. Er sei ja doch der Einzige, den er habe auf der Welt.

In der Verbitterung über das Verhalten seiner Brüder hatte er überlegt, was die beiden herzlosen Streithähne, die wohl immer dann zusammenhielten, wenn es gegen einen anderen ging, sagen würden, sobald er erst sein Pflichtteil einfordern würde. Denn genau das würde er tun. Nach dem Krieg. Einen Schlussstrich ziehen. Und für den Geisternazi würde sich in Kolumbien ein neues Zimmer finden.

Der Tower von London, das zwischen zwei Meeren liegende Kolumbien und die Westfront. So hatte er sein Gefühlsnetz gespannt, und er spürte, dass es ihn halten würde.

Seltsam mutete es ihn allerdings an, dass er nun offiziell kein Mitglied der BRESLAU mehr war. Er gehörte zwar nach wie vor der Kaiserlichen Marine an, aber er war ausgebootet. Ein Seemann ohne Schiff.

Zum Abschied hatte ihm Dönitz doch tatsächlich das Spiel überlassen. Es ruhte wohlverpackt ganz oben in Stichnotes Seesack.

«Dem besten Spieler von allen», stand hinten auf dem Foto, das ihm die Spielgefährten geschenkt hatten, zusammen mit ihren Unterschriften. Niemand erwähnte auch nur mit einem Wort, dass Stichnote seine letzte Partie zur großen Enttäuschung aller verloren hatte.

«Gib mir Nachricht, wenn du Hilfe brauchst», hatte Dönitz gesagt, dann hatte Stichnote die BRESLAU verlassen, war, den Seesack über der Schulter, an den Kai getreten und hatte darüber nachgedacht, wie er ihn, Dönitz, erreichen sollte, wenn es denn so weit käme.

Sie fuhren gemächlich an der Küste entlang. Das Marmarameer lag unter tiefen, schwarzgrauen Wolken. Stichnotes zunehmend schläfriger Blick erkannte irgendwann die Prinzeninseln, und er wollte Faruk Erdöl darauf hinweisen, aber der Dolmetscher, der noch etwas früher aufgestanden war als er selbst, schlief bereits.

Brachliegende Felder und laublose Kastanienwälder zogen sich hin, dazwischen Dörfer mit kleinen Moscheen. Sie erreichten ein schmuckes Städtchen am Meer. Izmid.

Zwei Truppentransporte standen mit schwerqualmenden Lokomotiven auf den Gleisen. Gemüse- und Brotverkäufer drängten sich um die mit Soldaten vollgestopften Viehwaggons. Stichnote öffnete das Fenster und lehnte sich gähnend hinaus.

Einer der beiden Transporter setzte sich in Bewegung. Dann rollte er wenigstens zehn Minuten lang an ihnen vorbei. Stichnote betrachtete die friedlich kauernden Soldaten, frisch einberufene Bauern, deren Karabiner zwischen ihnen hervorragten wie ein Wald von Minaretten. Das leise Rattern der Waggons verschmolz mit dem Geräusch des Nieselregens, und Stichnote hörte von fern Soldatenlieder mit einem seltsamen, sich immer wieder selbst unterbrechenden Rhythmus, der voller Fröhlichkeit war, so als ginge es nicht in den Krieg, sondern auf die Jagd, zu einem Tanz oder Spiel.

Er sah Niedermayer auf das Stationsgebäude zustapfen, das – so neu gebaut und frisch verputzt, wie es war – auch im Schwarzwald oder irgendwo anders in der deutschen Provinz hätte stehen können. Stichnote machte das Fenster wieder zu und setzte sich bleiern-müde auf seinen Platz. Er lehnte den Kopf an die Rücklehne und sah dem Regen zu, wie er die anatolische Erde dunkel färbte. Dann schlief auch er ein.

3

In den frühen Morgenstunden blieb ihr Zug mit einem markerschütternden Quietschen stehen. Stichnote und Erdöl wurden wach und lugten nach draußen.

«Wo sind wir?», fragte Stichnote.

«Afyon-Karahissar», sagte Erdöl mit vom Schlaf brüchiger Stimme. «Afyon bedeutet Opium, und der ganze Ort benennt sich Opium-Schwarzburg. Sehr bekannte Handelsware. Im Sommer findet man sehr leicht große Felder von Mohn und alle Geschäfte sind voll Opium.»

«Schon mal Opium genommen?», fragte Stichnote, aber Erdöl winkte entsetzt ab. Auch trinke und rauche er nicht. Das sei gegen seinen Glauben.

Als sie die Hochebene von Konya erreicht hatten, lief der Obergefreite Jakob durch die Wagen, um ein karges Frühstück in Form von Sesamkringeln zu verteilen. Wie er mit vergrämter Miene in jedem Abteil auftauchte, um aus dem tiefen Leinensack seine Simits zu verteilen, von denen viele angebrannt waren, hofften die meisten sehnlichst, dass er nicht auf Dauer für die Verpflegung verantwortlich sein würde. Niemand wollte seine Kochkünste kennenlernen.

Als er Stichnote seinen nahezu sesamlosen Kringel reichte, fügte er noch hinzu, dass der Deckoffizier sich in einer halben Stunde, also um Punkt sieben Uhr, zu einer Stabsbesprechung einzufinden habe.

Neben Stichnote gehörten fünf weitere Offiziere Niedermayers Stab an. Stichnote saß neben einem Österreicher namens Seiler, ein drahtiger Enddreißiger aus Innsbruck, Gebirgsjägerleutnant, relativ klein, mit dichtem Bart, der schon fast alle der höchsten Gipfel der Alpen erobert hatte und davon träumte, es den berühmten Alpinisten seiner Zeit gleichzutun und eines Tages die Gebirge Zentralasiens zu besteigen. Der Leutnant ihm gegenüber hieß Morlock, Hannoveraner mit braunen Locken und einer sehr dünnen Nase, ein glänzender Reiter, der einen harten Ausdruck um den schmalen Mund hatte und gelegentlich etwas Unverständliches in sich hineinmurmelte. Hatte eine ziemlich hohe Stimme, der Mann. Und da waren noch ein Österreicher im Stab und zwei weitere Preußen, alles Infanterie.

Niedermayer stellte jeden kurz vor, skizzierte präzise, wie der Weg zu ihrem ersten Hauptziel Bagdad aussehen sollte, und welche Aufgaben die einzelnen Stäbler übernehmen würden. Er stellte im Kreis seiner Führungsmannschaft den nach wie vor prekären Status ihrer Unternehmung fest: Das Oberkommando liege bei den Osmanen, der offizielle Chef der Unternehmung sei ein Offizier namens Reuf Bey.

Stichnote kannte den Namen. War Reuf Bey nicht der Kommandant des Schlachtschiffs HAMIDIYE gewesen, von dessen Heldentaten während des Tripolis-Krieges die ganze Osmanische Marine zu erzählen pflegte?

Niedermayer bestätigte und fügte im vertraulichen Ton hinzu, dass ihm in Konstantinopel zu Ohren gekommen sei, Reuf Bey habe sein damaliger Erfolg auf die Idee gebracht, für die große Politik bestimmt zu sein, und da habe Enver Pascha nach einer günstigen Gelegenheit gesucht, diesen Rivalen loszuwerden. Reuf Bey sitze mit seiner Truppe schon in Bagdad. Dort werde man weitere Befehle erhalten.

Niedermayer hatte sich fest vorgenommen, seinen Männern überschaubare Etappen vorzustellen. Die 1200 Kilometer bis Bagdad waren mehr als genug, von den weiteren über 3500 bis nach Kabul wusste er ja selbst kaum etwas – nur, dass es schwierig werden würde.

«Kommen wir zu Herrn Funkentelegraphiemeister Stichnote, abgestellt von der türkischen Marine. Stichnote, Sie werden mit Ihrer Abteilung die gesamte Funktechnik transportieren. Ihre Ladung ist die komplizierteste, deshalb kommen Sie an den Schluss der Karawane.»

«Erwarten Sie, dass wir die Langsamsten sind?»

«Wenn es erforderlich werden sollte, von unterwegs zu funken, werden Sie anhalten müssen, nehme ich an.»

«Den Generator könnten wir im Fahren betreiben, aber nicht die Antennen. Und die Röhren sind sehr stoßempfindlich, das stimmt.»

«Ich gebe Ihnen auch Gewehre mit. Wenn es Schwierigkeiten gibt, schicken Sie einen Ihrer Leute nach vorne und verständigen uns.»

«Funker gehen schon nicht verloren.»

«Wollen wir es hoffen.» Niedermayer schlug eine neue Seite seines Dienstbuches auf. «Da wäre noch eine Sache, meine Herren. Dürfte Ihnen schon aufgefallen sein, dass wir auch eine ganze Reihe von Zivilisten an Bord haben. Die meisten von denen haben einen diplomatisch-politischen Hintergrund, und ich gehe nicht davon aus, dass sie uns unterwegs besonders viel nützen werden. Manche sind buchstäblich in letzter Minute in Haidar Pascha dazugekommen. Wir werden sie mitzuziehen haben, deshalb habe ich sie auf Ihre Abteilungen verteilt. Jeder von Ihnen ist mir für diese Leute persönlich verantwortlich. Verstanden?»

In der nebligen Morgendämmerung waren sie nun tief in das Taurusgebirge eingedrungen, die Strecke führte sie in Kurven durch steil aufragende Schluchten, so eng, dass man sehen konnte, wo der Weg aus den karstigen Felsen freigesprengt und herausgemeißelt worden war. Sie passierten laufend Tunnel, während denen sie in schwachem elektrischem Lichtschein saßen.

Niedermayer verlas die Namen der «Diplomaten» und mit wem sie reisen würden. Die Offiziere machten sich Notizen.

«Stichnote, Sie bekommen zwei, von denen ich glaube, dass sie hinten bei Ihnen am besten aufgehoben sind. Der eine ist Vertreter eines revolutionären indischen Komitees, aus Bombay. Sein Name ist Ashraf Hassan Khan. Mehrsprachig. Laut Auswärtigem Amt stammt er aus einer königlichen Familie, muss mit Hoheit angeredet werden. Allzu große Rücksicht würde ich aber nicht auf ihn nehmen.»

«Kann sein, dass ich den schon gesehen habe. Schwarze Haare, Vollbart, schlank?»

«Exakt der Mann.»

«Ja, alles klar», sagte Stichnote und notierte sich den Namen.

«Und Nummer zwei?», fragte er gutgelaunt.

«Ein Schweizer, der seine Akkreditierung von höchster türkischer Stelle erhalten hat. Er vertritt die Interessen einer Handelsfirma aus Konstantinopel. Waffengeschäfte, Sie verstehen. Seine Anwesenheit sollte uns eigentlich nützen. Aber – was genau von dem Kerl zu halten ist, weiß ich nicht. Sein Name ist Adolph Zickler.»

Stichnote wurde bleich und gleich darauf rot. Glücklicherweise waren die Lichtverhältnisse schlecht.

«Kennen Sie den Mann von irgendwoher?»

Stichnote hatte sich so weit wieder gefasst, um glaubwürdig den Kopf zu schütteln. Dann schrieb er den Namen, ausgerechnet diesen Namen, in sein Notizbuch.

4

Zickler hatte die Nacht zwischen seinen tief schlafenden Abteilgenossen gedämmert, bei jedem Gang auf die Zugtoilette so nervös, als stünde seine Enttarnung bevor. Um sich abzulenken, hatte er sich seiner Reiselektüre gewidmet, Karl Mays Roman *Von Bagdad nach Stambul*, über den er mal gehört hatte, er sei die beste Einführung in die Geschichte des Islam und die Lebensart des Orients, die es auf Deutsch gebe.

Die ersten hundert Seiten waren mühsam gewesen, ein einziges Hin und Her zwischen Kara Ben Nemsi und seinen Leuten und irgendwelchen auf komplizierte Weise verfeindeten Kurden. Ständig diskutierten sie miteinander.

«Sihdi, soll ich jemand eine Kugel durch den Kopf jagen? Bei Allah, ich tue es sofort!»

«Hadschi Halef Omar, lass deine Waffe stecken, denn wir sind Freunde, obgleich die Haddedihn das zu vergessen scheinen!»

«Effendi, wir vergessen es nicht», verteidigte sich Amad el Ghandur. *«Du darfst aber nicht vergessen, dass du ein Christ bist, der sich in Gesellschaft von wahren Gläubigen befindet. Hier gelten die Gesetze des Koran, und ein Christ soll uns nicht hindern, sie auszuüben. Warum gebietest du immer wieder, nur auf die Pferde zu schießen? Sind wir Knaben, die ihre Waffen nur zum Spiel erhielten? Warum sollen wir Verräter schonen?»*

Ja, warum eigentlich? Zum wiederholten Mal durchdachte er seine Lage. Ungedeckt, ohne den Schutz seiner Redaktion hatte er sich in eine geheime militärische Expedition der Mittelmächte begeben. Spionage. Kriegsrecht. Standrechtlich.

Vielleicht wäre es ja sogar ein Glück, wenn ihn der Matrose aus Durazzo bald enttarnte. Schade um das Buch natürlich. Der Stoff seines Lebens.

Stichnote schritt durch den Zug, warf ernste Stabsoffiziersblicke in die Abteile und dachte darüber nach, ob er Zickler überhaupt erkennen würde, wenn es denn wirklich der Mann war, dessen Artikel Arjona letztlich wieder zu ihm geführt hatte, und mit dessen Blut, so fühlte es sich an, ihre Liebe zuallererst getauft worden war.

Doch als er das Abteil mit den drei Soldaten und dem bärtigen Zivilisten im Orientkhaki erreicht hatte, zweifelte er keine Sekunde, seinen Mann gefunden zu haben. Sicher, der Bart ließ ihn zweimal hinschauen, aber als Zickler schließlich seinen Kopf drehte, um mit müden Augen zu sehen, wer da vor dem Abteil stand, erkannten sie sich sofort.

War es also schon so weit. Zickler sah sich sein Gepäck zusammenraffen, um beim nächsten Halt mit Schimpf und Schande hinausgeworfen zu werden. Womöglich übergaben sie ihn gleich der Gendarmerie.

Stichnote öffnete die Abteiltür, die Militärs salutierten, erhoben sich aber nicht von ihren Plätzen.

«Herr Adolph Zickler?»

«Ja?»

«Treten Sie bitte raus», sagte Stichnote streng. «Ich muss Dienstliches mit Ihnen besprechen.»

Er schloss die Tür hinter Zickler und zog ihn beiseite. Er flüsterte.

«Wir kennen uns.»

«Wem sagen Sie das?», brachte Zickler mit trockener Stimme hervor und fasste sich unwillkürlich an die Narbe unter dem Bart, die leise zu pochen angefangen hatte.

Ich bewundere, aber ich glaube nicht an den Idealismus, hatte Parvus ihm lächelnd gesagt. Es ist immer nur eine Frage der Zeit, bis er scheitert. Wie recht er doch hatte!

Der Zug, in dem nun das milchige Licht des verregneten Gebirgsmorgens stand, erreichte wieder einen Tunnel. Die schlagartige Dunkelheit ließ Stichnote noch etwas näher an Zickler herantreten.

«Wir ... wollten Ihnen immer sagen, wie schrecklich leid uns die Sache in Durazzo getan hat. Aber wie hätten wir Sie erreichen können?»

«Wir?»

«Das hatte alles mit meinem Mädchen zu tun.»

«Skipetarische Liebe geht tief, was?» Zickler wunderte sich selber, dass er in der Lage war zu scherzen.

«Sie sind hier nicht als Handelsagent, stimmt's?»

«Natürlich bin ich das. Wollen Sie meine Akkreditierung sehen?»

«Dass Sie zur Expedition gehören, weiß ich doch, sonst wäre ich ja nicht hier. Sie gehören sogar zu meiner Abteilung.»

«Das ist nicht wahr, oder?»

«Nehmen Sie Ihr Gepäck.»

«Wollen Sie mich zu Niedermayer schleppen und mich rauswerfen? Da könnten Sie sich leicht einen Orden verdienen.»

«Hier können wir nicht reden. Kommen Sie mit.»

Stichnote half Zickler mit den Koffern. Als sie am Abteil des Deckoffiziers angekommen waren, stellte er den Schweizer vor und schickte seine Leute raus. Die jungen Funker mussten in den Mannschaftswagen und Erdöl wurde beauftragt, nach dem zweiten «Diplomaten» zu suchen, Prinz Khan.

Erdöl solle ihm mitteilen, dass sie sich an der Endstation Bozanti am Gepäckwagen treffen würden, um die Funkabteilung für den Weitermarsch nach Bagdad aufzustellen. Wie er das alles sagte, «Funkabteilung», «Weitermarsch», «Bagdad», hätte man glauben können, Stichnote wüsste, wovon er sprach.

Erdöl verbeugte sich und machte sich auf den Weg durch den merklich langsamer werdenden Zug, auf den immer heftiger der Regen prasselte. Die beiden setzten sich.

«Ich weiß nicht, wann wir wieder die Gelegenheit haben werden, in Ruhe zu sprechen», fing Stichnote an, «in Bozanti wird es vermutlich drunter und drüber gehen, also ...»

«Wollen Sie mir etwa helfen?»

«Wenn Sie mir ehrlich sagen, was Sie vorhaben: Ja. Natürlich. Ich bin Ihnen was schuldig, oder?»

«Wenn Sie das so sehen, Herr Offizier.»

«Stichnote genügt, Sie sind ja kein Soldat. Wir waren so froh, als wir wussten, dass Sie durchgekommen sind. Unglaublich!»

Zickler erzählte. Wie es Amadeus Toth damals gelungen war, einen Arzt aufzutreiben, der die Blutung in letzter Sekunde gestoppt und mit Hilfe einer Blutpumpe eine Transfusion mit dem Blut des alten Freundes seiner Familie vorgenommen habe.

«Was ist eine Blutpumpe?», fragte Stichnote.

«Eine ganz neue Erfindung, von einem deutschen Arzt. Es ist ein Glaskolben mit zwei Kanülen, man zieht das Spenderblut ein, verschließt die eine und öffnet die andere Kanüle und pumpt dasselbe Blut binnen weniger Sekunden in den Kreislauf des Empfängers. Aber gesehen habe ich das Blutpumpen nicht. War besinnungslos. Das hat mir der Arzt nachher erzählt. Was für Glück, dass Amadeus und ich die gleiche Blutgruppe haben.»

Nach etwa drei Wochen sei er so weit wiederhergestellt gewesen, dass er zu seinen Eltern nach Zürich habe reisen können und wiederum vier Wochen später sei er wieder aufgebrochen. Seiner Geschichte hinterher.

«Ich erinnere mich», sagte Stichnote, «ging's da nicht auch schon um Waffenhandel? Irgend so etwas haben Sie damals erzählt.»

«Ja. Aber wie es bei Recherchen manchmal so geht: Plötzlich war die Geschichte eine andere geworden.»

«Und jetzt haben Sie die Seiten gewechselt?»

«Das erzähle ich Ihnen mal wann anders, würde zu weit führen. Ich bin nach wie vor das, was ich immer war: Reporter.»

Fern blitzte der Abend mit Helphands Sekretär auf, ihr letztes Treffen. Der zärtliche Abschied.

«Und Sie wollen hier auch Artikel schreiben? Das wird nicht gehen, fürchte ich.»

«Das weiß ich. Ich will ein Buch schreiben. Aber erst, wenn der

Krieg vorbei ist. Bis dahin werde ich zum Gelingen beitragen. Versprochen.»

Und dann, nach einer kurzen Pause, fügte er hinzu:

«Ich glaube an den Frieden.»

Stichnote war bewegt. Zickler wollte den Krieg beenden, um ein Buch zu schreiben; er wollte den Krieg beenden, um zu Arjona zu können. Was für ein Gesicht Arjona machen würde, wenn er ihr die Geschichte eines baldigen Tages erzählte!

«Also gut. Dieses Gespräch hat nicht stattgefunden! Wir haben uns gerade erst kennengelernt. Gilt auch gegenüber meinem Adjutanten. Das bleibt unter uns.»

«Abgemacht.»

Sie gaben sich die Hand. Sahen sich fest in die Augen.

«Willkommen in der Funkabteilung der Afghanistan-Expedition.»

«Merci vielmals.»

Zickler strich sich über die Narbe, die noch heftiger zu pulsieren begonnen hatte. Diesmal allerdings aus Freude.

In den letzten Stunden vor ihrer Ankunft in Bozanti verfasste der Schweizer den ersten Eintrag in sein nagelneues Reisetagebuch.

Abfahrt von Haidar Pascha 5.12.14, frühmorgens. Bin dem Funkoffizier Stichnote (!!) unterstellt. Funkgruppe sechs Mann, gesamte Mannschaft ca. 50. Taurus-Gebirge. Starker Regen. Fahrt dauert ganze Nacht. Zug immer wieder mit Zwischenaufenthalt. Viele türk. Truppentransporte auf der Strecke. Gespenstisch anmutende Vorgänge, die Züge gleichen Städten auf Rädern. All die Männer, die nun auch von Seiten der Türken in den Krieg geschickt werden! So viele Väter, Söhne und Brüder. Und mittendrin wir – ein Häuflein Männer mit einem Ziel: Kabul!

Bin stark bewegt und glaube, dass es Pflicht der neutralen Presse sein muss, Diskussion über die Bedingungen des künftigen Friedens zu eröffnen. Will meinen Beitrag liefern. Alle Völker Europas, ohne jeden Unterschied, wün-

schen den Frieden. Und nur jene Staatsmänner, die sich fürchten, begangene Fehler einzugestehen, wollen den Krieg weiterführen, wie der desperate Kartenspieler, der alle Verluste durch immer neue und immer größere Einsätze wettzumachen hofft. Doch der Moment der wirtschaftlichen Erschöpfung wird kommen, und dann wird er nicht nur Deutschland, sondern alle kriegführenden Parteien, ja ganz Europa erfassen. Nicht England wird der stille Zuschauer sein, wie Mr. Grey sagt, sondern Amerika, das durch die verbrech. Eifersucht der europ. Staaten je länger, je mehr zum Herrn Europas wird. Setze also große Hoffnung auf die Hilfe Afghanistans. Letztes freies Land Asiens. Vielleicht geht dort die Sonne auf. Wer es mit der Menschheit ehrlich meint, darf nicht müde werden, nach Frieden zu rufen.

5

Sieben Bataillone osmanischer Infanterie mitsamt einigen Maschinengewehrabteilungen lagerten in Bozanti und warteten auf den Weitermarsch an die Fronten in Mesopotamien und Palästina. Der Regen strömte, und auf den Berghängen rundherum flackerten Hunderte von Biwakfeuern. Rauch trieb in dichten Schwaden durch das Tal.

Von den telegraphisch zuletzt noch einmal von Opium-Schwarzburg aus dringend angeforderten fünfundzwanzig Ochsenkarren waren weder die Fahrzeuge noch die Tiere da.

Da sie in den nächsten Stunden nicht weiterkommen würden, gab Niedermayer sein Bestes, den deutschen Stationsvorsteher davon zu überzeugen, dass er einen der Gepäckwagen aus dem Zug herauslöste und ihnen überließ. Das Umrangieren auf ein Abstellgleis dauerte drei Stunden, dann konnten sie entladen. Sie lagerten ihr Gepäck an der Seite. Es war kurz vor Mitternacht. Leutnant Seiler teilte Wachen ein, die anderen breiteten auf dem Boden des Gepäckwagens Matten aus.

Es gab keinen Befehl dazu, aber die verschiedenen Gruppen innerhalb der Expedition lagerten erkennbar getrennt voneinander. Die Funkabteilung, die kleinste Gruppe, fand sich in einem Eck zusammen. Palinke und Schmitt wunderten sich, dass Mannschaften und Offiziere unter demselben Eisenbahnblechdach schliefen, aber Faruk Erdöl, durch Dienstgrad und Funktion gleichsam automatisch in der klassischen Rolle eines Feldwebels, des Mittlers zwischen Führung und Mannschaft, entgegnete ihnen, dass die Offiziere dafür wesentlich bessere und bequemere Matten hätten – was gar nicht stimmte.

Erdöl kümmerte sich auch um Stichnotes Schlafplatz, da sich dieser noch beim Chef aufhielt, sein Lager aber perfekt eingerichtet vorfinden sollte. Er schlug die graue Wolldecke mehrfach um, bis sie seinen Ansprüchen genügte.

Zickler hatte keine Decke. Er ärgerte sich, dass er tatsächlich, ganz so wie Niedermayer es hämisch angedeutet hatte, von einem gewissen Standard ausgegangen war.

«Herr Erdöl, haben Sie irgendwas für mich, mit dem ich mich zudecken kann?»

«Es wäre mir eine Freude, Ihnen auszuhelfen», sagte unvermittelt Gilbert-Khan, der ganz am Rand des Gepäckwaggons, fast unbemerkt von den anderen, sein Nachtgebet ausgeführt hatte. Jetzt trat er lächelnd zu seiner Gruppe, öffnete einen der Koffer, die er von dem echten Prinzen übernommen hatte, holte einen schönen, rotgrünen Pashmina-Shawl heraus und reichte ihn Zickler.

«Die Kunst des Webens war der Reichtum Indiens. Die Engländer wollten sie uns nehmen, um uns zu ihren Sklaven zu machen. Fast wäre es ihnen gelungen.» Es war das erste Mal in seinem Leben, egal in welcher der Rollen, die er schon eingenommen hatte, dass er etwas gegen England sagte. Es fühlte sich seltsam an. Gerade, weil es ihm so leichtfiel. Denn wie leicht vermag sich ein Liebender Schmähungen seiner Liebsten auszudenken, die er doch wie kein anderer kennt.

«Oh, der ist ja wundervoll», sagte Zickler.

«Mein Großvater hat ihn mir einstmals als Geschenk gegeben», log Gilbert-Khan, «möge er nun Sie, meinen edlen Gefährten, wärmen.»

«Adolph Zickler», sagte Zickler und reichte ihm die Hand, die Gilbert-Khan herzlich ergriff. Erdöl, der sich bei Erscheinen des Prinzen sogleich ein wenig zurückgezogen hatte, beobachtete die Szene argwöhnisch.

«Sie sind Österreicher?», fragte Gilbert-Khan.

«Schweizer», stellte Zickler fest.

«Alhamdulillah», rief Gilbert-Khan, «ich höre mit Freude, dass sich also auch die stolze Schweiz unserem Kampf angeschlossen hat!»

«So kann man es nicht sagen. Ich bin als Vertreter eines privaten Handelshauses mit Sitz in Konstantinopel dabei.»

«Handel womit?»

«Nun ...», Zickler blickte sich ein wenig verlegen um. Aber da Erdöl mit anderen Dingen beschäftigt schien und die beiden Funker schon eingeschlafen waren, fuhr er mit etwas leiserer Stimme fort.

«Wir vermitteln zwischen Regierungen und bestimmten Industrien.»

«Industrien?» Der Prinz schien enttäuscht. Vielleicht verstand er das Wort nicht.

«Wir wollen mithelfen, dass sich das, äh, afghanische und indische Volk auch zu wehren versteht.» Unfasslich, was er da gerade von sich gab.

«Zu wehren?», sinnierte Gilbert-Khan, aber dann begriff er. «Ich verstehe. Waffen! Haben Sie welche dabei?»

«Nein, nein. Aber wir können sie besorgen.»

«Wer den Moslems das Schwert reicht, damit sie die Ungläubigen aus ihren Ländern vertreiben, tut das Werk Gottes, gepriesen sei sein Name.»

«Oh danke.»

«Danke wofür?»

«Äh, für das gepriesen?»

«Gott sei gepriesen.»

«Entschuldigung. Ich kenne mich mit dem Islam nicht besonders gut aus.»

«Ich kann Sie alles lehren», sagte Gilbert-Khan mit strahlender Miene.

«Ja, dafür würde ich mich interessieren», sagte Zickler.

Sie richteten beide ihre Schlafstatt, unmittelbar nebeneinander. Der Schweizer, dem nichts anderes übrig blieb, als in seinen kurzen Hosen zu schlafen, warf wie nebenbei immer wieder Blicke auf den anderen. Als der seine Weste auszog, sah er sehnige Muskeln unter dem tief ausgeschnittenen weißen Hemd spielen. Und was für ausdrucksvolle Augen der indische Prinz doch hatte!

Deckoffizier Stichnote kam erst spät in der Nacht, zusammen mit Niedermayer, mit dem er Stunden am Telegraphen des Bahnhofs zugebracht hatte.

«Sie werden morgen versuchen, nach Bagdad zu telegraphieren, und wir anderen müssen alles daransetzen, von irgendwoher Ochsenkarren und Maultiere aufzutreiben», sagte Niedermayer. «Ich brauche dazu Ihren Adjutanten, diesen Erdöl. Wir werden in die Dörfer ringsum fahren und sehen, ob uns die osmanische Armee irgendwo noch ein paar Tiere übriggelassen hat.»

«Selbstverständlich», sagte Stichnote, stolz auf Faruks Qualitäten.

Sie wünschten sich eine gute Nacht, kletterten den Gepäckwagen hoch und stiegen zwischen den Schlafenden hindurch zu ihren Plätzen. Alle Lampen waren gelöscht. Der Wagen war angefüllt mit herbem Schlafgeruch, den Ausdünstungen feucht gewordener Uniformen, und dem typischen Gesäge durcheinanderschnorchelnder Männer.

Erfreut sah Stichnote, dass sein Lager gemacht war. Er entledigte sich der Uniformjacke, schnürte seine Stiefel auf, schnallte die Hosenträger ab und legte sich mit den langen Unterhosen unter die Decke. Aus dem Augenwinkel sah er zu Zickler hinüber, seinem Schicksalsmenschen. Er war im Schlaf ein wenig zu dem Prinzen hinübergerutscht. Wenn sein brauner Vollbart nicht gewesen wäre, hätte man ihn für einen Jüngling halten können. Er sah glücklich aus.

6

Nach drei Tagen hatten sie schließlich alles an Wagen, Ochsen und Maultieren zusammengekauft und herangeschafft, was sie zum Weiterziehen benötigten. Die Gipfel des Taurus waren schneebedeckt, doch auf Höhe der schmalen Passstraße regnete es. Sie befuhren die kilikische Pforte, die, abgesehen von einigen Verbreiterungen aus dem letzten Jahrhundert, als der aufständische Ali Pascha von Ägypten aus Krieg gegen den Sultan geführt und seine Kanonen hier durchgezerrt hatte, derselbe schmale Pfad geblieben war, über den seit Jahrtausenden eroberungswillige Heere gezogen waren. Assyrer und Kreuzfahrer, die Perser, Xenophon im Zug der Zehntausend und natürlich Alexander der Große. Rechterhand ging es steil nach unten, jäh abbrechend in karstige Schluchten.

Zu ihrer Erleichterung verursachte das Reiten auf Maultieren den Ungeübten unter ihnen anfangs zwar schmerzende Hinterteile und Muskelkater, aber die Tiere ließen sich problemlos führen und suchten sich selber ihren Weg.

Oft verschwanden Stichnotes vier Wagen hinter den engen Kurven des Passes, und jedes Mal durchzog den Deckoffizier ein Gefühl tiefer Erleichterung, wenn er sie dann wieder zu Gesicht bekam und wusste, dass sie nicht abgestürzt waren. Gleichwohl stellte er fest, dass ihr Abstand zu der vor ihnen reitenden Gruppe Seiler sich stetig vergrößerte. Jeden Tag erreichten sie eine, manchmal gar zwei Stunden später als die anderen die Rastpunkte. Die Funkabteilung war also tagsüber mit sich und dem Regen allein.

Die Leute kamen gut miteinander aus. Die beiden jungen Funker, die auf je einem Ochsenkarren Platz genommen hatten und stolz ihre Karabiner im Arm ruhen hatten, waren pfiffig und perfekt gedrillte Soldaten. Zickler und der Prinz verstanden sich auffällig gut, ritten oft nebeneinander und unterhielten sich.

«Dieser indische Herr lehrt den Schweizermann den Islam», sagte Erdöl bei einer Gelegenheit, als er mit Stichnote etwas zurückgeblieben war.

«Dieser indische Herr ist eine königliche Hoheit», sagte Stichnote streng.

«Allem vermag ich Glauben zu schenken», sagte Erdöl mit Verachtung in der Stimme, «aber dieser Mann ist kein Prinz.»

«Halt dich zurück, Faruk», sagte Stichnote. «Den hat Berlin geschickt. Das Auswärtige Amt! Er hat Diplomatenstatus.»

«Ich spreche nur zu Ihnen, Chef», erwiderte Erdöl. «Doch halte ich meine Augen auf.»

Stichnote sah die Sache mit Gilbert-Khan anders. Der Kerl saß auf dem Maultier, als habe er niemals etwas anderes getan. Sein Deutsch war in Ordnung, zuweilen melodisch etwas seltsam, und manche Wörter veränderte sein indischer Akzent so, dass man sie nicht auf Anhieb verstand, aber damit hatte Stichnote kein Problem. Vielmehr bewunderte er Gilbert-Khan, denn der sprach eben nicht nur Deutsch und Englisch, letzteres unendlich viel besser als er selbst, sondern konnte noch Hindi und Urdu, und als islamischer Revolutionär selbstverständlich Arabisch und sogar Persisch. Der Prinz war ein echter Lichtblick. Offensichtlich war Erdöl etwas neidisch auf sein Sprachentalent, ganz abgesehen von seinem hohen Titel.

Sie kamen in die kilikische Ebene, der Regen blieb. Die Karawansereien, die sie passierten, waren viel zu klein, also übernachteten sie unter den Zeltplanen. Ihre Kleider wurden schon lange nicht mehr trocken. Langsam begannen sie, nach Maultier und Klamottenmuff zu stinken. Stichnote hatte sich überdies wund geritten.

In Alexandrette sah er das Mittelmeer wieder, und nachdem er die bisherigen Strapazen ihrer Reise klaglos hinzunehmen gelernt hatte, rebellierte jetzt sein Seefahrerherz, als er begriff, dass sie sich über eine Woche gequält hatten, um an einen Hafen zu kommen, den binnen eines Tages von Konstantinopel zu erreichen man nicht einmal ein Schiff wie die gute alte BRESLAU benötigt hätte. Als er Erdöl gegenüber seinen Unmut äußerte, wies dieser höflich darauf hin, dass ein von der britischen Flotte versenktes Schiff deutlich langsamer wäre als noch der langsamste aller Ochsenkarren.

Alexandrette, das sie mit dem deutschen Mittelmeerverband vor zwei Jahren angesteuert hatten, war zwar eine Gründung Alexanders des Großen und lag herrlich an einer sanft geschwungenen Bucht, doch einer der übelsten Häfen, die je besucht zu haben Stichnote sich erinnern konnte. Trotz des dauernden Regens stank das ganze Nest wie eine Kloake.

Dazu kam kurz nach ihrer Ankunft die Meldung, dass die Kutscher, die sie in der Umgebung von Bozanti angeheuert hatten, nunmehr zurückkehren wollten, da sie auf keinen Fall in das schon zu Syrien gehörende Amanus-Gebirge weiterfahren würden.

«Sie haben Angst vor dem Gouverneur von Syrien, Dschemal Pascha. Sie sagen, dieser General hängt zum Frühstück wenigstens einen Mann auf. Die Kutschermänner wollen nicht dazugehören», erklärte Erdöl.

Also packten sie ihr Gepäck auf einem Marktplatz ganz in der Nähe des Hafens zusammen, bauten hier auch ihre Zelte auf, und Niedermayer bezahlte die alten und machte sich auf die Suche nach neuen Chauffeuren. Seine Männer aßen in Gasthäusern, an denen schmerbäuchige Patrone unter tropfenden Vordächern standen und sie mit den Verheißungen ihrer Speisekarten hineinlockten, von denen schon die Kellner nichts mehr wissen wollten, geschweige denn die Köche. Trostlos lagen einige Passagier- und Frachtdampfer im Hafen, um sie herum kleine Frachtkähne. Doch bedienten sie nicht mehr den Verkehr nach Ägypten, wie in den Tagen vor dem Krieg, sie waren stillgelegt.

Durch diese üble Atmosphäre schlich spätnachts, als die anderen unter den Zeltplanen lagen und von besserem Wetter träumten, Gilbert-Khan. Am Hafen sollte es eine Matrosenkneipe geben, deren Wirt ein Mitarbeiter seines Geheimdienstes war. Aber entweder war die Information veraltet oder falsch, ein Lokal des ihm genannten Namens fand er nicht. Er hatte einige der Spelunken betreten und sich erkundigt, aber niemand hatte ihm helfen können. Den nächsten Kontaktmann würde er in Aleppo erreichen. Also beschloss er, seine Suche abzubrechen und durch den ekelhaften Regen zurückzugehen. Er dachte an jenen sonnigen Tag, als er hier mit dem Ticket des zuvor gefolterten echten Prinzen den Postdampfer nach Konstantinopel bestiegen hatte, ahnungslos, wie mühsam sich der zweite Teil seiner Mission gestalten sollte.

Kaum ein Licht brannte in den kotigen Gassen. Als er um eine Ecke bog, hinter der er den Weg zum Marktplatz vermutete, sah er das Mädchen. Es stand in einem Hauseingang, bekleidet mit einem langen grünen Rock, den sie auf eindeutige Art anhob, als sie ihn entdeckte.

«Komm her, Schöner», rief sie auf Türkisch mit griechischem Akzent. Ihre Stimme klang fast wie die eines Kindes, aber als Gilbert-Khan ihr gegenüberstand, sah er, dass sie mindestens zwanzig war. Sie hatte ein hübsches Gesicht, dem nur ein paar Zähne fehlten.

Verdammt, das ist ein Fehler, dachte er.

Ihr Zimmer lag ebenerdig hinter dem Eingang, von dem es nur durch einen schmutzigen Vorhang abgetrennt war, der halb in Fetzen hing. Ein Kohlebecken stand gut aufgeschürt mitten im Raum. Gilbert-Khan sagte sich, dass es schnell gehen musste, gab ihr ohne Widerspruch das Geld, das sie verlangte. Sie lachte, legte sich auf eine Matratze an der Wand. Auf einer Kiste daneben standen eine Opiumpfeife und ein Kerzenstummel. Sie raffte den Rock hoch. Sie war rasiert, aber ihren Schenkeln entströmte fischiger Raubtiergeruch. Sie knöpfte ihre Bluse auf, holte die kleinen Brüste heraus und wollte ihn daran lecken lassen, aber er schüttelte den Kopf. Es war ein Fehler, aber es musste sein. Er fasste sie um ihren zarten Hals, drückte zu, bis sie röchelte, immer noch kichernd, und begann zu stoßen.

Sie spreizte die Schenkel bereitwillig und stöhnte, als er ohne Zögern ganz in sie eindrang. Er spürte, wie der Saft auf die Matratze tropfte, und arbeitete wie wild, aber sie war zu feucht. Er begann zu schwitzen, atmete heftig, fühlte sich wie verloren in ihr. Sie schloss die Schenkel, so weit es ging, aber er spürte die Erlösung nicht näherkommen, zog ihn raus, rieb ihn sich. Zu glitschig. Er blickte sie ratlos an.

Sie warf einen ungläubigen Blick auf seinen Schwanz, der so lang war, dass er sich ein wenig durchbog, murmelte etwas mit ihrer Kinderstimme, lachte wieder, und unversehens lag er auf der Matratze, das Mädchen nahm ihn mit dem Mund, wichste ihn mit der Rechten und steckte ihm ihren linken Zeigefinger in den Hintern. Sie kannte solche Fälle. Jetzt fickte sie ihn und bald darauf kam er. Sie versuchte, alles zu schlucken, aber etwas davon tropfte warm auf seinen Bauch. Sie kicherte wieder, holte einen feuchten Lumpen, den er lieber nicht in Augenschein nehmen wollte, und wischte ihn ab.

Glücklich erschöpft lag er auf der Matratze und sah ihr zu, wie sie sich den Rock glättete und ihre Bluse zuknöpfte. Ihr Wangenrot war verschmiert. Ihr zahnlückiger Mund strahlte.

«So lange hat mich keiner besucht, und jetzt gleich zwei. Ihr könnt ruhig öfter kommen.»

«Ihr? Wer?»

«Gehörst du nicht zu der Soldatenkarawane, die heute Nachmittag gekommen ist.»

Gilbert-Khans Miene verdüsterte sich.

«Ja.»

«Vorhin hatte ich schon einen von euch. Er will wiederkommen. Ihr bleibt bis morgen, hat er gesagt. Er war ganz verliebt. Ein Deutscher.»

«Aha.» Er richtete sich langsam auf. Es war ein Fehler gewesen.

«Und ich habe schon gedacht, dass du ein Moslem bist. Aber du bist auch Deutscher, stimmt's? So ein Prachtschwengel.»

Kichernd berührte sie seinen erschlafften, aber immer noch schweren Schwanz. Eiskalt wurde ihm zumute, als er endlich begriff, was sie meinte.

Seine sich schlangengleich nach vorne stülpende Vorhaut. So lang wie ein Elefantenrüssel. Selbst bei höchster Erektion schaute der fragende Eichelschlitz nur ein wenig hervor. Er hatte sozusagen den unbeschnittensten Schwanz, den man sich vorstellen konnte. Erst jetzt begriff er, in welcher Gefahr seine Mission schwebte, denn daran hatten sie überhaupt nicht gedacht, weder er noch seine Chefs in Delhi und London.

Er zog sich langsam an. Das Mädchen hatte sich wieder auf die Matratze gesetzt und war dabei, eine Pfeife Opium zu stopfen.

«Willst du rauchen?», fragte sie und kicherte.

«Gerne, ja», sagte er mit seiner freundlichsten Stimme. Er gab ihr einige Para.

Sie beschäftigte sich sorgsam mit ihrem Rauschgift, das sie in einem Blechdöschen aufbewahrte.

Er sah ihr zu und fasste behutsam in die Innentasche seiner Jacke,

fand die Drahtschlinge, verbarg sie in seiner Handfläche und trat auf
sie zu. Setzte sich neben sie. Lächelte sie an.

«Du bist wirklich nett», sagte sie, «der andere Deutsche war auch
nett. Ich hoffe, ihr bleibt noch lange hier.»

Sie beugte sich hinab, um die Kerze anzuzünden. Aber dazu kam
es nicht mehr.

7

Auf freiem Feld, etwa achtzig Kilometer vor Aleppo, packten sie
bei strömendem Regen zum ersten Mal die Funkenanlage aus und
errichteten ein Zeltdach, unter dem Stichnote einigermaßen trocken
sitzen konnte. Viele aus der Mannschaft machten sich darüber lustig,
wie Stichnote und die beiden Heeresfunker sich zunächst vergeblich
bemühten, den Generator zum Laufen zu bringen, und führten dies
auf die alles durchdringende Feuchtigkeit zurück, an der die moderne
Technik scheitern müsse. Da lobe man sich doch die Rösser.

Stichnote kümmerte sich kein bisschen darum, ließ Palinke und
Schmitt abwechselnd kurbeln, und als die Maschine schließlich an-
sprang und dicke Rauchwolken zu produzieren begann, setzte er sich
ungerührt an das Funkgerät und versuchte, Kontakt mit der Relaissta-
tion der Garnison von Aleppo aufzunehmen. Nach zwei Stunden, die
anderen saßen längst beim Abendbrot, trat der Chef an den Funktisch.
Der Regen prasselte auf die Plane, unter der Stichnote gerade dabei
war, mit stierem Blick die Anlage abzubauen.

«Alles durchgegeben?»

«Ja. Aleppo weiß, dass wir kommen.»

«Was haben Sie denn, Stichnote? Sind ja ganz bleich.»

«Kann das einfach nicht glauben.»

«Was?»

«Ich habe ein englisches Funksignal aus dem Süden abgefangen. Unser ... das Ostasien-Geschwader ist von der Royal Navy vollständig vernichtet worden.»

«Ostasien? Wo war das? Chinesisches Meer?»

«Nein, die waren schon länger auf dem Weg zurück. Das Gefecht war bei den Falklandinseln.»

Der Heeresmann, der nicht begriff, was das genau bedeutete, sah den Marinemann ratlos an.

«Sechstausend Mann Besatzung hatten wir da drauf. Die Falklands, das ist der Südatlantik. Das Wasser da ist eiskalt.»

Als die Anlage wieder verstaut war, versuchte Stichnote etwas zu essen, brachte aber keinen Bissen herunter. Er hörte auf den Regen, tat kein Auge zu. Wie lange würde es dauern, bis das letzte Schiff der Kaiserlichen Marine versenkt wäre?

An einem Sonntagabend Mitte Dezember erreichten sie Aleppo. Mit Überschwang läutete es schallend aus kleinkalibrigen armenisch-apostolischen, vielpfündigen rum-katholischen und hellen syrisch-orthodoxen Glocken. Die Abendsonne war schon dabei unterzugehen, aber noch brachen sich ihre Strahlen funkelnd in pfützigen Regenresten, in denen der dunkelblaue Himmel über der Stadt ein letztes Bad nahm.

Stichnotes funkentelegraphische Vorbereitung hatte funktioniert. Das respektable Kasino-Hotel wusste von ihrem Eintreffen und hatte Einzelzimmer für die Offiziere und Diplomaten sowie Mehrbettzimmer für die Mannschaften reserviert. In der unweit vom Hotel gelegenen osmanischen Kaserne fand sich genügend – bewachter – Platz für ihre Ausrüstung.

Hier in Aleppo wartete seit Monaten der frühere Teil der Afghanistan-Expedition bzw. das, was von der ersten Truppe noch übrig war, denn die übelsten unter den deutschen Kolonialoffizieren und

Möchtegern-Haudegen, die einst das Pera Palace Hotel belagert hatten, bevor Wassmuss sie hierher nach Aleppo geschafft hatte, waren mittlerweile heimgeschickt oder von allein verschwunden.

Übrig geblieben waren ein knappes Dutzend brauchbarer Offiziere und Wassmuss selbst. Mit ihm verabredete sich Niedermayer auf der Stelle zu einem ersten vertraulichen Gespräch und ließ die Stabsoffiziere wissen, dass sie sich noch in der Nacht für eine Sitzung bereitzuhalten hatten. Die anderen bekamen dienstfrei. Zapfenstreich um Mitternacht.

Für Zickler wäre es die Gelegenheit gewesen, seiner ureigensten Leidenschaft nachzugehen und alleine eine fremde Stadt zu erkunden, aber nach der mit seinen Reisegefährten verbrachten Zeit wünschte er sich weiterhin Gesellschaft – so redete er sich zumindest ein.

Stichnote jedoch erklärte, er wolle im Hotel bleiben und sich vor der Dienstbesprechung noch etwas hinlegen. Erdöl wollte gleichfalls im Kasino essen und danach einen Brief an seine Frau in Bodrum schreiben. Dafür hatte Zickler Verständnis, und eigentlich ging es ihm ja auch um Gilbert-Khan. Der schöne Prinz faszinierte ihn, nicht zuletzt ahnte Zickler in ihm den kommenden Protagonisten seiner Geschichte – aus altem Geschlecht, in Europa ausgebildet, doch von der Idee durchdrungen, mit einem in die Tage des Propheten und seiner Gesetze zurückreichenden, archaisch anmutenden Islam als politischem Programm sein Heimatland zu befreien.

Aber ungewöhnlich verschlossen zog sich der Inder schnell auf sein Zimmer zurück, und als Zickler wenig später an seine Tür klopfte, war er schon verschwunden. Zickler blieb also allein und durchstreifte melancholisch die Stadt, wie er schöner und großzügiger gebaut kaum eine gesehen hatte.

Jedes der ummauerten Viertel hatte seine eigene Moschee, die Kirchen standen auf gepflegten Plätzen, deren Bäume sich jetzt zum Abend hin mit singenden Vögeln füllten. Der Basar im Zentrum der

Stadt jedoch übertraf alle anderen Viertel an Großzügigkeit. Die Händler blieben, anders als in Stambul, gelassen und zurückhaltend. Einmal nur trat ein Mann mit einem federgeschmückten Turban auf ihn zu, der ein Tablett mit blauen Tässchen und auf seinem Rücken eine gewaltige, aus Silber getriebene Kaffeekanne trug und ihn mit so gewinnendem Lächeln anblickte, dass Zickler gerne einen Mokka bestellte.

Der Kaffeeverkäufer verbeugte sich mit höfischer Eleganz, die Kaffeekanne auf seinem Rücken kam in die Horizontale, er beugte sich noch ein wenig tiefer und goss dem Schweizer auf diese Weise ein Tässchen Mokka ein, ohne dass auch nur ein Spritzer daneben ging. Zickler zahlte ihm ein paar kupferne Para, schlürfte den dampfenden Mokka, der ihn herrlich belebte, und verabschiedete sich mit einem Nicken von dem Kaffeeverkäufer, der vornehm und ernst wie ein Großwesir weiterzog.

Dann fiel seine Aufmerksamkeit auf eine kleine Gruppe osmanischer Offiziere. Sie mit ihren schönen Uniformen und Fezen spazieren zu sehen, mit ihren eleganten Schnurrbärten und den Zigaretten, an denen sie gelegentlich zogen, war eine Freude. Feine Gendarmen zweifellos, die in dem Auftrieb von Arabern und Kurden, die das Bild bestimmten, auf angenehme Weise auffielen. Doch war es Zickler auch, als könnte er den vorbeischlendernden Offizieren das Drama der osmanischen Herrschaft in den Weiten jenseits von Anatolien ansehen, so wie Dr. Helphand es ihm damals geschildert hatte. Nur wenige Türken sicherten das Reich, in dem so viele, an Köpfen zahlreichere Völker sich drängten. Wie immer der hoffentlich bald endende Krieg auch ausgehen sollte, es war zu spüren, dass dieses Reich mit militärischer Macht alleine nicht zu halten sein würde.

Er bekam Lust, ein paar Notizen zu machen, suchte sich ein verborgenes Plätzchen bei einem Küchenmeister, dem der Schweiß über die krötenartigen Halsfalten rann. Neben dem Grill stapelte sich eine

Pyramide aus Schafsköpfen, deren milchglasige Augen ihn fragend anstarrten.

Erst aß er etwas, dann schrieb er.

Aleppo, 13.12.14. Nach endlosem Regen auf dem Weg nun ein herrlicher Abend. Alleine in der Stadt. Genieße es, endlich wieder einmal für mich sein zu können. Das enge Miteinander auf der Strecke doch recht ungewohnt. Strapaziös. Denke an den Komfort des Pera Palace und fühle die enorme Entfernung, jetzt wo wir uns langsam der Ostgrenze des Osman. R. nähern. Hier vom Krieg (noch?) nichts zu spüren, in Aleppo – einer Stadt aller Konfessionen und Stämme des Orients – ist der Frieden so ...

Hier brach er ab, wollte nun etwas den kommenden Frieden Betreffendes schreiben, aber es fiel ihm nichts ein. Das Kinn sinnend auf die linke Hand gestützt, zirkelte er orientalische Ornamente um seine Notizen, mit denen er fast die ganze Seite gefüllt hatte, als er etwas beobachtete, das ihn traf wie ein Schlag mit einem Graubündner Eispickel.

Ein Mann in dunkelgrünem Beduinengewand kam schwungvoll aus einer Gasse, einen Krummdolch im Gürtel. Sein Gesicht war fast vollständig verhüllt, da er ein schwarzweiß kariertes Tuch so um den Kopf geschlungen hatte, dass nur seine Augen herausfunkelten. Schon die Augen wirkten auf Zickler, ohne dass er sofort wusste, wieso.

Ein kleiner Junge, der einen Handkarren voller Orangen schob und kaum über den kleinen Berg kunstvoll aufgeschichteter Früchte hinausblicken konnte, wäre fast mit ihm zusammengestoßen. Warnend rief er «Yella, yella, habibi!», doch der Mann im Beduinengewand wirbelte geschickt um den Karren herum, dabei rutschte ihm das Tuch vom Mund, und Zickler erkannte schockiert, dass der Grüngekleidete kein anderer als der schöne indische Prinz war.

Gilbert-Khans perlblitzende Zähne lachten, er schnippte dem staunenden Jungen einen Kurus zu, verhüllte sich wieder und schritt eilig davon.

Zickler zögerte keinen Augenblick, raffte sein Schreibzeug in die Umhängetasche, warf dem Koch ein paar Münzen hin und folgte Gilbert-Khan. Im Vorübergehen schnappte er sich ein großes schwarzes Tuch von einem Händler, ließ ihm das Rückgeld und verhüllte sich, während er Gilbert-Khan nicht aus den Augen ließ.

Nahe der Mauer, die den Basar umgab, blieb Gilbert-Khan kurz stehen, blickte sich um, Zickler drückte sich in den Schatten eines Bogenpfeilers, der Prinz bemerkte ihn nicht und wählte dann einen schmalen Durchgang, dunkel und gänzlich unbelebt. Zickler wartete einen Moment, eilte vor bis zum Anfang des Gässchens. Gilbert-Khan konnte wohl nur hinter der Tür ganz am Ende verschwunden sein, die von zwei funzelnden Lichtern gesäumt war und undurchdringbar wie das Tor einer Festung schien.

Er blieb stehen und starrte auf die Tür, bereit, sofort in Deckung zu gehen und davonzurennen, sollte sie sich öffnen, aber nichts tat sich. Ziemlich lange sogar, wie Zickler fand. Was machte der Prinz bloß hinter jener geheimnisvollen Tür?

Dann wurde Zickler durch kehlige arabische Männerstimmen aufgescheucht, die sich ihm schnell hinter seinem Rücken näherten. Niemand konnte ihm zwar verbieten, irgendwo herumzulungern, aber die Gegend hier war doch ziemlich einsam, er sprach kein Wort Arabisch, und während er blitzartig überlegte, sich einfach in der Hocke an die Wand zu kauern und das Tuch gänzlich um sich zu schlingen wie ein Bettler, traf er bereits eine andere Entscheidung.

Er klopfte an. Wartete. Klopfte noch einmal und vernahm, wie ein Riegel zur Seite geschoben wurde und mit der geräuschlos sich öffnenden Tür kam ihm ein massiver Schwall nebelwarmer, feuchter Luft entgegen, in der wohlriechende Salze gelöst waren. Es nahm ihm fast den Atem.

Der Kerl, der ihm aufgesperrt hatte, war das Sinnbild eines unrasierten kurdischen Messerstechers.

«Was willst du?»

«Icine ...», sagte Zickler ungelenk auf Türkisch, aber der andere machte keine Anstalten, diesem Wunsch zu entsprechen.

«Kenn dich nicht.»

«Ein ...», ihm fiel das Wort erst nicht ein, «ein Freund von mir ist auch da», gab Zickler mit einem unsicheren Lächeln zurück.

«Arkadash?», murmelte der andere, strich sich über die Bartstoppeln und fixierte den Schweizer ein paar endlose Sekunden lang.

«Warte hier.»

Die Tür schloss sich, und als sie sich nach qualvoll langer Zeit wieder öffnete, stand ein kleiner, korpulenter Mann vor ihm, dessen wahres Alter, das wohl weit über fünfzig ging, von Wangenrouge verschleiert wurde. Seine Augen waren ebenfalls dick geschminkt, die schwarzen Haare von einem findig mit der Brennschere umgehenden Barbier onduliert und eingeölt, sodass sie wie Seide glänzten. Er trug ein rotes Frauengewand und eine mädchenhafte Kette mit schwarzen Halbedelsteinen, und seine Stimme war sehr hoch, was nur daran liegen konnte, dass ihm etwas fehlte, das kein Mann – abgesehen vom heiligen Origenes – jemals freiwillig hergegeben hätte.

«Monsieur, man sagt mir, Sie suchen einen Freund? Hätten Sie die Güte, mir seinen Namen zu nennen?» Der Französisch sprechende Eunuch grinste überschwänglich, legte seine hennagefärbten Fingerspitzen unter das gewachste Kinn und kicherte.

«Den Namen werde ich Ihnen nicht sagen, das werden Sie verstehen. Aber er ist vor einer Stunde durch diese Tür getreten und nicht wieder herausgekommen. Ich muss ihm etwas Wichtiges mitteilen.»

«Wichtig. Verstehe. Aber es kommen viele durch diese Tür. Alles sehr wichtige Herrschaften.»

«Ich bin bereit, Eintritt zu bezahlen, wenn Ihnen das hilft.»

«Monsieur, da Sie es so dringend wünschen, treten Sie ein – aber sagen Sie mir, was Sie wirklich suchen. Ein Fohlen oder einen Hengst?» Wieder kicherte er.

Jetzt schoss Zickler das Blut in die Wangen, seine Halsnarbe pulsierte, zugleich wurden seine Hände kalt und zittrig. Hinter ihm hörte er das empörte Quieken streitsüchtiger Ratten.

«Ich ... ich weiß nicht, was ...», doch er sprach seinen Satz nicht zu Ende, die Stimme wurde ihm heiser.

«Alors?»

Hengst oder Fohlen. War nun der seit so vielen Jahren herbeiphantasierte Moment gekommen, die Schwelle zu überschreiten, die wie ein lähmend-süßes Trugbild vor ihm lag? Wäre es also hier, in Aleppo, dass er die Wahrheit über sich nicht nur erträumen, sondern erleben sollte?

Er würgte, sagte aber kein Wort, hob nur zögernd die Hand, wischte sich die Stirn, starrte den Eunuchen an. Fast war es eine Erleichterung, als der sich mit einem arabischen Fluch abwandte und dem Türwächter einen Wink gab. Dieser stieß Zickler derb vor die Brust, schloss die Tür wieder und versperrte sie ein für alle Mal. Von der Nervenanspannung erschöpft, ging er zurück zum Hotel. Er war aufgewühlt und überglücklich, von Gilbert-Khans Geheimnis zu wissen, und dass seine zärtlichen Ahnungen ihn nicht getrogen hatten. Er würde bald wieder Tag und Nacht in seiner Nähe sein.

Gilbert-Khan besaß zwar durchaus Erfahrung mit der Liebe unter Männern, doch der wahre Grund seines Besuches im Hamam des Eunuchen lag in der Kontaktaufnahme mit einem syrischen Getreidehändler, der seit vielen Jahren der Verbindungsmann des britischen Geheimdienstes in Aleppo war.

Zunächst hatte dieser ihm mit tiefer Befriedigung in der Stimme mitgeteilt, dass die Briten in den frühen Morgenstunden mit einer massiven Streitmacht in Abadan gelandet waren, dem bedeutsamen Hafen am Persischen Golf, über den sie nicht nur die Front in Basra, sondern auch ihre in jener für sie so wichtigen Weltgegend stehende Flotte mit Petroleum versorgen konnten. Gilbert-Khan ließ sich berichten, wie zuletzt trotz der Unterstützung durch deutsche Offiziere alle Versuche der Türken gescheitert waren, den Hafen unbefahrbar zu machen. Ein deutsches Kanonenboot war zu diesem Zweck versenkt worden, aber nicht quer, sondern längs zur Fahrrinne. Netter Versuch. Nun gab es einen weiteren deutschen Kapitän ohne Schiff, und die Briten hatten eine exzellente Basis für die Offensive in Mesopotamien.

Nach dieser erfrischenden Neuigkeit hatte Gilbert-Khan dem Kontaktmann alles anvertraut, was er bislang über den Weg der Expedition, ihren Umfang und das Personal wusste, und eine einfache Methode vorgeschlagen, wie er ihn auf dem Laufenden halten konnte, solange sie in Aleppo standen.

8

Die guten Nachrichten, die Gilbert-Khan aus Abadan erhalten hatte, waren nicht die einzig schlechten, mit denen sich Niedermayer konfrontiert sah, als er auf Vizekonsul Wassmuss traf.

Die Moral der Männer war am Boden, und auch Wassmuss war nach den Monaten des Wartens angefressen. Wie eine Raubkatze im Käfig durchstreifte er das Zimmer und berichtete von den vergeblichen Versuchen, die türkische Oberleitung zu einer anderen Auskunft zu bewegen, als der, dass noch keine Auskunft gegeben werden könne.

«So werd das ewich bleiben», raunzte er. Wassmuss war aus der Nähe von Salzgitter, ein kräftiger Mann, der sein Haar nach persischer Art lang trug und in dem weißen Unterkleid mit dem wallenden Überwurf ganz wie ein Bewohner von Buscht-i-kuh aussah, was «hinter den Bergen» heißt und die Gegend von Südpersien bezeichnet, in die Wassmuss unter Änderung der bisherigen Pläne baldmöglichst aufzubrechen gedachte.

«Das heißt, Sie werden nicht mit mir nach Afghanistan gehen?», konstatierte Niedermayer mehr als er fragte.

«Die Türken werden uns noch Monate hinhalten, Niedermayer. Verstehen Sie doch: Erst hat man Reuf Bey fröhlich in unsere Unternehmung abgeschoben, und jetzt – er ist immerhin ein Kriegsheld – soll er noch einen Vorsprung vor uns bekommen.»

«Man könnte doch wenigstens zusammen marschieren?»

«Keine gute Idee. Ich weiß verlässlich, dass die Regierung des Schah lieber die Pest sehen würde als osmanische Truppen, die auf persischem Territorium agieren.»

«Konstantinopel und Teheran verhandeln doch über ein Abkommen?»

«Teheran verhandelt im Augenblick mit allen, mit den Russen, die im Norden schon lange das Sagen haben, genauso wie mit den Briten, die den Süden und die Küste kontrollieren und ihren Einfluss täglich ausdehnen. Seit dem 1. November ist der Iran offiziell neutral. Das heißt, so ganz stimmt das nicht ...»

«Ja?»

«Die Regierung des Schahs ist korrupt. Ganz anders ist es bei den Stämmen in Zentral- und Südpersien, wo man die Fäuste in der Tasche ballt, wenn die Rede auf das feige Taktieren Teherans kommt. Die Luren aber sind tapfere Kämpfer, und der Wali von Buscht-i-kuh ist mein Freund. Er schert sich 'nen feuchten Kehricht um das, was man in Teheran von ihm will. Mit ihm werd ich beginnen. Die südpersischen Stämme hassen die Briten. Es fehlt nur jemand, der sie dazu bringt, gemeinsam loszuschlagen. Ich reise zunächst nach Buschir, wo ich immer noch akkreditiert bin. Sie haben doch das Propagandamaterial aus Berlin mitgebracht?»

«Wir haben kistenweise Flugblätter auf Persisch. Und in ihrem geliebten Lori.»

«Haben Sie auch welche auf Urdu und Hindi?»

Niedermayer nickte, verstand aber nicht ganz, worauf Wassmuss abzielte.

«Ich verspreche mir viel von gezielter Subversion unter den indischen Truppen an der Basra-Front. Noch sind sie loyal gegenüber ihren Unterdrückern und kämpfen brav gegen ihre Glaubensbrüder, damit auch diese endlich die Wohltaten britischer Herrschaft genießen dürfen. Aber da werden wir mit den Flugschriften ansetzen.»

«Die kriegen Sie. Kann nur sein, dass sie ein bisschen feucht geworden sind.»

«Ja, so viel Regen wie diesen Winter gab's selten. Sie werden Schwierigkeiten haben, den Euphrat zu überqueren.»

«Tue mich noch immer schwer damit, dass Sie uns verlassen werden. Aber gut, Sie sind der Chef.»

«Das war ich mal. In Südpersien werde ich vollkommen alleine und ohne Verbindung zu Ihnen agieren müssen. Sie übernehmen auch offiziell das Kommando von deutscher Seite. Haben doch bisher schon alles prima hinbekommen.»

«Ich hatte fest auf Ihre Hilfe gerechnet. Niemand kennt Persien wie Sie.»

«Danke für die Blumen. Sollen wir uns nun gegenseitig hochloben? Der ganze Iran erzählt sich doch Wunderdinge von Ihnen.»

«Das kann nicht sein.»

«Bei Astrabad sind Sie angeblich alleine mit zwölf Räubern fertig geworden. Man sagt, dass Sie göttlichen Beistand hatten.»

«Hat etwa ein Engel auf meiner Seite gefochten?»

«Hat er?»

«Darüber würde ich nicht scherzen.»

«Man sagt, Sie haben Freunde.»

Ich weiß genau, was du jetzt hören willst, dachte Niedermayer, aber das werde ich dir nicht sagen.

«Wir waren zu zweit. Mein Gefährte und ich verstanden uns blind, und wir hatten Glück, dass sich diese Kerle selten dämlich angestellt haben. Übrigens glaube ich, dass es Aserbaidschaner waren, die sich verirrt hatten und deshalb so schwach waren. Es hätte eigentlich böse für uns ausgehen müssen.»

Wassmuss nickte und lächelte gütig, ergriff beiläufig, mit einer freundschaftlichen Zärtlichkeit, wie sie Orientalen zu eigen sein kann, Niedermayers Hände.

«Seien Sie nicht bedrückt, dass ich meine eigenen Wege gehe. Ich werde Ihnen im Süden den Rücken freihalten. Ein Baum mit zwei Spitzen kann nicht gut gedeihen.»

Bei aller Wassmuss'schen Freundlichkeit, die er schon vor zwei Jahren in Buschir kennengelernt hatte, kam er nicht um den Gedanken umhin, dass der iranisierte Hannoveraner sich angesichts aller Schwierigkeiten, die sich dem Marsch nach Kabul in den Weg stellten, einfach nur eines für ihn Besseren besonnen hatte. Glaubte nicht mehr an einen Erfolg und machte sich lieber aus dem Staub. Von wegen zwei Spitzen! Wenn es nicht die Türken oder die Engländer waren, dann fürchtete er sich wohl vor den Schrecken der Salzwüste, die sie würden durchqueren müssen. Persiens Hölle – die Kewir.

Niedermayer fürchtete sich auch, hätte aber niemals aufgegeben, ob mit dem Vizekonsul oder ohne ihn. Und außerdem – wer wollte schon in den Brunnen der Wassmuss'schen Seele steigen, um zu ergründen, was sich wirklich darin verbarg? Objektiv mochte Agententätigkeit in der heiklen Gegend am Golf die Engländer durchaus beunruhigen und konnte der Expedition auf diese Weise helfen. Also fand Niedermayer sich damit ab.

In der Kaserne war Wachwechsel. Gebellte Kommandos eines greisenhaften Feldwebels ließen todmüde junge Kerle ab- und andere todmüde junge Kerle antreten. Der Himmel war mondlos und tief bewölkt. Sah nach erneutem Regen aus.

«Es ist spät geworden, Oberleutnant», sagte Wassmuss und strich sich seinen Seehundschnurrbart. «Bevor Sie nach Bagdad weiterziehen, schicken Sie mir bitte noch Ihren Prinzen vorbei.»

«Ashraf Khan?»

«Ich kenne einen seiner Mitstreiter aus Bombay, Salman Mahmud. Sein Dschihadi-Name lautet *Attar*.» Der Vizekonsul lächelte.

«Attar», sagte Niedermayer, «das heißt ... Apotheker, oder?»

«Ganz richtig. Hat in Dresden studiert. Chemie. Aus einem Sack Phosphatsalz und ein wenig anderem harmlosen Zeug mischt er Sprengsätze zusammen, die jeden Zug entgleisen lassen.»

«Hoffe, Prinz Khan experimentiert nicht mit Ähnlichem. Gute Nacht, Herr Vizekonsul.»

«God Nacht, Herr Oberleutnant. Lang lebe der Kaiser!»

9

Gilbert-Khan vermochte das Gespräch mit Wassmuss ein paar Tage hinauszuzögern, war einmal gerade in die Stadt gegangen, als Niedermayer an seine Tür klopfte, gab anderntags vor, die schriftliche Benachrichtigung des Chefs nicht bekommen zu haben, und litt dann wieder unter einer Magen-Darm-Erkrankung, die ihn ans Hotelbett fesselte. Als sich die Examination durch den Vizekonsul dann nicht länger hinauszögern ließ, hatte er über seinen Kontaktmann Informationen über Wassmuss einholen lassen, die ihm helfen sollten, das Gespräch zu überstehen. Viel war es nicht. Wassmuss war verheiratet, seine Frau in Deutschland schien regelmäßig Briefe von ihm zu erhalten. Er rauchte und trank nicht, nahm keine der üblichen Drogen, und weder bei den Lustknaben noch den Freudenmädchen Aleppos war er jemals notorisch geworden. Er verzehrte am liebsten einfache Gerichte auf Bohnen- und Reisgrundlage.

Seine Leidenschaft brannte – so schwer es auch zu glauben war – ausschließlich für die Sache einer freien islamischen Welt, und seine große Liebe galt Persien. Er bekannte sich freimütig zur Partei Alis. Ein deutscher Schiit.

Aber eine Kleinigkeit hatte Gilbert-Khans Kontaktmann zumindest herausgefunden: Wassmuss träumte wohl davon, sich nach dem Ende des Großen Dschihad in Persien niederzulassen und Bauer zu werden, denn er hatte sich ein paarmal bei Grundstücksmaklern erkundigt, die Geschäftsbeziehungen nach Persien hatten. Wassmuss empfing ihn ehrerbietig und begann auf der Stelle, ihn über Salman Mahmud auszufragen. Fast wäre Gilbert-Khan ins Schwitzen gekommen, er kannte den Namen nämlich gar nicht, ließ sich aber nichts anmerken, sondern stellte kleine Gegenfragen und erfuhr dadurch, dass der Mann offensichtlich der Sprengmeister der Bombayer Zelle war.

Während dieses unmerklichen Katz-und-Maus-Spiels kratzte er in rasender Geschwindigkeit alles zusammen, was er über die letzten Aktivitäten des Revolutionären Indischen Komitees im Kopf hatte. Da waren ein Sprengstoffanschlag gegen das Hauptpostamt in Agra, eine in tausend Splitter zerlegte Brücke der Bhiwandi Railway und, ja!, eine nette kleine Geschichte, die noch gar nicht so lange her war, im Februar, wenn er sich richtig entsann.

«Unser Freund Salman – Allah sei mit ihm – hat sich eine Technik ausgedacht, um Bomben zu tragen direkt in das, wie sagt man, Herzstück der ungläubigen Feinde, die unser Land beherrschen. Bomben ... äh, Buck. Back?»

Er wusste nicht recht, wie er die Konstruktion auf Deutsch beschreiben sollte, die der Geheimdienst des Vizekönigs glücklicherweise entdeckt hatte, bevor sie hatte zünden können – jene Splitterbombe, die dem Rücken eines dreizehnjährigen Jungen so aufgebunden worden war, dass sie diesem, verborgen unter einem weitgeschnittenen Umhang, das Aussehen eines buckligen Krüppels verlieh, von denen es in Bombay so viele gab, dass die Tarnung perfekt war.

Winifred Selina Hardinge, die Frau des Vizekönigs, hatte nun mal ein großes Herz und gab sich vor allem auf Reisen gerne zum Aufwärmen mit Bettlerkindern ab. Nur dem beherzten Klopfen mit dem Spazierstock eines mit der Sicherheit der First Lady betrauten, erfreulich misstrauischen Beamten war es zu verdanken, dass der Besuch in Bombay nicht das Letzte war, was die hochmögende Dame in ihrem Leben unternehmen sollte.

«Ein lüttes Kind, das 'ne Bombe trägt?», fauchte Wassmuss ungläubig.

Gilbert-Khan bemerkte, wie sich die Finger des Diplomaten um die Armlehnen des Stuhls krampften, dass die Knöchel weiß hervortraten.

«Das ist, womit ihr euch abgebt? Kinder in den sicheren Dod zu schicken?»

Wassmuss' Deutsch hatte eine Färbung angenommen, die Gilbert-Khan entfernt an Cockney erinnerte. Er verstand es schlecht, schlug die Augen nieder und blickte zu Boden.

«Ist der Islam so schwach, dass er die, die wir zu beschützen haben, als Waffe gebrauchen muss? Das also ist aus Attar geworden, ein Kinderschlächter?»

Ups, dachte Gilbert-Khan, das ist wohl der Deckname von diesem Bombenbauer Mahmud. Es trat eine Pause ein, die er durch nachdenkliches Kopfschütteln aufnehmen und verlängern wollte, nach der er aber unbedingt etwas erwidern musste.

«Wir sind so ... Weaklinge. Schwach, sagt man. Alles müssen wir versuchen ...»

«Schwach? Schwach?» Wassmuss wurde jetzt richtig laut. «Das Osmanische Reich und die Truppen des Sultan Chalifa? Schwach?

Ägyptens Bruderschaften? Schwach? Persiens Stämme? Und die zig Millionen Glaubensbrüder in Indien? Willst du die schwach nennen?»

Er ist ins Du gerutscht, dachte Gilbert-Khan, das ist bei den Deutschen immer ein gutes Zeichen.

«Der Emir von Afghanistan kann Hunderttausend der besten Kämpfer ins Feld schicken. Keine zwei Tage könnten die Briten einem konzentrierten Angriff der afghanischen Stämme, die Paschtunen voran, widerstehen. Stattdessen: Kinderbomber!»

Gilbert-Khan bemerkte, dass die aufbrausende Stimme wieder einen versöhnlichen Unterton angenommen hatte, so wie ein strenger Lehrer mit einem widerspenstigen, aber begabten Schüler am Ende einer Schelte zu sprechen pflegt.

«Herr Konsul, ich bitte um Vergebung. Es war nur ein Versuch. Wir müssen noch viel von Ihnen lernen. Wir sind nur Talibs.»

«Talibs, aha. Was für eine Koranschule lehrt ihre Schüler denn so wat? Aber offenbar kam es ja nicht zur Explosion. Ich werde via Berlin auf die Gruppe in Bombay einzuwirken versuchen. Werde telegraphieren.»

Gilbert-Khan überlegte, ob eine Fernmeldeverbindung Aleppo – Berlin – Bombay überhaupt noch bestand, vermutlich aber nicht, da man schon kurz nach Kriegsausbruch sämtliche Unterseekabel Deutschlands gekappt hatte. Er musste sich also wohl keine Sorgen machen, enttarnt zu werden.

Nun war der Moment gekommen, den Bogen zu den Leidenschaften des Möchtegernbauern zu schlagen, um das Gespräch versöhnlich enden zu lassen.

«Attar, äh, hat mir oft von Ihnen erzählt. Er bewundert Sie sehr, Sir.»

«Das, Sir, braucht's überhaupt nicht, schließlich sind Sie eine königliche Hoheit und viel höher gestellt als ich. Doch wir sind vereint im gemeinsamen Dschihad.»

«Alhamdulillah! Attar hat mir erzählt, dass Sie nach dem Krieg ... äh, Landwirtschaft treiben möchten?»

«Hat er das tatsächlich? Kann mich gar nicht entsinnen, mit ihm darüber gesprochen zu haben. Aber man erzählt ja viel, manchmal wird man förmlich davon überrascht.»

Treffer, dachte Gilbert-Khan.

«Wissen Sie, wie die alten Perser schon vor Jahrtausenden ihr Land, das zu den trockensten Ländern auf der Erde gehört, fruchtbar gemacht haben, Prinz?»

«Bewässerung?»

«In der Tat. Aber das, was die Menschen des Khorasan auf diesem Gebiet leisten, ist einzigartig. Ich rede von den Qanaten.»

«Leider muss ich zugeben, davon niemals gehört zu haben.»

«Zunächst wird an hochgelegener Stelle der Grundwasserhorizont angezapft. Die Perser sind seit unvordenklicher Zeit Meister des Brunnenbaus, in keinem Land finden Sie Vergleichbares, wenn man bedenkt, dass diese Brunnen mit den einfachsten Mitteln errichtet werden und manchmal achtzig, neunzig Meter tief reichen! Wenn das Grundwasser im Tiefbrunnen angezapft ist, beginnt der Bau der Kanäle. Sie wühlen sich in den Wüstenboden, oft nur wenige Meter am Tag. Das Gefälle kontrollieren sie mit einer Schnur, an der sie einige Tropfen Wasser entlangrinnen lassen – ein Promille Gefälle halten die Maulwurfsmänner damit exakt ein.»

«Maulwürfe? Verstehe ich nicht.»

«Mole, auf Englisch.»

«Ah», sagte Gilbert-Khan und wurde rot.

«Auf diese Weise haben die Iraner von Khorasan inmitten der Wüste blühende Felder geschaffen. Es war dies eine Leistung, die nur in der Dorfgemeinschaft möglich war. Sozialistisch, wie man das heutzutage nennen würde, auch wenn ich weiß Gott kein Roter bin.»

Durch die Unfähigkeit des Schahs, das Erbe des alten Iran zu bewahren, zwischen den Großmächten eingekeilt und nur daran interessiert, seine eigene Macht zu erhalten, seien viele der alten Dörfer verlassen worden. Die Brunnen seien eingestürzt, die Qanate verschüttet, die Felder verdorrt, der Gemeinschaftsgeist zerstört. Hier werde er, Wassmuss, ansetzen, und sein Land, das er auf die uralte Weise zu bewirtschaften plane, solle ein Beispiel werden für ein neues, altes, jedenfalls blühendes Persien, das die Korruption Teherans aus dem Geist der Qal'äh-Dörfer fortfegen werde.

So ging das Gespräch zu Ende. Wassmuss, bestens gelaunt wie er nun war, teilte Gilbert-Khan zuletzt noch vertraulich mit, dass er die Afghanistan-Expedition verlassen und auf eigene Faust nach Süd-Persien reisen werde, um mit den dortigen Stämmen gegen die Ölfelder der Briten und überhaupt deren völkerrechtswidrige Präsenz am Golf loszuschlagen. Er wünsche «Seiner Hoheit» viel Glück auf dem bevorstehenden, gefahrvollen Weg durch die Wüsten.

Der Prinz dankte ihm überschwänglich, hielt eine kleine Rede auf die Befreiung Indiens, um die es ja bei alledem gehe, gelobte, keine Kinderbomber mehr loszuschicken, küsste Wassmuss dreimal auf die Wange und keine zwei Stunden später hatte er schon den chiffrierten Bericht in dem toten Briefkasten im Basar deponiert, über den er mit seinem Kontaktmann kommunizierte. Der würde die Nachricht nach Süden zum Oberkommando von Basra befördern:

vizekonsul wassmuss verlässt afg-exp
plant angriff südpers. ölfelder
schlage sofortige überwachung ab aleppo vor
sehr gefährlicher agent
gehe selbst weiter nach bagdad
kontaktiere dort AGATHA

10

Am 24. Dezember erreichte die Expedition am frühen Nachmittag bei strömendem Regen eine halbverfallene Karawanserei namens Eslabscha. Niedermayers Beschluss, hier den Heiligabend zu verbringen, nahmen alle mit Erleichterung auf.

Dass sich die Stabsoffiziere, die Niedermayer am frühen Abend in den einzigen Raum der Karawanserei einlud, besonders fein gemacht hätten, konnte man nicht sagen. Sie hatten sich, so gut das mit feuchten Tüchern möglich war, trocken gerieben und sich wieder einmal rasiert, bis auf Niedermayer und Seiler, die mittlerweile Vollbärte trugen und aussahen wie Räuber aus dem Böhmerwald. Der eine oder andere hatte ein frisches Hemd angezogen, das war alles.

Obergefreiter Jakob hatte einen vertrockneten Busch aus der Steppe geholt, mit dem Messer halbwegs in die Form eines Tannenbäumchen gebracht, zwei Kerzen davorgestellt und mit ein paar Äpfeln und einigen aus dem mitgeführten Futter gebastelten Strohsternen geschmückt.

Auf der Kochstelle briet er jetzt zwei große Hühner, die er in einem namenlosen Weiler am Wegesrand aufgetrieben hatte. Der garende Duft des ersten Fleisches seit Aleppo freute die Männer, auch und ganz besonders, dass ihr Chef für den Abend drei Flaschen Rotwein besorgt und auf den als Festtafel dienenden Teppich gestellt hatte.

Sich zunickend und mit ihren Blechtassen anstoßend, tranken sie einen ersten Schluck. Der Wein wurde allgemein für hervorragend befunden. Niedermayer musste schmunzeln.

«Moselwein oder ein Fässchen Bier aus München waren leider nicht zu bekommen. Tatsächlich war ich froh, dass ich diesen algerischen Tropfen auftreiben konnte. Auch wenn wir uns mit den Franzosen im Krieg befinden, wer würde bestreiten, dass sie was von Wein verstehen? Und Respekt dafür, dass es ihnen gelungen ist, ihr Talent auch in die Kolonien zu tragen. Diesen Algerier hier kann man trinken.»

Morlock griff sich eine der Flaschen.

«Domaine du Chapeau de Gendarme 1912», las er genießerisch mit seiner hohen Stimme, sein Französisch war akzentfrei näselnd.

«Zum Chateau hat's nicht ganz gereicht, aber wenigstens zu einer anständigen Mütze!»

Die den Witz verstanden hatten, lachten herzlich, dann reichte Morlock die Flasche amüsiert an Seiler weiter und schließlich warf jeder der sechs Männer einen anerkennenden Blick darauf. Stichnote war der Letzte, der das Etikett betrachtete. Die Flasche war abgefüllt von Ricome & fils, Algier, aber ganz unten, kleingedruckt, stand der Ortsname Mondovi, Bône.

Bône, dachte Stichnote. Das wird wohl dasselbe Bône sein, das wir damals zu Klump geschossen haben. Sein Funkerhirn lieferte ihm augenblicklich den Funkspruch, mit dem der Admiral den Kommandanten der BRESLAU angewiesen hatte, genau dorthin zu fahren. Bône. Immer und immer wieder las er den Namen der Stadt. Bilder des im Flutlicht daliegenden Hafens, die wie Hölzchen einknickenden Kräne, die brennenden Schiffe, auf denen das Ameisenvolk der Beschossenen in Panik umherwimmelte.

«Unser Funkentelegraphiemeister scheint ein Weinkenner zu sein», lachte Niedermayer. «Schenken Sie uns gleich noch mal allen nach», forderte er ihn auf, und während Stichnote das tat, holte der Oberleutnant eine Karte hervor, die die Aufmerksamkeit der Offiziere fesselte – denn bislang hatte Niedermayer darauf verzichtet, seine Stäbler mit mehr als Tagesbefehlen zu versorgen.

Doch war es keine Karte Mesopotamiens, wie sie alle erwartet hatten, sondern eine von Persien, Afghanistan und Britisch-Indien.

«Der Himmel weiß, wann wir in jener Weltgegend anlangen werden», setzte Niedermayer ein und lächelte, «aber ich will heute Abend gar nicht von den Schwierigkeiten sprechen, derer genug auf uns warten werden, bis wir an der afghanischen Grenze sind. Ich will Ihnen nicht den Abend verderben, indem ich von der Kewir-Wüste erzähle, die wir noch früh genug kennenlernen werden. Nein, bevor wir essen, will ich Ihnen einen Eindruck von dem eigentlichen Ziel unserer Unternehmung geben. Soweit ich das kann.»

Er sah mit scharfen Augen in die Runde.

«Denn ich muss ehrlich gestehen, dass ich zwar Persien bereist und einige Wochen in Indien zugebracht habe, aber Afghanistan, wohl das verschlossenste Land Asiens, vielleicht der ganzen Welt, kenne ich nicht, war persönlich nie da und hoffe übrigens, dass wir uns dort mit Persisch überhaupt werden verständigen können. Denn ich spreche kein Paschtu, die Sprache des größten und wichtigsten Stammes, aus dessen Reihen auch der Emir stammt.»

«Wie heißt der Stamm?», fragte Sowatzky, ein Österreicher.

«Paschtunen», sagte Niedermayer. «Afghanistan hat etwa zehn Millionen Einwohner, davon vier bis sechs Millionen Paschtunen. Auf britischer Seite leben noch mal so viele von ihnen. Zusammen zählen die Paschtunen also leicht zehn Millionen Menschen. Und fast jeder der erwachsenen Männer darf als potentieller Krieger angesehen werden.»

«Was? Das müssen doch mindestens eine Million Mann sein? Der Emir verfügt über solch eine Armee?», sagte Morlock, dessen hohe Stimme sich vor Begeisterung fast überschlug.

«So dürfen wir uns das nicht vorstellen», Niedermayer schüttelte bestimmt den Kopf. «Zwar ist der Emir formal der Chef des Staates, aber seine wirkliche Macht scheint nicht viel weiter als bis zu den Stadttoren Kabuls zu reichen. Jeder Clan, jeder Unterstamm hat einen Häuptling, wenn ich das so sagen darf, Khan nennt man ihn. Denken Sie an die Zeit unserer Vorfahren, an die Stämme unter den verschiedenen Herzögen nach der Völkerwanderung. Das Leben in Afghanistan ist einfach zu hart, jeder Stamm muss für sich selbst sorgen. Aus der Hauptstadt erhalten sie keine Hilfe.»

«Soll das heißen, wir müssen die Kerle überhaupt erst einmal zusammenkriegen?», fragte Leutnant Seiler, der nur beiläufig zugehört hatte, da er gedanklich bei den Falten des Hindukusch mit seinen Siebentausendergipfeln war.

«Gewissermaßen. Aber das sollte gelingen. Es hat nämlich durchaus Tradition. Über hundertfünfzig Jahre lang sind die Paschtunen vereint unter der Führung der Durrani-Konföderation immer wieder über den Indus gezogen, um im Reich der Mogulkaiser zu plündern. Dieser räuberische Nachbar im Westen hat die Mogulherrschaft dauerhaft geschwächt, bis die mohammedanischen Kaiser schließlich so schwach waren, dass sie dem anderen Gegner, der sich ihnen aus Richtung Osten, aus Bengalen, näherte, irgendwann nichts mehr entgegenzusetzen hatten.»

Er blickte in die Runde.

«Die Engländer!», wusste Leutnant Sowatzky nach kurzem Nachdenken festzustellen.

Niedermayer stellte gerafft dar, wie die East India Company, das Handelsunternehmen, das für die Britische Krone, von Kalkutta ausgehend, ein indisches Fürstentum nach dem anderen unter seine Kontrolle brachte, die Mogulkaiser beseitigte, um den englischen König auf deren Thron zu setzen. Durch diese Ausbreitung habe London sich mit dem paschtunischen Durrani-Reich konfrontiert gesehen, dem imperialen Vorläufer Afghanistans. Gegen das habe man in den dreißiger Jahren des letzten Jahrhunderts den ersten Krieg geführt – und ihn verloren.

Die Briten hätten sich aber noch einem viel gefährlicheren Gegner gegenüber gesehen, dem Russischen Reich nämlich, das sich fast ganz Zentralasien untertan gemacht habe. Das Russische Reich strebe seit über hundert Jahren nach einem ganzjährig eisfreien Hafen. Karachi zum Beispiel, das im Gebiet der Belutschen liege, südlich von Afghanistan.

«Was ich Ihnen hier schildere, sollten Sie unter dem Begriff *Great Game* schon einmal gehört haben», sagte Niedermayer, der seinen Geographenfinger eifrig über die Karte eilen ließ. «Er bezeichnet das Ringen zwischen Russland und Großbritannien um die Herrschaft in Zentralasien. Doch die Briten wussten sich dabei einen entscheidenden Vorteil zu verschaffen. Sie führten einen zweiten Krieg gegen Afghanistan, den sie diesmal gewannen. Ihr Ziel war die Errichtung eines Pufferstaates zwischen ihrem kostbaren Besitz in Indien und dem nach warmem Salzwasser dürstenden russischen Bären. Nachdem sie die Afghanen besiegt hatten, setzten sie einen ihnen willfährigen Mann auf den Thron, den Vater des jetzigen Emirs, und pressten ihm ein Abkommen ab: den Vertrag von Gandamak. In dem wurde festgeschrieben, dass die Briten die Oberhoheit über die Hälfte der Paschtunengebiete bekommen. Später haben sie daraus die offizielle Grenze zwischen Afghanistan und Britisch-Indien gemacht.»

Er wies auf die Linie zwischen beiden Ländern und fuhr sie auf und ab.

«Diese Grenze hat sich Mr. Durand ausgedacht, der damalige britische Außenminister, weshalb sie bis zum heutigen Tag *Durand-Linie* heißt. Das Famose und Fatale an ihr: Die Durand-Linie führt mitten durch die Siedlungsgebiete der Paschtunen. Hier sehen Sie, die Großstadt Peschawar liegt östlich des Khaiberpasses in Britisch-Indien, ist aber eine der wichtigsten paschtunischen Städte.»

«Glänzend!», warf der hochstimmige Morlock ein. «Sie teilen das Land. Beschränken so die Macht des Emirs von Rest-Afghanistan.»

«Ja, und sie haben eine vertraglich festgelegte Grenze, die alles andere als sicher ist, weil diejenigen, die auf ihr leben, sie ablehnen. Das rechtfertigt ständige Truppenpräsenz, wichtig wegen der Russen.»

«Wieso lassen sich die Paschtunen das gefallen?», fragte Seiler.

«Wenn bei uns irgendeine Macht Tirol teilen würde, hieße das doch auch Krieg bis zum letzten Tropfen Blut!»

«Der Emir in Kabul ist auf das Gold angewiesen, das ihm die Briten zahlen. Die Stämme sind nicht organisiert. Jeder steht für sich.»

«Die werden wir schon durchorganisieren», rief nun Seiler, «die Kerle kriegen wir so weit, dass es kracht! Den Gipfel packen wir!»

Niedermayer schmunzelte und wurde wieder ernst. Bevor er weitersprach, blickte er jedem seiner Stäbler tief in die Augen.

«Bin tatsächlich der Meinung, dass die Linie der Ansatz für einen Aufstand der Paschtunen sein könnte. England wäre nicht in der Lage, einem massiven Angriff dieser einzigartigen Krieger an Indiens Westgrenze militärisch zu begegnen. Viele der indischen Truppen stehen ja gar nicht mehr im Land, sondern kämpfen an der Westfront oder nicht weit von hier unten in Basra. Indien ist, was das angeht, entblößt. London vertraut auf den weiteren Erfolg seiner alten Ränkespiele. Wenn es uns aber gelingt, hier an der paschtunischen Schandlinie etwas zu entfachen – dann werden wir Geschichte schreiben.»

Wieder einmal hatte Niedermayer kein Wort über den Islam verloren, der ja doch wohl – wenn Stichnote die ganze Geschichte richtig verstanden hatte – das entscheidende Werkzeug in der Aufwiegelung der Paschtunen sein würde. Sie reisten im Auftrag des Sultans von Deutschland, ja, aber ihre Legitimation und die eigentliche Botschaft hatten sie doch wohl vom Kalifen des Islam, der auch Sultan des Osmanischen Reichs war. Sie waren keine Kreuzritter, keine Eroberer, sie waren Botschafter des Dschihad.

Stichnote hatte wie Zickler, von dem er das Buch bekommen hatte, *Von Bagdad nach Stambul* gelesen. Das, was sie planten, lag voll und ganz auf der Linie Karl Mays – all die am Anfang nervtötend detaillierten Erzählungen von Stammesbefindlichkeiten und Stammesunmöglichkeiten, diesen ganzen Stammesschlamassel, erkannte er hier wieder. Aber gerade bei May konnte man doch herauslesen, welche

Bedeutung der Islam in den Weltgegenden hatte, in denen sie als lächerlich kleine Gruppe Geschichte zu schreiben beabsichtigten.

Vielleicht lag es daran, dass er Funker war und eisern an die wortwörtliche Übertragung von Nachrichten glaubte. Nicht glaubte, sondern davon überzeugt war, dass ein wie auch immer verschlüsselter Text nach bestem Wissen und Gewissen zu übermitteln war, ohne Interpretation des Übermittlers; da war nichts einzufügen und auch nichts wegzulassen.

«Eine Frage habe ich da noch, Herr Oberleutnant», sagte er. Alle blickten ihn an.

«Wegen des Islam. Denn wir haben ja Moslems unter uns, in meiner Gruppe etwa Prinz Khan. Er betet viel, oft auch zusammen mit den Treibern. Aber mein, äh, mein Adjutant Erdöl, der ist ja auch Moslem, aber er betet nie mit. Ich habe ihn gefragt, warum nicht, und er sagte: weil Prinz Khan und die Kurden etwas weglassen würden beim Gebet, das aber dazugehöre.»

«Was ist nun Ihre Frage?», sagte Niedermayer streng.

«Meine Frage ist: Werden die Paschtunen dem Befehl des sunnitischen Kalifen folgen?»

«Ach so, darauf wollen Sie hinaus. Nun, ich glaube zu wissen, dass Ihr Erdöl gar kein sunnitischer Moslem ist, sondern ein Alevit.»

Niemand hatte je davon gehört.

«Die Aleviten sind eine Minderheit mit verschiedenen Richtungen. Früher haben sie in der Osmanischen Armee eine große Rolle gespielt. Dann hat man sie zurückgedrängt. Sie haben Verbindungen zu den Schiiten.»

«Das sind die Perser?»

«Kann man so nicht sagen. Auch in Mesopotamien gibt es sehr viele Schiiten.»

«Sind die Paschtunen auch Schiiten?»

«Nein. Es sind Sunniten. Ich bin sicher, dass das Wort des sunnitischen Kalifen in der derzeitigen weltpolitischen Lage Gewicht hat. Als der Sultan Khalifa Abdülhamid abgesetzt wurde, gab es massenhafte Proteste in Britisch-Indien, und es wurden Hunderttausende Rupien zu seiner Befreiung gesammelt.»

Stichnote hätte nun sofort die Frage stellen wollen, ob es denn nicht so war, dass die jetzige Regierung des Osmanischen Reichs, die Jungtürken, diesen Sultan abgesetzt hätten, und ob das dann nicht merkwürdig sei, im Namen auch dieser Regierung die indischen Moslems zum Aufstand zu bewegen. Aber da sein Wissen außer auf Karl May nur auf Zeitungsartikeln sowie den Gesprächen mit Arjona und Erdöl beruhte, ließ er es bleiben. Schließlich waren sie ja nur für den Transport da. Niedermayer und Prinz Khan und andere Diplomaten würden es schon richten.

Außerdem war Weihnachten und auch ihm war der Wein warm und mild eingefahren. Und da war ja noch die Karte.

Viele Wochen hatte er nicht mehr gespielt, doch heute Abend war ihm, durch Niedermayers Erwähnung des eigentlichen Great Game, klargeworden, worauf sich das faszinierendste Brettspiel des Planeten, das Große Kriegsspiel, bezog. Während Niedermayers Ausführungen hatte er die ansprechende, aber nicht zu kleinteilige Karte zunächst durchdacht und dann vor seinem geistigen Auge die Truppen verteilt. Trotz der optimistischen Atmosphäre ihrer Runde hatte der Stratege in ihm sofort das Problem gesehen: Das Gelände bestand hauptsächlich aus Gebirge! Sofort stapelte der Geist des Spiels einen riesigen Berg Schwierigkeitsplättchen, wie sie die Hemmnis-Steine ganz im Sinne von Clausewitz' Friktionstheorie genannt hatten. Truppen waren vielleicht da; aber wo sollten sie aufmarschieren?

Bislang hatte er das Große Spiel gegenüber seinen Kameraden und auch Niedermayer nicht erwähnt. Zum ersten Mal dachte er darüber nach, das Spiel, das er zwischen seinen Habseligkeiten wohlverwahrt wusste, auszupacken, weniger allerdings um ernsthaften strategischen Überlegungen eine Grundlage zu geben, sondern einfach um zu spielen.

Aber jetzt schaffte Jakob die gebratenen Hühner heran, die er gar nicht einmal ungeschickt zerteilt hatte, und stellte die Schüsseln auf den Teppich. Ihr Duft betörte Stichnote ebenso wie die anderen, die nun – nachdem Niedermayer kurz innegehalten und ein paar Worte gemurmelt hatte, die als eine Art freies, danksagendes Gebet verstanden werden konnten – nichts anderes mehr taten, als es sich schmecken zu lassen.

Wein wurde nachgeschenkt, sie stießen wieder an, und keiner wollte mehr an die Mühsal denken, die vor ihnen lag, und dass ihre Aufgabe darin bestand, ihnen vollkommen unbekannte Völker mit undurchsichtigen Glaubensvorstellungen dazu zu bringen, mit ihnen zusammen Geschichte zu schreiben.

Stichnote biss so ungebärdig auf einem köstlichen Schlegel herum, dass der Knochen zerbrach und ein Splitter den Weg zu dem linken Backenzahn fand, das in der Zwischenzeit gebildete Häutchen über dem gekränkten Nerv hinwegriss und ihn, der so lange friedlich geschlummert hatte, blitzartig erwachen ließ.

Der Nerv besaß die Größe, Kraft und Bösartigkeit eines syrischen Wüstenteufels.

«Was haben Sie, Herr Deckoffizier?», fragte Niedermayer stirnrunzelnd. Sein Bart glänzte behaglich. Während er sprach, musste er leicht aufstoßen.

«Nichts», log Stichnote, «hab mir auf die Zunge gebissen.»

«Aha.» Niedermayer lächelte, machte eine Pause. «Generell, das gilt auch für Ihre Leute: Wir haben einen Arzt dabei, Dr. Novak. Er reitet in der Gruppe Morlock. Wenn aber Dinge wie ...», er streifte Stichnote kurz, «Zahnweh oder innere Schmerzen auftreten, sollten Sie alle in Bagdad das Garnisonskrankenhaus aufsuchen. Was uns in Persien in dieser Hinsicht zur Verfügung steht, kann ich nicht sagen.»

Alle waren satt und nickten leutselig, Stichnote am meisten, und irgendwo in sich glaubte er fest daran, den so lange aufgeschobenen Zahnarztbesuch – zu dem ihm ja auch seine ferne Liebste dringlich geraten hatte – gleich am ersten Tag nach der Ankunft in Bagdad vorzunehmen, um das Unabwendbare endlich hinter sich zu bringen. Glücklicherweise verging der Schmerz mit dem letzten großen Schluck Rotwein.

Der Chef ließ den Obergefreiten Jakob nun die Öllampen im Raume löschen und die beiden Kerzen anzünden. Ihr Christbaum leuchtete lieblich auf, die zerzausten Strohsterne warfen anrührende Schatten, die an der Decke tanzten. Zur Freude aller schleppte Jakob dann auch noch ein Kohlebecken an, auf das er die von der Hühnerbraterei übrig gebliebene Glut verteilt hatte.

Zeit für die Bescherung. Schüchtern und ein wenig beschämt, da keiner der Stäbler daran gedacht hatte, Geschenke mitzubringen, holte Niedermayer sechs schmale, in Papier eingeschlagene Päckchen heraus. Es waren die feinsten türkischen Zigaretten, die er auf dem Basar von Aleppo hatte erwerben können.

Dann gab es noch für jeden einen blankpolierten Apfel und die meisten der Offiziere, die heiter zu schmauchen angefangen hatten, freuten sich über die fein geschnitzten Holzstecken, die Jakob hervorzog. Sie steckten die Äpfel drauf und begannen, lässig vor dem Kohlebecken kauernd und qualmend, Bratäpfel zu brutzeln. Eine halbe Flasche Rum, die letzte Weihnachtsüberraschung, tat ihr Übriges, um Stichnote zum Aufbruch zu bewegen.

«Ich habe meinen Leuten versprochen, dass ich noch bei ihnen vorbeikomme.»

«Wie Sie wünschen.» Niedermayer goutierte Stichnotes Entscheidung sichtlich. Auch er war ein Offizier mit Respekt vor den Mannschaftsdienstgraden und verstand seinen Funker. Sie gaben sich die Hand. Stichnote zog sich seinen Mantel über und ging, die Blechtasse in der Hand, leicht beschwipst und ganz und gar weihnachtlich-heiteren Sinns hinaus in den Nieselregen.

11

Die Zelte der Expedition standen eng um die kargen Mauern der Karawanserei herum, und in fast allen sah man das für diese späte Uhrzeit ungewöhnliche Flackern der Petroleumleuchten. Gedämpftes friedfertiges Gelächter war zu vernehmen. Stichnote richtete seine Schritte zunächst nicht auf das Zelt der Funkabteilung, sondern lief durch den Mittelweg des Lagers, wo die Kutscher und die Tiere unter Planen lagerten.

Die kurdischen Treiber feierten kein Weihnachten, sie hatten sich schon schlafen gelegt. Hie und da glühten die Reste kleiner Lagerfeuer. Stichnote erwiderte den militärischen Gruß des alten Obergefreiten, der zur Wache eingeteilt war, gab ihm die Hand, murmelte «Mistwetter, hä? Trotzdem, frohe Weihnachten!», was der alte Haudegen mit dem fast spöttisch klingenden Genuschel des typischen Lippers erwiderte. Ihm schien der Regen nicht viel auszumachen, war er gewohnt von zu Hause.

«Will schnell mal nach den Tieren sehen», sagte Stichnote, was der stoische Ostwestfale nur mit einem Nicken kommentierte. Er ging an der langen Reihe der schlafend hingelagerten Zugtiere vorbei, denn er wollte zu seinem Maultier, das unter Artgenossen in einer Art Gatter lag, das die Kurden mit Schnüren und Pflöcken bei jeder Station neu errichteten. Es war selbst in dieser düsteren Regennacht unverkennbar, wie das namenlose Tier das linke Ohr geknickt hielt, wie es blinzelte, als Stichnote herangetreten war, die näherstehenden Mulis sanft zurückdrängend, sich regte und nun, da es seinen Reiter erkannte, langsam heranschritt. Stichnote zog es am Ohr ein wenig fort, denn unterwegs war ihm aufgefallen, dass das Tier diese Behandlung, sofern man nicht zu fest zerrte, zu mögen schien.

Er holte den Apfel aus der Tasche seines Marinemantels, das Maultier schürzte die Lippen, bekam die Köstlichkeit auf flacher Hand hingefüttert, und während Stichnote dem Mahlwerk des Mulis lauschte, kraulte er Stirn und Ohren des braven Tiers, das ihn noch viele hundert Regenkilometer weit über den Euphrat und bis zum Tigris würde tragen müssen.

Auf dem Weg zum Zelt hielt er noch einmal kurz inne, betrachtete das zarte Licht, das von der Weihnachtsfeier des Stabes durch die Fensterschlitze der Karawanserei fiel, hörte auf die Tiere, die sein Besuch aufgeweckt hatte, und dachte an das Gefühlsnetz, das ihn Tag für Tag hielt und guten Mutes sein ließ. Er dachte an Arjona in London, die ihm einmal erzählt hatte, dass in ihrer Familie stets am Morgen des ersten Weihnachtstages gefeiert würde, und sandte ihr tausend Küsse, ganz sicher, dass sie auch an ihn dachte und sie sich eines Tages von ihrem ersten, wenn auch nicht zusammen verbrachten Weihnachten erzählen würden.

Er dachte an den Überseeludwig in Kolumbien, von dem er, wie er sich eingestand, schon sehr lange nichts mehr gehört hatte und schlichtweg nicht wusste, wie es ihm ging und ob und unter welchen Umständen er das Weihnachtsfest verbrachte.

Dann kam das Schiff dran, das irgendwo fern an einem eiskalten Hafen im Bosporus lag, wenn es nicht gerade auf Kriegsfahrt war, was durchaus sein mochte. Eibo und Thomas Kasten kamen ihm in den Sinn. Ob es jemals, im Jenseits, ein Wiedersehen geben würde? Von der traurigen Erinnerung an seine beiden toten Freunde wendete er seine Gedanken München-Giesing zu, stellte sich den Geruch im Vaterhaus zur Weihnachtszeit vor, den ersten Schnee, der vielleicht schon auf den Straßen lag und die dampfschnaubenden Haflinger an den Bierkutschen sanft vorübertraben ließ. Er dachte an die vielen

Geschenke, die seine mittlerweile mehr als ein Dutzend Neffen und Nichten unter dem Weihnachtsbaum in der guten Stube vorfinden würden, nachdem sie, allesamt aus der Giesinger Kirche gekommen, einträchtig *Stille Nacht, Heilige Nacht* gesungen hätten. Doch dann kamen ihm Zweifel, ob die Familien seiner Brüder überhaupt noch zusammen feierten und er sich nicht etwas vorstellte, das der Vergangenheit angehörte. Auch war ja der Geisternazi nicht mehr da, der früher öfters mal den Krampus gegeben hatte, eine Rolle, die er selbstredend furchterregend auszufüllen verstand. Gelernt war eben gelernt.

Lieber Ignaz, dachte er, wo immer du steckst – frohe Weihnacht. Wart nur, der Krieg geht nicht mehr lang. Wir holen die Paschtunen!

Doch nun war es Zeit, die Überraschung für seine Mannschaft auszupacken. Während ihm der Regen in den Kragen seiner Uniform lief, dachte Stichnote voller Wonne an den Laden in Aleppo, der *Abu allemone*, Vater der Zitrone, geheißen hatte. Über und über waren seine Wände mit getrockneten und zu aufwendigen Kränzen und Ketten geflochtenen Scheiben von Zitrusfrüchten bedeckt gewesen, dass man kein Fleckchen Mauerwerk mehr sah. Überall standen große Säcke mit den unterschiedlichsten Zitrusfrüchten, deren Duft ihn ganz benommen machte.

Zum ersten Mal hatte Stichnote hier den zimtig-köstlichen Saft von Limetten probiert, die ihm der stolze, auffallend gut gekleidete Eigentümer, der wohl nur ein paar Jahre älter als er selber war, mit geschickten Handgriffen ausgepresst und mit etwas zerstoßenem, braunem Zucker zum Probieren gereicht hatte. Den Laden habe er vor kurzem von seinem Vater übernommen, er sei der bislang letzte Erbe einer tausendvierhundert Jahre zurückreichenden Geschichte, in welcher sich das Geschäft an derselben Stelle in Familienbesitz befinde.

«Dann gab es Ihren Laden ja schon in der Zeit vor dem Islam?», hatte Stichnote gestaunt, der sich solch dynastisches Erbe für einen Kaufmannsladen kaum vorzustellen vermochte.

«Oh ja», hatte der aktuelle Vater der Zitrone in leidlichem Englisch erwidert, «der Gründer unseres Geschäfts, unser Urahne, hat noch dem römischen Kaiser die Steuer bezahlt. Abgesehen davon sind wir von jeher Christen. Melkiten.»

Stichnote hatte ihm einen großen Beutel dieser Limetten abgekauft und auch etwas von dem braunen Zucker, der ihm gleichfalls zum ersten Mal untergekommen war und köstlich geschmeckt hatte.

Die beiden jungen Berliner Funker hatten sich schon schlafen gelegt, das, was sie am liebsten taten, aber die anderen waren wach und saßen guter Stimmung auf dem mit Teppichen bedeckten Boden des Zelts.

Prinz Ashraf erklärte, dass Jesus auch für die Moslems ein wichtiger Prophet sei, der wichtigste nach dem Propheten der Propheten, Mohammed, und dass es durchaus angebracht sei, den Geburtstag von Issa zu feiern. Erdöl sang ein trauriges alewitisches Lied, und Zickler, der jüdischen Glaubens, wenn auch nicht praktizierend war, wie Stichnote nun mit Erstaunen zum ersten Mal erfuhr, erzählte einen jüdischen Witz:

«Zwei Juden aus Zürich kommen während einer Reise durch das gelobte Land zum See Genezareth und wollen auf die andere Seite. Am Ufer steht ein christlicher Fischer, der bereit ist, sie überzusetzen. Aber er will fünfzig Piaster dafür haben. Die Juden sind über den Preis entsetzt: ‹Dir schliift's wohl? Das ist viel zu teuer! Dafür können wir hundertmal über den Zürisee schippern, und das isch die Schweiz!› – ‹Aber was wollen Sie, meine Herren›, beschwichtigt der Fischer. ‹Sie sind doch hier an dem See, über welchen unser Herr Jesus zu Fuß gegangen ist!› Darauf einer der beiden Juden: ‹Kein Wunder bei den Preisen!›»

Sogar Andrew Gilbert gestattete seinem Rollencharakter Prinz Khan, darüber zu lachen.

Stichnote holte den Beutel mit Limetten aus seinem Gepäck, verteilte die Früchte, die augenblicklich ihren Duft entfalteten, und wies seine Leute an, die Früchte auszupressen. Den Saft, den sie in einer blechernen Waschschüssel auffingen, vermischte er mit dem braunen Zucker, wie er es in Aleppo gesehen hatte, und so hatte am Ende jeder ein Tässchen voll. Damit stießen sie an und tranken, und Stichnote musste feststellen, dass die süß-saure Mischung, die ihm eigentlich so gut schmeckte, seinen Backenzahn noch einmal derb reizte. Er verbiss sich jeglichen Schmerzenslaut und begann, die edlen Chef-Zigaretten zu verteilen. Sogar Erdöl nahm eine. Tiefaromatischer blauer Dunst begann sich auszubreiten. Erdöl hustete vergnügt.

Zu seiner Überraschung gestanden ihm daraufhin seine Begleiter, sie seien übereingekommen, heute Abend etwas spielen zu wollen. Sie hätten hin und her überlegt; da sie ja vier Spieler seien, wären Schach und Dame nicht in Frage gekommen, andererseits nehmen Erdöl und Gilbert-Khan keine Karten in die Hand. Man habe also während Stichnotes Abwesenheit ein altes indisches Spiel hergestellt, mit Spielplan und sechzehn Figürchen. Pachisi, das Spiel des Mogulkaisers Akbar. Nur Würfel fehlten ihnen noch.

«Wir dachten, dass Stichnote Bey hier, äh, vielleicht helfen kann ...», sagte Faruk Erdöl, da er damals in Konstantinopel Stichnotes Einsätze an den Spieltischen ansatzweise mitbekommen hatte.

«Würfel sind kein Problem», sagte dieser hocherfreut, ging abermals zu seinem Gepäck, suchte zwei der roten Würfel heraus, ließ sie in der hohlen Hand klackern und setzte sich Erdöl gegenüber an den quadratischen, mit einigen Seiten aus Zicklers Notizbuch und etwas Eigelb zusammengeklebten Spielplan. Man begann zu würfeln, Gilbert-Khan, der links von Stichnote saß, kam raus, sodann ging es reihum.

Und sie waren keineswegs die Einzigen, die sich zu jener Stunde diesem Spiel hingaben. Denn ein gewisser Josef Friedrich Schmidt aus München hatte ein paar Jahre zuvor eine Version des Pachisi für seine drei ungewöhnlich wilden Söhne angefertigt, die daraufhin zu

Musterknaben geworden waren. Sein Versuch, das offensichtlich pädagogisch wertvolle Familienspiel auch über seinen Laden unter die Leute zu bringen, scheiterte zwar, aber mit dem Ausbruch des Großen Kriegs kam er auf die Idee, dreitausend Exemplare seines Spiels herstellen zu lassen und zu Weihnachten an deutsche Lazarette zu verschenken. Bald schon füllten sich diese mit Verletzten und Moribunden, die die Schmidt'sche Version des Pachisi begeistert zu spielen begannen. Der Name, den Schmidt dem alten Spiel gegeben hatte, lautete: *Mensch ärgere dich nicht.*

Stichnote hatte wieder einmal das meiste Glück, wurde Erster, dann kam Gilbert-Khan ins Haus, Zickler brauchte deutlich länger und Letzter wurde der diesen Umstand mit Humor nehmende Faruk Erdöl. Da aber war die Heilige Nacht schon zum frühen Morgen geworden.

Wenige Stunden später zogen sie weiter Richtung Bagdad.

12

In den Generalstäben und bei den Divisionskommandanturen entlang der Westfront standen große Weihnachtsbäume mit vielen Kerzen, denn noch gab es Bäume in den Wäldern Nordfrankreichs, ja, noch gab es Wälder, zwischen denen mittlerweile Hunderte Kilometer schlichter Gräben gezogen waren. Doch anders als in den Unterkünften auf beiden Seiten, wo die Soldaten zusammensaßen und den ersten feuerfreien Tag seit fast fünf Monaten ausklingen ließen, dessen Stille man unter anderen Umständen vielleicht als gespenstisch empfunden hätte, hier aber als himmlisch, war die Stimmung in den Quartieren der Generäle an ihrem Tiefpunkt angelangt. Reihenweise hatte man Hauptmänner und Oberste antreten lassen, die erklären sollten, wie es zu der Katastrophe am ersten Weihnachtsfeiertag hatte kommen können: der allgemeinen Fraternisierung.

An Heiligabend hatte der seit Wochen peinigende Regen aufgehört, der die Gräben durchgeschwemmt und das Schlachtfeld zu einer einzigen Schlammwüste gemacht hatte. Es klarte auf, die Temperaturen fielen unter den Gefrierpunkt, die Soldaten konnten sich endlich wieder leichter bewegen, die Kälte fror die vielen Leichname ein, deren süßlich dumpfer Verwesungsgeruch bis dahin in jeden Winkel gekrochen war. Am Abend stellten die Deutschen kleine Christbäume auf die Wälle, schmückten sie mit Kerzen und sangen Weihnachtslieder, wo sie es vermochten auch auf Englisch und Französisch.

Dann am nächsten Morgen geschah das für die Offiziere auf beiden Seiten Entsetzliche. Der Nebel hob sich, die vom Raureif überzuckerten Weihnachtsbäume erstrahlten in der seit Wochen vermissten Sonne und sahen wunderschön aus. Die Deutschen blinzelten zu den Franzosen und Briten hinüber, die schauten ihrerseits zu den Boches. Man schrie sich «Merry Christmas», «Bonne Noël» und «Frohe Weihnachten» zu.

Dann mit einem Mal Gelächter, Freudenrufe, als Hunderttausende Männer ganz fest glaubten, dass die Feuerstille echt war und halten würde. Die Ersten stiegen aus den Gräben, diesmal ohne Sturmgewehr und Handgranaten, winkten zögernd, und bald wurden es immer mehr: Man musste die Gelegenheit nutzen, um die in abscheulichen Massen über das sogenannte Niemandsland verteilten Leichen endlich zu bergen. So verließen immer mehr Soldaten von beiden Seiten die Stellungen, sie begegneten sich, reichten sich – über die Leichname ihrer toten Kameraden hinweg – die Hände und begannen, sich gegenseitig zu beschenken, mit Schokolade und natürlich und in der Hauptsache mit Zigaretten.

Das christliche Fest der Liebe hatten die Kämpfer wörtlich genommen und ihren Kommandanten damit einen größeren Schrecken eingejagt, als es das Scheitern des deutschen Vorstoßes an die Marne oder die miserabel angelaufene französische Offensive im Artois und in der Champagne vermocht hatten. Dort etwa waren an einem Tag achttausend französische Soldaten getötet worden, weil ihr Angriff ohne ausreichende Artillerie vorgetragen wurde und damit wirkungslos gewesen war. Ein Planungsfehler. Aber jener bittere Verlust so vieler Männer war für die Befehlshaber immer noch leichter zu ertragen gewesen, als dieses groteske Schauspiel der allgemeinen Weihnachtsverbrüderung.

Solche Nähe zwischen ihrem Menschenmaterial durfte sich niemals mehr wiederholen, darin waren sich die Generäle beider Seiten einig, und um das ein für alle Mal zu regeln, erging die strikte Anordnung, jeden, der noch einmal freundschaftlich die Nähe des Feindes suchen würde, sofort zu exekutieren. Zum gegenseitigen Massakrieren durfte man natürlich weiterhin Feindkontakt haben.

Über seine Erlebnisse an diesem denkwürdigen 25. Dezember 1914 schrieb der wegen ehrenhafter Verwundung bei der Bombardierung von Bône durch die BRESLAU beförderte Lucien Camus den zweiten der eindrücklichen Briefe, die sein Sohn Albert später als *Briefe eines Toten an eine Taube* herausbringen sollte. Unter größtmöglichem Einsatz gestischer und mimischer Mittel wurde jeder dieser Briefe vom Onkel, dem Bruder der tauben Mutter am Küchentisch der Familie im sonnigen Algier vorgelesen oder besser vorgetragen.

Nachdem Lucien bei der Einschiffung verletzt und bis zur Genesung zurückgestellt worden war, wurde das Zuavenregiment, dem er angehörte, in der ersten Marneschlacht nahezu vollständig vernichtet. Wer nicht direkt im Feld sein Leben ließ, hauchte es später in den Lazaretten aus. Sein so gefürchteter wie geliebter Capitaine etwa war im September, nachdem er ein Dutzend Granatsplitter abbekommen hatte, auf einer Moribundenpritsche gestorben.

Die drei Überlebenden der Kompanie waren verteilt, er selbst – seiner Zuavenuniform entledigt – in eine gewöhnliche Heereskompanie eingegliedert worden. Unter anderen Umständen hätte das den Algerier vielleicht mit Stolz erfüllt, so aber litt er unter der absurden Vorstellung, dass die anderen Zuaven für ihn gestorben seien, dass er selber eigentlich tot wäre und nur durch eine unwahrscheinliche Begebenheit überlebt hätte und nun unbemerkt als Toter zwischen den anderen wandelte, die wohl auch bald tot sein würden.

An jenem 25. Dezember wurde Camus Augenzeuge eines Fußballspiels zwischen elf Freunden aus seiner Kompanie und elf Bayern aus der sechsten Armee. Möglich wurde es, weil die im Ganzen schlecht arbeitende, aber im Einzelnen zu erstaunlichem Einfallsreichtum fähige französische Heeresleitung auf die Idee gekommen war, Fußbälle an die Fronttruppen auszugeben. Man hatte festgestellt, dass die Männer, wenn sie ihren Blick auf das hin und her gekickte Leder richteten, nicht nur schneller und mutiger nach vorne stürmten, sondern auch eine Unvorhersehbarkeit in ihre Bewegungen kam, die es den deutschen Schützen erschwerte, sie zu treffen. Auch war der Fußballsport seit einiger Zeit in Frankreich weitverbreitet, viele der Männer spielten in Vereinen und erinnerten sich so an glücklichere Tage in ihrer Heimat.

Wiewohl man ohne Schiedsrichter spielte, verlief die Partie mit dem französischen Ball äußerst fair. Camus war von dem korrekt in zwei Spielzeiten mit Seitenwechsel und Pause durchgeführten Spiel ebenso fasziniert, wie es die übrigen Zuschauer gewesen sein mussten, die so zahlreich und dicht standen, dass sie die nicht vorhandenen Seitenlinien ersetzten und eine Arena aus anfeuernden und aufstöhnenden Männern bildeten. Franzosen neben Bayern. Einer der Bayern-Spieler, ein großgewachsener, ungeschlacht und fast monströs wirkender Mann von Mitte vierzig, der in der Verteidigung spielte, erregte die besondere Aufmerksamkeit der Zuschauer, als er den Alleingang eines drahtigen Franzosen stoppte, indem er ihn ansatzlos mit seiner selbst auf einige Entfernung gruselig zu nennenden Erscheinung derart erschreckte, dass der Mann aus Lille erst die Fassung und dann sofort den Ball verlor.

So schrieb Camus das an seine Catherine. Es war, als wäre einer der gerade noch tot herumliegenden Kameraden, die man vorher vom Spielfeld geschafft hatte, wieder zum Leben erwacht, «un spectre spectaculair», ein wandelnder Toter. Und nach dem Sekündchen echten Schreckens, der sie alle mit seinem kalten Flügel gestreift habe, sei eine ungeheure Erleichterung und heilsame Verwunderung über sie gekommen.

Das sei ein Erlebnis gewesen, über dessen verschiedenste Aspekte, natürlich auch den ärgerlichsten, fußballerischen, denn die Bayern hatten knapp mit 1:0 gewonnen, immer noch geredet werde. Unvorstellbar, nun wieder auf jenen Gruselbayern schießen zu müssen, der sich später bei der Verabschiedung als leutseliger Gemütsmensch herausgestellt habe.

Doch sorgten die von den Generälen zusammengeschissenen Offiziere schon dafür, dass man sich von nun an am besten nicht mehr in die Gesichter sah. Sie verdeutlichten ihren Leuten, sie sollten überhaupt nur noch den Brustkorb anvisieren, da sei die Chance zu treffen am größten.

Lucien Camus sollte Ignaz Brunner, den Geisternazi, ein gutes Jahr später wiedersehen – ein Moment des Schreckens und der Freude. Die Macht des Schicksals war bereits am Werk und hatte eine Maschinerie in Gang gesetzt, die sie zueinander führte. Der Ort dieser künftigen Begegnung hieß: Verdun.

13

Die Afghanistan-Expedition des Sultans von Deutschland erreichte ein paar Tage nach Weihnachten den Euphrat, der sich schlammbraun und breit wie ein biblisches Exempel hinstreckte. Sie fanden die steinerne Schiffsbrücke; sie war alt, doch begehbar.

«Damit haben wir Kleinasien hinter uns gelassen», rief Zickler euphorisch nach ihrer Überquerung.

«Jetzt sind wir im richtigen Asien?», fragte Stichnote. Zickler nickte, und Gilbert-Khan dankte Gott für die auf dem bisherigen Weg erwiesenen Wohltaten.

Jenseits des Stroms gerieten sie in ein Netz aus Kanälen und Dämmen, von denen einige in Betrieb, andere aber nur noch Ruinen waren, zerstört von den Mongolen und nie wieder aufgebaut. Niedermayer, der seine Karawane nun dicht beieinander hielt, indem er vorne an der Spitze das Tempo drosselte, verbrachte viel Zeit damit, den Zustand der zahllosen kleineren und größeren Brücken zu prüfen, und mehrmals ließ er den ganzen Tross wieder umkehren, um nach einem anderen Übergang zu suchen. Wie in einem Labyrinth gingen sie vor, zurück, im Zickzack und holten sich Rat bei den Fellachen, die ihnen bereitwillig Auskunft gaben, aber manchmal selbst kaum mehr als ihre zwei, drei kleinen Felder kannten.

Stichnote war erleichtert, dass der Regen jetzt endgültig aufgehört hatte. An jeder neuen Brücke ließ er die Funkabteilung absteigen, die schwerer beladenen Ochsenkarren so gut es ging halb entladen, diese im Schneckentempo über die Brücke ziehen, um schließlich das zurückgelassene Gepäck nachzuholen. Es war mühsam, aber immer wieder bröckelte es, wenn der Karren mit dem Stromgenerator, den er stets zuerst fahren ließ, die aus Stein gemauerten, selten nur mit Holz verstärkten Konstruktionen überwand.

Endlich tauchten in der Sonne glänzende Kuppeln großer Moscheen auf. Zickler war der erste der Funkabteilung, der sie sah.

«Bagdad», seine Stimme überschlug sich vor Glück. «Bagdad! Da vorne.»

«Alhamdulillah», rief Gilbert-Khan.

Doch die kurdischen Treiber schüttelten ihre Köpfe.

«Sie sagen, das sei noch nicht Bagdad, sondern Kasimen. Ein heiliger Ort, der viele Besucher kennt.»

«Ein Wallfahrtsort?» Erdöl nickte.

«Aber Bagdad liegt nicht weit davon.»

Dies war auch der Fall, denn wenig später sahen sie den langgezogenen dunklen Streifen einer ungeheuren Stadt am Horizont auftauchen. Mit dieser seit so vielen Wochen ersehnten Erscheinung der palmenreichen Kalifenstadt kamen sie jedoch erst einmal in das völlig verschlammte Gebiet der jüngsten Überschwemmung.

Ein Ochsenkarren der Gruppe Morlock, mit einem Maschinengewehr, Munition und Medikamenten beladen, kippte um, und da Niedermayer bis zum Erreichen des Tigris die Karawane unbedingt zusammenhalten wollte, ordnete er eine allgemeine Pause an. Bis sie den Wagen entladen, wieder aufgerichtet und die gebrochene Achse repariert hatten, verbrachten Morlock und etliche seiner Leute Stunden, bis zu den Knien im Dreck stehend. Dabei gellte die hohe Stimme des Offiziers: «Schiebt doch endlich, schiebt, ihr Pissköppe!»

Stichnote stand in der Nähe des Unfallorts und machte sich zum ersten Mal ernsthafte Sorgen, was die Logistik der Funkabteilung betraf. Sein auf vier Wagen verteiltes Funkgerät, speziell der Generator, das schwerste Gepäckstück der gesamten Expedition, war um einiges empfindlicher als ein Maschinengewehr, von den Vakuum-Glasröhren ganz zu schweigen. Knapp tausend Kilometer hatten sie mittlerweile zurückgelegt, doch mehr als dreitausend lagen vor ihnen, und wenn er Niedermayers Andeutungen richtig verstanden hatte, dann würde das Gelände nicht einfacher werden, sondern schwieriger. Nach zwei Stunden ging es weiter.

Die bislang so einsame Straße, die sie entlanggezogen waren, wurde mit einem Mal belebter. Eine Gruppe Beduinen auf Araberpferden sprengte ihnen mit hüpfenden Flinten auf ihren Rücken entgegen.

Die Reiter wichen der Expedition erst im letzten Moment aus und konnten es nicht lassen, ein paar Schüsse in die Luft abzugeben, die die orientunkundigen Offiziere an die Pistolenhalfter greifen ließen, was Niedermayer aber sofort untersagte.

«Ein Beduine, der sich so präsentiert, greift nicht an», belehrte er seine Leute. «Beduinen kämpfen nur aus dem Hinterhalt und meistens bei Nacht, also keine Sorge. Das ist nur Theater.»

«Servas, des ist wirklich beruhigend», gab Seiler zurück, «dass die nur aus dem Hinterhalt angreifen, des ist wirklich guad.»

Fellachen trotteten barfuß ihren Lehmziegelhütten zu und schwatzten wie die Mädchen auf einer Dorfkirmes, die qualmenden Stummel selbstgedrehter Zigaretten in den Mundwinkeln.

Und dann sahen sie eine Gruppe tiefernst dreinblickender schwarzgekleideter Männer, die auf einer nach Süden verlaufenden Dammstraße dahinzogen. Quer aufgebunden auf dem Rücken eines Maultiers schwankte ein in Tücher gewickelter großer, länglicher Gegenstand. Ein Leichnam. Stichnote musste schlucken, er dachte an den in weißes Leinen eingenähten Freund, den die Wasser der Straße von Messina aufgenommen hatten. Eibo.

«Schiiten», murmelte Erdöl und wies respektvoll mit dem Kopf auf die Leiche hin, die nun, von den schweigenden schwarzen Gestalten begleitet, an ihnen vorüberzog.

«Das muss die Straße nach Kerbala sein. Dort heiligstes Heiligtum der Schiiten! Für ... Bestattungen die beste Gegend.»

«Wieso liegt dieses Heiligtum nicht in Persien?», fragte Stichnote.

«Weil die Schlacht von Kerbala nichts von diesen Dingen gewusst hat. Auch wir Aleviten», hier senkte Erdöl den Blick, «gründen uns von dort her. Kerbala. Der Edle Kalif Hussein wurde dort verraten und getötet.»

Er sagte dies leise und blickte grimmig auf den weiter vorne auf seinem Maultier sitzenden Gilbert-Khan, der gleichsam spürte, dass man über ihn sprach, und sich freundlich lächelnd zu ihnen umdrehte.

Sie zogen über die Dammstraße hinweg, kleine Häuser aus Lehmziegeln begannen, die Landstraße zu säumen, die langsam zu einer Gasse wurde. Bald zogen sie an größeren gelben Backsteinhäusern vorbei, eine Kaffeebude nach der anderen tauchte auf, an denen überall Männer saßen, überhaupt nur Männer mit ihren blauweißen Kopftüchern, die ihnen bis auf die Schultern reichten.

«Balek, balek!», schrien persische Lastträger, sich schlangengleich einen Weg an Sitzenden und Kaffeetrinkern vorbei bahnend, die sich faul an die Hauswände drückten.

«Ist das nun schon Bagdad?», fragte Stichnote, aber keiner war sich ganz sicher.

Dann machte sich die Meldung breit, man sei in einem Vorort namens Mahali. Am Ufer des Tigris, wo schwarze Büffel Karren zogen und sich Esel und Kamele darum stritten, wer lauter zu schreien vermochte, endete die Karawane.

Niedermayer kam angerannt.

«Wir müssen uns beeilen, auf die andere Seite überzusetzen, also los. Laden Sie alles ab. Und schnell.»

Niedermayer und Jakob entlohnten unterdessen die kurdischen Treiber, scharf beobachtet von zahllosen Männern, denen die prall mit Gold gefüllten Säcke der Deutschen nicht entgangen waren. Aber natürlich sahen diese auch, dass fast jeder von ihnen eine Schusswaffe trug.

«Jesus Maria steh uns bei», rief Stichnote, als er begriff, mit welchen Transportmitteln ihr Gepäck ans Ostufer des Tigris geschafft werden sollte. «Der Herr Oberleutnant meinen das als Scherz?» Er hatte das Funkgerät nicht tausend Kilometer durch den elenden kleinasiatischen Regen geschleppt, um zuzusehen, wie es mitsamt einem dieser wie überdimensionierte Bowleschüsseln wirkenden schwarz glänzenden Binsenkörbe in den Fluten des Tigris versank. Niedermayer amüsierte sich über Stichnotes zornigen Gesichtsausdruck. Sorgt sich ums Material der Mann, dachte er. Muss man akzeptieren.

«Ich wundere mich, Herr Funkentelegraphiemeister Stichnote. Als Deckoffizier der Kaiserlichen Marine sollten Sie die Gesetze der Wasserverdrängung kennen.»

«Bei allem Respekt, hier sind doch überall Dampfer unterwegs. Gibt es denn keinen, mit dem wir zumindest den Generator sicher rüberbringen können? Mir ist nicht wohl. Sehen Sie nur ...»

Schwankend hatte eine der Guffas vom Steg abgelegt, die tatsächlich nichts anderes als ein großer Binsenkorb war, in ihr ein paar Kisten mit eingebranntem Reichsadler und zwei ihrer Männer, die unsicheren Blicks in der Mitte des Gefährts saßen. Das Ding lag keinen Kopfbreit über dem Wasser, als die beiden arabischen Gondolieri mit ihren langen stakigen Rudern äußerst flink zu arbeiten begannen. Daraufhin fing die Guffa augenblicklich an, sich in der enormen Strömung des Tigris wie ein Kreisel zu drehen. Sie kamen vorwärts, erstaunlich genug, aber es sah zum Fürchten aus. Und schon legte der nächste Korb ab, in dem sich Seiler, drei seiner Männer und weiteres Gepäck befanden.

«Mit diesen Booten überqueren die Menschen hierzulande den Tigris seit Jahrtausenden.»

«Mag sein, aber vermutlich waren eher selten Stromgeneratoren dabei.»

Niedermayer lachte.

«Nun, dann werden Sie eben der Erste sein, der so eine neuzeitliche Wundermaschine mit einer Guffa über den Tigris bringt. Es gibt keine Alternative. Die Schiffsbrücken sind wegen des hohen Wasserstandes auseinandergefahren, und die Fährdampfer verkehren nur mit der Strömung oder gegen sie, nicht quer. Sie würden einfach abgetrieben werden. Die Guffas gleichen die Strömung durch ihre Drehung aus.

Wenn ein Fährmann den Generator annimmt, dann können wir ihm bedenkenlos vertrauen.»

Es war Stichnote nicht wohl bei der Sache, doch nach einer Weile in dem Gefährt wurde er ruhiger. Die Guffa mit dem Generator lag sicher, wenn auch tief im Wasser. Er sah den Fährleuten zu, wie sie gemächlich und doch kraftvoll ins Wasser stakten und die Drehung des Gefährts mit kleinen Schritten ihrer nackten Füße ausglichen, sodass sie selbst an derselben Stelle blieben, während ihre Passagiere langsam kreisten.

«Ditte is ja wie im Mai inne Hasenheide hier», murmelte Palinke, der eine leicht grünliche Gesichtsfarbe angenommen hatte.

«Jetzt wär'n Schluck aus der Pulle recht», kommentierte der gleichfalls angeschlagene Schmitt, der andere Funker. Aber Cognac und Whisky standen nicht zur Verfügung. Also schluckten sie ihren Speichel und hofften, dass sie es bis zum anderen Ufer aushielten. Die Seemänner Stichnote und Erdöl lächelten mitleidig.

14

Das unmittelbar am Tigrisufer neben dem deutschen Konsulat liegende Haus, das Konsul Dr. Hesse für die Niedermayer-Truppe angemietet hatte, war sehr in Ordnung, wenn auch etwas kühl, da ohne Heizung, was für Bagdad normal war.

Es hatte einem Nabob gehört, einem reichen Inder, von denen es am Tigris viele gab. Sie verbrachten hier ihren Lebensabend, um von Bagdad aus die Errichtung eines pompösen Grabmals an irgendeiner heiligen Stätte zu betreiben. Vor ein paar Monaten nun war der Nabob in dieses sein letztes Bauwerk umgezogen, es lag in der Nähe des berühmten Grabmals Subedans, der Lieblingsfrau des Kalifen Harun al-Raschid, und die Erben waren froh gewesen, das Haus dem diplomatischen Nachbarn vermieten zu können.

Mit der Unterbringung in diesem palastähnlichen Gebäude, dessen Eingangsbereich von ortsansässigen Kunsthandwerkern und Malern in einer Art Neo-Mogulstil gestaltet worden war, erschöpfte sich das Erfreuliche für Niedermayer und seine Mannschaft in Bagdad allerdings auch schon.

Niemand hatte die Muße, etwa die gelungene großflächige Darstellung der berühmten *Konferenz der Vögel* zu bewundern, die das Treppenhaus zierte und die überlebenden Vögel am Berge Qaf zeigte, wo der Wiedehopf, ihr Führer, ihnen das eigentliche Wesen des Simurghs erläuterte.

Denn der größte Feind Niedermayers und seiner Männer war, wie sich schon ein paar Tage nach Neujahr herausstellte, ausgerechnet Bagdads oberster Soldat, Suleiman Askari, der allmächtige Befehlshaber des mesopotamischen Kriegstheaters, dem die britisch-indischen Truppen an der Basra-Front schwer zu schaffen machten und der nichts, aber auch gar nichts von diesen aus Berlin via Konstantinopel losgeschickten Sendboten des weltweiten Dschihad hielt.

«Hätte Allah gewollt, dass wir gewinnen, weil wir die Gebote einhalten, so hätten wir Tripolis nicht verloren, Lesbos nicht verloren, den Balkan nicht verloren. Hier geht es nicht um Religion, sondern um Truppen, Waffen, Eisenbahnen und Telegraphenleitungen. Haben Sie die?», blaffte der mächtige Mann Niedermayer zwischen Tür und Angel an. Er sprach Türkisch in einem furchterregenden Bassbariton, zu dem er seine gelben Zähne fletschte. Er hatte Niedermayer bei dessen Antrittsbesuch nicht einmal in sein Arbeitszimmer gebeten, sondern fertigte den seit zwei Stunden Wartenden auf seinem Weg zum Mittagessen ab.

Jeder andere hätte einen Generalstabsoffizier, der Briefe des deutschen Kaisers sowie weitere für den Schah von Persien und den Emir von Afghanistan bestimmte Dokumente und Geschenke transportierte, sofort mit Freuden an seinen Tisch geladen.

Niedermayer rang um Fassung und wusste nichts zu erwidern.

Dann zog Askari ab, und der rangniedrigste seiner Adjutanten nannte ihm einen gewissen Mustafa Keynak als Verbindungsoffizier, mit dem sich Niedermayer über alles weitere abzustimmen hätte.

Binbasi Keynak nun war ein trotz der kühlen Temperaturen schwitzender Fettsack mit derangierter Uniform und blauschattigen Wangen und der lebende Gegenbeweis zu der bei vielen Völkern kursierenden Annahme, Dicke seien gemütlich und umgänglich. Er reichte Niedermayer zwar Tee, das ja, dann aber brachte er die Lage klar auf den Punkt: Bagdad zeige sich nicht bereit, einen weiteren Vormarsch der Expedition Richtung Persien zuzulassen, geschweige denn, ihn zu unterstützen. Persien sei seit November neutral.

Die Tausenden von Russen, die in Persiens Norden, und die Tausenden von Briten, die in Persiens Süden standen, zeigten doch, wie viel von dieser Neutralität zu halten sei, meinte Niedermayer, aber dieses Argument wischte der dicke Major mit einer Bewegung seiner schweißglänzenden Hand fort, als empfände er es als Vorwurf, dass das Osmanische Reich nicht auch schon Truppen auf persischem Territorium stehen hätte.

Als Niedermayer dann nach dem doch immerhin existierenden türkischen Teil der Expedition fragte, nach Kapitän Reuf Bey und seiner Truppe, erhielt er die Auskunft, Reuf Bey sei noch gar nicht in Bagdad angekommen, was er als dreiste Lüge erkannte, ohne irgendetwas dagegen vorbringen zu können.

Ein paar Tage später dagegen hieß es, Reuf Bey – offiziell ja auch Niedermayer übergeordnet – sei jetzt doch schon vorausgezogen und stehe im Augenblick kurz vor der persischen Grenze, könne diese aber aus taktischen Gründen nicht überschreiten.

Niedermayer folgerte, dass man Reuf Bey schlicht einen Vorsprung geben wollte, und als er zu wissen verlangte, wie man sich das weitere gemeinsame Vorgehen gedacht habe, stieß er auf nichts als pikiertes Schweigen.

Niedermayer war das eigentlich nicht unrecht: Er würde alleine womöglich besser klarkommen, als mit einer riesigen Schwadron osmanischer Infanterie im Rücken, denn natürlich traute Persien dem Osmanischen Reich nicht über den Weg. Allerdings würde er die Logistik seiner Ausrüstung ganz anders planen müssen.

In diese Richtung zielten bald auch schon die bohrenden Fragen des dicken Majors. Niedermayer gab alles an, was sie dabei hatten, von den Haubitzen über die Maschinengewehre bis hin zur Munitionierung. Bei der transportablen Funkenanlage zögerte er, sie war ein Prestigeobjekt und unerlässlich für ihre weiteren Ziele. Er dachte kurz an das Bahai-Grundgebot der Ehrlichkeit, entschied sich dann aber, die Funkenanlage zu verschweigen.

Als er schließlich fragte, wozu man das überhaupt so genau zu wissen wünsche, gab ihm der Major mit einem feisten, dennoch eisigen Lächeln zur Antwort, dass die osmanische Armee, die sich im Kaukasus gegen den Zaren, am Golf und in Ägypten gegen die Briten zu bewähren habe, unter Materialmangel leide. Inmitten süßlichen Schweißgeruchs tauschten die beiden Männer vielsagende Blicke aus.

In den Wochen nach ihrer Ankunft dachte er fast täglich darüber nach, die ganze Aktion abzubrechen und an die Westfront zurückzukehren. Dann erfuhr er durch ein Telegramm, dass Vizekonsul Wassmuss' Gruppe in Südpersien von einem englischen Einsatzkommando überfallen und zersprengt worden war. Die Codebücher, die Wassmuss bei sich geführt hatte, waren in die Hände der Feinde gefallen. Der Vizekonsul selbst hatte sich leicht verletzt nach Schiras durchgeschlagen, von dessen deutschem Konsulat er sein Telegramm abgeschickt hatte. Die letzte Zeile lautete:

Entdeckung unerklärlich. Vermute Verrat.

Selbst wenn Wassmuss damit nicht recht haben sollte und sein Zusammenstoß mit den Briten auf einem Zufall beruhte: Der Vorfall war beunruhigend. War es doch nicht klar, ob die Engländer womöglich einen von Wassmuss' Männern gefangen, verhört und dabei noch mehr über die Hauptunternehmung Richtung Afghanistan erfahren hatten.

Es war zum Verzweifeln, zum Davonlaufen, aber die Vorstellung, dass er, Oskar Niedermayer, sich auf das Konsulat begeben würde, um ein Abberufungsgesuch zu stellen, brachte ihn stets wieder zur Besinnung.

Nachts befiel den Oberleutnant seine verzweifelte Sehnsucht nach dem heiligen Persien, dem sie nun schon so nahe gekommen waren und das von Tag zu Tag ferner zu rücken schien.

Dann kam der Morgen des 10. Februar 1915. Tags zuvor war es recht sonnig gewesen, doch in der Nacht hatte es noch einmal Frost gegeben, und die Pfützen auf Bagdads Gassen hatten sich mit zartrissigen Scheiben mesopotamischen Eises überzogen.

Es war noch dunkel, weit vor Sonnenaufgang, als Niedermayer von dem Geräusch eines Truppentransporters geweckt wurde, der den Tigris hinabdampfte, um ein kurdisches Regiment an die Basra-Front zu bringen. Er war aus einem Traum erwacht: er, der Traum-Niedermayer, hatte versucht, einen tiefen und kalten Brunnen hinaufzuklettern. Seine Fingernägel krallten sich in uraltes, bröselndes Mauerwerk. Zentimeter für Zentimeter kam er voran. Endlich sah er sich dem Licht näher kommen, er griff beherzter zu, doch dann rieselte es ihm entgegen, er fasste nach, ein Stein des Traumgemäuers löste sich, Niedermayer verlor den Halt, kippte nach hinten und in dem Entsetzen, das ihn augenblicklich erfasste, da er in die kühle Dunkelheit stürzen würde, fiel ihm ein, dass der Brunnen keinen Boden besaß und dass er nun zwar fallen, aber niemals aufschlagen würde. Mit der Klarheit dieser Erkenntnis, die grenzenlose Erleichterung, ja Erlösung bedeutete, erwachte er.

Das Rumoren des Dampfers drang von ferne durch den dunklen Raum. Sein Bettzeug fühlte sich steif an. Er blinzelte, vermochte sich in allen Einzelheiten zu erinnern, stand auf und fühlte sich am ganzen leicht frierenden Körper von der glücksspendenden Substanz des Traums umwoben. Er sprach das Morgengebet, das Haupt Richtung Akkon gewendet, wie man es Baha'ullah zuliebe tat, und als er, den letzten Formeln des Kitab-i-Aqdas folgend, an seine Fehler und Schwächen dachte – seinen Ehrgeiz, seinen Hochmut, seinen Jähzorn und den Genuss von Alkohol, den er am wenigsten schlimm empfand –, erhob er sich voller Zuversicht.

Wollte er das ganze Unternehmen nicht vollends gefährden, mussten er und seine Leute sich aus der trägen Umklammerung des Nabobpalasts und seiner somnambulen Stimmung befreien und wieder in die Offensive gehen. Und dazu hatte er nun einen Plan im Kopf. Der Traum hatte ihn inspiriert.

Der Plan war nicht besonders kompliziert und trug der Faktenlage Rechnung. Die Türken hier in Bagdad waren so unfreundlich zu ihnen, weil sie in einem ihnen untertanen Land mit schlechter Infrastruktur saßen, Mesopotamien, wo es außerhalb ihrer Kasernen nur Araber, Kurden, Armenier und Perser gab, die ihnen nicht wohlgesonnen waren. Gleichzeitig mussten sie gegen das Britische Empire kämpfen, das seine Truppen über den Seeweg versorgte. Es war nur eine Frage der Zeit, bis sie ins Hintertreffen gerieten. Die Nachrichten aus Basra waren jetzt schon übel genug. Worunter litten die Türken am meisten? An Materialmangel. Er, Niedermayer, hatte Material, Geschütze und Maschinengewehre. Er würde ihnen alles geben. Nur die transportable Funkanlage nicht.

Also würde er die unersetzliche Funkgruppe mit Deckoffizier Stichnote sowie die Abteilung seines besten Reiters Leutnant Seiler herauslösen und verdeckt, und ohne jemanden zu fragen, vorausschicken, in der Hoffnung, dass die Männer die Herausforderungen bestünden. Aber Stichnote und Seiler waren verlässliche Soldaten. Erdöl und Prinz Khan sprachen Arabisch und Persisch. Sie würden nach Isfahan ziehen, um dort auf den Rest des Haupttrosses zu warten. Vielleicht könnte der Schweizer Waffenhändler bei der Tarnung helfen und formell als Anführer fungieren, immerhin hatte der seine Akkreditierung von Enver Pascha persönlich.

In der Zwischenzeit bekämen die Türken häppchenweise das ganze übrige Material, und nicht nur das, seine verbliebenen Offiziere würden den Türken ab sofort für Hilfsdienste aller Art zur Verfügung stehen. Das gäbe ihm und Jakob Gelegenheit, in aller Ruhe Tiere und Ausrüstung für die Weiterreise zu kaufen, Geldmittel hatten sie ja genug. Sobald Suleiman Askari und dieser ekelhafte Kaynak das Gefühl hätten, alles aus ihnen herausgepresst zu haben, würden sie ihnen wohl nicht weiter im Wege stehen.

Niedermayers Plan steckte zweifellos voller bitterer Pillen und Hindernisse. Aber zu verlieren war da nichts, nur zu gewinnen.

15

Auch Funkentelegraphiemeister und Deckoffizier Stichnote, zwei Stockwerke über Niedermayer, war früh wach an diesem Morgen, aber das hatte weder mit dem Dampfer noch mit bedeutungsvollen Träumen zu tun, sondern mit dem leidigen Stockzahn bzw. dem, was von ihm noch übrig war. Stichnote war sich darüber nicht so im Klaren, denn einerseits, das hatte seine unerschrocken forschende Zunge festgestellt, hatte die Karies mittlerweile ein beachtliches schrundiges Loch gegraben; andererseits musste immer noch viel Substanz übrig sein, gemessen an dem Schmerz, den ihm dieser, wie mutwillig aus der fröhlichen Gemeinschaft seines seit bald dreiundzwanzig Jahren existierenden Körpers ausgetretene Sonderling, bereitete.

Noch verging der Schmerz nach einer gewissen Weile wieder. Aber dem Funker fiel auf, dass sich die Intervalle bedrohlich veränderten. Die Schmerzamplituden wurden länger, und sie kamen häufiger, ohne dass er etwas gegessen oder getrunken hatte, ja sogar im Schlaf.

Ganz schlimm waren Süßigkeiten und Heißes. Süßer heißer Tee, wie man ihn hier in Bagdad in Mengen trank, war entsprechend besonders übel, und Stichnote mied ihn wie die Pest. Essen konnte er das meiste, wenn er achtgab, aber als am günstigsten hatten sich lauwarme Suppen und lauwarmer Reis herausgestellt, den er ordentlich mit lauwarmem Wasser nachspülte, um die Körnchen, die sich in den Schacht verirrt hatten, wieder herauszuholen.

Als hilfreich hatten sich auch Behandlungen mit Schnaps herausgestellt, weshalb er dazu übergegangen war, mit Raki zu gurgeln. Den Raki besorgte sein treuer Faruk Erdöl gegen Barzahlung in einer der Kasernen, und Stichnote füllte ihn in den Flachmann, der ihm als Erinnerung an den verschollenen Ingenieuranwärter Thomas Kasten geblieben war. Jedes Mal, wenn er das aus feinem erzgebirglerischem Silber gefertigte Stück zur Hand nahm, dachte er an ihn und an die so fern gerückte Zeit auf der BRESLAU. Ja, manchmal hatte er richtig Heimweh nach der See, eine Sehnsucht nach dem offenen Meer, die nur ein Seemann verstand.

Es mochte sein, dass Stichnote den Gurgelraki das ein oder andere Mal dann auch noch schluckte, aber gewiss nicht immer und nur, weil der geschluckte Schnaps das Zahnweh noch ein wenig mehr linderte als der lediglich gegurgelte. Gegenüber Niedermayer, der sich unentwegt um die Verfassung seiner Leute sorgte, gab er mundhygienische Gründe an, denn ihm war bewusst, dass er des Öfteren eine Fahne hatte. Mit keinem Wort erwähnte er den Zahn, nicht einmal sich selbst gegenüber, er dachte nicht einmal «Zahn», sondern umriss den schmerzenden Bösewicht mit halbatavistischen wortlosen Empfindungsformeln, wie sie Kinder benutzen, wenn der Schwarze Mann genannt wird, hinter dem sich Unsagbares verbirgt.

Er erwachte also mit unangenehmen Empfindungen, rief die heilige Apollonia, die Nothelferin für das Zahnweh, an – bislang hatte sie ihm früher oder später geholfen –, hörte den Dampfer vorüberfahren, und während er mit Raki gurgelte, blickte er aus dem Fenster und sah dem fernen Schemen des mächtig vor sich hinrauchenden Gefährts nach, das mit frischen Truppen nach Süden fuhr. Unter den Stabsoffizieren, von denen sich niemand erklären konnte, wieso sie seit über einem Monat hier festsaßen, fiel immer wieder die Vermutung, dass auch sie eines Morgens auf einem dieser Truppentransporter erwachen würden.

Die einen nahmen dies gelassen, die anderen äußerten sogar eine gewisse Freude, sollte es doch so kommen, denn man sei ja nicht zum endlosen Karten- und Schachspielen hierhergekommen, sondern um den Krieg zu gewinnen. Aber Stichnote, dem seine Kriegserlebnisse auf der BRESLAU vollauf genügten und der sich bei heimlichen Studien am Tableau des Großen Spiels mit jener weltgeschichtlich bedeutenden Gegend am Hindukusch vertraut gemacht hatte, hörte solche Mutmaßungen mit Sorge. Schließlich wollte er am 1. Juni um Mittag am Tower in London stehen, um sich mit seiner Arjona zu treffen. Er hätte mit ihr auch eine Verabredung auf dem Mars machen können, er wäre ebenso überzeugt davon gewesen, es dorthin zu schaffen. Nur an die Basra-Front wollte er nicht.

Der Zahnschmerz verschwand, und Stichnote dachte, dass dieses herrliche Verschwinden des Schmerzes so schön war, so erleichternd und stärkend, dass ihn fast schon wieder Sympathie mit dem Verursacher, dem schwarzen Zahn, verband.

Er wusch sich mit dem Rest Wasser in seiner Schüssel, zog sich an und trat auf den Flur, da sie es sich so eingerichtet hatten, dass das gemeinsame Frühstück bei Erdöl im Zimmer aufgedeckt wurde.

«Moin.» Er blickte sich um, setzte sich.

«Wo sind denn der Prinz und Herr Zickler, haben die schon gefrühstückt?», fragte er, einen deutlich abgekühlten Tee schlürfend und an einem Fladenbrot nagend, das er mit den Vorderzähnen derart zermalmte, dass der daraus entstehende Brei ohne Gefahr an dem Feind in seinem Mund vorbeigeschleust werden konnte. Um Genuss ging es ihm beim Essen schon lange nicht mehr.

«Der Prinz und sein Freund sind wie immer in die Moschee gegangen, welche drei Straßen weiter liegt. Adolph hat angenommen.»

«Was hat er angenommen?»

«Islam. Vor drei Tagen hat er bekräftigt.»

«Bekräftigt?»

«Er hat die Formel gesprochen, fünf Mal, dass es nur den einen Gott gibt und nur den einen Propheten. Mohammed, gepriesen sei sein Name.» Erdöl, der sein Gebet schon vor einer Stunde absolviert hatte, blickte auf den Saum des Teppichs, auf dem sie saßen.

«Das wusste ich nicht.» Stichnote, der sich selbst für den Islam interessierte, fühlte sich etwas überrumpelt und wunderte sich nun doch, dass Zickler ihn nicht ins Vertrauen gezogen hatte. Bislang hatte er Zicklers wahre Identität für sich behalten und niemandem, nicht einmal Erdöl, erzählt, dass der Schweizer eigentlich Journalist und kein Waffenhändler war.

«Beide verlassen zusammen vor Sonnenaufgang das Haus. Doch sie kommen nie zusammen zurück», setzte Erdöl vieldeutig hinzu.

«Verstehe. Gib mir doch bitte noch mal Tee, aber nicht so voll gießen, damit ich kaltes Wasser nachschütten kann.»

«Es gibt einen französischen Zahnarzt, nicht weit von uns, Chef.»

«Es geht schon. Danke. Aber du hast natürlich recht. Ich gehe, sobald ich Luft habe.»

Erdöl erwiderte nichts, sondern kümmerte sich um den Samowar. Das mit der Luft hatte Stichnote schon ein paarmal gesagt, und es stimmte ja auch: Jeden Vormittag ging der Funkmeister mit den beiden Berliner Heeresfunkern ins gegenüberliegende Gebäude des deutschen Konsulats, um an ihrem transportablen Funkentelegraphen Morseübungen zu machen, Schnelldiktate, Ver- und Entschlüsselung von Texten oder anderes, das man im weitesten Sinne einer kaiserlichen Funkabteilung auf geheimer Mission als angemessen empfinden konnte. Selber senden durften sie nicht, sonst hätte man sie orten können, aber das Abhören von fernen Funkentelegraphiestationen konnte zur Einweisung dienen. So bekamen sie einiges von dem mit, was in der Welt vor sich ging – die Westfront blieb erstarrt, aber in Mesopotamien waren die Briten auf dem Vormarsch.

Andere Offiziere hatten sich Pferde besorgt, die irgendwo weit draußen in einer Vorstadt standen. Jeden Tag gingen sie mitsamt ihren Mannschaften dorthin und bewegten die Tiere. Sie waren alle fleißig und diszipliniert, Deutsche eben. Die mit Händen zu greifende Sinnlosigkeit ihres Treibens spielte scheinbar keine Rolle, aber das Ertragen sinnlosen Leerlaufs gehörte ja zu den Hauptkompetenzen jeder guten Armee.

Und tatsächlich wollte Stichnote sich gerade erheben, um die Funker zum Dienst abzuholen, als es so streng klopfte, dass den beiden auf der Stelle klar war, wer da seine Knöchel derart strapazierte: Obergefreiter Jakob.

«Stabssitzung!»

16

Ein paar Tage nachdem Niedermayer seinen Stab darüber in Kenntnis gesetzt hatte, dass die Gruppen von Seiler und Stichnote zusammengelegt würden, um gemeinsam die Funkenanlage nach Isfahan zu bringen und dort eine Etappe aufzubauen, trat in Londons Downing

Street eine Vereinigung zusammen, die erst im November des Vorjahrs ins Leben gerufen worden war. Diese Versammlung hatte die Rechte und Pflichten anderer und viel älterer Gremien übernommen, war ihrem Wesen nach aber neuartig.

Das *War Council* des Britischen Empires arbeitete zwar nach dem Protokoll eines Ministerkabinetts, unterschied sich von diesem aber durch seine freihändig zusammengestellte Mischung wichtigster politischer und militärischer Persönlichkeiten und vor allem durch seine Befugnis, den Krieg zu führen, ohne irgendein anderes Gremium – weder Parlament, noch Kabinett – auch nur in seine Pläne einzuweihen. Außer es beschloss, dies zu tun, und darum ging es heute.

Während ein behagliches Kaminfeuer die letzten Tropfen Londoner Regens auf den Hosenbeinen der anwesenden Herren trocknete, besprachen diese noch einmal die heikelste Entscheidung, die sie bislang getroffen hatten, wohl wissend, dass jedes ihrer Worte protokolliert wurde. Das gab ihren Äußerungen eine für britische Verhältnisse ungewöhnliche Beklommenheit.

Nur einer unter ihnen – ein Politiker, kein Militär – war äußerst guter Dinge, sah er sich doch kurz vor dem größten Triumph seiner bisherigen Laufbahn. Dem Angriff auf die Dardanellen.

Fast jeder hatte ein Glas Sherry oder Whisky vor sich, und wie schon oft bei ihren Sitzungen blickten sie auf eine großzügige Landkarte, auf der Figuren und Spielsteine standen, die militärische Einheiten darstellten. Es war eine Karte des Mittelmeers, und jeder Spielfigur entsprach eine real existierende Einheit, angefüllt mit Menschen und vollgestopft mit Geschützen und Granaten, die so schwer waren, dass kein Mann sie alleine zu heben vermochte, auf Schiffen, deren Maschinenräume glühten und die beste Cardiff-Kohle, vor allem aber persisches Petroleum verfeuerten. Diese Ölfeuerung hatte zwar die Reichweite der Royal Navy erheblich vergrößert, allerdings auch eine Abhängigkeit vom persischen Öl und von der Kontrolle der Verladehäfen am Golf geschaffen, etwa jenem Abadan, von dessen Eroberung deutsch-osmanische Strategen wie Oppenheim und Enver so lange geträumt hatten, bis sie unmöglich geworden war.

Die Umstellung auf Ölfeuerung war die Idee desselben Mannes gewesen, dessen Geschick zur brillanten Formulierung und zum unerbittlichen Austragen von Wortgefechten das War Council zu seiner bisher schwerwiegendsten Entscheidung im aktuellen Kriegsverlauf gebracht hatte. Der Name dieses hochbegabten Literaten, der nicht nur gut schreiben, sondern fast noch glänzender reden konnte, und das, obwohl oder vielleicht gerade weil er Stotterer war, lautete Winston Churchill.

Seine Äußerungen mochten spontan formuliert wirken, aber wegen seiner widerspenstigen Zunge hatte sich der dritte Sohn des Herzogs von Marlborough angewöhnt, alles, was er sagen wollte, zuvor aufzuschreiben und penibel auswendig zu lernen.

Begonnen hatte Churchill als Kollege von Adolph Zickler. Über fünf Kriege des Empires in seinen Kolonialgebieten hatte er geschrieben und war der bestbezahlte Kriegsberichterstatter der Welt gewesen, als er für die Torys einen Sitz im Unterhaus erobern konnte, um kurz danach spektakulär zu den Liberalen zu wechseln.

Inzwischen hatte er es zum Ersten Lord der Admiralität gebracht, also zum Marineminister, und als solcher saß er im War Council neben den Oberkommandierenden, dem Premier, den Ministern des Äußeren und der Finanzen sowie dem Kriegsminister. Diesen Posten hatte Lord Kitchener inne, der vor nicht einmal zwanzig Jahren die sudanesischen Kämpfer des Mahdi mit Maschinengewehrbatterien hatte niedermähen lassen und seitdem den Beinnamen «Held von Karthoum» trug. Kitcheners Meinungen in Fragen der Kriegsführung galten als Gesetz.

Dem nunmehr vierzigjährigen Marineminister, der schon früh öffentlich erklärt hatte, spätestens mit dreiundvierzig Jahren Premierminister sein zu wollen, war es gelungen, den Helden von Karthoum in diskreten Gesprächen von seiner Idee zu überzeugen, trotz widriger Umstände den Angriff auf die Halbinsel Gallipoli zu wagen. Seit Kitchener sich Churchills Meinung zu eigen gemacht hatte, wagte niemand mehr, ihm direkt zu widersprechen.

Nun wärmte er seine Stimmbänder an, indem er sie einen hohen Summton erzeugen ließ. Das tat er immer, bevor er aussprach, was er sich notiert und auswendig gelernt hatte.

«Seit Ypern ist die Westfront erstarrt. Wir müssen keine große Angst mehr haben, dass die Deutschen unsere Linien einfach so durchbrechen, aber wir wissen auch, dass wir und die Franzosen nicht die Kräfte haben, um sie aus Flandern zu vertreiben. Auf dem östlichen Kriegstheater sehen wir die Niederlagen der Österreicher, aber unsere russischen Alliierten haben uns kürzlich dringend um Hilfe gebeten. Sie haben bald keine Munition mehr, was schlimm ist, aber schlimmer noch, dass sie, würden sie doch noch irgendwo ein paar hunderttausend Tonnen Patronen auftreiben, auch keine Eisenbahnen besitzen, um sie an die Front zu schaffen. Enver Pascha hat im Kaukasus dreißigtausend Mann verloren, sie sind ihm erfroren, aber leider hat er dort trotzdem die Oberhand behalten. Ich mag mir nicht vorstellen, was passiert, wenn es ihm im Frühjahr gelingt, weiter nach Norden vorzustoßen.

Ob es noch so lange dauern wird, bis die Österreicher sich in Serbien durchsetzen, wage ich zu bezweifeln. Belgrad war wirklich tapfer, aber die Doppelmonarchie wird bald am Ziel sein. Bulgarien weigert sich, seine Neutralität aufzugeben, doch wissen wir …» – kurze Pause, während der Churchill'sche Summton neuerlich winzige Resonanzwellen auf den Drinks der Gentlemen verursachte –

«… dass Sofia sein Jungfernhäutchen längst dem Kaiser versprochen hat. Die Einzigen, vor denen wir auf dem Balkan erst dann Angst haben müssten, wenn wir schon dabei wären, zu verlieren, sind die

Italiener. Die werden weiter abwarten und sich dann auf die Seite des Gewinners schlagen.»

Wieder machte Churchill eine Pause und wies dann auf die Karte, die zwischen ihnen lag, so wie bei zigtausend Stäben und Kabinetten und Presseleuten und einfachen Bürgern zu Hause in ihren Wohnzimmern. Er schob mit seinen langen, wohlgestalteten Fingern die Schiffsfiguren umher, die sich im östlichen Mittelmeer tummelten, und ließ sie in einer Art navalen Entenmarsch durch die Dardanellen fahren, nach Konstantinopel und den Bosporus hinauf bis ins Schwarze Meer. Was würde daraus folgen?

Die Einnahme der osmanischen Hauptstadt, die – überwiegend aus uralten Holzhäusern bestehend – durch den notwendigen Beschuss brennen würde wie ein Höllenfeuer. Die Herrschaft über das Schwarze Meer, wodurch man die osmanischen Truppen im Kaukasus von der Versorgung durch Schiffstransporte abschneiden und im Gegenzug die Russen mit Rohstoffen und Waffen beliefern könnte. Ohne Zweifel wäre der Krieg damit entschieden.

Kitchener strich sich seinen gewichsten Schnurrbart und schmatzte anerkennend. Niemand sagte ein Wort, aber alle dachten daran, dass der Schönheit dieser Schachkombination nur eines entgegenstand. Die osmanischen Verteidigungsanlagen, die man zuvor durchbrechen musste.

«Wir kennen den Plan, den Admiral Carden vorgelegt hat», sagte nun Asquith, der Premier, ein gutmütiger Mann, der sich insgeheim fragte, ob es damals wirklich so absolut unumgänglich gewesen war, wie man ihm in der Partei erklärt hatte, den Staatssekretär Churchill zum Minister zu machen.

«Machen wir uns nichts vor», stellte der junge Starpolitiker mit unbewegter Miene fest, «die Verluste werden enorm sein, aber der mögliche Gewinn rechtfertigt unseren Einsatz.»

Churchill war ein hochgewachsener, schlanker Mann mit beeindruckender Denkerstirn und schönen dunklen Augen. Er sah jeden seiner Kollegen an, und seine Blicke waren Adlerschwingen, mit denen er sich über sie erhob. Was er jetzt sagte, hatte er beim Frühstück verfasst und auf der Fahrt zur Downing Street memoriert.

«Aber natürlich braucht man nur auf die Natur zu schauen, um zu sehen, welch geringen Wert sie dem Leben beimisst. Dessen Unverletzlichkeit ist eine rein menschliche Idee. Man nehme einen Schmetterling – zwölf Millionen Federn auf seinem Flügel, sechzehntausend Linsen in seinem Auge und für einen Vogel kaum ein Schnabelvoll. Lassen Sie uns Fortuna lachend begegnen, es könnte sie uns geneigt stimmen.»

Alle nickten jetzt und brummten «Yes». Kriegsminister Jackie Fisher war der Einzige, der immer noch daran dachte, dass die ganze Sache schiefgehen könnte. Er hatte in den Wochen zuvor schon mehrfach seinen Rücktritt angeboten, aber Churchill und Kitchener hatten ihn bearbeitet. Nun stimmte Fisher zwar nicht zu – aber er schwieg.

17

Admiral Carden begann seinen Angriff am 19. Februar um halb acht Uhr morgens, wie sich das für einen britischen Gentleman zur See gehörte. Seine Flotte, ergänzt durch eine französische Flottille und einen Leichten Kreuzer, den die Russen noch hatten schicken können, verfügte über zweihundertfünfzig mittlere und große Geschütze. Die Osmanen hatten auf den äußeren Festungsabschnitten neunzehn Geschütze und nur vier von diesen mit größerer Reichweite. Mit diesen erwiderten sie um kurz nach halb acht das Feuer.

Vom ersten Moment, an dem der Brand des Großen Krieges auch hier, in der Gegend des alten Ilion zu lodern begonnen hatte, verbreiteten sich wilde Gerüchte: Griechenland würde nun mobil machen und auf der Halbinsel Gallipoli landen, um nach Konstantinopel zu marschieren. Die Russen würden über das Schwarze Meer kommen, um noch vor den Griechen in Konstantinopel zu sein. Die Jungtürken hätten in ihrer maßlosen Verachtung alles Alten die Hagia Sophia vermint und würden das immer noch wichtigste Bauwerk der orthodoxen Christenheit in die Luft sprengen, sobald sich das erste britische Schiff, der erste griechische oder russische Soldat am Goldenen Horn würde blicken lassen.

Auch Gilbert-Khan – unendlich weit entfernt von den mächtigen Männern des War Council, deren kleiner Agent er war – erreichten diese Gerüchte noch in Bagdad.

Er verbarg seine Freude über den womöglich wichtigsten Streich des Empires hinter der Fassade des bestürzten revolutionären Prinzen aus dem Hause Katwara. Gespannt registrierte er die Niedergeschlagenheit des Expeditionschefs Niedermayer und der anderen deutsch-österreichischen Offiziere, gegen die allein Faruk Erdöl ansprach, der sich überzeugt zeigte, dass Gallipoli und damit Konstantinopel niemals fallen würden.

Keiner sonst schien davon überzeugt zu sein.

Doch trotz der schlechten Stimmung arbeitete jeder wie besessen daran, Niedermayers Anweisungen umzusetzen, und es verbitterte Gilbert-Khan, dass er einfach nicht herausbekam, was Niedermayer plante. Mit Hinweis auf seine königliche Stellung hatte Niedermayer es vermieden, ihn mit irgendwelchen auch nur kleinen Aufgaben zu betrauen. Dafür hatte Zickler ihm mitgeteilt, dass er formal als Anführer des Trupps fungieren sollte. Doch auch Zickler wusste noch nicht, wohin es ging.

Das eigentlich Ärgerliche aber war, dass es Gilbert-Khan in all den Wochen in Bagdad nicht gelungen war, eine nachrichtendienstliche Verbindung mit seinen Leuten aufzunehmen. Suleiman Askari hatte

Bagdad mit eisernem Besen ausgekehrt. Er zahlte bares Geld für jeden Spion, der ihm ausgeliefert wurde. Die Kontaktperson mit dem Decknamen AGATHA war nicht aufzufinden gewesen, und auch die anderen, die man ihm noch in Bombay genannt hatte, hatten ihre Tarnungen aufgegeben und sich nach Süden durchgeschlagen, hinter die Basra-Front oder über die persische Grenze.

Er war sich sicher, dass es irgendwo noch jemanden geben musste, verborgen hinter der Fassade einer Schneiderei, eines Gemüseladens oder an der Rezeption eines Hotels, aber er fand diese Person einfach nicht. Nicht zuletzt, weil der Schweizer eine wahre Klette geworden war. Ein Pariahund, der sich einen Herrn gesucht hatte und einfach nicht abzuschütteln war.

In manchen Nächten – wenn er heimlich einen Schluck Raki zu sich genommen hatte – konnte er über die Absurdität nur lachen, dass er zum spirituellen Gefährten dieses seltsamen Kerls erkoren war, zu dessen Religionslehrer gar, mit dem er betete, dem er den Koran vorlas, übersetzte und erklärte, und den nichts, keine Schroffheit, kein noch so abweisendes Verhalten, keine Arroganz, die er aus der Rolle des Prinzen heraus zu entwickeln verstand, davon abhielt, ihm auf Schritt und Tritt zu folgen oder dies zumindest zu versuchen. Außerdem spürte Gilbert-Khan genau, dass der Mann mehr von ihm wollte als nur religiöse Bruderschaft. Er war verliebt. Aber da nichts den Schotten eindeutiger verraten hätte als seine prächtige, langgezogene Vorhaut, konnte er ihm hier überhaupt nicht entgegenkommen, was nicht schlecht gewesen wäre, um sich mehr Bewegungsfreiheit zu verschaffen oder den Schweizer gar heimlich und bedacht zu einem Komplizen zu machen.

Wenn du nur wüsstest, wer ich bin, dachte er immer wieder, wenn er ihm lachend den Bruderkuss gab, wie es zwischen Moslems üblich war, dann würdest du dich fernhalten, verdammter Idiot. Was soll ich nur mit dir tun?

Nicht dass er nicht schon manches Mal in schwierigen Situationen gesteckt hätte, aber der verliebte Schweizer Exjude, dessen überraschende Konversion von manchen der Offiziere und Mannschaften mit Stirnrunzeln bedacht wurde, den er aber schlecht von sich weisen konnte, war ein Problem.

Genauso wie der Dolmetscher. Vor ein paar Tagen hätte ihn Erdöl beinahe beim Eindringen in das verlassene Stabszimmer erwischt. Gilbert-Khan hatte Glück gehabt, aber der Blick des Türken war eindeutig gewesen.

Ich kriege dich, hatte dieser Blick gesagt. Ich weiß, dass du ein Verräter bist.

Anders war es mit dem Offizier seiner Gruppe, diesem Stichnote. Der war freundlich, umgänglich, ernsthaft, ein Idealist, auch wenn Gilbert-Khan nicht genau begriff, welchem Ideal er nachstrebte. Es war ihm auch aufgefallen, dass der Funkentelegraphiemeister sich immer wieder geradezu rührend um Zickler bemühte. Düster war dementsprechend Gilbert-Khans Stimmung, als er sein Gepäck zusammensuchte, denn heute Morgen würden sie als Vortrupp Bagdad verlassen. Er hatte nur mitbekommen, dass Niedermayer fast die gesamte, mühsam von Konstantinopel bis nach Bagdad geschleppte Ausrüstung an die Osmanen weggegeben hatte, alle Haubitzen, das Maschinengewehr und auch die Munition. Etliche der Offiziere waren an irgendeiner Stelle des Militärapparats eingespannt worden, aber das schien ein Trick Niedermayers zu sein, um die Expedition endlich wieder auf den Weg zu bekommen.

Als Gilbert-Khan mit Packen fertig war, nahm er seine Waffen an sich, seine Pistole, den Dolch, die Drahtschlinge, dann rollte er den Gebetsteppich zusammen, den ihm Zickler in einer peinlichen Szene geschenkt hatte.

Es war sehr früh, von der nahegelegenen Moschee, in die er oft mit Zickler gegangen war, hörte er den Ruf zum Morgengebet Fadschr.

«Gott ist groß», rief der Muezzin mit heiserer Stimme, «eilt zum Gebet, eilt zur Seligkeit. Das Gebet ist besser als Schlaf.»

Für einen Moment überkam den Agenten eine bittere Müdigkeit, aber er biss sich auf die Zähne.

Der Muezzin machte eine Atempause und kam dann zum Schluss, rief «Allahu akbar», «Gott ist groß» und «Laila-ha illalla-h»,

«Es gibt keine Gottheit außer Gott».

«Ich bezeuge, dass Mohammed der Gesandte Gottes ist», murmelte Gilbert-Khan plötzlich, ohne es eigentlich zu wollen.

Er erschrak tüchtig.

Konnte man monatelang beten, ohne nicht auf unbewusste Weise gläubig zu werden? Was geschah mit ihm auf ihrem Weg, und wo würde er enden? Und an wen sollte er sich in der Einsamkeit des Verräters wenden, wenn nicht an den, an den er gar nicht glaubte?

Er rollte den Teppich wieder aus, wie von Sinnen, aber mit einem Mal glücklich. Er spürte eine Präsenz, etwas Wachsendes, das er noch nie gespürt hatte. Plötzlich kam ihm ein phantastischer Gedanke. Sofort warf er sich nieder.

Mit klopfendem Herzen begann er, zum ersten Mal, wie es ihm schien, wirklich zu beten.

«Gott, gepriesen sei dein Name», dachte er inbrünstig, während er mit geschlossenen Augen die arabischen Formeln murmelte,

«Gott, wenn es dich doch gibt ..., wenn es dich wirklich gibt, dann schaff mir diesen Türken vom Hals. Vernichte diesen alevitischen Auswurf.»

Nach dem Gebet erhob er sich. Er fühlte sich verändert. Immer noch spürte er etwas, das zuvor nicht da gewesen war. Er fühlte überirdische Macht.

Er rollte den Teppich ein, schnallte ihn dem Rucksack auf und verließ das Zimmer. Seine Gefährten warteten. Die Karawane wollte aufbrechen.

18

Stichnote hatte auf dem Schulschiff HERTHA schon ein paar richtige Gewitter erlebt, Blitze, deren Licht die Wellenberge zum Vorschein brachte, mit Schaumkronen, die einem wie die rasenden Leiber riesiger Stiere auf luftiger Höhe entgegenrollten. Wenn man dann in die vom Glühen von einer Million Volt erhellten Täler blickte und wusste, dass das Schiff sich gleich genau dort feststampfen würde, wo eigentlich schon der Meeresgrund hätte klaffen müssen, schloss man erstmal mit dem Leben ab.

Jetzt war es für Stichnote jedoch zunächst kein dunkler, todesahnender Schrecken, als der erste Blitz die bis dahin trübnächtliche Landschaft erhellte. Der Mond war für einen schmalen Riss im wolkigen Himmel gut gewesen, und der Blitz zerrte alles in weißglühende Klarheit. Zum ersten Mal sah er in weiter Ferne das Gebirge, auf das sie zuzogen und wusste schlagartig, dass es die persischen Randgebirge sein mussten!

Noch waren sie weit entfernt, zwei Tagesreisen schätzte er, doch prägte sich das Bild jener fernen Gipfel des Zagros sofort und unauslöschlich auf der Matrize seines Bewusstseins ein. Das waren keine Berge, wie er sie kannte, liebliche Schmuckstücke zwischen herrlichen Seen, das waren Festungen, Gebirge so schroff und erhaben, dass ihr sekundenkurzer Anblick genügte, um alles, was er je über Persien gewusst zu haben glaubte, hinfortzufegen.

Auch wenn mittlerweile sogar kalte Luft seinem Zahn Probleme bereitete, riss er den Mund auf, drehte sich zu Faruk Erdöl, Zickler und dem Prinzen um, die hinter ihm ritten, um den Schauer seiner Begeisterung mit ihnen zu teilen. Ein zweiter Blitz fuhr dazwischen, obwohl der Donner des ersten sie noch nicht einmal erreicht hatte, und er sah, dass von den fünfzehn Maultieren, die das kostbare Gut der zerlegten Funkanlage transportierten, kein einziges mehr unter ihnen war. Zickler lag mehr auf dem Pferd, als dass er ritt, der indische Prinz war ganz in sich versunken, und Faruk Erdöl reagierte zwar sofort, aber an der hilflos hektischen Art, mit der sein Freund auf seinem Pony Haltung anzunehmen versuchte, erkannte er, dass auch Faruk im Reiten geschlafen hatte.

«Verfluchte Scheiße», schrie Stichnote. «Faruk! Die Maultiere sind weg. Sie sind weg!»

Sein Pferd hatte sich längst darauf eingestellt, dass er wieder einmal zu stark am Zügel ziehen würde, es schnaubte und brauchte keinen Ansporn, um scharf kehrtzumachen. Stichnote und Erdöl waren gleichauf.

«Dies ist eine ernste Angelegenheit, Chef», erwiderte Erdöl. Der Schreck stand ihm ins Gesicht geschrieben.

«Was gibt's denn?», rief Zickler. Auch Gilbert-Khan schien nun wieder vollkommen wach und ritt an die anderen heran. Stichnote kümmerte sich nicht um die beiden, sondern sprach nur mit Erdöl.

«Die haben sich davongemacht, wie vor zwei Tagen. Die haben sich verpisst und versuchen gerade, die Kisten runterzukriegen. Herrgott verflucht, wer weiß, wo die Mistviecher stecken.»

Jetzt rollte der erste Donner heran, dunkel und mächtig, als hätten die fernen Randgebirge selbst sich vernehmen lassen. Zugleich begann die Luft zu brausen. Das Gewitter kam näher.

«Herr Zickler, Hoheit», keuchte Stichnote. «Sie reiten sofort nach vorne zu Leutnant Seiler und bringen ihn auf Stand. Er soll auf uns warten. Faruk und ich suchen die Maultiere und kommen nach, sobald wir sie haben. Beeilen Sie sich.»

Zickler und Gilbert-Khan zögerten nicht, Stichnotes Befehl auszuführen. Palinke und Schmitt, die beiden Heeresfunker auf ihren Ponys, blieben bei den vier Packpferden, die die restliche Ausrüstung schleppten, und zogen gleichfalls weiter.

Mit dem nächsten Blitz erreichte sie eine erste Bö, die Regenspritzer mit sich führte, es donnerte wieder, und Stichnote bekam langsam Angst. Mühsam hatte er noch in Bagdad die Funkanlage zerlegt und in Kisten verpackt, diese mit «Dum-Dum» als Munitionskisten gekennzeichnet und auf die Maultiere verladen lassen. Die Tiere waren noch jung und zeigten von Anfang an Neigung, die Kisten abwerfen zu wollen, worum sie sich – sobald sie irgendwo zum Stehen kamen – erstaunlich ausdauernd bemühten. Ging auch nur eines der fünfzehn Tiere verloren, so war es fraglich, ob er die Anlage in Isfahan zum Laufen brachte. Dort irgendwelche Ersatzteile aufzutreiben, schien ihm illusorisch. Es war ein verdammtes Roulette, und deshalb mussten sie die Tiere unbedingt wiederfinden. Alle.

Bald prasselte Regen nieder, der sie kurzerhand bis auf die Wäsche durchtränkte. Die Blitze rissen die Gegend immer wieder aus der Dunkelheit, aber Spuren waren nun keine mehr auszumachen. Der Wind wurde zum Sturm, und sie mussten lauthals brüllen, um sich zu verständigen.

«Wir sollten getrennt voneinander weiterreiten, Faruk», schrie Stichnote. «Hast du die Signalpistole bei dir?»

«Evet.»

Stichnote kontrollierte seine eigene Walther. Fünf Patronen hatte jeder dazu.

Stichnote blickte auf seine Uhr. Es war Viertel nach zwei.

«In fünfundvierzig Minuten feuere ich die erste Patrone ab, und du antwortest. Wir dürfen uns nicht zu weit voneinander entfernen. Danach um vier Uhr. Wer die Tiere findet, feuert zwei Patronen hintereinander ab. Bis es hell wird, werden wir sie ja wohl haben.»

«Einverstanden», schrie Erdöl, dessen Fez der Wind mitgenommen hatte. Zum ersten Mal bemerkte Stichnote, dass sein Kamerad kaum mehr Haare auf dem Kopf hatte.

«Dann los, Faruk!», schrie Stichnote. Sie ritten auseinander, bis sie sich nicht mehr sehen konnten. Das Gewitter stand fauchend und donnerbrüllend genau über ihnen. Das Wasser spritzte den Tieren an den Fesseln hoch, als koche der Boden.

Glücklicherweise behielt nicht nur Erdöls Pony, sondern auch Stichnotes Pferd die Nerven, was erstaunlich genug war. Aber Stichnote hatte von Anfang an die zärtlichsten Gefühle für seinen braunen Tscherkessen gehabt. Jetzt spürte er dessen Angst und klopfte behutsam seinen starken Hals, während er ihn zurückgehen ließ. Der Braune gab ein leises Wiehern von sich, und Stichnote merkte, dass ihm der schlammiger werdende Boden gar nicht behagte. Ein paarmal musste er ihn etwas dringlicher bitten, weiterzugehen.

Als Stichnote wie vereinbart um drei Uhr seine Walther abfeuerte, dauerte es nur eine Minute, bis Erdöl ihm antwortete, Stichnote erschrak darüber, wie weit weg der andere mittlerweile war, und suchte, die Entfernung zu verringern.

Dann hörte das Gewitter auf, die Bewölkung, die den dreiviertel vollen Mond unter Verschluss gehalten hatte, verzog sich. Von den Maultieren war keine Spur zu entdecken. Stichnote bemühte sich, in die Nacht hinauszuhören, ob von irgendwo Maultierwiehern zu hören wäre, aber da war nichts. In Gedanken malte er sich schon aus, wie er Niedermayer erklärte, dass sie die tonnenschwere Funkenanlage verloren hatten.

Das machte ihm solche Sorgen, dass er das schmerzhafte Ziehen dessen, den er nicht beim Namen nannte, darüber fast vergaß. Als es Zeit war, die zweite Patrone abzufeuern, spülte er sich den Mund mit Raki, schluckte das Zeug und nahm danach noch einen langen Schluck.

Triefend nass, todmüde und deprimiert erlebte er die Morgendämmerung. Die Gegend war recht lieblich, überall standen Oliven- und Obstbäume, Aprikosen und Äpfel, denen man ansah, dass sie kurz vor der Blüte standen, an den Zweigen prangten schon überall die Knospen, von denen es feinglitzernd tropfte. Sein Magen fühlte sich an, als hätte er ihn mit einem Schmiedeeisen ausgebrannt. Er saß ab, rammte seine Stiefel tief in den schlammigen Boden und ließ das Pferd grasen. Dann lehnte er sich an den Tscherkessen, der kauend den Kopf zu ihm warf und ihn anschnaubte, rieb sich die Augen, gähnte lustlos und murmelte voll tiefer Verachtung einen heftigen bayerischen Fluch, eine Schmähung des Kreuzes. Eine unnötige Sünde, die er sogleich bereute. Die Sonne nagte nun schon am Horizont des weit entfernten Zagros-Gebirges.

Doch dann durchbrach ein weit entfernter Knall die Morgenstille, und ein steil aufsteigendes Projektil schrieb eine gleißende Leuchtspur in den immer noch dunklen, westlichen Himmel, um schließlich in einer Anmutung byzantinischen Feuers zu verglühen. Kurz danach, gerade so lange, wie man benötigte, um eine Walther-Signalpistole nachzuladen, folgte ein zweites Projektil, ebenso steil, aber in Stichnotes Augen noch viel schöner als das erste.

«Hast du das gesehen, Brauner? Hast du das gesehen? Faruk hat die Maultiere gefunden. Dieser herrliche Mistkerl! Oh, wie ich ihn liebe!»

19

Die Maultiere hatten sich während des Gewitters unter einigen Mandelbäumen zusammengedrängt, keines war verloren, und keinem war es gelungen, seine Gepäckkiste abzuwerfen. Stichnote und Erdöl freuten sich in der Morgensonne wie die Schulbuben. Am frühen Nachmittag holten sie den Haupttross ein, Seiler hatte auf sie warten lassen, und auch er freute sich sichtlich, als die beiden Helden mit den Ausreißern im Lager eintrafen.

«Unser Führer sagt, dass wir hier kurz vor der Grenze stehen. Kasr-i-Schirin heißt der Grenzort. Ich schlage vor, dass wir aufbrechen, die Grenzformalitäten erledigen und dann dort die Nacht verbringen. Vielleicht können wir uns drüben gleich noch etwas verstärken. Ein

Koch wäre nicht verkehrt, wir brauchen auch dringend mehr Vorräte. Und zwei der Packpferde gehen schleppend. Die Hufe sehen nicht gut aus. Aufgeweicht. Werden sich vielleicht entzünden», sagte Seiler, und da Stichnote schlecht als Einziger auf Rast bestehen konnte, willigte er ein.

Das Gelände stieg spürbar an, aber noch behielt die Landschaft ihren fruchtbaren Charakter. Auch war es der wärmste Tag, seit sie von Bagdad aufgebrochen waren. Noch ein, zwei Tage und die Blüte würde einsetzen.

Trotz seiner elenden Müdigkeit, die ihn beim langsamen Trab immer wieder kurz einnicken ließ, war Stichnote von Heiterkeit erfüllt. Auch die übrigen Gefährten waren gutgelaunt, Zickler und Prinz Khan ritten vor ihm und unterhielten sich über fromme Themen, Erdöl war dicht hinter ihm und summte gelassen ein Lied aus seiner Heimat. Er hatte sich eine österreichische Infanteristenmütze ausgeliehen, die komisch an ihm aussah, aber seine Glatze, die ihm offensichtlich etwas peinlich war, zu seiner Zufriedenheit bedeckte. Zwei von Seilers Leuten hatten die Aufsicht über die Maultiere übernommen, und so kamen sie tatsächlich nach nicht einmal zwei Stunden an die Grenze.

Alle hatten insgeheim mit einer langwierigen Beamtenpolonäse gerechnet, aber aus dem weißgekalkten Grenzhäuschen, neben dem ein weitläufiger Obstgarten lag, trat als Wachhabender kein Perser, sondern ein hochgewachsener blonder Mann mit stahlblauen Augen, der die Uniform der königlich schwedischen Gendarmerie trug.

Um England und Russland keinen Anlass zu geben, an seiner Neutralität zu zweifeln, hatte Persien auf eine eigene Armee verzichtet. Es gab nur eine kleine, allerdings von Russen befehligte persische Kosakentruppe zum Schutz der diplomatischen Vertretungen im Land. Die wichtigste Einheit aber war die Gendarmerie, die von Polizisten aus Stockholm und Göteborg gebildet wurde.

Der schwedische Grenzer, der ihnen jetzt gegenüberstand, war ein Jüngling mit lächerlichem Bärtchen und schneidigem Auftreten. Hinter dem Zollhäuschen waren ein Stall mit Pferden und ein paar Männern, die dort – ungewöhnlicherweise im Stehen – Tee schlürften und die ganze Szene beobachteten. Es waren Kurden, Stammesreiter mit spitz zulaufenden Turbanen, längsgestreiften Überwürfen und geschulterten Gewehren.

Seiler, Stichnote und Zickler traten auf den Offizier zu, und der Leutnant begann das Märchen vom Schweizer Kaufmann und seiner Eskorte zu erzählen, so wie es sich Niedermayer ausgedacht hatte. Die Lügengeschichte wäre aber überhaupt nicht notwendig gewesen, denn der schwedische Wachtmeister zeigte sich über die Anwesenheit deutschen und österreichischen Militärs augenblicklich erfreut, ja begeistert, kommentierte alles mit einem langgezogenen «Johao» und bat die drei Männer dann zur Erledigung der Formalitäten in sein Häuschen.

Drinnen saß ein Einheimischer mit blauschattig eingefallenen Wangen, der Schreiber, dem der Schwede fließend ihre Angaben diktierte. Als Reiseziel gaben sie wahrheitsgemäß Isfahan an, und Stichnote bewunderte die Sprachkenntnisse des Schweden, der – während sein Mitarbeiter noch mit kratzender Feder schrieb – eine Flasche Aquavit und vier schmale Gläser hervorholte, die er bis zum Anschlag füllte und seinen Gästen reichte.

Allerdings machte er ungläubige Augen, als Zickler dankend ablehnte, und auch Seiler und Stichnote fanden Zicklers religiöse Strenge unangebracht, weil sie so gar nicht in das Bild des internationalen Kaufmanns passte. Aber Zickler löste das Befremden, indem er etwas von einer Magenkrankheit murmelte und dem strikten Verbot seines Arztes, Schnaps zu trinken. Stichnote erbot sich, Zicklers Glas zu leeren – der starke Kümmelschnaps verscheuchte den Zahnschmerz. Seiler runzelte wortlos die Stirn.

Nun fragte der Schwede erst einmal nach Neuigkeiten vom Angriff auf Gallipoli. Ob es wahr sei, dass die Griechen kurz davor stünden, in Konstantinopel einzumarschieren und der Sultan aus der Stadt geflohen sei? Davon wüssten sie nichts, und so war es auch: Sie wussten tatsächlich nichts.

Dann plapperte der Schwede von seiner zuversichtlichen Erwartung eines deutschen Sieges und versicherte seinen Gästen, dass die schwedische Gendarmerie im Land eine große Kameradschaft darstelle, auf die sie sich verlassen könnten. Er kenne einige Kameraden in Isfahan, am besten aber Hauptmann Gunnar Sundström, der sei ein alter Schulfreund aus Halmstad, und er bot an, ihnen einen Brief an ihn mitzugeben.

Und schon setzte er sich an seinen Schreibtisch und begann, ein paar Zeilen zu verfassen, während die anderen hocherfreut über den ganzen Verlauf wieder hinausgingen. Stichnote rang mit sich, ob er den Schweden bitten konnte, sich etwas von dem Aquavit in seinen Flachmann füllen zu dürfen, traute sich aber nicht.

Draußen sahen sie Gilbert-Khan umringt von den kurdischen Stammeskriegern. Er hatte einige der Propagandaschriften ausgepackt und verteilt, aber da die Kurden zum Großteil nicht lesen konnten, hatte er ihnen den Inhalt grob übersetzt und war dann dazu übergegangen, ihnen von dem mächtigen Sultan von Deutschland zu erzählen, der alle Moslems, ob Sunniten oder Schiiten, in sein Herz geschlossen habe und nun eine mächtige Armee schicken werde, um die Briten und die Russen endgültig zu vertreiben. Seine Zuhörer zeigten sich begeistert, und Gilbert-Khan, der auf Persisch und Arabisch die Einheit des Islam predigte und immer wieder den Sultan von Deutschland hochleben ließ, erhob schließlich seine Hände und rief mehrfach «Allahu Akbar», worauf die Kurden wie aufgepeitscht zu ihren Pferden liefen, sich in die Sättel schwangen und als Schwadron von zehn Mann einen waghalsigen Ritt um das Zollhäuschen unternahmen, zahllose Schüsse aus ihren Gewehren abfeuerten und schließlich, vor Stolz und Kriegseifer bebend, wieder zum Stehen kamen.

«Spinnt der Kerl eigentlich?», raunzte Seiler Stichnote zu und stemmte wutentbrannt die Fäuste in die Seite.

«Wozu haben wir uns eine Tarnung ausgedacht, wenn der Schwachkopf jetzt gleich alles in der Gegend rumposaunt, dass der letzte Depp weiß, wer wir sind?»

«Er meint es doch nur gut. Brennt für die Sache», versuchte Stichnote, ihn zu beruhigen, fing sich aber nur einen zornigen Blick ein sowie den Kommentar, der Prinz gehöre zur Funkabteilung, Stichnote sei für ihn zuständig und solle gefälligst dafür sorgen, dass der Knallkopf in Zukunft sein Maul halte.

«Schau dir nur an, was sie jetzt machen ...», knurrte Seiler, da die Kurden nun noch einmal alle gleichzeitig in die Luft feuerten und die Pferde scheu machten.

Seilers Turkmene, das feurigste Tier von allen, den er lose an den windschiefen Zaun angebunden hatte, stand kurz davor, sich loszureißen. Seiler eilte zu seinem Ross, saß blitzschnell auf und ließ es ein wenig in die Gegend galoppieren, um es zu beruhigen.

Stichnote bat Gilbert-Khan um Zurückhaltung, während dieser schon dabei war, den Stammesreitern einen dicken Packen der Flugblätter zum Verteilen auszuhändigen.

«Es ist kein Verbrechen, die Wahrheit über unseren Kampf zu sagen. Allah – gepriesen sei er – wird uns helfen, Sir.»

«Ja, gut», erwiderte Stichnote. «Unsere Aufgabe besteht jetzt aber darin, die Funkenanlage sicher nach Isfahan zu transportieren und dort zum Laufen zu bringen, das werden Sie doch einsehen. Wenn wir das geschafft haben, dann können wir, äh, agitieren oder dergleichen. Bis dahin halten wir uns zurück. Klar?»

Gilbert-Khan machte ein schmollendes Gesicht und nickte schließlich – innerlich von einem Lächeln erfüllt.

Dann nahmen sie Abschied von dem Schweden, Stichnote rang sich doch noch durch und fragte leise nach etwas Kümmelschnaps für seinen Flachmann, den er auch bekam.

«Hier ist der Brief an meinen Freund in Isfahan. Und eines noch – eine große osmanische Truppe ist vor ein paar Wochen durchgezogen und macht östlich von hier Ärger. Geben Sie acht.»

Seiler und Stichnote sahen sich an, das musste dieser Reuf Bey sein, vor dem auch Niedermayer sie gewarnt hatte.

«Keine Sorge», meinte Stichnote zuversichtlich. «Das sind ja unsere Verbündeten. Wird schon schiefgehen.» Er konnte sich nicht vorstellen, mit einem türkischen Seemann Schwierigkeiten zu bekommen, er war ja selber offiziell Mitglied der osmanischen Marine und hatte nur gute Erfahrungen gemacht. Bislang.

«Gör det bra, vänner!», rief der Grenzer ihnen hinterher.

Es ließ sich nicht vermeiden, dass die Stammeskrieger darauf bestanden, die Expedition bis Kasr-i-Schirin zu begleiten und sie in Kontakt mit ihrem Oberhaupt zu bringen.

«Meinetwegen», sagte Seiler und fügte, an Erdöl gewandt, hinzu, «aber sagen Sie ihnen bitte, dass sie mit der blöden Schießerei aufhören sollen.»

«Dies empfinde ich als kränkend und werde es nicht sagen. Die kurdischen Krieger meinen das Gewehrfeuer freundlich.»

«Freundliches Feuer?» Seiler gab es auf und ritt, um sich zu beruhigen, den Tross auf und ab. Bei allem Ärger fiel ihm auf, dass die Kurden auf ihren Halbblutschimmeln exzellente Reiter waren. Einer forderte ihn mit Kopfnicken und gellenden Rufen zu einem Wettritt heraus, dem Seiler schließlich nicht widerstehen konnte, seinem Tscherkessen die Peitsche gab und lachend Kopf an Kopf mit dem Kurden davonstob, glücklich und versöhnt am Ende, weil er deutlich schneller war.

So kamen sie keine Stunde später als stattlicher Tross an den schmalen, erdbraunen Fluss, auf dessen östlichem Ufer Kasr-i-Schirin lag, umgeben von Olivenhainen und grünen Feldern. Natürlich feuerten ihre Begleiter voller Inbrunst in den lichtblauen Nachmittagshimmel, als sie die Brücke überquerten, die mitten in die Stadt hineinführte. Etwas außerhalb sahen sie die gewaltigen Ruinen eines archaisch wirkenden Palastes.

Die Häuser in der Stadt unterschieden sich nur wenig von denen in Mesopotamien, hatten vielleicht spitzere, steilere Dächer und viele Bögen und Durchgänge, die etwas schmaler gebaut waren.

In den Straßen sah man vor allem Kurden, aber Zickler durchfuhr es eisig, als sie eine Gruppe orthodoxer Juden kreuzten, die sich mit ihren Schläfenlocken und schwarzen Hüten einen Weg durch die Menge bahnten, große Tuchbündel auf den Schultern. Dann kamen sie an die Karawanserei, die am Ostende der Stadt lag und wie eine aus behauenen Felssteinen erbaute Trutzburg aussah.

Seiler und Stichnote einigten sich schnell über die Aufgabenteilung. Stichnote würde sich um das Abladen und Verstauen der Funkanlage und des übrigen Gepäcks kümmern, die Wache aufstellen und Vorbereitungen für das Abendessen treffen.

Erdöl und Seiler sollten losziehen, um frische Pferde zu kaufen und womöglich einen Koch mit besser ausgestatteter Reiseküche zu engagieren, der sie nach Isfahan begleiten konnte. Drei aus der Mannschaft, Zickler und sein Prinz sollten Nahrungsvorräte auftreiben. Sie träumten von einem fetten Hammel, und selbst Stichnote hatte grenzenlosen Appetit, mochte der Zahn es nun leiden oder nicht – und wenn nicht, dann würde er ihn reichlich mit dem schwedischen Aquavit spülen.

20

Der Gott oder die Dämonen des Reisens waren ihnen ausnahmsweise günstig gestimmt, denn alles, was sie sich erhofft hatten, konnte besorgt werden. Seiler und Erdöl fanden einen einheimischen Führer, der den Weg nach Isfahan kannte. Sie kauften verbunden mit hitzigen Verhandlungen drei kurdische Halbblutschimmel im besten Alter und zwei sehr starke Ponys, fanden später im Basar einen fahrenden aserbaidschanischen Koch, der gegen bescheidenen Lohn bereit war, sich ihnen anzuschließen und der sich später umstandslos daran machte, das Dutzend Hühner, das Zickler und Gilbert-Khan erworben hatten, als Einstandsprobe seiner Kunst zuzubereiten.

Einige der Männer halfen dabei, die Hühner zu rupfen. Der dicke Koch, der Baba hieß und dessen einziger Nachteil, wie sie später beim Essen bemerken sollten, seine langen schwarzen Löckchen waren, nahm sie aus, setzte mit den Innereien eine Brühe auf und steckte die Fleischstücke auf lange Spieße, die er über einem Berg glühender Kohlen langsam grillte. Als die Brühe fertig war, kochte er mit ihr den Reis, den er mit Händen voll Rosinen und geschälten Pistazien anreicherte. Der Reis glänzte vor Fett, und die gegrillten Hühnerteile, deren Fleisch dunkel wie das von Wildgeflügel war, schmeckten den Männern so sehr, dass nicht wenige unter ihnen den Koch am liebsten geküsst hätten und sie sich gegenseitig versicherten, überhaupt noch nie, höchstens zu Hause bei ihren Müttern und Großmüttern, so gut gegessen zu haben.

Kaum war das letzte Körnchen Reis vertilgt, der letzte Knochen abgenagt, lagen die Ersten auch schon flach, schliefen trotz der vollen Mägen und trotz der Läuse und Flöhe, die ihre ständigen Begleiter waren.

Bevor sie am anderen Morgen aufbrachen, schloss Seiler eine der Kisten mit Handfeuerwaffen und Gewehren auf und bewaffnete den

Tross. Nur der Koch, Zickler und Gilbert-Khan bekamen keine. Die ersten beiden hatten damit kein Problem, aber Gilbert-Khan begehrte auf und verlangte nach einem Gewehr, was ihm Seiler verweigerte. Seine Hoheit dürfe unter keinen Umständen gefährdet werden. Befehl vom Chef.

«Unser Führer sagt, dass wir bald hinter Kasr-i-Schirin die Kurdengegend verlassen und in den Bergen Richtung Kermanschah in das Gebiet der Sendschabi kommen. Er sagt, dass er die Sendschabi gut kennt, dass wir uns keine Sorgen machen müssen. Aber mir ist lieber, wenn wir von jetzt an auf der Hut sind. Ihr von der Marine habt doch wenigstens Schießen gelernt, oder?»

«Soll das ein Witz sein?», erwiderte Stichnote, der schon am dunklen Morgen mit rhythmisch pulsierenden Zahnschmerzen aufgewacht war.

Er schnallte sich eine im Halfter steckende Luger um, auch die anderen nahmen Pistolen und Gewehre, dann verließen sie Kasr-i-Schirin, was, so hatte der Prinz kundgetan, «Süssburg» bedeute. Die Maultiere mit der Funkenanlage gingen nun brav in der Mitte, Seiler mit ihrem Führer und den Infanteristen vorne und hinten die beiden Heeresfunker sowie der Koch Baba, der auf einem Maultier saß wie Sancho Panza und ein weiteres Maultier mit seinen gesamten Küchengerätschaften angebunden hatte.

Stichnote war gereizt, nippte alle zwanzig Minuten am Flachmann, bis der leer war. Dann stellte er fest, dass er – zum ersten Mal seit seinem Eintritt in Mürwik – vergessen hatte, die Movado aufzuziehen. Dem Stand der Sonne nach musste es später Vormittag sein, noch nicht ganz Mittag. Aber er wusste es eben nicht genau. Für einen Funker eine unmögliche Situation.

«Ich reite mal nach vorne», rief er Erdöl zu, der gelassen auf seinem Pony saß und Stichnote zunickte.

Dieser konzentrierte sich auf seinen Braunen, den er aus reiterlichem Unvermögen immer noch oft zu hart anfasste. Seiler hatte ihm gezeigt, wie er die Zügel aufnehmen sollte, um zu größerer, fließender Weichheit zu gelangen. Das Problem aber war, wie Stichnote wohl spürte, gar nicht seine Zügelbehandlung, sondern sein schlechter Sitz. Seine Beine waren, obwohl er nun seit Monaten im Sattel saß, immer noch bleischwer und ungelenk. Allerdings war sein Tscherkesse ein geduldiger Lehrer.

Als er ihn jetzt ein wenig anspornte, nicht zu sehr, das gab die alte Karawanenstraße nicht her, ging der Braune bereitwillig los, und sie verfielen in einen leichten Trab. Das Gelände stieg merklich an. Noch war die Gegend grün, und die ersten Bäume hatten tatsächlich über Nacht zu blühen begonnen, manche der wilden Mandelbäume standen in jungfräulichem Rosa unter dem blauen Himmel, den nur am Horizont leichte Schleier überzogen.

Von der sumpfigen Luft Mesopotamiens war hier nichts mehr zu spüren. Die Aussicht auf die schneebedeckten Gipfel des Zagros, die ihn während des nächtlichen Gewitters vor zwei Tagen so beeindruckt hatten, stimmte Stichnote heiter, und er spürte trotz des Dauerzahnschmerzes ein jugendliches, freies Lustgefühl, das ihn an Arjona denken ließ und ihre Verabredung zum 1. Juni am Tower von London. Wenn die Datumsanzeige der Uhr nicht fehlging, dann müssten sie heute den 1. März haben und gegen seine ganze bisherige Erfahrung dachte etwas in ihm, dass er es immer noch schaffen konnte. Drei Monate! Das war doch zu machen.

Sie trabten an den deutsch-österreichischen Infanteristen vorbei, die in Paaren ritten und ihn als Zweiten Offizier respektvoll grüßten. Dann war er neben Seiler.

«Probleme?»

«Überhaupt nicht. Nur meine Uhr ist stehengeblieben.»

«Viertel vor eins.»

«Doch schon.»

«Schlage vor, dass wir den Felsen da vorne noch umrunden, da muss irgendwo bald das Städtchen Kerind kommen oder wie das heißt. Da können wir meinetwegen eine Stunde rasten. Ich weiß nicht, wie lange es noch gute Weide gibt. Wenn's später höher raufgeht, könnte das schwierig werden. Schauen Sie nur, was das für Trümmerberge sind!» Seiler glühte förmlich vor Lust, da es nun wirklich ins Gebirge ging.

Stichnote beobachtete ihren Führer an der Spitze, dem Seiler, da er selber ohne Pferd war, einen der Schimmel gegeben hatte. Es war ein kleiner, alter Mann, das Gewehr hing ihm schräg über den Rücken. Mit einem Mal hielt er an und hob den linken Arm. Die Karawane stoppte.

Er drehte sich zu Seiler und Stichnote um, sein Gesichtsausdruck zeigte Beunruhigung, und er begann, auf Türkisch zu radebrechen.

«Was sagt er?», fragte Seiler.

«Ich habe es nicht verstanden. Nur irgendwas von Soldaten. Aber was er meint, weiß ich nicht.»

Der Führer fiel aufgeregt ins Persische und machte durch Handzeichen deutlich, dass der Tross warten solle, er wolle weiter nach vorne reiten. Während er sich langsam entfernte, ritt Stichnote zurück, um Gilbert-Khan als Dolmetscher zu holen. Anspannung lag in der Luft.

Es dauerte elend lange, bis der Führer wieder zu ihnen stieß.

«Unser Mann hier sagt», führte Gilbert-Khan aus, ehrlich und treu übersetzend, weil er noch keine Idee hatte, wie er die Informationen des Führers zu seinem Vorteil hätte manipulieren können, «dass hinter dem Hügel eine große osmanische Armee lagert. Er ist an ihrem Lager vorbeigeritten und hat sich in Kerind umgehört. Die osmanische Armee hat die Stadt beschossen und sich auf ewige Zeit die Feindschaft der Sendschabi eingehandelt. Sie lassen die Soldaten nicht weiterziehen. Nun sind diese sehr böse geworden.»

Stichnote und Seiler sahen sich an. Das war Reuf Beys Truppe. Seiler ritt mit vier Infanteristen und dem Führer nach vorne, um sich ein

Bild von der Lage zu machen. Währenddessen halfen Stichnote und Gilbert-Khan bei den Maultieren aus, die bockten, herumsprangen und Erdöl fast in den Wahnsinn trieben.

«Wenn die weiter so rumbrüllen, werden Reuf Beys Leute sowieso bald wissen, dass wir da sind», rief Stichnote, versuchte, ein besonders unzufriedenes Maultier zu beruhigen, aber alle guten Worte halfen nichts. Er nahm die Peitsche und verdrosch dem Tier das Hinterteil. Es beschwerte sich lauthals und Stichnote fluchte, riss am Zaumzeug. Es half nichts.

Dann war Seiler zurück.

«Mein lieber Herr Jesus», sagte er, «da lagert eine ganze Armee. Mindestens tausend Mann, den Zelten nach. An die hundert Pferde. Eine Batterie Gebirgsgeschütze haben sie in Stellung gebracht, das Örtchen ist sauber zugerichtet, soviel konnte ich mit dem Glas sehen. Ich hab zehn Maschinengewehre gezählt, alle besetzt. Da dürfen wir nichts riskieren. Gar nichts.»

«Was sollten sie uns groß tun?», versuchte Stichnote zu beschwichtigen.

«Denken Sie dran, was in Bagdad los war. Niedermayer hat fast unsere ganze Ausrüstung drangeben müssen.» Er richtete einen düsteren Blick auf die meckernden Maultiere, die kaum länger zu halten waren. Stichnote begriff, was er meinte.

«So eine schöne transportable Telefunkenanlage würde Reuf Bey sicher gefallen.»

Sie berieten eine Weile und entwarfen folgenden Plan: Zunächst würden sie die Maultiere etwas abseits der Karawanenstraße führen, abladen, damit sie endlich Ruhe gaben, und die Kisten, so gut es ging, unter Zweigen verbergen. Erdöl, Stichnote, die Heeresfunker und vier der Infanteristen sollten bei der Anlage bleiben, ebenso ihr persischer Führer, mit dem sich Erdöl ja einigermaßen verständigen konnte.

Seiler, Gilbert-Khan, der Koch und die anderen sechs Männer

sollten mit einigen der Packtiere die andere Gruppe bilden, und Zickler, der den Empfehlungsschrieb des osmanischen Kriegsministers vorweisen konnte, würde diesmal endlich in die Rolle des kaufmännischen Gesandten schlüpfen. Als Ziel wollte man nicht Isfahan, sondern Teheran angeben. Gilbert-Khan würde den vielsprachigen Assistenten geben, und Seiler wäre der Anführer des Begleitschutzes. Er sollte den Goldschatz mit sich führen, den Niedermayer ihnen in Bagdad – gegen Quittung – mit auf die Reise gegeben hatte.

Die Gruppe um Stichnote sollte bis zum Einbruch der Dunkelheit warten, dann aufladen und mit Hilfe ihres Führers an dem Heerlager Reuf Beys vorbeischleichen. Sorgen machte ihnen die Erwartung des Vollmonds, der in dem wolkenlosen Himmel gewiss eine vorzügliche Laterne abgab. Zwischen Sonnenuntergang und Mondaufgang lagen knapp zwei Stunden. Nicht gerade viel, aber machbar. Ihr Führer würde sie auf den Weg bringen und dafür sorgen, dass ihnen in Kerind niemand feindselig begegnete, weil man sie etwa für Reuf Beys Leute hielt, und dann in die Berge hinaufreiten, um den Clanchef der Sendschabi um Hilfe und Obdach zu bitten.

Die Zickler-Seiler-Gruppe sollte Reuf Bey darum bitten, im Lager übernachten zu dürfen. Am nächsten Mittag wollten sie sich dann jenseits des Städtchens wieder vereinigen.

Keiner wusste, ob es ein guter Plan war, aber einen besseren hatten sie nicht.

Sie luden alle zusammen ab, schnitten große Wacholderzweige und verbargen die Kisten. Als die Dämmerung einsetzte und die untergehende Sonne das Tal in langsam verglimmendes goldenes Licht tauchte, war der Zeitpunkt gekommen.

«Haben Sie jetzt Ihre Uhr wieder in Schwung gebracht?», fragte Seiler. «Dann also jetzt, Herr Stichnote, Uhrenvergleich: Es ist Sechzehnhundertvierzehn.»

«Exakt. Danke.»

Sie gaben sich die Hand. Seiler nickte ihm aufmunternd zu, Stichnote schmatzte ein wenig, dann verzog er auf einmal das Gesicht und stöhnte auf.

«Was ist denn nun los?»

«Oh, moh», gab Stichnote gepresst von sich, krümmte sich, unfähig zu sprechen und fasste sich an die linke Backe. Irgendetwas war gerade passiert, das nicht hätte passieren dürfen. Eine Art Durchbruch. All der Schmerz, den er schon erlitten hatte, wurde zu lieblichen Wölkchen am Sommerhimmel. Jetzt hatte er richtigen Schmerz.

«Oh Gott», presste Stichnote hervor. «Mein Zahn.»

«Sie haben Zahnweh? Wie lange schon?»

«Ging bisher immer wieder weg», log er, ganz käsig geworden. Seiler sandte einen stillen Fluch zum Tiroler Herrgott, ging, seine Wut unterdrückend, zu seinem Pferd und schnallte die Satteltasche mit seinen persönlichen Habseligkeiten auf.

«Schon mal so was genommen?»

Seiler reichte ihm ein kleines, bauchiges Fläschchen, das – wie man deutlich lesen konnte – aus den Farbenfabriken Friedrich Bayer & Co aus Elberfeld stammte: *Heroin*.

Stichnote schüttelte den Kopf.

«Haben wir beim Bergsteigen. Wird Ihnen helfen. Fünf zu eins mit Wasser vermischen, auch mehrmals. Aber nehmen Sie nicht zu viel, sonst schlafen Sie ein. Oder sehen Gespenster.»

Stichnote blickte ihn mit den Augen eines Gläubigen an, dem der Messias erschienen war.

«Danke!»

«Also dann!», Seiler seufzte tief. «Alles Gute! Wir sehen uns morgen bei den Sendschabis!»

21

Zumindest aus Seilers Sicht funktionierte ihr Plan. Er und Zickler ritten vorne, dahinter Gilbert-Khan, dann kamen die Infanteristen, zwei Packpferde und danach der schwarzgelockte Koch Baba, der insgeheim schon darüber fluchte, dass er mit den Deutschen gegangen war. Er konnte die osmanische Armee nicht ausstehen. Nun mitten in ein osmanisches Heerlager zu reiten, behagte ihm ganz und gar nicht.

Rauch unzähliger Feuer stieg ihnen entgegen, Männerstimmen, Pferdegewieher, und bald kamen sie an den ersten Posten. Fünf Mann, ein Offizier, alle in tadelloser Uniform und mit ausdruckslosen Gesichtern. Sie hatten offensichtlich schlechte Erfahrung mit Durchreisenden gemacht, denn sie legten sofort an. Seiler, Zickler und Gilbert-Khan stiegen ab, und letzterer erläuterte auf Türkisch mit gelegentlichen arabischen Einschlägen, aber vollendet höflich, sie seien Gesandte Enver Paschas und auf dem Weg nach Teheran. Man wünsche, den edlen Reuf Bey zu sprechen. Der Offizier las sich Zicklers Akkreditierung durch, nickte und forderte die drei respektvoll auf, mitzukommen. Die Infanteristen und der Koch mussten bei dem Posten bleiben.

Seiler nahm die Satteltasche an sich, in der ihr Gold war, und bestimmte einen der Unteroffiziere zum Kommandanten während seiner Abwesenheit. Im Falle eines Zwischenfalles ermahnte er ihn, ruhig zu bleiben und lieber die Flucht zu ergreifen, als sich auf eine Schießerei oder dergleichen einzulassen.

Der osmanische Offizier führte sie durch das penibel aufgeräumte Lager, wo die Leute um ihre Feuer saßen und sich das Abendessen kochten. Als die Sonne schließlich hinter den westlichen Hügeln, die das Tal in weiter Ferne begrenzten, untergegangen war, sammelte sich eine große Gruppe zum gemeinsamen Gebet, aber es gab auch viele kleinere Gruppen von vier bis fünf Mann, die sich niedergeworfen hatten.

«Es sind gute Moslems», flüsterte Gilbert-Khan den anderen beiden zu, «wir müssen keine Befürchtungen haben.»

«Das werden wir noch sehen», gab Seiler zurück.

«Wir begegnen ihnen freundschaftlich, oder? Dann geht es sich aus», gab Zickler frohgemut von sich. Er hatte das in Bagdad gekaufte orientalische Gewand abgelegt und trug wieder seinen Tropenanzug, der sich nun fast wie eine Verkleidung für ihn anfühlte. Vor einem ungeheuer großen Zelt mit vier Wachen blieben sie stehen. Es hatte einstmals dem Residenten seiner Britischen Majestät am Persischen Golf gehört und war von Reuf Bey gleich zu Beginn des Krieges erbeutet und mit auf seine Unternehmung genommen worden.

Konstantinopel und speziell Enver Pascha hatten den Helden vom Kleinen Kreuzer HAMIDIYE gar nicht schnell genug mit einigen Orden behängen, ihm tausend Zaptieks übergeben und dann mit der jungtürkischen Afghanistan-Mission betrauen können, um ihn los zu sein. Enver hatte ihm auch eine Menge Geld mitgegeben, das der ruhmreiche Kapitän verwendete, um es sich behaglich zu machen. Schließlich war er ein Held. Auch wenn er hier vor einem persischen Kaff festsaß.

Die drei mussten lange in dem geräumigen Vorzelt warten, bewacht von zwei großgewachsenen Soldaten der persönlichen Leibgarde des gestrandeten Kapitäns. Seiler sah zwischendurch unauffällig auf die Uhr. Halb sieben. Hoffentlich waren die anderen schon auf dem Weg.

22

Stichnote brauchte mit seiner Gruppe eine gute halbe Stunde, um die Maultiere wieder zu beladen. Er hatte gleich etwas von dem Heroin genommen. Es sollte heldenhaftes Durchhaltevermögen und Schmerzunempfindlichkeit verleihen, daher der Name. Dem Wasser, mit dem er die Tinktur verdünnte, gab es einen bitteren Geschmack. Aber daran störte sich der Schmerzensreiche nicht, sondern stürzte die Lösung auf einmal hinunter wie ein Verdurstender.

Die Wirkung war verblüffend. Der Schmerz wich binnen Minuten auf wundersame Weise, und ein euphorisches Gefühl machte sich breit. Während der Zahnschmerz verschwand, schien sich in Stichnotes Gehirn etwas zu dehnen, griff auf sein Blut über, als würden seine Muskeln sich gleichfalls verbreitern, stärker werden. Schlagartig änderte sich auch seine Wahrnehmung – glasklar schien ihm mit einem Mal alles. Er sah die Schemen seiner Leute, die wie besessen daran arbeiteten, den unwilligen Maultieren die schweren Kisten aufzuladen. Sogar das letzte rasiermesserscharfe Glimmen der untergegangenen Sonne auf den Hügeln im Westen nahm er wahr und dachte, dass es schön aussah. Er hörte das schwere Atmen der Männer und die leisen Rufe, mit denen sie sich verständigten. Stichnote half den jungen Funkern, stand ihnen aber mehr im Weg. Es fiel ihm nicht auf, wie ungeschickt er sich anstellte. Doch Erdöl sah es wohl. Mit Sorge.

Als sie fertig waren, fühlte Stichnote einen leichten Schwindel, der durchaus angenehm war, ein windartiger, blähender Rausch, der sich ganz eigentümlich anfühlte. Aber irgendwie passte der Schwindel nicht recht zu der Aufgabe, die vor ihnen lag.

Bevor sie aufsaßen, ging er zu Erdöl.

«Faruk, mir ist nicht ganz wohl, und ich spreche ja kein Persisch. Du reitest vorne bei unserem Führer. Ich sichere die Nachhut.»

Er schwankte ein wenig. Und konnte es sein, dass er lallte?

«Chef, ich sehe, dass es Ihnen nicht gut geht. Bleiben Sie ruhig hinten, Sie können sich auf mich verlassen.»

Damit saßen sie auf und zogen los.

Als sie den Felsen erreicht hatten, erblickten sie das in tiefer Nacht liegende Heerlager der Osmanen und bekamen es mit der Angst zu tun. Es mochten an die hundert Feuer brennen. Sonst konnte man nicht viel sehen. Es half ihnen, dass das Licht des Sternenhimmels von schleierigem Dunst getrübt wurde. Noch war der Vollmond nicht aufgegangen.

Der Führer zeigte ihnen einen schmalen Seitenpfad, der im Schatten des Felsens blieb. Dann kamen einige hohe Eichen, deren elegante Silhouetten ihnen das Gefühl von Deckung verliehen. Die Maultiere hatten sie an ihre Sättel gebunden, um besser voranzukommen. Aber zu schnell durften sie nicht werden, der Pfad war steil und uneben, und es lagen immer wieder größere Felsbrocken im Weg.

Als sie den Felsen ganz umrundet hatten, Reuf Beys Lager zu ihrer Linken, sahen sie die Schemen des Städtchens, in dem es nur ein paar wenige Lichter gab. Zwei Kilometer mochten es wohl sein, aber der Pfad wurde immer steiler.

Stichnotes Euphorie ließ deutlich nach und wich Lethargie. Mühsam hielt er sich auf dem Pferd, das die Erschöpfung seines Reiters wohl spürte, sich klug seinen Weg suchte und nur bei besonders steilen Abschnitten Ermunterung brauchte.

«Geh, Brauner», flüsterte Stichnote und gab ihm manchmal ein wenig Druck mit den Schenkeln. Dennoch wurde der Abstand zum letzten Maultier, das an Palinkes Pferd angebunden war, immer größer. Er brauchte noch einmal einen Schluck von dem Zeug, das würde ihn über die letzte Steigung tragen. Von da ging es wieder hinab.

Er hielt den Braunen an, holte das Heroinfläschchen, tropfte etwas mehr als zuvor in seinen Becher und verstaute es wieder in der Innentasche seiner Uniformjacke. Dann schraubte er mit nervösen Fingern seine Wasserflasche auf, füllte den Becher und kippte das Gebräu herunter. Das letzte Maultier war hinter der Kuppe verschwunden.

Wieder durchspülte sinneserweiternde Euphorie Stichnotes Blut, er schüttelte sich unter dem bitteren Geschmack.

«Jetzt aber. Geh, Brauner.»

Der Tscherkesse ging schneller, sie erreichten die Kuppe. Der abschüssige Weg hatte seine Tücken, und das Tier wurde wieder langsamer und schritt – unwillig schnaubend – vorsichtig aus.

Vor ihm, über den fern liegenden Gipfeln des Zagros, zeigte sich nun der Mond. Wie zum Hohn war er riesengroß, wunderschön und fast blutrot. Stichnote erschrak. Aus weiter Ferne hörte er Rufe. Türkisch. Dann ein Schuss. Der Braune scheute. Stichnote war wie gelähmt.

23

Reuf Bey war schließlich doch noch erschienen, gebürstet, frisch rasiert, in weißer Galauniform. Er erzählte zunächst von seinen Abenteuern und Leistungen im Tripolis-Krieg. Dann kam er zu seinen Abenteuern und Leistungen während der jetzigen Unternehmung.

«When I went ashore ...», «Als ich an Land ging ...», begann er jeden seiner Berichte unter Lächeln und mit gebührenden Pausen für die gequält-geheuchelten Anerkennungsrufe seiner Zuhörer.

Man trank Tee, aber es gab nichts zu essen. Seiler bemerkte, dass Zickler immer wieder die Augen zufielen. Gilbert-Khan verstand es allerdings glänzend, mit dem Kapitän zu konversieren.

An einer Stelle ihres Gesprächs erwähnte Reuf Bey beiläufig, wie er erst kürzlich aus Bagdad ein nagelneues Maschinengewehr und einige Haubitzen erhalten habe. «Krupp!», betonte er mit einem genießerischen Schnalzen, das an Zickler, den Waffenhändler im Auftrag Envers, gerichtet war, und dann fügte er noch hinzu, dass er ihre Treffsicherheit und Durchschlagskraft gleich mal an dem lächerlichen Bergdorf erprobt habe. Er habe seine Geschütze mit der gleichen Präzision wie auf seinem Schiff gehandhabt. Und das unter diesen schlechten Bedingungen!

«The Persians, I can tell you, they are a people of imbeciles. Sooner or later they will come under our control, don't you think?» Alle stimmten zu – Seiler wettete insgeheim, dass es sich bei den neuen Geschützen um exakt diejenigen handelte, die Niedermayer gestiftet hatte, und Wut stieg in ihm auf. Dann wagte er, äußerlich unbewegt, ja unterwürfig, einen Blick auf seine Uhr. Schon kurz nach zehn. Was hätte er nicht dafür gegeben, zu wissen, ob Stichnotes Gruppe es schon bis Kerind geschafft hatte und damit in Sicherheit war.

Als er das Geräusch eines herangaloppierenden Pferdes vernahm, das wild vor dem Zelt des Helden zum Stehen kam, und eine dunkle atemlose Stimme nach Reuf Bey fragte, ahnte er schon, dass dem nicht so war.

Der Kommandant verschwand beiläufig lächelnd mit dem Hereingetretenen, um kurz danach wieder zu erscheinen, mit umgelegtem Mantel. Eine Patrouille habe einen Vorfall in der Nähe gemeldet. Seine Anwesenheit sei erforderlich.

Zickler, der wieder aufgewacht war, wurde kreideweiß. Seiler biss sich auf die Lippen, doch Gilbert-Khan gab einen merkwürdigen Ruf des Erstaunens von sich. Seiler hätte ihn erwürgen können.

«Do you know something about this case?», fragte der Kriegsheld.

«Oh, maybe», gab Seiler zurück, Gilbert-Khan, der schon antworten wollte, mit den Augen mahnend. «We were expecting friends of us, but they were late. Would you mind if I come with you?»

Reuf Bey betrachtete ihn. Er hatte ihn durchschaut. Seiler war ein niedliches kleines Tier, das einem bösen grauen Wolf gegenübersaß. Aber der Wolf war ein Genießer.

«Not at all, you are welcome. And you», er verneigte sich lächelnd vor Zickler und Gilbert-Khan, «can prepare for the night.»

Er verließ das Zelt und bestieg das Pferd. Seiler scheuchte seine beiden Begleiter auf, sie eilten alle zurück zu ihren Leuten.

«Ich reite mit. Sobald ich außer Sichtweite bin, führen Sie die Pferde ein wenig abseits. Nehmen Sie eines der Zelte aus dem Gepäck und bauen Sie es auf. Und sobald es geht, nehmen Sie alle Mann und reiten weg, so schnell Sie können. Verstanden?», sagte er zu dem Unteroffizier.

«Was ist mit dem Koch? Der kann niemals so schnell reiten.» Dem Unteroffizier schlotterten die Knie. Seiler sah ihm tief in die Augen.

«Sie nehmen ihn hintendrauf. Er soll sein Kochgeschirr einfach dalassen. Wir kaufen ihm neues. Wir müssen nur zusehen, dass wir von hier wegkommen. Klar? Nur unsere Leute zählen, Gepäck ist nicht wichtig! Kapiert?»

Der Unteroffizier schluckte.

«Jawohl, Herr Leutnant.»

Dann schnallte Seiler seine Satteltasche mit dem Gold an seinen Turkmenen, warf einen ernsten Blick in die Runde, nickte aufmunternd und galoppierte Reuf Bey und seiner Schwadron hinterher.

24

Als sie den Schauplatz des «Zwischenfalls» erreichten, war es noch schlimmer, als Seiler befürchtet hatte.

Faruk Erdöl stand – übel zugerichtet – zwischen einigen Soldaten, die Hände auf den Rücken gefesselt. Die beiden Funker standen etwas abseits, hatten die Gewehre in den Händen. Vor ihnen gestikulierte Stichnote und brüllte dazu immer wieder Sätze auf Türkisch. Von ihrem Führer war keine Spur zu sehen.

Der Anführer der osmanischen Patrouille, ein Hauptmann von riesenhaftem Wuchs, salutierte vor dem Kommandanten und rapportierte leise, man sah, dass er sich beherrschen musste. Seine Nase war blutig und auf der Wange trug er eine frische Blessur.

Seiler saß ab und lief zu Stichnote.

«Was ist geschehen?»

«Die Patrouille hat uns aufgebracht. Der Führer ist davongaloppiert, wir kamen zum Stehen. Sie wollten den Inhalt der Kisten prüfen, aber Faruk ist dazwischengegangen. Als ich dazukam, habe ich gesehen, wie er sein Gewehr in Anschlag brachte. Der Hauptmann hat ihn angebrüllt, aber Faruk hat nicht nachgegeben. Als der Kerl trotzdem an die Kisten wollte, hat Faruk ihn niedergeschlagen. Die anderen haben sich auf ihn gestürzt. Ich wollte ihm helfen, aber ...»

«Gott steh uns bei», sagte Seiler, schnallte die Satteltasche ab und ging zu Reuf Bey, der sich immer noch mit dem aufgebrachten Hauptmann besprach.

Stichnote sah dem quälend langen Gespräch zwischen Seiler und Reuf Bey zu.

«Es wird alles gut, Faruk», rief Stichnote, hinter dem matten Schleier aus Müdigkeit, der trotz seines rasenden Herzens nicht zu vertreiben war. «Leutnant Seiler klärt das.»

«Ich habe unsere Anlage verteidigt, Chef», sagte Faruk. «Mehr vermochte ich nicht zu tun. Aber es war mein Wille.»

Einer der Soldaten schlug ihm den Gewehrkolben in die Seite und zischte ihm zu, er solle den Mund halten. Ein anderer richtete das Gewehr auf Stichnote.

Reuf Bey schien Gefallen an der Fortsetzung des Gesprächs mit Seiler zu finden, denn immer wieder ließ er sich von diesem berichten, was hinter der ganzen Sache steckte. Sein Lieblingssatz dabei lautete: «Why did you lie to me?»

Das habe er nicht, schwor Seiler. Die Transportgruppe hier sei viel früher angekommen als gedacht. Und diene im Übrigen einer geheimen Mission des Deutschen Kaiserreichs. Er holte seine Papiere heraus, die Reuf Bey ins Mondlicht hielt, um dann nur wieder «Why did you lie to me?» zu sagen und lächelnd den Kopf zu schütteln.

Dann wollte er wissen, was sich in den Kisten befände.

Seiler erwiderte, es sei ein Stromgenerator, bestimmt für die Botschaft in Teheran.

Warum auf den Kisten stünde, dass es sich um Munition handle? Aus Sicherheitsgründen.

Ob er solche Angst vor ihm, Reuf Bey, habe, ob er ihn denn etwa für einen Räuberhauptmann halte? Ob er nicht begreife, unter welch schwierigen Umständen er hier stehe, inmitten des feindlichen Persiens, wo er sich gegen blutrünstige Bergstämme verteidigen müsse, die ihm den Tod wünschten?

Nun meldete sich der Hauptmann zu Wort, wies mit dem Finger auf Faruk, dessen linkes Auge inzwischen ganz zugeschwollen war. Auch hatte er zwei Vorderzähne eingebüßt. Dennoch machte er ein heiteres Gesicht. Er wusste wohl schon, was kommen würde. Reuf Bey stellte dem Hauptmann mit leiser Stimme ein paar Fragen. Dann wandte er sich in sehr bestimmtem Ton an Leutnant Seiler.

«Ist es richtig, dass dieser Mann dort, der meinen Offizier beleidigt und geschlagen hat, ein Angehöriger unserer Marine ist?»

Seiler wurde es kalt ums Herz.

«Er wurde unserer Gruppe vom osmanischen Kriegsministerium zugeordnet. Den Oberbefehl hat Oberleutnant Oskar Niedermayer. Er befindet sich im Augenblick noch in Bagdad. Sie können sich darüber leicht informieren.»

«Sie lenken ab, Herr Leutnant. Ist der Mann dort Türke oder Deutscher?»

«Türke.»

«Ist er Mitglied der osmanischen Marine?»

«Ja.»

Wieder lächelte der Kriegsheld, strich sich über seinen fein gezwirbelten Schnurrbart. Dann teilte er seine Entscheidung mit. Die Anlage sei beschlagnahmt, könne aber ausgelöst werden.

Damit hatte Seiler gerechnet. Reuf Bey wollte Geld.

Der Leutnant reichte dem Helden die Satteltasche, deren Gewicht dieser mit einem erfreuten Lächeln zur Kenntnis nahm. Er öffnete sie, fasste hinein und genoss das Gefühl, in britischen Pfund zu wühlen. Er nickte. Und reichte die Tasche seinem Adjutanten weiter. Dann machte er Anstalten aufzusitzen.

«Was ist mit unserem Mann?», fragte Seiler.

«Ihrem Mann? Da täuschen Sie sich wohl.»

Er ließ Seiler stehen, bestieg sein Pferd, eine herrliche weiße Araberstute, die Seiler unter anderen Umständen begeistert hätte.

Der Hauptmann führte Reuf Beys Pferd am Zügel zu der Gruppe mit seinen Leuten und Erdöl hinüber, denn der Held wollte eine Zigarette rauchen, die er aus einem silbernen Etui nahm und sich ansteckte. Er brauchte beide Hände.

Seiler ging zu Stichnote, der nicht ganz bei sich schien.

«Was ist mit Faruk?», fragte Stichnote sehr laut.

«Er ...», Seiler schluckte. «Er gehört nicht mehr zu uns.»

«Gehört nicht mehr zu uns? Sind Sie verrückt? Dann sollen sie die Scheißanlage eben nehmen. Bitte, wir geben sie ihm. Ich baue eine neue.»

Seiler war entsetzt. Stichnote war völlig verwirrt.

«Darum geht es nicht mehr.»

Der Mond stand gewaltig über ihnen, eine riesige Scheibe türkischen Honigs. Reuf Bey betrachtete die Gruppe um Erdöl. Dieser wagte nicht, aufzublicken.

«Sefil hain», sagte der Kriegsheld, genüsslich rauchend, und spuckte auf Erdöl hinab.

Er suchte den Blick seines Hauptmanns und lächelte ihm anerkennend zu. Er sah noch ein letztes Mal auf Erdöl. Dann wusste er, was zu tun war.

«Mangasi», sagte er leichthin. «Erschießt ihn!»

Damit nahm er die Zügel auf und ritt in leichtem Trab zu seinem Lager zurück.

Die Männer des Hauptmanns packten Erdöl. Dieser wehrte sich nicht.

«Auf Wiedersehen, Chef», rief er mit zitternder Stimme.

Stichnote rannte auf die Männer zu, doch der Hauptmann zog seine Pistole und lud sie durch. Die Soldaten legten ihre Gewehre an.

«Lasst ihn los», schrie Stichnote außer sich und legte die Hand an den Griff seiner Pistole. Seiler sah mit Grausen, wie die osmanischen Soldaten erschraken und ihre Gewehre fester fassten, jeden Augenblick bereit, auf ihn zu feuern.

«Birakmak», schrie Stichnote, sein Gesicht todernst, die Hand an der Waffe.

«You all want to die?», knurrte der Hauptmann, merklich nervös.

Stichnote machte einen Schritt nach vorn, doch nun stürzte sich Seiler auf ihn, packte ihn von hinten und drückte seinen Kopf mit den Händen nach unten.

Damit hatte Stichnote nicht gerechnet. Er wehrte sich, trat nach Seiler und schrie wie wahnsinnig.

Der Hauptmann befahl seinen Leuten, Erdöl schleunigst wegzuschaffen, und sie zerrten ihn fort. Jenseits des prächtigen Zelts des Kriegshelden gab es ein Zedernwäldchen. Dort hatten sie schon öfter jemanden exekutiert.

Dann steckte der Hauptmann mit der blutverkrusteten Nase, an der Erdöl ihn erwischt hatte, seine Pistole zurück, warf einen verächtlichen Blick auf den tobenden Stichnote, der vor Erschöpfung und Wut zu weinen begonnen hatte, saß auf und ritt seinen Leuten hinterher. Stichnote brüllte, das Gesicht im Dreck.

«Hören Sie schon auf, Mann», presste Seiler hervor. «Wir können nichts mehr für ihn tun. Das ist eine andere Gewalt.»

«Lass mich los», schrie Stichnote. «Lass mich los, du Schwein.» Mit letzter, irrsinniger Kraft versuchte er, um sich zu schlagen,

aber Seiler packte ihn noch fester, halb auf ihm liegend, drückte

Stichnotes Kopf auf die Erde und umklammerte ihn mit seinen Berg-
steigerarmen, wie um einen abgestürzten Kameraden aus der Wand
zu retten. Mit ganzer Kraft hielt er ihn, bis Stichnote nur noch win-
selte, er solle ihn loslassen. Aber auch dann ließ Seiler nicht nach, hielt
ihn fest, bis sechs Gewehre beinahe zeitgleich feuerten und es keinen
Grund mehr gab, seinen Kameraden zu halten.

V.

Rausch

Wenn du nicht ein bisschen Geduld hast, wie kannst du
Simurgh ein Begleiter bei den vierzig Tagen Askese sein?
Wenn du den Becher auf einmal leerst, hast du mit ihm
dann in kameradschaftlicher Weise getrunken? Wenn du
nicht ein wenig Hitze und Glut hast, wie kannst du dann
seinen Schatz von der Sonne suchen?

FARID UD-DIN ATTAR,
«DIE KONFERENZ DER VÖGEL»

1

Auf seinem Weg durch das in der Glut der Julisonne wie ausgestorbene Isfahan kam Legationssekretär Amadeus Toth, angetan mit Stock und Strohhut, am Haus der Badermanns vorbei. Kein Laut drang heraus.

Unter den Ausländern Isfahans war Michail Dimitrowitsch Badermann, der Direktor der Russischen Bank, einer der angenehmsten gewesen. Ein gastfreundlicher Herr, der von den Verwerfungen des Krieges nichts hatte wissen wollen, und so auch den einsamen Vertreter der deutschen Diplomatie, Sekretär Toth, zu gewissen gesellschaftlichen Anlässen einzuladen pflegte. Er hatte selbst deutsche Vorfahren gehabt, und auch seine Frau hatte Toth gleich zum Entree von ihrer Liebe zur deutschen Musik berichtet und ihn augenzwinkernd empfangen.

Es wäre übertrieben zu sagen, dass Toth sehr oft den lichten Baumschatten der vom Klavierspiel der Hausfrau durchdrungenen Gartennachmittage genossen hätte, aber doch häufig genug, um zu bedauern, dass er nun wohl endgültig davon ausgeschlossen bleiben würde. Toth fragte sich selbst, wie weit es mit ihm gekommen war, dass ihm die Ermordung des Michail Dimitrowitsch weniger naheging als der Verlust des Glücks, unter kultivierten Menschen sitzen und dem Andante einer Beethoven-Sonate lauschen zu dürfen.

Jetzt stand er vor der verriegelten Tür, wusste nicht einmal, ob die Witwe Badermann und ihre drei Töchter sich überhaupt noch in Isfahan aufhielten, und dachte wieder einmal darüber nach zu klopfen, um endlich persönlich zu kondolieren. Aber er tat es nicht, da er ein Geächteter war.

Das ganze diplomatische Isfahan hatte ihm unverhohlen zu verstehen gegeben, dass man – unabhängig von den ergebnislos verlaufenen Ermittlungen der schwedischen Gendarmerie – hinter den maskierten Bankräubern niemand anderes als den Trupp abgerissener Deutsch-Österreicher vermutete, der Ende April in Isfahan eingetroffen war und seitdem für Unruhe sorgte. Der Süden Persiens war ja schon von den Deutschen aufgewiegelt, dieser Niedermayer agitierte von Teheran aus und der berüchtigte Wassmuss unter den Stämmen. Isfahan dagegen war bisher von den Deutschen verschont geblieben.

Dann aber war ein heruntergekommener Trupp Soldaten der Mittelmächte aufgetaucht, die irgendetwas Geheimnisvolles transportierten, und kaum zwei Wochen danach war es zu dem schrecklichen Vorfall gekommen, der Badermann das Leben gekostet hatte. Maskierte waren kurz vor Schalterschluss, zur Zeit der abendlichen Abrechnung, in die Russische Bank eingedrungen, als der Safe offenstand und nur noch durch den unerschrockenen Direktor verteidigt wurde, da die persischen Kosaken und Angestellten nach den ersten Schüssen sofort das Weite gesucht hatten. Michail Dimitrowitsch hatte sich seinen Colt geschnappt, sich hinter einen Schreibtisch geduckt und das Feuer erwidert, sechsmal. Dann war die Waffe leer, der Safe ausgeräumt, Badermann tot.

Aus der entschlossenen Vorgehensweise hatte man gefolgert, dass es keine der gefürchteten einheimischen Räuber aus dem Süden waren, sondern militärisch geschulte Desperados. Mit anderen Worten: die Seiler-Stichnote-Gruppe.

Genau dorthin, zu dem alten Haus, in dem die Männer durch seine Vermittlung Unterschlupf gefunden hatten, war Toth nun unterwegs. Seufzend unterließ er es, an der Tür der Badermanns zu klopfen, und ging, mit Blick auf die großen Löcher im Pflaster, weiter.

Er kam in ein dunkles Gassengewirr, eng und labyrinthisch wie so viele Viertel Isfahans, die zwar Schutz vor der Sonne boten, aber den Eindruck einer nächtlichen Geisterstadt hervorriefen. Aus dem Mauerdurchbruch eines unbewohnten Hauses drang der widerwärtig süßliche Geruch eines verendeten Pariahundes. Toth hielt sich sein Taschentuch vor den Mund und schritt schnell aus.

Dann erreichte er endlich die Ausläufer der Basare, unter deren gewölbten Schiffen sich die Deckenbögen kreuzten, Bauwerke hoch wie Kathedralen. Hier herrschte noch Leben, Kaufleute, flanierende Männer und die schwarzen Gestalten der Frauen, deren Gesichter hinter weißen Masken verborgen waren. Ein Anblick, an den sich Toth nach all den Monaten hier in Isfahan immer noch nicht gewöhnt hatte.

Jeder der endlos scheinenden Basare mit seinen Kuppeldächern und unvermittelt auftauchenden Plätzen, so wie der Basar der Schneider, in dem er sich gerade befand, endete unter den Arkaden am Meidan-e Schah, dem größten Platz, den Toth je in seinem Leben gesehen hatte, größer als der Petersplatz in Rom und mit nichts zu vergleichen, was es in irgendeiner deutschen Stadt gab.

Und auch wenn die Fliesen, mit denen die beiden kolossalen Moscheen des Meidan verkleidet waren, abfielen, ohne ersetzt zu werden, da es niemanden mehr gab, der noch wusste, wie man sie in ihrer unbeschreiblichen Strahlkraft herstellte, und die gigantischen Holzsäulen des Palastes merklich eingesunken waren und einzustürzen drohten, raubte ihm die Weite der Anlage jedes Mal neuerlich den Atem. Das war Persien: baufällig und elegant.

Entwurf der Welt hatte man den Meidan genannt, nicht nur weil Schah Abbas in seiner neuen Hauptstadt Handel, Macht und die Erhabenheit der wie überirdisch große Edelsteine strahlenden Moscheen in perfekter Harmonie zusammengebracht hatte, sondern auch weil die Weite des Meidan, bewässert von marmornen Rinnen und sorgsam bepflanzt, Platz für die großen Karawanen ließ, die von weither nach Isfahan kamen. Die Stadt war eine riesige Oase und der Meidan darin ein Garten, wie es keinen zweiten je gegeben hatte.

Aber das war lange her, der Schah residierte längst in Teheran und verhandelte mit den Gläubigern des Staates über Kredite für seine Auslandsreisen. Isfahan, die alte Hauptstadt, hatte kaum mehr ein Zehntel der Bevölkerung wie zu ihrer Blütezeit.

Als Toth den zu jeder Tageszeit sonnenbeschienenen Meidan betrachtete, auf dem ein paar maskentragende Perserinnen auf weißen Eseln ritten und an dessen nördlichem Ende sich eine Kamelkarawane wie aus alter Zeit niedergelassen hatte, war es ihm, als spürte er den Niedergang, das Bröckeln der einst zu ungeheurer Höhe und Schönheit errichteten Bauwerke um ihn herum fast körperlich. Ganz melancholisch wurde ihm zumute.

Toth setzte Hut und Brille ab und wischte sich mit dem Taschentuch über Gesicht und Schädel, auf dem der ibisartige Haarschopf von Schweiß getränkt in die Höhe stand.

Er vertrug die Hitze nicht besonders. Als er im September hier eingetroffen war, da war es zwar immer noch heiß gewesen, aber bald wurde es kühler und sogar ein wenig regnerisch. Den Winter hatte er als angenehm empfunden, den Frühling als Wunder, gekrönt von der Rosenblüte, während der man überall, wo Rosen wuchsen, weißmaskierte Frauen sah, die die Blüten schnitten und in Säcke stopften, um Essenzen daraus zu bereiten. Ein Frühlingsfest, wie Toth es noch nie erlebt hatte, überall rote und weiße Rosen, auf jedem Cafétisch, in den Händen der Bettler, Rosenblätter auf den Gassen, auf den Wassern der Brunnen, Röschen im Haar der kleinen Kinder. Nächte, durchzogen von den Essenzdüften aus den Küchen der Stadt, da jede Familie ihr eigenes Rosenwasser herstellte. Auch bei den Badermanns hatten sie ein kleines Rosenfest gefeiert. Eine der Töchter hatte Chopin gespielt, während die Gäste Petit Fours und Tee zu sich nahmen. Drei Wochen später lag ihr robuster und stets gut gelaunter Vater in seinem Blut. Als man ihn fand, war er schwarz vor Fliegen.

In dem behelfsmäßigen Konsulat, das eigentlich keines war, da hier nicht einmal ein Vizekonsul wie unten in Schiras residierte, war wenig zu tun. Es gab nur eine Handvoll Deutsche, meist Handelsvertreter, einige mit Familie. Unangenehmerweise war auch der alleinstehende Vertreter einer Zuckerfabrik aus Hildesheim darunter. Zucker aus dem Kaiserreich hatte den französischen verdrängt. Der Zuckerhändler, ein riesenhafter Kerl mit Überbiss, vermochte eine Gesellschaft rücksichtslos viele Stunden damit zu langweilen, wie erstaunlich er es fand, dass ausgerechnet Zuckerrüben von der Hildesheimer Börde den Tee der Perser süßten, wo doch Persien einst das große Geld mit seinem eigenen Zucker gemacht hätte.

«Aber das ist eben die deutsche Industrie», pflegte er mit malmendem Kiefer zu sagen, «unwiderstehlich.» Er trank ziemlich viel, und Toth hatte sich auch deshalb von ihm ferngehalten. Denn seit das Badermann-Unglück geschehen war und die Sonne ihre Herrschaft angetreten hatte, plagte ihn von morgens bis abends schrecklicher Durst. Er konnte so viel Tee trinken, wie er wollte, der Durst blieb.

Früher, so sagten die alten Reiseberichte, die er mangels dienstlich-konsularischer Aufgaben so ausgiebig studierte, musste es unter den Arkaden entlang des Meidan eine Weinstube neben der anderen gegeben haben. Und noch immer konnte man Alkohol in Isfahan finden. In den verfallenen Gassen übel riechender Viertel gab es Verschläge, in denen schon morgens die Trinker saßen. Toth konnte es sich nicht recht erklären, warum er bei seinen Spaziergängen durch die Stadt immer wieder in deren Nähe geriet. So wie jetzt. Er hatte das flirrende Traumbild des mittäglichen Meidan hinter sich gelassen und war wieder in die Dunkelheit überwölbter Gassen zurückgekehrt, und dort drüben, hinter zwei Ecken, wusste er von einer Weinstube. Dort hineingehen, dachte er, und einen Krug trinken.

Er nahm sich eine Zigarette aus dem schmalen Etui, steckte sie auf die Spitze, zündete sie an und inhalierte tief. In der fast sonnenlosen Gasse war es etwas kühler, aber der Schweiß rann ihm in den Kragen. Sein Magen krampfte sich vorfreudig zusammen. Nur ein Schluck.

Toth erreichte die hintere Ecke. Links lag die Kaschemme, ein paar Schritte nur und er wäre darin verschwunden. So lange war er eisern geblieben.

Doch dann kam einer der armseligen Köter aus der Dunkelheit eines Mauerdurchbruchs gekrochen und lief ein paar Schritte humpelnd auf ihn zu. Das linke Vorderbein war nur noch ein fransiger Stumpf, das Fell von undefinierbarer Farbe. Der Pariahund blieb weit genug entfernt stehen, um schnell wieder verschwinden zu können, reckte seine Schnauze aber dennoch sehnsüchtig schnuppernd in Toths Richtung.

Armes Vieh, dachte der Legationssekretär. Dann schnippte er die Zigarette aus der Spitze, und als er sie energisch austrat, machte der Hund ein paar Hüpfer zurück in Richtung der Schenke, blickte sich noch einmal zweifelnd um und humpelte davon. Toth besann sich; er hatte keine Lust, ihm zu folgen.

Jetzt war es nicht mehr weit bis zum Haus der Afghanistan-Expedition. Es gehörte Fürst Esfandiar Bakhtiari, dem die Briten für seine Unterstützung bei der Ölförderung drei Prozent an der seinen Namen tragenden Bakhtiari Oil Company überlassen hatten. Wegen des Krieges hatte diese Gesellschaft 1914 allerdings keine Dividende mehr ausgezahlt. Der Fürst, der aus einer alten Nomadenfamilie stammte, reagierte ziemlich entrüstet. Er gab vor, fest an einen deutschen Sieg zu glauben, und machte Toth gegenüber Andeutungen, dass die Ölförderung in Persien unter deutschem Regiment sicherlich besser laufen werde – er erhoffe sich deutlich höhere Anteile. Toth tat seinerseits nichts, um diese Vorstellungen zu entkräften, und war äußerst froh, dass der Fürst ihm das Haus überließ, zunächst mietfrei. Später, nach dem Sieg, sollte dann in Anteilen nachgezahlt werden.

Nicht wenige aus Isfahans Oberschicht hatten offen ihre Sympathien für Deutschland bekundet. Die für die Entente überaus schlechten Nachrichten aus Gallipoli, wo die Briten mit französischen, indischen, australischen sowie neuseeländischen Truppen kämpften und hohe Verluste erlitten, ohne etwas zu bewegen, beflügelten die Phantasie der reichen städtischen Iraner. Im Desinteresse für ihr Land und seine zumeist bitterarme Bevölkerung folgten sie dem Beispiel des Schahs. Als jedoch Italien den Dreibund aufkündigte, um Österreich-Ungarn den Krieg zu erklären, und sich zugleich Gerüchte von einer bevorstehenden Invasion Teherans durch die Russen verbreiteten, waren Wellen der Beunruhigung durch die deutschfreundliche Oberschicht gegangen. Sollten sie auf die Falschen gesetzt haben?

Der Legationssekretär schlug mit dem Knauf seines Stocks an das Tor. Der Kopf eines österreichischen Soldaten erschien oberhalb der Mauer; er erkannte Toth, worauf drei schwere Balkenriegel zur Seite geschoben wurden.

«Ich muss zum Funkentelegraphiemeister», sagte Toth.

Der Österreicher, ein Feldwebel mit knorrig abgezehrtem Gesicht, ließ ihn passieren.

«Erdgeschoss Hinterhaus.»

«Ich weiß. Danke.»

Links hatten die Soldaten einen hölzernen Unterstand für die Leibpferde gebaut. Nur zwei braune Turkmenen standen dort, mit den anderen waren Leutnant Seiler und zwei aus der Mannschaft am

Morgen ausgeritten. Sie hatten für die Pack- und Mannschaftspferde außerhalb der Stadt eine Stallung gefunden, und der Innsbrucker legte trotz der Hitze Wert darauf, die Tiere jeden Tag zu bewegen, und kehrte meist erst am späten Abend zurück. Vor dem Stall hockten drei der Männer und blickten träge zu Toth hinüber. Ihre Gewehre lehnten hinter ihnen an der Mauer. Das Haus selbst besaß eine von Säulen gestützte Veranda, unter der ebenfalls Soldaten saßen. Die Uniformjacken hatten sie ausgezogen. Manche wirkten schläfrig, einer schnitzte an einem Holzstück, drei saßen auf dem Boden und spielten Karten und rauchten.

Toth nickte ihnen zu, betrat das Haus, durchschritt zügig den Flur. Manchmal, wenn er zu Besuch gewesen war, hatte man hier schon das Rattern des Generators vernehmen können, diesmal nicht. Die Funkanlage war in einer Art Gartenzimmer untergebracht, dessen Tür offenstand. Die beiden jungen Heeresfunker waren mit Putzen beschäftigt. Der Geruch von Schmieröl lag in der Luft.

«Guten Tag, die Herren», sagte Toth. «Ich habe eine wichtige Sendung abzusetzen. Kann ich den Funkentelegraphiemeister sprechen?»

«Sicher», sagte der eine von beiden, Palinke. «Der Chef is oben bei seine Viecher.»

«Oben?»

«Auf der Terrasse. Janz hoch laufen, uf 'n Dachboden, denn die Leiter. Immer dem Geruch nach ...»

Schmitt, der andere Funker, musste lachen.

«Ick werf schon mal die Maschine an, Herr Konsul.»

«Legationssekretär», verbesserte Toth, räusperte sich, legte die Finger der Rechten an den Rand seines Hutes und verließ den Raum.

2

Auf dem Dach traf ihn die Wucht der Sonne wie ein Schlag. Er nahm den Schatten eines Raubvogels wahr, der über dem Haus kreiste, und hörte zugleich die seltsamsten Laute, die je an sein Ohr gedrungen waren.

Sie kamen gleichmäßig pulsierend aus dem Bretterverschlag, den Stichnote auf dem Dach errichtet hatte. Toth vernahm eine Art sonores Blasen aus vibrierenden Lippen, dazu einen singenden Ton, dem sogleich wieder das Blasen folgte.

Weiter vorne am Dach hatten die Funker die beeindruckende Teleskopantenne aufgebaut, die einen bleistiftartigen Schatten mit einer Verdickung am Ende warf. Während er zu dem Verschlag ging, aus dem weiterhin die seltsamen Laute drangen, sah Toth, dass sich der Raubvogel auf der Spitze der Antenne niedergelassen hatte. Es war ein Sperber, dessen schwarzweiß-gestreiftes Unterkleid ihm wie eine Pluderhose stand. Nun saß er auf der Antenne, drehte unmerklich seinen schönen Kopf und blickte konzentriert in den Verschlag. Strenger Geruch entströmte diesem.

Wieder hörte Toth die Laute und klopfte vorsichtig an das Holz. Aufgeschrecktes Flügelflattern war die Antwort. Dann sagte Stichnote: «Wer immer es ist: langsam reinkommen, bitte.»

Toth öffnete die aus Brettern gezimmerte Tür und erblickte den Deckoffizier. Ein gutes Dutzend oder mehr Tauben saßen ihm, der mit einer einfachen Hose und einem losen Leinenhemd bekleidet war, auf Schultern, Kopf und Armen. Kaum dass Toth die Tür hinter sich geschlossen hatte, stoben die Vögel trotz ihrer Verbundenheit mit dem Schlagmeister auseinander und suchten sich einen Platz auf den Holzstangen an der Längsseite des Verschlags.

Ein Tier hielt Stichnote noch in den Händen. Toth sah mit einiger Faszination, dass die Taube vollkommen ruhig war, während Stichnote die linke Hand um ihren Unterleib geschlossen hielt und ihr mit der rechten sanft den Hals strich. Dazu ließ er wieder jene eigenartigen Laute vernehmen, und sofort begriff Toth, dass der Funkoffizier in der Sprache der Tauben kommunizierte. Dann ließ er das Tier davonflattern, das sich sogleich zwischen seine Artgenossen drängte.

«Die Hand gebe ich Ihnen nicht», lachte Stichnote und wies auf einen blassen krümeligen Fleck auf seiner Rechten. Der Rest Taubenschiss machte Toth bewusst, wie erstaunlich sauber der Schlag ansonsten war, trotz des strengen Geruchs.

«Wie viele Tauben haben Sie, Herr Offizier?»

«Ziemlich genau zweihundertdreißig», erwiderte Stichnote und wandte sich schon wieder den Vögeln zu. Manche pickten ihm zärtlich in die Hände, die langsam nach oben stiegen und sich neuerlich eine Taube griffen. «Lassen Sie mich die noch schnell anschauen.»

«Wonach suchen Sie denn?»

«Es ist nichts», sagte Stichnote. «Gestern hatte ich eine Täubin mit einer Infektion, aber wir haben wohl Glück. Habe keine weitere entdeckt.»

«Eine Infektion wovon?»

«Der Augen», sagte Stichnote, ließ die eben untersuchte Taube davonflattern und wies dem Diplomaten lächelnd die Tür.

«Gehen wir raus. Hier bin ich erstmal fertig. Ausgemistet und gefüttert hab ich schon.»

Stichnote schloss das Gatter.

«Sehen Sie mal, Herr Offizier, auf der Antenne.»

«Der Vogel. Der ist immer da.»

«Der Vogel? Kennen Sie den persönlich?» Stichnote musste lachen.

«Das sagen wir so. Es gibt Tauben – und die Tiere, deren Beute die Taube ist, nennen wir nur ‹den Vogel›. Taubenzüchtersprache.»

Toth blickte erstaunt.

«Früher hatte die Marine auf jedem Schiff Brieftauben», erklärte

Stichnote. «Hab das regulär gelernt, auf der Schule, mit Abschluss: Schlagmeister. Hatte aber schon als Kind in München Tauben unterm Dach.»

«Jetzt, wo Sie das sagen, erinnere ich mich. Sie haben das damals erwähnt, an jenem ... Abend in Durazzo. Aber ich hatte Sie dann doch eher in der Welt der Technik gesehen. Die Tauben scheinen Sie regelrecht zu lieben.»

«Wenn man nicht gerade Mord und Totschlag verbreitet, ist das normal. Ich bringe ihnen ja das Futter.»

«Und beschützen sie vor dem Vogel.»

«Mehr als eine würde er nicht erwischen, wenn überhaupt. Viel schlimmer sind Schlangen, da muss man aufpassen.»

«Aber was haben Sie denn nun eigentlich mit den Tauben vor?»

Bevor Stichnote dazu kam, seinen genauestens durchdachten Plan bezüglich der Brieftauben zu erläutern, drang eine erste gewaltige Rauchwolke vom Generator herauf.

Stichnote stutzte.

«Bitte sehen Sie es Ihren Leuten nach. Ich habe eine dringende Nachricht abzusetzen und wollte Sie bitten, mir dabei zu helfen.»

«Verstehe. Das machen wir natürlich. Kommen Sie.»

An der Leiter zog Stichnote seine Sandalen aus und stieg barfüßig hinab. Er schickte den Legationssekretär gleich nach unten und ging selber in sein Zimmer, um sich zu waschen und die Uniform anzuziehen.

Als er nach unten kam, schnurrte der Generator bereits. Schmitt stand daneben und kontrollierte den Ölstand. Palinke blickte auf die hell erleuchteten Anzeigen, die munter volle Leistungsfähigkeit bescheinigten. Sie waren im Äther.

«Wir können loslegen. Wer ist der Empfänger?», fragte Stichnote und setzte sich Toth gegenüber. Alle Möbel im Funkraum waren aus Brettern selber zusammengebaut.

«Ist gar nicht viel, aber privater Natur, deshalb mag ich nicht über die Botschaft in Teheran gehen. Prinz Reuß, unser neuer Botschafter, führt ein strenges Regiment.»

«Das ist kein Problem», sagte Stichnote.

«Hier, bitte», er reichte eine mit seiner gestochenen Handschrift bedeckte Seite.

Der Legationssekretär bemerkte jetzt zum ersten Mal die tiefsitzende Müdigkeit in Stichnotes Augen, so als habe sich ein Schleier zwischen den Funkoffizier und die Welt gelegt, hinter dem sich der muntere junge Mann, den Toth damals in Durazzo kennengelernt hatte, verbarg.

«Es ist eine Bücherliste. Was sonst! Bitte sehen Sie mir das nach, aber ohne die Bücher kann ich nicht weiterarbeiten, und hier bekomme ich einfach keines davon. Ohne meinen Buchhändler in Konstantinopel bin ich verloren.»

«Schön und gut. Aber hat ihr Buchhändler Funkentelegraphie?»

«Nein, aber einen Vertrag mit der österreichischen Post. Das ist der Code des Postamts.»

«In Ordnung. Versprechen kann ich nichts. Wir müssen da über verschiedene Relaisstationen gehen. Kann eine Weile dauern, bis wir Antwort bekommen.»

«Ich habe Zeit.»

Instinktiv blickte Stichnote auf seine Movado, die er seit den unglückseligen Tagen am westlichen Fuß des Zagros-Gebirges nicht wieder vergessen hatte aufzuziehen. Sie zeigte ihm zwanzig nach eins. Erinnerungen an die BRESLAU überkamen ihn, da er zum ersten Mal seit langer Zeit Kontakt mit der Stadt an den zwei Meeren aufnehmen sollte.

Standen seine alten Kameraden bei strahlendem Sonnenschein irgendwo im Gefecht mit den Russen? Begleiteten sie Transportschiffe an der Schwarzmeerküste? Lagen sie in der Stenia-Bucht und wurden überholt? Hatten sie vielleicht ein paar ordentliche Treffer abbekommen?

Er glaubte, das Getrampel auf den Niedergängen zu hören, das Stampfen im Maschinenraum und das geliebte, unendlich ferne Seemannsplatt der Messe. Und da war der mit allerfeinster Technik angefüllte Funkraum, dicht hinter einem der Schlote. Er erinnerte sich an den Staubgeruch warmer Leitungen und das Gefühl der leicht schweißigen Kopfhörer, die er Hunderte, ja Tausende Stunden getragen hatte. So wie Eibo, sein bester Freund.

«Gut», sagte Stichnote, «kann losgehen.»

3

Es dauerte Stunden, bis sie die Toth'sche Bücherliste an den Bosporus gefunkt hatten. Vom Meidan war längst die seltsame Posaunenmusik erklungen, mit der man den Untergang der Sonne beging. Nach Einbruch der Dunkelheit wurde Isfahan gänzlich zur Geisterstadt, denn seine Bewohner fürchteten die Nacht. Die Tore der einzelnen Stadtviertel wurden geschlossen. Toth musste wohl oder übel im Haus der Soldaten übernachten, war darüber aber gar nicht traurig.

In der Zwischenzeit war Leutnant Seiler zurückgekehrt, die Pferde standen wohlversorgt unter ihrem Dach, und die Männer saßen zusammen im Hof und aßen. Es gab auch einen Offizierstisch mit Tischdecke, an den der Legationssekretär gebeten wurde.

Leutnant Seiler hatte drei Gläser und eine Flasche Wein daraufgestellt, die Amadeus Toth nachdenklich betrachtete.

«Darf ich fragen, wofür Sie speziell diese Bücher brauchen? Sie haben erzählt, dass Sie selber an etwas schreiben», sagte Stichnote.

«Ja, in der Tat», erwiderte Toth melancholisch. «Aber leider muss ich, um selber auch nur eine Seite schreiben zu können, unzählige andere Seiten lesen. Das ist mein Menetekel – ich bin ein Bücherwurm und nähre mich von Druckerschwärze.»

«Und worum geht's nachher in Ihrem Büchel?», fragte Seiler.

«Die Geschichte spielt ungefähr im Jahr Tausend.»

«In welchem Jahrtausend?»

«Nein, Verzeihung, tausend nach Christus.»

«Dann versteh ich, dass Sie die vielen Bücher brauchen.»

«In der Tat, die Quellenlage ist schwierig, aber nicht hoffnungslos.»

«Worum geht's denn nun?»

«Nun, im Jahr Tausend hatte Deutschland vor allem ein wichtiges Exportgut.»

Er blickte vergnügt fragend drein, aber die anderen beiden schüttelten nur den Kopf.

«Sklaven.»

Das hatten seine Zuhörer noch nie gehört.

«Nachdem Karl der Große die Sachsen bekriegt und erobert hatte, war das Frankenreich bis an die Elbe ausgedehnt. Östlich der Elbe lebten heidnische Stämme, die sich beharrlich weigerten, den christlichen Glauben anzunehmen. Grund genug, sie mit edel motivierten Raubzügen heimzusuchen.»

«Was waren das für Leute?»

«Nun, man nannte sie, ihrem Bestimmungszweck entsprechend, einfach nur ‹Sklaven›, woraus dann ‹Slaven› wurde.»

«Daher kommt ‹Slaven›?»

«Exakt. Meine Geschichte beschäftigt sich mit einem jungen Mann, der von frisch christianisierten Sachsen geraubt und den Rhein hinunter auf der Sklavenstraße weitertransportiert wird. Die wichtigste Zwischenstation war die Stadt Verdun. Dort stand das größte Krankenhaus Europas, privat betrieben.»

«Aha, da ham sie die Sklaven untersucht, dass ihnen nichts fehlt?», fragte Seiler.

«Dort wurden sie kastriert.»

«Wie bitte?»

«Eunuchen. Brachten wesentlich mehr Geld. Aber dazu durften sie natürlich nicht sterben. Also wurden sie von bestens ausgebildeten jüdischen Ärzten in Verdun fachmännisch operiert, die Wunden wurden versorgt. Wenn sie reisefähig waren, übernahmen sephardische Kaufleute die fertigen Eunuchen und brachten sie nach Spanien, in das Emirat von Córdoba. Viele blieben dort, aber nicht wenige wurden weiterexportiert, über Nordafrika, Ägypten bis ins Reich der Abbasiden nach Bagdad und weiter noch, bis Persien. Das ist meine Geschichte, die Geschichte eines solchen slavischen Jünglings, der irgendwann in Persien landet, wo er als hochgeschätzter Haussklave ein feines Leben führt.»

«Feines Leben?»

«Ja, ich weiß, das klingt schon bedrückend, die Sache mit der Kastration. Aber wenn man sie überlebte, war man wertvoll und wurde gut behandelt. Die damaligen Herren der moslemischen Welt, die Araber, überall in der Minderheit und nicht gerade beliebt, brauchten Mitarbeiter, denen sie vertrauen konnten.»

«Also, des will ich lesen», sagte Seiler mit wohligem Schauder.

«Wann sind S' denn fertig?»

«Das», so Toth mit Zurückhaltung, «wird wohl noch ein wenig dauern.»

Toth genoss die Resonanz der beiden, verschwieg ihnen aber, dass er die Geschichte als ein Gewitter durcheinanderwirbelnder Sprachen und Bedeutungsebenen plante: Altslawisch, Fränkisch, Vulgärlatein, Spanisch, Arabisch und Persisch miteinander zu einer Dichtung vermengt, ein Ozean der Zeichen, für den sich Toth nicht die geringste Hoffnung machte, einen anderen Verleger als sich selbst zu finden. Wenn er überhaupt je damit fertig würde.

«Sie sehen also», sagte er, auch um die sein literarisches Projekt umwehende Melancholie zu vertreiben, «wir waren schon vor tausend Jahren exportorientiert. Noch mehr sind wir es heute. Fast jeder unserer in Isfahan lebenden Landsleute hat irgendetwas zu verkaufen. Da fragt man sich wirklich, wofür wir diesen Krieg eigentlich führen. Weltgeltung! Wir sind doch schon überall.»

«Es geht wohl um mehr», sagte Stichnote, ohne recht zu wissen, was genau dies sein konnte. Zu lange schon war er abgeschnitten von jeder Art von Propaganda, wie sie die Hauptquartiere über die Zeitungen verbreiteten.

«Was meinst jetzt? Den Heiligen Krieg etwa, den wo mir führen?» Seiler lachte spöttisch.

«El-Dschihad», sagte Toth mit ernster Stimme.

«Also, wirklich verstanden habe ich unseren Dschihad bis heute nicht», entgegnete Stichnote nachdenklich. «Und je länger ich hier bin, desto weniger verstehe ich, was der Heilige Krieg des Islam sein soll. Die Leute hier, die Perser, die sind doch auch Moslems.»

«Schiiten», sagte Toth und setzte hinzu, dass die Schiiten mehr als die übrigen Mohammedaner an eine radikale Zweiteilung der Welt in Gut-Böse, Gott-Teufel, Wahr-Falsch glaubten. Das sei ein Erbe des alten Zarathustra, der diesen ewig ringenden Dualismus in die Welt gebracht habe.

«Ein Mann auf dem Meidan hat mir erzählt, dass die Schiiten hier, die Iraner, auf die Wiederkehr ihres Anführers warten», sagte Stichnote.

«Der verborgene Imam», sagte Toth.

«Ja. Er hat mir erzählt, dieser Imam habe sich in einem tiefen Brunnen verborgen, in einer Stadt nördlich von hier.»

«Qom», präzisierte Toth. «Ein wichtiger Wallfahrtsort.»

«Am Grund dieses Brunnens wartet der verborgene Imam auf den Tag des Gerichts, dann wird er aus dem Brunnen nach oben steigen. Zusammen mit Jesus Christus. Ist doch verrückt, oder?»

«Was, dass Jesus auch dabei sein soll?»

«Das finde ich eher sympathisch. Aber nein, dass sie auf den Tag des Gerichts warten. Der Mann meinte, er versichere sich jeden Abend bei seinem letzten Gebet, dass am nächsten Morgen der Imam aus dem Brunnen von Qom steigen wird und alles irdische Leben vorüber ist. Darüber muss ich die ganze Zeit nachdenken.»

«Die Apokalypse. Wer dächte nicht daran, in diesen Zeiten.»

«Das erklärt auch, warum die Leute hier sich das alles so gefallen lassen», raunzte Seiler. «Die leben doch von der Hand in den Mund. Die Stadt kracht zamm, gibt kein Kanal, stinken tut's wie aufm Sch..., aber die Engländer verdienen sich dumm und dämlich am Öl. Uns Tiroler hätten die Oberen auch verschachert, aber wir haben uns gewehrt. Das wird hier auch passieren. Heilig oder nicht. Die nächste persische Revolution kannst nicht aufhalten.»

«Ich habe gehört, Herr Seiler, dass Sie an einem Stockballspiel auf dem Meidan teilgenommen haben.»

«Ja, aber wie die hier Polo spielen, musst aufpassen, dass du das überlebst. Was die auf ihren Pferden anstellen ... Wahnsinn.» Seiler nahm einen tiefen Schluck Wein.

«Wussten Sie, dass die alten Perser Polo ursprünglich mit den abgeschlagenen Köpfen ihrer Feinde gespielt haben?»

«Ist das wahr?»

«Durchaus. Pro Partie brauchte man vier bis fünf Köpfe, weil die irgendwann zerbrachen. Lang ist's her, der Sport ist geblieben. Soweit ich weiß, stand Polo ja auch auf dem Programm für die Olympischen Spiele nächstes Jahr in Berlin. Zu schade, dass daraus nichts wird. Sie hätten nach der praktischen Erfahrung hier für Österreich antreten können.»

«Sind die Spiele jetzt endgültig abgesagt?»

«Mittlerweile ja. Wir vom diplomatischen Korps haben eine entsprechende Note bekommen.»

Toth bemerkte, dass Stichnote kaum etwas aß. Die Müdigkeit in seinem Blick hatte sich deutlich verstärkt, nun war auch noch ein Flackern hinzugekommen.

«So haben Sie beide sich hier also eingerichtet. Der eine mit Pferden und der andere ist unter die Taubenzüchter gegangen. Apropos, was haben Sie denn nun vor mit den Tauben?»

«Das ist einfach erklärt», sagte Stichnote. «Wir haben die Telefunkenanlage zweitausend Kilometer bis Isfahan geschleppt und weiß Gott, das war nicht leicht. Wir haben auf dem Weg unseren besten Mann verloren.»

Er blickte zu Seiler hinüber, mit dem er schon oft über die ihn bedrückenden Ereignisse an der Grenze gesprochen hatte, und dieser lächelte ihm milde zu. Den Dünkel des echten Offiziers, den auch Niedermayer gern an den Tag legte, da Stichnote ja nur Deckoffizier war, ein etwas besserer Feldwebel also, hatte er abgelegt. Er nickte und dann erhob er sich vom Tisch, um noch einmal nach einem der Pferde zu sehen.

«Durch die Wüste kriegen wir die Anlage nicht», erläuterte Stichnote weiter seinen Plan. «Es tut mir in der Seele weh, aber es wäre unverantwortlich. Allein das Petroleum für den Generator mitzuschleppen wäre schon ein Wahnsinn.»

«Und jetzt nehmen Sie Brieftauben mit?»

«Genau das habe ich vor.»

«Alle Welt singt Hymnen auf die moderne Technik, und Sie gehen einen Schritt zurück. Faszinierend. Wie kamen Sie darauf?»

«Ist Ihnen noch nicht aufgefallen, dass Isfahan die Stadt der Tauben ist? Kennen Sie nicht die Taubentürme? Das in den Türmen sind freilich wilde Tauben, da geht es um den Dünger. Aber ich war mir sicher, dass es hier auch fähige Brieftaubenzüchter geben müsste.»

Toth kannte die gewaltigen Schwärme von Tauben natürlich, ohne dass er jedoch deren Verunreinigungen gesehen hätte, wie es etwa in

Venedig der Fall war. Das lag also daran, dass man ihnen Nisttürme gegeben hatte.

«Die Funkenanlage bleibt hier in der Etappe, zusammen mit den beiden Funkern und ein paar anderen Männern. Von hier aus können wir nicht nur Teheran, sondern sogar Konstantinopel erreichen, das haben wir ja gesehen. Und damit im Grunde auch Berlin.»

«Aber natürlich nur in einer Richtung.»

«Korrekt. Aber wenn ich Oberleutnant Niedermayer richtig verstanden habe, wird es vor allem darum gehen, den Nachschub zu sichern, da genügt die eine Richtung.»

«Was ist mit Niedermayer? Ist er noch in Teheran?»

«Ja. Wir haben alle zwei Tage Funkkontakt über die Botschaft. Morgen früh wieder.»

«Wissen Sie, wie es Adolph geht?»

«Gut, nehme ich an.»

Der Legationssekretär wusste nicht recht, wie er weiterfragen sollte. Er machte sich Sorgen wegen des Sohns seiner alten Freunde, den er nur einmal kurz nach seiner Ankunft gesprochen hatte und der dann von Niedermayer zusammen mit dem charismatischen indischen Prinzen nach Teheran bestellt worden war. Er starrte auf die halbvolle Weinflasche, steckte sich eine Zigarette auf die Spitze und dachte daran, was er Adolphs Mutter hatte versprechen müssen, nachdem sie ihn eingeweiht hatte. Aber war solch ein lebenslanges Schweigen überhaupt möglich?

Aus dem Garten drangen die Stimmen einiger Soldaten herüber, die Karten spielten und sich stritten. Es war immer noch sehr warm. Grillen zirpten. Ein paar der Männer fingen an, sich die Betten im Freien zu machen. Der Mond bestach durch seine halbierte Brillanz. Toth spürte den Durst.

Stichnote, der kaum etwas zu sich genommen hatte, war aufgestanden und tauschte ein paar Worte mit dem Koch, der endlich abräumen wollte, dann entschuldigte er sich für den Moment bei Toth und ging nach oben. Gerade als der Koch die Weinflasche auf sein Tablett stellen wollte, räusperte sich Toth auf liebenswürdige Art, nahm beherzt die Flasche und goss sein bislang leeres Glas randvoll. Ohne darauf zu achten, ob jemand zusah, schloss er die Augen, setzte das Glas an, der erste Hauch des schweren, warmen Weins ließ seine Lippen zittern und sein Magen tat einen vorfreudigen Hüpfer. Dann stürzte er das Glas in einem Zug hinunter. Es fühlte sich herrlich an, berauschend wie ein unendlicher Fall.

4

Stichnote richtete sein Bett für den Legationssekretär her und schaffte für sich selbst Matte, Decke und ein Kissen aufs Dach. Als er das erledigt hatte, ging er wieder nach unten. Er fand Toth am Tisch der Kartenspieler, fröhlich kiebitzend, in der einen Hand ein gefülltes Glas, in der anderen eine brennende Zigarette. Die Krawatte hatte er gelockert.

«Ah, da kommt ja unser Funkoffizier!» Der Legationssekretär saß zwischen den österreichischen Gebirgsjägern wie inmitten einer Runde alter Freunde. «Habe selbst früher das ein oder andere Mal tarockiert, und die Herren spielen wirklich gut. Ich bleibe noch ein wenig sitzen. Hier kann ich noch was lernen.»

«Natürlich. Ich habe Ihnen oben in meinem Zimmer das Bett gemacht. Nussbaumer, Sie zeigen dem Herrn Legationssekretär nachher, wo's langgeht. Ich schlafe auf dem Dach. Gute Nacht.»

Er holte noch schnell das in ein Tuch gewickelte Rauchzeug aus seinem Zimmer und stieg hinauf. Die Tauben schliefen ohne einen Laut in ihrem Schlag. Im Mondlicht lagen die Dächer Isfahans vor ihm, als hätte sich die Stadt aus der Tiefe eines Quecksilbersees erhoben. In der Ferne schimmerten die schneebedeckten Gipfel, und an manchen Stellen sah er dünne Rauchsäulen verglimmender Herdfeuer aufsteigen. Ganz leise hörte er die Stimmen seiner Kameraden aus dem Garten. Barfuß und nur mit seinem Leinenhemd bekleidet setzte er sich im Schneidersitz auf den Teppich. Seine blaue Stunde war endlich gekommen. Jeden Tag erwartete er sie ein wenig früher und ein wenig mehr. Liebevoll nahm er die langstielige Pfeife zur Hand und begann, die wachszähe braune Substanz aus dem kleinen Döschen zu kneten und sorgsam in den Kopf der Pfeife zu stopfen.

Mit dem Wirkstoff war er zunächst durch das Heroin bekannt geworden, das ihm Seiler gegen sein Zahnweh gegeben hatte. Faruks Tod und die Schrecken der Flucht erlebte er die Tage danach gedämpft durch die kostbare Substanz der Bayer AG, doch als diese Quelle versiegt war, wurden seine Zahnschmerzen wieder so stark, dass er Seiler anflehte, ihm zu helfen, koste es, was es wolle. Seiler hätte ihm selbst irgendwie den Zahn gezogen, aber sie waren zu diesem Zeitpunkt in der Nähe eines Dorfes von Schafzüchtern, in das Seiler ihn brachte. Und so hatte Stichnote Dr. Metzger, den Schiffsarzt der BRESLAU, die Zahnärzte Konstantinopels und zuletzt auch die nüchternen Militärzahnzieher Bagdads mit dem Ergebnis gemieden, dass er bei einem persischen Bader landete, der Schafböcke kastrierte, faulende Gliedmaßen amputierte und jedem im Dorf schon Zähne gezogen hatte. Dazu benutzte er eine Zange, die er von seinem Vater geerbt hatte. Doch bevor er sich daranmachte, den Zahn herauszureißen, dessen ungebremste Karies längst den hinteren Nachbarzahn angegriffen hatte, verpasste er dem vor Schmerz bebenden Funker ein selbst hergestelltes Opiumzäpfchen aus Wolle, das wesentlich stärker wirkte als das mit Wasser eingenommene Heroin. Dann riss der Bader erst den monatelang Umschwiegenen heraus, und danach gleich noch den anderen Zahn. Vorsorglich gab er seinem Patienten, für den es trotz seiner Schmerzen keinen Pflegeaufenthalt geben konnte, ein paar dieser Zäpfchen mit. Dieses rektal eingenommene Opium ließ ihn zwischendurch ein paarmal fast vom Pferd fallen; es betäubte den Schmerz, machte aber auch auf eigentümliche Art müde oder besser, baute dem Geist einen komfortablen Beobachterposten, auf den dieser sich zurückziehen konnte, während sie sich nach Isfahan schleppten, die Geier des Zarathustra beständig über ihnen.

Als sie den Zagros überwunden hatten, erreichten sie das fruchtbare Tal des Flusses Zayandeh Rud, kamen an Getreideäckern und Feldern mit blühendem Schlafmohn vorbei, und Stichnote bemerkte einen Typus immer wiederkehrender Bauwerke, Türme, die mitten in der Landschaft standen und deren Sinn er erst nach und nach begriff: Es waren die Taubentürme, jahrhundertealt, aber immer noch in Betrieb.

Sie erreichten Isfahan und bezogen ein Haus, das Toth ihnen auf die Schnelle vermittelte. Sie nahmen die Funkentelegraphieanlage in Betrieb. Ziemlich bald ging ihnen das Geld aus, und Seiler und ein paar seiner Männer besorgten welches, ohne den anderen zu sagen, wie. Plötzlich waren sie wieder flüssig. Prinz Khan, der Stichnote immer merkwürdiger vorkam, ein wirklicher Fanatiker, und Zickler, der sich mittlerweile selbst den Namen Abu Bakr gegeben hatte, wurden recht bald von dem mit dem Rest der Mannschaft nach Teheran gezogenen Niedermayer eben dorthin bestellt, um den Verhandlungen bei Hofe mehr Gewicht zu verleihen. Sie nahmen die Postkutsche in die vierhundert Kilometer nördlich gelegene Hauptstadt.

Stichnotes offenes Zahnfleisch heilte und bot seiner Zunge nach einer Weile nur noch eine kuriose Leerstelle wie dem Veteranen einer Schlacht, der nach langer Zeit noch einmal den Grund des Gemetzels betritt. Opiumzäpfchen oder dergleichen nahm er nicht mehr. Stattdessen machte er sich Sorgen, wie es mit der Funkenanlage weitergehen würde, und auch die erneut ins Stocken geratene Expedition bekümmerte ihn. Doch richtig bedrückend wurde es, als der 1. Juni 1915 näherrückte.

Schon ein paar Tage vor diesem Datum begannen die Gedanken des Funkers ihn herunterzuziehen. Immer wieder erschien ihm das Bild des Towers von London vor Augen, ein Schemen nur, ein Bauwerk aus einem Traum, und dazu eine kleine, weit entfernte Gestalt, seine Arjona, die sich immer wieder dorthin auf den Weg machte. Der Brief, den sie ihm geschrieben hatte, war mittlerweile zerlesen und roch nur noch ganz schwach nach ihrem Parfum. Immer wieder stellte er sich vor, wie sie auf ihn warten würde. Vergeblich. Er war ein Funker in der Funkerhölle und musste seine Zeit damit verbringen, sie totzuschlagen. Gestrandet in einer vor Hitze glühenden Stadt, in der er sich so weit fort von allem fühlte, was ihm wichtig war, dass er manchmal verrückt zu werden glaubte.

Am Mittag des 1. Juni irrte Stichnote durch die Gassen Isfahans und gelangte auf den Meidan. Er musste sich zwingen, nicht in die Sonne zu blicken, denn er verspürte eine Art perverser Sehnsucht nach körperlichem Schmerz und stellte sich vor, wie ihre Glut ihm die unnütz gewordenen Augen ausbrannte. Er fürchtete sich vor dem Anblick der maskierten Frauen, die von überall her auf ihn zuzukommen schienen, ihn in seiner Sehnsucht verhöhnend. Wie auf der Flucht betrat er den Basar und irrte durch das Labyrinth aus Läden, Plätzen und Gassen. Dann sah er den alten Mann. Eher ein Fakir denn ein Händler, mit einem nicht mehr ganz blütenweißen Turban auf seinem Schädel. Ein paar Teppiche, Kissen, vier, fünf Pfeifen und einige Sorten Opium, das war sein Geschäft. Bereitwillig stopfte er Stichnote eine Pfeife mit seinem besten Stoff und entzündete sie seinem traurigen Kunden.

Bei seinem bisherigen Konsum hatte der physische Schmerz die Wirkung absorbiert und allenfalls verschwommene Wahrnehmungen und Müdigkeit aufkommen lassen, keinen Rausch. Nun aber explodierte etwas in ihm, und Euphorie kam auf wie ein Gewitter aus heiterem Himmel. Auf unbegreifliche Weise verzog sich seine Niedergeschlagenheit und eine Stimme redete ihm ein, dass alles gut war, dass

Arjona jetzt gerade auf ihn wartete, wie sie es immer tun würde. Wenn er die Augen schloss, sah er sich mit ihr am Bahnhof in Konstantinopel stehen, inmitten des Qualms der abfahrbereiten Lokomotive, hörte ihre Stimme und glaubte sogar ihre Lippen zu schmecken, die ihm den Abschiedskuss gaben.

Der Schweiß rann ihm aus allen Poren, als er aufstand. Zum ersten Mal, seit sie in Isfahan standen, freute er sich, andere Menschen zu sehen. Sogar die maskierten Frauen bedrückten ihn nicht mehr. Jedem vermochte er arglos ins Gesicht zu blicken, und er bemerkte überrascht, dass er wohl ein überschwängliches Lächeln im Gesicht haben musste, das von einem ungewohnten Gefühl angespannt wurde. Irgendwann kam er wieder auf den Meidan und ging unter dessen Arkaden entlang. Vor einer Teestube sah er zwei Männern bei einer Partie Schach zu. Auf den ersten Blick erkannte er, dass Schwarz die stärkere Position hatte, denn dessen Figuren waren besser verbunden. Bei Weiß hingegen hatte etwas im bisherigen Verlauf die Rochade verhindert. Die Miene des Spielers der schwarzen Figuren sprach eine deutliche Sprache – er wirkte höchst zufrieden.

Die weißen Türme sind nicht verbunden, dachte Stichnote, das ist schlecht. Die Türme müssen kommunizieren, nur dann sind sie stark.

Kaum dass er diesen Gedanken gedacht hatte, geschah, was er als geistigen Schock, als Stromschlag einer Erleuchtung empfand. Denn der Tower von London, an dem Arjona vergeblich auf ihn wartete, und die Taubentürme von Isfahan, auf die er beim Einzug in die verzauberte Flussoase gestoßen war, verbanden sich auf geheimnisvolle Weise, befeuert von der Stellung der beiden weißen Türme.

Freudestrahlend nickte er den Schachspielern zu und lief auf den Platz, auf dem wie zur weltlichen Bestätigung seiner Vision ein riesiger Taubenschwarm niedergegangen war, um von Kinderhänden ausgestreute Körner zu picken. Brieftauben, sie wären die Lösung, die die Türme seines Netzwerks verbunden halten würden, trotz der Wüste, die vor ihnen lag. Mit dieser Einsicht glaubte er zugleich den Erfolg ihrer Mission mit Gewissheit spüren zu können: Kabul. Fast wähnte er sich schon dort, und im übernächsten Schritt, wie ein entfesselter Springer, der die Weite des Bretts durcheilt, sah er sich am Tower von London stehen, in einem Jahr, am 1. Juni 1916, mit einem Strauß persischer Rosen in der Hand. Was war schon ein Jahr! Für einen Seemann eine Zeitspanne, in der er sich nicht mal an der Nase kratzte.

Er wurde ein von der Liebe entfesselter Wüstendschinn. Er konnte fliegen. Sein in einen Weltempfänger verwandeltes Herz schlug rasend wie das eines Vogels, während er alles, was auf dem kuppelbekränzten Platz vor sich ging, gleichzeitig wahrzunehmen schien: eine Kamelkarawane, deren Glöckchen durcheinanderklangen, als sich die riesigen Tiere im Schatten einiger Mandelbäume niederließen; der Duft gerösteten Berjans mit Zimt und Safran; ein Eseltreiber, der mit seinen fünf weißen Eseln Körbe voller glänzender Granatäpfel beförderte und seine Tiere mit wenigen Schlägen antrieb; das Lied einer Surnay, deren Ton ansatzlos aus den Tiefen des Basars herantrieb; das Plätschern der Wasser; das Tschilpen von Spatzen sowie der scharfe Ruf eines Wüstenbussards, der über der unvergleichlichen Oase seine Kreise zog. Und inmitten dieses Universums erschollen nun die Rufe zum Nachmittagsgebet.

Tausende Male hatte Stichnote den Gebetsruf der Moslems vernommen, schon in Durazzo und wie oft erst in Konstantinopel, Aleppo, Bagdad und auch hier in Isfahan. Doch dieser schien ihm selbst zu gelten. Der Taubenschwarm stieg auf, und Stichnote kamen die Tränen. Er musste sich «Allah» nicht erst übersetzen. Er verstand den Namen. Er war einfach. Er war allgegenwärtig. Er war die Welt. Und Stichnote war ein Krieger. Wo er stand, ohne Waschung, ohne Teppich, fiel er auf die Knie, voller Seligkeit und Freude, weil die Welt zu ihm sprach und einen Auftrag formulierte, den er erfüllen würde.

5

Bald schon war er dazu übergegangen, bei sich im Quartier Opium zu rauchen, wenn die Tiere versorgt, der Funkdienst protokolliert und die Maschine gewartet waren. Alle paar Tage schloss er sich auch Seiler an, um seinen Tscherkessen zu bewegen, der ihm ans Herz gewachsen war.

Doch wenn der Abend gekommen war, zog sich der Funker zurück, stopfte sich ein Pfeifchen mit dem Stoff, den er sich bei dem Alten holte, und rauchte. Für ihn war es, als würde er ein Funkgerät auf die richtige Frequenz stellen. Wohl fiel ihm auf, dass er immer mehr Opium brauchte und dass langsam Störgeräusche auftauchten, zackige Schatten, die sich in seine Träume schlichen. Denn von dem körperlichen Bewegungsdrang, jener nicht nur gedanklichen, sondern auch motorischen Euphorie seiner allerersten Erleuchtung auf dem Meidan war nicht viel geblieben. Er rauchte nun im Liegen, wie es für diese Droge so typisch war. Dafür verschaffte das Opium ihm Träume.

Stichnote lag jetzt auf der Seite und hielt das Kopfstück seiner gut einen halben Meter messenden Pfeife über eine brennende Kerze. Der Stoff begann zu reagieren und gab ein dezentes Zischen von sich. Als sich genügend Dampf im Kopf gesammelt hatte, trank Stichnote den bitterherb schmeckenden, aber schon merklich gekühlten Nebel. Er wartete kurz, bis die erste Wirkung einsetzte, dann wiederholte er diesen Vorgang, und ein vager Griff an den Pfeifenkopf sagte ihm, dass die Pfeife aufgebraucht war. Erlöst legte er sie neben sich.

Beruhigung in Form von mächtig einströmenden Bildern, die er wie aus der Ferne sah. Sein Tagesbewusstsein war noch da, doch die Welt der Träume kam näher. Beide Sphären waren wie Land und Meer, und er wandelte gleichsam auf jener Linie, die mit steigender Flut immer undeutlicher wurde.

Unbewegt und scheinbar eingeschlafen lag er auf seiner Matte, den Kopf auf das Kissen gebettet. Nur sein linker Arm war leicht erhoben, seine Hand bewegte sich unendlich langsam, als wolle er müde nach etwas Imaginärem greifen.

Tote, Lebende, ferne Freunde, aber auch Unbekannte – sie traten hervor und entschwanden wieder. Mit dem letzten Rest seines wachen Bewusstseins fragte er sich, wann Arjona wohl wieder einmal zu ihm käme, um ihn in die Arme zu nehmen. Aber von dieser Art war der heutige Traum nicht. Arjona würde ihm nicht erscheinen.

Er war auf dem Schiff. Es war tiefste Nacht, und die menschenleere BRESLAU, ein Geisterschiff, hob und senkte sich wie in schwerstem Sturm. Stichnote durcheilte den Niedergang zum Maschinenraum: Die Türen der Kessel standen offen, und die Flammen schlugen heraus. Aber es war niemand da. Plötzlich stand er oben an Deck. Die Funkkabine war hell erleuchtet. Als er die Tür öffnete, saß Eibo in der für ihn typischen Art an der Anlage, den linken Ellbogen aufgestützt, die Hand am Kopfhörer, während er mit rechts unablässig auf den Morsetasten spielte, so schnell, dass Stichnote dem Code nicht zu folgen vermochte. Er blickte auf Eibos Hand und sah, dass kein Fleisch an den Fingern war. Die blanken Knochen klopften auf die Messingarmatur. Es war ein entsetzlicher Anblick, doch noch schrecklicher war, dass Eibo sich nun zu ihm umdrehte und sein bleicher Totenkopf ihm breit grinsend zunickte. Aus den Augenhöhlen züngelten die schleimigen Ärmchen eines Tintenfischs. Eibos Uniform dagegen war makellos.

Der Albtraum eines gewöhnlichen Träumers wäre hier wohl zu Ende gewesen. Er hätte die Augen aufgeschlagen, verwirrt umhergeblickt und sich seiner Umgebung versichert. Doch das vom Schlafmohn in Gang gesetzte Träumen war von größerer Stabilität, der Träumer erlebte es, als führte es ein Eigenleben, das langsam, Rausch für Rausch, Traum für Traum und mit wachsender Dosis sein Haupt erhob, ein Dämon, der sich von den inneren Energien des Opiumrauchers nährte.

Beunruhigendes war Stichnote in den Träumen schon zuvor untergekommen. Ein abgeschnittenes Ohr, das tropfend auf dem Tisch lag. Ein persisch sprechendes Pferd mit teuflischen Augen. Buntschillernde Schlangen, die seine Tauben vertilgten, auf Stichnote zuschnellten, sich ihm um den Hals wickelten und ihn würgten. Aber dies waren Schrecken am Rande gewesen.

Schon stand Eibo Knochenmann in entsetzlicher Deutlichkeit da und legte seine Arme um ihn. Die Fangarme des Tintenfischs traten aus den Augenhöhlen und begannen schmatzend, das Gesicht Stichnotes abzutasten. Der wehrte sich gegen die Umarmung, aber das Monster drückte mit hydraulischer Kraft. Er spürte den Oktopusschleim. Wusste nicht mehr, dass er träumte.

Der Druck nahm zu, schon vermeinte er das Krachen erster Rippen zu vernehmen. Der Oktopus wuchs, bis Stichnote sich in lichtloser Nacht am Grund eines erdrückenden Ozeans aus Hitze und Schleim wiederfand. Er begriff nicht, wie er überhaupt noch zu atmen vermochte, denn Stunden vergingen auf diese Weise. Er versuchte zu schreien, aber der quetschende Schleim drang in seine Kehle und erstickte ihn. Und doch starb er nicht, wie er eigentlich angenommen hatte. Er musste es ertragen. Weiter und weiter. Ungeheure Trauer erfasste ihn.

6

Kaum dass die Sonne ihm auf Stirn und Wangen zu brennen anfing, erwachte er. Der Schlaf des Opiumrauchers ist weniger erfrischend als der gewöhnliche, doch er rappelte sich sofort auf und bemerkte die leichte Morgenübelkeit, an die er sich schon gewöhnt hatte. An den

Schreckenstraum hätte er sich lieber nicht erinnert, aber der stand mit jedem Detail vor ihm. Voller Angst betastete er seinen Brustkorb, dem nichts fehlte.

Er räumte das Rauchzeug zusammen und nahm sich vor, fürs Erste die Finger vom Opium zu lassen. Zugleich faszinierte ihn das Ausmaß der zeitlichen Illusion seines Albtraums, das Gefühl von Jahren gelebter Zeit, die er auf dem Grund des schrecklichen Ozeans zugebracht zu haben empfand. So entsetzlich der schleimig-lebendige Kerker auch war, der ihn umfangen hatte – jetzt, wo die Jahre der Kerkerhaft hinter ihm lagen und er körperlich kaum verändert in die heiße Morgensonne blinzelte, die die Kuppeln der Moscheen am Meidan zum Funkeln brachte, faszinierte ihn die Vorstellung eines anderen Lebens, das es tief da unten gab, des Lebens in einer anderen Zeit, die der Geist selbst hervorzubringen schien.

Noch vor dem Frühstück mistete er den Taubenschlag aus. Es war schweißtreibende Arbeit, die ihm wohltat. Den Mist seilte er in einem Korb in den Hinterhof ab.

Dann entdeckte er, dass mehrere Tauben angefangen hatten zu brüten. Ohne ihn zu attackieren, ließen sie sich von ihrem Gelege nehmen und wieder draufsetzen. Beruhigend sprach er auf die Tiere ein, und wie immer hockten sich viele der Tauben auf seine Schultern und Arme, zupften an seinem Hemd, knabberten an seinen Haaren und Ohrläppchen. Mittlerweile konnte er die meisten Tiere unterscheiden. Eine Täubin mochte ihn ganz besonders, flatterte immer als Erste zu ihm hin und saß dann ganz ruhig auf seinen Schultern und gurrte ihm ins Ohr. Er liebte es, ihr in die roten Augen zu blicken. «Ich liebe dich», schienen sie zu sagen.

Schließlich lief er nach unten, kippte den Korb auf den Misthaufen, warf ein paar Handvoll Kalk darüber, band einen frisch gefüllten Wasserschlauch an das Seil, lief wieder aufs Dach, um ihn hochzuziehen, reinigte das Wasserbecken, gab frisches Wasser hinein und holte den

Reis und die Gerste, mit denen er die Tauben fütterte. Dabei sinnierte er, dass er die Tiere bald einmal baden sollte.

Ohne daran zu denken, dass er einen Übernachtungsgast hatte, betrat er sein Zimmer und fand Legationssekretär Toth, nur halb ausgezogen, schnarchend auf dem Bett liegen. Die dürre Brust, aus der die Rippen hervorstachen, erinnerte ihn auf unangenehme Weise an seinen Traum. Es roch nach alkoholischem Exzess. Er ließ Toth schlafen, nahm seine Uniform mit und wusch sich am Brunnen.

Einer der Männer, denen Toth gestern beim Kartenspielen zugesehen hatte, bestätigte ihm, dass der Diplomat bis zum Umfallen getrunken und nach dem Wein um Schnaps gebeten hätte.

«Er ist anständig geblieben, Herr Deckoffizier, absolut anständig. Erst war er noch lustig, dann hat es ihn mit einem Schlag umgehauen. Wir haben ihn zusammen hochgeschleppt.»

Der Koch war zum Einkaufen auf den Basar gegangen, aber Stichnote fand heißes Wasser auf dem Herd und brühte sich einen Mokka. Appetit hatte er keinen. Um zehn vor acht war er im Funkraum, wo die beiden Berliner schon länger tätig waren. Der Stromgenerator auf dem Hinterhof arbeitete.

Kurz nach acht Uhr begann die Übertragung aus Teheran. Palinke hatte Dienst. Die codierte Übertragung begann. Mit Hilfe des Schlüssels stand der Text nach ein paar Minuten im Klartext.

Verlassen Teheran heute. Ziehen entlang Postroute. Erbitten Vorauskommando. Vorbereitungen für Aufbruch Isfahan baldigst nach Ankunft. Gez. Niedermayer

«Wie lang werden die brauchen?», fragte Stichnote Seiler.

«Die Straße ist trocken und einigermaßen in Ordnung. Die Postkutsche benötigt fünf Tage. Wie ich Niedermayer kenne, wird er nicht viel länger brauchen. Wir brechen morgen auf und reiten ihnen entgegen. Ich und zwei Mann. Wir nehmen drei Ersatzpferde mit. Jetzt scheint's endlich loszugehen.»

«Sieht so aus.»

«Bin neugierig, was der Chef zu deiner Taubenidee sagen wird.»

«Was denkst du darüber?»

«Du bist der Funkoffizier. Ich verlasse mich auf dich. Tauben waren immer dabei, bei jedem Feldzug. Haben wir doch heute noch im Heer.»

«Ich frage mich nur, ob wir nicht Vorbereitungen hätten treffen müssen, die Anlage doch mitzunehmen. Ich stelle ihn ja dann praktisch vor vollendete Tatsachen.»

«Wenn er wirklich darauf besteht, dass du die Anlage mitnimmst, dann müssen wir eben noch ein paar Tiere kaufen. Da würde ich mir an deiner Stelle nicht den Kopf zerbrechen.»

Die von allen langersehnte Nachricht, dass die letzte Etappe ihrer Reise kurz bevorstand, sprach sich schnell herum. Geschäftigkeit wie in einem Bienenschwarm am ersten warmen Tag nach dem Winter brach aus. Irgendwann tauchte Legationssekretär Toth auf.

«Gut geschlafen?»

«Wie tot», sagte der jämmerlich dreinblickende Diplomat heiser. Er blickte um sich. Im Garten wurde Proviant aufgestapelt, Listen angelegt. Die Pferde wieherten nervös. Direkt neben ihrem Stall trugen Seiler und ein paar seiner Männer das Gepäck für das Vorauskommando zusammen.

«Ist mir etwas entgangen?»

«Heute Morgen kam die Nachricht, dass wir bald aufbrechen. Nach Osten.»

«Respekt. Sie wissen nicht, ob Adolph mit dabei sein wird?»

«Nein, das weiß ich nicht. Aber warum sollte er nicht dabei sein?»

«Herr Funkoffizier, ich bin mir darüber im Klaren, dass Sie ihn decken.»

«Nach allem, was wir zusammen erlebt haben, muss ich das doch.»

«Versprechen Sie mir, dass Sie auf ihn achtgeben?»

Toth blinzelte durch seine Nickelbrille, kratzte sich den Schädelschopf. Seine Krawatte hing unordentlich gebunden unter seinem Vatermörderkragen.

Stichnote nickte.

«Wissen Sie, ich kenne seine Eltern.»

«Ja, das haben Sie erzählt.»

«Ich habe so oft über alles nachgedacht.»

«Sie haben ihm das Leben gerettet. Auch ich bin Ihnen dafür dankbar. Der Angriff damals galt mir.»

«Das habe ich mir schon gedacht.» Treu blickte er Stichnote ins Gesicht und drückte seine Hand. «Bitte geben Sie mir Nachricht, sobald die Expedition eingetroffen ist. Ich muss Adolph noch einmal sehen, bevor Sie aufbrechen.»

«Das werde ich. Aber warten Sie kurz. Ich bin Ihnen noch etwas schuldig.»

Stichnote eilte auf sein Zimmer, holte den Seesack mit seinem persönlichen Besitz hervor, in dem sich neben Arjonas Brief immer noch das sorgsam gehütete Große Spiel befand. Er holte das Buch heraus, das er seit der Beschießung von Bône mit sich geführt hatte.

Auf zwei Planeten.

Eibo, Arjona und Faruk hatten es gelesen.

Beim Anblick des braunen Leinenbandes mit der kosmischen Ansicht der Milchstraße, der silberfarbenen Erdkugel, des silbernen Halbmondes links und des Mars rechts davon wurde ihm ganz weh ums Herz.

«Ach, der alte Laßwitz», sagte Toth, «den hatte ich wirklich fast vergessen. Aber ich konnte damals ohnehin nur wenige meiner Bücher mitnehmen. Die meisten sind immer noch in Durazzo eingelagert. Man hat mir in der Wilhelmstraße nicht so viel Gepäckkapazität zugestanden.» Er grinste nun schelmisch. «Recht eigentlich handelte es sich mal wieder um eine Strafversetzung, müssen Sie wissen.»

«Na, dann haben Sie jetzt wenigstens dies Buch zurück. Alle, die es gelesen haben, fanden es gut, einschließlich mir.»

Ein Lächeln zeigte sich auf dem langgestreckten Gesicht des Diplomaten, als wäre ein verlorenes Haustier zu ihm zurückgekehrt. Er nahm den Band in die Hand, strich über den Titel, blätterte ihn schließlich wahllos an einer Stelle auf und las vor:

«Jetzt dachte ich doch wirklich einen Augenblick», rief La, «dort eine Frau zu erkennen. Aber das müßte ja eine seltsame Riesin sein.»

«Das ist sie auch», sagte Saltner lachend. «Es ist die Bildsäule der Bavaria, die Sie sehen.»

«Bavaria? Wodurch hat sich die Frau so verdient gemacht, dass man ihr Bildsäulen setzt? Hat sie ein Problem gelöst?»

«Die Bierfrage», sagte Saltner.

«Also, wenn das nicht unerhört ist», sagte Toth und blickte etwas verdutzt drein. «Die Bavaria. Ich nehme das als ein Zeichen.» Abrupt klappte er das Buch zu. «Sie sollten es behalten, Sie alter Münchener.» Er gab es Stichnote zurück. «Was hat Ihnen daran so gefallen?»

«Es ist die Idee von diesen Sonnenfeldern, die die Marsianer auf der Erde errichten. Könnten wir in der Wirklichkeit Strom direkt durch die Sonne produzieren, wäre das phantastisch. Ein Freund von mir war sogar der Meinung, dass es leicht machbar wäre.»

«Unter der Sonne Persiens kann man sich das wohl vorstellen.»

Stichnote dachte nach.

«Haben Sie es eilig?», fragte er versonnen.

«Durchaus nicht. Meiner harrt nur ein weiterer ereignisloser Tag auf dem Posten der niederen kaiserlichen Diplomatie.»

«Wollen Sie die Tauben fliegen sehen?»

Das wollte Toth in der Tat, und so standen sie beide kurz danach wieder auf der Dachterrasse unter dem wolkenlosen Julihimmel.

«Sehen Sie mal», Toth wies mit seiner dürren Hand Richtung

Antenne, «da sitzt, wie sagten Sie noch: der Vogel.» Wieder war es ein Sperber.

«Soll er sitzen», lachte Stichnote.

Er betrat den Schlag und öffnete beherzt die Riegel, die die aus schmalen Brettern gezimmerte Klappe hielten, und hob sie ab. Der Sperber auf der Antenne ahnte, was bevorstand, und flog sofort auf, erpicht darauf, Beute zu machen. Stichnote musste nur noch ein paar aufmunternde Juchzer von sich geben und ein wenig mit den Armen rudern und seine Tauben stürzten sich allesamt hinaus, ohne Furcht vor dem Räuber.

Toth riss staunend den Mund auf, da der Taubenschwarm zuerst wie dicker grauer Rauch hervorströmte, ein sich formender, flügelbrodelnder Luftgeist, der zu einer bombastischen Kugel anwuchs und sich dann bei der ersten Runde, die er um die Terrasse flog, in die Länge streckte, immer noch so dicht, dass er die Sonne zu verdunkeln vermochte. Der Schwarm stieg kreisend höher und höher, und schon begann der Sperber zu attackieren.

Stichnote respektierte die Flugkünste des steil und mit zahllosen Haken immer wieder auf den Schwarm herabstürzenden Raubvogels. Auch der Diplomat war begeistert, allerdings mehr von den Tauben.

«Wie lange geht das so?»

«Zwei, drei Mal werden sie noch kreisen, dann ziehen sie ab. Körner suchen.»

«Und wann kommen sie wieder?»

«Unterschiedlich, sie tröpfeln nach und nach ein. In ein, zwei Stunden kommen die ersten.»

«Und die finden tatsächlich alle zurück?»

«Wenn sie einmal ihren Schlag verortet haben, finden sie ihn immer wieder.»

«Weiß man, wie sie das machen?»

«Nein, weiß man nicht. Aber wir wissen ja auch nicht, was Strom eigentlich ist, und dennoch können wir mit ihm Funken schlagen, die zweitausend Kilometer weiter empfangbar sind.»

Sie sahen dem sich immer weiter verdünnenden, nun schon in einiger Entfernung über die Stadt fliegenden Schwarm noch eine Weile nach. Dann brachte Stichnote Toth zum Tor und gab ihm die Hand.

«Sobald die Teheraner da sind, schicke ich einen Boten zu Ihnen.»

«Abgemacht.»

Deutlich munterer spazierte der Legationssekretär, den Hut keck in den Nacken geschoben, denselben Weg zurück über das brüchige Pflaster und ließ seinen Spazierstock klacken. Als er wieder zu der Gasse kam, an der er gestern nach reiflicher Überlegung vorbeigegangen war, blieb er stehen. Schließlich war da immer noch ein Restkater, der ihm im Genick saß. Ein guter Schluck Konter-Rotwein war das beste Mittel, um ein so unerfreuliches Überbleibsel eines alkoholischen Exzesses – zu dem es natürlich nicht mehr kommen durfte – zu vertreiben. Und nur deshalb bog Toth nun an der Stelle ab, an der er gestern weitergegangen war, und beugte schließlich seinen langgezogenen Schädel in das nicht gerade einladende, vielleicht aber gerade deshalb besonders verlockende Zwielicht der Säuferkaschemme.

7

Aber so wenig Stichnote vom Opium lassen konnte, so wenig vermochte der Legationssekretär seiner alten Krankheit zu widerstehen. In den wenigen Tagen, die zwischen dem mittäglichen Besuch in der Weinstube und seiner letzten Begegnung mit dem aus Teheran eingetroffenen Zickler lagen, stieg er in Windeseile all die Stufen einer Trinkerexistenz hinab. Eine Sintflut, rot wie schwerer persischer Wein, spülte das Fassadenfleisch des für ein paar Jahre nüchtern gebliebenen Mannes hinfort und legte den alten Säufer frei.

Abu Bakr Zickler, Adolph, der Sohn seiner alten Freunde aus den Tagen der Kommune von Ascona, verdankte ihm sein Leben. Ohne die Bluttransfusion mit Hilfe der neuartigen Blutpumpe hätte er die Messerattacke damals in Durazzo nicht überstanden. Die Dankbarkeit dafür war so groß, dass er über den nach innerer Verwesung stinkenden Trinkeratem hinwegsah und den, wie es schien, um Jahre gealterten Mann zum Abschied sogar in den Arm nahm. Die Kleider des Legationssekretärs verströmten das Aroma sauren Schweißes, doch seine Tränen, von seiner Unfähigkeit befeuert, das Wesentliche auszusprechen, flossen wie die eines Kindes. Toth versuchte es, aber er brachte es einfach nicht heraus.

Und so erlebte Zickler den abendlichen Abschied von Isfahan, ohne erfahren zu haben, dass das Blut Amadeus Toths schon lange vor der adriatischen Schreckensnacht in seinen Adern geflossen war.

Die Expedition war in Bagdad und vor allem in Teheran gewaltig angewachsen. Über dreißig österreichische Infanteristen waren dazugekommen, die aus russischen Kriegsgefangenenlagern in Turkestan ausgebrochen und über die Grenze nach Persien geflohen waren. Aber es gab auch einige Inder, die an der Basra-Front gefangengenommen worden und – allesamt islamischen Glaubens – zu den Türken übergetreten waren. Niedermayer hatte sie in die Unternehmung miteinbezogen.

Noch mehr Köpfe zählte die kleine persische Privatarmee, die Niedermayer für die Reise bis zur afghanischen Grenze angeheuert hatte. Die Männer trugen russische Karabiner und sprachen ein Kauderwelsch, in dem Persisch, Kurdisch und altorientalische Gaunersprachen ineinanderflossen.

Fast von Beginn an gab es Reibereien, denn die Gewehrreiter waren furchtbar eigensinnig. Aber solange Niedermayer verhinderte, dass sie sich des immer noch enormen, vor allem aus britischen Pfund bestehenden Geldschatzes bemächtigten, den er bewacht von vier seiner besten Männer auf zwei Packpferden direkt bei sich führte, würden sie hilfreich sein. Ebenso wie die zahlreichen Treiber, die Tschawadars, die für die Maultiere und Tragpferde, und die Schutudars, die für die Kamele zuständig waren. Die Tiere gingen in Gruppen von sechs, um die sich je ein Treiber kümmerte, mit einem Glöckchen tragenden Leittier an der Spitze.

Mit der Vorhut aus Isfahan umfasste die Karawane nun 140 Männer und exakt 236 Tragtiere, deren Ernährung, Pflege und Behandlung Niedermayers Stallmeister Mullah Abud überwachte, ein Araber, den er aus Bagdad mitgebracht hatte und der ein derber, aber absolut unbestechlicher Marschall war. Vor allem die nachlässige Art, mit der die Treiber die Tiere abzupacken pflegten, indem sie einfach die Schnüre lösten und das Gepäck auf den Boden krachen ließen, erregte seinen Zorn. Zu den Schlampereien der Treiber kam, dass die Lasten auch noch nicht optimal verteilt waren. Tiere, denen man zu viel aufgebürdet hatte, wehrten sich beim neuerlichen Beladen, versuchten, das Gepäck loszuwerden, weigerten sich weiterzugehen oder wurden krank. Und so diskutierten Niedermayer, Jakob und Mullah Abud bei jeder Rast, wie man die einzelnen Gruppen besser austarieren konnte. Beunruhigend waren vor allem ihre unterschiedlichen Geschwindigkeiten, die dazu führten, dass die Karawane sich während der Märsche auf einen Zeitkorridor von fast acht Stunden dehnte. Das war eindeutig zu viel.

Zu den Pferden, Maultieren und Kamelen kamen noch Stichnotes 230 Brieftauben. Niedermayer – dem selbst schon Zweifel an der Belastung durch die Funkanlage gekommen waren – hatte sich nach einigem Nachdenken vom Deckoffizier überzeugen lassen und rief ihn nun des Öfteren «Herr Schlagmeister». Aus der Funkabteilung war die Taubenabteilung geworden. In drei großen, beschatteten Käfigen auf Tragegestellen, die sie Maultieren aufbanden, reisten die Tauben mit. Vier Kamele transportierten das Futter, Säcke mit Reis und Getreide sowie Wasserschläuche.

Zu Stichnotes Enttäuschung hatte Niedermayer Leutnant Seiler dazu bestimmt, mit einigen seiner Männer und den beiden Heeresfunkern in Isfahan zu bleiben, um den wichtigsten Etappenposten zu leiten.

«Der beste Mann ist dafür gerade gut genug», hatte Niedermayer ihm erklärt. «Es kann sein, dass wir mittendrin in arge Not geraten und nicht mehr weiterkommen. Dann können wir Sie zu Hilfe rufen. Sie werden uns den Rücken freihalten, bis wir die Wüsten hinter uns gebracht haben. Niemandem, außer mir selbst, gebe ich mehr Verantwortung an die Hand.»

Damit war das Thema erledigt. Es war auffällig, dass Niedermayer in der Zwischenzeit deutlich an Schärfe gewonnen hatte. Bagdad hätte ihn fast erledigt, aber Teheran hatte ihn wieder aufgebaut.

So sehr sogar, dass er am liebsten in Teheran geblieben wäre, wo er endlich wieder mit Bahai-Glaubensfreunden zusammengekommen war und überhaupt viel bewegt hatte. Auch gab es eine Gruppe von al-Afghani-Schülern, mit denen er zusammengetroffen war, radikalen Studenten und Geistlichen, die offen darüber sprachen, die Herrschaft des Schahs baldmöglichst beenden zu wollen, denn eine Monarchie sei mit dem Islam unvereinbar. Doch der neue deutsche Botschafter Prinz Reuß hatte ihm klargemacht, dass er Teheran verlassen musste. Grimmig, aber fest entschlossen, seinen Auftrag zu erfüllen und die Mannschaft nach Kabul zu führen, war er aufgebrochen.

Als Stichnote sich noch einmal zu Seiler und den beiden Heeresfunkern umdrehte und sah, wie sie auf dem Meidan standen, dem Entwurf der Welt, wo sich die Karawane gesammelt hatte, wurde er traurig. Die drei winkten und wurden immer kleiner. So war die Welt anscheinend. Man traf sich, und man trennte sich. Dazwischen starben immer wieder einige. Und man selbst war ein Nichts, hinter dem glockenbehängte Kamele herstapften.

Der Sternenhimmel, der bald über ihnen aufstieg, war überwältigend und die Ödnis so vollkommen, dass die Erinnerung an das langsam verfallende Isfahan schnell märchenhaft wurde. Stichnote wusste vage, dass die nächste große Stadt, die sie anstrebten, Herat war und schon in Afghanistan lag, weit über tausend Kilometer östlich. Es schien ihm unvorstellbar, dass sich die Unwirtlichkeit, die sie umgab, noch verschlimmern sollte.

Gegen Morgen erreichten sie eine der uralten, von Schah Abbas selbst gebauten Karawansereien. Niedermayer beschloss, einen Spähtrupp in die östlich liegende Wüstenstadt Nain vorauszuschicken, die er ohne Aufsehen im Schutz der Dunkelheit zu passieren gedachte. Dem Rest der Mannschaft gönnte er einen Tag Rast.

Wie schon bei der Bauweise der Taubentürme rund um Isfahan, die alle einem Grundmuster folgten, so zeugte auch der Bau der Karawanserei von Kupah von der einzigartigen Fähigkeit der alten Perser, der lebensfeindlichen Öde ihres Landes zu trotzen. Die Schah-Abbasi-Karawansereien glichen einander aufs Haar und galten trotz ihres in Jahrhunderten gezählten Alters als die am besten erhaltenen Bauwerke entlang der persischen Seidenstraße. Ein gleichseitiges Viereck bildete den Grundriss. In der Mitte einer Seite befand sich das hochgewölbte Eingangstor, durch das man wie in eine kleine Burg eintrat. In einem Nebenraum des Torbogens hauste der Saraidan, der Aufseher, den Niedermayer nach einem längeren Palaver und mit reichlich Geld dazu brachte, die an den übrigen Seiten unter schmalen Nischen liegenden fensterlosen Räume auszukehren und Futter für die Tiere aufzutreiben. Für die hätte es hinter den Wohnräumen auch Stallungen gegeben, aber da es vollkommen trocken war, versammelten sie sie im Innenhof. Niedermayer hatte seinen Leuten eingeschärft, den

Treibern beim Abladen genauestens auf die Finger zu schauen und keine Nachlässigkeit zu dulden.

Niedermayer selbst schien überall gleichzeitig zu sein, packte den einen oder anderen der Tschawadars unsanft am Kragen und erhob drohend seine Reitpeitsche. Gegenüber seinen Offizieren hatte er keinen Zweifel daran gelassen, dass ihr Unternehmen, das nun vor seiner schwierigsten Bewährungsprobe stand, nur durch eiserne Disziplin zu bewerkstelligen sein werde.

In Teheran hatte Niedermayer Waffen, Medikamente, Zelte, Küchengerät gekauft und auch geodätische Präzisionsinstrumente aus russischer Produktion aufgetrieben. Alles, was er den Türken in Bagdad überlassen hatte, war ersetzt worden, nur Maschinengewehre und Haubitzen hatten sie nicht mehr zur Verfügung. Dafür aber die kampfeslustigen persischen Reiter: leichte Kavallerie.

Manchem kam es so vor, als hätte das Bündnis mit seinen Tauben Stichnote den gewöhnlichen Angehörigen der Expedition entfremdet, denn er ging seinen Aufgaben inmitten des lärmenden Treibens mit schlafwandlerischer Ruhe nach und beteiligte sich kaum an den Gesprächen. Es war dies aber vor allem eine Folge seines Opiumkonsums, der einen hauchdünnen Vorhang zwischen ihn und die bizarre Wirklichkeit aus hitzeflimmernden Einöden, dem röchelnden Stöhnen der Kamele und der dahintrottenden Mannschaft zog. Traum und Wirklichkeit flossen ineinander über, und in dieser Grauzone zwischen beiden wandelte Stichnote, von müder Gelassenheit erfüllt, die vor seinen Kameraden verbarg, was er alles bemerkte.

So war ihm trotz der Umstände dieser ersten Tage im großen, der Salzwüste entgegenziehenden Tross aufgefallen, dass sich das Verhältnis zwischen Zickler und Gilbert-Khan verändert hatte.

Stichnote bemerkte spöttische Verachtung auf der Seite des Prinzen und Demut auf Seiten Zicklers. Dieser trat abends auf Stichnote zu, der gerade mit trauriger Miene dabei war, die toten Tauben aus seinem Schlag zu holen. Drei waren es heute. Am ersten Tag waren gleich vier gestorben.

«Ich bringe die nur schnell dem Koch», sagte Stichnote.

«Lassen Sie sich die braten?»

«Würde keinen Bissen runterkriegen. Aber sie einfach verkommen zu lassen, wäre schade. Der Smut isst sie selber.»

Gemeinsam überquerten sie den Hof zu der Nische, in der sich die Küche eingerichtet hatte. Der Koch war ein Perser, von Niedermayer in Teheran angeworben. Der Aserbaidschaner war in Isfahan bei Seiler geblieben. Der neue Koch nickte geschäftig, als er Stichnotes Tauben sah, nahm sie entgegen und reichte Stichnote dafür einen kleinen Sack Getreide.

«Mit der Hitze sollten sie eigentlich zurechtkommen, die sind sie gewöhnt. Aber ich mache mir Sorgen wegen des Wassers. Ich habe ein Kamel nur mit Schläuchen für die Tauben dabei, aber ich weiß nicht, wie oft wir frisches Wasser bekommen werden.»

«Mit Gottes Hilfe wird alles gutgehen», sagte Zickler und murmelte eine Formel auf Arabisch.

Stichnote lächelte etwas gequält und blickte unwillkürlich zur gegenüberliegenden Nische auf der Nordseite, wo sich eine Gruppe übergelaufener Inder und arabischer Pferdeknechte um Gilbert-Khan versammelt hatte. Der saß mit einem schlichten weißen Turban auf dem Kopf und mit ineinander verschlungenen Beinen auf einem Teppich und erklärte, warum sie trotz des eben angebrochenen Ramadans nicht fasten müssten, denn Dschihadis auf dem Kriegszug seien vom Fasten ausgenommen. Er bekräftigte seine Worte durch Erheben des Zeigefingers seiner rechten Hand, worauf immer wieder eine Welle der Zustimmung durch den Kreis seiner Zuhörer ging.

«Müssen Sie gar nicht zum Abendgebet?», fragte Stichnote.

«Ich bin frei. Wenn es etwas Wichtiges zu tun gibt.»

«Und was wäre das?»

«Wollte mit Ihnen sprechen. Ihnen danken. Wieder mal.»

So setzten sie sich vor Stichnotes Nische, und Abu Bakr Zickler begann halb zu berichten, halb zu beichten.

Zunächst dankte er Stichnote dafür, dass dieser ihn gedeckt habe. Die Erlebnisse und Erkenntnisse auf dieser nun schon über ein halbes Jahr währenden Reise hätten seine Weltsicht verändert, er habe zum wahren Glauben gefunden, der in dieser Zeit, in der die Welt nach Frieden dürste, dabei sei, die Geschichte umzuschreiben.

Die russischen und englischen Zeitungen, die man in Teheran bekomme, hätten beinahe täglich über den immer größeren Kontrollverlust der Großmächte in Persien sowie die deutsch-dschihadistischen Umtriebe nicht nur in der Hauptstadt, sondern auch in den Stammesgebieten am Golf berichtet. Auch Wilhelm Wassmuss' Name war regelmäßig aufgetaucht, und einmal habe es sogar einen Artikel über einen Anschlag auf die Russische Bank in Isfahan gegeben. Reihenweise schienen in den größeren Städten wie Schiras oder Buschir persische Kosaken in russischen oder britischen Diensten zu desertieren, würden Konsulate geräumt und Niederlassungen geschlossen. Neben jener geradezu an Panikmache grenzenden Berichterstattung hätten ihn die weitreichenden, auch etwas undurchsichtigen Beziehungen Niedermayers überrascht, der ihn geschickt in seine Umtriebe und Verhandlungen einzuflechten verstanden habe. Kurz bevor sie schließlich aufgebrochen seien, wären Gerüchte laut geworden, die Russen planten aus Furcht vor den deutschen Dschihadisten die Besetzung Teherans.

Da sei Zickler erstmals ehrlich überzeugt gewesen, dass die Strategie aufgehen könne, denn es war nicht ihre Anzahl, die sie so gefährlich mache, sondern die Idee, der sie folgten: die Mobilisierung des Islam. Die größte Armee auf Erden, die sich aus Wüsten und Gebirgen erheben würde, wenn man sie zu rufen verstand. Und mitten darin sehe er Ashraf Hassan Khan, den designierten Anführer. Den kommenden Kalifen. Zickler sagte es nicht, aber dies war der Stoff, aus dem man Bücher machte.

Fatal daran war, dass viele der Informationen, auf denen die Artikel beruhten, von niemand anderem als Gilbert-Khan selbst über das in Teheran immer noch intakte Agentennetz des britischen Geheimdienstes lanciert worden waren. Dass er dabei alles größer, durchdachter und gefährlicher darzustellen pflegte, als es vielleicht war, lag daran, dass dem Agenten – seit dem Tod Faruk Erdöls – Rolle und Auftrag immer mehr verschwammen. Der Agent hatte dafür gebetet, Gott möge ihn von dem misstrauischen Erdöl befreien. Doch war es nicht der Prinz, der erhört worden war? Jeden Tag schien die Legende an Leuchtkraft zu gewinnen. Der Prinz begann, den Agenten zu übernehmen.

Zickler war nach den Erlebnissen in Teheran jedenfalls an dem Punkt, dass er darüber nachdachte, seine eigene Tarnung aufzugeben, und dies war auch der Grund, warum er sich mit Stichnote besprechen wollte. Er teilte ihm unverblümt mit, dass er sich Niedermayer offenbaren und diesem eingestehen wolle, nicht Vertreter eines internationalen Waffenhändlers, sondern Journalist zu sein, ein Berichterstatter, der dereinst über das große Abenteuer der Expedition nach Afghanistan und den friedenbringenden Dschihad schreiben werde. Und dass er dies als einen wichtigen Auftrag begreife.

Weit davon entfernt, darüber nachzudenken, ob ein solches Bekenntnis Zicklers ihn selbst in Schwierigkeiten bringen konnte, riet Stichnote ab. Bei der disziplinarischen Strenge und Rigorosität, die Niedermayer an den Tag legte, würde sich Zickler ganz schnell zurückgelassen finden.

«Wollen Sie etwa hierbleiben? Wer weiß, wann Sie je wieder zurückkämen. Und was ist mit dem Prinzen? Ich dachte, Sie wollten ihm folgen? Was würde er dazu sagen?»

«Prinz Khan weiß längst alles.»

«Tatsächlich?»

«Dieser Mensch ist etwas ganz Besonderes. Er hat die Kraft, andere zu begeistern. Ich konnte ihn einfach nicht länger belügen.»

«Damit hat er Sie in der Hand», sagte Stichnote leise. Er erinnerte sich gut, was Faruk Erdöl über den Mann gesagt hatte. Das alles gefiel ihm ganz und gar nicht.

«Ashraf wird mich niemals verraten. Er ist ein Mann des Islam. Der Koran und der Hadith sind sein Gesetz. Er billigt mein Vorgehen. Er will, dass die Welt von dem, was hier seinen Anfang nimmt, erfährt. Eines Tages.»

Adolph Abu Bakr Zickler ergriff die Hand des Täubners, und dieser blickte ihm in das Gesicht mit dem staubigen Bart und den eingefallenen Wangen. Seine Zunge leckte über die aufgerissenen Lippen, als wollte er noch etwas Wichtiges sagen, stattdessen zwinkerte er ihm nur mit todmüden Augen zu, in denen Stichnote ein hoffnungsvolles Sehnen entdeckte, das ihm gar nicht so fremd war.

«Also gut», sagte Zickler schließlich, «ich werde auf Sie hören.»

Dann nickte er ihm lachend zu und ging langsam quer über den lehmbraunen Hof der Karawanserei, über den sich die Dunkelheit einer heißen Nacht zu senken begann.

Wie ein Liebender, der verzweifelt versucht, die Gunst des spröden Geliebten durch immer tiefergehende Geständnisse zu gewinnen, hatte Zickler sich in Gilbert-Khans Hände begeben. Er begriff sich als Evangelist des Heiligen Krieges und des Mannes, der ihn zu entfachen verstand, ein Wiedergänger der frühen Gefährten des Propheten, als der Islam noch ungeteilt gewesen war und es keine Dynastien, Reiche oder Länder gegeben hatte, sondern nur die reine Bewegung und die Kraft des Glaubens, als noch Engel auf Seiten der Gläubigen kämpften. Trotz seiner Begeisterung für die Sache, zu der der sichere Instinkt des Reporters kam, der wusste, dass einem ein solcher Stoff nur einmal im Leben begegnet, wurde er doch vor allem von seinen zärtlichen Gefühlen aufgewühlt. Und diese waren das Einzige, was er Gilbert-Khan noch nicht gestanden hatte.

8

Noch vor Sonnenaufgang übergab Niedermayer Stichnote eine Routinenachricht, Datum und Position für Isfahan, die er in winziger, gleichwohl gestochen scharfer Schrift zweimal kopierte, in Aluminiumröhrchen steckte und diese plombierte. Es erforderte ein wenig Geduld, bis er zwischen den energisch umherflatternden Tauben zwei herausgesucht hatte, die ihm geeignet schienen. Er strich den Tieren über das Brustbein, um festzustellen, wie kräftig sie waren. Als er zwei schwächere Tauben gefunden hatte, von denen er gleichwohl annehmen konnte, dass sie die vielleicht achtzig Kilometer bis Isfahan leicht schafften, befestigte er die beiden Röllchen an ihnen und setzte sie in einen kleineren Käfig, um sie noch einmal ausgiebig zu füttern und zu tränken.

Dann ließ er sie, die aufgehende Sonne im Rücken, fliegen. Er lauschte dem sich entfernenden Flügelschlag, blickte ihnen nach und empfand ein Gefühl aus Stolz, Zuversicht und väterlicher Sorge, da sie ohne seinen Schutz so lange fliegen würden, bis sie in Isfahan ankamen oder vorher starben.

Von nun an schickte Stichnote jeden Morgen zwei Tauben los, doch standen diese Botschaften nicht mehr am Anfang, sondern am Ende der Märsche. Denn sie brachen stets etwa drei Stunden vor Sonnenuntergang auf und zogen die Nächte hindurch weiter. Niedermayer ermahnte alle, sich das Wasser in ihren Feldflaschen, ein Liter pro Mann und Tag, einzuteilen. Kaum einer vermochte es, sich daran zu halten, doch Niedermayer ließ nicht zu, dass man aus den Schläuchen

nachnahm. Während der Rasten lagerten die Wasserschläuche alle
beisammen und wurden bewacht. Für die Namen der Orte, an denen
sie vorüberkamen, interessierte sich nur noch Abu Bakr Zickler, der
mit schwindender Kraft an seinem Tagebuch festhielt, in das er mit
immer kleiner werdenden Buchstaben schrieb.

9

Stadt Nain. Gebirgige Gegend. Kühlere Luft. Angesichts der vielen ver-
lassenen, stattlichen Häuser, früher wohlhabend. Jetzt sind die dort flie-
ßenden Bäche versalzen, ihr Wasser ungenießbar. Nur noch sehr wenige
Bewohner. Kaum Vegetation. Keine Möglichkeit, Vorräte einzukaufen.
Wasser wird von weither gebracht und teuer bezahlt. Nach Nain Abstieg
in die sich ausbreitende Ebene. Temperaturen steigen merklich. Die Fel-
sen wie schwarz angestrichen, sogenannter Wüstenlack, mineralische
Substanz, von der Sonne hervorgebracht. Wasserloch Tschah Pars. Salzig.
Nur Kamele und Maultiere trinken, für Pferde und Menschen ungenieß-
bar. Kamelpfad in steinhartem Boden sehr schwach ausgeprägt, bei Nacht
kaum zu erkennen. Verlieren öfters den Weg. Wind kommt auf. Heiß und
voller Staub. Weht unaufhörlich. Liegen tagsüber unter offenen Zeltbah-
nen. Überall Wind. Kaum Schlaf. Schon zehn Mann krank. Dr. Novak sagt
Ruhr.

10

Wenn es sie überkam, rissen sich die erkrankten Männer mit krampf-
artig herausgestreckter Zunge die Hosen herunter und entleerten sich
stöhnend an Ort und Stelle. Manchmal fiel einer hinterrücks in das
Gemisch aus schmierigem Kot und Blut und blieb eine Weile liegen,

bis man ihm aufhalf. Der Wind der hundert Tage trocknete die Haufen binnen weniger Minuten zu schwarzer Asche.

Stichnote fand jeden Tag mehr tote Tauben.

Kaum eine Woche nach ihrem Aufbruch entdeckte er auch den ersten toten Mann. Es war ein Infanterist aus Karlsruhe, der sich während der Ruhepause zwischen den Käfigen verkrochen hatte, wo man es als relativ schattig empfinden konnte. Als sie am Abend aufbrechen wollten, stolperte er beinahe über die in den Staub gedrehten Stiefel. Er sprach den Mann an, aber es kam keine Antwort. Er hatte drei Tage, neben der Karawane hergehend, gesiecht und zuletzt vor sich hin gefaselt. Seine Beinkleider waren ein einziger Klumpen. Wie zum Spott prangte auch noch Taubenschiss auf seiner Wange. Sie war so eingefallen, dass sich die Zahnreihen unter der Haut abzeichneten. Stichnote vermeinte zu sehen, dass ihm einige Zähne gefehlt hatten.

11

Eines Mitternachts standen sie kurz vor einem im nächsten Gebirge liegenden Ort namens Anarek, in den Niedermayer drei Tage zuvor eine leichte Reitertruppe unter Jakobs Führung vorausgeschickt hatte. Mit dem Licht einer Daimon-Taschenlampe kam ihnen diese zehn Kilometer vor Anarek entgegen. Sie brachten schlechte Nachrichten. Von ein paar Hirten und einem alten Weib abgesehen war der Ort verlassen.

Wie in jeder Gesellschaft, die ihr Auskommen durch Transithandel erwirtschaftet, bedurfte es auch in jenem Teil Persiens, durch den sie zogen, einer starken Ordnungsmacht. Da diese nicht mehr vorhanden war, musste der Handel darunter leiden. Die von ihm lebten, waren den Räubern schutzlos ausgesetzt und zogen fort. Zudem waren auch hier trotz der Höhenlage die Quellen salzig geworden. Die Pferde, die an das gurgelnde Bächlein herangetreten waren, hatten vor Enttäuschung nicht die Kraft, die Köpfe wieder aufzurichten, ließen ihre Nüstern nur zitternd über das salzige Wasser pendeln und tranken keinen Schluck. Als Stichnote seinen Tscherkessen fortführen wollte, um ihn im Schatten festzumachen, steckte das Pferd ihm seinen Kopf wie ein trauriges Kind unter die Achsel.

Im Licht des halbvollen Mondes wirkte das Gras, das auf den Hausdächern wuchs, wie struppige Behaarung. An dem Platz in der Mitte des Ortes befand sich die großzügige Karawanserei, das einzige Gebäude, das noch benutzt schien.

Niedermayer gab einen Tag Rast.

Vor dem Einschlafen rauchte Stichnote offen sein Opium wie die Tschawadars. Er achtete mittlerweile nicht mehr darauf, es zu verbergen, trotz der Missbilligung Niedermayers. Der war insgeheim jedoch fast neidisch auf die Wirkung der Droge, die tiefen Schlaf bescherte. Von den Wirren und Bedrückungen der Träume ahnte er nichts.

Am nächsten Tag – nach konfusen, seltsamfarbigen Gespinsten, in denen seine Tauben im dichten Schwarm unaufhörlich um ihn herumkreisten – strich Stichnote, mit seiner Luger und einem umgehängten Karabiner bewaffnet, alleine durch die Stadt. Der Wind der hundert Tage wehte unablässig und häufte Staub an die Ecken. Doch die Luft hier oben war kühler als unten in der Ebene.

Immer im Schatten der schmalen Gassen, in denen kein Mensch und nicht einmal Pariahunde zu sehen waren, gelangte er zu einer aus Ziegelsteinen gebauten Moschee. Sie war versperrt. Drumherum standen bestens erhaltene Wachtürme und kleinere Befestigungsanlagen, die sich weit in die Vorberge schoben und den Ort zu einer wahren Bergfestung machten. Es gab kaum Bäume oder andere Vegetation.

Langsam stieg er weiter nach oben und blickte über die in der Sonne glühende Ebene, die sie durchquert hatten, ohne die geringste Spur zu hinterlassen. Dann entdeckte er zwischen Felsen etwa fünfhundert

Meter entfernt etwas, das wie der Eingang zu einem Schacht aussah. Er brauchte lange, um dorthin zu gelangen. Alles tat ihm weh. Seine Feldflasche war schon leer, und der Durst kein Freund.

Als er den Eingang der verlassenen Mine erreichte, in der bis vor ein paar Jahren mit primitivsten Methoden nach Blei für die britische Konservenindustrie gegraben worden war, erreichte ihn ein Anhauch aus der Tiefe. Die Luft war metallisch, stumpf-abgestanden, aber auch herrlich kühl. Es verlockte ihn, tiefer hineinzugehen und sich auszuruhen. Schon nach ein paar Schritten umfing ihn Dunkelheit.

Er legte den Karabiner ab, lehnte sich an einen mächtigen Stützbalken, an dem er langsam hinabglitt, um die schmerzenden Muskeln ausruhen zu lassen. Die Augen wollten ihm zufallen. Der Eingang der Mine zur Linken wurde immer kleiner, trieb von ihm fort wie ein Blatt aus Licht vom Weltenbaum.

Es roch eigenartig süßlich und zunehmend ekelhaft. Dann spürte Stichnote sanften Druck auf seiner Schulter. Benommen schlug er die Augen auf und erblickte die Hand, die aus dem dunklen Nichts zu kommen schien. Die Knochen lagen teilweise offen, und wo es noch Haut gab, pellte sie sich schwarz wie eine verkohlte Kartoffel. Krustige Fetzen rieselten auf Stichnotes Uniform.

«Du darfst nicht schlafen, Sebastian», sagte Ingenieuranwärter Thomas Kasten und versuchte, ihn zu schütteln. Auch von dem sich nun vorbeugenden Kopf rieselten dabei kleine Aschebröckchen herab. Teile seiner weißen Uniform hatten sich ins Fleisch gebrannt. Er stank entsetzlich. Jedes Mal, wenn er die vom Feuer unberührt gelassenen blutunterlaufenen Augen rollte, knisterte es, als würde trockenes Brot zerkrümelt.

«Hörst du denn nicht?», sprach Kasten weiter und wippte mit dem Kopf, von dem Rauch aufstieg wie von einer verglimmenden Zigarre.

Stichnote vernahm nun ganz leise ein Geräusch aus der Ferne. Er hörte einen Tropfen fallen. Ob es dort eine Quelle gab?

Kasten trat ein wenig zurück, Stichnote stand auf und freute sich, dass seine Beine sich viel besser anfühlten. Es war ihm, als habe er sich endlich richtig ausgeschlafen.

Je weiter sie hinabstiegen, desto finsterer wurde es. Kasten, der voranging, entschwand immer wieder in der Dunkelheit. Bald sah Stichnote weder Kasten noch seine Hand vor Augen.

Dann erreichten sie einen Hohlraum, der mächtig sein musste, denn Tropfen fielen aus großer Höhe hinab auf eine Wasseroberfläche. Sie standen unmittelbar an ihrem Rand, und Stichnote überkam wahnsinnige Freude und Dankbarkeit gegenüber Kasten, der ihn hierhergeführt hatte, nun jedoch verschwunden schien.

«Thomas?», rief Stichnote. Es kam keine Antwort. Er ging auf die Knie und spürte, wie es kiesig durch den Stoff drang. Er streckte seine Hand aus und tauchte sie mit einem Wohlgefühl in das Nass. Zu seiner Überraschung war es warm.

Er schöpfte mit der Hand, führte sie zum Mund und schnupperte an der Flüssigkeit. Sie roch nicht wie Wasser. Sie war auch zweifellos dicker als Wasser, aber nicht salzig. Sie schmeckte süß. Warm. Ganz köstlich.

Er schlürfte ein paar Schlucke, und je mehr er trank, desto besser schmeckte es ihm, sodass er sich schließlich auf den Bauch legte, sein Gesicht eintauchte und zu trinken begann, wie er noch nie getrunken hatte. Er trank und trank und plötzlich wurde ihm klar, was er da trank. Es war Milch.

Leise stöhnend rollte er sich schließlich auf die Seite, legte den Kopf auf seinen rechten Arm, dessen Ellbogen noch in den Milchsee ragte, und zog die Beine an, zog sie ganz fest an sich, als wollte er sich um die warme Glückseligkeit in seinem Bauch krümmen, sie für immer festhalten.

Doch dann kam ihm der Gedanke an sein Pferd, den namenlosen braunen Tscherkessen, an seine Tauben. Er war so satt und stark, nun musste er an seine Tiere denken und ihnen etwas von der Milch bringen. Er raffte sich auf, schnallte seine Feldflasche ab, schraubte sie auf und hielt sie gluckernd in die Quelle, bis sie gefüllt war. Er kam auf die Beine und ging langsam zurück, die Hände nach vorne gestreckt. Er konnte sich daran erinnern, dass Kasten ihn geradewegs nach unten geführt hatte, deshalb verwirrte es ihn, dass er nach kurzer Zeit eine Wand ertastete, voller Scharten, die vom Fleiß der Grubenarbeiter sprachen. Hier hatten sie eine Verzweigung eingemeißelt. Gequält stand er in der Dunkelheit, hörte noch aus der Entfernung das Tropfen der köstlichen Quelle und war doch Soldat genug, um zu wissen, dass er sich entscheiden musste. Er ging nach rechts. Würde er hier nicht weiterkommen, müsste er eben zurückgehen. So tastete er sich voran. Ein Dutzend Schritte später stieß er erneut auf eine Gabelung. Die plötzliche Verzweigtheit der Anlage, in die kein Funken Licht drang, war ihm unbegreiflich. Er wählte diesmal die linke Abgabelung, die aber schon bald an ein totes Stollenstück führte. Noch hatte er nicht das Gefühl, verloren zu sein, doch mit deutlich wachsendem Unbehagen tastete er sich an der Wand entlang, fand zurück, nahm den rechten Abzweig. Dieser zog sich lange hin, auch bemerkte er, dass die Deckenhöhe abnahm. So wusste er, dass er nicht auf dem richtigen Weg war, und kehrte abermals um.

Dunkelheit und Sorge übernahmen Zeit und Raum. Seine Kräfte, zuvor so fühlbar wiederhergestellt, schwanden. Überall Wände. Neue Gänge. Der Weg nach draußen war nicht zu finden. Zitternd gab er irgendwann auf. Zog seine Stiefel aus und setzte sich im Schneidersitz auf den Boden. Aufrecht, da er Angst hatte, einzuschlafen. Seine Beine verschmolzen zu einem steinernen Block. Sein Herz raste. Er wagte nicht, sich zu bewegen. Stunden vergingen. Gebirge aus Zeit, durch die er die Karawane ziehen sah, als säße er nicht tief im Nadir des ausweglosen Stollens, sondern als flöge er mit seinen Tauben weit über das Land. Winzig klein waren die wie an einem weitgestreckten

Faden aufgereihten Kamele und Maultiere, die im Passgang über die Ödnis zogen, und da war sein Pferd, am Zügel eines anderen, ohne Reiter. Die Tränen liefen ihm über das unbewegte Gesicht. Die Nacht um ihn war vollkommen. Sein Herz wandelte sich. Er flehte zu dem lieben Gott seiner Kindheit. Zu dem Gott des Islam. Zu allen Heiligen. Er rief die Toten um Beistand an. Wenn es eine Hölle gab, dann war er jetzt dort.

12

Es war die Sonne, die ihn rettete. Ein Lichtfinger ließ die Nacht um ihn zerreißen. Der Boden, auf dem er ein Jahrhundert der Angst verbracht hatte, wurde lebendig, begann goldgrau zu wogen. Stichnote, gekrümmt und mit halb abgestorbenen Beinen, blinzelte, als ihm das Licht in den Augen zu brennen begann, und sah ungläubig, wie die Nacht zurückwich, betrachtete staunend seine Hände. Er konnte nicht aufstehen, seine Beine versagten ihm den Dienst, also ließ er sich auf den Boden fallen und robbte dem Licht entgegen. Bald gelangte er an den rohbehauenen Stützpfeiler. Dort lehnte sein Karabiner.

In sein Glücksgefühl mischte sich das Grausen, dass er die schreckliche Nacht nur ein paar Meter vom Eingang der Mine entfernt verbracht hatte. Doch lag dies Erlebnis mit einem Mal so weit zurück, dass er nur wie nebenbei bemerkte, dass er seine Feldflasche verloren hatte.

Draußen, wo die Morgenröte dabei war, das Gebirge neu zu erschaffen, vermochte er nicht mehr daran zu denken. Er sah, wie die Sonne die Klippen, unter denen die Mine lag, anzuglimmen begann, und drehte sich später noch einmal um, als er schon weiter unten war und die ersten Festungstürme auftauchten. Da erhob sich die Sonne endlich über die Felsen und stand am Himmel, rotglühend, dass er in

Ehrfurcht den Kopf senkte vor dem Großen Gestirn. Am westlichen Himmel zog winzig klein der Vogel seine Runden.

Halb besorgt, halb wütend nahm Oberleutnant Niedermayer in der Karawanserei Stichnotes Bericht entgegen. Seine Abwesenheit war ihm schmerzlich aufgefallen, als er ihm die obligatorische Brieftaubennachricht hatte übergeben wollen. Nun stand der Deckoffizier angeschlagen und fiebrig vor ihm.

Er habe sich auf der Suche nach einer Quelle in den Felsen oberhalb der verschlossenen Moschee verirrt, gab Stichnote an.

Ob er denn wenigstens eine Quelle entdeckt habe, fragte Niedermayer.

Hier zögerte Stichnote – Auskunft über seine Erlebnisse geben konnte er nicht. Aber sie vollkommen verleugnen ebenso wenig.

«Ich war mir sicher. Aber es war dunkel. Den Weg zurück zu finden, wird schwierig. Habe mich verirrt. Ein Glück, dass ich jetzt hier bin», murmelte er und blickte zu Boden.

«Ein Glück?»

Jetzt war es Niedermayer, der zu Boden blickte, er drückte den Knauf seiner Reitpeitsche so stark, dass ihr Flechtwerk knirschte. Futter hatten sie in Anarek keines auftreiben können. Süßwasser auch nicht. Ein Mann war schon gestorben, neun weitere schwerkrank. Acht Pferde waren angeschlagen und würden demnächst ausfallen. Und das nach einer guten Woche und gerade mal hundertzwanzig Kilometern von Isfahan. Also beließ er es bei dem mimischen Rüffel. Es gab Wichtigeres zu tun.

«Kümmern Sie sich um Ihr Geflügel, Herr Schlagmeister. Hier ist die Nachricht für Isfahan. Guten Morgen.» Und damit stapfte der Expeditionsleiter davon.

Stichnote staunte beglückt, dass während seiner Abwesenheit keine einzige Taube gestorben war. Der Tscherkesse, den er nach Erledigung des Flugdienstes besuchte, begrüßte ihn liebevoll und müde. Stichnote gab ihm Wasser aus einem der Schläuche und stellte fest, dass es immer mehr nach Ziege stank. Er selbst konnte nur mit Widerwillen davon trinken – bitter schmeckte ihm die nächtliche Erinnerung.

13

Die Moslems beteten und die meisten – auch Zickler – hatten, um Wasser zu sparen, die rituellen Waschungen mit dem Staub der Karawanserei vollzogen, ein erlaubtes Verfahren, wie der hadithkundige Gilbert-Khan versicherte. Die Sonne verschwand ohne Dämmerung, in mondloser Nacht brachen sie auf. Stichnote mit seinem gleichmütigen, einäugigen Treiber, der die Kamele mit den Taubenkäfigen und dem Futter führte, ging gleich hinter der ersten Gruppe, die neben Morlock auf seinem Vollblutaraber aus fünf der bewaffneten Reiter bestand.

Das Gelände war abfallend, und der Grund wurde zunehmend sandig. Niedermayer war es nicht gelungen, in Anarek einen Führer aufzutreiben, und bald schon hatten sie Schwierigkeiten, den Weg zu finden. Also ritt Niedermayer mit einer kleinen Gruppe voraus, suchte Wegmarken, schlug dort Fackeln ein, um der immens langgestreckten Karawane die Richtung vorzugeben, und kehrte dann immer wieder zurück, um Nachzügler heranzuführen. Nach fünf Stunden kamen sie an ein Wasserloch, aus dem nicht nur Kamele und Maultiere, sondern auch Pferde und Menschen trinken konnten.

Von Regenrinnen zerfurcht, führte der weitere Abstieg in immer tieferen Sand. Er schluckte jedes Geräusch und breitete sich zu einer endlos scheinenden Ebene aus. Über ihnen hingestreut wie kosmischer Glitter die unzählbaren Lichter der Milchstraße.

Plötzlich scheuten die Pferde der vordersten Gruppe, bäumten sich auf, zwei Reiter wurden abgeworfen. Morlocks Vollblut, mit dem er ganz an der Spitze geritten war, gab ein entsetztes Wiehern von sich, warf seinen weißen Hechtkopf wie wahnsinnig hin und her, dass Morlock ihn kaum zu bändigen vermochte. Einige der persischen Reiter gaben Schüsse ab.

Alle dahinter standen wie erstarrt. Stichnote nahm seinen Braunen eng am Zügel, in der Dunkelheit war am Horizont nichts zu erkennen, das auf Gefahr hingedeutet hätte, was die ausgebrochene Panik umso unheimlicher machte. Stichnotes Tschawadar hatte sein Auge aufgerissen und murmelte Schutzformeln.

Dann sah Stichnote mit Entsetzen, dass der Sandboden vor ihnen voller Schlangen war. Herausgekrochen, um Beute zu machen, waren sie von den lautlos über den Sand gehenden Pferden überrascht worden und in Panik geraten. Morlocks Araber hatten sie mehrfach gebissen. Mit aufgerichteten Leibern standen die Schlangen in der Nacht, unheimliche Schatten, die sich tanzend wiegten, um immer wieder nach vorne zu schnellen. Das Brüllen der Pferde war furchterregend. Die Schüsse der Perser sinnlos.

Schließlich kam Niedermayer, der sich Ledergamaschen über die Beine gezogen hatte, und begann, mit einem Prügel auf die Schlangen einzuschlagen. Unzählige Male verbissen sie sich darin, blieben daran hängen, während er unentwegt um sich hieb, ein heiliger Georg der Wüste, vor Anstrengung keuchend, seiner Expedition den Weg freikämpfend, weil es keinen anderen gab.

In den frühen Morgenstunden erreichten sie endlich eine halb im Sand begrabene Karawanserei, Zickler notierte sich den Namen: Abbasabad, verlassen bis auf drei bitterarme Familien, die ihnen kein Futter für die Tiere, kein Fleisch oder andere Lebensmittel anbieten konnten.

Niedermayer stand das Grauen der Nacht ins Gesicht geschrieben, seine Augen funkelten irrlichternd. Das von den Schlangen gebissene Vollblut fraß nicht von der spärlichen Weide, die sie vorfanden.

Schaumröchelnd wälzte sich der Hengst auf dem Boden. Noch vor Sonnenaufgang gab ihm Morlock den Gnadenschuss. Ungeachtet des Gifts, das das Blut des Arabers hatte gerinnen lassen, wollte der Koch das tote Pferd auf der Stelle zerlegen und braten. Morlock verwehrte dies, außer sich vor Zorn, mit gezogener Waffe.

Niedermayer, der gegen ein Stück Fleisch, halal oder nicht, nichts einzuwenden gehabt hätte, entschied den Streit zähneknirschend gegen den Koch. So schlugen sich die Geier die Bäuche voll und folgten dann der Karawane in ansehnlicher Zahl.

14

Die Bergzüge, zwischen denen sie nun in Tagesmärschen, die gegen fünf Uhr früh begannen, weiterzogen, erreichten enorme Höhen, zerbröckelten wieder und schienen wie im Nichts zu verschwinden. Das rot-gelbe Gestein fächerte sich in unendlichen Schattierungen auf und bot ein Farbspiel, das Stichnote schwindlig machte, als wären sie auf einem anderen, einem Wüstenplaneten. Die Temperaturen lagen tagsüber bei 35 Grad im Schatten, und mit jedem Kilometer, den sie weiter nach Osten kamen, wurde es heißer.

Trotz der Hitze mussten sie tagsüber gehen, weil ausgedehnte Flugsandfelder zwischen den Bergzügen lagen, die die Tiere nicht nur sehr anstrengten, sondern auch jede Spur des Wegs verschwinden ließen.

An einem halbverfallenen Dörfchen namens Abi Germ, dessen in Lumpen gekleidete Bewohner sie überaus freundlich begrüßten, ohne ihnen auch nur das Geringste anbieten zu können, fanden sie Schwefelquellen. Das Wasser war untrinkbar, aber die Deutschen und Österreicher badeten am Abend ausgiebig in der blubbernden Flüssigkeit, die etwas kühler als die Luft war und dem Ungeziefer, das sie an sich hatten, gar nicht gefiel.

Auch Stichnote zog sich aus und erschrak, als er in der Dunkelheit erahnte, wie abgemagert er und seine Kameraden alle schon waren. Das Schwefelwasser verbreitete einen unheimlichen Geruch, Stichnote schloss die Augen, riss sie allerdings voller Schrecken wieder auf, als sich ihm in einem nur sekundenlangen Schlaf Faruk Erdöl näherte, der seine mit einem Einschussloch verunstaltete Stirn aus dem Wasser hob und ihm ernst zunickte.

15

Mit einem siebenstündigen Nachtmarsch brachten sie das letzte gebirgige Stück hinter sich und erreichten das iranische Hochland. Die Temperaturen stiegen weiter merklich, um neun Uhr morgens zeigte Niedermayers Thermometer bereits 40 Grad an, gegen Mittag, den sie in der ersten Palmenoase verbrachten, waren es 46 Grad. Wie tot saßen die Soldaten, Diplomaten und Treiber gleichermaßen an der Mauer im Schatten, während Niedermayer zusammen mit dem verständigsten der persischen Tschawadars am verrammelten Tor Verhandlungen führte, um hereingelassen zu werden. Die Bewohner waren misstrauisch, öffneten nach zwei Stunden zunächst nur für den Oberleutnant das Tor, das gleich wieder verschlossen wurde. Später durften auch der Koch, Jakob und Morlock hinein. Immerhin gelang es, einen Hammel, einige Eier, etwas Reis sowie ein paar unreife Melonen und Gurken zu kaufen.

Als die Bauern reich bezahlt worden waren, wurde das Tor für alle geöffnet. Das Wasser der Oase war süß, die Tiere konnten endlich trinken, bis sie von selbst abließen. In den Häusern bekamen die Männer Zimmer zugewiesen, in denen es freilich von Ungeziefer wimmelte. Es waren zwar keine Wanzen, deren Bisse so schmerzhaft waren, dass man davon aufwachte, aber Flöhe und Läuse, die sich auf den Körpern der wie tot schlafenden Männer mit ihren von weither angereisten Artgenossen paarten.

Das Thermometer zeigte mittlerweile 48 Grad im Schatten, als Niedermayer am nächsten Mittag die Reste seines Stabes in sein Zimmer bestellte, seit langer Zeit zum ersten Mal.

Stichnote, Morlock, der österreichische Leutnant Sowatzky und Jakob – das waren schon alle. Auf dem Teppich stand ein Teller mit Melonenschnitten, und es gab süßen Tee, den sie mit Wollust schlürften. Niemals mehr hätte man aus dem dämmrigen Raum mit seinen Lehmwänden fortgehen mögen.

Zunächst hörte Niedermayer, ausgezehrt und mit geschwulstartigen roten Flecken unter dem Bart, die Meldungen der einzelnen Stäbler über Schäden und Verluste an Material und Tieren.

Morlock und Sowatzky berichteten lustlos. Es verendeten täglich Tiere. Kisten gingen verloren. Einzelne Treiber verschwanden. Nichts Besonderes.

«Was mich angeht», sagte Stichnote gleichmütig, «so bin ich einigermaßen zufrieden. Es sterben mir jeden Tag Tauben, gestern waren es acht, vorgestern fünf, heute aber erst zwei. Das frische Wasser hier wirkt Wunder. Trotz der Verluste dürften wir hinkommen. Wir werden bald auf den einen der beiden Käfige verzichten und den Schlag zusammenlegen können. Das heißt, das eine Kamel wird dann frei verfügbar.»

Das war eine halbwegs gute Nachricht, deren Schwung Niedermayer nutzte, um seinen Stab auf die nächste Etappe vorzubereiten: die Durchquerung der Kewir.

Seit er sie das erste Mal gesehen hatte, träumte Niedermayer von dieser grässlichsten aller Wüsten und sehnte sich danach, ihr wieder zu begegnen. Kurz nach Abi Germ, dem Ort der Schwefelquellen, hatte er die ersten Salzausblühungen am Boden entdeckt. Nun lag sie tatsächlich vor ihnen. Alles, was er war, regte sich in ihm: der Abenteurer und der Geograph, der Erdgeschichtler und der nach Erleuchtung strebende Bahai, der empfand, dass Gott dem Menschen die Wüsten gegeben hatte, damit er das Nichtige der eigenen Existenz abstreife und das Große anrühre – planetarisch zu denken beginne.

«Wir müssen wissen», fing er an, «wie die Kewir entstanden ist, um zu verstehen, wie wir uns bei ihrer Durchquerung zu verhalten haben. Das geht zurück in die Vorgeschichte. Einstmals durchsetzten nämlich blaue Binnenmeere das Innere Persiens, das wir gerade so mühsam durchqueren. Damals», er blickte heiter zu Stichnote, «hätten wir keine Tschawadars zur Unterstützung unserer Unternehmung gebraucht, sondern Seeleute.»

Alle starrten ihn mit großen Augen an.

«Natürlich sprechen wir von einer Zeit, als es weder Seeleute noch überhaupt Zivilisation gab, bitte das nicht falsch zu verstehen. Irgendwann änderte sich das Klima in Persien, das Festland wurde durch die Auffaltung gewaltiger Gebirgsketten von den feuchten Meereswinden des Golfs abgeschnitten – und die riesigen Binnenmeere begannen auszutrocknen. Langsam füllten sie sich mit den Verwitterungsstoffen der umliegenden Berge, da kein Fluss mehr den bröckeligen Abfall von den Höhen aus dem Land beförderte. Die Binnenmeere verdickten immer mehr und verwandelten sich in das, was sie heute noch sind: Salzmorast.»

«Sümpfe also?», fragte Morlock mit seiner hohen Stimme, fast pikiert, dass ihnen der Anführer jetzt auch noch das zumuten wollte.

«Ja, durchaus. Und darin liegt die Gefahr, weshalb wir auch – trotz der Temperaturen – leider wieder bei Tage werden marschieren müssen. Denn es gibt von alters her Pfade durch die Kewir, dort wo sie festen Grund hat, Dämme, auf denen man ziehen kann. Aber alles ist gleichmäßig von Salzkruste bedeckt. Wer vom Pfad abweicht, bricht schlimmstenfalls ein und versinkt im Morast. Und es gibt schönere Weisen, sein Leben zu beenden, denn als persisches Pökelfleisch.»

Das war inmitten dieser Runde ausgezehrter Männer tatsächlich nichts anderes als ein Scherz, dem raubeiniges Gelächter folgte.

Nun bat Niedermayer darum, doch endlich von den Melonen zu nehmen. Trotz ihrer Unreife waren sie das Köstlichste, das sie seit langer Zeit zu essen bekommen hatten. Dass man gerade von Melonen Durchfall bekommen konnte, ignorierten sie. Das Fruchtfleisch klebte ihnen in den Bärten. Schließlich verzehrten sie noch die Schale.

Während sie sorglos aßen, ermahnte Niedermayer sie, während der Kewir-Durchquerung peinlichst darauf zu achten, dass ihre Landsleute nicht vom Weg abwichen. Um die einheimischen Treiber müsse man sich weniger sorgen: Jeder Knabe im Iran wachse mit Gruselgeschichten über die Kewir auf. Man müsse hier eher sehen, dass sie nicht auf die Idee kämen, in der Nacht zu verschwinden und sich vorher noch den Lohn in Form eines beladenen Kamels zu holen. Deshalb würden die Wachen verdoppelt.

Bei allem Respekt aber, den man vor der Salzwüste haben müsse – sei sie einmal durchquert, kämen sie nach Tebbes, der größten Oase Innerpersiens. Von dort seien es nur noch ein paar hundert Kilometer bis zur afghanischen Grenze.

Von dem, was er hinter Tebbes erwartete, nämlich englische und russische Truppenpräsenz, da sie sich von da an dem *East Persia Cordon* nähern würden, sagte er nichts. Denn seine Stäbler verstanden schon nicht, was er mit «*nur* ein paar hundert Kilometer» meinte.

Am Ende teilte er noch seine Entscheidung mit, dass Stabsarzt Dr. Novak, der zuletzt über massive Nierenprobleme geklagt habe, in der hiesigen Oase eine Etappe einrichten werde. Die noch unter der Ruhr leidenden Kameraden, unter ihnen einige besorgniserregende Fälle, sowie drei gesunde Infanteristen würden unter Novaks Leitung hier verbleiben. Niemand kommentierte den Umstand, dass sie nun also keinen Mediziner mehr bei sich hatten.

Dann ließ er abtreten, nur Stichnote bat er, zu bleiben, er habe eine

Statusmeldung für die Taubenpost. Die Nachricht entnahm Niedermayer einer Ledermappe, die er im Basar von Teheran gekauft hatte.

Stichnote war das fein gearbeitete Stück aus Oasenziegenleder schon aufgefallen, das Niedermayer während der Rast gerne unter dem Arm trug und in dem er Daten, Temperaturen und geomorphologische Details vermerkte. Zuweilen machte er darin auch Skizzen von Landschaftsformationen. Doch noch nie war Stichnote das Symbol aufgefallen, das vorne golden eingeprägt war. Jetzt fiel sein Blick darauf und ein Gefühl sagte ihm, dass es von Bedeutung war.

«Was ist das für ein Zeichen, Herr Oberleutnant?», fragte er unbekümmert.

«Die Prägung? Eine Kalligraphie arabischer Buchstaben. Eine Spielerei, nichts weiter», log der Oberleutnant. «Hier ist die Nachricht.»

Er klappte die Mappe zu und verstaute sie etwas zu eilig.

Stichnote überflog den Text, in dem all das, was Niedermayer ihnen zuvor im Gespräch auseinandergesetzt hatte, zusammengefasst war.

«Soll ich ziffern?»

«Ja. Sicher ist sicher.»

Niedermayer reichte ihm die Hand und drückte sie ganz fest.

«Ich werde jetzt eine gute orientalische Siesta zu halten versuchen. Wenn mich die Flöhe lassen. Dasselbe würde ich auch Ihnen raten. Es wird ... schwer. Gott möge uns beistehen.»

«Inschallah», sagte Stichnote.

16

Querung der Kewir. Tagesmärsche sehr hart. Bis zu 70 Kilometer zw. Wasserlöchern. Wasser meist ungenießbar. Morgens schon 40 Grad und mehr. Stürme. Salzauskrustungen stellenweise wie Eisschollen, gebrochen und nach oben gedrückt. Abflussrinnen ausgesalzt, Anblick in Sonne wie Silberfäden. Mehrere Männer und Kamele in Morast eingebrochen. Zwei Pferde gebr. Knöchel. Gnadenschuss.

Erlebnisse in aller Stille. Jeder für sich. Bin selbst sehr erschöpft, alle anderen auch physisch am Ende, doch seltsam heitere Stimmung. Niedermayer: durch Salzinhalation eine Art Rausch. Ankunft Tschardeh, 50 Häuser, 400 Menschen, 800 Palmen. Kaufen Eier, Hühner und Datteln. Gegen Mittag 50 Grad Celsius. Große Oase Tebbes etwa 30 Kilometer weiter. Niedermayer besorgt wg. Spionen in Tebbes. Schickt Voraustrupp. Ashraf dabei. Ich selbst nicht. Verhalten Ashraf seltsam zuletzt. Scheint Angst zu haben. Wollte aber unbedingt nach Tebbes. Beschließe, heimlich zu gehen. Muss auf ihn aufpassen.

17

Gilbert-Khan hatte die Strapazen der Kewir mit am besten überstanden, zumindest fühlte er sich so. Sein monatelanger Verzicht auf Alkohol und seine sonstige Abstinenz, auch vom Geschlechtlichen, hatte ihn nicht nur geistig verwandelt, sondern stark gemacht. Die Einhaltung der Gebote hatte ihm Kraft gegeben. Sein Körper war stark, und sein Geist entzündet, denn bei der Lektüre des Koran war er auf eine faszinierende Prophezeiung gestoßen:

Wenn du eines Tages die schwarzen Banner siehst, die aus Khurasan kommen, dann geh ihnen entgegen, selbst wenn du über Eis kriechen musst, denn Gottes Kalif, der Mahdi, wird unter ihnen sein.

Khurasan, das Land der aufgehenden Sonne, lag in Afghanistan. Dorthin gingen sie. Unaussprechliche Furcht und fröhlichste Zuversicht gleichermaßen hatten ihn ergriffen, zwei Engel, die brüderlich verbunden waren und über ihn wachten, während er sich wandelte. Abraham, der Entdecker. Die Kewir wie ein Bad in glühendem Diamantstaub, das den letzten Fleischfetzen seiner alten Existenz von ihm geschabt hatte. Nur wer in der Wüste überlebte, konnte begreifen, dass ER gerecht war.

Seit er von den missgünstigen Blicken des Türken befreit worden war, hatte es viele andere Zeichen gegeben, mit deren Hilfe er die eigentliche Bedeutung seines Auftrags, die Wirklichkeit um ihn herum verstanden hatte. Dieser Weg war noch lange nicht zu Ende.

Doch nun waren sie nahe der Oase Tebbes angelangt. Gilbert-Khan hatte ein ernstes Gespräch mit Niedermayer geführt, um den Militär dazu zu bewegen, ihn stärker in die taktischen Überlegungen einzubinden. Er hatte ihn überzeugt, dass er der Richtige sei, sich als geheimer Kundschafter in Tebbes umzuhören. Denn nicht nur die afghanische Grenze rücke unweigerlich näher, sondern auch jenes südlich liegende britische Einflussgebiet, das zwar nicht nominell, aber de facto zu Britisch-Indien gehöre: Belutschistan. Er selbst, Gilbert-Khan, habe schon in Teheran Gerüchte vernommen, dass östlich von Tebbes Gefahr lauere, aus Richtung Kuh-i-Malik, dem nahe Persien und Afghanistan liegenden belutschistanischen Stützpunkt. Bis Kuh-i-Malik, Königsberg, reiche die Eisenbahn, Truppenbewegungen in jener Gegend seien für die Briten ein Leichtes. Er vermute, dass sie Spione in Tebbes stehen hätten, die sofort nach ihrem Eintreffen die Kavallerie verständigten.

Niedermayer musste nicht lange nachdenken, um zu erkennen, dass Gilbert-Khan einen wunden, leider nur zu wahren Punkt angesprochen hatte. Ihre Expedition war ja sogar schon während des Aufenthalts in Teheran in englischen und russischen Zeitungsartikeln aufgetaucht.

Von einer Geheimmission konnte also keine Rede mehr sein, und an Stelle der Briten hätte er das Gleiche getan: die Expedition in aller Ruhe etliche hundert Kilometer durch die Wüste ziehen und sich erschöpfen lassen, um sie dann östlich von Tebbes mit einer Schwadron ausgeruhter und bestens bewaffneter Soldaten aufzubringen und zu eliminieren.

Deshalb beschloss Niedermayer, dass die Expedition in dem ruhigen Tschardeh rasten sollte, während er mit ein paar Leuten, unter ihnen Gilbert-Khan, nach Tebbes ritt, um die wichtigsten Dinge zu erledigen. Gilbert-Khan würde sich vor den Toren der Oase von ihnen absetzen, einen anderen Eingang wählen und sich auf eigene Faust in Tebbes umsehen. Man wollte erst in Tschardeh wieder zusammentreffen.

Kaum je war Gilbert-Khan in einer unheimlicheren Stadt gewesen, als es dieses Tebbes war. Ihre Bewohner verhielten sich zutiefst misstrauisch, waren sie doch erst kurz zuvor vom Herrscher des mächtigen Kaschan überfallen worden, das am Westrand der Kewir lag. Dieser Maschallah Khan war plündernd über die Oase hergefallen, dabei war der Bruder des adligen Räuberhauptmanns getötet worden, und nun zitterten die Menschen von Tebbes vor der unausweichlichen Blutrache. Jeder Fremde konnte ein Spion Maschallahs sein.

Gilbert-Khan sah sich entsprechend vor. Mit gesenktem Blick, den bescheidenen Turban eines Talib-ul-ilm, eines Koranschülers, auf dem Kopf, führte er sein Pferd durch die Gassen, bis er eine kleine Karawanserei entdeckte, in der er um Einlass bat.

Man fragte ihn, wer er sei. Er gab an, ein Reisender aus Indien zu sein, er komme den Weg von Kerman und wolle weiter nach Meschhed, um zum Schrein des Imams Reza zu pilgern.

Da er mittlerweile zu der Ansicht gelangt war, dass es sich bei den Schiiten um verirrte Abtrünnige handelte, sprach er diese Lüge mit einem Lächeln aus und dachte insgeheim an das Grab Harun al-Raschids, den gewaltigen Kalifen, der mit Karl dem Großen korrespondiert hatte und der gleichfalls in Meschhed beerdigt lag.

Damit gab man sich in der Karawanserei zufrieden und ließ ihn sein Pferd unterbringen.

Obwohl er müde war und die heißeste Zeit des Tages lieber in irgendeinem Loch zugebracht hätte, machte er sich auf die Suche nach einem Laden, den ihm der Geheimdienstresident in Teheran genannt hatte.

Der Verkaufsraum war winzig, seine Wände waren über und über mit kalligraphischen Blättern arabischer wie persischer Schrift bedeckt. Es waren zumeist Stellen aus Koransuren, aber auch anderes Gedankengut. Rundum saßen Fliegen, die wie Schriftzeichen und Akzente schienen.

Ein Spruch fiel ihm besonders auf, er hing großformatig ausgeführt und gut sichtbar in der Mitte einer Wand.

Reichtum muss beschützt werden, während das Wissen seinen Besitzer beschützt.

In einer Ecke, unter einem schmalen Baldachin, ruhte der Schreiber, ein mittelalter Mann.

«Der Friede sei mit dir», sagte er und richtete sich ein wenig auf. Er ließ den Agenten nicht aus dem Blick.

In Teheran hatte man ihm gesagt, wie er sich zu erkennen geben solle. Der Schreiber zuckte augenblicklich mit den Brauen, dann erhob er sich überraschend behände und verschloss die Ladentür mit einem Riegel. Er erklärte Gilbert-Khan mit leiser Stimme und immer wieder zu der verschlossenen Tür blickend, wie sie vorgehen würden. Es würde einige Stunden dauern, bis der britische Verbindungsoffizier verständigt wäre. Um Mitternacht sollten sie sich treffen.

Gilbert-Khan ging zurück, verkroch sich in der Karawanserei und wartete. Immer und immer wieder musste er über den Satz nachdenken, den er in der Stube des Schreibers gelesen hatte:

Reichtum muss beschützt werden, während das Wissen seinen Besitzer beschützt.

Was dem inneren Leben des Britischen Empire fehlte, war genau das: *Ilm.* Wissen. Stattdessen kämpften die Engländer, um ihr Imperium zu verteidigen, ihren Besitz, ihren Reichtum. Reichtum muss beschützt werden. Während das Wissen seinen Besitzer beschützt.

Als Mitternacht kam, verließ er die Karawanserei, ging durch die ausgestorbene Stadt bis zu dem vereinbarten Treffpunkt, einem kleinen Platz mit einem alten Brunnen, halb verfallen, da er vor Urzeiten gegraben und schließlich fast versiegt war.

Hinter dem Brunnen, an eine Hauswand gelehnt, stand ein wohlgenährter, großer Mann, gekleidet wie ein Perser, doch von spürbar anderer Haltung, die von einer aufrechten Spannung erfüllt war. Er rauchte eine Zigarette, und Gilbert-Khan sah eine Weile zu, wie sich der starke rechte Arm des Mannes langsam hob und wieder senkte und Rauchschwaden die heiße Nachtluft durchdrangen.

Er hob einen Kieselstein auf und warf ihn in hohem Bogen auf die gegenüberliegende Seite des Platzes. Beim Aufschlag blickte der Mann sofort in die Richtung und fasste sich zugleich an die Seite, wo er, offensichtlich verborgen unter den Falten seines Gewandes, eine Waffe trug.

Daraufhin ging Gilbert-Khan leise auf den anderen zu. Es war ein Offizier der indischen Armee, der seit einer ganzen Weile im Nachrichtendienst tätig war und schon viel über den berühmten schottischen Spion gehört hatte. Er wusste von seiner Exaltiertheit, seiner Raffinesse und seinen Erfolgen auf erotischem Gebiet. Dass er, obwohl von Familie, immer wieder bei haarsträubenden Einsätzen sein Leben riskierte. In alle Rollen zu schlüpfen vermochte. Ein Spieler war, der keine Angst hatte, zu verlieren. Doch was er jetzt sah, verwunderte ihn. Diesen abgemagerten, haarigen Kerl, der aus dem Dunkel auftauchte wie ein persischer Halsabschneider, hätte im Leben niemand für einen Spion seiner Majestät gehalten. Aber der Wüstenheilige murmelte den vereinbarten Code. Einen unverfänglichen Satz auf Persisch.

Der Nachrichtenoffizier nickte erleichtert und streckte ihm die Hand hin.

«Lieutenant Gilbert? Wir haben uns gefragt, wo Sie stecken. Bin hocherfreut, Sie hier zu sehen. Hocherfreut! Captain Brickwood.»

Die Hand Gilbert-Khans war rau und trocken, als habe er sie mit Schmirgelpapier bearbeitet.

«Ich habe nicht viel Zeit ...» Es war das erste Mal seit Konstantinopel, dass er die Sprache seiner Vorfahren sprach, oder besser zu sprechen versuchte, denn mittendrin stockte er.

Vor der Schlacht sollen die Feinde aufgefordert werden, zum Islam überzutreten.

Ein Hadith, der ihm unvermittelt auf Arabisch durch den Kopf schoss.

«Ich weiß, mein Lieber», sagte Captain Brickwood, holte die Feldflasche mit schottischem Whisky heraus und befüllte den feingeschmiedeten Silberbecher, der ihr aufsaß, mit der nachtwarmen Flüssigkeit. Vergärungsgeruch ging von ihm aus. Verwesung. «Ich denke, Sie können einen Schluck vertragen», sagte Brickwood.

«Nein, danke», erwiderte Gilbert-Khan. Der Captain stutzte.

Gott der Erhabene sagte: «Nehmt euch nicht meinen und euren Feind als Freund!»

«Glauben Sie mir, ich täte nichts lieber. Aber das wäre nicht gut für meine Rolle als spiritueller Führer.»

«Verzeihung?»

«Meine Anhänger würden bemerken, dass ich Alkohol getrunken habe.»

«Ach so, verstehe. Selbstverständlich. Sie erlauben?»

Gilbert-Khan nickte, und Brickwood leerte den Becher in einem Zug. Danach wollte er zum Geschäftlichen kommen.

«Mich und vor allem einige Persönlichkeiten würde interessieren, wie groß die Kampfstärke der deutschen Expedition im Augenblick ist. Die Zahlen, die aus Teheran kamen, klangen erschreckend.»

Es waren Gilbert-Khans Zahlen. In der Anfangseuphorie hatte er ein wenig übertrieben.

«Die Expedition ist in einer schlechten Verfassung», sagte er jetzt. «Die letzten Etappen waren extrem anstrengend. Kaum mehr als zwanzig Mann sind wirklich kampffähig. Ich denke, es geht keine Gefahr mehr von ihr aus.»

«Oh, das sind wirklich gute Nachrichten. Mal abgesehen davon, dass Quetta gegen einigen Widerstand vier Kompanien geschickt hat, die jetzt in Kuh-i-Malik darauf warten, die Biersäufer in Augenschein zu nehmen. Hauptsache, wir beenden diese lächerliche Geschichte so schnell wie möglich.»

«Darüber sollten wir vielleicht sprechen.»

«Ganz meine Meinung. Sie müssen nur dafür sorgen, dass die Expedition auf die Straße südlich von hier einschwenkt. Nach zwei Tagesmärschen werden wir sie umfassen und dann eliminieren. Sobald wir die Biersäufer eingekesselt haben, geben Sie sich zu erkennen. In zwei Wochen werden Sie in New Delhi erwartet. Der Vizekönig wird Ihnen einen Orden verleihen, nehme ich an. Zuvor sollten Sie sich allerdings ausschlafen und einen Friseur aufsuchen. Beeindruckender Bart. Sie sehen wirklich aus wie einer dieser Kameltreiber, Gilbert.»

Diesen traf fast schmerzhaft die Erkenntnis, dass er seine Mission abweichend von der am Tisch ausgetüftelten Planung sich allwissend glaubender Bürokraten fortsetzen würde. Sie war noch lange nicht zu Ende. Nur ER konnte sie beenden.

«Ich würde vorschlagen, anders vorzugehen», sagte Gilbert-Khan

zu Captain Brickwood, dem das Ganze langsam merkwürdig vorkam.
«Wir verlängern die Mission.»

«Da gibt es nichts zu verlängern, soweit ich das sehe. Sie haben das Ganze von Anfang an exzellent vorbereitet, durchgeführt, und nun folgen wir dem Textbuch.»

«Es könnte von größtem Nutzen sein, die deutsche Expedition nach Afghanistan entkommen zu lassen. Mir ist klar geworden, dass man hier das größere Bild sehen muss. Das weltweite islamische Netzwerk. Das ist die neue Macht, die heraufzieht. Und ich bin ein Schlüssel dazu. Aber dazu müssen Sie uns weiterziehen lassen.»

«Uns?»

Der Captain war fassungslos. Er legte seine Hand auf die leicht bröckelnde Ummauerung des Brunnens.

«Es gibt Männer, die scheinbar wie die Paradiesbewohner handeln, aber doch zu den Insassen der Hölle gehören! Und es gibt Männer, die scheinbar wie die Höllenbewohner handeln, aber dennoch ins Paradies eingehen werden, Captain ...» Gilbert-Khan blickte sein Gegenüber treuherzig an. «Verzeihung, wie war noch einmal der Name?»

«Brickwood», sagte der Captain und sah den seltsamen Ausdruck im Gesicht des vielgerühmten Agenten. Er fasste hinter sich, aber da war die Wand, aus Lehm gebaut, wie alles in Persien. Etwas lief ganz anders, als es sollte. Er wollte auf einmal schnell sein, aber das Messer aus Damaszenerstahl durchteilte seine Leber, die sich ohnedies in einem bedenklichen Zustand befand, tangierte sein Rückgrat und bohrte sich dann in eben jene dreihundert Jahre alte Wand.

Der Stahl konnte es verkraften und ließ sich trotz einer plötzlichen Schwäche von Gilbert-Khan leicht wieder herausziehen. Der zweite Stoß war eher ein Schnitt und trennte dem Captain fast den Kopf von den Schultern. Das Blut sprudelte, langsam versiegend aus dem halb freigelegten Halsrumpf.

Die Leiche durfte in keinem Fall so liegen bleiben, aber Gilbert-

Khan musste auch vermeiden, sich bei der Beseitigung allzu sehr mit Blut zu besudeln. Also packte er sie an den Beinen und begann, den Körper des Nachrichtenoffiziers in Richtung des Brunnens zu zerren. Der abtrünnige Spion fühlte sich wie eine Spinne, die ein mächtiges Beutestück, größer und schwerer als sie selbst, in ihre Behausung bringt. Er zerrte und keuchte, dann lagen die Beine mit den exzellent gearbeiteten Reitstiefeln eingeknickt über dem Brunnenrand. Noch einmal strengte er sich an. Sein Keuchen wurde schließlich vom Aufprall des Leichnams punktiert. Der Brunnen schien sehr tief zu sein.

Gilbert-Khan zwang sich trotz seiner Erschöpfung, sofort das Pferd zu holen, er bestach einen Torwächter, dass er ihm öffnete, und ritt durch die heiße Nacht zurück ins Lager der Expedition. Er wusste mit jeder Faser seines Körpers, dass er mehr durchtrennt hatte als nur den Hals eines unglückseligen englischen Captains.

Er war so aufgewühlt, dass er das Fehlen seines treuesten Gefährten, der sich seit kurzem Abu Bakr nannte, nicht bemerkte, als er wieder im Lager angekommen war. Trotz der späten Stunde wünschte er sogleich mit Niedermayer zu sprechen.

18

Der Oberleutnant folgte den Ausführungen des Prinzen über die Präsenz anglo-indischer Truppen im Süden mit verbissener Miene, hatte er selbst doch bei seinen eigenen Erkundungen erfahren, dass auch die Russen Truppen aufgeboten hatten, nördlich in Gunabad. Die Rede war von einigen hundert schwer bewaffneten Kosaken. Er nahm Gilbert-Khans Bericht zur Kenntnis, dann vergrub er sich im Licht seiner Petroleumleuchte in Karten und Gedanken.

Wie es schien, schrieben sie mit ihrer Expedition tatsächlich Geschichte, ganz unabhängig von ihrem Ausgang: Denn es war das erste Mal, dass sich die beiden Spieler des Great Game – das britische und das russische Imperium – hier an der empfindlichsten Stelle ihres Konflikts trafen, um zusammenzuarbeiten.

Sie, die armseligen Deutschen und Kakanier mit ihren gedungenen persischen Reitern und opiumrauchenden Kameltreibern, ihren Flugblättern und Brieftauben machten den beiden Großmächten so viel Angst, dass sie über ihr epochales Ringen hinwegsahen und sich verbündeten.

Keineswegs überraschend fand er Gilbert-Khans Mitteilung, dass die Engländer sie an der von Süd nach Nord verlaufenden ostpersischen Karawanenstraße erwarteten. Der indische Prinz schien davon beeindruckt, aber Niedermayer hatte damit gerechnet. Freilich war es gut, dies zu wissen und nicht nur zu vermuten, denn der eine Ausweg, den es gab, war sehr unbequem. Sie würden den hinter Tebbes beginnenden Ausläufer der Sandwüste queren müssen, und zwar wortwörtlich, von Westen nach Osten. Das hatte noch nie jemand versucht, und wenn doch, dann war er nicht wieder aufgetaucht, um davon zu berichten.

Die Beschaffenheit des Geländes und vor allem die Verteilung der Wasserlöcher hatten dazu geführt, dass der etwa zweihundert Kilometer breite Wüstenstreifen Terra incognita war, ein weißer Fleck auf dem von Sven Hedin gefertigten Kartenmaterial, auf das Niedermayer seine Planungen stützte.

Die Kewir, die hinter ihnen liegende Salzwüste, war grausam und faszinierend wie kein anderer Ort auf dem Planeten – doch trotz ihrer Gefährlichkeit hatten die Menschen schon vor Tausenden Jahren Wege durch sie gefunden. Zweihundert Kilometer Sandwüste ohne sichere Wasserstellen dagegen konnten das Ende bedeuten, zweitausend indo-englische Soldaten, ausgeruht und bestens versorgt, allerdings erst recht.

Nach Tebbes würde er sich kein zweites Mal wagen. Dort war ihm vom drittklassigen Gouverneur der Stadt klargemacht worden, dass man sie nicht unterstützen, ja sogar liebend gern an Russen oder Engländer verkaufen würde. Zu nahe war hier schon der East Persia Cordon, die Einflusssphäre, die das Britische Empire für sich beanspruchte, nachdem es Belutschistan unter seine indirekte Kontrolle gebracht hatte. Denn formell wurde Belutschistan vom Khan von Kalat regiert.

Die Engländer hatten den Belutschen vor knapp hundert Jahren ihre Waffen gezeigt, ihnen dann aber, statt sie zu bekriegen, Geld geboten. Der Khan blieb an der Macht, erhielt hunderttausend Rupien im Jahr und auch die Kleinfürsten um ihn herum bekamen Geld, wenngleich deutlich weniger. Dafür hatte die britisch-indische Armee die höchst nützliche Eisenbahn über Quetta im Osten und Kuh-i-Malik im Westen bauen und diese beiden Städte zu Stützpunkten ausbauen dürfen. So kontrollierten sie die zwei wichtigsten Straßen nach Kandahar, das schon tief in Afghanistan lag. Wie ein dickes Polster lag Belutschistan an der südwestlichen Flanke ihres kostbarsten Besitzes: Indien.

Aber selbst dieses Polster wollte man noch einmal absichern, weshalb der Cordon geschaffen worden war. Er befand sich weitestgehend auf dem Staatsgebiet Persiens, musste von Teheran geduldet werden, das östlich der Wüsten ohnehin keinen Einfluss mehr hatte, und besagte in etwa so viel, dass das Britische Empire sich vorbehielt, dort jederzeit Truppenoperationen durchzuführen, ohne um Erlaubnis fragen zu müssen. Dasselbe beanspruchten die Russen um die Gegend von Meschhed herum, dem Wallfahrtsort in Nordpersien. Die Durchquerung des britischen Cordons war die letzte Schwierigkeit, die sie zu meistern hatten – östlich von ihm lag Afghanistan, und sie wären zunächst einmal gerettet.

Unter seiner Zeltplane verschmolz Niedermayer geistig mit seiner Karawane – jedes Kamel, jedes Maultier, jedes Pferd, all die Treiber, Reiter, Offiziere, Soldaten, Köche und sonstigen Hilfskräfte inklusive seiner Diplomaten standen ihm vor Augen. Er überlegte, wer krank war und wer sich noch gut hielt, auf wen er im Weiteren verzichten konnte und wer es unbedingt mit ihm nach Afghanistan schaffen musste. Er war ein Heerführer, der seine Truppen aufstellte, aber hier waren es keine Armeen oder Divisionen, sondern einzelne Männer. Viele standen für fünf oder auch zehn Mann. Manche schlugen negativ zu Buche.

In dieser Nacht entwarf er eine wahrhaft geniale Strategie. Erst in Gedanken, doch bald schon auf Papier, teilte er die Expedition wieder einmal auf. Zunächst sonderte er eine Gruppe ab, die er unter die Leitung von Leutnant Sowatzky stellte. Er schien ihm von ausreichend gelassener Wesensart, um mit dieser Aufgabe fertig zu werden: Seine Gruppe würde alle Erkrankten und Angeschlagenen aufnehmen, gut verproviantiert werden und mit ein paar Reitern nach Süden ziehen, so wie es sich die Engländer vorstellten. Morlock, sein bester Offizier, würde eine beweglichere Einheit bilden und nach Norden gehen, zu den Russen. Sie sollte halbwegs entbehrliche Kisten mit sich führen, mit Steinen gefüllt, um den Schein zu wahren.

Niedermayer selbst würde die Hauptgruppe durch die Wüste führen. Diese aber teilte er wiederum in zwei Hälften: Die erste Kolonne sollte aus leichtbeladenen Maultieren bestehen, die jeweils von einem Reiter geführt wurden. Alles Schwere sollte der zweiten, aus Kamelen bestehenden Kolonne aufgebürdet werden. Er schätzte ihre Geschwindigkeit im Vergleich zur fliegenden Kolonne aus Maultieren und Reitern auf höchstens ein Drittel, vielleicht noch weniger. Die Aufgabe der Kamelkarawane würde darin bestehen, so lange mitzugehen und die erste Kolonne zu versorgen, wie sie konnte. Dann würde sie geopfert werden müssen.

Vor Morgengrauen rief er Jakob und befahl ihm, anhand seiner Aufzeichnungen die verschiedenen Gruppen zusammenzustellen. Er schärfte seinem Adjutanten ein, gegenüber den Reitern, Treibern und auch einfachen Soldaten kein Wort darüber zu verlieren, dass sie ein Täuschungsmanöver fuhren.

Dann setzte Niedermayer sich hin und begann, Briefe und Befehle zu fingieren, die er den beiden Scheinkarawanen mitgeben würde. Es war die Aufgabe der Offiziere, dafür zu sorgen, dass diese Papiere möglichst bald in die Hände ihrer Gegner fielen.

Man würde Verräter bestimmen müssen.

19

Ein kleiner zeitlicher Vorsprung blieb ihnen, also trieb Niedermayer am Morgen zur Eile. Als Erste brach die nach Norden gehende Scheinkarawane unter Morlock auf. Leutnant Sowatzkys Invalidentruppe zog am frühen Nachmittag nach Süden los. Der Abschied von den beiden Männern und ihren jeweiligen Mannschaften fiel kurz aus. Man würde über schnelle Meldereiter ständig in Verbindung bleiben. Sollten die beiden Kenntnis von Truppenbewegungen ihrer Gegner erlangen, konnten sie Niedermayer warnen.

Länger dauerte es, die beiden Teile der Hauptkarawane auszustatten. Den ganzen nächsten Tag wogen sie ab, packten um, verzichteten auf so manches, das ihnen vor einer Weile noch als unverzichtbar gegolten hätte, verbannten es zur Kamelkarawane oder warfen es weg.

Stichnote, dem sein einst so stattlicher mobiler Taubenschlag durch den täglichen Flugdienst und die Todesfälle deutlich zusammengeschrumpft war, konstruierte aus Bambusstäben und einigen Kisten einen Käfig, den sein Maultier tragen konnte. Gut fünfzig Tauben mochten es noch sein. Es waren seine stärksten, denen er von Anfang an zugetraut hatte, die weitesten Distanzen zu überwinden. Er fragte sich, ob er jemals erfahren würde, welche seiner Tauben und in welcher Verfassung es tatsächlich nach Isfahan geschafft hatten.

Bevor sie aufbrachen, zitierte Niedermayer ihn zu sich. Dass die meisten der persischen Tschawadars Opium rauchten, war nicht zu übersehen gewesen, Niedermayer war aber aufgefallen, dass vielen der Stoff ausging, und keiner erwartete, dass man nun durch die Wüste ziehen würde. Er wollte sichergehen, dass die Droge nicht irgendwann knapp würde. Also hatte er Stichnote beauftragt, in Tebbes im großen Stil Opium zu erwerben. Dieser Vorrat würde streng bewacht unter Niedermayers Aufsicht stehen, direkt neben den Goldreserven. Im Zweifel würde das die Leute bei der Stange halten.

Stichnote bestätigte ihm, dass er das Opium gekauft und sicher verstaut hatte. Über die Tatsache, dass der Deckoffizier selbst rauchte, wurde kein Wort verloren.

Niedermayer teilte ihm mit, wohin sie ziehen würden.

Stichnote nahm diese Nachricht gleichgültig auf. Sein Körper wurde schwächer, aber sein Geist brauchte keine Ruhe mehr.

Als weniger gleichgültig erwiesen sich die Treiber und Reiter. Einige waren nicht zu überzeugen, auch nicht mit Gold, und verließen die Expedition. Die anderen regten sich fürchterlich auf, sagten, da gebe es keinen Weg, keine Wasserstellen, und wenn, dann seien sie längst von den Engländern vergiftet worden. Erwähnten immer wieder die Lebensgefahr, in die sie sich begeben würden. Womit sie vollkommen recht hatten.

Und zogen schließlich doch mit.

Über den militärischen Charakter der verkleinerten, zweiteiligen Kolonne konnte es jedenfalls keinen Zweifel geben, als sie am 27. Juli 1915 um acht Uhr abends unter dem gelassenen Licht des Mondes aufbrachen. Jeder Reiter, auch Zickler und Gilbert-Khan, hatte ein Gewehr umgeschnallt. Grimmig und sorgenvoll sahen sie drein, da trotz Niedermayers strikter Diskretion natürlich Gerüchte über nahende Russen und Engländer durchgedrungen waren.

Um den Bewohnern von Tschardeh gegenüber zumindest ihr Ziel

zu verschleiern, zogen sie zuerst in nordöstlicher Richtung, wo sie ein kleines Gebirge erreichten, dessen kühlere Luft ihnen wohl bekam und an dessen erfreulich frischen, nur wenig salzigen Quellen sie sich noch einmal stärkten. Die Temperaturen lagen hier nur bei etwa 35 Grad, nicht bei den 50 Grad, die sich unten in der Ebene eingespielt hatten, jetzt, da der August kam.

Niedermayer sah mit der Sorge eines Vaters, der seinen Kindern nichts zu bieten hat, wie sich Deutsche, Österreicher, Perser, Araber und Inder gleichermaßen in ihr Schicksal fügten, für das er allein verantwortlich zeichnete. Er sah, wie sie in immer kraftloser wirkender Routine abluden, die Tiere versorgten und ein neues Lager aufschlugen. Wie sie mit dem Ungeziefer lebten, wie sie unter Krankheiten litten, erbärmlich ihre Notdurft verrichteten und sich immer wieder aufrafften, salziges Wasser tranken, Reis und Linsen aßen, um sich dann gleichmütig in den dumpfen Schlaf unter ihren Zeltplanen zu begeben, nachdem sie die Nacht hindurch gegangen waren, Kilometer um Kilometer.

Am frühen Vormittag stand Niedermayer auf, ächzend, da ihm von Tag zu Tag mehr die Muskeln schmerzten, und ritt alleine an den Ostrand des kleinen Gebirges. Mit dem Feldstecher durchmaß er die Wüstenebene. Ganz in der Ferne, so weit weg, dass es auch eine Täuschung sein konnte, glaubte er etwas zu erkennen, das von menschlicher Hand zu sein schien. Vielleicht nur ein Brunnenloch, vielleicht eine Siedlung. Es war der einzige Anhaltspunkt, den er ausmachen konnte, denn die Ebene selbst zeigte keinen Weg und keinen Pfad, nur Sand. Mit dem Kompass bestimmte er die Richtung, trug sie in die Karte ein, eine erste kleine Markierung in den weißen Fleck, an dessen Rand sie standen. Was unter anderen Umständen Niedermayers abenteuerliches Herz entzückt hätte, lag ihm nun schwer darauf. Trotz ihrer diversen Absplitterungen war der Haupttross noch immer knapp siebzig Mann stark, siebzig Menschenleben, denen er einen

Weg ebnen musste, und alles, was er in der Hand hatte, war die Mutmaßung, dass es dort draußen im Sand eine winzige Siedlung gab.

Als er sich nach der Rückkehr zu seinen Leuten noch einmal in den Schatten seiner Plane legte, marterten ihn solch schreckliche Visionen, dass er sogar darüber nachdachte, selber Opium zu rauchen, um endlich einmal wieder schlafen und vergessen zu können, wer er war und was er hier eigentlich tat – dass er ein Bote des deutschen Kaisers war, der eine vielleicht kriegsentscheidende Unternehmung anführte. Er dachte an jene Tage an der damals noch jungen Westfront und fragte sich, wie der Kriegsstand wohl war. Die letzten Nachrichten waren zwei Monate alt. Und wenn schon Frieden wäre? Wenn sie die Expedition einfach abbrechen könnten?

Er dachte an die Wälder seiner bayerischen Heimat, die Weinberge Frankens, die Seen voll herrlichsten Wassers und die grünen Wiesen, bis seine staubverklebten Augenlider von kleinen Tränen benetzt wurden, die er in die strenggerollte braune Decke rieb, auf der sein Kopf ruhte.

Abends fertigte er drei Reiter ab, die die Morlock-Gruppe über die Richtung ihres Marsches in Kenntnis setzen sollten. Dann brachen sie selber auf, zogen hinab in die Ebene und erreichten nach nur fünfstündigem Marsch den anvisierten Ort, bei dem es sich tatsächlich um ein von einer Lehmmauer umgebenes Dorf handelte. Dessen Bewohner zogen sich bei Einzug der schwerbewaffneten Karawane sofort in ihre Häuser zurück. Die Expedition besetzte die leerstehende Karawanserei, und Niedermayer wies Jakob an, auf deren hochaufragenden Türmen Wachen mit Ferngläsern zu postieren. Er stellte auch Männer an das Eingangstor. Niemand durfte den Ort ohne Niedermayers Einwilligung betreten oder verlassen – zu groß war die Angst, verraten zu werden. Denn auch wenn es ihm nicht erklärlich war, schienen die Bewohner des Dorfes durchaus zu wissen, wer sie waren.

Am nächsten Morgen begann Niedermayer so höflich es einem

Mann möglich war, der als militärischer Besatzer gelten musste, an die Türen der kleinkuppeligen Häuser zu klopfen. Wo ihm zögerlich geöffnet wurde, erklärte er seine Lage und fragte nach Führern, die die Expedition durch die Wüste zu leiten vermochten. Keiner der alten Männer, die sich auf ein kurzangebundenes Gespräch mit ihm einließen, konnte oder wollte ihm helfen. So schnell es ging, zogen sie sich kopfschüttelnd wieder zurück. Von Tür zu Tür wuchs Niedermayers Nervosität.

Ohne Führer durften sie sich nicht weiter hinauswagen. Würden sie die nächste Wasserstelle, die es doch irgendwo geben musste, verfehlen, konnten sie allenfalls zurückkehren, verlören damit aber ihren Vorsprung, und es wäre eine Frage der Zeit, bis entweder die Russen oder die Engländer oder beide zusammen sie eingekreist hätten. Wie viele Tiere und Männer auf der Strecke blieben, wenn sie sich zu weit verirrten, daran wollte er gar nicht erst denken. Die ihn begleitenden Männer spürten, dass Niedermayer ratlos war, ja dass in dem erschöpften Oberleutnant etwas aufzusteigen begann, das noch keiner je an ihm wahrgenommen hatte: Panik.

Wieder verging ein Tag, wieder lebten sie von ihren Vorräten, da niemand in dem Dorf ihnen etwas abgeben konnte.

Es fiel ihm nichts anderes ein, als am nächsten Morgen Patrouillen aus jeweils drei Soldaten und einem persischen Treiber sternförmig ins Umland zu schicken. Irgendwo musste es einfach jemanden geben, der sie führen konnte.

Nicht nur Niedermayer selbst, auch der mittlerweile perfekt Persisch sprechende selbsternannte Kalif Gilbert-Khan wurde Teil einer solchen Patrouille. Zickler, dem es von Tag zu Tag schlechter ging, blieb dagegen im Dorf. Auch Stichnote blieb, da er nun, wieder einmal, der ranghöchste Soldat war und während Niedermayers Abwesenheit das Kommando zu führen hatte.

20

Stichnotes Tauben schwanden dahin. Vier waren gestorben, drei schickte er auf den Weg nach Isfahan. Die Meldung, die Niedermayer ihm sichtlich ratlos übergeben hatte, besagte, dass Seiler auf der Stelle eine schnelle, gut bewaffnete Reitertruppe zu ihnen entsenden solle, um einen eventuell notwendigen Rückzug zu sichern. Zweifel überkamen Stichnote bei dieser Order. Spielte Niedermayer tatsächlich mit dem Gedanken, sich hier zu verschanzen?

Nachdenklich versorgte er die verbliebenen Tauben. Die erkrankten Tiere, die vor allem an Augenentzündungen litten, behandelte er mit Jodtinktur, mehr hatte er nicht zur Verfügung. Obwohl er sie dem heimatlichen Schlag entzogen und auf diese Reise mitgenommen hatte, gurrten sie immer noch freudig, wenn er sich dem Käfig näherte, und neckten ihn wie in alten Zeiten. Lieber hätte er selbst auf Essen verzichtet, als sie hungern zu lassen, und voll Wehmut ließ er sie Reiskörner aus der Hand picken. Der Wüstenwind, streng und heiß aus Osten, wehte ein paar auf den Boden.

Schräg gegenüber auf der Mauer saß der Vogel unter dem weißen Himmel und starrte in den von Flügelflattern durchtobten Käfig.

Danach ging Stichnote zu Zickler, der an Schwindel litt, stark abgemagert war und den seit dem Aufenthalt in Tebbes etwas zu bedrücken schien. Auch war ihm aufgefallen, dass Zickler seitdem die gemeinsamen Gebete unter dem Vorbeter Gilbert-Khan gemieden hatte.

«Wie geht's heute?», fragte Stichnote und setzte sich neben den Schweizer, der nah der Mauer hingestreckt unter seiner Plane lag.

Zickler rührte sich ein wenig und drehte ihm das Gesicht zu. In seinem Bart klebten gelbliche Speichelfäden, da er sich kurz zuvor übergeben hatte. Mit schwerer Zunge fuhr er sich über die Lippen, bevor er sprach.

«Sind sie schon zurück?»

Er schien Stichnote nicht verstanden zu haben.

«Nein», sagte Stichnote lächelnd und legte seine Hand beruhigend auf Zicklers Schulter.

«Hab höllisches Kopfweh», murmelte Zickler noch, fast wie zu sich selbst, fasste sich mit den Händen hilflos an den Schädel und schloss die Augen.

«Ich bringe Ihnen etwas Aspirin, und dann ruhen Sie sich aus. Heute Abend geht's wieder besser. Verflucht heiß heute.»

Nachdem Stichnote den Schweizer versorgt hatte, beschloss er, sich um sich selbst zu kümmern, denn er spürte ebenfalls ein drückendes Unwohlsein in der Magengegend, aber er kannte ein bewährtes Mittel dagegen. Er suchte eine windgeschützte, uneinsehbare Stelle halb im Inneren des Lehmbaus, kauerte sich hinein und stopfte sich mit einer Geläufigkeit, die ihn noch vor ein paar Monaten erschreckt hätte, eine Pfeife, ließ sein Sturmfeuerzeug aufflammen und inhalierte den bitterherben Nebeldunst des Giftes. Das Opium, das er in Tebbes gekauft hatte, war ungewöhnlich stark. Er musste husten, krümmte sich, seine Augen füllten sich mit Tränen, dann spürte er die Wirkung. Mit perlender Kraft zogen buntschlierige Schleier hoch. Blitze von Bildern brachen in ihn ein. Er hörte etwas, als würde ein großes Gaffelsegel im Winddruck reißen. Er erschrak, machte die Augen auf und fasste sich wieder. Wusste, wo er war. Sein Herz raste, aber das war nichts Ungewöhnliches.

Als er sich wieder besser fühlte, suchte er schlafwandelnd sicheren Schrittes die Wachen auf den Türmen auf, die dort oben im Wüstenwind ausharrten und fast wie unter Trance mit Zeiss-Gläsern die endlose Ebene überblickten.

«Grad wie ausgestorben», sagte einer der Männer, der eitrige Auswürfe an der Stirn hatte. Stichnote ließ sich den Feldstecher geben und suchte den Horizont ab.

Schrecklich, diese Unendlichkeit aus hitzestarrenden Dünen,

schimmernd schrecklich und ganz und gar faszinierend. Wieder ein Meer. Diesmal eines aus Sand.

Er gab das Glas zurück. Man solle auf Posten bleiben. Die Männer salutierten, so gut sie konnten.

Er verließ die Karawanserei, ging zum Tor an der Dorfmauer, wo ihre schwerbewaffneten Wachen standen. Niemand habe bislang das Dorf verlassen wollen. Stattdessen sei gerade ein alter Mann auf einem Esel angekommen.

Stichnote wollte wissen, wohin er verschwunden sei, und die Wachen wiesen ihm den Weg eine kleine Gasse entlang. Stichnote blickte, gegen die Sonne anblinzelnd, dorthin und erschrak bis ins Mark.

In der Gasse stand, gelassen an die Wand gelehnt und ihm winkend, Faruk Erdöl. Sein von einer osmanischen Gewehrkugel geschlagenes drittes Auge glänzte rotschimmernd in der Sonne. Das zerfetzte, blutverschmierte Hemd wurde vom Wind sanft bewegt. Es war das erste Mal, dass er Stichnote erschien. Doch an Erdöls Gesichtsausdruck erkannte Stichnote, dass er nicht als Rachegeist gekommen war.

«Wir hatten Sorgen, Chef, sehr sogar ...», sagte Erdöl und blickte ernst drein.

Jetzt erst sah Stichnote, dass sich weiter hinten, wo die Gasse ganz schmal und schattig wurde, zarte Rauchschwaden kringelten. Dort stand Ingenieuranwärter Thomas Kasten und zwinkerte ihm mit halb abgebrannten Lidern zu. Zu seinen Füßen lag ein Häuflein abgeblätterter Asche.

Auch Eibo war da, grinsend mit blankem Schädel, aber Stichnote sah überrascht, dass über seinen Knochenfingern zarte, jungfräuliche Haut gewachsen war.

Seine Freunde aus der Zwischenwelt führten ihn tiefer in das Dorf. Sich nach allen Seiten umsehend, folgte er ihnen in die halbschattige Gasse bis an ihr Ende. Dort stand ein Haus, weniger armselig als die übrigen. Die drei Jenseitigen blieben davor stehen und betrachteten ihn aufmerksam. Was war hier?

Er wollte Erdöl fragen, doch die drei waren plötzlich nicht mehr da. Unendlich langsam suchte er, mit den Händen über die Hauswand gleitend, alles ab. Er glaubte, das Rieseln von Sand zu hören, und der Wind wurde tönern, gleichförmig, begann ihn einzulullen. Die Tür war aus massivem Zedernholz. Sie trug Messingbeschläge und ruhte ohne Ritze in der Fassung. Was nur? Er hätte verzweifeln können, doch dann entdeckte er eine Messingplatte, oben links an der Tür. Ein Symbol war darauf eingraviert, das er schon einmal gesehen hatte.

Es war dasselbe Symbol wie auf Niedermayers Mappe. Der Oberleutnant hatte es als bloße Spielerei, als Kalligraphie ohne Bedeutung abgetan. Stichnote ahnte, dass Niedermayer damals nicht die ganze Wahrheit gesagt hatte.

21

Als die Patrouillen am Abend eine nach der anderen eintrafen, erschöpft und deprimiert, da alles Suchen zwecklos geblieben war, nahm Stichnote Niedermayer beiseite und teilte ihm seine Entdeckung mit. Der ließ sich augenblicklich hinführen.

Es war schon dunkel, als sie zu der Tür kamen, und Niedermayer hielt Stichnotes Sturmfeuerzeug an die Gravur, um das Symbol erkennen zu können. Mit seinen Fingerspitzen fuhr er sanft über das Messing.

Sie klopften an, bald ließ sich ein wohlmodulierter Bariton vernehmen, und Niedermayer sprach mit vor Aufregung heiserer Stimme einige Worte auf Persisch, die Stichnote nicht ganz verstand. Sie klangen wie eine Formel.

«Ein Freund der Weisheit sucht nach den Wohltaten Babas», so etwa lautete Niedermayers Satz. Sofort wurde ein schwerer Riegel zurückgeschoben. Die Tür öffnete sich, und es fiel Licht heraus.

«Allá-u-Abhá», sagte Niedermayer und senkte den Kopf. «Gott ist der Allerherrlichste.»

«Allá-u-Abhá», erwiderte ein imposanter Mann, beugte gleichfalls den Kopf, strich sich über den mächtigen, schon ein wenig grauen Bart und bat sie ohne weitere Umstände in sein Haus.

Sogleich begannen beide, die Stiefel aufzuschnüren und auszuziehen. Währenddessen hatte der Hausherr ins Innere gerufen, und kurz darauf erschien seine Frau. Es war die erste Perserin, die nur ein dezentes Seidentuch trug. Sie begrüßte die beiden Bayern freundlich und brachte jedem eine Schüssel mit Wasser und zwei Leintücher.

Als sie sich gewaschen hatten, wurden sie in den hell erleuchteten kleinen Innenhof des Hauses gebeten, wo der Hausherr auf einem prächtigen Teppich saß und sie freudestrahlend erwartete. Jetzt war der Zeitpunkt gekommen, an dem Stichnote von Niedermayers Geheimnis erfuhr. Dass er ein Bahai war, ein Glaubensgenosse ihrer Gastgeber, des Ehepaars Moghadem.

Ernst lauschte Herr Moghadem Niedermayers Bericht, doch fiel ihm auf, dass der Deckoffizier etwas unschlüssig dreinblickte.

«My dear friend», sagte daraufhin der Hausherr zu Niedermayer,

«wechseln wir in eine Sprache, die unser Freund hier besser versteht, damit er sich an unserem Gespräch beteiligen kann.» Dabei nickte er Stichnote zu und blickte ihm nachdenklich in die Augen.

Nachdem Niedermayer knapp die Umstände der Expedition erläutert hatte, wobei er betonte, Nachrichten des deutschen Kaisers an den Emir von Afghanistan im Gepäck zu haben, wiegte Herr Moghadem den Kopf.

«Es ist sehr schwierig, von hier aus weiter nach Osten zu ziehen, mein lieber Freund. Aber natürlich ist es möglich. Sie sind *der* Oskar Nie-der-may-er, derjenige, der vor etwa zwei Jahren durch unser Land gereist ist, richtig?»

Stichnote merkte bei diesen letzten Worten auf und fragte sich, ob er richtig verstanden hatte. In der Verlassenheit und Weltferne dieses Orts kannte man Niedermayers Namen?

Der Oberleutnant seufzte und nickte mit dem Kopf. Moghadem ließ ein wenig Zeit vergehen. Dann erzählte er mit ernsten Worten die Geschichte Niedermayers, wie er sie gehört hatte. Von dem deutschen Abenteurer, der mit einem Freund den Iran bereiste, Farsi wie ein Landeskind zu sprechen lernte, an der Küste des Kaspischen Meeres in die Hände von Räubern fiel und diesen nicht nur auf wundersame Weise entkam, sondern kurz darauf Meister Pajam in Asterabad kennenlernte, die Weisheit der Bahai-Religion begriff, sich schließlich zu ihr bekannte und damit einer der ersten Deutschen wurde, der der Offenbarung der Doppelpropheten Bab und Baha'ullah Glauben schenkte.

«Auch haben wir erfahren, dass Meister Pajam eines Nachts träumte, unser Freund werde wieder nach Persien reisen, um eine sehr wichtige Aufgabe zu erfüllen. Er wusste nicht, worin diese Aufgabe besteht, aber dass es bald sein würde. Wir, die wir der Weisheit Baha'ullahs anhängen, Friede seiner unsterblichen Seele, haben auf Oskar» – Moghadem hatte etwas Schwierigkeiten mit der Aussprache des Namens – «Nie-der-may-er gewartet. Ich kann nicht sagen, wie glücklich wir sind, Sie hier zu haben. Auch wenn die Umstände schwierig erscheinen.»

«Können Sie uns denn helfen, Bruder?», fragte Niedermayer mit leiser Stimme.

«Ich selbst kann nicht mit Ihnen gehen. Aber ich kenne jemanden, der Sie führen könnte. Abdul Wahab kennt die Wüste und ist ein tapferer Mann. Er wohnt einige Stunden entfernt. Wenn Sie es wünschen, werde ich ihn holen lassen. Er ist unser guter Freund.»

So kam es also, dass Herr Moghadem zum Haus eines Nachbarn ging, um diesen zu bitten, nach dem wüstenkundigen Abdul Wahab zu schicken. Er ließ zugleich bestellen, Wahab möge einige seiner Pferde mit sich führen, die Niedermayer ihm nur zu gerne abkaufen werde. Der Nachbar machte sich sogleich selbst auf den Weg. Auch wenn dieser kein Bahai war, so achtete er den Arzt.

Moghadem hatte in Teheran Medizin studiert und war über einen seiner Professoren mit der Bahai-Religion in Verbindung gekommen. Er heiratete dessen Tochter, und mit dieser beschloss er, zurück nach Buschrujeh, sein bitterarmes Heimatdorf, zu gehen, um dort als Arzt und Missionar zu leben.

Sie hatten vier Kinder, allesamt Mädchen, das älteste war sechzehn, ebenso schön wie ihre Mutter und wie diese unverschleiert. Als sie die Schüsseln auftrugen und dazu auf Englisch artig einen guten Appetit wünschten, freute sich Stichnote so, dass er lachen musste. Und während er lachte, dachte er so innig an Arjona wie schon lange nicht mehr. Wie schön es sein musste, in einer glücklichen Familie zusammenzuleben.

Die Hausfrau hatte als Hauptspeise Kotlet zubereitet, im Grunde Fleischpflanzerl, wie er sie aus München kannte, allerdings nicht mit geriebenen Semmeln, sondern mit gestampften Kartoffeln. Dazu gab es Ziegenmilchjoghurt mit Gurken und frischgebackenes Fladenbrot mit Sesam. Ein Festessen.

Die ganze Familie, auch das jüngste Kind, das allerdings bald seinen Kopf auf den Schoß der Mutter legte und einschlief, saß um die beiden Männer herum, denen das Essen paradiesisch schmeckte. Bald schon begann Stichnote, Fragen zu stellen, und Moghadem und Niedermayer antworteten darauf, erklärten ihm, wer die Bahai waren und wie sie dachten. Er erfuhr von ihren beiden Propheten Bab und Baha'ullah, wobei letzterer als Anhänger des ersten, etwa 1850, in Teheran in Kerkerhaft geraten, dort erleuchtet worden und von da an als Führer der Gemeinde, doch auch als Autor weltbewegender philosophischer Schriften hervorgetreten war. Er hatte Sendschreiben an alle Präsidenten, Kaiser und Könige der mächtigen Staaten verfasst und sie auf die Gefahr eines großen Krieges hingewiesen. Er hatte Regeln aufgestellt und neue Werte definiert, Wissenschaft und Bildung gepriesen, die Frau als dem Mann gleichberechtigt betrachtet und gefordert, auch Mädchen Schulbildung angedeihen zu lassen. Ebenso hatte er sich für die Einführung einer Weltsprache eingesetzt, damit die Menschen, die sich in tödlichen Konflikten gegenüberstanden, miteinander reden konnten.

An dieser Stelle musste Stichnote erneut lachen, und da ihn alle fragend ansahen, wies er auf seine Uhr, die Movado, die treulich die Zeit anzeigte und nun gerade sagte, dass es kurz vor halb zehn Uhr war.

«Wissen Sie», erklärte er, «die hat mein Onkel mir geschenkt, als ich zur Marine gegangen bin. Mein Onkel lebt in Kolumbien. Südamerika. Eines Tages, wenn wir alles hinter uns haben, fahre ich zu ihm. Er ist ein Anhänger des Esperanto, der zukünftigen Weltsprache, deshalb hat er mir diese Uhr geschenkt und keine andere, denn ‹movado› ist Esperanto und bedeutet ‹Die sich bewegende›. Die Uhrzeit versteht ja auch jeder.»

Herr Moghadem bat ihn, den Kindern seine Uhr zu zeigen. Stichnote nahm sie ab, zum ersten Mal seit vielen Monaten, und bemerkte den hellen Reif, den Armband und Gehäuse auf seinem tiefgebräunten Handgelenk hinterlassen hatten.

Er erklärte kurz, wie die Uhr arbeitete, die Datumsanzeige, die nur alle vier Jahre, immer zum Schaltjahr umgestellt werden müsse und ansonsten selbsttätig wisse, wie viele Tage jeder Monat hatte, von jetzt bis in alle Ewigkeit.

«Sie singt ja», sagte eines der Mädchen, nachdem sie die Movado an ihr Ohr gehalten hatte, und machte große Augen, die danach ganz schnell wieder klein wurden, denn wie ihre Geschwister war sie sterbensmüde. Artig gaben sie nun auf ein Zwinkern der Mutter hin den beiden Gästen auf europäische Weise die Hand, küssten ihren Vater, dann brachte die Mutter sie zu Bett. Nur die Älteste, die bislang kein Wort gesagt hatte, blieb bei den Männern.

«Dann sind Sie also, wenn ich Sie richtig verstanden habe, keine Moslems?», fragte Stichnote, der der arabischen Begrüßung und der weiteren Umstände ihres Aufenthalts wegen zunächst an eine Spielart des Islam gedacht hatte, von denen er ja schon einige kannte.

«Nein, wir haben den Islam hinter uns gelassen, ohne ihn deshalb zu verachten», sagte Niedermayer mit fester Stimme, und Herr Moghadem nickte besonnen und fügte hinzu:

«Überzeitlich und universal sind die Aspekte der Freundschaft, der Güte, der Brüderlichkeit im Islam, und darin ist er allen anderen Religionen verbunden und verdient die höchste Achtung – aber die Offenbarung Gottes an die Propheten und damit an die Menschheit hat nicht aufgehört. Der Prophet Mohammed, gepriesen sei sein Name, lebte vor vielen Jahrhunderten. Er war nicht der letzte Prophet. Der letzte Prophet war Baha'ullah. Er ist der Prophet einer neuen Menschheit, die im Frieden miteinander leben wird.»

«Was bedeutet denn nun das Symbol, das ich auf Ihrer Tür entdeckt habe?», fragte Stichnote. Wie ein Siegel kam es ihm vor, wie ein Code, der nun unbedingt entziffert werden wollte.

«Das Ringsymbol meinen Sie?»

Niedermayer lächelte. Ohne den glücklichen Zufallsfund seiner Ledermappe im Basar von Teheran, auf dem es prangte, säßen sie wohl nicht hier. Geheimnisvoll war das Geschick, das Stichnote zum Verbindungsmann ihrer Rettung bestimmt hatte.

«Als ich Ihnen damals sagte, es sei eine Kalligraphie, war das nicht ganz falsch. Denn es wird aus zwei arabischen Buchstaben gebildet, ‹Ba› und ‹Ha›. Zusammen ergeben sie das Wort ‹Baha›, Herrlichkeit. Das Ringsymbol zeigt die drei Ebenen: Oben befindet sich die Ebene Gottes, in der Mitte die Ebene der Propheten und Botschafter, darunter die Ebene der Menschen. Alle drei Ebenen sind verbunden durch das Wirken des Heiligen Geistes, der wird durch den geschwungenen Strich symbolisiert.»

«Ist das derselbe Heilige Geist, den wir Katholiken haben?»

«Könnte es ein anderer sein?»

«Und die beiden Sterne an den Seiten?»

«Diese stehen für Bab und Baha'ullah.»

Sie schwiegen einen Moment. Niedermayer blickte Stichnote an, nicht als Vorgesetzter, sondern von Mensch zu Mensch.

«Ich muss Sie bitten, alles, was Sie heute erfahren haben, unbedingt für sich zu behalten. Denn die Bahai werden scharf verfolgt. Wir müssen sehr vorsichtig sein.»

«Verfolgt? Von wem denn?», fragte Stichnote.

«Kaum eine Schandtat in diesem Land wird je gesühnt», sagte Niedermayer. «Persien, das heilige Persien, wird von seiner Oberschicht verraten und verkauft, und niemand steht dagegen auf. Die islamische Geistlichkeit, vom Geist der Shiah dazu auserkoren, gegen das Unrecht anzugehen, schweigt, denn sie interessiert nur, sich die Taschen vollzustopfen. Die Unwissenheit der Menschen, die mangelnde Bildung, all dies nutzt der Orthodoxie und ihrem Einfluss. Deshalb hassen die Imame uns.»

«Viele unserer Brüder sitzen in Gefängnissen, und auch unser Führer, Baha'ullahs Sohn, lebt nicht in Persien, sondern in Palästina, im Osmanischen Reich, und war auch dort bis zur Revolution der Jungtürken eingesperrt», sagte Moghadem traurig und setzte hinzu: «Es ist ein langer Weg, der vor uns liegt. Viele Täler noch, die wir durchqueren müssen.»

«Die sieben Täler», sagte Niedermayer und blickte lächelnd zu Boden, auf den Teppich, auf dem sie saßen, und breitete fast ehrfürchtig die Hände aus.

«Sie haben es erkannt, Bruder ...», lachte Moghadem, und dann erklärte er Stichnote, der gar nichts mehr verstand, dass der Teppich eine alte Geschichte erzähle, ein berühmtes Gleichnis. Die Konferenz der Vögel.

«Ein Dichter hat sie aufgeschrieben, vor vielen Jahrhunderten. Sein Name ist Farid ud-Din Attar, Friede seiner Seele. Er berichtet, wie alle Vögel der Welt zusammenkommen, um den höchsten Vogel zu suchen ...»

«Den Übervogel», warf Niedermayer ein und zwinkerte seinem Schlagmeister zu.

Stichnote riss die mittlerweile müden und gereizten Augen auf. Mit einem Mal spürte er wieder diesen belastenden Magendruck. Er hatte schon lange nichts mehr geraucht.

«Sein Name ist – Simurgh. Er ist ein weißer Falke, und sein Nest ist auf einem immerzu blühenden Baum, in der Mitte der Welt, auf einem Berg namens Qaf. Hier sehen Sie den Baum, hier das Nest und hier ist der Simurgh», sagte Moghadem und wies mit flinken Fingern auf die meisterhaft gewobenen Bilder des Teppichs.

Da Stichnote nun genauer hinsah, schieden sich Ornament und Darstellung, und aus den Knotentiefen des Teppichs schälte sich all das heraus, von dem er gerade gehört hatte. Er sah den Falken in der Mitte und drum herum die anderen Vögel, die sich aufgemacht hatten, ihn zu suchen.

«Sie müssen durch sieben Täler gehen, und die Gefahren auf der Reise sind ungeheuerlich. Tausende brechen auf, doch nur eine Handvoll übersteht die Reise. Diese Überlebenden sind hier dargestellt, an den Seiten, sehen Sie, da ist der Wiedehopf, der der Anführer der Vögel ist.»

«Und am Ende finden sie ihn, den Simurgh?»

«Sie gelangen bis an sein Nest. Seine strahlende Schönheit blendet sie, bis sie begreifen, dass sie in Wahrheit alle zusammen der Simurgh sind.»

Nun kam Frau Moghadem und brachte ihnen Kaffee in winzigen Tässchen, in denen fast so viel Zucker wie Kaffee war und der ihnen köstlich schmeckte.

Halb wegen der Vögel, die ihn natürlich an seine Tauben erinnert hatten, halb aber doch auch, weil seine Sucht ihn rief, beschloss Stichnote, den Kreis zu verlassen. Er murmelte es Niedermayer zu, natürlich ohne das Gift zu erwähnen.

«Sie haben recht, Stichnote. Gehen Sie zurück zur Mannschaft. Ich bleibe hier, bis unser Führer eingetroffen ist. Bereiten Sie alles für den Aufbruch vor. Jakob soll die frischen Pferde, die wir bekommen werden, mit einplanen und sich überlegen, wie wir umpacken. Wenn möglich, werden wir noch morgen nach Einbruch der Dunkelheit aufbrechen.»

Als Stichnote sich verabschiedete, nahm ihn ihr Gastgeber beiseite und führte ihn aus dem Hinterhof in das Zimmer, das seine Praxis beherbergte. Hier machte er helles Licht mit einigen Petroleumleuchten, in dem sich Stichnote plötzlich unwohl fühlte, da ihn der Arzt auf ganz andere Art als zuvor ansah. Er examinierte ihn. Blickte ihm tief in die Augen.

«Ich sehe, woran Sie leiden, mein Freund», sprach er schließlich, «es ist ein Übel, das ich gut kenne, viele unserer Leute hier sind ihm verfallen. Doch Sie, Herr Offizier, sind schon sehr geschwächt, obwohl Sie es noch nicht wissen. Ich erkenne es an Ihren Augen.»

Stichnote war beschämt. Er stotterte, fühlte sich mit einem Mal nackt. Zugleich pulsierte sein Magen wie verrückt, da sein Körper verlangte, dass er ihm endlich gab, woran er ihn gewöhnt hatte.

«Vor Ihnen liegen große Anstrengungen», sagte der Arzt ganz sachlich, «und ich weiß, dass Sie nicht einfach davon lassen können. Deshalb werde ich Ihnen etwas geben.»

Einer silbernen Schatulle in einem schmalen Bücherregal, das ansonsten medizinische Fachbücher auf Englisch und Französisch barg, entnahm er einen Klumpen Opium, umwickelte ihn mit einem Stofffetzen und drückte ihn Stichnote in die Hand.

«Dies benutze ich als Medizin in meiner Praxis. Es ist die beste Qualität, die es gibt. Sehr rein. Nehmen Sie in Zukunft davon und versuchen Sie, die Dosis zu reduzieren.»

Dann brachte er ihn zur Haustür. Zum Abschied blickte der Arzt ihm wie ein Vater in die Augen.

«Viel Glück, mein junger Freund. Gott sei mit Ihnen auf Ihrem Weg.»

22

Abdul Wahab, der einzige Mann im Umkreis von hundert Kilometern, der nicht nur die Wege kannte, sondern auch tapfer genug war, die von den Truppen zweier Großmächte verfolgte Expedition zu führen, traf in den frühen Morgenstunden mit drei frischen Pferden ein. Er war ein sehniger Mann Mitte Fünfzig, bis auf einen schmalen Schnurrbart glatt rasiert und nahezu kahl. Seine natürliche Autorität und charakterliche Stärke schien sich augenblicklich auf die Moral der Expedition auszuwirken. Der Morgen war der bislang heißeste, seit sie unterwegs waren. Niedermayer notierte gegen Mittag 52,5 Grad. Es war so heiß, dass man sich an Steigbügeln und Blechtassen die Finger verbrannte. Dennoch war die Stimmung gut.

So lange jedenfalls, bis Leutnant Morlock mit seinen Infanteristen und den etwa zwanzig Bachtiaren seiner Gruppe eintraf. Sie trugen kaum mehr einen Fetzen am Leib, da sie in dem nördlich liegenden Ort Kain, den sie zwei Tage zuvor erreicht hatten, von russischen Kosaken aufgebracht und angegriffen worden waren. So lange es ging, hatten sie sich in dem Ort verschanzt, doch schließlich waren sie von den Bewohnern, unter denen auch diejenigen gewesen sein mussten, die sie an die Russen verraten hatten, auf unmissverständliche Weise gedrängt worden, zu verschwinden. Es blieb ihnen nichts übrig, als sämtliches Gepäck und auch die Maultiere zurückzulassen und sich auf den Pferden den Weg freizuschießen. Dabei waren mehrere Bachtiaren und drei österreichische Infanteristen getötet worden, Morlock hatte einen Streifschuss abbekommen. Sie waren die Nacht durchgeritten und hatten dann in Tschardeh die Spur der Expedition aufgenommen. Morlock berichtete mit seiner vom zwanzigstündigen Ritt heiseren Stimme, dass er zuvor etliche berittene Boten an Niedermayer losgeschickt habe – offensichtlich waren sie aber alle abgefangen worden. Die Russen standen nämlich nicht nur mit etwa hundertfünfzig Mann in Kain, sondern, von Norden über die Ortschaft Tun nachrückend, waren weitere hundertfünfzig auf dem Weg. Kosaken auf frischen Pferden.

Noch während Niedermayer grimmig beobachtete, wie Morlocks Bachtiaren durch ihre breit ausgeschmückten Erzählungen von den Kämpfen mit den Russen für allgemeines Entsetzen unter den Treibern und den übrigen Reitern sorgten, trafen die nächsten bedrohlichen Nachrichten ein. Eine Patrouille Sowatzkys aus dem Süden berichtete von anglo-indischen Truppen, die sich aus Richtung Birdschend näherten. Das Kesseltreiben hatte begonnen.

23

Wie die Schlangen auf ihrem Weg kämpfte Niedermayer auch die Gerüchte über herannahende Feinde nieder, so gut er es vermochte. Bei Sonnenuntergang verließen sie Buschrujeh, und Abdul Wahab führte sie in sechs Stunden zu einem Wüstendorf, wo Niedermayer seiner Strategie treu blieb und erneut eine Scheinkarawane abspaltete, die weiter nach Norden ziehen sollte. Die Leitung übergab er dem jungen deutschen Leutnant Wedig, der sich schon länger für ein Kommando angeboten hatte, nicht erst seit Morlock durch seine Schussverletzung angeschlagen war. Wedig war seine Offiziersreserve.

Der nächste Morgen kam. In der größten Hitze warteten sie, um der Scheinkarawane einen Vorsprung zu geben. Niedermayer hatte seine Männer für alle Fälle in Alarmbereitschaft versetzt. Jeder hatte sein Gewehr im Anschlag, bemüht, sich nicht an den Läufen zu verbrennen. Einige trugen noch die breitkrempigen Südwesterhüte, doch die meisten waren angesichts von Hitze und Staub dazu übergegangen, Kopftücher nach Afghanenart zu tragen, mit denen man nicht nur sein Haupt vor der Sonne verbarg, sondern deren seitlich herabhängende Enden man sich um Mund und Nase wickeln konnte, um sich vor dem Staub zu schützen. So verharrten sie, und die Sonne tat ihr Bestes, sie zu rösten. Nur gelegentlich gab eines der Pferde ein mattes Wiehern von sich. Die Kamele starrten schicksalsergeben in unbekannte Fernen.

Niedermayer hatte sich mit zwei Männern auf eine Düne begeben und suchte den nördlichen Horizont mit seinem Feldstecher ab. Auch er litt sehr unter der Hitze, die nicht nur die Physis marterte, sondern beliebige Formen und Gestalten in die Wüste zauberte – wie leicht konnte man diese luftigen Spielereien für ein herannahendes Kosakenkorps halten und in Panik ausbrechen.

Doch dann, nach etwa vier Stunden, waren die Ausfransungen am

Horizont, die wirbelschlagende Unschärfe in vielen Kilometern Entfernung nicht mehr anders zu deuten, als dass die Russen tatsächlich anrückten. Sie waren zu weit entfernt, als dass Niedermayer Einzelheiten hätte ausmachen können, aber die nicht verwehenden Staubwolkenberge ließen keinen Zweifel.

Wenn sein Plan aufging, dann würden die Russen in den nächsten Stunden auf die Spuren der nach Norden ziehenden Scheinkarawane stoßen und ihnen – so Gott es wollte – folgen.

Ohne länger zu zögern und ohne den beiden Soldaten, die ihn begleiteten, zu sagen, was er am Horizont erblickt hatte, ließ er die Düne räumen. Sie ritten eilig hinab zu ihren Männern, und binnen einer knappen Stunde machten sich die beiden Teile der Expedition auf, die fliegende und die Kamelkolonne. Niedermayer selbst blieb zurück. Um sicherzugehen, dass die Russen ihnen nicht womöglich doch folgten, wollte er nach Einbruch der Dunkelheit alleine auf die Düne zurückkehren und die Lage beobachten. Die Führung der Expedition übernahm daher nun Abdul Wahab, der sie geradewegs in die Tiefe der Wüste lockte, wohin niemand ging, der nicht dazu gezwungen war.

24

Es war das zweite Mal binnen eines guten Jahres, dass Stichnote einer militärischen Einheit angehörte, die auf der Flucht vor einer feindlichen Übermacht war. An Bord der BRESLAU hatten ihm Gefahr und Untergang unmittelbar vor Augen gestanden, doch war er eingewoben gewesen in ein Zeichen- und Nachrichtengewitter, das die Furcht zu betäuben vermochte. Auch war da der Riesenapparat des Schiffes gewesen, angefüllt mit Hunderten seiner in Routinen und Manövern miteinander vertraut gewordenen Kameraden.

Nun war ein anderer Apparat um ihn herum entstanden, zusammengebaut aus mentalen Elementen, bevölkert von Traumgestalten einer unheimlichen, ihm dennoch geläufig gewordenen Zwischenwelt in den tiefsten Tiefen seines Bewusstseins, durch die die Zeit sich gewaltige Canyons grub.

Das Opium von reinster medizinischer Qualität, das ihm Doktor Moghadem gegeben hatte, minderte keineswegs die Intensität seiner Träume, eher im Gegenteil, bremste aber die spürbaren Folgen seines körperlichen Verfalls.

So erlebte Stichnote jenes von britischen Historikern später in Anlehnung an den Wettlauf zum Nordpol *The Race to Kabul* genannte Geschehen in der ostpersischen Wüste und dem Cordon unter einem sich verdichtenden Schleier. Vielleicht hätte er die Strapazen sonst auch nicht durchgestanden, wie so viele, die den kompromisslosen Zumutungen Niedermayers an Mannschaft und Tiere nicht mehr entsprechen konnten und ohne Umstände zurückgelassen wurden.

Das Wettrennen nach Kabul war ein Spiel, in dem es nur einen Spieler gab, der zumindest annähernd das ganze Spielbrett überblickte – und das war Niedermayer. Keiner aus der Mannschaft war über die relative Nähe ihrer Verfolger im Bilde.

Der Trick mit der Scheinkarawane hatte ihnen etwa zwei Tage Vorsprung vor den russischen Kosaken verschafft, nun hielten sie, tagsüber in der schrecklichen Sonne unterwegs, direkt auf die anglo-indischen Truppen zu, die mittlerweile bis Duhuk gekommen waren. Als sie selbst kurz vor diesem Ort standen, schickte er eine Patrouille, und so erfuhren sie, dass die Inder Duhuk bereits wieder verlassen hatten, um ihnen den Weg auf der Karawanenstraße Richtung Birdschend abzuschneiden. Die Scheinkarawane unter Wedig, leichter und deshalb wesentlich schneller, war inzwischen wie vereinbart zu ihnen zurückgekehrt. Niedermayer ließ sie direkt auf Birdschend zumarschieren, während der Haupttross erneut ins offene, pfadlose Gelände stieß. Nun ging man wieder nachts und mied die lichtlosen winzigen Ortschaften. Kleinere Patrouillen sicherten ihre Wege, ritten unerbittlich vor und zurück, ohne auszuruhen. Die salzhaltigen Wasserlöcher, aus denen sie trinken mussten, waren teilweise auf ekelhafte Weise verschmutzt, da sie oft auch als Waschstellen und Toiletten der umliegenden Bewohner herhielten. Jeder Tag brachte einen neuen Gewaltmarsch. Sie legten sechzig, siebzig Kilometer zurück, einmal, schon im Hügelland von Dorochsch, sogar neunzig Kilometer.

25

Wie ein Eisblock vom Pol, den man durch die härtesten Regionen des irdischen Wüstengürtels schleppt, schmolz die Expedition ab. Die Ruhr war ihnen treu geblieben und hörte nicht auf, Gedärme in blutigen Schleim zu verwandeln. Der beständige Mangel an frischem Wasser dörrte ihr Fleisch aus und ließ ihre Zungen anschwellen, bis sie das Gefühl hatten, ersticken zu müssen. Die knochentrockene Staubluft schmirgelte ihre Atemwege wund. Adolph Abu Bakr Zickler begann nach einigen Tagen, Blut zu husten, hielt sich aber eisern auf seinem Pferd, ein elendes Männlein, das immer noch die Kraft besaß, sein Reisetagebuch weiterzuführen. Jeden Morgen nach der Ankunft am Rastplatz kritzelte er ein paar Zeilen. Da alles um ihn herum Verstellung und Feindschaft geworden war, lebte er nur noch für diese Einträge, in denen die Wahrheit stand.

Zu Tode erschöpften Pferden und Kamelen den Gnadenschuss zu geben, hatte Niedermayer verboten, der Lärm hätte sie verraten können. So begannen sie auf nächtlicher Etappe die Tiere, die nicht mehr weiterkonnten, mit Lederriemen zu erdrosseln, zwei Mann zusammen, da einer allein nicht mehr die Kraft dafür hatte.

Unerbittlich und immer wieder unter Einsatz seiner Reitpeitsche trieb Niedermayer die Leute voran. Wie er die Kraft dazu aufbrachte, blieb ihm selber ein Rätsel. Vielleicht lag es daran, dass er nicht an den Rückweg dachte, sondern nur an den nächsten Marsch, den nächsten Kilometer, den nächsten Schritt.

26

Am 10. August eroberten 3700 Kilometer westlich, dort wo einst Troja gestanden hatte, osmanische Truppen unter der Führung des Generals Mustafa Kemal Bey den Gipfel von Conuk Bair zurück und drängten die britisch-australisch-neuseeländische Streitmacht in die kleine Bucht zurück, in der sie sechs Monate zuvor gelandet war und die die Soldaten liebevoll «Auswurf der Hölle» getauft hatten. Dies war der Wendepunkt in der Schlacht um Gallipoli. Das Empire steuerte auf das größte Desaster seiner Militärgeschichte zu.

Die Niedermayer-Expedition hatte derweil Duhuk hinter sich gelassen und an einem guten Wasserloch Rast gemacht, wo sie nicht nur erträglich salziges Wasser, sondern von einem Bauern auch Vorräte für die Tiere aufnehmen konnten. Ihre Kamelkarawane kam ganze neun Stunden nach der fliegenden Kolonne an.

Daher schien Niedermayer der Zeitpunkt gekommen, um sich von den ausgemergelten Kamelen zu trennen. Irgendwann würde ein halber, dann ein ganzer Tag zwischen beiden Einheiten liegen, und damit war ein gemeinsames Vorgehen nicht mehr möglich. Er befahl, das Gepäck so weit es ging umzuladen, die Nahrungs- und Futtermittel zu übernehmen und alle Waffen. Vieles musste zurückbleiben. So wie die Kamele und ihre Treiber. Niedermayer entlohnte sie reichlich mit Gold und Opium. Viele wirkten wie erlöst und sangen Tschawadar-Lieder.

Stichnote und sein Treiber, der die Tauben über so viele Hunderte

Kilometer sorgsam transportiert hatte, teilten sich eine letzte Pfeife. Der tiefbraune, sehnige Arm legte sich um Stichnotes Schultern.

«Bist ein guter Junge», sagte der Treiber in seinem melodiösen bachtiarischen Farsi und vergoss ein paar Tränen aus dem einen Auge, die es quecksilbern funkeln ließen. Als Stichnote sich das letzte Mal zu ihm umdrehte und winkte, begriff er erst, wie alt der Mann gewesen war, mit dem er die Salzwüste durchquert hatte. Alt wie ein Felsen.

27

Kurz nach dem Dorf Tachtewan nahmen sie einen jungen Mann gefangen, der ihnen heimlich nachgeritten war, einen Angehörigen der englischen Armee. Als Pionier sollte er die beschädigte Telegraphenleitung, die unweit verlief, reparieren und war ihnen auf eigene Faust gefolgt.

Jakob schlug ihm ein paar Zähne aus, auf absurde Weise froh darüber, endlich einmal einen Engländer in die Hände zu bekommen. Gilbert-Khan starrte ihn nur düster an und forderte Niedermayer auf Englisch auf, ihn zu foltern. Doch das genügte schon, um ihn zum Reden zu bringen. Er stammelte etwas von zehntausend Mann angloindischer Truppen, die dies- und jenseits des Cordon auf sie warteten. Diese Zahl ließ Niedermayer erbleichen.

Sie fesselten den Engländer und schleppten ihn mit. Wie tot ging er an ein Maultier angebunden, erbrach sich ein paarmal und jammerte. Nach ein paar Stunden hatte er keine Kraft mehr zum Jammern. Am nächsten Tag, als sie ihn weit genug verschleppt hatten, ließen sie ihn laufen. Mit nur zwei Feldflaschen Wasser alleine in der Morgensonne zurückgelassen, blickte er ihnen mit vor Entsetzen geweiteten Augen nach.

28

Je näher sie der Grenze kamen, desto häufiger zogen sich Gebirgszüge durch die Wüstenebene. Porphyr und Kreidefelsen bildeten gewaltige, tiefausgeschürfte Täler und steile Anstiege, die deutschen Romantikern gut gefallen hätten. Doch sie mussten der englischen Truppen wegen über die höchsten Kammwege gehen. Schwindelnd und nach den Strapazen der letzten Tage in der dünnen Luft wie benommen, krochen sie voran. Es war früher Nachmittag, als sie hinter dem staubigen Dunst der Na-umid-Wüste, der «hoffnungslosen Wüste», in der weißblauen Ferne das atemberaubende Panorama der Grenze sahen. Afghanistan.

29

Als hätte es der Probleme nicht genug gegeben, begannen jetzt etliche Perser, die bis hierher durchgehalten hatten, zu rebellieren. «Die Paschtunen werden uns die Köpfe abschneiden», hieß es immer wieder.

Ihre Furcht war nicht gespielt. Alle stammten von jenseits der Kewir und begriffen nun, wie weit die deutschen Teufel sie fortgelockt hatten – keiner von ihnen oder nur die wenigsten hatten darüber nachgedacht, dass sie wirklich so weit kommen würden.

Niedermayer, der deutsche Oberteufel, verweigerte ihnen das Opium, nahm seine Reitpeitsche, um die Männer zum Aufbruch anzutreiben, und als sie vom Grenzgebirge herabstiegen, der uralten Völkerscheide zu, an der noch antike, von Alexander dem Großen selbst errichtete Wachtürme standen, kamen ihm die frischen Spuren englischer Militäreisen, die auf eine gewaltige Truppe schließen ließen, höchst willkommen. Anstelle der köpfeabschneidenden Paschtunen drohte er ihnen entschlossenen Blicks mit den Engländern, die sie alle als Sklaven nach Schwarzafrika verkaufen würden. Das half.

30

Am 19. August 1915 überquerten sie gegen zweiundzwanzig Uhr die afghanische Grenze. Freilich änderte sich damit keineswegs die Gegend – sie blieb pure, blanke Wüste, in der nur ein paar Stauden wuchsen. Ein Wasserloch bot ihnen nachts eine ekelhafte braune Flüssigkeit an, die voller Kameldung war und wie eine Kloake roch. Sie gruben eine Rinne in den steinharten Boden und gossen das Wasser darin aus. So konnten die Tiere herantreten und davon trinken. Die Kraft der Menschen reichte gerade noch, um die Schnüre und Seile des Gepäcks zu lösen, abzuladen und sich benommen auf den nackten Erdboden zu legen.

31

Bis Mittag ließ Niedermayer sie ruhen, dann trieb er sie wieder mit Gewalt an zu packen. Die Männer bewegten sich wie unter Wasser, drei zusammen mussten Kisten heben, die früher ein Mann alleine getragen hatte. Vier Männer weigerten sich aufzustehen, wurden kurzerhand an die Karawane geseilt und so lange mitgeschleift, bis sie um Gnade flehten und wieder freiwillig gingen. Mit Sorge beobachtete Niedermayer, dass immer weniger Männer darauf achteten, sich gegen die Sonne zu schützen. In krebsroten Fetzen hing vielen die Gesichtshaut herab. Einige hatten einen Sonnenstich und fieberten.

Siebzig Kilometer menschenleere Wüste, ein Marsch von zwölf

Stunden. Immer weiter zog sich die Karawane auseinander. Niedermayer schickte Stichnote und Morlock, der sich angesichts der Umstände erstaunlich gut von seiner Verwundung erholt hatte, los, um die Zurückgebliebenen notfalls mit gezogener Waffe zum Aufholen zu zwingen.

So erreichten sie kurz vor Sonnenaufgang einen Ort namens Mogul Betsch. Niemand wohnte dort. Verlassene Saatfelder und zusammengebrochene Kanäle aber ließen ihre Augen leuchten – sollte es hier irgendwo Süßwasser geben?

Tatsächlich entdeckte der zähe Abdul Wahab, ohne den die Expedition verloren gewesen wäre, einen halbeingestürzten Kanal, der voller Wasser stand. Stichnote, Niedermayer und andere rissen sich die Kleider vom Leib und stiegen hinein, stellten dann aber fest, dass das Gewässer fast mehr Blutegel enthielt als Wasser.

Panik brach aus, ein Infanterist aus Graz, dürr wie ein Gerippe, wälzte sich auf der Erde, da mehr als ein Dutzend ausgehungerte Egel sich an ihm festgesaugt hatten, auch an seinem Glied und seinen Hoden.

Ohne auf die Gefahr von Entzündungen zu achten, rissen sie sich die Blutsauger vom Leib und glaubten dann, eine durch eine Art Wehr abgetrennte Stelle im Kanal gefunden zu haben, die unverseucht war.

Stichnote trank als Erster und riss entsetzt die Augen auf, da ihm ein Blutegel in die Kehle geschlüpft war. Er glaubte für einen Moment zu ersticken. Niedermayer brüllte ihn an, das Maul aufzumachen, aber der Schlagmeister und Funkoffizier hatte den Parasiten schon verschluckt, spuckte wie verrückt herum und schlug sich panisch auf den Bauch, da er den in der Salzsäure seines Magens sich windenden Egel zu spüren glaubte. Der Ekel war so groß, dass er sich übergab, und da zuckte tatsächlich das schwarze Würmchen in seinem jämmerlich dünnen Erbrochenen herum und wurde von Niedermayers Stiefel zertreten.

Es war zwar ekelhaft, aber das abgestandene Wasser, aus dem der Egel stammte, war nun einmal so unbeschreiblich köstlich und erfrischend, als hätten es die Engel des Paradieses kredenzt, dass sich alle, lachend wie die Schuljungs, daran machten, es zu trinken.

Derweil hatten die Pferde und die Maultiere schon angefangen zu brüllen und zu stampfen, weil sie das süße Wasser rochen. Nun ließ man sie saufen und pflückte ihnen danach die Blutegel von den Nüstern.

Stichnote stand neben seinem Tscherkessen, während das brave Tier trank und dabei solchen Genuss zu empfinden schien, dass seine Flanken vor Erregung zitterten. Danach schöpfte Stichnote Wasser, filterte es durch ein Tuch in eine Schüssel und tränkte seine Vögel. Auf etwa dreißig Tiere waren seine Tauben nunmehr zusammengeschrumpft. Niedermayer wies ihn an, drei Tauben nach Isfahan zu schicken. Trotz der elenden Verfassung, in der sie sich befanden, war es ein triumphales Gefühl, als er in seiner winzig kleinen Schlagmeisterschrift schrieb:

Haben kampflos Grenze zu Afghanistan überschritten.
Stehen 100 km westlich vor Herat.

32

Die Tiere konnten noch versorgt werden, doch für die Menschen gab es nicht mehr als eine schmale Portion Linsen, die allerdings, mit dem süßen Egelwasser zubereitet, köstlich schmeckten.

Die deutschen und kakanischen Teilnehmer waren ausgelassen und legten sich nach dem Essen in die Nähe der Tiere, die sich den Schatten einiger Häuserruinen gesucht hatten. Ganz anders die Perser – jetzt, da sie im Land der Afghanen angekommen waren, saßen sie furchtsam beieinander und beschworen Gottes Hilfe. Wie Niedermayer feststellen konnte, hatten sich in der Nacht wieder vier von ihnen mit Gepäck, vor allem Waffen, davongemacht und waren zurück nach Persien marschiert.

So schmerzlich der Verlust für die Expedition in materieller Hinsicht war, so sehr bewegte Niedermayer nun vor allem die Sorge, dass die Perser mit ihrer Einschätzung der Gefahr womöglich nicht falsch lagen.

Afghanistan, vor dessen Grenze die nur eine halbe Tagesreise hinter ihnen liegenden anglo-indischen und russischen Truppen Halt gemacht hatten, war ein verschlossenes Land, das nur mit Erlaubnis des Emirs betreten werden durfte.

Bislang waren sie noch keiner Menschenseele begegnet, aber irgendwann käme die erste Siedlung, und dann würde man von ihnen erfahren. Die Vorstellung, von afghanischen Grenzschützern oder Soldaten aufgebracht und wer weiß wie behandelt zu werden, war ein Albtraum. Kaum einer der Männer war wirklich kampffähig, doch selbst wenn sie sich zu wehren in der Lage gewesen wären – wie lange würden sie sich ohne Vorräte, ohne Hilfsmittel, mit erschöpften Tieren halten können? Aussichtslos.

Also beschloss er, umgehend ein diplomatisches Vorauskommando zum Gouverneur von Herat auf den Weg zu bringen, formell um Einlass zu bitten und auf die geheimen Briefe und Dokumente zu verweisen, die das Staatssiegel des Deutschen Kaiserreichs trugen. Einen der in mehrfacher Ausfertigung vorhandenen Briefe, die von Reichskanzler Bethmann Hollweg unterschrieben waren, würde er der Delegation mitgeben.

Es war klar, dass für diese Aufgabe nur Prinz Khan in Frage kam, der Mann war ja nicht nur ein fanatischer Moslem, sondern indischer Thronprätendent, wenn auch nur eines kleinen, schon lange einkassierten Staates, aber immerhin von königlichem Blut. Der praktischerweise zum Islam konvertierte Schweizer Waffenhändler, der ihnen schon in Teheran gute Dienste auf diplomatischem Parkett geleistet hatte, sollte mitgehen. Zickler war zwar in elender Verfassung und spuckte Blut, aber die Strecke bis nach Herat würde er noch schaffen, und niemand vermochte Niedermayers Erfahrung nach moslemischen Mächtigen mehr Wohlwollen zu entlocken als konvertierte Europäer, zumal wenn sie auch noch modernste Waffen im Angebot hatten. Diese beiden Spitzen sollten von einer Auswahl der übergelaufenen Inder und einigen persischen Gewehrreitern begleitet werden. Man würde diese panislamische Delegation mit allen noch nicht vollends ruinierten Gewändern und Turbanstoffen aus ihrem Gepäck einkleiden, ihnen Offiziersdegen, schöne Revolver und die besten verfügbaren Pferde geben, damit der erste Eindruck nicht gar so erbärmlich war wie die Wirklichkeit.

33

Dies war die Stunde des Kalifen. Die treuesten seiner Anhänger waren an seiner Seite. Tapfere bachtiarische Reiter, bei denen er sich durch seine außerordentliche körperliche Zähigkeit und seinen Reitstil Respekt verschafft hatte, begleiteten sie. Nur sein größter Anhänger, Abu Bakr, gefiel ihm in letzter Zeit nicht. Dessen unausgesprochene, doch klar zu spürende homoerotische Neigung, die schon so vielen europäischen Männern aller Schichten zum Verhängnis geworden war, hatte ihn in Gilbert-Khans Hand gegeben und wohl auch dazu geführt, dass Zickler sich seiner Tarnung entledigt hatte – seit Teheran wusste der falsche Prinz und Kalif, dass sein Gefolgsmann Reporter einer renommierten Zeitung war, ein womöglich eines Tages nützlicher Chronist der kommenden großen Ereignisse und jemand, auf dessen unbedingte Loyalität er bauen konnte. Fast hätte man Zickler als seinen ergebenen Sklaven bezeichnen können.

Doch der Sklave strahlte nicht mehr, wenn der Kalif das Wort an ihn richtete.

Es ging ihm schlecht, er spuckte Blut, er röchelte, aber das allein war es nicht. Seit Tebbes und ihrem Aufbruch in die Wüste sah Zickler ihn, so schien es, mit anderen Augen. Auch mied er auffällig das gemeinsame Gebet. Hatte sich zurückgezogen. Brütete etwas aus – die Krankheit des Misstrauens. Welcher Keim mochte sie ausgelöst haben?

Jetzt hatte Niedermayers Auftrag ihn an seine Seite gestellt. Nebeneinander reitend, standen sie an der Spitze seiner Armee. Sie war klein, aber auch der Prophet war einstmals mit wenigen Getreuen angetreten.

Als sie das Tal von Herat erreichten, wurden sie überwältigt von der Pracht laubtragender Bäume. Kanäle bewässerten Felder, auf denen weißgekleidete Bauern arbeiteten und sie misstrauisch musterten. Sie rasteten bald am Ufer des Flusses Herirud, denn die Pferde waren nicht länger zu halten und mussten fressen. Sie schüttelten behaglich die Köpfe, während das Gras ihnen Frieden schenkte. Die Männer lagerten im Schatten einer Reihe mächtiger Pappeln.

«Drei Dinge sind schön», rief der Kalif, vor den anderen stehend, aus und erhob seinen Zeigefinger. «Ein schönes Gesicht, die Farbe Grün und fließendes Wasser! Lasst uns Gott preisen. Er gab uns die Kraft, die Wüste zu durchqueren. Mit seiner Hilfe – gepriesen sei sein Name – werden wir den ungläubigen Besatzern Indiens den Dschihad bringen. Fortspülen werden wir die Zeugnisse ihrer Taten und das Land der Reinen gründen!»

Er legte Zickler die Hand auf die Schulter, um ihn den übrigen Gefährten zu präsentieren.

«Und dieser Mann hier, unser Freund Abu Bakr, ist die Stütze an meiner Seite. Er soll derjenige sein, der unsere Fahne trägt, wenn ich selbst es nicht kann.»

Zickler stand wie versteinert. Blickte finster zu Boden. Doch Gilbert-Khan umarmte ihn und gab ihm den Bruderkuss. Wange an Wange, ihre staubigen Vollbärte knisternd aneinander, standen sie da, und Zickler, Gilbert-Khan nun körperlich so nahe wie lange nicht, wünschte sich wieder einmal, dem immer noch Geliebten damals nicht nachgeschlichen zu sein. Er konnte den Anblick des ermordeten englischen Captains nicht vergessen, mehr aber noch quälten ihn die Worte, die er gehört, und dass Gilbert-Khan sie in feinstem Oxfordenglisch ausgesprochen hatte.

Seitdem wusste Zickler, dass alles andere Fassade war – dort, an der Lehmmauer in Tebbes, war der wahre Gilbert-Khan zum Vorschein gekommen, und der war nicht, was er zu sein vorgab.

Doch war Zickler noch immer ein Schreiber. Die Geschichte, der er nachforschte, hatte, bitter für ihn und seinen Idealismus, wieder eine andere Richtung genommen, womöglich eine gefährliche. Aber eines ferneren Tages würde er in Zürich an seiner Erika sitzen und aufschreiben, was er erlebt und herausgefunden hatte. Seine Gefühle für den unheimlich gewordenen schönen Mann waren das eine, doch mehr als den Prinzen und selbsternannten Kalifen liebte er – die Wahrheit.

Der Wahrheit zuliebe, jenem flüchtigen Stoff, den er in Artikeln und Feuilletons einzufangen verstand, niemand Geringerem als der Menschheit selbst verpflichtet, ihrer Sehnsucht zu wissen, was wirklich war, erwiderte er die Umarmung Gilbert-Khans, so fest er konnte. Er spürte jeden Muskel unter den feinen Gewändern des Kalifen, und ein wenig erschrak er darüber, wie stark der Mann, dem er nicht mehr vertraute, immer noch war.

Gilbert-Khan aber ließ nicht nach, Zickler vor den Augen der anderen mit Gunstbeweisen und Liebenswürdigkeiten zu bedenken, dabei studierte er den Schweizer genau, sah ihm bei jeder Gelegenheit lächelnd in die Augen und erkannte, dass sein mit gewolltem Pathos am Ufer des Herirud berufener Stellvertreter seinen Prüfungen standzuhalten versuchte. Aber der Blick Zicklers war erkaltet, das Lächeln gezwungen. Die Kraft des Schweizers, der nur mehr keuchend atmete und halbtot auf seinem Pferd saß, reichte offenbar nicht mehr aus, um seine tiefere Reserviertheit zu überspielen. Gilbert-Khan begann, sich ernsthaft Gedanken zu machen.

Zwei Tage später erreichten sie Herat und zogen, von der Bevölkerung wie Fabeltiere bestaunt, über das Vorfeld, auf dem nur noch Ruinen von den prächtigen Moscheen und Wallfahrtsstätten kündeten, die hier einstmals gestanden hatten. Auf unmissverständliches Anraten der Engländer waren diese vor dreißig Jahren abgerissen worden, um Herat leichter verteidigen zu können. Nun gab es einen sumpfigen Graben vor den zyklopischen Mauern der Stadt, um die sich Mongolen, Perser, Paschtunen und Russen gestritten hatten. Auch Alexander der Große hatte sie begehrt, lag sie doch am Kreuzungspunkt der wichtigsten Straßen jener Weltgegend. Herat war das Tor nicht nur nach Afghanistan, sondern zum Heartland, dem inneren Spielfeld des Great Game.

Im System indirekter Herrschaft, das die Briten über Belutschistan, den persischen Cordon und die Südwestgrenze Afghanistans errichtet hatten, spielte die Stadt eine spezielle Rolle. Paschtunen, Tadschiken, mongolischstämmige Hassurah, Juden und Hindus wohnten hier. Die Russen hätten sie gerne gehabt. Die Engländer gönnten sie keinem. So hatte der Emir einen seiner verlässlichsten Vertrauensleute zum Generalgouverneur Herats ernannt, Muhammad Sarwar mit Namen.

Dieser weißbärtige Mann vom Durrani-Stamm der Barakzai, dem die Klugheit ins Gesicht geschrieben war, hatte schon einige Tage vor dem Eintreffen Gilbert-Khans von der Niedermayer-Expedition erfahren. Besonnen wie ein erfahrener Spieler in komplizierter Stellung war er weit davon entfernt, die Deutschen für den ungefragten Grenzübertritt bestrafen oder auch nur tadeln zu wollen. Lieber umarmte er sie.

Gilbert-Khan und seinen Stellvertreter Abu Bakr Zickler empfing er zeremoniell und würdevoll. Er trug eine reichbestickte englische Generalsuniform und kommentierte den Bericht über den Weg durch die Wüsten Persiens und die Verfolgung durch die Truppen der Großmächte in dem steifen, wie auf Leinwand festgehaltenen Persisch der afghanischen Hofsprache und mit einem Respekt, wie ihn nur ein alter, lebenserfahrener Mann zu spenden vermochte. Von seinem Hofgelehrten ließ er sich den auf Englisch verfassten Brief des deutschen Reichskanzlers übersetzen, wiegte den Kopf, strich sich murmelnd den Bart und eröffnete den Vorausbotschaftern schließlich, dass er ihnen ein Gartenschloss zur Verfügung stellen werde, womit diese sich als offizielle Gäste seiner Stadt fühlen durften. Umgehend werde er dem Rest der Expedition Reiter entgegenschicken, um diese sicher in das Gästehaus zu führen. Auch werde er Emir Habibullah informieren, damit in Kabul ebenfalls alles auf angemessene Weise vorbereitet werden könne.

Sie beendeten die Audienz wie alte Freunde, wogegen nur der eigentümliche Umstand sprach, dass ihnen von da an auf Schritt und Tritt schwerbewaffnete Männer folgten, die sie nicht nur zum Gartenschloss brachten, sondern auch dort bei ihnen blieben.

«Nur zu Ihrer Sicherheit, Prinz», wie ihnen deren Anführer versicherte, ein vielleicht vierzigjähriger Hauptmann, der gleichfalls eine gutsitzende englische Uniform trug. Ihnen gegenüber war er die Freundlichkeit in Person. Seine Männer allerdings – allesamt in gewöhnlichem Gewand und nur durch einzelne, wie zufällig aus dem Fundus einer Theaterkompagnie herausgefischte militärische Insignien, russische Schirmmützen, lose Kordeln englischer Kürassiere oder Schulterklappen als Armeeangehörige zu erkennen – dirigierte er scharf. Er war Paschtune, die Mannschaft bestand aus Tadschiken und Turkmenen. Die Herrschaftsverhältnisse, die im ganzen Land galten, Paschtunen oben, die übrigen Stämme unten, bildeten sich in der Armee auf das deutlichste ab.

Der Hauptmann ließ Türen und Tor des Schlosses besetzen und sich danach im Garten des Palastes ein Zelt aufschlagen. Dort trank er in aller Seelenruhe mit den Gästen des Gouverneurs so lange Tee, bis Zickler vor Erschöpfung einschlief und Gilbert-Khan darum bat, sich um den Freund kümmern zu dürfen. Stirnrunzelnd sah der Offizier zu, wie er Zickler mit letzter Kraft nach oben schleppte.

Er legte ihn auf das frisch bezogene Bett in dem wohl durchlüfteten und ungezieferlosen Raum. Keuchend vor Anstrengung setzte er sich auf den Rand des Bettes und betrachtete Zickler. Fast unmerklich hob und senkte sich die knochige Brust des Schweizers.

34

Die lachenden Gesichter der wohlgenährten Bauernburschen, die ihnen nachliefen, weil sie so etwas wie jenen Zug ausgemergelter Soldaten in Galauniform noch nie gesehen hatten; das paradiesische Grün des Herirud-Tals und seiner Fruchtlandschaft; der aus reinem Wasser gekochte Tee, den die ihnen entgegengezogene Truppe aus dem Gouverneurspalast kredenzte; das handfeste Essen, das man ihnen im Gartenpalast des Emirs reichte, welches aus Reis, Hammel, Hühnern, Melonen und Weintrauben bestand; die großen Wasserbecken, in denen man egellos baden konnte, und die duftenden Blumenbeete im Garten, die die Maultiere und Pferde restlos abfressen durften; die aus dicken, baumwollgefüllten Matratzen bestehenden Betten und die herrliche Kühle ihrer Schlafzimmer, durch deren Fenster das nächtliche Liebesleben der Grillen drang; das drei Tage nach der Ankunft des Haupttrosses vom Gouverneur ausgerichtete Staatsbankett im Gouverneurspalast; all diese wahrhaft schönen Dinge gaben ihnen den Rest.

Als ihnen der Gouverneur nach einer Woche Aufenthalt den Weiterzug gestattete, waren sie nur noch Schatten ihrer selbst. Die meisten Pferde hatten sich am Grünzeug überfressen und litten – nach Monaten dürftigster, zumeist trockener Nahrung – an Koliken, sie taumelten auf den aberwitzigen Serpentinen, auf die das östlich von Herat aufsteigende Hochgebirge sie zwang.

Doch schlechter noch als den Tieren ging es den Menschen. Als wäre ein jeder, der bis zur Grenze durchgehalten hatte, nur noch von einer brüchigen Lederhaut zusammengehalten, die mit der paradiesischen Fülle des Herat-Tals gerissen war, hingen sie in den Sätteln wie reitende Leichname.

Niemand dachte mehr daran, bei besonders schwierigen Wegstücken abzusitzen und neben den Tieren herzugehen, wie sie es bis dahin gehalten hatten. Gnadenlos blieben sie sitzen, ungerührt von schäumenden Nüstern, von armseligem Schnauben, wundgeriebenen Rücken, auf denen die Riemen schlechtbefestigten Gepäcks dem ungepflegten Fell tiefe Schnitte beibrachten.

Ihre treuen Tiere fanden sich in den Händen besinnungsloser Teufel wieder, die sie ohne Rücksicht quälten. Das Bündnis zwischen Mensch und Tier war zerbrochen. Wedig, Jakob und einige andere delirierten und konnten nur noch lallend sprechend. Selbst Niedermayer wurde krank. Die scharfe Sonne des hochsommerlichen Gebirges hatte ihn gestochen. Er fieberte in der Höhenkrankheit.

Immer wieder kreuzten Pilgerzüge schiitischer Hazara ihren Weg, unterwegs nach Meschhed zum Grab des Imams Riza, und einmal begegneten sie dem Zug eines ganzen Nomadenstammes.

Geisterhaft zunächst, unerklärlich widerhallend zwischen den Felswänden, hörten sie das Näherkommen Tausender Glöckchen tragender Kamele, bevor sie sie sahen. Knapp gelang es ihnen, sich in einen Kreis zusammenzuziehen, an den Berg gekauert, bevor sich wie eine Flut aus Tieren und Menschen das Nomadenvolk in das Tal ergoss.

Mit langen Zündschlossgewehren aus dem letzten Jahrhundert bewaffnet, begleiteten die Männer den ungeheuren Tross auf ihren Pferden. Ihre Gewänder waren aus weißem Leinen und unter ihren wildgeschlungenen, ebenfalls weißen Turbanen blitzten hellwache Augen. Ohne eine Regung und ohne die winzig kleine Expedition zu beachten, ritten sie vorüber. Ihre Frauen, oftmals hochgewachsen und schlank, führten die Kamele, trieben die Herden, wobei ihnen die in bunte Stoffe gekleideten, barfüßigen Kinder halfen, sofern sie schon laufen konnten. Verschnürt wie kleine Pakete, reisten die Säuglinge auf Kamelrücken. Neben ihnen flatterten Hühner, zusammengebunden wie Federbüschel.

«Nomaden. Wahrscheinlich Belutschen», sagte Niedermayer.

«Wohin ziehen die?»

«Über die Grenze, nach Belutschistan oder Persien. Dort haben sie wohl ihre Winterweiden.»

«Es sind keine Afghanen?»

«Seit vielen Jahrhunderten ziehen die Nomaden kreuz und quer, denn sie können nur überleben, indem sie die Weidegebiete wechseln. Staatsgrenzen sind für sie ohne jede Bedeutung.»

Über eine Stunde verbrachten sie so, an den Fels gedrückt, und sahen staunend dem Durchmarsch der Nomaden zu. Ein wenig war es, als erblickten sie das stolze Urbild dessen, was aus ihnen geworden war. Doch anders als das frei und stolz umherziehende Volk mussten sie um jeden Meter kämpfen, den es weiterging.

Nachdem für Stichnote das Trennende zwischen Traum und Wirklichkeit wie die Luft immer dünner geworden war, ging es nun im Land der Pässe endgültig verloren. Ohne Furcht, dass sein Geist Schaden nehmen könnte, trug er sich und seine weniger werdenden Tauben durch Raum und Zeit, die im gleißenden Höhenlicht des Gebirges stählern geworden waren. Er hatte Schmerzen im ganzen Leib, eine befremdliche Starre seiner Muskeln verkürzte seine Bewegungen, die eckig, ungelenk, wie von fremder Hand gesteuert schienen. So übernahm der Tscherkesse während der Märsche das Denken. Halb lag der Funker auf dem Hals des Pferdes, krallte sich in seine Mähne, spürte das Muskelspiel des Tieres, als sei er mit ihm verwachsen. Fünfzehn Tauben waren noch da, von allen Beteiligten ging es ihnen noch am besten in ihrem Käfig. Nickte er auf dem Tscherkessen wieder einmal ein, flogen sie auch durch seine Träume, ihre Körper wurden sein Leib, er wurde zum Vogelmann. Unübersetzbar sprach er ihre Sprache und schmerzvoller Stolz erfüllte ihn, als gäbe er seinen eigenen Leib hin, wenn er sie nach Westen aufbrechen ließ, mit immer kürzeren Nachrichten, die Niedermayer ihm erschöpft diktierte, und in denen mehr für sie selbst als für die zurückgebliebenen Männer der Etappen stand, dass sie weiterzogen, immer weiter – nach Kabul.

Die flacheren Formen der umliegenden Berglandschaft, der fast horizontale Talboden, vielleicht ein ehemaliges Seebecken, zeigten an, dass sie sich einer Passhöhe näherten. Den östlichen Talschluss bildete ein Kalkrücken, der sägeartig in den Himmel hineinragte. Kurz vor einem letzten, äußerst steilen Anstieg kamen sie an eisenhaltigen Quellen vorbei, um die herum der Fels rostrot patiniert war, als wäre er von Titanen der Vorzeit geschmiedet. Der Pass, den sie nun erreichten, ihre leidenden Pferde unerbittlich vorantreibend, führte sie bis auf 3500 Meter Höhe. Große Felsblöcke versperrten immer wieder den Weg, bizarre Felsformationen, die die Urgewalt der Tektonik hierhergeworfen hatte. Der versteinerte Geburtsnabel der Welt.

Genau hier war der Hauptknotenpunkt der zentralafghanischen Gebirge, hier zweigten die nach Nordwesten, Westen und Südwesten gegen das iranische Hochland auslaufenden Bergketten ab. Jeder Schritt wurde schwierig, aber die Schönheit, die erschlagende Monumentalität um sie herum zwang ihnen ein halbirres Grinsen ab.

Verwirrt vom Berggeist, stammelten die, die noch einigermaßen gerade Sätze sprechen konnten, über ihr Erstaunen und ihre Verzückung, sah man doch in die nördlichen und südlichen Tiefländer hinab, jene Weiten, um deren Besitz einstmals Riesenheere angetreten waren, die Sonne mit dem Staub ihrer Pferde zu verdunkeln.

Winzig kleine Menschlein waren sie: Von den hundertvierzig, die von Isfahan aufgebrochen waren, waren es noch siebenunddreißig, doch die fühlten sich als Herren der Welt, da sie es bis hierher geschafft hatten, in das steinerne Herz Afghanistans.

35

Beim Abstieg ließen sie erneut Männer zurück. Im ersten Robat – wie die Karawansereien Afghanistans hießen – blieben Jakob, der hohes Fieber hatte und kaum mehr bei Sinnen war, und zwei andere zurück. Niedermayer, dem Jakob seit zwei Jahren kaum je von der Seite gewichen war, kochte ihm aus Zwiebeln und Zucker einen Fiebersaft und schärfte ihm ein, so lange liegen zu bleiben, bis es ihm spürbar besser ginge.

«Werd schon nicht verrecken», murmelte Jakob und weinte, als ihm Niedermayer die Hand zum Abschied reichte.

«Wir sehen uns bald wieder», sagte Niedermayer, nicht die Richtigkeit seiner Entscheidung bezweifelnd – sie waren nun einmal im Krieg –, doch die Aussicht auf die Erfüllung seines letzten Grußes. Die Sonne brannte auf die kleinen Niederlassungen am Weg, Hazara-Dörfer, deren oft recht kleine Bewohner, Nachfahren der Mongolen, die karge Ernte ihrer Nordhänge einbrachten. Bald schon war mit dem ersten Schnee zu rechnen, wie ihnen die Leute freundlich und von jahrhundertelanger Unterdrückung demütig mitteilten. Einige Vorsteher und Dorfälteste flehten Niedermayer an, er möge sich beim Emir für sie verwenden. Sie berichteten mit leisen Stimmen von ihrer Not und Verlassenheit, sie seien Freiwild der mächtigeren Völker und

Stämme, die sich nähmen, was sie wollten, ihre Güter und Frauen. Niedermayer versprach es, viele Male, da sie Kabul immer näher kamen und der Oberleutnant und Bahai wieder Hoffnung zu schöpfen begann. Ja, er würde auf die zentrale Figur dieses Spiels treffen, den Emir, und seinen Auftrag erfüllen.

Da trockene Flussläufe ihnen hier sichere Wege boten, zogen sie nunmehr wieder nachts, um der immer noch stechenden Sonne zu entgehen.

Nachdem sie den letzten Ort namens Isfidek und sein Robat hinter sich gelassen hatten, schreckte Stichnote irgendwann aus einem Traumgespinst hoch, in dem eine Walpurgisnacht von Gesichtern und Körpern tanzte, zwischen denen er in endloser Wiederholung festhing. Der Mond ging gerade blutrot über den Felszacken des Tals auf, durch das sie zogen. Der Trott der Pferde knirschte gleichförmig auf dem steinigen Untergrund. Etwas war nicht in Ordnung.

Matt stieß er dem Tscherkessen die Stiefel in die Flanke, das Pferd fügte sich, scherte aus, und bald ritt er neben Niedermayer, der sich seiner nicht nachlassenden Schmerzen wegen ein feuchtes Tuch um den Kopf gewickelt hatte.

«Ich kann Herrn Zickler nirgends sehen, Herr Oberleutnant.»

«Der ist in Isfidek geblieben. Konnte nicht mehr. Weiß nicht, was er hat. Seine Lunge ist jedenfalls stark angegriffen.»

«Ist er etwa alleine?», fragte Stichnote, doch ahnte er schon mit Unbehagen Niedermayers Antwort.

«Nein, keine Sorge. Prinz Khan wollte unbedingt bei ihm bleiben. Der Prinz kümmert sich um ihn, bis Herr Zickler wieder so weit hergestellt ist, dass sie nachrücken können. Es ist alles in Ordnung.»

Weiteren Gesprächsbedarf sah Niedermayer nicht. Sein Schädel schien zerspringen zu wollen, aber er blickte eisern und verbissen nur in eine Richtung. Nach vorne, nicht zurück, immer nur nach vorne.

Der Kalif kannte die Wahrheit, und die bestand darin, dass der Schweizer, sein armer Freund Abu Bakr, sie auch kannte. Wie gut und wie viel davon, das wusste er noch nicht. Er schickte das alte Weib des Robats weg, eine Hassurah, wie er hässlicher nie eine gesehen hatte, gab ihr ein paar Münzen, für die sie ihm die Hand küssen wollte, was er ihr gnädig gestattete. Bloß fort sollte sie.

Das Robat lag nahe dem Flussbett, etwas am Hang. Durch das schießschartige Fenster konnte man in einiger Entfernung die ärmlichen Steinhäuser des Dorfes sehen. In keinem brannte Licht. Der Mond versilberte die wie verkrüppelt wirkenden Kuppeldächer, auf denen Dung trocknete.

Bevor er sie weggeschickt hatte, hatte die Hassurah aus solchem Dung ein Feuer angezündet. Gilbert-Khan legte einen robusten Schürhaken in die Glut. Ein kleiner Wasserkessel hing über dem Feuer und begann zu säuseln.

Es gab kein Bett, Zickler lag auf einer Matte. Ein wenig Blut verkrustete seinen Mundwinkel. Zicklers Schwäche war Fügung, sie hatte ihn in Gilbert-Khans Hand gegeben.

Wie ein Vater, der ein ernstes Geschäft zu verrichten hat, blickte er auf den Mann. Was er jetzt tun würde, musste sein, und so erflehte er den Beistand der Macht, die seinen Glauben erschaffen hatte. Mangels eines Kissens rollte er die beiden Gebetsteppiche zusammen, die Zickler in Bagdad gekauft hatte, zu der Zeit, als er sein Gefolgsmann geworden war, drehte Zicklers Körper, der leise stöhnte und etwas Unverständliches auf Schwyzerdütsch murmelte, auf den Rücken und bettete seinen Kopf auf die Teppiche. Zusammen beten würden sie heute gewiss nicht mehr.

Der Kalif tränkte einen Stofffetzen in dem mittlerweile heißen Wasser, wrang ihn aus und begann mit abrahamitischer Sorgfalt, Zicklers Stirn, seine von gelblichem Eiter umränderten Augen und den blutverkrusteten Mund zu reinigen. Dies tat ihm offenbar weh, denn Zickler versuchte, mit seiner linken Hand das feuchte Tuch fortzuschieben.

«Es ist gut, Adolph, es ist gut», sagte Gilbert-Khan. Da die Stunde der Erkenntnis gekommen war, verzichtete er auf sein ihm zur zweiten Natur gewordenes indisch akzentuiertes Deutsch und sprach das gute College-Englisch, wie er es auf einem Alte-Herren-Treffen getan hätte.

«Wir müssen sprechen, Adolph, bitte.»

Zickler schlug die Augen auf, ein bitteres Lächeln stand auf seinen Lippen.

«Wo hast du mich hingeschafft? Wo sind die anderen?»

«Sie können uns nicht mehr helfen. Wir müssen jetzt alleine zurechtkommen.»

Zickler schloss schon wieder die Augen. Gilbert-Khan sah, dass es so nicht weiterging.

Also nahm er einen silbernen Flachmann mit russischem Wodka, den er heimlich in Teheran gekauft hatte, aus alter Gewohnheit vielleicht, als Erinnerung an ein Leben vor der Legende. Er setzte die Flasche an Zicklers Mund, und der zuckte, da der scharfe Alkohol auf seinen Lippen brannte wie Feuer.

«Trink schon, das macht dich wach.»

Zickler prustete gegen den widerwärtigen Geschmack an, aber Gilbert-Khan presste das feuchte Tuch entschieden auf seine Nase, lehnte seinen Ellbogen auf den zuckenden Körper des Schweizers und flößte ihm auf diese Weise den Wodka ein.

Nach der Prozedur keuchte Zickler, bekam einen Hustenanfall und lallte wieder Schwyzerdütsch, doch Gilbert-Khan hielt ihn mit eisernem Griff fest und wartete, bis der Alkohol seine Wirkung tat.

«Was tust du mir?», lallte Zickler. Er versuchte, den Alpdruck des Kalifen fortzuwälzen, aber dieser war einfach zu stark.

«Konzentriere dich, Adolph», sagte Gilbert-Khan, nun doch wieder auf Deutsch. «Seit wann weißt du über mich Bescheid?»

«Über dich? Was redest du? Lass mich los. Krieg keine Luft.»

«Es wird alles gut, Adolph», sprach der Agent, «aber du musst mir sagen, ob du mit irgendjemandem darüber geredet hast.»

«Worüber denn?» Zickler begann zu schluchzen. Er war so schwach, konnte sich einfach nicht wehren. Er bekam Angst.

«Adolph, du hast im Schlaf gesprochen, in Herat, aber auch später. Du musst nicht versuchen, mich zu belügen. Sag mir jetzt bitte, ob du mit jemandem gesprochen hast? Niedermayer? Oder diesem anderen Offizier, Stichnote, deinem Freund? Hast du denen etwas über mich erzählt?»

Der Schweizer schüttelte den Kopf, aber Gilbert-Khan musste sichergehen. So schnell, dass Zickler es gar nicht richtig mitbekam, drehte er ihn auf die Seite und fesselte seine Hände mit einem starken Lederband auf den Rücken. Dasselbe machte er mit den schwieligen Füßen. Schließlich zog er ihm die Hose bis zu den Knien, was ein wenig mühsam war. Ihn überraschte, dass Zickler dabei augenblicklich eine schwache Erektion bekam. Das hatte er sich wohl immer gewünscht. Nun war es so weit, wenn auch unter anderen Vorzeichen. Er nahm den mittlerweile leicht glühenden Schürhaken aus dem Feuer, legte ihn neben die Matte auf den Lehmboden und holte auch noch seinen Damaszenerdolch hervor. Diese Instrumente sollten genügen.

«Es ist wichtig, dass du mir die Wahrheit sagst, Adolph. Hast du jemandem von mir erzählt?»

Er setzte sich mit seinem ganzen Gewicht auf Zickler. Mit Interesse nahm er dessen beschnittenen Penis in die linke Hand, rieb ein wenig, worauf die Erektion sich verstärkte. Er dachte daran, dass er in naher Zukunft nicht darum herumkommen würde, sich einen Arzt zu suchen, der ihn selbst beschneiden würde.

Er hielt den Penis auf Zicklers vollkommen abgemagerten Bauch, damit er gut an die Hoden herankam. Sie waren – den Vorschriften des Islam entsprechend – rasiert. Zickler hatte sich wahrlich Mühe gegeben, die Gesetze einzuhalten.

«Denk noch einmal nach, Adolph, und sag mir die Wahrheit», sagte der Kalif mit gütigem Tonfall. Dann kam der glühende Schürhaken zum Einsatz, der sich mühelos in die vom Reiten wundgeriebene Haut brannte.

36

Da Niedermayer es ihm wahrscheinlich verboten hätte, hatte Stichnote darauf verzichtet, sich abzumelden, und sich bis ans Ende des Zuges zurückfallen lassen, um dann, ohne weiter darüber nachzudenken, kehrtzumachen. Das Maultier, dem der Taubenkäfig aufgebunden war, mochte sich sträuben, der Tscherkesse riss es mit.

Mit Kräften, für die es keine andere Erklärung gab, als die mit einem Mal erwachte Angst um seinen letzten Freund, trieb Stichnote das Pferd durch die mondhelle Nacht, um Zickler beizustehen, dem Mann, der beinahe für ihn gestorben war und in dessen Schuld er stand. Um den er sich aber, so bis ins Mark geschwächt, wie er war, und traumschwer umnebelt vom Opium, zuletzt nicht recht gekümmert hatte.

Stichnote hörte keine Schreie mehr, als er das Robat erreichte. Die Pferde der beiden und zwei Maultiere waren an ein Gatter gebunden. Zweihundert Meter vor dem kleinen, steinernen Bau stieg er ab, band den Tscherkessen an einen krüppeligen Baum, fuhr ihm zärtlich über die schäumenden Nüstern und gab ihm ein paar Körner aus dem Vorrat für die Tauben. Am Gürtel trug er seine Luger, doch nahm er auch noch den Karabiner.

Flüsternd ging er auf die Pferde zu, die ihn ja kannten, und gab auch diesen ein paar Körner. Dann blickte er durch das schmale Fenster ins

Innere des Robats. Die Reste eines Feuers glommen in der Herdstelle, davor ein Schürhaken. Eine Petroleumlampe brannte. Auf dem Boden lag ein nasser Fetzen weißen Tuchs, auf dem Stichnote deutlich Blutflecken erkannte. Zicklers schlimmer Husten kam ihm in den Sinn.

Als er um das Haus herumging, vernahm er gleichmäßige Geräusche, die er zunächst nicht einordnen konnte. Schürfend. Schabend. Wenn er sich nicht täuschte, dann lag eine leise Stimme darüber. Die Stimme sprach Arabisch. Murmelndes Arabisch, formelhafte Worte, die er nicht verstand, deren Klang ihn aber schaudern ließ.

Gilbert-Khan hatte seinen schweißnassen Oberkörper entblößt und grub sichtlich erschöpft in der steinigen Erde. Er war es, der die arabischen Formeln murmelte, leise singend, mit seiner schönen Stimme. Fassungslos blickte Stichnote auf Zickler, der von zwei schmalen Teppichen bedeckt, reglos neben der schon weit gediehenen Grube lag.

Gilbert-Khan bemerkte ihn jetzt und nickte ihm zu, sagte den islamischen Gruß, Salam Aleikum, der Friede sei mit dir, doch hielt er nicht inne, sondern grub konzentriert weiter.

Das Mondlicht spielte auf den wie gemeißelt wirkenden Muskeln seiner Oberarme.

Stichnote trat hinzu.

«Mein Bruder ist gestorben», sagte Gilbert-Khan mit gebrochener Stimme. «Mein Freund ist tot.»

«Das kann nicht sein», erwiderte Stichnote.

Gilbert-Khan fuhr sich mit dem nackten Arm über die triefende Stirn, dann legte er die Schaufel ab und erhob beide Hände.

«Unser Bruder ist nun dort, wohin zu gehen unser aller Ziel ist. Wenn der Tag gekommen ist, werden wir ihn wiedersehen. Er genießt nun die Freuden des Paradieses, da er als treuer Kämpfer des Dschihad gefallen ist.»

Wieder murmelte er Formeln auf Arabisch, verstummte voller

Andacht. Dann grub er weiter. Aus den Augenwinkeln beobachtete er, wie Stichnote an Zickler herantrat, in die Knie ging.

Gilbert-Khan hatte versäumt, ihm die Augen zu schließen.

Im Schimmer des weißen Mondes las Stichnote namenlosen Schrecken in ihnen. Er fuhr über sie hinweg, schloss die Lider, doch seine Hände wollten sich nicht von dem toten Körper trennen.

Er legte ihm die Hand auf die Stirn, die kalt war. Strich ihm über den struppigen Bart. Fühlte die dicke Narbe an Zicklers Hals, ließ seine rauen Fingerspitzen ganz vorsichtig darüber hingleiten. Voller Entsetzen dachte er an jene Augenblicke in Durazzo, als Zicklers unschuldiges Blut den Staub der Straße geschwärzt hatte. Doch dann spürten seine sensiblen Funkerfinger ganz deutlich eine Furche, die sich etwas unterhalb der Narbe messerscharf eingegraben hatte.

Eisig lief es ihm über den Rücken, sein Herz raste, pumpte ihn wach, vertrieb den Opiumnebel mit aller Kraft, als er zweifelsfrei feststellte, dass der seltsame Schnitt rings um Zicklers Hals lief, tief und sauber, wie von einer messerscharfen Schlinge, die mit großer Kraft zusammengezogen worden war.

Und nun bemerkte er mit Grauen auch noch die zerrissene Hose des Schweizers und den schwachen, aber deutlichen Geruch, der vom Unterleib des Leichnams ausging. Er erinnerte ihn an die Traumvisiten des Ingenieuranwärters Thomas Kasten. Unmerklich beugte er sich etwas tiefer über den Bauch der Leiche und war sich sicher, dass er verbranntes, geschändetes Fleisch roch.

Es waren diese Sekunden plötzlichen Begreifens, die ihm eingaben, sich unter der Schaufel wegzuducken, die Gilbert-Khan auf sein Genick niederfahren ließ, Sekunden eines Opiumrauchers, für den die Zeit sich schon oft in ihrer gedehnten Unfasslichkeit gezeigt hatte, tief unten in den Traumgemächern, den höllischen Avenuen, deren Bewohner er geworden war, kostbare Sekunden, in denen er begriffen hatte, dass der falsche Prinz ihn jeden Augenblick angreifen würde.

Stichnote, dessen militärische Grundausbildung sechs Jahre zurücklag und der sich in der Zwischenzeit statt mit Bajonett und Gewehr vor allem mit Lötkolben und Elektrikerzangen oder zuletzt gar mit Taubenfutter beschäftigt hatte, hätte unter normalen Umständen dem ausgebildeten Mörder Andrew Gilbert kaum Gegenwehr leisten können. Doch nun, da sein vom Opium ausgemergelter Körper wie durch einen Blitzschlag aufgepeitscht war und Reserven freigab, vermochte er sich zu wehren.

Gilbert-Khan, der längst im Schatten eines bizarren Wahns stand, war schwach. Nicht nur das Graben, auch die vorhergehende, fast zweistündige Folterung Zicklers hatten ihn ausgepumpt und verwirrt. Er wähnte sich siegesgewiss und sah sich schon das nächste Grab ausheben.

Doch Stichnote kämpfte. Er zielte nicht darauf ab, den anderen zu töten. Er wollte nur nicht sterben. Versuchte weniger zu treffen, denn abzuwehren.

Der Kampf zog sich hin.

Gilbert-Khans Kräfte schwanden.

Plötzlich bekam Stichnote die Schaufel zu fassen, packte sie mit ganzer Kraft und entwand sie Gilbert-Khan, rollte sich ab und kam auf die Beine. Er holte schnell wie ein Blitz aus und erwischte Gilbert-Khan voll im Gesicht. Der Schlag brach den Unterkiefer des Agenten und schlitzte ihm das linke Auge auf.

Den rissen die Schmerzen fast um. Alles, was er je gelernt hatte und was in den Fasern seines Kämpferleibs steckte, sagte ihm, dass der andere, die Schaufel noch immer in der Hand, nun stärker war, und bevor Stichnote womöglich zu einem zweiten Schlag ausholte, tat er das Einzige, was er jetzt noch tun konnte: Er rannte.

Stichnote hätte ihn nicht verfolgen können, selbst wenn er gewollt hätte. Seine Muskeln brannten, zudem hatte er einige böse Schläge abbekommen, vor allem auf die Leber. Sein Unterleib zuckte in

Krämpfen. Er sank keuchend auf die Knie und spürte den Drang seines Körpers, sich auf der Stelle hinzulegen. Doch die Angst, der andere könnte zurückkommen und ihn doch noch erledigen, war stärker. Er schleppte sich zu den angebundenen Tieren, holte Zicklers Pferd und schaffte es mühsam, den geschundenen Leichnam des Schweizers hochzuwuchten und über den Sattel zu werfen.

Der braune Tscherkesse, der wusste, dass es mit ihm vorbei war, hatte sich dort, wo Stichnote ihn festgebunden hatte, niedergelegt. Die Schmerzen hinnehmend, die ihm der dadurch nach oben gereckte Hals verursachte, lag er auf der Seite. Stichnote band ihn los, aber das Pferd stand nicht auf, so fest er auch zog, und so sehr er auch bettelte. Es brach ihm das Herz, zu sehen, wie das Tier seinen Kopf auf der Erde hielt und das Blut kaute, das ihm aus dem Maul tropfte. Doch Stichnote musste fort.

Er heulte wie ein Kind, als er die Luger an dem schöngeformten Schädel anlegte und dreimal hintereinander abdrückte.

So ritt er auf Gilbert-Khans Rappen von Isfidek fort, das Pferd mit Zicklers Leichnam und die Maultiere hintereinander angeleint. Seine Angst vor Gilbert-Khan war so groß, dass er nicht nur das Gewehr in Anschlag nahm, sondern auch bald schon den alten Weg verließ.

Er wusste, dass er es so niemals schaffen würde, die Expedition einzuholen. Aber er brauchte einen sicheren Platz, wenn der große Schlaf erst über ihn kommen würde.

So ritt er das schmale Tal entlang.

Es war ihm, als würde er tief in diesem fremden Land nach dem Ort suchen, an dem er endlich ausruhen konnte. Voller Verzweiflung begann er, mit Zickler zu sprechen. Doch sein Tonfall war heiter. Er erzählte ihm vom Anfang. Von der Nacht in der Hafenstadt. Wie sie sich in der Bagdadbahn wiedergetroffen hatten. Davon, wie sehr eine junge Frau namens Arjona Dushek Zicklers Schreibstil bewunderte. Er war die Konversation mit Toten ja gewohnt.

Kurz nach Sonnenaufgang stürzte er mehr vom Pferd, als dass er abstieg.

Starr standen die Tiere und blickten ihn an.

Die Berghänge um sie herum waren ganz nah.

Er kroch zu dem Maultier, dem die Tauben aufgebunden waren.

Er hatte doch noch einen Freund.

Es war ihm wieder eingefallen.

Fünfmal gelang es ihm, die Nachricht abzufassen:

Erbitten Seeunterstützung. Standort Afghanistan. Nachricht weiterleiten an Leutnant z.S. Karl Dönitz. MIDILLI – osmanische Marine, Konstantinopel, Flottenkommando.

Gez. Stichnote

37

Noch nie waren die Tiere ihm so schön vorgekommen, wie sie sich erhoben, einmal miteinander kreisten, um dann, schon weit oben, abzudrehen und den Weg nach Westen zu suchen.

Als er die Tauben fliegen gelassen hatte, kroch er zu seinem neuen Pferd, das sich inzwischen wie die anderen hingelegt hatte und matt protestierend den Kopf hob, als er das Gepäck abzuschnüren begann.

Denn er musste nun rauchen.

Sein Magen wand sich in Krämpfen. Da war ein Baum.

Da war Schatten. In den lagerte er sich.

Die Dämpfe des Opiums, des letzten Restes von Dr. Moghadems Geschenk, erlösten ihn von allen Schmerzen.

Noch nie hatte er solchen Frieden erlebt.

Das Letzte, was er sah, bevor die Träume ihn endgültig holten, war der Vogel.

Er hatte versäumt, den Taubenkäfig mit dem Tuch wieder abzudecken, und schräg gegenüber, auf den Ästen eines wilden Apfelbaums, hatte sich ein Falke niedergelassen.

Stichnote musste blinzeln, weil es ihm so vorkam, als habe er nie im Leben ein schöneres Lebewesen gesehen als diesen Falken.

Er war weiß wie das Eis am Pol.

Schneeweiß.

Ganz ruhig saß der Falke in der Baumkrone und sah zu den sechs übriggebliebenen Tauben hinunter, die, von seiner Ankunft verstört, wild mit den Flügeln schlugen.

Habt keine Angst, dachte er mehr, als dass er es aussprechen konnte, ihr seid sicher.

Wie er sie doch liebte, seine Tauben.

Aber der Falke war das Schönste.

Der weiße Falke im wilden Apfelbaum.

VI.

Der Kreis der Gerechtigkeit

Königreiche ohne Gerechtigkeit sind nichts anderes als
große Räuberbanden.

AUGUSTINUS, «DE CIVITATE DEI»

1

Welch glänzender Morgen auf dem Jahrmarkt von Isfidek, dem letzten vor dem Winter, der vielleicht schon bald erste Schneeschauer
über das Hazarajat schicken würde. Die Bewohner der umliegenden
Dörfer brachten, was sie selbst entbehren konnten, auf den Markt und
ergänzten ihre Vorräte mit dem, was ihnen der eigene Boden nicht
hatte geben wollen. Die meisten sprachen das weiche Hazara-Per-
sisch, doch gab es auch reisende Turkmenen, die Katzen- und Fuchs-
felle anboten, aimakische Wahrsagerinnen sowie Teppich- und Textil-
händler tadschikischer Herkunft, die Ware aus Kabuler Produktion
dabei hatten, denn dort, in der fernen Hauptstadt, standen Fabriken.
Bunt wie die Auslagen waren die Trachten der Frauen, grün die der
Paschtuninnen und rot mit weißem Besatz, unter dem das Haar verborgen lag, die der Hazara. In Frieden miteinander, frei von den Zwis-
tigkeiten, unter denen sie immer wieder blutig gelitten hatten, balg-
ten deren Kinder miteinander, spielten Fangen zwischen den Ständen
und neckten sich.

Der Duft frischgebackenen Brots und in Öl schwimmenden Ham-
melfleischs lag über dem Platz und mischte sich dort, wo Tiere gehan-
delt wurden, mit aufgewirbeltem Staub und dem Geruch schwarz-
gesichtiger Astrachanschafe sowie undurchdringlich dreinblickender
Esel. Kamele oder gar Pferde suchte man hier vergeblich – wenn

man von jenen vier mächtigen Pferden absah, die unter der Aufsicht zweier junger Burschen am Rande des Jahrmarkts im Schatten standen.

Diese Prachtexemplare riefen Bewunderung hervor, waren sie doch am Morgen von ihren Reitern vorgeführt worden, kräftigen Männern, die über den Platz galoppiert waren. Haarscharf an den Leuten vorbei Kehrtwendungen hinlegend und sich voller Kampfeslust aufbäumend, hatten sie die bodenerbebende Gewalt des Buzkaschi erahnen lassen. Denn es waren Buzkaschi-Pferde, gezüchtet und trainiert, um dem Edelsten nachzugehen, das es gab, Buzkaschi, dem Reiterspiel der alten Mongolen. Aber die Buzkaschi-Reiter, Tschopendos genannt, die zur Truppe des weithin im ganzen Hazarajat und den Nordprovinzen berühmten Meister-Tschopendos Parviz Yusufzai gehörten, waren schon längst abgesessen, hatten ihren wohlfeilen Tribut eingesammelt und sich unter die Besucher gemischt.

Nach den Reitern war ein abgemagerter Tanzbär von drei Belutschen vorgeführt worden, aber der Bär war schlechter Laune gewesen, sie fütterten ihn nicht gut. Auch die Hahnenkämpfe waren schon vorbei. Nun standen sich in einem Kreis von Leuten zwei Schafböcke gegenüber. Der eine scharrte mit den Hufen, der andere zerrte am Strick seines Besitzers, der beide Füße in den Staub stemmen musste, um ihn zu halten.

Nervöse Spannung lag über der Arena, und es war schwer zu sagen, wer erregter war: die Böcke oder die Zuschauer. Einige waren sich sicher, welcher Bock gewinnen würde, doch die meisten wollten bis zum letztmöglichen Augenblick warten, gaben ihr Geld von einer Hand in die andere und versuchten, aus winzigen Bewegungen und Reaktionen des einen oder des anderen Schafbocks, letzte Aufschlüsse zu erhalten.

«Der Schwarze wird nicht attackieren, das sage ich dir, der wird stocksteif stehen bleiben.»

«Der Weiße hinkt doch, seht ihr das nicht? Das arme Vieh ist verletzt.»

«Schaut euch an, wie schief der Schwarze seinen Kopf hält! Ein Zeichen für unbändige Kraft.»

«Die Augen des Weißen glühen wie Kohlen. Wahrscheinlich wohnt ein Dschinn in ihm. Er wird den Schwarzen in den Boden stampfen.»

Staub stieg auf, als die Tiere endlich aufeinander losgelassen wurden, und die Zuschauer schrien, als wohnte man dem letzten Kampf zwischen Gut und Böse bei. Doch Tierkämpfe waren nicht alles, was auf dem Jahrmarkt geboten wurde.

Mittendrin stand das Zelt eines Erzählers, um dessen Kundschaft sich ein blutjunger Kerl aus dem Süden kümmerte. Seine aufmunternden Sprüche in breitem Belutschi-Akzent, die die Leute zum Lachen brachten, waren eine Attraktion für sich.

«Hierher, edle Beys», schrie er, «ein Schritt nach dem anderen, das nennt man Gehen. Halt, Moment mal, Bruder, du hast nicht bezahlt.»

«Ist dieser Ibrahim Illya sein Geld überhaupt wert?»

«Sein Geld wert? Er ist der beste Erzähler weit und breit. Sieh doch, wie voll das Zelt schon ist. Meinst du, all die anderen sind dumm?»

«Das würde ich niemals sagen. Aber ich kenne ihn nicht. Früher war immer Guljeri Gilli hier.»

«Der große Guljeri Gilli ist alt. Ibrahim Illya ist der neue Erzähler. Ein wahrer Qissa Mar!»

«Aha.»

«Soll ich dir ein Geheimnis verraten?»

«Was denn?»

«Er studiert Bücher. Und sogar Zeitungen.»

«Was sind Zeitungen?»

«Gedruckte Nachrichten aus aller Welt.»

«Aha. Und was macht er damit?»

«Deine Mutter – der Friede sei mit ihr – muss stolz sein, dass sie einen so klugen Sohn in das Licht des schönen Hazarajat setzen durfte. Was macht Ibrahim Illya wohl damit?»

Während der Mann darüber nachgrübelte und sich seinen Spitzbart kraulte, trat ein großgewachsener Herr mit imposantem Schnurrbart zu den beiden, gab dem Jüngling einen Abbasi in die Hand und betrat das Zelt. Auf seinem Kopf trug er die Fuchsfellmütze eines Buzkaschi-Reiters, ein ehrenhaftes Kleidungsstück, das keineswegs jeder tragen durfte, der sich beim Buzkaschi versuchte, sondern nur diejenigen, die schon gepunktet hatten. Wahre Tschopendos eben.

«Warten Sie doch, Bey», rief der Einlasswächter dem Reiter hinterher. «Sie bekommen noch fünfzehn Paisa zurück!»

Doch der winkte nur ab, Trinkgeld, und suchte sich einen Platz, was leicht war, da sofort einige jüngere Männer aufstanden, um ihm ehrerbietig den ihren anzubieten.

«Oh», sagte der Spitzbärtige. «War das nicht Parviz Yusufzai, der Tschopendo?»

«Kein anderer. Sogar so ein berühmter Mann will zu Ibrahim Illya. Du siehst also, wenn du noch lange wartest, wird das Zelt voll sein.»

Er wandte sich einem weiteren Besucher zu, der einen kleinen Jungen an der Hand führte.

«Und hier kommt schon der nächste edle Bey. Fünf Paisa pro Kopf und der Fall hat sich. Was willst du? Wie alt ist dein Sohn? Drei? Na gut, er kann umsonst rein.»

Er drehte sich wieder zu dem Spitzbart, der sich nicht entscheiden konnte. Andererseits – bis zum Frühling würde es keinen Jahrmarkt mehr geben, und dies war die letzte Gelegenheit, um etwas Neues zu erfahren. Tja ...

«Also gut, hier ist das Geld.»

«Wusst ich's doch, dass du ein kluges Kerlchen bist. Eine gute Entscheidung», sagte der Einlasswächter, steckte das kupferne Geldstück in den wohlgefüllten Beutel, gab dem Spitzbart einen aufmunternden Stoß in den Rücken und schloss dann das Zelt.

Vorne, durch Polster leicht erhöht, saß lächelnd, im Schneidersitz, Ibrahim Illya, der Erzähler, den Blick gesenkt, die hennagefärbten Hände entspannt ineinandergelegt. Sein schwarzer Turban war nach Paschtunenart wie eine Krone um sein Haupt gebunden, nur wenige seiner geölten schwarzen Locken lugten darunter hervor und gereichten dem noch jungen Mann mit dem schönen, hellhäutigen Gesicht zur Zierde. Sonst glich er in seinem Aufzug – Weste und Hosen aus weißem Leinen – einem Tadschiken, sodass niemand ihn auf die eine oder andere Völkerschaft, den einen oder anderen Stamm festzulegen vermochte hätte.

Illya wollte das so. Die Vorbehalte der Völker, die Verachtung etwa der Paschtunen gegenüber all den anderen Stämmen, teilte er nicht, da er immerfort durch das ganze Land und seine Jahrmärkte und Tschaikanas zu ziehen pflegte, alle Sprachen sprach, alle Geschichten, die ihm zugetragen wurden, aufsog und sogar die Sprache der Engländer so gut gelernt hatte, dass er ihre Bücher und Zeitungen lesen konnte, die in Indien erschienen.

«Meister», flüsterte sein Gehilfe, sich zum Ohr des Erzählers beugend, «falls Ihr es noch nicht bemerkt habt: Parviz Yusufzai, der Tschopendo, sitzt im Publikum.»

Ohne den Kopf zu heben, nur mit den Augen musterte der Erzähler die Menge. Er sah den kleinen Hazara, der sich vor Vorfreude den Spitzbart zupfte. Neben ihm ein mittelalter Paschtune mit schwarzem Turban, der es sich mit gekreuzten Beinen und seinem Strickzeug in den Händen bequem gemacht hatte und heiteren Sinns an einem Pullover arbeitete. Und da war der schnurrbärtige, braungebrannte, außerordentlich breitschultrige Mann, dessen Kopf von der runden, mit Fuchsfell umsäumten Kappe eines Tschopendos gekrönt wurde.

«Ich sehe ihn», flüsterte Illya zurück. Er schloss für einen Moment die Augen, denn er dachte nach, wie nur ein Dichter zu denken vermag, besah sich die Bilder und Verse, die sich augenblicklich, vielgestaltigen Wolken gleich, zu bilden begannen. Ein Lächeln umspielte seine Lippen. Nun wollten sie tanzen, da der Kreis der Zuhörer versammelt war.

2

Drei Männer treffen sich und beginnen zu erzählen war ein Klassiker unter den Rahmenhandlungen, und weil Illya Wert darauf legte, auch Neues und Unbekanntes unterzubringen, strukturierte er seine Vorstellungen gerne mit *Drei Männer treffen sich und beginnen zu erzählen.*

Anders als etwa bei *Der König und seine Geliebte treffen sich und sie erzählt ihm jede Nacht eine andere Geschichte, um der Enthauptung zu entgehen* oder *Ein Dschinn fängt einen Bauern und der muss ihm Geschichten erzählen, um sich wieder zu befreien* war es bei *Drei Männer treffen sich und beginnen zu erzählen* nicht notwendig, der persönlichen Beziehung zwischen den Figuren der Rahmenhandlung allzu großes Gewicht beizumessen. Oft wählte man als Anlass für das Zusammenkommen der *Drei Männer* irgendein neutrales Ereignis, wie ein Unwetter, das sie in einer einsamen Tschaikana zusammenführte und sie zwang, sich die Zeit zu vertreiben, bis der Sturm vorbei war.

Doch in letzter Zeit neigte der Qissa Mar dazu, den Ort, an dem er sich gerade befand, für die Rahmenhandlung zu verwenden. Es gefiel ihm, darin einen Spiegel einzubauen, um diesen dem Publikum, nicht ohne Selbstironie, vorzuhalten.

«Edle Beys, im Namen Gottes, des Allerbarmers, der seinem Knecht Ibrahim Illya die Gabe der tanzenden Lippen gegeben hat, sollt ihr erfahren, was sich zugetragen hat auf dem Jahrmarkt von Isfidek, auf dem zusammenströmte, wer im mittleren Hazarajat Beine hatte –

und wären es die Beine seines Faultiers. Sagte ich Faultier? Verzeihung, edle Herrscher, Maultier wollte ich sagen.»

Gutmütig lachten alle. Ein dankbares Publikum. Bescheidene Männer ohne Argwohn, deren Herz nicht so schnell ermüden würde. Illya lächelte und erzählte weiter:

«Ein Kupferschmied, ein Bauer und ein Maurer trafen sich im Zelt eines Qissa Mar, kamen nebeneinander zu sitzen, und nachdem ein jeder sich einen Tee gekauft hatte, der ihnen so köstlich vorkam wie Wasser aus der Quelle des Lebens, aus der der heilige Khidr Elias getrunken hat, um zum Wanderer durch alle Zeiten zu werden, begannen sie, sich zu unterhalten. Denn der Erzähler, in dessen Zelt sie saßen, war noch nicht aufgetaucht.

‹Gott – gepriesen sein Name – sei mein Zeuge›, sprach der Kupferschmied», sagte Ibrahim Illya und gab der Stimme einen dunklen, leicht behäbigen Unterton, wie es für einen Schmied angebracht war, «‹ich sitze schon den halben Tag hier rum. Wo bleibt der Kerl nur?›

‹Wahrscheinlich muss er sich gerade von den Fleischbratern noch schnell was erzählen lassen, damit ihm überhaupt was einfällt!›», piepste Illya mit starkem Hazara-Akzent. Diese Mäuschenstimme gehörte klar dem Bauern.

Die Zuhörer lachten wieder. Nun da sie den heimatlichen Akzent ihrer Gegend auf sympathische Weise karikiert vernommen hatten, klopften sich die Ersten schon auf die Schenkel und blickten sich zwinkernd in die Augen.

«‹Stellt euch nicht so an›», ließ Illya nun den Maurer sagen, einen wohltemperierten, hohen Bariton, der seiner eigenen Stimmlage am nächsten kam. Der Maurer war gleichsam der Repräsentant des Erzählers selbst.

«‹Ich mache euch einen Vorschlag – jeder von uns erzählt eine Geschichte, und wem dies am besten gelingt, der zahlt die nächste Runde Tee. So freuen sich zwei von uns über ein kostenloses Getränk, und der dritte kann sich rühmen, den Sieg davongetragen zu haben.›

Die anderen beiden zeigten sich einverstanden und lobten den Einfall des Maurers, der ihnen die Wartezeit bis zum Eintreffen des Erzählers verkürzen und doch nur Gewinner hervorbringen würde», sagte Illya und genoss den Anblick der erheiterten und durch die ungewöhnliche Rahmenhandlung sichtlich stimulierten Zuhörer. Die meisten waren froh, dass es nach dem knapp gefassten Prolog nun endlich losgehen sollte.

«Ich werde den Anfang machen, wenn Ihr erlaubt, edle Beys», ließ Illya den Bauern mit der Piepsstimme sagen, so überzeugend, dass die Figur das Kommando übernahm und sich die Anwesenden bemüßigt fühlten, dem Landsmann, der nun auf der imaginären Bühne erschienen war, Hay-rufend Zustimmung zu geben.

«Einst gab es drei Freunde, ein König, ein Wesir und ein Bauer» – hier lachten die Leute wieder stark, weil Illya als Bauer das Wort «Bauer» so betonte und dabei die Augen aufriss, als überflügelte dieser Berufsstand die beiden Ersten bei weitem an Prestige – «die fanden auf ihrem Weg einen sehr großen, kostbaren Bernstein. Als sie im Gästehaus des nächsten Dorfes angekommen waren, setzten sie sich, um zu entscheiden, was sie mit dem Stein tun sollten.

‹Wir sind drei, aber es gibt nur einen Stein. Wenn wir ihn teilen, vernichten wir seinen Wert›, sagte der König», erzählte der imaginäre Bauer weiter. «Es wurde also vereinbart, dass jeder eine seltsame Geschichte erzählen sollte, und wer die seltsamste Geschichte erzählte, würde den großen Bernstein bekommen.»

Dass sie nun gleich zu Beginn in der ersten der drei Geschichten drei weitere Geschichten geliefert bekamen, begeisterte die Zuhörer: Schließlich hatten sie alle ihre fünf Paisa bezahlt und bekamen nun reichlich für ihr Geld.

In der Geschichte des Königs, die der Bauer in Ibrahim Illyas Rahmenhandlung zum besten gab, wird erzählt, wie der König als Prinz mit einer schönen Prinzessin verheiratet gewesen ist. Eines Nachts folgt er ihr in den Wald. Dort trifft sie sich mit ihrem Liebhaber, einem Schwarzen. Als die Prinzessin zum Fluss geht, um Wasser für ihren Geliebten zu holen, zieht der Prinz das Schwert, enthauptet den Schwarzen und eilt nach Hause. Als seine Frau wenig später ebenfalls dort eintrifft, kommt es zum Streit zwischen den beiden, und die Frau, die über magische Kräfte verfügt, verwandelt ihn in einen Hund. Er wird aus dem Haus gejagt und muss viele Monate auf der Straße leben. Doch eine alte Frau erkennt in dem von den anderen Pariahunden übel zugerichteten Köter den Prinzen, verwandelt ihn, da auch sie über magische Kräfte verfügt, zurück und gibt ihm einen Zauberstab. Der Prinz geht heim, weckt seine Frau und verwandelt sie in einen Esel, den er einem Tagelöhner schenkt.

«Ich, der Prinz, schenke dir diesen Esel für deine schwersten Lasten. Aber du darfst niemals eine Decke auflegen, sondern sollst den Rücken ungeschützt lassen. Sonst nehme ich ihn dir sofort wieder weg.»

Die Leute lachten, aber sogleich erzählte Illya als Bauer weiter. Nun kam die Geschichte des Wesirs. Dieser erzählt, wie er durch das Trinken aus einer Quelle im Wald in eine Frau verwandelt wird. Ein König auf Jagd kommt vorbei, sieht den Wesir, verliebt sich, sie heiraten und bekommen zwölf Söhne, jedes Jahr einen. Eines Tages aber sagt die Frau zum König, sie müsse zurück zu der Quelle, weil sie sonst sterben werde. Der König ist bereit mitzugehen, und als sie dort ankommen, sind sie durstig, trinken aus der Quelle, der Wesir wird wieder zurückverwandelt, der König verwandelt sich in eine Frau, sie gehen nach Hause und haben wieder zwölf Söhne miteinander. Nach zwölf Jahren erzählt der Wesir seine Geschichte, die beiden beschließen, sich einvernehmlich zu trennen, und der Wesir kehrt in seine angestammte Heimat zurück.

Dann kam die Erzählung des Bauern. Er berichtet, wie er in seiner Jugend Freundschaft mit einer Fee geschlossen habe. Er musste ihr versprechen, niemals zu heiraten, doch dann arrangiert sein Vater eine Ehe. Die Fee hört davon und ist empört.

«Hast du nicht geschworen, niemals eine Frau zu nehmen?»

«Aber es war ja nicht meine Idee, was kann ich dafür?»

«‹Mach, was du willst, sagte die Fee›, erzählte der Bauer», sagte Illya mit Piepsstimme, die er nun noch piepsiger klingen ließ, «‹ich werde mich schon rächen.›»

In der Nacht kommt die Fee und raubt dem Bauern im Schlaf das Geschlecht. In höchster Not, schließlich steht die Hochzeit an, geht der Bauer, als er am Morgen das Malheur entdeckt, zur Fee und bittet, ihn zu heilen, um ihn vor der Schmach zu bewahren. Doch die Fee ist eisern. Sie will ihn nur heilen, wenn der Bauer auf die Hochzeit verzichtet. Der Bauer schwört es, geht zu seinem Vater, die Hochzeit wird abgesagt, und die Fee kommt, um ihn zu heilen. Er muss sich entblößt mit dem Rücken an eine Wand stellen. Aus einiger Entfernung wirft sie das Geschlecht mit Schwung an die richtige Stelle, wo es etwas gekrümmt, aber sonst unversehrt hängen bleibt.

«‹Und seht her›, sagte der Bauer zu seinen Freunden», sagte der Bauerncharakter in Illyas Erzählung, «‹und prüft, ob ich die Wahrheit gesagt habe.›

Der König und der Wesir betrachteten ihn und stellten fest, dass sein Schwengel in der Tat krumm wie eine Gurke war, und da erkannten sie ihm den Sieg zu, und er bekam den kostbaren Bernstein.»

Das Publikum im Zelt war begeistert – sie riefen Bravo, bestellten neuen Tee und ruckten voller Vorfreude auf die nächste Geschichte auf ihren Plätzen.

Illya ließ nun den Kupferschmied antreten, der die alte Geschichte von den beiden Gaunern erzählte, die damit anfängt, dass ein Gauner aus Kabul sich für den klügsten Gauner überhaupt hält, aber von seinen Nachbarn damit aufgezogen wird, dass es einen hindustanischen Gauner gebe, der noch viel gerissener wäre als er. Er reist zum Haus des Hindustani, und dieser und der Kabuli liefern sich vom ersten Moment an einen Wettkampf um den besten Betrug, fassen sich gegenseitig in die Taschen und legen sich auf unzählige Weisen herein, und weil verschiedene Zufälle und Glücksmomente dazukommen, wird der Einsatz immer höher. Mehrfach spielen angebliche Stimmen aus Gräbern, sowohl von Heiligen als auch von gewöhnlichen Menschen, eine Rolle, und es wird gespenstisch. Doch am Ende beschließen sie, den Schatz – denn um einen solchen geht es mittlerweile – zu teilen. Denn sonst würden sie sich noch gegenseitig umbringen und müssten wirklich ins Grab hinab!

Geschickt verstand es Ibrahim Illya – in der Rolle des behäbigen, tiefstimmigen Kupferschmieds –, die Geschichte von den beiden Gaunern mit Untertönen auszustatten und vor allem die Stimmen aus den Gräbern so unheimlich zu gestalten, dass es den Leuten im Publikum schauderte. Deshalb applaudierte man umso heftiger, aber es ging sofort weiter.

Denn nun war der Boden bereitet, und der Lieblingscharakter des Erzählers Illya, sein Alter Ego, der Maurer, trat auf. Seine Stimme erhob sich, vergessen waren geschlechtsverwirrte Komödien und diebische Schauergeschichten, da der Maurer nun einen hohen Ton anstieß und, edle, nur ein wenig für den Zeltgebrauch auf einem Jahrmarkt zurechtgestutzte persische Poesie zitierend, ein Welttheater errichtete.

Der Maurer brachte eine Version der alten Geschichte *Vom Simurgh*.

«Einstmals lebte ein riesiger Vogel, genannt Simurgh, auf der Spitze des Berges Qaf, einem Berg aus reinem Diamantgestein ganz am Ende der Welt. Jedes Jahr, wenn der Simurgh Küken im Nest hatte, kam eine Schlange, die sich für den Herrn des Landes hielt, und fraß sie. So ging es viele Jahre. Aus Verzweiflung geht der Simurgh irgendwann zum Propheten und wehklagt: ‹Rette meine Nachkommen.› So beauftragt der Prophet den gerade neben ihm sitzenden Hazrat Ali, den Tiger Gottes, mit dem Vogel zu gehen, die Schlange zu töten und danach sofort zu ihm zurückzukehren.»

In der üblichen Version *Vom Simurgh* geht es für gewöhnlich so weiter, dass die Schlange Hazrat Ali auf der Stelle frisst. Gefangen im Schlangenmagen, fleht er zu Gott. Er wird erhört, die Schlange spuckt ihn aus, und er schlägt ihr den Kopf ab. Der Simurgh bringt ihm voller Dankbarkeit die schönste Frucht, die es am Berge Qaf gibt, und dann trägt er ihn nach Medina. Hazrat Ali verteilt die Frucht auf dem Marktplatz und schafft es noch zu Isha'a, dem Gebet zur Nacht.

Bei Ibrahim Illya aber ging die Geschichte anders: Als das Ungeheuer vernichtet ist, bittet der Simurgh Hazrat Ali, noch ein Jahr zu bleiben, denn er fürchtet, es könne eine neue Schlange auftauchen. Hazrat Ali ringt mit sich, schließlich hat der Prophet seine sofortige Rückkehr angeordnet, aber da der Simurgh so sehr bittet, bleibt er. Zum Dank verspricht der Übervogel, ihm regelmäßig zu erzählen, was er auf seinen weiten Flügen sieht.

Zunächst gab der Maurer auf diese Weise ein paar klassische Episoden wieder, wie etwa die von Khidr Elias, der aus der Quelle des Lebens trinkt und zum großen Wanderer und Helfer der Reisenden und Pilger wird.

«Eines Tages kam der Simurgh zurück ins Nest», erzählte Ibrahim Illya als Maurer, «und berichtete ihm von einem König im Abendland, der über das Reich der Farangi herrschte. Der Name des Königs war Karl der Große. Karl Akbar. Als Karl Akbar tot war, trafen sich die Söhne seines Sohnes, drei Prinzen, von denen jeder König sein wollte. Lange schon hatten sie sich miteinander gestritten, doch nun setzten sie einen Vertrag auf und teilten das Reich der Farangi in drei: West-, Ost- und Mittelreich. Jeder der Prinzen bekam eines. Alle drei Reiche waren etwa gleich groß, und sie existierten viele Jahre. Doch irgendwann war das Mittelreich, das Reich des jüngsten der drei Prinzen, verschwunden. Dieser dritte Prinz hieß Lothar, weshalb sein Reich nach ihm benannt war: Lothringen. Die beiden älteren Prinzen beschuldigten sich gegenseitig, Lothars Reich geraubt zu haben. Obwohl sie Brüder waren, begannen sie, sich zu hassen, und schworen Rache. Das ging über viele Jahre so. Ihre Reiche wuchsen, aber auch ihr Hass aufeinander wurde immer größer. Und nun haben sie einen Krieg begonnen, wie es noch niemals zuvor einen auf Erden gegeben hat. Alles, was sie an Metall besitzen, haben sie zu Waffen geschmiedet, und es gibt keinen Mann mehr, der nicht kämpfen würde, nur noch Kinder und Greise sind davon verschont. Auch alle ihre Nachbarn haben sich ihnen angeschlossen, und so tobt nun seit über einem Jahr der Große Krieg im Abendland. Zwei Parteien kämpfen gegeneinander – und in der kurzen Zeit, die zwischen Zuhr und Asr vergeht, sterben mehr Männer, als in der Stadt Herat wohnen.

‹Hörst du nicht›, fragte der Simurgh, ‹wie ihre Waffen gegeneinanderschlagen? Bald wird der Große Krieg des Abendlands die ganze Welt erfassen. Persien hat er schon erreicht.›

‹Wie dumm, dass der dritte Bruder verschwunden ist›, erwiderte Hazrat Ali, dem die Sache unheimlich war. Und so bat er den Simurgh, ihn nun zurückzubringen, damit er wieder in der Nähe des Propheten sein könne, denn sein Herz fürchtete sich.

Da wurde der Simurgh sehr traurig, wusste aber, dass er dem Wunsch seines Beschützers entsprechen musste. Er trug Hazrat Ali zurück, und ein jeder seiner Freunde in Medina nahm ihn gelassen auf, da es den meisten schien, als sei er nur ein paar Stunden fortgewesen. Seitdem hat niemand mehr den Simurgh gesehen.»

Die Erzählung des Maurers war zu Ende. Angefacht durch Ibrahim Illyas Kunstfertigkeit erfasste Hazrat Alis Furcht nun auch das Publikum im Zelt. Sein Stil, eine alte Geschichte, die jeder schon tausendmal gehört hatte, mit Ereignissen zu kombinieren, die ihrer Gegenwart angehörten, war reizvoll, aber auch aufwühlend. Kaum zwanzig Jahre war es her, dass die Stämme der schiitischen Hazara gegen Emir Abdur Rahman gekämpft hatten, weil er ihnen die besten Felder raubte, um Paschtunen dort anzusiedeln, sodass die verdrängten Hazara die wenig ertragreichen Nordhänge voller Gestrüpp und Stein zu bebauen gezwungen waren und im Winter die großen Städte aufsuchen mussten, um sich als Tagelöhner zu verdingen.

Nun herrschte zwar Frieden in Afghanistan, doch dessen Natur war brüchig, und die Vorstellung, der Große Krieg des Abendlands könnte bis hierher kommen und abermals Volk gegen Volk, Stamm gegen Stamm, Schiiten gegen Sunniten werfen, machte ihnen Angst.

Ibrahim Illya erhob sich, ein Lächeln ohne Eitelkeit spielte auf seinen Lippen, die vom Sprachtanz weich und geschmeidig geworden waren. Kurz ließ er seinen Zuhörern noch Zeit, ihre Erregung zu diskutieren, doch schließlich empfand er den Zeitpunkt für günstig, zum Ende der Vorstellung zu kommen. Er hatte Gutes geboten. Jetzt stand das Finale an.

Wie aus einem Traum taumelnd, erinnerten sich seine Zuhörer, dass alles, was sie bislang gehört hatten, Geschichten waren, die drei Männer in einem Zelt von sich gaben, beim Warten auf die Ankunft des Erzählers.

«Kaum jedoch, edle Beys», sagte Ibrahim Illya als Ibrahim Illya, «als der Maurer die Geschichte *Vom Simurgh* zu Ende erzählt hatte und er und der Bauer und der Kupferschmied darangehen wollten, zu bestimmen, wer die beste Geschichte erzählt hätte ...» – «Der Bauer!», rief ein Bauer mit weißem Bart, lachte meckernd und erntete wohlwollende Schläge auf seine altersschmalen Schultern, wie auch Widerspruch, da andere den Kupferschmied, die meisten aber den Maurer vorne sahen –, «da betrat der Erzähler die Bühne und erhob seine Stimme:

‹Edle Beys und Bewohner des schönen Hazarajat, im Namen des Propheten, der Friede sei mit ihm, heiße ich euch willkommen. Doch bevor wir anfangen, lasst mich sagen, wer heute unter uns weilt – Parviz, der Tschopendo, der König des Buzkaschi!›»

Schon zuvor hatte sich das Gerücht über die Anwesenheit des berühmten Mannes verbreitet, aber die meisten zeigten sich überrascht. Mit Staunen und höchst angenehm berührt, das Dach mit einem solch herausragenden Reiter zu teilen, vernahmen sie ein elegantes Lob der Heldentaten des Parviz: wie er sich gegen fünf, sechs, sieben andere Reiter durchzusetzen verstand, wie er, mit seinen Füßen auf den Erdboden auftippend, von einer Seite seines Pferdes auf die andere zu springen vermochte, als wäre er ein Reiterdschinn.

Jede neue Heldentat wurde mit Beifall bedacht, und dies ging so lange, bis der derart mit Worten Gefeierte nicht mehr umhinkam sich zu erheben, den Anwesenden rundum zuzunicken und ein «Der Friede sei mit euch» von sich zu geben. Den aufbrandenden Applaus nutzte Ibrahim Illya geschickt, um sich von der Bühne zu verabschieden. Der Türsteher räumte höflich, aber bestimmt das Zelt, um Platz für die nächste Vorstellung zu schaffen. Die ersten Zuhörer warteten schon draußen auf Einlass.

Parviz Yusufzai hatte die Ehrerbietung des Erzählers gelassen aufgenommen. Als sie sich nach der Vorstellung kurz unterhielten, kamen sie darauf, dass sich Reiter und Erzähler wohl bald wiedersehen würden, denn beide waren zu einem Hochzeitsfest eingeladen, das ein reicher Bey aus Bamiyan ausrichtete. Parviz, um mit seiner Truppe an dem vom Brautvater ausgelobten Buzkaschi teilzunehmen, dem ersten der neuen Saison. Ibrahim Illya hingegen sollte am letzten Abend der Feierlichkeiten vor der versammelten Festgemeinde auftreten.

Zum Abschied wünschte Ibrahim Illya dem Reiter das Beste bis zu ihrem Wiedersehen, das natürlich ganz dem Wohlwollen Gottes und seiner Entscheidung überlassen sei, und äußerte die freudige Zuversicht, bei jener Hochzeit in Bamiyan dann vom jüngsten, gerade errungenen Sieg des Parviz erzählen zu können.

Für einige unter den Zuhörern auf dem Jahrmarkt war der neue Stil, den Ibrahim Illya pflegte, noch gewöhnungsbedürftig, sie hätten sich mehr Geschichten aus ihrer eigenen Gegend gewünscht. Aber immerhin hatte er von dem Buzkaschi-Reiter erzählt.

Die meisten jedoch hatten den Vortrag genossen und blieben in Grüppchen beieinander, um über den Großen Krieg des Abendlands und die Frage zu diskutieren, ob er je die Grenzen ihres Landes erreichen würde. Wie hätten sie ahnen können, dass er längst da war, mitten unter ihnen.

Schräg gegenüber dem Zelt des Erzählers nämlich befand sich, durch einen rundlaufenden Vorhang abgetrennt, der Behandlungsplatz eines fahrenden Wundarztes, der sich eben um einen übel zugerichteten Mann kümmerte, dem das linke Auge ausgeschlagen worden war.

Der Arzt versorgte die Wunde mit einer Paste wundstillender Kräuter und legte ihm einen Verband an. Dazu gab er ihm noch einen großen Klumpen von der Paste in einem Beutel mit und ermahnte ihn, die Wunde einmal am Tag zu säubern und wieder zu verbinden. Für die Behandlung verlangte er nur eine Rupie und fünfzig Paisa, denn der Patient hatte gesagt, er sei ein armer Talib-ul-ilm, ein Koranschüler.

«Bist du Perser?»

«Araber.»

«Einer von den Indus-Arabern?»

«Nein, aus dem Jemen.»

«Von so weit her. Und wo willst du hin?»

«Nach Khurasan.»

«Khurasan. Das liegt viele Tagesreisen von hier. Östlich von Kabul.»

«Gott wird mich beschützen, wenn es ihm gefällt.»

«Nenn mir noch deinen Namen, Talib», sagte der Arzt und blickte Gilbert-Khan fast herausfordernd an. Vielleicht war es die Bestimmtheit seines Tons, die Gilbert-Khan mit einem Schlag deutlich machte, dass er nicht nur ein Auge, sondern auch seine Legende verloren hatte.

Ein neues Auge war nicht zu haben.

Er lächelte den Arzt an, neigte den Kopf und dachte nach. Es gab eigentlich nur eine Antwort.

«Mein Name ist Sayyid Mohammed.»

«Sayyid Mohammed», murmelte der Arzt und blickte nun fast erschrocken drein, doch dann löste er sich aus seiner Beklemmung, lächelte den Mann an, der sich gerade als «Said», als leiblicher Nachfahre des Propheten zu erkennen gegeben hatte, und wünschte ihm alles Gute für den Weg.

«Möge Gottes Friede mit dir sein.»

«Auch mit dir.»

Der Mann, der nun Sayyid Mohammed hieß, hüllte sich in seinen Umhang, rückte sich, vor Schmerz seufzend, die Augenklappe zurecht und machte sich daran, den Jahrmarkt zu verlassen.

Ein weiter Weg lag vor ihm.

Doch er dachte an das schwarze Banner, das er eines Tages hissen würde.

3

Am Abend nach dem Besuch auf dem Jahrmarkt von Isfidek kam Parviz Yusufzai zurück in das Lager, das sein Reitertrupp außerhalb der Ortschaft aufgeschlagen hatte. Er war den Rest des Tages alleine mit seinem Falken unterwegs gewesen.

Aber er war nicht alleine zurückgekehrt.

Nachdem Umarkhan sein Abendgebet verrichtet hatte, eine herzergreifende Prozedur, da sich der Alte nur mühsam niederzuwerfen, aber noch viel mühsamer wieder aufzurichten vermochte, dazu sogar zuweilen seine Krücken benötigte, setzte sich Parvis zu seinem alten Meister, um ihm zu erzählen, dass er einen Fremden mit in ihr Lager gebracht hatte. Er musste dies tun, da er zwar der Anführer war, dieses Amt aber von Umarkhan geerbt hatte.

«Wer ist der Mann?», fragte Umarkhan. Sein Gesicht war von Falten, Furchen und Narben so übersät, dass es wie ein oftmals geflicktes Netz aussah, in dem sich seine geschlitzten Augen verfangen hatten wie halbblinde Fischlein.

«Er spricht kein Paschtu und nur dürftig Farsi. Wir haben Englisch gesprochen. Ich glaube aber verstanden zu haben, dass er ein Deutscher ist, ein Alman», sagte Parviz.

«Was sind Deutsche?», fragte Umarkhan. «Eher Russen oder eher Engländer?»

«Weder noch. Aber sie liegen mit beiden im Krieg.» Umarkhan schauderte es bei dieser Vorstellung.

«Wie kann es sein, dass ich von diesen bedauernswerten Leuten noch nie gehört habe?»

«Das muss daran liegen, dass deine Ohren noch müder sind als deine Knochen», lachte Parviz. «Weiß doch jedes Kind zwischen den Steppen des Nordens und Kabul, dass es einen Großen Krieg gibt!»

«Aha. Ist der Mann also vor diesem Großen Krieg geflohen? Oder ist er gekommen, um ihn hierherzubringen?»

«Weiß ich nicht. Er trägt jedenfalls die Kleidung eines Soldaten. Aber es geht ihm schlecht.»

«Was fehlt ihm denn?», fragte Umarkhan, der in seinem langen, schon weit über siebzig Jahre währenden Leben noch niemals von einer solchen Geschichte gehört hatte. Und er hatte schon viele gehört, selbst die absonderlichsten.

«Ich habe den Falken fliegen lassen, aber du weißt, er ist noch jung, und der Deutsche führt ein paar Tauben in einem Käfig mit sich. Auf die hatte er es abgesehen. Auf der Suche nach dem Falken fand ich ihn.

Er schlief, wie tot. Das Zeug eines Opiumrauchers lag bei ihm. Das ist seine Krankheit.»

«So hat er nicht nur seine Heimat, sondern auch seine Freiheit verloren.»

«Das stimmt. Während wir auf dem Weg in unser Lager waren, begann er verrücktzuspielen. Er krümmte sich vor Schmerzen und heulte wie ein Kind nach seiner Mutter.»

Umarkhan wusste, was der Schlafmohn aus einem Mann machen konnte. Wie Schatten ihrer selbst gingen die Opiumsüchtigen durch den Tag, der ihnen dunkel und undurchdringlich wie die Nacht wurde, während ihre Nächte endlose Träume ohne Erfrischung brachten. Er dankte Gott, dass er selbst in jungen Jahren, als seinen Geist größte Unruhe plagte und er ziellos und ohne Frieden finden zu können durch alle Provinzen zog, davor bewahrt worden war.

«Vielleicht hatte es mit dem Rauchen zu tun», sagte Parviz, «aber vielleicht nicht nur. Eine Sache habe ich dir noch nicht erzählt.»

«Ja?»

«Einem seiner Pferde war der Leichnam eines Mannes aufgebunden.»

«Hat er ihn getötet?»

«Schwer zu sagen. Wir haben ihn zusammen begraben.»

«War der Tote auch ein Deutscher?»

«Nein. Ein Moslem. Aber es war unmöglich zu sagen, woher er stammte. Vielleicht aus Syrien. Sein Bart war braun. Wir haben die Bestattung nach dem Gesetz durchgeführt.»

«Ich sorge mich. Wer weiß, wer nun hinter dem Deutschen her ist?»

«Er hat geweint, als wir die Steine zusammengetragen haben. Ich glaube nicht, dass er der Mörder ist.»

«An deinen Worten erkenne ich, dass du ihm Gastrecht gewährst.»

«Bin ich etwa, nur weil ich mit so einem uralten turkmenischen Großvater reite, kein Paschtune mehr?»

«Und wo ist er nun?»

«Drüben. Er fiebert. Spricht im Schlaf. Ruia ist bei ihm.»

Umarkhans ohnedies schon zerfurchte Stirn runzelte sich noch mehr.

«Das Mädchen ist alleine mit ihm?»

«Keine Sorge. Der Gescheckte ist dabei. Der passt auf sie auf.»

«Der Gescheckte ...», murmelte Umarkhan. Der Gedanke an den alten, Wölfe tötenden Hund beruhigte ihn. Schon als Ruia noch ein winziges, in Tuch geschnürtes Bündel gewesen war, hatte der Gescheckte auf sie aufgepasst.

«Wird der Deutsche mit uns kommen?»

«Er kann die Sprache nicht, und er hat kein Geld. Aber erst muss es ihm ein wenig besser gehen. In ein paar Tagen brechen wir auf. Wir haben ja noch Zeit bis zum Buzkaschi von Bamiyan.»

«Wir werden vielleicht langsamer vorankommen mit ihm», sagte Umarkhan nachdenklich. Doch dann musste er lachen. «Aber wenigstens werde ich dann nicht mehr der schlechteste Reiter unter uns sein.»

«Du bist auf ewig der Beste», sagte Parviz ganz ernst.

«Oje, haha. Der beste Reiter ist jetzt jedenfalls zu nichts anderem mehr zu gebrauchen, als sein Kissen zu zerdrücken.»

Er tastete nach den Krücken, aber Parviz schüttelte lächelnd den Kopf, fasste ihn entschlossen unter den Achseln und hob sich den Alten, der leicht wie ein Kind war, auf die Schultern, um ihn die paar Meter zu tragen. Die gelähmten Beine Umarkhans schlenkerten in ihren verblichenen Hosen wie die Glieder einer Marionette.

«Du wirst von Tag zu Tag leichter», sagte Parviz mit besorgtem Tonfall, als er Umarkhan sanft auf die mit roher Baumwolle gefüllte Matratze gelegt hatte.

Der Alte lachte.

«Oh ja, genau. Der Herrgott, gepriesen sein Name und Dank seiner Güte, macht mich leicht. Eines Tages werde ich auffliegen wie ein Vogel und verschwunden sein.»

4

Der Gescheckte, weiß mit grau-braunen Flecken, war ein dickfelliger Hirtenhund von der Rasse der Alabais, wie sie die Turkmenen seit Jahrhunderten züchteten, um ihre Schafherden von ihnen beschützen zu lassen. Er war so groß wie ein Kälbchen, stärker als jeder noch so hungrige Wolf und von höchst eigensinnigem Charakter, kam es doch darauf an, dass er weit draußen ohne Anweisung des Schäfers einzugreifen und zu kämpfen verstand, wenn seiner Herde Gefahr drohte. Die kleine Ruia, Parviz Yusufzais Tochter, hatte, ihre Hände in das zottelige Nackenfell gekrallt, mit seiner Hilfe laufen gelernt, und als Einzige im wild durcheinandergemischten Clan freier Buzkaschi-Reiter vermochte sie es, dem Gescheckten Befehle zu erteilen. Der Hund kam auch, wenn Parviz ihn rief, das schon, aber nur wenn Ruia ihm mit ihrer herrischen Kleinmädchenstimme befahl, sich hinzulegen, damit sie auf ihm reiten konnte, tat er das auch.

Alabais waren für gewöhnlich keine Schmusetiere, aber der Gescheckte erduldete jeden Einfall des Kindes und jede spielerische Laune, ließ sich umarmen, umwerfen und sogar mit kleinen Perlen und Bändern schmücken, dies alles ohne Murren und Knurren, sogar zungenschleckend dankbar, wenn Ruia derart Zeit mit ihm verbrachte.

Diese beiden also waren nun Stichnotes Wächter, und Ruia ließ keinen Zweifel daran, dass sie den Almani, den ihr Vater von der Beiz mitgebracht hatte, gewissermaßen als ihr Eigentum betrachtete, während der Gescheckte, den mächtigen Kopf auf seine Vorderpfoten gelegt, mit seinen schwarzen Augen misstrauisch verfolgte, was sich zwischen beiden abspielte.

Ruia war nicht nur von Stichnote fasziniert, sondern interessierte sich auch sehr für seine Tauben. Drei waren noch übrig. Ihren Käfig hatte Parviz nach der Ankunft im Lager neben das Gepäck des Almani gestellt, und das Erste, wozu Stichnote sich aufraffte, nachdem er sich eine Weile hingelegt hatte, war, die Tiere zu versorgen. Ruia bestand darauf, ihm zu helfen.

Er nahm Körner aus seinem Gepäck, dann brauchte er Wasser. Er sagte das Wort für Wasser auf Persisch, aber Ruia sah ihn skeptisch aus ihren großen grünen Augen an; er machte Schlürfgeräusche und führte sich spielerisch die flache Hand an die Lippen. Sie begriff, lief los, um einen Wasserschlauch zu holen, doch bevor sie ihm diesen reichte, blickte sie ihn streng an und sagte das Paschtuwort für Wasser: «Aao.»

Erst als er es zu ihrer Zufriedenheit ein paarmal wiederholt hatte, durfte er es haben. Sie hatte einen Hund dressiert, sie konnte bestens mit Pferden umgehen, und es war klar, dass sie sich von nun an um Stichnotes Erziehung kümmern würde.

Sie sahen den Tauben beim Fressen zu, bis Stichnote schließlich eine ergriff, die gurrend ihren Kopf zwischen seinen Händen herausstreckte und auf Ruias hennagefärbte Fingernägel zu picken begann, was das Kind zum Lachen brachte. Sorgsam streichelte Ruia dabei den seidigen Hals und drückte ihr einen Kuss auf. Doch dann wies sie mit ihrem Finger auf die Taube, sagte: «Kutar», und Stichnote musste nun mehrmals «Kutar» aussprechen, bis sie zufrieden war.

Später brachte Parviz ihm eine Schüssel Linsen. Stichnote, wiewohl abgemagert bis auf die Knochen, konnte sich nicht vorstellen, irgendetwas außer Wasser zu sich zu nehmen.

«Du solltest etwas essen. Diese Nacht wird schwer für dich», sagte Parviz. «Ich kann dir nichts geben.»

«Ich will es sowieso nicht mehr», sagte Stichnote leise und voller Furcht, was dies wohl bedeuten konnte.

«Gut, dann nimm das hier. Du kannst darauf beißen, wenn es schlimm wird.»

Es war eine Reitpeitsche. Ihr lederumflochtener Griff, dazu bestimmt, während eines Buzkaschi zwischen den Zähnen des Tschopendos gehalten zu werden, trug unübersehbare Gebrauchsspuren. Nun würde sie Stichnotes größtem Kampf dienen.

Stichnote dankte Parviz mit einem Nicken, strich Ruia über ihr rötliches Haar, bevor ihr Vater sie auf den Arm nahm und sie, den Kopf auf dessen Schulter gelegt, auf den Vogelmann zurückblickte und ihm eine gute Nacht zuwinkte.

Der Gescheckte warf einen langen Blick auf Stichnote. Dann drehte er sich langsam um und folgte ihnen.

Dunkelheit kam über das Tal.

Stichnote legte sich auf das Lager, das Parviz ihm bereitet hatte. Der Entzug begann.

Ein weiser Mann hat einmal festgestellt, dass ein jeglicher Rausch bezahlt werden muss. Die Frage ist nur wie und wann. Diese Wahrheit erfuhr Stichnote nun am eigenen Leib. Er beglich eine Rechnung, die er während der Zeit als junger Taubner in Isfahan und während der Durchquerung der Wüsten Innerpersiens aufgemacht hatte. Insgeheim hatte er geahnt, dass da irgendwo ganz wie in einer Münchener Boazn ein Deckel war, auf den er großzügig hatte anschreiben lassen, dass es eine Instanz gab, die buchführte und jetzt, da Stichnote beschlossen hatte, die Wirtschaft Zum fröhlichen Opiumraucher für immer zu verlassen, auf Bezahlung bestand.

Kaum war die Nacht hereingebrochen, beschoss ihn ein Heer unsichtbarer Mongolen mit Giftpfeilen, ihre Widerhaken zerrissen sein Fleisch und brachten sein Blut zum Kochen. Sein Magen lag in Krämpfen, als wollte er die Bauchhöhle verlassen und sich ausstülpen. Seine Glieder waren eiskalt, schweißnass und zitterten so sehr, dass er nichts anderes zu tun vermochte, als die Arme um sich zu schlagen, sich selbst festzuhalten, da er wusste, dass er nicht fortlaufen konnte. So vergingen die ersten Tage.

Ruia, ihrerseits bewacht vom Gescheckten, war fast immer bei ihm. Ihr Vater hatte ihr erklärt, dass der Vogelmann von einem Gift krank geworden sei, das aus seinem Körper austreten müsse. Sie wischte ihm die Stirn mit einem Tuch, das sie sorgsam in eine Schüssel mit frischem Wasser tauchte und danach auswrang. Sie flößte ihm Essen ein und gab ihm zu trinken. Sang ihm Lieder. Hielt seine Hand, die kalt und feucht war, was Ruia gar nicht mochte. Doch spürte sie, dass sie ihn auf der Erde hielt, dass sie sein großes Glück war.

Nicht immer war sich Stichnote Ruias Anwesenheit bewusst, doch oft blickte er in ihre grünen Augen, die so ernst und klar waren und nie wegblickten. Denn sie war eine Paschtunin.

Sogar als er sich erbrach und kraftlos in seinem Erbrochenen liegen blieb, als er sich selbst beschmutzte, da er es nicht fertigbrachte, aufzustehen, blieb sie bei ihm und blickte ihn an. Streng und erwartungsvoll. Half ihm, sich zu waschen. Denn er war ihr Schüler, ihr Patient. Er war ihr Kind. Der Gescheckte begriff nach und nach, dass Stichnote Teil seiner Herde wurde.

Doch es gab auch die Stunden, in denen Stichnote ganz alleine war. Eingesperrt in die körperliche Folter des Entzugs, durchlief er wieder und wieder die Schrecken von Zicklers Tod, von Faruks Tod, von Eibos Tod. Alle, die ihm etwas bedeutet hatten, waren gestorben. Etwas blitzte dann auf, etwas Schreckliches, das so weit zurücklag und an das er sich nicht hatte erinnern können: der Tod seiner Mutter. Seelengewitter tobten in ihm. Immer wieder kehrte sein fiebernder Geist zu seinem letzten Opiumtraum zurück, seinem Erwachen daraus.

Zunächst war da der Falke gewesen, der weiße Falke, dann anstelle des Falken jener alterslos wirkende Mann, der ihm aus einem ledernen Becher Wasser eingeflößt hatte. Seine Augen hatten wie Quecksilber geglitzert. Durch die Zeit hinweg meinte er denselben Mann zu erkennen, der Arjona und ihm einst am lieblichen Ufer des Bosporus lächelnd das Wasser gereicht hatte. Den Alten in Isfahan, der ihm das Opium gegeben hatte. Sein einäugiger Tschawadar. Sie alle waren ein und derselbe Mann. Ein Reisender in der Zeit. Ohne diesen Schluck Wasser, so war der leidende Stichnote überzeugt, hätte er nicht überlebt. Doch wer war dieser Reisende, der dann wie vom Erdboden verschwunden war?

Ebenso qualvoll wie die Schmerzen des Entzugs war das Rätsel dieser Erscheinung. Der Mann, dem der Falke gehörte, dessen starker Arm ihn irgendwann aufgehoben hatte, war ein anderer. Immer und immer wieder durchstöberte Stichnotes fiebernder Geist seine Erinnerung, hielt sich im Wachen wie in einer splitternden Felswand, stürzte zurück in qualvollen Schlaf voller Träume. Die aber waren, als würde er durch die monumentalen Überbleibsel einer vom Opium errichteten Welt gehen, deren Verfall er nun zusehen musste. Die Farben waren einstweilen noch da, manche der Klänge, die endlos scheinenden Räume. Aber seine Freunde waren verschwunden, kamen nicht mehr, kein Eibo, kein Kasten und auch kein Faruk Erdöl, so sehr er auch nach ihnen rief. Er blieb allein.

Am fünften Tag des Entzugs wand sich Stichnote wie ein Wurm, und Ruia brauchte all ihren Mut, um ihm beizustehen, so erbärmlich, so hoffnungslos gebrochen war der Mann, den sie in ihr paschtunisches Herz geschlossen hatte. Ihr Vogelmann.

Als vergelte sein Körper ihm bösartig den Genuss des Opiums, träumte Stichnote sich zahnlos, gelähmt, von allen verlassen. Er hatte keinen Schmerz mehr, aber da war auch sonst nichts mehr. Seine Zunge fuhr über blankes Zahnfleisch und sagte ihm, dass er alt war, uralt, älter als jeder, den er je kennengelernt hatte. Seine Lage war so verzweifelt, dass er während seiner Träume echte Tränen weinte, die seine Beschützerin tief trafen, da doch alles um ihn herum friedlich und wohlgeordnet war. Sie hielt seine Hand, während er sich stöhnend und weit fort von ihr auf seinem irdischen Lager wälzte.

Er war wieder zu Hause in Giesing. Er hatte keine Zähne. Er konnte sich nicht bewegen. Mit einer Kraft, mit der Gebirge sich auffalteten, wurde er mit einem Mal hochgenommen. Süßigkeit überströmte ihn. Wärme. Nähe. Wahrheit. Ein unendlich müdes Gesicht, todkrank, beugte sich über ihn. Es war das Schönste, was er jemals gesehen hatte. Augen so groß wie zwei Planeten blickten ihn an. Darin ein Tränenflor, mächtig wie Gewölk.

«Sebastian», sagte eine Stimme, die einem Engel gehören musste.

«I hob di so liab. Hob di so liab.»

Die Stimme war schwach, doch für ihn war sie wie ein Chor, ein Hochgesang der Liebe, nach der er immer gesucht hatte. Und da waren die planetaren Augen, von tiefem Grün wie rauschende Wälder. Nirgendwo anders wollte er mehr hin als dorthin. Dort wollte er versinken.

In den Augen seiner Mutter.

5

Aber es waren die Augen Ruias, in die er blickte, als er die Entscheidungsschlacht seines Entzugs hinter sich gebracht hatte.

Schon beim Aufwachen fühlte er sich wie ein Wald, der einen Orkan überstanden hatte. Durch die geknickten Äste und umgestürzten Bäume schien die Sonne. Und sie kam aus den Augen des Kindes, erstrahlte in ihrem Lächeln, da sie voller Freude begriffen hatte, dass es ihrem Vogelmann besser ging.

Er konnte aufstehen. Er wusch sich gründlich. Er vermochte etwas zu essen, ohne sich sofort zu übergeben.

Das Mädchen hatte in der Zwischenzeit den Copal-Anhänger

bemerkt, den er immer noch auf seiner Brust trug, den versteiner-
ten Harztropfen mit Ameise und Spinne, die sich einst im tropischen
Urwald belauert hatten, und wünschte, ihn zu betrachten.

Er reichte dem Kind das Schmuckstück und dachte daran, dass sie
wohl nicht viel jünger war als er selbst damals, als der Überseeludwig
es ihm in München geschenkt hatte. Das bunte Lederband war von
kolumbianischen Indianerhänden geflochten worden. Nun ließ es ein
afghanisches Mädchen durch seine Hände gleiten, hielt den Copal
gegen dieselbe Sonne, die einst den Baum hatte wachsen lassen, aus
dem der Harztropfen vor Jahrhunderten geronnen war. Dies war die
Welt. Und er war noch immer ein Teil von ihr.

Zwar ahnte er, dass der Entzug ihn noch lange begleiten würde,
dennoch war er von Hoffnung erfüllt, denn da war nicht nur diese
unerschütterliche mütterliche Zuneigung des Mädchens, die sein Seefahrerherz erwärmte, sondern auch der Mantel der Gastfreundschaft,
den Parviz über ihn gebreitet hatte. Jeder im Lager der Tschopendos
verhielt sich ihm gegenüber, als wäre Stichnote so etwas wie der lange
erwartete Ehrengast.

Neben Parviz und dem alten Umarkhan waren da noch Oqil, Ato
und Gurban, die jungen Reiter, sowie zwei Stallburschen, die sich
neben den Pferden auch um alles andere kümmern mussten, das mit
der Ehre eines Tschopendos schwer vereinbar war. Die jungen Reiter
waren, wie Parviz selbst, außergewöhnlich große, starke Männer in
Stichnotes Alter. Oqil und Ato waren Tadschiken, braungebrannt und
von düster-angespannter Grundstimmung, Gurban war ein Hazara,
und seine schmalen, leicht geschlitzten Augen glühten mit unaus-
löschlichem Feuer.

In den Morgenstunden trainierten die Reiter. Umarkhan stand, auf
seine Krücken gestützt, am Rand und bellte mit seiner brüchigen
Altmännerstimme Kommandos. Wie verwachsen mit ihren Pferden
wirkten die Männer, und staunend sah Stichnote, wie sie in vollem

Galopp ihre starken Tiere herumrissen, um kaum langsamer davonzupreschen. Wie sie sich auf die Seite fallen ließen, ja sich sogar während des Ritts unter dem Bauch der Pferde hielten. Wie sie aus dem Sattel sprangen, um – so etwas hatte Stichnote noch nie gesehen – mit den Füßen nur einmal kurz auf dem Boden aufzutippen, dies alles, während die Pferde gestreckt galoppierten. Das war von derart atemberaubender Artistik, dass Stichnote annahm, bei einer Zirkustruppe gelandet zu sein. Dabei bewunderte er die überaus starken Pferde von brauner und weißer Farbe mit ihren kräftigen Hälsen und ihrer, wie es schien, unendlichen Geduld und ihrem Eifer. Voller Schmerz dachte er an seinen treuen Tscherkessen, den er zugrunde geritten hatte.

Nach dem Training mit den Pferden, um die sich die Stallburschen sogleich kümmerten, war das Programm für die Reiter keineswegs zu Ende. Unvermittelt fühlte sich Stichnote an die Zeiten seiner Grundausbildung in Flensburg erinnert. Sie machten Dutzende Liegestütze, benutzten den starken Ast einer Kiefer, um ihre muskulösen Körper nach oben zu ziehen, so lange, bis sie abrutschten und keuchend auf dem Boden liegen blieben. Zuletzt schließlich übten sie mit Absicht in der prallen Sonne, die ihnen den Schweiß auf die Stirn trieb, mit einem Steinbrocken, um den sie einen Strick gebunden hatten. Aus gebeugtem Rücken heraus hoben sie den Brocken mit einem Arm an und hielten ihn hoch, solange sie konnten. Dies wiederholten sie mit jedem Arm mehrfach, so lange, bis es nicht mehr ging.

Beim gemeinsamen Essen fragte Stichnote nach dem Grund dieser Anstrengungen.

Parviz, den wohlwollenden Blick auf das seidige rötliche Haar seiner Tochter gerichtet, die der auf Englisch geführten Unterhaltung missbilligend folgte, da sie nichts verstand, erklärte ihm, dass sie Tschopendos seien, Buzkaschi-Reiter.

«Ich habe leider nie davon gehört», sagte Stichnote.

«Er weiß nicht, was Buzkaschi ist», sagte Parviz zu den anderen, die teils düster, teils amüsiert grinsend dreinblickten.

«Du hast nie von Buzkaschi gehört. Aber vielleicht von einem Mann namens Dschingis Khan?»

Parviz sprach als Einziger fließend Englisch. Aber den Namen des Mongolen hörte jeder aus seiner Rede heraus.

«Dschingis», murmelte Gurban andächtig. Es klang wie der Teil einer Gebetsformel.

«Dschingis Khan?», sagte Stichnote und nickt eifrig. «Den kenne ich wohl.»

Auch Umarkhan, der Älteste in der Runde, hatte den Namen des Mongolen vernommen. Seltsam, dachte er für sich, die herrlichen Städte, die zerstört, die fruchtbaren Felder, die in dürre Wüsten verwandelt, und die stolzen Stämme und Völker, die ausgelöscht wurden, sie haben mehr zum Ruhm eines Herrschers beigetragen, als es die edelsten Taten und die Errichtung erhabener Bauwerke je vermochten – sogar ein armer Soldat aus dem Abendland kennt seinen Namen.

«Parviz, wenn du gestattest», sagte er lächelnd. «Lass mich unserem Gast erzählen, was der Buzkaschi ist, und übersetze es ihm.»

Parviz nickte.

«Die Männer aus der Mongolei lebten im Sattel und starben im Sattel», fing Umarkhan an. «Und wenn sie spielten, dann zu Pferde. Doch von allen Spielen, Rennen, Bogenschießen im Galopp oder Hetz- und Falkenjagd, war ihnen eines am liebsten. Das Spiel der Spiele: Buzkaschi.»

«Darf ich etwas ergänzen?», fragt Parviz höflich. Umarkhan nickte.

«Du musst wissen», sagte Parviz an Stichnote gewandt, «in der Sprache der Engländer heißt Buz-kaschi ‹Ziege ziehen›.»

Stichnote nickte nur unmerklich mit dem Kopf, da er gar nichts begriff.

Umarkhan fuhr fort, Parviz übersetzte wieder.

«Dschingis Khans Reiter trugen es in alle Länder, die unter den Hufen ihrer Pferde erzitterten. Doch nur in unseren Provinzen wird es heute noch unverändert so gespielt wie damals. Wir sind Dschingis Khans Erben.»

Der Alte nahm einen kleinen Schluck süßen Tee. Er schmeckte ihm ebenso köstlich wie es ihm Freude bereitete, vom Buzkaschi zu erzählen – dem Spiel, dem er sein ganzes Leben gewidmet hatte.

«Man wählt aus der Herde einen Ziegenbock, schlachtet ihn und schlägt ihm den Kopf ab. Man füllt den Körper mit Sand, um ihn schwerer zu machen, näht ihn mit einer starken Lederschnur zu und legt ihn eine Nacht in kaltes Wasser. Das ist wichtig, sonst wird er zu früh zerrissen.»

Bilder von Wolfsrudeln schossen Stichnote durch den Kopf, etwas unheimlich, da es doch Menschen waren, die spielten.

«Dann gräbt man ein Loch in die Erde und legt den Kadaver hinein. Das Loch muss gerade so tief sein, dass das Fell gleichauf ist mit dem Erdboden. Nicht weit von diesem Loch entfernt zeichnet man mit Kalk einen kleinen Kreis. Dieser Kreis heißt ‹Hallal›, das ist Turkmenisch, die Sprache meiner Väter, und bedeutet ‹Kreis der Gerechtigkeit›. Rechts vom Kreis der Gerechtigkeit pflanzt man eine Holzstange in den Boden und links davon eine zweite. In gleicher Entfernung, aber diese kann beliebig groß sein. Eine Stunde Galopp oder drei oder fünf, oder einen ganzen Tag – es gibt keine Regel dafür. Die Entfernungen bestimmt derjenige, der den Buzkaschi ausrichtet, diesen Mann nennt man ‹Tais Sahib›. Doch sagt man, und so wird es stets gehandhabt: Je größer das Spielfeld, desto höher muss das Preisgeld sein. Den Preis nennt man ‹Salem›.»

Umarkhan blickte in die Gesichter der jungen Reiter. Jedes Wort hätten sie ihm vorsagen können, sprach er doch über das Edelste, womit sich ein Mann überhaupt beschäftigen konnte. Dennoch lauschten sie gebannt, als hörten sie von diesen Wunderdingen zum ersten Mal.

Umarkhan fühlte sich müde und blickte Parviz an. Seine Augen baten, sein Nachfolger möge weitersprechen.

«Nun versammeln sich die Reiter um die Grube», sagte Parviz.

«Wie viele Reiter?», fragte Stichnote.

«Ganz egal. Mal sind es zehn, mal fünfzig oder hundert.»

«In Maymanar, vor zwei Jahren», warf Ato ein, trotz seines wilden Blicks etwas schüchtern, «waren es fast dreihundert. Es können auch tausend sein ...»

«Aber ganz gleich, wie viele es sind», fuhr Parviz fort, nachdem er übersetzt hatte, «alle stürzen sich bei dem Signal der Schiedsrichter gleichzeitig auf die Ziege. Einer bekommt den Kadaver zu fassen und reitet mit ihm in Richtung des rechten Mastes davon. Dort muss er zuerst herum, dann um den linken und dann wieder in Richtung des Hallal. Derjenige ist Sieger, der den enthaupteten Ziegenbock in den Kreidekreis wirft.»

«Das ist alles?», fragte Stichnote ehrlich verblüfft. Er war sich nicht sicher, ob er richtig verstanden hatte.

«Du hast noch keinen gesehen, sonst wüsstest du, was während des Buzkaschi geschieht. Alles. Ja, alles. Verfolgungen, Hetzjagden, Angriffe. Jeder Reiter hat eine Peitsche wie die, die ich dir für die Nacht gegeben habe, als es dir schlecht ging. Damit sind alle Schläge erlaubt.» Lächelnd wiesen seine Augen auf Umarkhan. «Niemand hat so viele Buzkaschis mitgemacht wie Umarkhan. Siehst du die Narben auf seinem Gesicht?»

Er senkte bei diesen Worten sein Haupt vor dem Alten, der ein wenig verlegen dreinblickte – nie versäumte es Parviz, seinen alten Meister zu ehren. Wie glücklich doch der Tag genannt werden musste, an dem er den unglücklichen jungen Mann aus den Schwarzen Bergen und seine wunderschöne junge Frau bei sich aufgenommen hatte!

Stichnote sah Umarkhans Narben. Auch die, die Parviz' Gesicht und Hals bedeckten, wusste er nun zu deuten.

«Wie lange dauert so ein Spiel?»

«Es kann sehr lange dauern. Die ganze Nacht. Oder auch Tage. Doch ob von Mond oder Sonne beschienen: Von Stunde zu Stunde nähert der Kadaver sich seinem Ziel. Beide Masten sind umritten. Hunderte Male hat der Kadaver schon seinen Träger gewechselt. Endlich packt ihn einer der Spieler, einer, der noch die Kraft dazu hat, der den Kämpfen der anderen gefolgt ist, ohne sich zu sehr zu erschöpfen, immerzu auf den Moment wartend, an dem er den letzten Gegnern entkommt – und er reitet auf den Kreidekreis zu und wirft das, was von dem Ziegenbock übrig ist, hinein ... Hallal!»

«Hallal!», stimmten die übrigen Reiter begeistert ein.

«Hallal!», rief auch Ruia und blickte den Vogelmann voller Stolz an.

Nach einem kurzen Schweigen räusperte sich Umarkhan.

«Ich will dir ein Geheimnis anvertrauen», sagte er müde. «Wenn die Mongolen ein Dorf oder ein Zeltlager überfielen, so versuchten sie, so viele Männer wie möglich zu töten, aber nicht die Anführer. Diese nahmen sie als Geiseln. Wem es gelang, einen Khan oder ein Mitglied seiner Familie als Geisel zu nehmen, dem zahlte Dschingis ein hohes Kopfgeld. Also lernten sie, einzelne wertvolle Menschen, Könige, aus dem Gewimmel der Überfallenen herauszuziehen und mit sich zu nehmen. Das ist es, was die Mongolen übten, wenn sie Buzkaschi spielten.»

Das Essen war zu Ende. Zunächst erhob sich Umarkhan mühsam mit seinen Krücken, verweigerte jedoch vor den Augen des Gastes jede Hilfe, sodann standen die jungen Reiter auf, um zu ihren Zelten zu gehen.

«Lass uns ein paar Schritte laufen», sagte Parviz zu Stichnote, das Mädchen an der Hand und der Gescheckte hinterdrein.

Ruia verfolgte mit hochgezogenen Augenbrauen das Gespräch der beiden Männer. Sie fürchtete, der Vogelmann könnte ihr abhandenkommen. Etwas außerhalb ihres Lagers, im Schatten mächtiger Eichen, setzten sie sich.

«Dir geht es besser, nicht wahr?», fragte Parviz.

«Ja. Ich muss dir sehr danken.»

«Schon lange hatten wir keinen Gast mehr. Es ist mir eine Ehre. Du kannst so lange bei uns bleiben, wie du möchtest.»

«Das ist sehr großzügig.»

«Wir gehen in den Norden. Morgen.»

«Oh.»

«Wir gehen nach Bamiyan. Komm mit uns, dann kannst du sehen und begreifen, was Buzkaschi ist.»

«Ich bin mir nicht sicher, ob ich mitgehen darf», sagte Stichnote.

«Ich bin Soldat.»

«Ich weiß.»

«Meine Mannschaft ist gewiss schon in Kabul.»

«Kabul? Was macht sie dort?»

«Uns schickt der Sultan von Deutschland. Wir haben Nachrichten für den Emir.»

Scharf traf ihn Parviz' Blick.

«Den Emir? Habibullah Khan?» Stichnote nickte.

Diese freimütig preisgegebene Information machte Parviz nachdenklich. Konnte er einen fremden Soldaten mit einer Nachricht für den Emir beherbergen, ohne einen Konflikt heraufzubeschwören? Wäre es nicht besser, sich vor jemandem, der mit dem gefährlichsten Mann des ganzen Landes im Bunde stand, zu hüten? Andererseits – wer würde schon davon erfahren?

«Hör zu», sagte er zu Stichnote. «Komm mit uns nach Bamiyan und sei unser Gast auf der Hochzeit. Es wird ein großes Fest werden. Ein großer Buzkaschi! Und dann bringen wir dich zu deinen Leuten. Es gibt eine gute Straße zwischen Bamiyan und Kabul. Zehn Tage, länger braucht man nicht. Und ...», hier zeigte sich in Ansätzen ein spöttisches Lächeln, «ich werde dir zeigen, wie man reitet.»

Stichnote blinzelte in die von Tag zu Tag milder werdende Sonne und fühlte, dass er am liebsten bei Parviz und Ruia bleiben wollte. Zumindest für eine Weile. Um gesund zu werden. Neue Kraft zu schöpfen. Den Frieden auszukosten.

«Gut», sagte er schließlich und reichte Parviz die Hand. «Da du mich so freundlich eingeladen hast, komme ich mit. Danke.»

Parviz schlug ein und betrachtete seinen Gast voller Freude.

«Dein Vogelmann kommt mit uns», sagte er leise zu Ruia, die die Unterhaltung der beiden Männer ungeduldig verfolgt hatte und sich über diese Nachricht so freute, dass sie Stichnote zwang, sich hinabzubeugen, damit sie ihn wie einen gelehrsamen Hund umarmen konnte.

«Schick sie bitte fort, wenn sie dir lästig wird», sagte Parviz streng.

«Oh, ganz und gar nicht. Sie ist das liebste Kind, das ich kenne. Sie hat mir sehr geholfen, als es mir schlechtging.»

«Dann ist es gut. Komm jetzt, ich gebe dir andere Kleider. Schöne Kleider. Von mir. Damit wirst du besser reiten können.»

6

Den Nachmittag verbrachten die Männer damit, den Aufbruch vorzubereiten. Wie er versprochen hatte, suchte Parviz für Stichnote Kleider aus seinem Besitz. Stichnote stand dabei, und während Parviz voller Andacht seine besten Kleidungsstücke herausholte, eine weiße Hose, ein Hemd und eine fuchsfellbesetzte ärmellose Weste, dazu eine schwarze Stoffbahn, mit der er sich nach Art der Paschtunen einen Turban binden sollte, begriff er, wie wenig Parviz ansonsten besaß. Gewiss, da waren die Pferde, reinrassige Tiere, die bestimmt sehr wertvoll waren. Der junge Falke, den Stichnote so gerne betrachtete, da er seine Rettung gewesen war. Die Zelte. Ein uraltes Vorderladergewehr, einige andere, geschmiedete Waffen. Noch ein Sack, in dem Ruias Kleider steckten. Das schien alles. Doch benahm sich Parviz wie ein reicher Mann, dem nichts mehr Freude bereitete, als Geschenke zu machen.

Wenn Stichnote an sich selbst dachte, an den Menschen, der noch von dem sorglosen Funkobermaat übrig war, der einst freudig zu seinem ersten Landkommando in einer sonnigen Hafenstadt an der Adria geschritten war, so war ihm die freimütige Großzügigkeit, mit der ihn der fremde Reiter ins Herz geschlossen zu haben schien, fast unerträglich. Er fragte sich, ob er ihn nicht besser warnen sollte. Aber wovor: vor der Gefahr, einen Mann aufzunehmen, der das Unglück anzuziehen schien? Stimmte das denn überhaupt? Es war doch der Krieg, der an allem schuld war.

Beschämt blickt er zu Boden. Aber dann dachte er an die Augen, in die er im Fieber geblickt hatte, die Augen seiner nach der Geburt verstorbenen Mutter, und neue Hoffnung erfüllte ihn. Er hatte überlebt. War so weit gekommen. Und da war das fröhliche Kind, das darauf wartete, ihm endlich weiteren Sprachunterricht zu geben, ganz so wie einstmals Arjona. Frauen wollten ihm offensichtlich immer ihre Muttersprache beibringen.

«Unë të dua», murmelte er auf Albanisch, nahm dankbar lächelnd die Kleider seines Gastgebers entgegen und zog sie an.

Seine alte Hose warf er ins Feuer, das sogleich knisternde Funken schlug. Aber natürlich nicht seine Uniformjacke. Er wusch sie in einer kupfernen Schüssel, die ihm einer der Burschen gegeben hatte. Ruia und der Gescheckte saßen neben ihm, und als er die Jacke schließlich auswrang und zum Trocknen über einen Busch legte, deutete Ruia auf das Signet der Marinefunker, Blitz und Anker, und riss fragend ihre großen, grünen Augen auf.

«Schiff», sagte er und wies auf den Anker. Ruia schüttelte den Kopf.

Er überlegte eine Weile, dann ging er zu der Kiefer, an der die Reiter am Morgen ihre Klimmzüge absolviert hatten, brach ein Stück von der Rinde ab, nahm ein Messer, schnitzte an den Seiten entlang, deutete den Kiel an und gab dem Rindenstück einen Bug.

«Schiff», wiederholte er, auf das Rindenschiff deutend, dann zeigte er auf sich. Ruia nickte und folgte dann gespannt einem Männchen aus Zeige- und Ringfinger, das munter daherstolzierend über Stichnotes linken Arm marschierte und das Rindenschiff enterte. Ruia verstand, er war auf das, was er immer wieder «Schiff» genannt hatte, gegangen. Aber was war ein Schiff? Sie hatte nie eines gesehen, noch nicht einmal ein Boot.

Also setzte Stichnote das Rindenboot mit dem Fingermännchen auf das braune Waschwasser und ließ es fahren. Das kluge Kind verstand. Er war mit dem «Schiff» übers Wasser gefahren.

Auf den Anker deutend, nickte sie noch einmal zur Bestätigung, dass sie verstanden hatte, wollte nun aber wissen, was es mit dem Blitz auf sich hatte.

Beim besten Willen fiel Stichnote nichts ein, womit er ihr Elektrizität und die mit dieser ermöglichte Funkentelegraphie hätte erklären können. Aber dass es um Kommunikation, um Übermittlung von Information ging, das vermochte er ihr zu zeigen.

Das Fingermännchen wurde vom Boot abberufen, formte nun neben Stichnotes Lippen einen zweiten Mund, der zwitschernde Phantasielaute von sich zu geben begann, und dann flogen die Fingerlippen von Stichnotes echtem Mund in hohem, mehrfach wiederholtem Bogen zu Ruias Ohr und plapperten hinein, kitzelten sie dabei. Ruia lachte lauthals auf und bestätigte durch heftiges Nicken, dass sie irgendwie ahnte, was ihr Vogelmann auf dem Schiff getan hatte: mit Blitzen in die Ferne gesprochen, was ja gar nicht so weit von der Wahrheit entfernt war.

Den Kopf müde auf dem struppigen Fell des Gescheckten, das Rindenschiff in der Hand, sah sie zu, wie Stichnote sein Gepäck assortierte. Sie erkannte wohl, dass es umfangreicher war als für einen

Mann allein. Sie wunderte sich darüber, sagte aber nichts, sondern beobachtete Stichnote nur höchst aufmerksam.

Der durchstöberte zunächst seine eigenen Sachen, unter denen außer spärlicher Wäsche noch einiges von Wichtigkeit war. Die Opiumpfeife und sein anderes Rauchzeug hatte er schon unter dem wilden Apfelbaum zurückgelassen, unter dem Parviz ihn gefunden hatte, eine glückliche Entscheidung. Aber obenauf lag *Auf zwei Planeten* mit Eibos Notizzetteln drin. Ehrfürchtig ließ Ruia ihre Finger über die Prägung fahren, konnte zwar die Erde und den Mars nicht identifizieren, erkannte aber die Milchstraße und wies mit fragendem Gesicht mit ihrem kleinen Zeigefinger nach oben: «Estarha?» Stichnote nickte. Das musste wohl das Wort für «Sterne» sein.

Kurz ließ er seine Finger über das Silber des Flachmanns streichen, den ihm Ingenieuranwärter Thomas Kasten geschenkt und aus dem er viele Male getrunken hatte. Nun war der Flachmann leer, aber teuer war er ihm dennoch.

Dann war da der Brief, den ihm Arjona aus Bulgarien geschrieben hatte. Er betrachtete ihre schönkurvige Handschrift, und als er den Umschlag an die Nase hob, stellte er fest, dass weder der mesopotamische Regen noch die iranischen Wüsten ihn gänzlich seines feinen Veilchendufts hatten berauben können. Sofort wollte Ruia auch an ihm riechen, schloss dabei die Augen und gab einen genießerischen Ton der Wonne von sich. Klug, wie sie war, dachte sie, dass eine Frau Stichnote das duftende Papier gegeben haben müsse. Sie legte fragend beide Hände auf ihr Herz und fragte: «Zan?»

Stichnote nickte und sah, dass Ruia unwillkürlich einen kleinen Schmollmund zog. Sein Herz sollte schon vergeben sein? Das würde man dann ja sehen.

Außerdem gab es noch den anderen Brief, den vom Geisternazi an der Westfront. Schwer seufzend legte Stichnote ihn zur Seite, inständig hoffte er, dass es dem alten Ignaz gut gehen möge.

Zuletzt holte er das feinsäuberlich eingepackte Große Spiel heraus, das ihm Dönitz geschenkt hatte. Ruia wollte es sich natürlich genauer ansehen, also wickelte er es aus, klappte das kartonierte Spielbrett auf und versuchte, dem staunenden Kind, das noch niemals etwas dergleichen zu Gesicht bekommen hatte, mit herumwirbelnden Fingern zu erklären, wo sie selbst sich auf der Spielbrettkarte gerade befanden und von wo er kam. Aber das Kind hatte das Meer nie gesehen, noch je davon gehört, konnte sich unter den blauen Flächen der Ozeane also nichts vorstellen. Dafür gefielen ihr die buntlackierten Spielsteine, die Soldaten, Reiter, Kanonen und Schlachtschiffe umso mehr. Sie stellten sie wild durcheinander auf das Spielbrett, und Ruias Augen wurden noch größer, als er ihr die zweifarbigen Würfel zeigte. Er ließ sie das Kind ein paarmal rollen, dann benutzte er die Angriffswürfel aus alter Gewohnheit selber, um einen praktisch unschlagbaren Wurf von zwei Sechsen und einem Fünfer zu erzielen – das Würfelglück schien ihm nach wie vor treu. Dann packte er das Große Spiel wieder sorgsam ein. Ruia war dabei ganz aufgeregt. In ihren Augen war sein Gepäck ein wahrer Schatz.

Akribisch durchsuchte er Gilbert-Khans Satteltaschen und fand neben dem Koran auf Arabisch sowie einigen anderen Büchern auf Englisch die Waffen des Doppelagenten, die Drahtschlinge, den Dolch und die kleinformatige Pistole. Die Drahtschlinge warf er fort, die anderen Waffen nahm er an sich. Auch den Koran. Die übrigen Bücher kamen ins Feuer.

Schmerzlich tat er das Gleiche mit Zicklers Gepäck.

Die Reiseschreibmaschine.

Absurd, dass der Schweizer sie durch alle Gebirge und Wüsten mitgeschleppt hatte. Obgleich sie nutzlos war, brachte es Stichnote nicht übers Herz, sie wegzugeben. Des Weiteren sicherte er die Notizbücher, unter denen einige ältere waren, feinsäuberlich nach Jahren datiert, aber auch das letzte Tagebuch, das Zickler in seinem Abteil in der Bagdadbahn begonnen und bis zu seinem Ende fortgeführt hatte.

Der letzte Eintrag bestand nur aus wenigen Worten:

Gehen im Tal des Herirudflusses. Hazara heißen die Leute hier. Bauern. Sehen mongolisch aus. Ganz arm. Karge Wiesen. Bin sehr schwach. A. – das A. musste für Gilbert-Khan stehen – *so freundlich wie nie. Beobachtet mich. Fürchte mich. Bin sehr krank. Husten. Erbrechen. Blutig. Dauernder Schwindel. Schwach.*

Traurig klappte er das Büchlein zu. Er konnte nicht weiter darin blättern, ohne zu weinen, und das wollte er nicht vor Ruia. Doch das Kind bemerkte wohl, wie ihm zumute war, denn es fasste seine Hand und drückte sie.

Er packte Zicklers Nachlass in eine Satteltasche. Die übrigen Taschen gab er Parviz, der sie und ihren Inhalt unter den jungen Reitern verteilte. Alles, was sie nicht wollten, verbrannte er. Grimmig starrte er in die Flammen, als schließe er damit ein finsteres Kapitel. Die ganze Nacht über wälzte er sich in Qualen. Sein Magen pochte und schrie nach Opium, aber er hatte festgestellt, dass heißes Wasser ein wenig half. Erst in den letzten Morgenstunden fand er Schlaf.

Als Parviz ihn weckte, weil sie früh Richtung Bamiyan aufzubrechen gedachten, stellte er jedoch fest, dass er sich wieder ein wenig besser fühlte. Leicht waren die Schritte in das Reich des Schlafmohns gewesen, schwer waren sie heraus, aber er kam voran.

Er ließ sich von Parviz zeigen, wie er den Paschtunenturban zu binden hatte, und packte sein und Zicklers Gepäck auf dessen Pferd, auf dem er auch den Käfig mit den drei letzten Tauben unterbrachte. Selber nahm er den Rappen von Gilbert-Khan.

Bevor sie losritten, sah er zu, wie Gurban und Ato Umarkhan aufs Pferd halfen. Bei dessen letztem Buzkaschi, der schon fast zehn Jahre zurücklag, hatte ihn einer seiner Gegner im Tumult zu Boden gerissen und die Hufe eines Pferdes hatten ihm die Wirbelsäule zertrümmert. Als er auf seinem Pferd saß, ahnte Stichnote, was für ein Reiter der Alte einst gewesen sein musste.

Den Falken auf dem Arm ritt Parviz vorneweg. Dann kamen Umarkhan, Stichnote und Ruia, die neben dem Vogelmann reiten wollte, um ihn unterrichten zu können, was so aussah, dass sie auf alles Mögliche deutete, das Paschtu-Wort dafür sagte, welches Stichnote dann wiederholte, bis er es der Meinung seiner Lehrerin nach richtig aussprach. Dahinter kamen die jungen Reiter und ganz zuletzt, auf Maultieren, die zwei Stallburschen. Der Gescheckte, der sich darüber freute, dass sie endlich in Bewegung kamen, lief unermüdlich zwischen Parviz und dem Ende hin und her, blieb manchmal ein wenig zurück, dann rief ihn Ruia mit ihrer gebieterischen Stimme, bis er wieder hechelnd neben ihrem Baghlan-Pony auftauchte und dafür gelobt wurde. Der Hund war wirklich ein Wunder an Ausdauer.

Sie zogen durch schmale Täler nach Norden. Der Himmel war stahlblau, die Landschaft karg, doch von einer solch gemeißelten Klarheit, dass Stichnote immer wieder zu fliegen glaubte, so unbeschwert machte ihn der Anblick. Sie rasteten, aßen und zogen gemächlich weiter. Wer ihnen begegnete, grüßte sie ehrerbietig, denn Parviz' Fuchsfellmütze wies ihn als Tschopendo aus. Sie arbeiteten mit den Pferden, aber nicht zu viel, denn sie sollten ihre Kräfte aufbauen. Umarkhan wusste wie und leitete die Reiter an. Morgens machten sie ihr Krafttraining, und obwohl es ihm unendlich schwerfiel, begann Stichnote gleichfalls damit, seinen ausgezehrten Körper zu trainieren, denn das half gegen den Entzug. Die Nächte blieben dennoch schwierig, aber er war nie allein. Parviz war da, und Ruia hielt seine Hand, wenn er von Krämpfen geschüttelt wurde. Sanft waren die Tage, immer milder die Sonne. Bald schon konnte Stichnote dank seiner unerbittlichen Lehrerin die ersten Sätze auf Paschtu sprechen, einer dem Persischen verwandten Sprache, von der er die meiste Zeit seines Lebens noch nicht einmal gewusst hatte, dass es sie überhaupt gab.

7

Längst waren Niedermayer und das, was an Männern und Tieren von seiner Expedition noch bei ihm war, von der Nachricht ihres Auftauchens überholt worden. Der Emir Habibullah Khan hatte sie von einer eindrucksvoll hergerichteten Gruppe der höfischen Garde in Empfang nehmen und ihnen seine königlichen Grüße ausrichten lassen. Überraschenderweise übernahm dies ein türkischer Offizier, der einst durch die deutsche Schule gegangen, nun aber zu einem treuen Diener des Emirs geworden war. Der Türke führte sie den Kabulfluss entlang, bis sie zum ersten Mal der uralten Handelsstadt am Hindukusch ansichtig wurden, dessen schneebedeckte Gipfel die von zahllosen Gärten durchsetzte Stadtlandschaft anmutig umrahmten. Zu gerne wären sie den Düften der Basare gefolgt und hätten sich in den lehmziegelgemauerten Gassen umgesehen. Doch vor einem Steintor bogen sie ab und überquerten eine hölzerne Brücke über den Fluss, denn der Emir hatte ihnen etwas außerhalb ein prächtiges Quartier bestimmt – allerdings sollten sie bald begreifen, dass das von einem herrlichen Garten umgebene Gästehaus, welches nahezu jede Annehmlichkeit bot, nichts anderes als ein Gefängnis war. Die anfängliche Euphorie der Ankunft und die Wohltaten der ersten beiden Tage und Nächte, die sie in richtigen Betten mit Bettzeug verbrachten, konnten nicht lange die Erkenntnis überdecken, dass sie die fast fünftausend Kilometer von Konstantinopel nach Kabul zurückgelegt hatten, um nun Gefangene zu sein. Gefangene in Baburs Garten, dem Bagh-e Babur.

Babur war nicht nur der erste Autobiograph der islamischen Welt, sondern auch der Erste, der über den Buzkaschi schrieb, wie er auch die Dichtkunst, die Natur und das Gärtnern besang. Wo er war, ließ er Gärten anlegen, so wie den Bagh-e Babur, in dem er auch begraben wurde. Und auch wenn er später in Agra regierte, war ihm doch keine Stadt so lieb wie das im Jahr 1504 eroberte Kabul.

Elf oder zwölf Sprachen werden in Kabul gesprochen, schrieb Babur voller Besitzerstolz in seiner Autobiographie. *Arabisch, Persisch, Türkisch, Mongolisch, Hindi, Paschtu, Pashai, Paraji, Gibri, Birkl und Laghmani. Wenn es noch eine andere Gegend mit so vielen verschiedenen Stämmen und solcher Vielfalt an Mundarten gibt, dann hat man jedenfalls noch nie von ihr gehört.* Nun gab es noch eine weitere Sprache, die in Kabul gesprochen wurde: Deutsch.

Dass die Männer der Niedermayer-Expedition, von den Stämmen der Bayern, Preußen und Österreicher stammend, tatsächlich die ersten Deutschen waren, die jemals einen Fuß auf den Boden des uralten Kabul gesetzt hatten, Hauptstadt eines der unzugänglichsten Länder der Erde, erfüllte sie nicht lange mit Abenteurerstolz. Denn als sie drei Tage nach ihrer Ankunft das erste Mal gutgelaunt ausreiten wollten, verwehrten ihnen das die paschtunischen Elitesoldaten, die den Garten rund um die Uhr bewachten. Bald, so hieß es, bald dürften sie in die Stadt. Nein, der Emir habe noch keine Zeit. Aber bald.

Zum Entsetzen ihrer Bewacher veranstalteten sie daraufhin, unfähig, nach den Monaten im Sattel das müßige Herumsitzen länger zu ertragen, Pferdesportwettbewerbe. Auch die Rösser hatten schon angefangen, sich zu beißen, also errichteten sie Hürden und pflügten dabei den vom Mehmandar, dem Hausmeister, mit Sorgfalt gepflegten Rasen um. Die Pferde ließen sie danach frei herumstreifen und fressen, was immer sie wollten, und so verwandelten die Deutschen Baburs Garten aus purem Trotz in nur wenigen Tagen in ein Gelände, das einer Kavalleriekaserne alle Ehre gemacht hätte.

Der verzweifelte Hausmeister schickte Boten an den Hof, so könne es nicht weitergehen, der Garten werde von diesen deutschen Barbaren völlig ruiniert, aber er bekam nie eine Antwort, denn dem Emir war der Zustand des Rasens und der Blumenbeete in Baburs Garten vollkommen gleichgültig.

Genauso gleichgültig waren ihm die Briefe, die Niedermayer

schrieb. Darin zählte der Oberleutnant alles auf, was sie zu bieten hatten: die Geschenke des deutschen Reichs und die in Konstantinopel und Teheran gesammelten Informationen und insbesondere auch das – allerdings zwingend persönlich zu übergebende – Sendschreiben des Kaisers. Er bekam ebenfalls keine Antwort.

Doch nicht nur, dass die Deutschen nicht hinaus durften – es durfte auch niemand hinein. Es gab etliche Türken in afghanischen Diensten, die die Verbündeten des Osmanischen Reichs nur zu gerne besucht hätten, vorneweg Cheiry Bey, Leiter des Königlichen Gymnasiums, und Münir Bey, Chefarzt des Regierungskrankenhauses. Insbesondere Letzterer wäre wichtig gewesen, denn nach wie vor waren etliche unter Niedermayers Mannschaft schwerkrank, hatten die Infektionen der Reise bis hierher geschleppt und lagen siech auf ihren Betten. Aber das Siegel des Emirs war eisern und hielt die Türen fest verschlossen.

Bis schließlich Anfang Oktober ein geschmuggelter Brief in krakeliger Handschrift Niedermayer erreichte, der von einem der Männer stammte, die er an Jakobs Krankenlager zurückgelassen hatte. Der schrieb ihm, wie schlecht es seinem treuen Burschen ginge und dass er dringend Medikamente benötige oder besser noch jemanden, der Jakob abhole, denn er fürchte um dessen Leben. Als selbst diese Bitte, ein paar Männer zu Hilfe schicken zu dürfen, ohne weitere Einlassung abgelehnt wurde, ließ die Bitterkeit ihrer Lage Niedermayer wutentbrannt toben. Doch da das Herumbrüllen im Hof und das Zerschlagen königlichen Porzellans nicht das Geringste änderten, beschlossen er und seine Männer, das letzte Mittel anzuwenden, das Gefangenen in ihrer Lage blieb: sie traten in den Hungerstreik.

Man möge sich vorstellen, wie sich Oskar Niedermayer und seine Männer, die mit ihren Pferden den Garten umgepflügt und sich mit dem verzweifelt um den Bestand des ihm anvertrauten Hauses bangenden Mehmandar herumgestritten hatten, nun auf ihre Lager zurückzogen und wie die Stimmung einer Reiterkaserne von derjenigen eines Lazaretts abgelöst wurde.

Der Mehmandar, ein in seinen Vierzigern stehender Tadschike mit einem fast bis zu seinem Bauch reichenden Bart und weiten Hosen, brachte ihnen pünktlich das Essen und traute seinen Augen nicht, als er auch am zweiten und dritten Tag alles unberührt fand. Eine erkaltete Schicht Hammelfett bedeckte die Schüsseln. Herbstfliegen saßen darauf und stoben in dichten Schwärmen davon, wenn er sie fassungslos abtrug.

«Deine Güte muss ich preisen, Allmächtiger», murmelte er immer wieder für sich, «auch wenn ich nicht verstehe, was dein ergebener Diener Behzad verbrochen hat, dass du ihn mit diesen ungläubigen Teufeln strafst! Erlöse mich von diesen verlausten Hundsföttern – aber bitte nicht, indem sie in meinem Haus abkratzen und zur Hölle fahren, denn der Emir wird dann den armen Behzad dafür bestrafen und ihn aufknüpfen lassen!»

Er reinigte sich also die Fingernägel, so gut es ging, zog seine feine Weste an und ging selbst los – ein durchaus ungewöhnlicher Vorgang, da er üblicherweise einen Laufburschen zum Hof schickte. Dort musste er ein paar Stunden warten und malte dem Adjutanten des Emirs mit weinerlicher Stimme ein düsteres Bild.

«Sie essen nicht. Sie trinken nicht. Noch zwei, vielleicht drei Tage, dann wird der Erste von ihnen verrecken», klagte er und drohte, den Dienst zu quittieren und lieber als Bettler im Basar von Kabul zu sitzen, als unter diesen Umständen weiter für die ungläubigen Bastarde verantwortlich zu sein.

Der Adjutant sah ihn grimmig an, und sein Blick fiel missbilligend auf den immer noch schwarzen Rand unter dem linken Daumen, mit dem der Hausmeister die Gebetskette rotieren ließ.

«Elende Tulpenzwiebel! Geh mir aus den Augen und wage es bloß nicht, deinen Posten zu verlassen», sagte er verächtlich.

Als der Adjutant alleine war, schlug er mit der Faust auf den Schreibtisch. Nichts als Ärger hatte er. Gerade eben war eine Ehefrau des Emirs verstorben, noch dazu in der Hochzeitsnacht, und er hatte sich den ganzen Tag mit der Frage herumschlagen müssen, wie der Vater der Verstorbenen, ein armer Wasserträger, zu entschädigen war. Und nun das. Die Aussicht, dass die Abgesandten des deutschen, des österreichischen und letztlich auch des türkischen Kaisers gleichfalls demnächst sterben könnten, war nicht hinnehmbar. Der Emir hatte befohlen, Niedermayer und Konsorten zu neutralisieren – von einem Begräbnis erster Klasse war nicht die Rede gewesen.

Am nächsten Tag erschien auf Weisung des Adjutanten Chefarzt Münir Bey in Baburs Garten, um sich ein Bild von der Lage zu machen. Einige der Männer waren bereits mehr oder weniger unansprechbar. Der Puls war bei allen niedrig, bei einigen aber schon unter fünfzig gesunken. Das geschieht, wenn der Körper sich mit der Tatsache des Hungertodes abzufinden beginnt. Die Austrocknung der Männer, die über Unterleibsschmerzen klagten, war fortgeschritten. Auch Niedermayer war in schlechter Verfassung, aber Münir Bey konnte sich der Bewunderung für den eisernen Willen des Bayern, der ihm mit herausforderndem Blick entgegenlächelte, nicht erwehren. Er setzte sich an Niedermayers Bett, durfte dessen Puls fühlen. Die Vorhänge tauchten das Zimmer in Halbdunkel.

«Wie fühlen Sie sich, Herr Oberleutnant?»

«Glänzend», sagte Niedermayer, der von entsetzlichem Kopfweh geplagt wurde.

Münir Bey roch den pestilenten Atem des Oberleutnants.

«Ihre Sache sieht schlimmer aus, als sie ist», flüsterte er sodann in verschwörerischem Tonfall. «Glauben Sie mir. Der ganze Hof weiß von Ihrer Ankunft, und man spricht in gewissen Kreisen über nichts anderes. Sie haben Freunde.»

«Das ist mir bislang noch nicht aufgefallen», erwiderte Niedermayer.

«Der Bruder des Emirs ist auf unserer Seite», sagte Münir Bey und blickte dem anderen fest in die Augen. Auch er selbst also ein Freund. «Der Emir bekommt jede Woche einen Brief des Vizekönigs von Indien, den er umgehend zu beantworten hat. Delhi ist sich seiner sicher, und er wird nichts tun, um diesen Eindruck zu gefährden. Aber viele, auch im Volk, sind mit seiner Politik nicht einverstanden. Vorneweg sein Bruder Nasrullah, hinter dem die Geistlichkeit steht, aber auch Prinz Amanullah, der Sohn des Emirs, ein intelligenter junger Mann.»

Niedermayer war zu schwach, um die Hoffnung, die die Worte des Arztes in ihm wachriefen, zu verbergen. Mit fast kindlich großen Augen in seinem abgezehrten, räuberbärtigen Gesicht sah er Münir Bey an.

«Ich behandle die wichtigsten Männer am Hof, ich kenne sie alle. Ich weiß, wovon ich spreche. Ich werde alles tun, damit der Emir Ihre Quarantäne aufhebt. Aber Sie müssen mir versprechen, dass Sie und Ihre Männer bis dahin zumindest ein wenig Wasser trinken. Ich bitte Sie! Ich werde es niemandem sagen. Aber trinken Sie etwas.»

Niedermayer schleckte sich mit seiner geschwollenen Zunge über die Lippen. Münir Bey hatte Hoffnung in ihm geweckt. Ein Nachmittagswind bewegte die Vorhänge. Er spürte die gewaltigen Kräfte der Erde. Ein zu Sand geriebenes Gebirge. Ein sanft schwingender Stoff. Dasselbe.

Er lächelte den Arzt an. Und schüttelte den Kopf. Keinen Schluck würde er trinken, bevor er nicht ein Dokument des Emirs in Händen hielt, das den Hausarrest aufhob.

Münir Bey sah, dass nichts weiter zu bestellen war, erhob sich rasch, verließ das gespenstische Gästehaus in Baburs Garten und fuhr direkt zum Hof. Dort führte er ernste Gespräche.

Am nächsten Tag überbrachte ein Oberst der afghanischen Armee einen Brief des Emirs, der Niedermayer die Einladung zu einem persönlichen Gespräch in Aussicht stellte. Zugleich übergab der Offizier zwei mächtige Kisten voller erlesener Kleidungsstücke und Schuhe in allen möglichen Größen und noch eine dritte, kleinere Kiste mit einer Spezialgabe. Der Bann war gebrochen.

Die Männer erhoben sich stöhnend von ihren Krankenlagern. Durchgeschlagen und durchgeschleppt hatten sie sich bisher. Nirgendwo waren ihnen Triumphe vergönnt gewesen, wie sie Soldaten suchten. Kaum je hatten sie Gewalt anwenden müssen, ihre Gewehre und Pistolen und Handgranaten waren nicht zum Einsatz gekommen, sie waren auf der Flucht gewesen. Doch nun hatten sie einen Sieg errungen. Ihren ersten. Die Stadt stand ihnen offen, und dem Tod, dem sie eisern entgegengesehen hatten, waren sie zuletzt also doch noch von der Schippe gesprungen. Jetzt waren sie in Feierlaune.

Und das Schicksal stellte ihnen auch den Stoff zur Verfügung, den sie brauchten, um dieser Laune endlich einmal wieder auf alteuropäische Weise nachzugehen. Die dritte Kiste des Emirs enthielt Cognac.

Klüger hätte Habibullah sein Einlenken wohl kaum bekunden können als mit jenen drei Bouteillen Martell Vieille Reserve. Jedem Moslem ein Gräuel, lagerten die Flaschen, und es waren keineswegs die einzigen ihrer Art, seit über zwanzig Jahren in einer Art Giftkeller der Residenz. Es war der Sprit, den der Außenminister von Indien Sir Mortimer Durand 1893 in seinem von Elefanten transportierten Gepäck hatte, als er als bevollmächtigter Vertreter der Siegermacht nach Kabul kam, um die Grenzen zwischen dem Gebiet des indischen Raj und dem im zweiten, mit den Briten ausgefochtenen Krieg unterlegenen Afghanistan ein für alle Mal festzulegen. Abdur Rahman, der damalige Emir und Vater des jetzigen, hatte protestiert und sich gewehrt, genützt hatte es ihm nichts. Der Engländer diktierte.

Vielleicht hatte der Cognac-Liebhaber das schließlich erzielte Ergebnis seines Kabuler Aufenthalts, die seinen Namen tragende Grenzlinie, als so gelungen empfunden, dass er vor lauter Euphorie vergaß, seine Vorräte wieder mitzunehmen.

Als Niedermayer am offenen Kamin seines Zimmers, in dem der Hausmeister nur zu gerne ein knackendes Feuer entzündet hatte, die erste Flasche Martell Vieille Reserve öffnete und die Becher seiner ihn umringenden Männer mit der copalfarbenen Flüssigkeit füllte, hatte Durand seine diplomatische Karriere bereits beendet und betätigte sich, im lieblich-hügeligen Somerset als Autor historischer Werke, die die Buchhändler des Vereinigten Königreichs nicht gerade oft über ihre Ladentheken schoben.

Der Pensionär Durand war auf Hine-Cognac umgestiegen, aber seiner Gewohnheit, Schlag elf Uhr das erste von vielen Gläschen zu trinken, treu geblieben, sodass gut vorstellbar ist, dass Niedermayer und seine Leute in Kabul, wo es früher Nachmittag war, Durands Cognac schlürften, während Durand selbst gerade genau das Gleiche tat.

Ihre Aufgabe hier war die Umsetzung einer Strategie, die sich ein gewisser Max von Oppenheim vor gut einem Jahr in seinem Büro in Berlin ausgedacht hatte, und diese Strategie war am stählernen Faden der schändlichen Linie aufgehängt, die Sir Mortimer einst gezogen hatte, blau wie eine Strandhaubitze. Und diese sinnbildliche Farbe nahmen Niedermayer und seine Leute nun auch an, so als hätten sie in Baburs Buch gelesen, was der Dichter Badl'u'zzaman Mirza einst gereimt hatte:

> *Sitzt glücklich ihr auf Kabuls Burg*
> *Lasst kreisen den Becher des Weins*
> *Da in Kabul doch Berg und Fluss*
> *Stadt und Garten sind eins*

8

Der Mehmandar verließ noch in der Nacht das Gästehaus und marschierte zur Familie einer Cousine, die im Gassengewirr des Kabuler Südens wohnte. Das, was an Geräuschen aus Niedermayers Zimmer herausdrang, war ihm einfach zu unheimlich geworden. Dass sie größtenteils von Menschen stammen mussten, war zwar noch hörbar, aber seiner Meinung nach hatten sie sich alle in Dschinns, Teufel oder Menschenfresser verwandelt, und darauf, dass die ersten heraussprangen, um den armen Behzad mit Haut und Haar zu verschlingen, wollte er nicht warten.

Es lässt sich leicht ermessen, was sich während der Feier in Niedermayers Zimmer abspielte, wenn man bedenkt, dass die meisten seit Bagdad kaum mehr einen Tropfen Alkohol zu sich genommen hatten. Die Durchquerung der iranischen Wüsten hatte danach ihren Wasserhaushalt gehörig ins Minus gebracht, und dann war ja auch noch der mehrtägige Hungerstreik dazugekommen, den sie – da seltsamerweise keiner richtig Appetit hatte – jetzt mit dem Cognac brachen.

Bald schon lagen sie singend vor Madagaskar und hatten die Pest an Bord, hielten die Wacht am Rhein, besuchten die Neuköllner Hasenheide, denn da gab es Musike, aber schnell war von Singen keine Rede mehr, obwohl sie weiterhin zu singen glaubten. Es wurde ihnen heiß, sie rissen sich die Kleider vom Leib, legten sich die knochigen Arme um die Schultern, tanzten engumschlungen und hauten die Möbel im Takt auf den edel intarsierten Steinboden, und es kam ihnen wie ein Wunder vor, dass der Cognac endlos zu fließen schien. In seinem ganzen Leben, die Studentenzeit inbegriffen, war Oskar Niedermayer noch nie so betrunken gewesen, aber immerhin war er, als die Ersten gemeinsam in die Ecken pissen wollten, noch in der Lage, die Kerle nach draußen zu schicken. Die dritte Flasche als Proviant dabei, verlagerte sich die Party daraufhin nach außerhalb, und wie der Hausmeister richtig vermutet hatte, machten sich einige auf die Suche nach dem langbärtigen Kerl, freilich nicht um ihn zu fressen, aber ins schlammige Seerosenbecken wollten sie ihn schon tauchen. Da er nicht zu greifen war, versuchten sie, auf die Pferde zu steigen, was glücklicherweise misslang. Einige waren von diesem Versuch dann so mitgenommen, dass sie gleich bei den Pferden blieben und sich in das herb duftende Stroh kuschelten. Ein paar verliefen sich in Baburs Garten und brachen, halbnackt wie sie waren, an gemauerte Blumenbeete gelehnt zusammen. Ein Trupp aus drei Österreichern schleppte sich zuletzt auf die Gartenterrasse, von der aus man einen phantastischen Blick über die nächtliche Stadt hatte, deren spärliche Lichter sich drehten wie auf dem Prater. Als hinge ihr Leben davon ab, leerten sie die letzte Flasche, die sie sodann in hohem Bogen über die Brüstung warfen, als erstes Geschoss einer Angriffswelle sowohl gegen den dämlichen Emir als auch gegen die jenseits von Durands Linie bestimmt schon vor Angst zitternden Engländer. Fast wäre einer der Kakanier beim Fortschleudern der französischen Flasche selbst über die Brüstung gefallen, aber die beiden anderen konnten ihn mit vereinten Kräften halten. Diese Rettungsaktion war auch das letzte Ereignis dieser Kabuler Nacht. Der Gerettete schlief halb auf der Brüstung ein, die anderen beiden lagen ihm zu Füßen und benutzten sich gegenseitig als Kopfkissen.

Kaiser Babur hatte seinerzeit angemerkt, dass nicht nur Lage, Fruchtbarkeit und Völkerreichtum seines geliebten Kabul vorzüglich seien, sondern auch besonders lobend erwähnt, dass man selbst in den heißesten Tagen des Sommers nicht ohne Decke schlafen könne, da die Nächte stets angenehm kühl seien. Umso mehr galt dies für den Oktober. Als die drei erwachten, stand die Sonne zwar schon über dem morgendlichen Kabul, aber die spärlich bekleideten Terrassenschläfer bibberten vor Kälte. Jeder hatte einen Kater von der Größe eines bengalischen Tigers, der in ihren steifgefrorenen Körpern rumorte wie hinter Gittern.

Sie gaben lautes Stöhnen von sich, und der eine, der immer noch halb auf der Balustrade lag, traute seinen Augen nicht. Draußen vor dem Tor stand so etwas wie eine afghanische Kleinfamilie und klopfte.

Ein auffallend hübsches Mädchen auf einem Pony, das irgendwie verheult aussah, neben ihr ihre Mutter, wie unschwer zu erkennen war, da die Person mit einem blauen Ganzkörperschleier bedeckt war, einem Kleidungsstück, das Dörflerinnen überzogen, wenn sie in die Stadt kamen, und ein Mann mit blondem Vollbart, hochgewachsen und schlank, gekrönt von einem schwarzen Turban.

«Hallo? Aufmachen!», rief der Mann mit dem Turban auf Deutsch und schlug hart gegen das Tor.

Der Österreicher schloss kurz die Augen, vielleicht dachte er, dass die seltsame Vision nach dem erneuten Öffnen verschwunden wäre, aber dem war nicht so.

«He», er stieß seinen linken Stiefel dorthin, wo die beiden ineinander verschlungenen Saufkumpane lagen, und erntete nur schlaff protestierendes Stöhnen. Aufgeregt stieß er noch einmal nach.

«Arsch, Elender», gab derjenige von sich, der den letzten Tritt abbekommen hatte.

«Schaut's doch hin», sagte der andere keuchend, der nun auf den Füßen stand, sich weit über die Brüstung beugte und hinabblickte.

«Der Stichnote ist wieder da!»

Jetzt zwang sich auch der dritte Kamerad auf die Beine, musste sich aber am Gemäuer festhalten, da sich ihm alles drehte.

«Stimmt, dös ist der Funkenpuster.»

«Er hat eine Afghanin geheiratet. Mariaundjosef! Komm, wir gehen ihm aufmachen!»

Bis sie sich nach unten an das Tor geschleppt hatten, waren längst zwei afghanische Soldaten von der Wachmannschaft auf Stichnote zugetreten, hatten ihn äußerst misstrauisch befragt und nach einem Offizier geschickt, denn dem, was er ihnen in einfachem, aber geläufigem Paschtu mitteilte, wollten sie keinen Glauben schenken. Dass der Kerl kein Paschtune war, merkten sie zwar, dazu holperte seine Sprache doch zu sehr – aber vielleicht war er Aserbaidschaner, Turkmene oder vielleicht Russe?

Dann traten die beiden schwankenden Terrassenschläfer hinzu, vergrößerten die Verwirrung, indem sie Stichnote überschwänglich zu umarmen versuchten und dabei dermaßen nach Schnaps stanken, dass es Stichnote bei aller Freude, die alten Kameraden wiederzusehen, den Atem nahm.

«Oh, Servus», schrien sie. «Wir ham dich gesucht, aber du warst verschwunden. Tot bist, haben wir gedacht! 'tschuldigung, Sie natürlich, Herr Deckoffizier!»

«Ihr holt besser den Chef», sagte Stichnote, innerlich entzückt. Die Österreicher gingen daraufhin schweratmend los.

Bis Niedermayer kam, der todkrank im Bett lag und sich nach dem ungeplanten Aufstehen zunächst einmal übergeben musste, verabschiedete sich Stichnote von Parviz und Ruia.

Sie hatten zuvor alles genauestens besprochen, um vor den afghanischen Wächtern keine große Szene machen zu müssen. Parviz und Ruia würden mit dem Reitertrupp ein paar Ortschaften Richtung Ghazni abklappern und in ein paar Wochen, so war es vereinbart, Stichnote wieder besuchen kommen. Dann würde Parviz Stichnotes Gast sein. Die Freiheit, das so festzulegen, ohne Niedermayer vorher zu fragen, hatte sich Stichnote genommen.

Stichnote hatte nicht genau verstanden, wieso Parviz die Stadt nur unter der Vorsichtsmaßnahme einer Burka-Verkleidung hatte betreten wollen, irgendeine alte Geschichte, über die er sich nicht weiter auslassen wollte. Der junge Ato hatte sich zunächst alleine nach Kabul begeben und sich umgehört. Zum Glück war es nicht schwierig gewesen herauszufinden, wo die Deutschen steckten. Auf den Basaren war die Ankunft der Expedition, von deren Größe und Ausstattung man sich Wunderdinge berichtete, ein beliebtes Thema. Bald hatten sie gewusst, wo Stichnote abzuliefern war. Und nun war der Zeitpunkt des Abschieds gekommen.

Ruia war schon die letzten Tage todunglücklich über den Abschied von ihrem Vogelmann gewesen.

«Sei nicht traurig, Prinzessin», sagte Stichnote sanft und hob sie von ihrem Pony, um sie an sich zu drücken und ihr die Tränen aus dem Gesicht zu streichen. «Bald kommst du wieder, und dann wohnst im Schloss des Emirs!»

Er nahm den Anhänger mit dem Copal, den ihm der Überseeludwig geschenkt hatte und von dem er dachte, dass er ihn niemals abnehmen würde, wenigstens so lange nicht, bis er das gelobte Land an den beiden Meeren betreten hätte. Nun trennte er sich leichter Hand davon, da Ruia ihn immer so gerne betrachtet und mit ihm gespielt hatte.

Erst lachte sie, weil sie sich über den «Spinnenstein» freute, dann schlang sie ihre Arme um seinen Hals, wollte ihn gar nicht mehr loslassen, aber Parviz, der fortzukommen wünschte, bevor doch noch ein Offizier auftauchte und Fragen zu stellen begann, machte eine Bewegung unter seiner Burka, und so setzte Stichnote das Mädchen wieder auf ihr Pony und streichelte ihr noch einmal über die Wange.

Verschwörerisch sagte er Parviz Lebewohl. Doch der hatte, Burka hin oder her, noch eine Überraschung für ihn. Er ging zu seinem Pferd und nahm den Käfig herunter, in dem sein Falke saß.

«Was tust du da?», fragte Stichnote erschrocken.

«Er hat mich zu dir geführt. Du hast deine letzte Taube geschlachtet, um ihn zu füttern. Parr gehört dir.»

Stichnote zögerte.

«Nimm ihn, oder willst du mich beschämen?», flüsterte Parviz, drückte Stichnote den Käfig in die Hand, nahm das Pony am Zügel und stieg auf. Die Soldaten blinzelten nur, so schnell saß die Frau auf dem herrlichen weißen Pferd. Dann ritten sie den Weg hinab.

Ruia drehte sich noch einmal um und winkte ihm. Stichnote lächelte, winkte zurück, und als er sich umdrehte, musste er sich Tränen aus den Augen wischen.

Niedermayer erschien am Tor – aschfahl, soweit jemand, der derart braungebrannt war, aschfahl sein konnte, korrekt gekleidet, aber mit einem sauren Schluckauf, den er mit aller Konzentration überspielte. Ganz wie man ihn kannte, stauchte er die afghanischen Soldaten zusammen, wedelte mit dem Brief des Emirs herum, den die zwar nicht lesen konnten, aber ein Staatssiegel erkannten sie, und dann durften Stichnote, die beiden Pferde und sein Falke eintreten.

Überall im Garten erwachten gerade die Säuferleichen zum Leben und blinzelten in die Vormittagssonne. Eine Herde Wildesel hätte nicht besser stinken können.

Kaum war das Tor zu, musste sich Niedermayer elendiglich übergeben. Er beugte sich dazu über ein ehemals feingestutztes Ginstergebüsch, das von einem der Pferde fast bis aufs Geäst abgeweidet worden war.

Der Hausmeister würde begeistert sein.

9

Wie von dem Österreicher angedeutet, hatte Niedermayer, als Stichnotes Fehlen aufgefallen war, einen kleinen Trupp zurückgeschickt, der aber weder von ihm noch von Gilbert-Khan oder Zickler eine Spur gefunden hatte. Nur das halb ausgehobene Grab hatten sie entdeckt.

Nun ließ sich Niedermayer, den Kopf müde auf die Hand gestützt, von Stichnote schildern, was vorgefallen war.

«Wie erklären Sie sich das Verhalten des Prinzen?», fragte Niedermayer.

«Darüber habe ich oft nachgedacht», sagte Stichnote, «und keine andere Erklärung gefunden, als die, dass er verrückt geworden ist. Mein Freund Faruk Erdöl fand ihn allerdings von Anfang an seltsam und hat ihm nicht über den Weg getraut.»

«Inwiefern?»

«Faruk war der Meinung, der Kerl sei alles Mögliche, aber kein indischer Prinz.»

«Was dann? Ein britischer Spion vielleicht? Schwer vorstellbar. Ich neige zu Ihrer Auffassung. Durchgedreht. Wäre nicht der Erste, dem die Wüste den Verstand geraubt hat.»

«Schrecklich, was er Zickler angetan hat. Und ich konnte ihm nicht helfen.»

«Sie haben es versucht. Jeden Tag sterben Tausende. Es ist Krieg.» Stichnote nickte resigniert.

«Was Neues aus dem Westen?»

«Nichts. Die letzten Nachrichten stammen vom April. Ich bin überzeugt, dass der Hof über Informationen verfügt. Aber bislang waren wir hier eingesperrt.»

«Sie sehen ziemlich mitgenommen aus, wenn ich das sagen darf, Herr Oberleutnant.»

Niedermayer war immer noch ganz fahl im Gesicht.

«Wird schon wieder. Wichtig ist, dass wir hier weiterkommen.»

«Wie stehen die Chancen?»

«Der Emir spielt ein Spiel mit uns. Aber angeblich haben wir viele Freunde.»

«Das könnte schon sein. Ich habe mitbekommen, dass der Emir nicht gerade beliebt ist. Auf den Basaren von Kabul reden die Leute über uns.»

«Jetzt erzählen Sie mir endlich, wo Sie die ganze Zeit waren. Ich hätte Sie beinahe nicht wiedererkannt in Ihrem Aufzug.»

Abgesehen davon, dass ihn sein Kater ohnehin im Griff hielt, war Niedermayer viel zu froh über die Wiederkehr seines Funkentelegraphiemeisters, um ihm Vorhaltungen zu machen. Nun lauschte er Stichnote, fast ein wenig neidisch auf das, was der ihm alles erzählte. Zu gerne hätte er selbst einen solchen Abstecher gemacht. Auch die riesigen Buddhastatuen von Bamiyan hätte er gerne mit eigenen Augen gesehen, wie sie seit Jahrhunderten in ihren Felsnischen standen.

«Sie hatten wirklich Glück», sagte er nachdenklich, als Stichnote fertig war. «Von diesem Buzkaschi habe ich während meiner Studien schon einmal gelesen. Aber ich habe noch nie einen gesehen. Wie darf man sich das vorstellen?»

«Staubig», sagte Stichnote und lächelte. «Der Buzkaschi, bei dem wir, ich meine die Leute, bei denen ich war, teilgenommen haben, war noch relativ klein, etwa fünfzig Reiter. Aber stellenweise konnte man nichts sehen, weil die Pferde so eine enorme Staubwolke aufgewirbelt hatten. Wie ein Sandsturm. Und das ist es auch – ein Sturm aus Pferden und Männern. Wie die sich dabei malträtieren – unglaublich. Es gibt keine Regeln, alles ist erlaubt. Die schlagen sich mit den Peitschen, versuchen andere aus dem Sattel zu reißen oder zu stoßen. Es gab auch Verletzte. Am Rand stehen Leute mit durchgeladenen Gewehren für den Fall, dass ein Pferd ohne Reiter durchgeht. Das ist aber zum Glück nicht vorgekommen. Die Pferde sind sehr wertvoll.»

«Jeder kämpft gegen jeden, richtig?»

«Es gibt Mannschaften, die zusammenarbeiten, so wie der Trupp, bei dem ich war, aber gewinnen kann immer nur ein einzelner Reiter.»

«Und, hat einer Ihrer Leute gewonnen?»

«Ja, in der Tat. Das Ganze dauerte drei Stunden, am Ende hatte Parviz den besten Überblick.»

«Parviz», murmelte Niedermayer.

«Parviz Yusufzai, das ist sein Name. Wenn ich es richtig verstanden habe, ist er der einzige Paschtune im ganzen Land, der Buzkaschi-

Reiter ist. Die Paschtunen kennen es nicht. Er und seine Mannschaft wollen mich in ein paar Wochen besuchen kommen. Ich habe sie eingeladen. Ich hoffe, Sie sind damit einverstanden?»

«Sind wir hier nicht im Land der Paschtunen? Ich kenne die Gesetze der Gastfreundschaft. Paschtunwali. Habe eine Vorlesung drüber gehört. Würde mich freuen, die Leute kennenzulernen. Weiß der Geier, was bis dahin alles passiert.»

Niedermayer stand schwankend auf und reichte Stichnote die Hand, an der noch ein kleines Bröckchen Mageninhalt klebte.

«Ich bin wirklich froh, Sie wiederzuhaben, Herr Deckoffizier. Und jetzt muss ich mich noch mal etwas hinlegen. Wir sehen uns später zum Essen. Der Hausmeister hasst uns, aber er hat einen guten Koch. Lassen Sie sich ein Zimmer von ihm geben. Und wir haben auch einige Kisten mit Kleidern und Schuhen bekommen, suchen Sie sich was aus.»

Der Mehmandar war inzwischen wieder im Haus und hatte zunächst mit einer gewissen Schadenfreude festgestellt, wie übel sich die deutschen Teufel mit dem Schnaps zugerichtet hatten. Aber dafür hatte er nun neuen Ärger. Die Deutschen verlangten nach Wasser, kaltem, klarem Wasser, um ihren Brand zu löschen. Er stand in der Küche und schimpfte mit seinen Untergebenen.

«Behzad Bey», maulte einer der Taugenichtse, «ich bin nicht dazu da, Wasser zu schleppen.»

«Von mir aus können sie alle vertrocknen wie Datteln in der Sonne. Aber es sind nun mal die Gäste des Emirs. Soll ich etwa selbst gehen? Du fauler Nichtsnutz. Tu, was ich dir sage, und bring Wasser.»

«Wo ist der Wasserträger, der sonst immer kam?»

«Hast du das nicht gehört? Seine Tochter hat den Emir geheiratet und ist in der Hochzeitsnacht gestorben. Deshalb wurde er zum Major der Armee ernannt. Jetzt reitet er in der nagelneuen Uniform auf sei-

nem Maultier in der Stadt herum und lacht, als ob er verrückt geworden wäre.»

«Die Tochter? Aber die war doch noch so klein.»

«Was kümmert's dich? Geh jetzt und hol Wasser, sonst schlag ich
dich windelweich. Und morgen gehst du auch. Nimm Rashid mit, der
soll auch was tun. Faules Pack.»

Dann besprach er sich mit dem Koch, der sich daran machen musste,
das Mittagessen für die Almanis zuzubereiten. Als er aus dem Wirt-
schaftstrakt des Hauses in den Hof kam, stieß er auf den paschtunisch
gekleideten Deckoffizier, der erste Deutsche, der ihm sympathisch
schien und der auch keine Schnapsfahne hatte und überhaupt von
fast islamisch anmutenden Umgangsformen war. Stichnote bat um
ein Erdgeschosszimmer, wenn es denn eines gebe, damit er den Falken draußen in seiner Nähe haben konnte, den der Hausmeister zu
bewundern nicht umhinkam.

Er gab Stichnote ein Zimmer, das auf den Hof ging, und der erbat
sich von ihm Bauholz, um Parr, wie ihn Parviz immer genannt hatte,
eine Sitzstange zu errichten. Außerdem brauchte er frisches Fleisch,
um ihn zu füttern. Das brachte ihm später ein Küchenjunge, als er
schon sein paschtunisches Gewand abgelegt und gegen eine schwarze
Hose und ein europäisch geschnittenes Hemd ausgetauscht hatte.
Der Hausmeister ließ ihm außerdem heißes Wasser bringen, mit
dem Stichnote sich wusch. Er erwog auch, sich zu rasieren, betrachtete dazu seinen dichten Bart vor dem Spiegel, doch dann entschied
er, darauf zu verzichten, und stutzte ihn nur ein wenig. Sonst würde
ihn Ruia gar nicht mehr erkennen, dachte er seufzend, weil er sie jetzt
schon vermisste.

10

Stichnote wurde so etwas wie der Verbindungsmann zwischen dem seinerseits langbärtigen Hausmeister und seinen barbarischen glatt-rasierten Gästen. Er hatte das Opium überwunden, seitdem hielt er auch zu Alkohol und Tabak Abstand, weil er fürchtete, dass ein ande-res Rauschmittel die alte Sucht wieder hervorholen könnte. Weiterhin machte er jeden Morgen sein Training. Er war ein Vorbild an Nüch-ternheit und Aufgeräumtheit, und der Hausmeister dankte Gott, dass er ihm diesen Mann ins Haus gebracht hatte.

Da es sonst nicht viel zu tun gab, war Stichnote froh, dass der Mehmandar drei- bis viermal am Tag bei ihm erschien, um seine Beschwerden und Probleme mit ihm zu teilen, denn so konnte er sein Paschtu üben, dessen Wortschatz sich nun auch mit Begriffen aus dem häuslichen Bereich füllte. Der Hausmeister blieb auch öfters, um den Falken zu betrachten, den Stichnote, nachdem er nun keine Tauben mehr hatte, mit größter Sorgfalt und Zärtlichkeit pflegte. So über-aus freundlich, ja freundschaftlich es von Parviz auch gewesen sein mochte, ihm das Tier zu schenken, bereitete ihm der Falke nicht wenig Sorgen. Es war unumgänglich, das Tier täglich fliegen zu lassen, sonst würde es verkümmern, doch da sie Baburs Garten noch immer nicht verlassen durften, bestand die Gefahr, dass der Falke nicht zurück-käme und Stichnote ihn dann nicht suchen könnte. Was würde Parviz denken, wenn der Falke verlorenginge? Aber ein Vogel in schlechter Verfassung, wäre das nicht noch schlimmer?

Es war verzwickt, aber Stichnote, die Gesundheit des Tiers höher achtend als die Gefahr, es zu verlieren, entschied sich dafür, ihn flie-gen zu lassen. Es war wichtig, dass der Falke hungrig war, wenn er flog, denn nur, wenn das Futter des Falkners ihn lockte, kehrte er überhaupt zurück. Er ließ ihn also morgens aufsteigen, und während er auf die Rückkehr des Falken wartete, durfte niemand in seiner Nähe sein. Die anderen standen meist auf der Gartenterrasse und bewunderten, wie der Jäger, die Freiheit genießend, die ihnen selbst noch verwehrt war, mit schnellem Flügelschlag aufstieg, kreiste, seinen durchdringenden Ruf hören ließ, den Blicken entschwand, um dann doch immer wieder auf Stichnotes Arm zu landen, der ihn mit den feinsten Fleischstücken versorgte, streichelte und unentwegt mit ihm sprach.

Drei Tage nach Stichnotes Ankunft kam der Hausmeister aufgeregt mit der Information zu ihm, dass am Nachmittag ein Automobil eintreffen werde, an Bord eine hochgestellte Persönlichkeit vom Hofe, deren genaue Identität ihm allerdings nicht mitgeteilt worden sei. Er möge seine Kollegen auf jeden Fall bitten, sich am Riemen zu reißen und anständig zu kleiden – und keinen Tropfen Alkohol!

Stichnote ging stracks zu Niedermayer, der über Briefen an die zurückgelassenen Männer in Persien und Mesopotamien saß, von denen er allerdings nicht wusste, wie sie dorthin befördert werden sollten. Er wirkte niedergeschlagen. Die Ledermappe mit dem Ringsymbol der Bahai lag neben ihm auf dem Tisch. An der Wand hing eine ausladende Karte Zentralasiens, die sofort Stichnotes Aufmerksamkeit fesselte.

«Der Hausmeister lässt ausrichten, dass wir heute Nachmittag Besuch bekommen. Vom Hof. Wir sollen uns präsentabel machen», sagte Stichnote und betrachtete die Karte.

«Tatsächlich? Und wer kommt, der Emir?» Niedermayer gab ein müdes Lachen von sich.

«Das weiß der Hausmeister auch nicht.»

«Na gut. Ich habe hier noch zu tun. Sagen Sie bitte der Mannschaft, dass sie, wie heißt es bei der Marine, klar Schiff machen soll.»

Stichnote nickte. «Sind das unsere Etappen, Herr Oberleutnant?», fragte er und wies auf die Karte.

Die fünftausend Kilometer der Route, die sie zurückgelegt hatten, waren rot eingezeichnet; die Etappen, die sie gebildet hatten, mit Fähnchen markiert. Salzige Wasserlöcher, halbrohes Essen. Tote. Gebirge und Pässe. Nächte der Flucht. Alles kam ihm, mit dem Finger an der roten Linie entlangfahrend, wieder in den Sinn. Es war verrückt, sich vorzustellen, dass hinter jedem Fähnchen Männer standen, ihre Männer. In den Wüstenwind blinzelnd. Im Regen ausharrend. Mit sich selbst kämpfend.

«Sie planen doch nicht etwa den Rückzug?»

«Wir wären schlecht beraten, wenn wir nicht versuchen würden, mit unseren Etappen in Kontakt zu bleiben. Irgendwann müssen wir zurück, und dann werden diese eine große Hilfe sein.» Niedermayer sah müde aus. «War eine feine Sache, Ihre Taubenpost, Herr Schlagmeister. Jetzt müssen wir uns wieder mit irdischen Boten herumärgern. Wenn wir überhaupt mal jemanden hier rausbekommen außer Ihrem Falken. Aber der kann wohl keine Nachrichten transportieren, hm?»

Stichnote schüttelte lachend den Kopf. So niedergeschlagen hatte er Niedermayer noch nie erlebt. Der Cognacrausch hatte einen tiefsitzenden Moralkater hinterlassen.

«Erlauben Sie mir die Bemerkung, Herr Oberleutnant, dass ich mehr denn je daran glaube, dass uns die Afghanen helfen können. Es sind tapfere Leute. Der Groll gegen England wegen der Teilung ihres Gebietes sitzt bei den Paschtunen tief. Der Emir gilt vielen als Feigling. Niemand versteht, warum er sich die Gängelung durch den indischen Raj gefallen lässt. Glauben Sie mir, es ist zu früh, um zu resignieren.»

Niedermayer blickte ihn mit einer gewissen Offizierszärtlichkeit gegenüber verlässlicher Mannschaft an.

«Sie haben recht, Stichnote. Wir werden kämpfen. Und jetzt gehen Sie bitte und sagen den Männern, dass wir am Nachmittag präsentieren.»

Sie striegelten die Pferde, misteten aus und gingen sogar dem Hausmeister und seinen Hilfskräften zur Hand, die wie besessen im Garten arbeiteten, um die größten Schäden in der Botanik zu kaschieren. Sie bügelten ihre Uniformjacken, zogen frische Hosen an, stopften die Löcher in ihren Socken und wer es noch nicht getan hatte, rasierte sich. Außer Stichnote und Niedermayer.

In der großen Halle drapierten sie gegen den Widerstand des Hausmeisters, der der Meinung war, das gehöre sich nicht, zum ersten Mal die mitgeführte Flagge des Deutschen Kaiserreichs an die Wand und stellten ein paar Sessel davor, um staatsmännische Gespräche führen zu können. Der Hausmeister gab keine Ruhe, holte von irgendwoher eine Flagge mit afghanischem Staatssiegel, hängte sie daneben und schob die Sessel ein wenig um.

Was noch an indischen Überläufern und den paar treuen Arabern, die sie seit Bagdad begleiteten, übrig war, sollte sich auf Anweisung Niedermayers möglichst orientalisch kleiden.

«Wenn es umgekehrt wäre und wir wären zum Beispiel am Hof in München, dann würde es ja auch gut ausschauen, wenn die Bayern unter uns Lederhosen tragen, oder?», meinte der Chef, und dann, zu Stichnote: «Und Sie nehmen bitte Ihren Falken auf den Arm, wenn das möglich ist. Er ist schließlich der einzige echte Afghane unter uns. Wer weiß, wozu das gut ist.»

Die Muezzins Kabuls riefen schon bald zu Asr, dem Nachmittagsgebet, und der Himmel an diesem Oktobertag war tiefblau und ließ den Lack des schwarzen Rolls-Royce glänzen, der kurz danach langsam in Baburs Garten einfuhr. Seine Pneus, deren solider Kautschuk von den schwarzen Sklaven König Leopolds von Belgien im Kongo geerntet worden war, knirschten auf dem kiesigen Grund. Die afghanischen Soldaten, die das Tor geöffnet hatten, standen zu beiden Seiten und präsentierten ihre Gewehre. Der Wagen kam zum Stehen, der Chauffeur sprang heraus und öffnete die Tür. Für einen Moment hoffte Niedermayer, dass es sich vielleicht doch um den Emir handelte, aber der schmale, kleingewachsene Mann mit dünnem Schnurrbart im osmanischen Stil, der ausstieg, war viel zu jung.

Es war Prinz Amanullah, der Gouverneur von Kabul und Verwahrer der Staatsfinanzen; er trat entschieden und ohne Unsicherheit auf Niedermayer zu. Amanullah trug einen perfekt sitzenden schwarzen Anzug, wie ihn die Schneider in Londons Savile Row anfertigten, eine dünne, dunkelrote Krawatte, schwarze Halbschuhe. Sein Hauslehrerenglisch war von großer Geläufigkeit, sehr melodiös und beinahe ohne Akzent.

Niedermayer wies auf die Reihen seiner Zirkustruppe, die einerseits stramm salutierte, andererseits tiefe Verbeugungen machte. Tatsächlich blieb Amanullahs Blick wohlwollend auf Stichnotes Falken ruhen, dann musterte er den improvisierten Marstall.

«Sie sind von Deutschland auf Pferden gekommen?», fragte er Niedermayer.

«Zunächst mit der Eisenbahn, Hoheit», sagte Niedermayer. «Und dann hatten wir natürlich auch Kamele und Maultiere. Was Sie hier sehen, ist das, was übriggeblieben ist. Wir hatten hohe Verluste.»

«Sehr beeindruckend. Ich hoffe, Sie fühlen sich wohl bei uns?»

Niedermayer blickte kurz auf den Hausmeister.

«Man sorgt hervorragend für uns, Hoheit», sagte Niedermayer.

«Allerdings wäre es nicht schlecht, wir könnten dies Haus bald einmal verlassen, so schön es auch ist.»

«Deshalb bin ich hier. Der Emir hat sich überzeugen lassen. Ich habe ihn darum gebeten, Ihnen seinen Brief übergeben zu dürfen. Ich war sehr neugierig, Sie kennenzulernen.»

«Ich danke Ihnen, Hoheit.»

Man trat ins Haus. Der Mehmandar hatte Tee, Kaffee und in Öl gebackene Süßigkeiten vorbereitet. Als der Prinz die beiden Fahnen sah, nahm sein Gesicht einen freudigen Ausdruck an.

«Wie schön von Ihnen, Herr Oberleutnant, dass Sie die Partnerschaft unserer Länder ernstnehmen. Zum ersten Mal in der Geschichte wurde in Kabul eine deutsche Flagge gehisst. Ich bin stolz darauf, dass ich der Erste bin, der sie sehen darf», sagte er mit Pathos. Niedermayer beschloss, sich umgehend mit dem Hausmeister zu versöhnen.

Amanullah übergab den Brief und bat Niedermayer, ihn gleich zu lesen. Der Emir erlaubte ihnen darin, von nun an das Haus zu verlassen, wenn auch «beschützt». Des Weiteren enthielt er die Ankündigung einer baldigen Audienz. Durchaus ein Fortschritt.

Sie setzten sich. Niedermayer holte Morlock und Stichnote dazu. Er empfand es wie eine Erlösung, als er feststellte, dass offensichtlich alles, was der türkische Arzt über Amanullah und dessen Ansichten geäußert hatte, zuzutreffen schien. Der Prinz war gescheit, redegewandt und informiert. Bald schon vergaßen Niedermayer und seine Männer, dass sie es keineswegs mit dem Herrscher des Landes zu tun hatten, sondern nur mit dessen Sohn. Sie kamen in Gespräche, von denen sie alle seit Monaten geträumt hatten, und bald schon konnten sie nicht mehr anders, als zu denken, dass sich ihre Träume nun erfüllen würden. Ebenso ging es Amanullah. Er übersah, dass er nicht dem deutschen Generalstab gegenübersaß, sondern den letzten Angehörigen einer geheimen Expedition, die längst am Ende ihrer Kräfte war. Seit er denken konnte, hatte er davon geträumt, sein Land und dessen Völker aus der Umklammerung der Großmächte England und Russland zu befreien. Jetzt saß er mit einer anderen Großmacht am Tisch, die ihm dabei helfen konnte.

Gespannt lauschten die drei Männer Amanullahs Ausführungen über die Situation diesseits und jenseits der Linie. Sie erfuhren, dass britische Truppen seit Beginn des Jahres mehrfach gegen paschtunische Stämme in den Gebieten von Swat und Buner vorgegangen waren. Mitte August seien wiederum Bunerwals in den Bezirk von Peschawar eingefallen und hätten einen Sieg davongetragen; allerdings seien bereits, das habe man verlässlich erfahren, weitere militärische Aktionen der Royal Guards gegen die Stämme jener Gegend geplant.

«Diese Stämme sind bemerkenswert zäh. Sehr gute Krieger. Die Briten werden sie nie besiegen, da sie sich immer in die Berge zurückziehen können.»

Stichnote bat Niedermayer um die Erlaubnis, etwas zu fragen.

«Hoheit, Sie haben von den Schwarzen Bergen gesprochen. Den Begriff habe ich schon einmal gehört – ich bin überrascht zu hören, dass diese Berge nicht auf dem Gebiet Afghanistans liegen.»

«Sie müssen wissen, dass unser Funkoffizier hier zuletzt eine Zeit lang unter Paschtunen gelebt hat», sagte Niedermayer stolz.

«Wie hießen die Leute, bei denen Sie waren?», fragte der Prinz.

«Yusufzai», sagte Stichnote.

«Ah. Ein sehr großer Stamm. Die Yusufzai leben im Swat und den Schwarzen Bergen ebenso wie in Kabul oder auch Herat, das kann man also nicht eindeutig sagen. Sprechen Sie Paschtu?»

Stichnote sagte ein paar Worte.

«Wenn Sie bei diesen Yusufzai Paschtu gelernt haben, dann würde ich sagen, Ihr Akzent klingt tatsächlich eher nach Swat. Sie sprechen es härter aus als die Paschtunen im Süden. Wie kamen Sie zu diesen Leuten?»

Zu Stichnotes Bericht nickte der Prinz wohlwollend. Er zeigte sich erstaunt, dass ein Paschtune Buzkaschi-Reiter sei.

«Wie war der Vorname des Reiters?» Stichnote nannte Parviz' Namen.

«Parviz Yusufzai, sagen Sie ...», der Prinz dachte nach. «Möglich, dass ich schon von ihm gehört habe.»

Konnte es sein, dass ein leichter Schatten über das Gesicht des Prinzen huschte?

Beim anschließend aufgetragenen Essen, das alles übertraf, was ihnen bislang von der Küche geboten worden war, sprachen sie wieder über Möglichkeiten eines Angriffs auf Britisch-Indien.

Niedermayer war von den Nachrichten aus Swat und Peschawar befeuert. Die Zahlen von Kämpfern, die der Prinz nannte, lagen höher, als er gedacht hatte. Siebentausend Mohmands, achttausend Bunerwals, zehntausend Swatis. Und dies waren nur einige der Paschtunenstämme, die in Britisch-Indien lebten. Wie viel mehr Kämpfer würden zusammenkommen, wenn es gelänge, auch die afghanischen Paschtunen zu mobilisieren ...

Dies aber konnte nur Habibullah, den der Prinz grundsätzlich «Emir» nannte und nicht «Vater», wie überhaupt aus der Art und Weise, mit der Amanullah über ihn sprach, klar wurde, dass das Verhältnis der beiden nicht von Familiensinn, sondern von Machtpolitik bestimmt war.

«Wir müssen dem Emir einen Weg aufzeigen. Aber das ist etwas, das ich nicht kann», gab der Prinz zu und blickte Niedermayer fragend an. «Bevor der Emir nicht überzeugt ist, dass es gelingen könnte, wird er nichts tun. Die Militärs sind Sie. Wie sähe unsere Strategie aus?»

Niedermayer dachte an Oppenheims Masterplan, den er vor einem Jahr in Berlin eingesehen hatte, aber darin hatten natürlich auch nur Gemeinplätze gestanden, und während des Jahres, in dem er unterwegs gewesen war, hatten ihn zunächst die logistischen Fragen und schließlich die des nackten Überlebens beschäftigt. Kabul war das Ziel gewesen, darüber hinaus hatte sich niemand Gedanken gemacht.

«Das ist natürlich eine schwierige Frage, Hoheit», begann er und blickte sich fast hilfesuchend im Raum um. «Um sie beantworten zu können, bräuchten wir genaue Angaben zu Truppenstärke, Material, Aufmarschplänen und dergleichen.»

Der Prinz sah ein wenig unglücklich drein.

«Die Deutschen sind bei uns bekannt als tüchtige Organisatoren.

Ich hatte angenommen, Ihr Generalstab hätte Sie mit genauen Plänen für einen Feldzug ausgestattet.»

«Nun, die Informationslage beim Generalstab bezüglich Afghanistan ist natürlich ...», Niedermayer brach ab. Es war peinlich, die Erwartungen des Prinzen zu enttäuschen, doch wie hätte er etwas vorspielen können?

«Na aber», warf Morlock ein, «das wird man doch herauskriegen können. Müssen uns eben mit den afghanischen Kameraden zusammentun. Die afghanische Armee wird doch irgendwelche Pläne in der Schublade haben?»

Der Prinz schüttelte den Kopf.

«Viele von den Mannschaften und auch den Offizieren sind militärisch nicht ausgebildet. Es gibt ein paar türkische Offiziere, die auf der Akademie waren, aber Pläne, wie Sie sich das vielleicht denken, haben wir nicht. Außerdem wird der Emir Ihnen keinen Einblick gestatten, solange er nicht überzeugt ist. Sie könnten ja Spione sein.»

Die Stimmung trübte sich spürbar, da meldete sich Stichnote.

«Wir werden zusammen eine Strategie entwerfen.»

Alle blickten ihn an.

«Wenn wir auch nicht alle Zahlen haben, so können wir doch Schätzungen anstellen. Außerdem wird, wenn ich richtig verstanden habe, der Hauptteil der Truppen ohnedies aus Stammeskriegern gebildet werden. Für deren Einsatz hat keine Armee Pläne. Aber wir können verschiedene Modelle ausprobieren, um zu sehen, ob sie erfolgreich sind.»

«Sie machen mich wirklich neugierig», sagte Niedermayer, der keine Ahnung hatte, wovon Stichnote sprach.

«Alles, was wir dazu brauchen, habe ich im Gepäck. Und wir benötigen die Karte, Herr Oberleutnant, die in Ihrem Zimmer an der Wand hängt.»

Natürlich meinte Stichnote sein Abschiedsgeschenk von der BRES-

LAU, das er seit Konstantinopel mit sich herumgeschleppt hatte. Einmal hatte er es Ruia gezeigt. Doch jetzt galt es, es ernsthaft auszupacken.

Die Zeit des Großen Spiels in Kabul war gekommen.

11

Es dauerte eine Weile, bis der Mehmandar einen geeigneten Tisch in den Salon geschafft und genügend Petroleumlampen aufgestellt hatte, um diesen in ein brauchbares Licht zu tauchen. Stichnote holte das Spiel, Niedermayer brachte die Karte aus seinem Zimmer, auf der der Weg der Expedition rot eingezeichnet und ihre Etappen markiert waren.

«Soll ich die Fähnchen entfernen?», fragte Niedermayer.

«Das ist nicht nötig», gab der Deckoffizier zurück, «schließlich gehören wir ganz und gar zu dem Spiel, das wir jetzt versuchen werden.»

Nachdem die Ränder der Karte mit silbernen Messern aus der Bestecksammlung des Hausmeisters beschwert worden waren, sahen Morlock, Niedermayer und Prinz Amanullah gespannt zu, wie Stichnote das Arsenal der Spielfiguren und die unterschiedlichsten Topographieplättchen auspackte.

Als würde er seine eigene Geschichte Schritt für Schritt zurückblättern, so kam es Stichnote vor, während er die Bänder der schmalen Filzsäckchen löste und die Bleifiguren ins Licht des Spieltischs rückte. Fast war es ihm, als spüre er den Maschinengeruch der BRESLAU aus dem Filz aufsteigen, die Spielabende in Konstantinopel, die glücklichste Zeit seines Lebens, die er zwischen den würfelfunkelnden Abenteuern der Salons und der betörenden Zärtlichkeit Arjonas in ihrer kleinen Wohnung über dem Bosporus hatte verbringen dürfen. Er sah sich mit Dönitz am Kai von Brindisi sitzen und spielen, und auch an jenen lichten Vormittag im Konsulat von Durazzo erinnerte er sich, an dem er, durch einen Türspalt spähend, das Große Spiel zum ersten Mal gesehen hatte. Für einen Moment erschien es ihm jetzt, als wäre alles Schöne und Schreckliche, was er seitdem erlebt, die unermesslichen Räume, die er durchquert hatte, wie der Weg eines Boten gewesen. Dort, auf dem Esszimmertisch des albanischen Italieners Pellegrino, hatten die Figuren gestanden und den Krieg gespiegelt, der wenig später ausgebrochen war. Die Vögel im Garten hatten gesungen und das Licht der morgendlichen Adriasonne hatte ein Schimmern auf die winzigen aus Blei gegossenen Soldaten, Reiter und Kanonen gezaubert. Und doch waren sie nun hier, Tausende von Kilometern weiter östlich in Kabul, und er, Stichnote, hatte sie hergetragen. Der Gedanke war so grotesk, dass er laut lachen musste.

«Das ist dieses ‹taktische Kriegsspiel›, das die Preußen an ihrer Militärakademie entwickelt haben, richtig?», sagte Niedermayer und strich sich über seinen Bart.

«Ich glaube schon, früher», sagte Stichnote, der nicht viel von den Ursprüngen des Großen Spiels wusste. «Aber das hier haben wir auf dem Schiff gespielt und in Konstantinopel. Es gibt eine Menge neuer Regeln, die wir nicht brauchen. Wir werden uns auf das Wesentliche konzentrieren.»

Amanullah und Niedermayer, der Geograph, halfen Stichnote, das spektakuläre Gelände ihres Spiels zu errichten, das von schmalen und wenigen Pässen durchzogene Gebirge des Hindukusch, die Zerklüftungen der Schwarzen Berge, das Industal. Dann besetzten sie die Grenzen und die Garnisonen in Britisch-Indien mit den rosafarbenen Steinen und diskutierten längere Zeit über die Stärke und Verteilung der afghanischen Armee und der paschtunischen Stämme. Die Artillerie der Briten schien ihnen gewaltig, die taktische Verbindung der Paschtunen eher schlecht. So stellten sie die Weichen für eine erste Partie. Die Würfel lagen bereit.

Prinz Amanullah erklärte seinen Verzicht auf eine aktive Beteiligung, er wolle, da Nicht-Militär, nur beobachten und lernen. Niedermayer hingegen, als Chef der Expedition und direkter Beauftragter des Generalstabs der designierte Heerführer, entschied mit Selbstverständlichkeit, dass er die Paschtunen spielen würde. Leutnant Morlock wollte augenblicklich die Briten übernehmen. Stichnote ließ dem Rangälteren den Vortritt und fand sich damit ab, das Spiel zunächst nur als eine Art Schiedsrichter und Regelwart zu begleiten. Er sah mit heimlichem Vergnügen, wie das Spiel die beiden in seinen Bann schlug und ihre Augen zu leuchten begannen.

Es war klar, dass Niedermayer die Initiative und damit den ersten Zug hatte. Er begann mit Truppenbewegungen. Die Armee schickte er Richtung Dschalalabad an die Grenze, aus den Bergen mobilisierte er die Stammeskrieger in zähtröpfelnden Bewegungen. Ganz offensichtlich wollte er eine möglichst große Streitmacht bilden. Vielleicht, so dachte Stichnote, weil er mit der Expedition so lange vor zahlenmäßig überlegenen Gegnern auf der Flucht gewesen war und nun über ein Heer verfügen wollte. Morlock vertraute auf seine überlegene Artillerie, massierte gleichfalls Truppen und Material, was ihm zügiger gelang als Niedermayer. Als sie die Würfel zum ersten Mal benutzten, um gegeneinander loszuschlagen, bahnte sich ein Debakel für Niedermayer an, was Stichnote längst geahnt hatte. Unfähig, von der einmal gewählten Strategie einer klassischen Feldschlacht abzulassen, rieb er seine Truppen auf, und Morlock, Herr der Kanonen, der keinen Gedanken darauf verschwendete, wie entsetzt Prinz Amanullah die Entwicklung auf dem Spielfeld verfolgte, entschloss sich auch noch, mit einer Art Expeditionskorps die Grenze zu überschreiten und Kabul und Kandahar zu besetzen. Nach nicht einmal einer Stunde war das Spiel vorbei. Eine überzeugendere Demonstration, warum man von einem Angriff auf Britisch-Indien besser die Finger lassen sollte, hätte es kaum geben können.

Niedermayer wusste nicht, auf wen er wütender sein sollte – den seine Übermacht ohne Rücksicht auf Verluste einsetzenden Morlock oder Stichnote, der den Kram angeschleppt hatte.

«Na ja, es ist ein Spiel», sagte er ratlos, räusperte sich und verließ, den Prinzen höflich um Verzeihung bittend, den Raum. Morlock ahnte wohl, dass die Übung kaum ungünstiger hätte verlaufen können, vermochte dennoch seine Freude über den Sieg nicht ganz zu verbergen.

«Wir wissen jetzt, dass wir auf jeden Fall mehr Geschütze brauchen werden, oder?», rief er mit seiner hohen Stimme.

Prinz Amanullah saß steif auf seinem Sessel und machte einen zweifelnden Eindruck.

Von draußen hörten sie leise das Wiehern eines Pferdes, und für einen Moment stellte Stichnote sich vor, wie Niedermayer gerade aufsaß, um in die Nacht zu reiten. Aber da waren immer noch ihre Bewacher, die ihn vermutlich gar nicht fortließen. Er zögerte nicht länger, nahm die Figuren vom Brett und begann zügig, die Ausgangssituation wiederherzustellen. Er war noch nicht ganz fertig, als Niedermayer hereinkam und ihm fassungslos zusah.

«Ich denke, wir sollten es noch einmal versuchen, Herr Oberleutnant», sagte Stichnote und zwinkerte Niedermayer zu. Dieser schien nicht überzeugt. «Ich erlaube mir vorzuschlagen, dass Sie Britisch-Indien spielen, und ich übernehme unsere Seite. Hoheit», an Prinz Amanullah gewandt, «bitte helfen Sie mir. Ich habe noch ein paar Fragen.»

Der Angesprochene trat an den Spieltisch. Stichnote wies auf einige Positionen und stellte leise Fragen. Der Prinz nickte. Nach einer kurzen Weile gab Stichnote zu verstehen, dass es losgehen konnte.

Noch bevor Stichnote den ersten Wurf und einen ersten Zug ausgeführt hatte, war zu spüren, dass Niedermayer in einem Zwiespalt steckte. Er wollte nicht als schlechter Stratege dastehen und würde, obgleich nun ein Sieg von Stichnote wünschenswert war, alles versuchen, diesen zu verhindern. Eine paradoxe Spannung lag über dem Spieltisch, die Funken hätte schlagen können.

Stichnote spürte Niedermayers antagonistische Gespanntheit, aber als überlegener und taktisch viel erfahrenerer Spieler wusste er, warum dessen Versuch hatte scheitern müssen und was er selbst anders machen würde. Er wollte aus den vielen unabhängig voneinander aufgestellten Einheiten der paschtunischen Stämme keine geschlossene Streitmacht formen und auch keine Entscheidungsschlacht suchen. Und er würde anwenden, was er bei Parviz und seinen Reitern über den Buzkaschi gelernt hatte. Der Buzkaschi setzte sich aus unzähligen Gefechten, Attacken und Durchbrüchen zusammen, aber diese waren nicht das Ziel und auch nicht der Zweck. Kein Afghane, das glaubte er genau zu wissen, würde wegen einer europäisch gedachten Abnutzungsschlacht in den Krieg ziehen. Es musste ein Ziel geben, eine Beute, und es brauchte den unbedingten Willen, diese zu erobern. Während er die Würfel schon in Händen hielt, bereit, sie in den Becher zu werfen, und die Augen der anderen erwartungsvoll auf ihm ruhten, schaute er über das Spielfeld. Sein Blick wanderte noch einmal auf der roten Linie zurück, die sie entlanggezogen waren. Warum war er überhaupt mitgegangen? Damit wieder Frieden wäre. Warum Frieden? Arjona. Wie käme er zu ihr? Mit einem Schiff.

Über die Stelling gehen und die Hand auf die Reling eines Schiffes legen, eines Schiffes mit Westkurs, und mochte es ruhig ein britisches sein, denn wenn erst Frieden wäre, dann würde er gerne tüchtigen Limeys zusehen, wie sie ankerauf gingen und die Maschinen einheizten, um aus dem Hafen auszulaufen und volle Fahrt aufzunehmen. Er brauchte also einen Hafen, und entdeckte nur einen, der für ihn und seine imaginären Truppen erreichbar war, er lag am Arabischen Meer. Das war sein Ziel. Karachi.

«Also dann», sagte Stichnote und ließ die Würfel rollen.

12

In der Dunkelheit der frühen Morgenstunden weckte Amanullah seinen Chauffeur mit einem gutgelaunten Schlag auf die Schulter, und während der Rolls-Royce langsam aus Baburs Garten fuhr, ließ er Stichnotes Spiel wieder und wieder genüsslich an sich vorüberziehen.

Ganz anders als Niedermayer in der ersten Partie hatte der junge Funkoffizier die über ein weites Areal verteilten Stämme keineswegs zusammengezogen, sondern seine ersten Aktionen darauf beschränkt, ein Kommunikationsnetz aufzubauen, das sich nördlich von Peschawar erstreckte. Sein Gegenspieler biss sich zunächst auf die Lippen, dann mäkelte er, dass Stichnote von dieser Spieloption zuvor nichts erzählt habe, was nicht ganz der Wahrheit entsprach, aber schließlich, schon ahnend, wer in diesem Spiel Meister und wer Lehrling war, fand Niedermayer sich damit ab und versuchte durch die Bildung von Detachements, die neugeschaffene Kommunikationsstruktur zu stören. Stichnote, der mit Vergnügen sah, wie dadurch das zukünftige Konfliktfeld im Norden in die Breite gezogen wurde, reagierte mit zurückhaltenden Gegenmaßnahmen, die Niedermayers Aktionen nur verlangsamten, aber nicht unterbanden. Trüppchenweise lockte er ihn in die Berge. Sein Hauptaugenmerk richtete Stichnote zunächst auf die afghanische Armee. Den kleineren Teil ließ er zur Sicherung des Khaiberpasses und Kabuls zurück, den größeren zog er in der Region um Kandahar zusammen. Es war klar, dass Niedermayer, der den Beginn der Feldschlacht herbeisehnte, dies mit dem Verlauf der ersten Partie in Verbindung brachte und diese Truppenkonzentration Stichnotes rein defensiv interpretierte. Auch als Stichnote in den darauffolgenden Zügen wesentliche Teile immer weiter nach Südosten Richtung Belutschistan schob, schöpfte Niedermayer keinen Verdacht. Dann kam es zu ersten Aktionen Stichnotes, bei denen die Angriffswürfel zum Einsatz kamen. Er verwickelte Niedermayers

Detachements in kleinere Gefechte. Sein Gegner war durchaus dankbar dafür, sah sich allerdings keiner Hauptstreitmacht gegenüber und versuchte daraufhin, gereizt wie er nun war, einen Stamm nach dem anderen auf dessen eigenem Territorium zu schlagen. Dazu bildete er größere Expeditionskorps.

Stichnote musste ihm allerdings öfters klarmachen, dass die zuvor gemeinsam aufgebaute Topographie für die schwere Artillerie der Niedermayer-Truppen Bewegungsnachteile mit sich brachte und dass andererseits Stichnotes Einheiten, auch durch die teilweise immer noch bestehende Kommunikationsstruktur, wesentlich schneller zu agieren vermochten. Ohne dass Niedermayer das richtig begriff, begann Stichnote, ihn einzukreisen und die vitalen Punkte von Niedermayers Stellung zu besetzen. Hier machte sich das Go-Erbe des Großen Spiels bemerkbar, denn wie beim Go konnte eine Stellung belastbar erscheinen, solange man sie ausbaute, wurde jedoch in dem Moment fragil, in dem aufgrund von gegnerischem Druck eine Rückwärtsbewegung erfolgen musste. Während Niedermayer sich immer schwierigeren Verteidigungsschlachten ausgesetzt sah, begann Stichnote, die von Truppen entblößten wichtigsten Städte anzugreifen, zuvörderst Peschawar. Er erklärte dies damit, dass Prinz Amanullah ihm gesagt habe, dass die Stammeskrieger der Paschtunen nur durch die Aussicht auf Plünderung und Beute zu motivieren seien, in den Krieg zu ziehen, gleich ob ein Heiliger Krieg oder nicht. Während Niedermayer sich schließlich nur noch wehrte, ohne die ersehnte Feldschlacht zu bekommen, mobilisierte Stichnote die Kandahar-Armee. Da er dort unten im Süden über Eisenbahnen verfügte, gelangen Niedermayer einige schnelle Konterzüge, und es kam doch zu so etwas wie Schlachten, bei denen er allerdings, so wie die beiden Zuschauer, die dem Geschehen auf dem Spielbrett staunend gefolgt waren, zum ersten Mal Stichnotes Würfelglück erlebte.

Die Hauptmasse von Stichnotes Süd-Armee war nicht aufzuhalten.

Sie erreichte das Industal. In Karachi selbst standen nur ganz wenige Einheiten zur Verfügung, denn mit dieser Entwicklung hatte Niedermayer nicht gerechnet. Schließlich musste er selbst lachen, als Stichnote die afghanische Flagge am Indischen Ozean platzierte.

«Schachmatt, würde ich sagen», raunzte Niedermayer und ließ die Verteidigungswürfel, die er zuletzt gar nicht mehr aus der Hand gegeben hatte, zwischen Stichnotes Bleifiguren rollen, um wenigstens auf diese Weise die eine oder andere zu Fall zu bringen.

Sie hatten die Partie danach noch einmal durchgesprochen, und bei der sachlichen Analyse konnte Niedermayer seine militärstrategische Kompetenz wieder ins rechte Lot rücken. Allen Anwesenden, auch dem Prinzen, war dabei klargeworden, dass der Verlauf extrem von den zahlenmäßig geschwächten britischen Einheiten abgehangen hatte. Ein afghanischer Erfolg in der Realität – er war denkbar, das hatten sie gesehen. Aber nur, solange sehr viele indische Truppen an der Westfront, in Mesopotamien und vor Gallipoli kämpften. Der Große Krieg der Europäer war Afghanistans Chance, sich seine Unabhängigkeit zu erkämpfen, den Vertrag von Gandamak auszulöschen und vielleicht sogar Beute zu machen: Karachi.

Während der tonnenschwere Wagen – eines von zehn Automobilen, die es im gesamten Land gab – zum Gouverneurssitz fuhr, phantasierte Amanullah die unglaublichsten Szenarien. Frei von der drückenden Strenge seines Vaters am Hof, wo Gespräche nur hinter vorgehaltener Hand und zu engen Vertrauten möglich waren, hatte er nicht nur von seinen Plänen und Vorstellungen berichtet, sondern mit eigenen Augen gesehen, wie sie Wirklichkeit werden konnten.

Von nun an fuhr er fast täglich, wann immer es ihm seine Verpflichtungen erlaubten, zu seinen neuen Freunden, um mit ihnen zu diskutieren und vor allem natürlich, um bald selbst die Würfel rollen zu lassen.

13

Immer öfter wurde der Prinz auch von Mitverschwörern, Unterstützern oder Satelliten begleitet, die mit eigenen Augen zu sehen begehrten, wovon der ganze Hof sich unter der Hand berichtete – dass der immer schon besonders aufgeweckte Prinz mit den deutschen Generälen einen Schlachtplan für einen Krieg mit Britisch-Indien ausheckte, der todsicher funktionieren würde. Es waren ja doch Deutsche, die für ihn bürgten! Bekannt für die besten Pläne überhaupt.

Einer dieser Beobachter war ein niederer Hofschranz, ein Laufbursche des Adjutanten von Habibullah, bei dessen Anblick der Hausmeister zu Eis erstarrte, denn er kannte ihn als heimtückisch und verschlagen. Der Höfling gab sich leutselig, blickte sich gleichwohl überall genau um. Und dann ging er, um seinem Auftraggeber Bericht zu erstatten.

Denn der Adjutant kannte die Wünsche seines Herrn, noch bevor dieser selbst sich ihrer vollends bewusst war. Bei ihm liefen die Fäden zusammen, und alles, was der Emir, das Innere und das Äußere betreffend, mit den Ministern oder Gouverneuren besprach, diskutierte er zuvor mit ihm. Was an Meldungen und Nachrichten den Hof von Kabul erreichte, hörte er zuerst. Er war sich darüber im Klaren, dass er den Emir, würde der aus welchen Gründen auch immer stürzen, zweifellos in den Abgrund begleiten würde.

Die Anwesenheit von Vertretern der Mittelmächte, zu denen vor kurzem noch andere Österreicher gekommen waren, die von den Russen gefangengenommen, nach Zentralasien verschleppt, von dort auf afghanisches Staatsgebiet geflohen und nun kurzerhand interniert worden waren, wenngleich weit weniger komfortabel als die Männer der Expedition, beschäftigte ihn unentwegt. Seine britischen Kontaktleute in Kabul murrten, forderten eine Lösung. Der Emir wollte die Deutschen nicht sehen, aber eine Audienz war nicht länger hinauszuzögern. Dabei interessierte alleine die Frage des Kriegsverlaufs. Wären Nachrichten von einem Sieg der Mittelmächte zu ihm gedrungen, hätte sich der Emir wahrscheinlich auf deren Seite geschlagen. Aber das war nicht der Fall. Im Brennpunkt des Krieges, an der Front zwischen Deutschland und Frankreich, die «Westfront» genannt, schien sich nichts mehr zu bewegen. Der Adjutant und der Emir sprachen oft über diese Westfront. Während Prinz Amanullah und seine deutschen Freunde über der Landkarte Zentralasiens saßen, brüteten sein Vater und dessen treuester Diener über derjenigen Europas und versuchten zu begreifen, was sich dort abspielte.

Wie aufgestachelte Hunde schienen sie ineinander verbissen, die Mächte Europas, die fast die ganze Welt unter sich aufgeteilt hatten, und wenn es nach den beiden gegangen wäre, hätten sie nichts dagegen gehabt, eines Tages die Nachricht zu erhalten, dass alle dort unten verblutet wären. Doch bis dahin durften sie keinen Fehler machen und es sich mit keinem verderben. Alleine die Vorstellung, dass das Deutsche Kaiserreich, Österreich-Ungarn und das Osmanische Reich jetzt ausgerechnet Afghanistan um Hilfe baten, weil sie in der Klemme steckten, erschien ihnen absurd. Niemals würden sie sich jemandem anschließen, der auf sie setzte, Heiliger Krieg hin oder her. Eine Lachnummer, auch wenn man das Lachen nicht zeigen durfte.

Deshalb war es vielleicht gar nicht schlecht, dass der Prinz und anscheinend auch der Bruder des Emirs den Deutschen schöne Augen machten. So ließen die sich vielleicht besser in Schach halten, während die Zeit verstrich.

Eher gelangweilt folgte der Adjutant daher dem Bericht seines Untergebenen.

Die Deutschen waren in dessen Augen skurrile Exoten.

Sie hatten das Gästehaus in eine Art Marstall verwandelt, bemühten sich aber um Ordnung.

Sie misteten selbst die Pferdeställe aus.

Der Chef der Truppe konnte hervorragend Persisch – vielleicht war er ein Spion des Schahs?

Einer der Offiziere sprach leidlich Paschtu und hatte einen weißen Falken bei sich.

Das Spiel, von dem alle sprachen, war ein unentwirrbares Sammelsurium von Figuren, aber da es auf einer Landkarte gespielt werde, sei auch ihm trotz mangelnder Regelkenntnis ein gewisser Reiz nicht verborgen geblieben. Schließlich habe er mit eigenen Augen gesehen, wie sich Afghanistan mit Hilfe der Belutschen im Osten weit über die Schwarzen Berge und Peschawar bis an den Indus und im Süden bis an den Indischen Ozean ausgedehnt habe. Die in der Farbe Grün aufgestellten Paschtunenstämme seien ein mächtiges Heer gewesen. Er habe die Briten zurückgedrängt und in der Defensive gesehen. Das habe ihm gut gefallen.

«Halt dich mit deinen Kommentaren zurück, du hirnloser Besenstiel, und sag mir lieber, wer sich alles bei den Deutschen aufhält.»

«Nun ja. Es sind der Prinz Amanullah, sein Onkel Nasrullah, der Bruder unseres Herrn ...»

«Ich weiß, wer Nasrullah ist, du Hammel. Fahre fort.»

«Einige unserer türkischen Offiziere sind ganz begeistert. Dann Münir Bey, der Arzt, und Mahmud Tarzi.»

«Der Redakteur unserer Zeitung?»

«Mahmud Tarzi, mit dessen schönen Töchtern die Prinzen verheiratet sind.»

«Verschone mich mit deiner Poesie. Schöne Töchter ...»

Der Adjutant bekam langsam schlechte Laune. Mahmud Tarzi war ein glühender Verehrer Deutschlands, das wusste man. Und auch, dass Nasrullah Khan die Deutschen liebte, weil er die Briten hasste, war bekannt. Vor ein paar Jahren hatte Nasrullah seinen Bruder, den Emir, auf eine Reise nach England begleitet. Doch während der britische König Edward VII aus dem deutschen Haus Sachsen-Coburg den Emir zum «Großritter vom Bade» schlug und ihn mit dem entsprechenden Orden behängte, war Nasrullah durch einen Fehler im Protokoll als Kammerdiener eingestuft und entsprechend platziert worden. Und wie es bei solchen Missgeschicken nicht ausbleibt, hatte der Hof in Kabul sich anschließend mit größtem Vergnügen das Maul darüber zerrissen, dass Nasrullah in der Küche zwischen Stiefelputzern gesessen habe, wo man ihm ein abscheuliches Gericht namens Plumpudding vorsetzte, in dem wahrscheinlich Schweinefleisch gewesen sei. Seitdem glühte Nasrullah vor Hass gegen das Britische Empire.

Doch nun schien es, als finde sich um die Deutschen in Baburs Garten der ganze sogenannte «aufgeklärte» Teil der Kabuler Elite zusammen, um dieses lächerliche Spiel zu spielen.

«Wer noch?»

Sein Informant zögerte.

«Ich glaube, äh ...»

«Spuck's aus, du Mistkäfer, oder willst du bis Isha'a warten?»

«Nadir Khan war wohl auch schon mal da.»

Jetzt verdüsterte sich die Miene des Adjutanten. Auch der Kriegsminister also. Der war zwar vollkommen unfähig und ein eitler Geck, der seine Stellung nur der losen verwandtschaftlichen Beziehung zum Emir und den Zahlungen seines großgrundbesitzenden Vaters verdankte, aber er war nun mal der Chef der knapp 50000 Mann zählenden Armee. Seit langem sprach Nadir Khan davon, man müsse die Truppe aufstocken. Wegen der Russen, hieß es. Nun würde er bestimmt bald wieder davon anfangen, angeheizt durch seine Erlebnisse am Spieltisch der Deutschen. Dabei war sich der Adjutant sicher, dass der Kriegsminister nur etlichen Leuten, denen er einen Gefallen schuldig war, Offiziersposten zuschanzen wollte.

Der Hofschranz, der den Adjutanten fast noch mehr fürchtete als den Emir selbst, da jeder wusste, dass der Emir durch ihn sah und hörte, bemühte sich, den fatalen Eindruck, den sein Bericht auf den mächtigen Mann gemacht hatte, für diesen etwas aufzuhellen.

«Ja, es sind eine Menge wichtige Leute dort. Aber es hält sich auch richtiger Pöbel auf.»

«Was meinst du damit?»

«Gott – gepriesen sein Name – ist mein Zeuge: Auf dem Rasen des wunderschönen Gartens haben irgendwelche Reiternomaden ihre Zelte aufgeschlagen, ein zusammengewürfelter Haufen von Kerlen, so groß, dass man denkt, Gog und Magog wären eingefallen.»

«Und wie kommen sie dahin?»

«Sie sind, das hat mir der Mehmandar gesagt, mit einem der deutschen Offiziere bekannt. Und Prinz Amanullah hat es erlaubt.»

«So, hat er das?», murmelte der Adjutant, dessen Interesse geweckt war. «Erzähl mir mehr von diesen Leuten. Reiter, sagst du?»

«Ja, in der Tat. Spielen dieses Buzkaschi.» Der Hofschranz war ganz begeistert, dass sich endlich so etwas wie eine Unterhaltung entspann. «Sie haben auch einen Greis dabei, der halb gelähmt ist, und ein Mädchen. Sehr hübsch. Sie ist die Tochter ihres Anführers.»

«Wer ist das?»

«Ein Paschtune, lass mich überlegen, von den Yusufzai, was hat der Mehmandar noch mal gesagt? Jetzt fällt's mir ein, Parviz Yusufzai.»

«Bist du dir sicher?»

«Ja.»

«Aber doch nicht etwa jener von den Yusufzai der Schwarzen Berge, der Urenkel Amir Khans von Tonk, der vor zehn Jahren oder wie lange es her ist, die Frau des Imran Niazi geraubt hat, die schönste Frau Peschawars, die Tochter von Tariq Khan, der daraufhin alles versucht hatte, um die beiden zu finden und seine Ehre wiederherzustellen?»

Der Hofschranz blickte hilflos drein.

«Kann schon sein, dass es der ist, den du meinst. Das Mädchen, seine Tochter, ist jedenfalls sehr hübsch. Wenn sie nach der Mutter kommt ...»

«War eine Frau dabei?»

«Nein, keine. Nur die drei Riesenkerle von Reitern, zwei Stallburschen, der Alte und das Mädchen. Sehr schöne Pferde haben sie, das muss ich sagen.»

«Wie alt?»

«Die Pferde?»

«Du hirnloser Nichtsnutz! Das Mädchen.»

«Kann ich nicht sagen. Vielleicht zehn. Aber schon ganz schön entwickelt, wenn du verstehst.»

Der Hofschranz lachte dreckig, aber während des Lachens ärgerte er sich schon darüber. Das war gegenüber den Augen und Ohren des Emirs ein heikles Thema, bei dem man sich besser zurückhielt.

Der Adjutant rief sich diese Geschichte in Erinnerung. Er selbst war mit Männern aus den Schwarzen Bergen zusammengetroffen, die nach Parviz Yusufzai gesucht hatten, um ihn zu töten. Aber er war nicht zu finden gewesen. War in die westlichen und nördlichen Provinzen gegangen, zu den elenden Hazaras. Wie vom Erdboden verschluckt. War er also ein Tschopendo geworden. Dass er reiten konnte wie Dschingis Khan selbst, wusste man. Die Frau, fast eine Prinzessin, wenn man die Bedeutung ihres Vaters in ihrer Gegend bedachte, musste eine Perle gewesen sein. Ein unfasslich hohes Kopfgeld war von ihrem Vater und dem gehörnten Ehemann ausgesetzt worden. Dann hieß es, die Frau sei gestorben. Aber da war also ein Kind. Ein Mädchen.

Wenn dem so war.

«Verschwinde», sagte er zu seinem Berichterstatter und dachte schon darüber nach, wie er sich Gewissheit verschaffen konnte, als dieser den Raum noch nicht einmal verlassen hatte.

14

Unabhängig von der Aufmerksamkeit, die der dunkle Adjutant auf Baburs Garten zu richten begann, veränderten sich die Beziehungen zum Hof. Denn bedrängt von der wachsenden Zahl derer, die sich ein offizielles Abkommen mit den Deutschen wünschten, erschien es dem Emir schließlich taktisch ratsam, Niedermayer und einige seiner Offiziere, darunter auch Stichnote, in seine Sommerresidenz in Paghman etwas außerhalb Kabuls einzuladen, um sich über die Möglichkeiten einer solchen Vereinbarung zu unterhalten. Dabei kam er Niedermayer wie ein Geschäftsmann vor, der, ohne einen Hehl daraus zu machen, die Vor- und Nachteile für sich selbst abwog. Niedermayer schätzte den kleingewachsenen und unscheinbaren Mann als intelligent, aber ängstlich ein. Die Verhandlungen mit ihm waren ein Nervenkrieg. Und obwohl der Emir in vielen seiner Entscheidungen sein Verhältnis zum Islam besonders herauszustellen bemüht war, erwähnte er kein einziges Mal den Heiligen Krieg, den immerhin der Kalif in Konstantinopel ausgerufen hatte und dem er sich als Sunnit hätte verpflichtet fühlen müssen. Niedermayer begriff jedoch schnell, dass der Emir keinen Glauben hatte. Im Volk galt er gar als ungläubig, war er doch vor ein paar Jahren bei einem Besuch in Britisch-Indien Freimaurer geworden. Immer wieder waren Anschläge auf sein Leben verübt worden. Das hatte ihn furchtsam gemacht.

Einmal ging während einer Besprechung ein Reisewecker los, den Niedermayer noch in der Hosentasche trug. Der Emir sprang von seinem Sessel auf, als rechnete er damit, von Niedermayer mit einer Höllenmaschine in die Luft gejagt zu werden. Der Blick des völlig verschreckten Mannes machte Niedermayer klar, dass der Emir ihm keine Handbreit über den Weg traute, ja dass dieser auch nicht zögern würde, ihn an Händen und Armen gefesselt nach Indien zu schaffen, wenn die Umstände und vor allem der Preis stimmten.

Das hielt Niedermayer nicht davon ab, seinen Einfluss auf jene Gruppierung auszubauen, die sich in Anlehnung an die Offiziere von Konstantinopel die «Jungafghanen» nannte, während er mit Hilfe des Redakteurs Tersi und einem österreichischen Offizier daran arbeitete, ein eigenes Propagandablatt herzustellen, *Die Stimme des Dschihad*, das auf den Straßen Kabuls und dies- und jenseits der Grenze unter den Paschtunenstämmen verteilt werden sollte. Dass dort kaum jemand lesen konnte, störte sie nicht weiter.

Alle seine Männer waren eingespannt und ihre Moral festigte sich wieder. Sie arbeiteten für die Armee, deren Aufstockung auf 70000 Mann dem Kriegsminister genehmigt worden war, sie besuchten die Kabuler Gewehrfabrik und gaben Hinweise zur Verbesserung ihrer Produktion. Nur einer war nicht in diese tägliche Aufbauarbeit eingebunden, sein bester Mann: Stichnote.

Stichnote hatte Blitz und Anker wieder ausgezogen und seine edlen paschtunischen Gewänder angelegt. Der neuerliche Abschied von Parviz, Ruia und den anderen Reitern, die nach ein paar Wochen wie angekündigt zum Gästehaus zurückgekehrt waren und mit ausdrücklicher Erlaubnis des Gouverneurs von Kabul, Prinz Amanullah, der selbst ein großer Liebhaber des Buzkaschi war, ihre Zelte dort aufgeschlagen hatten, fiel ihm schwer.

«Wohin gehst du?», fragte Parviz Stichnote zum Abschied.

«Der Chef will, dass ich mit ein paar afghanischen Offizieren nach Indien gehe und dort mit Paschtunen zusammentreffe.»

«Du gehst über die Grenze?», fragte Parviz und überlegte für einen Moment. Dann blickte er Stichnote ernst an.

«Ich weiß nicht, wen du treffen wirst, mein Freund, aber wer immer es sei: Ich rate dir, meinen Namen nicht zu erwähnen.»

«Warum das?», fragte Stichnote. Er wusste längst, dass Parviz ihm etwas verschwieg.

«Eine alte Geschichte. Die soll dir keinen Ärger machen.»

«Ich will mich daran halten. Werdet ihr noch hier sein, wenn ich wiederkomme?»

«Prinz Amanullah will, dass ich ihm ein paar Reitstunden gebe.» Er zwinkerte und murmelte grinsend: «Er ist ein noch schlechterer Reiter als du es bist, mein Freund.» Er gab Stichnote einen derben Schlag vors Schlüsselbein und lachte dazu. Dann wurde er wieder ernst. «Ich danke dir dafür, wie sehr du deinen Falken pflegst. Ich habe ihn gesehen. Bei dir geht es ihm besser als bei mir. Du bist wirklich ein Vogelmann. Ruia hat recht.»

«Ich liebe ihn sehr.»

«Ich weiß, mein Freund. Das macht mich froh.»

«Wo geht ihr hin?»

«Zurück Richtung Bamiyan und dann nach Maimana. Aber hab keine Sorge, wir sehen uns bald wieder. Das weiß ich.»

Sie legten ihre Wangen aufeinander und gaben sich einen Kuss.

«Der Friede sei mit dir», sagte Parviz.

«Und der Friede sei auch mit dir», antwortete Stichnote.

Dann umarmte er die kleine Ruia, die, so kam es ihm vor, in den Wochen, in denen er sie nicht gesehen hatte, gewachsen war. Ruia, schon daran gewöhnt, dass man immer wieder Abschied voneinander nahm, sich aber auch wiedersah, zeigte ihm den kolumbianischen Anhänger des Überseeludwig und erzählte ihm, dass der Copal magische Eigenschaften besitze, denn immer wenn sie ihn längere Zeit betrachte, sei es ihr, als könne sie ihn, Stichnote, sehen und ihm nahe sein. Oft sorge sie sich, ob es ihm immer noch gutginge. Ihre großen grünen Augen blickten ihn dabei ganz ernst an. Die Augen, die über ihn gewacht hatten. Die Augen einer Mutter. Die Augen eines Kindes.

Nicht ganz zwei Wochen dauerte Stichnotes Reise. Sie waren den Kabulfluss entlanggeritten, nach drei Tagen hatten sie den Khaiberpass erreicht, hinter dem Britisch-Indien lag. Die Überquerung der

Durand-Linie war eine heikle Mission gewesen, mussten sie sich doch in der Dunkelheit, die Pferde am Zügel führend, über die von den Khyber Rifles streng bewachte Grenze schleichen, durch das Kurram-Tal, ein steil-zerklüftetes Gebirge, in dem das kleinste Geräusch als tausendfaches Echo des Verrats wiederzukehren drohte. Aber Stichnote hatte keine Angst gehabt, die Nacht war auf ihrer Seite gewesen. Sein Falke begleitete ihn.

Als sie nach Kabul zurückkamen, hatten sie Dutzende von Männern getroffen, viele in seinem Alter, die meisten hatten studiert, manche in England, waren Lehrer oder hatten selber Schulen, zum Teil religiöser Natur, gegründet, und diese waren es wiederum, die die Verbindungen zu den Söhnen von Stammesführern herstellten, denn die Khans selbst würden aus ihren Bergfestungen gleichenden Dörfern nur herabsteigen, um mit dem Emir zu sprechen. Niedermayer, vom diplomatischen Dienst ausgelaugt, weil seine Bemühungen am Hof weiterhin als Pas de deux verliefen, bat ihn sofort begierig um einen Bericht. Zu gerne hätte er von Stichnote gehört, dass die Paschtunen der Grenzprovinzen nur darauf warteten, gegen die Briten und ihre Regimenter loszuschlagen.

Aber ganz so einfache Nachrichten konnte Stichnote nicht liefern. Nichts, was Paschtunen betraf, war einfach.

Am meisten beeindruckt hatte ihn ein nur wenige Jahre älterer Mann namens Abdul Ghaffar Khan, Sohn eines Dorfoberhaupts, der ihm seine Geschichte erzählt hatte. Wie sein Vater ihn auf Schulen geschickt hatte, zunächst beim örtlichen Mullah, der selber kaum lesen konnte, dann fern der Heimat, und wie er sich schließlich entschloss, dem britischen Militär beizutreten. Seine Familie sei stolz auf ihn gewesen, doch dann habe er miterlebt, wie ein Freund von ihm, ein Leutnant, von einem britischen Offizier auf offener Straße beleidigt worden sei, weil er sein Haar unbedeckt getragen habe. Von diesem Tage an habe er die Herrschaft der Briten über die Paschtunen zu hinterfragen begonnen. Er habe auch schon im Gefängnis gesessen, eingesperrt aufgrund der *Frontier Crimes Regulation*, des «schwarzen Gesetzes», wie es die Leute nannten. Jedermann, der auch nur im Verdacht stehe, irgendwann ein Verbrechen zu begehen, könne eingesperrt werden. Auch beschrieb er Stichnote, wie die Briten in den paschtunischen Gebieten Indiens anders als im Rest des Landes keine Schulen errichteten, sondern die orthodoxen und selber meist ungebildeten Mullahs in ihren Medresen unterstützten, damit die Paschtunen ungebildet blieben. Analphabetismus sei ein Schlüssel der britischen Herrschaft über sein Volk. Deshalb sei der größte Akt des Widerstands die Gründung von richtigen Schulen.

Er erzählte Stichnote auch von einem Mann namens Gandhi, einem Hinduführer, den er sehr bewundere. Der habe sich als Kämpfer für die Rechte der Hindus in Südafrika einen Namen gemacht und sei Anfang des Jahres nach Indien zurückgekehrt und nun ein Führer des Indischen Kongresses, einer Art Unabhängigkeitsbewegung. Ghaffar Khan betrachte ihn als seinen geistigen Führer, obwohl Gandhi Hindu sei. Er verfolge das Prinzip des gewaltlosen Widerstands.

Niedermayer, der Bahai, der sich davon eigentlich hätte angesprochen fühlen sollen, blickte Stichnote entgeistert an.

«Entschuldigung, Herr Deckoffizier, aber was sollen wir denn damit anfangen? Gewaltloser Widerstand?»

«Es gibt auch andere Stimmen, Herr Oberleutnant», sagte Stichnote entschieden, «aber meiner Meinung nach sitzen die Briten fest im Sattel. Die Herrschaft über die Grenzprovinzen ist sehr ausgeklügelt. Sie stehen in ihren Garnisonen, jederzeit bereit auszurücken, aber weite Teile der afghanischen Gebiete haben sie einfach sich selbst überlassen. Jeder Paschtunenstamm regiert sich selbst. Und kämpft, wenn es sein muss, gegen die anderen. Paschtunen sind wirklich großartige Leute, aber der Hass, den sie aufeinander haben können, ist unbeschreiblich. Es gibt das Gesetz der Blutrache, es betrifft jeden aus den beteiligen Clans, und da die sehr weitverzweigt sind, liegen oft viele tausend Menschen im Grunde miteinander im Krieg. Ghaffar Khan meinte, das komme daher, dass seit vielen hundert Jahren beständig andere Völker durch das Gebiet der Paschtunen gezogen seien, aus allen Himmelsrichtungen. Um überleben zu können, gaben sie sich derart harte Gesetze. Aber es gibt auch das Gesetz des Gastrechts, das unantastbar ist. Und viele Stämme sind in sich sehr harmonisch organisiert. Tauschen die Felder, damit niemand schlechter gestellt ist. Treffen wichtige Entscheidungen gemeinsam, indem sie eine Versammlung bilden. Jirga heißt das. Das macht es uns natürlich nicht leichter, sie alle gegen die Briten aufzubringen. Eher schwerer. Denn jeder Stamm wird für sich entscheiden.»

«Aber wir haben doch vor kurzem Aktionen der Bunerwals, der Afridis, der Swatis und der Mohmands gegen die Briten gesehen?»

«Schon richtig, Einzelaktionen. Aus welchen Gründen auch immer. Aber keineswegs alle Gegner der britischen Herrschaft sehen ein kriegerisches Vorgehen als Lösung ihrer Probleme an. Das sind alles junge Männer. Idealisten würden wir bei uns sagen. Die meisten sind Lehrer, keine Krieger.»

«Ja, aber es gibt die alten Khans. Auf die müssen wir bauen.»

«Sie haben schon recht, Herr Oberleutnant: Nach allem, was ich gehört habe, hassen die Stämme die britische Herrschaft. Seit dem Vertrag von Gandamak, den alle als Schandfleck begreifen. Aber sie werden nicht uneigennützig agieren, sondern nur, um Beute zu machen. Peschawar ist eine reiche Stadt, die werden sie sofort überfallen, wenn sie die Möglichkeit sehen. Aber dazu müsste eine militärisch günstige Situation entstehen. Und die werden wir nur mit Hilfe des Emirs bekommen – die afghanische Armee muss angreifen, wie wir es im Spiel entwickelt haben. Dann werden die Stämme ihre Chance wahrnehmen und losschlagen.»

Niedermayer schaute finster drein. Der Emir!

«Ich habe wirklich alles versucht, während Sie fort waren, Stichnote, aber wir kommen einfach nicht voran.» Dunkle Gedanken gingen ihm durch den Kopf, keiner von ihnen vertrug sich mit den Vorstellungen eines gläubigen Bahai. «Sein Bruder, Sie wissen schon, Nasrullah, der hat mir vor ein paar Tagen am Rande eines Essens in der Residenz versichert, wenn er Emir wäre, dann ...»

«Was heißt das? Will er seinen Bruder vom Thron stoßen?»

«Das würde er nur zu gerne. Die beiden können sich nicht ausstehen, so viel ist klar. Aber Herrgott, kruzi...» Niedermayer brach ab und starrte ins fast verglommene Feuer. «Sie sind gewiss müde von der Reise, Stichnote. Gehen wir schlafen. Gute Nacht.»

Auf dem Weg zu seinem Zimmer kam Stichnote durch den spärlich beleuchteten Saal, in dessen Zentrum das Große Spiel stand. Gerade eben erst, so schien es, hatten die letzten Spieler den Tisch verlassen. Armeen aus kleinen Soldaten, Geschützen und Reitern waren über das Spielfeld verteilt, standen sich gegenüber, jederzeit bereit, sich mit ein paar beherzten Würfen aus den bereitstehenden Bechern gegeneinander zu wenden, Gebirgspässe zu überwinden und strategisch bedeutsame Linien einzunehmen.

Er nahm ein grünes Reiterlein in die Hand, die winzige Husarenmütze auf dem Kopf und den stecknadelgroßen Speer zur Attacke bereit, drehte die Figur im Dämmerlicht und rief sich all die Schlachten in Erinnerung, die er am Spielbrett erlebt hatte. Gerade zuletzt war es ihm erschienen, als seien sie realer als die Wirklichkeit, als übersteige das Spiel diese an Wahrheit und Aussagekraft. Doch so sehr sie auch entflammt gewesen sein mochten, waren sie vielleicht einfach nur kleine Jungs, die mit Bleisoldaten spielten.

Er stellte den Reiter zurück in den Norden Belutschistans und verließ den Saal. Er war in der Tat müde.

Der Mond stand strahlend und dreiviertelvoll im kalten Himmel über Kabul und ließ die Spitzen des westlichen Hindukusch, die die schlafende Stadt umrahmten, wie aus bläuendem Stahl erscheinen. Es war Mitte November 1915. Von irgendwoher roch es nach Schnee. Die Tage der Afghanistan-Expedition des Sultans von Deutschland schienen gezählt.

15

Zwei Tage später machte sich Stichnote daran, mit dem Falken auszureiten, um ihn außerhalb Kabuls fliegen zu lassen. Er passierte die immer noch zu ihrem «Schutz» um das Gästehaus postierten Soldaten des Emirs, die das Kommen und Gehen der Expeditionsmitglieder mittlerweile gleichmütig hinnahmen und sie sogar kameradschaftlich grüßten. Einer wies Stichnote mit ausgestreckter Hand auf zwei Männer hin, die etwas unterhalb der Straße an einem Torbogen standen und warteten.

Es waren der alte Umarkhan und Ato. An ihren todtraurigen Gesichtern sah er sofort, dass etwas Schlimmes passiert sein musste. Er sprengte das Pferd die Straße hinunter, stieg ab und lief zu Umarkhan, der ihm halb auf seine Krücken gestützt, halb an die abblätternde Mauer des Torbogens gelehnt entgegenblickte und Gott dankte, dass seine Bitten endlich erhört worden waren. Stichnote war seine letzte Hoffnung. Mit Grausen hörte der, was etwa eine Woche nach seinem Aufbruch geschehen war.

Unterwegs Richtung Bamiyan sei Parviz von Beginn an seltsam beunruhigt gewesen, denn er fühlte sich verfolgt, und diese Ahnung habe sich auf schreckliche Weise bestätigt. Im Morgengrauen des zweiten Tages sei ein schwerbewaffneter Trupp uniformierter Reiter aufgetaucht, Soldaten des Emirs, keine Räuber. Sie hätten sich gewehrt, aber Ort und Zeit des Überfalls seien für die Angreifer günstig gewesen.

Gurban, der gekämpft habe wie ein Löwe, sei tot.

Der Gescheckte, der einem Angreifer an die Kehle gegangen war, sei erschossen worden.

Oqil sei verletzt, befinde sich jedoch außer Gefahr.

Diese Nachrichten trafen Stichnote wie ein Schlag, aber er wusste schon, dass ihnen noch eine andere, schrecklichere nachkäme. Er fragte, was mit Parviz und Ruia sei.

Die Soldaten hätten beide mitgenommen, zurück nach Kabul. Auf sie alleine hätten es die Soldaten abgesehen gehabt. Was nun mit ihnen sei, wisse Umarkhan nicht.

Die Stimme des alten Turkmenen war leise. Dies war die Niederlage, die es gebraucht hatte, um ihn zu brechen. Mit einem Mal wirkte er wie ein alter, verlassener Mann am Ende seiner Kraft. Eine Krähe aus der Hölle.

Ato habe den verletzten Oqil und ihn selbst zurück nach Kabul gebracht. Dort hätten sie versucht, Prinz Amanullah zu sprechen, dem Parviz noch kurz vor ihrem Aufbruch Reitunterricht gegeben habe. Aber man habe sie natürlich nicht vorgelassen. Was seien sie schon anderes als Bettler?

Jetzt waren sie zu ihm, Stichnote, gekommen. Eine andere Hoffnung hatten sie nicht mehr.

Stichnote ließ sich genau beschreiben, wo in der Stadt sie untergekommen waren, saß auf und ritt zurück ins Gästehaus, um Niedermayer um Hilfe zu bitten. Gemeinsam brachen die beiden Offiziere kurz danach in voller Uniform auf. Sie erreichten den Gouverneurspalast, in dem Amanullah residierte. Der Prinz, ihr Verbündeter und Spielkamerad, empfing sie ohne Umstände. Er war keineswegs überrascht, die beiden zu sehen.

«Meine Herren, willkommen», sagte er, bat sie in den Sesseln vor seinem Schreibtisch Platz zu nehmen, ließ ihnen Tee servieren und blickte fast amüsiert auf die Ungeduld, die vor allem Stichnote ausstrahlte.

«Wir müssen Sie dringend sprechen», sagte der, mit einem Seitenblick auf Niedermayer, dem das erste Wort von ihrer Seite zugestanden hätte. Der Dienstältere duldete es.

«Sind die guten Nachrichten also schon zu Ihnen gedrungen?», fragte der Prinz und wies auf Dokumente, mit denen er sich beschäftigt hatte. «Ich sehe gerade noch einmal drüber und wäre sowieso bald zu Ihnen gekommen, um die Details zu besprechen.»

Die beiden Deutschen verstanden kein Wort.

«Das Abkommen! Der Emir hat eingewilligt, seine Unterschrift unter ein Dokument zu setzen, das die Bereitschaft unseres Landes bestätigt, Verhandlungen über einen formellen Beistandspakt zwischen Afghanistan und den Mittelmächten aufzunehmen.»

«Hoheit», rief Niedermayer, der den eigentlichen Grund ihres Besuchs gleichsam vergessen hatte, «ich höre davon zum ersten Mal. Aber was ich höre, begeistert mich. Mochte schon gar nicht mehr daran glauben.»

Die letzten Wochen vergoldeten sich für den Oberleutnant, als ginge eben hier in Prinz Amanullahs Arbeitszimmer die Sonne auf, von der er in langer Winternacht geträumt hatte.

«Ich bin etwas überrascht», sagte Amanullah. «Was war dann der Grund, warum Sie mich sprechen wollten, wenn nicht das Abkommen?»

Stichnote konnte nicht länger warten. Er kam heraus mit der Geschichte, die ihm Umarkhan erzählt hatte, atemlos und zugleich schockiert von Niedermayers düsterer Miene, der sich zwingen musste, seinem Untergebenen nicht ins Wort zu fallen.

Amanullah hörte Stichnote zu. Seine Stirn runzelte sich sorgenvoll.

«Es kann sein, dass dies mit einer alten Fehde zu tun hat, in die Parviz verwickelt ist», sagte er sodann etwas betreten.

«Aber er war doch Ihr Gast, Hoheit, sogar Gast des Emirs. Das

Gesetz der Paschtunen schützt den Gast vor Zugriffen», erwiderte Stichnote fassungslos.

«Das Gesetz der Paschtunen ist kompliziert», sagte der Prinz. «Er befand sich ja nicht mehr in unserem Haus. Das Gastrecht endet an der Schwelle. Hatte er denn Badragga?»

«Was?»

«Schützende Begleitung auf der Reise.»

«Davon weiß ich nichts. Aber er war doch zuvor Ihr Gast, und jetzt haben Ihre Soldaten ihn und seine Tochter festgenommen.»

«Der Emir trifft seine eigenen Entscheidungen», entgegnete der Prinz kühl.

«Was geschieht nun mit den beiden?»

«Ich werde mich erkundigen», sagte der Prinz und setzte mit liebenswürdigem Tonfall hinzu: «Ich bewundere Parviz sehr. Er dürfte der beste Reiter paschtunischer Abstammung sein. Wenn ich etwas tun kann, werde ich ihm meine Hilfe nicht versagen.»

Es entstand eine kleine Pause. Niedermayers Ungeduld hob sie schließlich auf.

«Wir sollten jetzt den Entwurf des Abkommens durchsehen, Hoheit», sagte er und zu Stichnote gewandt: «Sie reiten zurück, Herr Deckoffizier. Das wird hier sicherlich längere Zeit in Anspruch nehmen. Schauen Sie im Gästehaus nach dem Rechten.»

«Herr Oberleutnant, ich bitte um die Erlaubnis, zuvor in die Stadt zu gehen, um Umarkhan Mitteilung zu machen.»

«Entschuldigen Sie uns für einen Moment, Hoheit», sagte Niedermayer. Sie gingen vor die Tür und scheuchten ein paar Diener auf, die in vormittäglichem Dämmer geschlummert hatten und ihnen mit erhabenen Gesichtsausdrücken bei ihrem leisen, aber desto nachdrücklicher geführten Streit zusahen.

«Sie werden nichts dergleichen tun, Stichnote», sagte der Chef.

«Haben Sie nicht begriffen, dass wir vor dem Durchbruch stehen?

Es ist gewiss eine schlimme Geschichte, aber noch wissen wir nicht, was dahintersteckt. Wenn Sie als Angehöriger meiner Mission solch engen Kontakt mit diesen Leuten pflegen, könnte uns das in Schwierigkeiten bringen.»

«Diese Leute ... haben mir das Leben gerettet.»

«Ich weiß das doch. Ich verstehe Ihre Verbundenheit. Aber nun liegt ein Konflikt mit dem Emir vor, und Sie werden Zurückhaltung wahren.»

«Ich weiß, dass Parviz nicht gerne nach Kabul gekommen ist. Nur für mich hat er das getan. Ich kann ihn jetzt nicht im Stich lassen. Ruia, seine Tochter, ist zehn. Ein Kind! Wo befindet sie sich? Im Gefängnis? Das ist doch ganz und gar unmöglich.»

«Der Prinz wird sich darum kümmern. Sie unternehmen nichts weiter. Reiten Sie ins Gästehaus und bleiben Sie dort, bis ich zurück bin. Das ist ein Befehl.»

Damit war das Gespräch beendet.

Stichnote ritt zurück, dabei mied er schweren Herzens den aus einfachen grauen Ziegeln gebauten Basar mit seinen Garküchen und den überall herumlaufenden armseligen Hazara-Lastträgern, an dessen Ende irgendwo Umarkhan zu finden sein musste. Noch war er Soldat, Angehöriger einer Ordnung, die auf fraglosem Gehorsam aufgebaut war.

Aber die Zeit seines Gehorsams lief ab. Denn mit dem Besuch Amanullahs ein paar Tage später kamen sehr schlechte Nachrichten.

Alles, was Umarkhan ihm berichtet hatte, traf zu. Parviz saß in einem Gefängnis, das dem Adjutanten des Emirs unterstellt war, mithin diesem selbst. Doch als Gouverneur von Kabul lag es in Amanullahs Macht, die Auslieferung des Reiters an den ihn verfolgenden Clan aus den Schwarzen Bergen zu verzögern. Dabei ging es dem Adjutanten nicht so sehr um das Einstreichen des Kopfgeldes. Die Auslieferung des Langgesuchten würde vielmehr die Beziehung des Emirs zu dem auch auf afghanischem Gebiet stark vertretenen Stamm des gehörnten Ehemanns verbessern. Da habe es verschiedene Unstimmigkeiten gegeben, die nun beigelegt werden konnten. Stichnote hörte ihm klopfenden Herzens zu. Er fragte bang nach Ruia – was denn jetzt mit dem Mädchen geschehe?

Sie befinde sich bereits im Palast und stehe unter Aufsicht einer der Ehefrauen des Emirs.

Stichnote begriff nicht, was ihm Amanullah damit sagen wollte. Nun, gab Amanullah durchaus bedrückt an, das Mädchen werde des Emirs nächste Ehefrau.

«Das kann ich nicht glauben», stammelte Stichnote. «Sie ist noch ein Kind!»

Der Prinz schwieg.

«Das müssen Sie verhindern, Hoheit, ich bitte Sie.»

«Ich kann nichts tun. Sie ist bereits im Harem. Damit ist sie jeder Einflussnahme von außen entzogen. Es tut mir leid.»

Der Prinz blickte düster zu Boden. Er hätte noch hinzufügen können, dass nur der Tod die beiden trennen konnte, aber er schwieg.

«Wie lange können Sie die Auslieferung von Parviz aufschieben?»

«Der Adjutant des Emirs ist nicht sehr entgegenkommend. Aber ich bin immer noch der Gouverneur von Kabul. Ich werde tun, was ich kann.»

Parviz vermochte Amanullah einstweilen zu schützen, doch Ruia erreichte seine Hilfe nicht. Bald schon nach ihrer Brautnacht hörte sie auf, sich zu wehren. Es war schrecklich, wenn er die Hände um ihren Hals legte, um sie zu würgen, und es dann wieder anfing, aber wenn sie sich nicht wehrte, ging es schneller vorüber.

Doch verweigerte sie jede Nahrung, und wenn sie alleine war, nahm sie den Copal, ihren einzigen Besitz, und blickte durch ihn hindurch.

Dann sah sie ihren Vater auf seinem Pferd, wie er über die Steppen des Nordens ritt. Sie erinnerte sich an Umarkhan und den Gescheckten, der den ersten der Männer, der Hand an sie legen wollte, zu Boden riss und dies mit seinem Leben bezahlte. Gurban, den eine Kugel ins Herz traf, den lieben Gurban, der einen Soldaten niedergestreckt hatte und mit einem Lächeln starb. All das hatte sie mitangesehen. Nun betrachtete sie bis zu ihrer letzten Stunde den Harztropfen und dachte an ihren Vogelmann, um den sie sich, ihrem eigenen Unglück zum Trotz, immer noch sorgte. Und auf den sie bis zum Ende gehofft hatte. Lieber Gott, beschütze ihn!

Verzweifelt ritt Stichnote immer wieder bis zu den Mauern des Palastes, doch ein besser bewachtes Gefängnis als den Harem des Emirs gab es im ganzen Land nicht. Als er von Amanullah, der gleichermaßen traurig wie beschämt war, von ihrem Schwächetod erfuhr, da war es Stichnote, als müsste er selbst sterben.

Und er wollte es auch, suchte den Tod. Eine ganze Nacht lang. Die Luger Parabellum an seiner Schläfe, sah er in seinem Quartier die Wintersonne aufgehen, aber er drückte nicht ab. Der Tod wollte nicht kommen. Stichnote musste am Leben bleiben. Parviz, dem er es verdankte, war eingesperrt. Also war es an ihm, Rache zu üben.

Der Gedanke an Rache verbrannte sein Herz.

Sein Verstand begann zu arbeiten. Mit keinem Wort äußerte er sich Niedermayer gegenüber zu seinen Absichten. Der Oberleutnant, geblendet von dem viele Seiten umfassenden Entwurf eines Abkommens, das der Emir nur im Falle eines feststehenden Sieges der Mittelmächte zu unterzeichnen gedachte, verstärkte seine Anstrengungen an allen Fronten, verließ in den frühen Morgenstunden das Haus, um sich mit Offizieren zu besprechen, und codierte Sendschreiben an die Etappen in Persien sowie die diplomatischen Vertretungen dort, besuchte die Waffenfabrik, um den Stand der Produktion zu überprüfen, denn es würden, so dachte er, bald viele Gewehre gebraucht, ließ weiterhin immer enthusiastischere Propagandaschriften drucken und verhandelte mit indischen Händlern aus Kabul darüber, diese nach Indien zu schmuggeln. Er bemerkte nicht, dass sich Stichnote nur scheinbar mit dem Unglück abgefunden hatte, das er, niemand anders als er selbst, über einen Vater und sein Kind gebracht hatte.

Bald schon traf er sich im Geheimen mit dem Mann, den ihm der Zufall zugespielt hatte: dem Bruder des Emirs, Nasrullah Khan.

Für ihn war Stichnote, der Mann mit dem größten Würfelglück, das er je gesehen hatte, gleichermaßen ein Gesandter des Schicksals: derjenige, der seinem verhassten älteren Bruder den Tod bringen würde, damit er selbst endlich Emir sein konnte, denn nicht der Sohn, sondern der Bruder würde den Thron erben.

Ihr Pakt war schnell geschlossen. Stichnote musste es nur wie einen Unfall aussehen lassen.

Zwei Wochen vor Weihnachten, dem christlichen Fest der Nächstenliebe, begab sich der Emir wie jedes Jahr in seine Winterresidenz in Dschalalabad. Dort überzeugte ihn sein Bruder, sich mit kleinem Tross ins nahegelegene Kunar aufzumachen, um im Dara-e-Nur, dem Tal des Lichts, zu jagen. Von dort seien Berichte von Wildgängern gekommen, dass es dieses Jahr so viele Schneeleoparden gebe, wie lange nicht. Diese edle Beute warte nur darauf, vom Emir zur Strecke gebracht zu werden, ein Zeichen für den Fortbestand seiner Herrschaft.

16

Das Dara-e-Nur, das Eldorado der Jäger. Hier, in dieser eisigen ostafghanischen Wildnis, deren Namen, so sagen manche, gar nicht auf das Licht, sondern auf Noah hinweise, dessen Arche hier nach dem Ende der Sintflut gestrandet sei. Hier habe Noah die Taube fliegen lassen. Hier könnte die Geschichte enden. Hier könnten wir die zwei Männer im Kampf auf Leben und Tod verlassen, auf ewig ineinander verkeilt wie Ameise und Spinne im Copal.

Doch außer IHM, der alles sieht, gibt es noch einen, der Stichnote so nahe ist, dass er ihn sehen kann. Es ist der weiße Falke, den Parviz Stichnote in glücklicheren Tagen geschenkt hat. Stichnote hat ihn fliegen lassen, er war der Bote des Angriffs. Jetzt ist er auf einer alten Weide niedergegangen und ruft seinen Herrn.

Die Weigerung des Jagdvogels, zum Falkner zurückzukehren, so sagte der Araber Moamin – der erste Mensch, der über Raubvögel und die Kunst, mit ihnen zu jagen, geschrieben hat – rührt oftmals daher, dass er wenig getragen wird oder die Führung des Vogels schlecht ist oder der Falkner ihn grob behandelt oder sich von ihm fernhält, sodass dies Wildheit oder Scheu gegenüber dem Falkner zur Folge hat.

Stichnotes Falke aber kennt seinen Herrn. Er weiß nicht, dass es mit dessen Leben zu Ende geht. Blickt auf ihn hinab, erhebt sich wieder und kreist über den beiden Männern, deren Kampf entschieden scheint.

Er sieht, wie der Emir auf Stichnote kniet, die Hände um dessen Hals mit aller Kraft geschlossen und so weit nach vorne gebeugt, dass Stichnote vollkommen von ihm verdeckt wird, fast als habe der Emir ihn verschlungen. Der Atem des Emirs pulsiert in dichten Wolken, auch seine Kraft beginnt zu schwinden, aber er lässt nicht nach. Stichnotes Arme, mit denen er versucht hat, den anderen wegzudrücken, gleiten ab. Während Blut aus der Wunde über seinem Auge sickert, steigt zartes Schwarz in Stichnote auf. Der Schmerz in seiner Kehle und das Tosen seiner Lungen werden schlimmer, und die dämmernde Erschöpfung durchfahren Erinnerungen. Das Röcheln sterbender Kamele, verendender Pferde, verdurstender Männer. Dahinratternde Viehwaggons voller Soldaten. Blitzendes nächtliches Geschützfeuer. Und mit einem Mal die See. Weiße Städte am Mittelmeer. Der Himmel über der See. Ein Schiff.

Als er ganz still daliegt, die Augen geschlossen, lässt Habibullah nach. Es ist nicht das erste Mal, dass ein Mensch unter seinen Händen stirbt, er kennt die abstoßende fleischerne Trägheit, die die Geschöpfe mit einem Mal überkommt, wenn sie kalt werden, lässt von Stichnotes Gurgel ab und speit ihm voller Abscheu ins Gesicht. Dann wälzt er sich vom Brustkorb des Deutschen und erhebt sich langsam. Er will nach der Pistole suchen und Stichnote eine Kugel in den Schädel jagen, um sicherzugehen. Was er später mit seinem Bruder, dem elenden Verräter, machen wird, weiß er noch nicht. Etwas Langsames und Schmerzhaftes jedenfalls.

Der Falke, dem es nicht gelungen ist, Beute zu machen, und der darauf wartet, dass Stichnote ihn füttert, sieht die Manschette am linken Arm seines Herrn, fliegt heiseren Rufes heran und streift über den kahlen Kopf des Emirs, der erschreckt hochfährt und den Falken damit reizt. Dieser landet nicht auf Stichnotes hingestrecktem Arm, sondern fliegt, vor Hunger scharf, zurück und beginnt den Feind zu attackieren. Ein reiner Reflex.

Über der Stille des winterlichen Tals liegen die schrillen Rufe des Vogels und das Ächzen des wild um sich schlagenden Mannes wie die Geräusche eines absurden Tanzes.

Stichnote, halb bewusstlos, hört seinen Falken. Es ist ihm unmöglich, Parr zu verstehen, solche Laute hat er noch nie von ihm gehört. Stichnote hatte Frieden gefunden und sich schon damit abgefunden, zu sterben. Aber nun ruft ihn sein Falke.

Komm zurück.

Es ist ein langer Weg.

Doch Zeit spielt keine Rolle. Gemächlich wie ein Schlachtschiff, das seinen Hafen verlässt, öffnet Stichnote die Augen.

Der Moment, in dem der Emir – den Parr böse im Gesicht und am Kopf erwischt hat – den Vogel zu Boden schlägt, ist das Erste, was Stichnote wieder klar erkennt.

Er sieht, wie der Emir nachtritt und den Falken zu erwischen versucht.

Er vernimmt Parrs Klagelaut, als er getroffen wird, hat Zeit, den Silbermond zu betrachten, der tief über ihnen steht, dann sieht er, wie der Emir sich niederbeugt, um den Vogel zu erledigen.

Nein.

Habibullah wird nicht siegen.

Denn Stichnote ist gekommen, um Rache zu üben.

Niemals hätte er solche Kraft in sich vermutet. Das Genick des Emirs bricht, nachdem er ihn zu Boden gerissen hat und ihm den Hals umdreht, bis es knackt. Er atmet ächzend auf, bleibt liegen, den fetten Mann halb auf sich, als umarme er ihn, besinnt sich dann, wälzt sich zur Seite und sucht nach dem Falken, der sich unter einem Busch verkrochen hat. Der Falke versucht ihn zu beißen, als er ihn nimmt, dennoch fasst er ihn ganz fest, prüft die Flügel, die nicht gebrochen scheinen, setzt ihm das Häubchen auf, murmelt sanfte Worte, streichelt ihn, gibt ihm zu fressen. Setzt ihn auf einen Ast.

Er braucht lange, um Habibullah zum Felsabbruch zu schleppen. Das von der Hofküche gemästete Fleisch ist schwer, aber Stichnote wird zum Wolf, lässt nicht ab, zerrt den Kadaver über die gefrorene Erde, bis er den Abgrund erreicht hat.

Der Körper fällt zwanzig Meter tief und bleibt auf der Gabel einer gewaltigen Kiefer liegen, deren Totholz zwischen den Felsen lurt. Stichnote wirft die Fellmütze hinterher, die weiter oben zu liegen kommt.

Hallal.

Schnee fällt und bald wird die Dämmerung einsetzen.

Das Blut aus der Wunde am Auge tropft auf den gefrorenen Boden.

Habibullah ist tot.

Nichts hat Stichnote in Kabul zurückgelassen. Seemännisch hat er das Bett gemacht, sich zuletzt den schwarzen Turban gebunden und leise die Tür geschlossen. Ohne Niedermayer oder sonst jemanden aus der Expedition noch einmal zu sehen, ist er fortgegangen aus Baburs Garten.

Das Pferd, das einst Gilbert-Khan gehört hat, trägt ihn nach Osten. Als die Sonne über dem schneebedeckten Tal aufgeht, das sie in der Nacht durchzogen haben, füttert er den Falken ausgiebig, sodass dieser keinen Grund hat, schnell zu ihm zurückkehren zu wollen. Ein letztes Mal bewundert er seine copalfarbenen Augen, streichelt er ihm über das herrliche weiße Gefieder.

«Wohin ich gehe, kann ich dich nicht mitnehmen. Bleib du hier, in deinem Land», sagt er mit sanfter Stimme.

Dann lässt er den Falken frei.

Azadis linie ∏selte ihn an. Das drücken ins eck war nicht
endlich. Vu-Vuuf-Buuho – so flautterten sie, bruiemmelten
sie, guerrelten sie und waren die augen des sturms. Lietz
her heidine man über see lidan. Seemann gibst hecht du auf
deine wacht? Tranq'stviel. Tomahadsch.

AMADEUS TOTH, «OCKHAMS MESSER»

Epilog

In *Briefe eines Toten an eine Taube* beschreibt der bis zum Waffenstillstand in der befestigten Region Verdun, genauer auf dem Kamm von
Höhe 344 stationierte Lucien Camus, dass auch die einfachen Soldaten
die vage kolportierten Ereignisse am Hindukusch durchaus in Verbindung mit dem Waffenstillstand brachten. Camus schildert, wie einige
seiner Kameraden Loblieder auf die fernen Afghanen anstimmten,
indem sie den Text der Marseillaise abänderten und «Allons enfants
de l'Afghanistan ...» sangen. Doch die vielleicht bemerkenswerteste
Stelle der ganzen Sammlung sind jene Schilderungen der Begegnungen mit deutschen Soldaten, die sich im euphorischen Chaos überall
am Rande der in Auflösung begriffenen Stellungen ereigneten. Gewiss
waren viele Männer, als die Feindseligkeiten im August 1914 begannen,
mit der festen Überzeugung ins Feld gezogen, da sei ein böser Erb-
feind, den es zu schlagen gelte. Doch die Monate des Stellungskrieges
hatten von dieser Auffassung bei den meisten nichts übrig gelassen –
steckten doch alle im selben Verhängnis, von der Kriegsmaschinerie
zum Menschenmaterial degradiert worden zu sein, und wohlwissend,
dass es denen auf der anderen Seite ebenso erging. Respekt, ja Hoch-

achtung vor dem Gegner beherrschten die letzten Monate vor dem Waffenstillstand. Nun, da es amtlich war, dass keiner den Sieg hatte erringen können, wurden die Männer von dem Hochgefühl überwältigt, gemeinsam noch einmal davongekommen zu sein. Mehr als genug, Hunderttausende, waren auf der Strecke geblieben. Den Überlebenden aber hatte der Große Krieg den Wert des Friedens ein für alle Mal beigebracht. Jeder Gedanke an Rache – so beherrschend zu Beginn – war ausgelöscht. Sie waren Kameraden geworden.

Ganz zuletzt schildert Camus seiner Frau und seinen in Algier auf die Rückkehr ihres Vaters wartenden Söhnen, wie er jenen auffällig großgewachsenen bayerischen Soldaten wiedertrifft, dessen fußballerisches Geschick er beim Fußballspiel an Weihnachten 1914 so bewundert hat:

Er ragt zwischen seinen Kameraden um mindestens einen Kopf heraus, sein kantiges Gesicht, übersät von Splitternarben, eine schräg über die Brauen, mit groben Stichen genäht, sieht furchterregend aus. Aber Augen, die lachen. Kamerad, rufe ich auf Deutsch, Kamerad, hab dich spielen sehen! Fußball! Compiègne! Erstes Weihnachten im Krieg!, rufe ich. Er schlägt mir auf die Schulter und holt ein großes Stück Schweinespeck raus. Bayern immer gut essen!, ruft er auf Französisch und schneidet mir die Hälfte ab. Er sagt, sein Name sei Ignaz und dass er aus München komme. Ich frage, was er jetzt tun will. Krieg kaputt – jetzt alten Freund suchen!, sagt er, Freund auf Schiff! Deutsches Schiff. Da muss ich weinen und lachen, weil ich an unser Schiff denke, Catherine, erinnerst du dich? Dann geben wir uns die Hand. Der Bayer sagt, wir sollen im September nach München fahren. Er will den Kindern Eintrittskarten geben für das «Spukschloss». Er arbeitet dort als Geist und hebt die Arme wie ein Ungeheuer. Hab nicht genau verstanden, was er meint. Vielleicht ein Museum? Dann ruft ihn sein Zugführer. Er geht nach Hause. Auf Wiedersehen.

Tausende Bücher wurden über das Ende des Großen Kriegs, den Frieden von Verdun und die unüberschaubaren Verwicklungen und Ereignisse danach geschrieben, aber dies ist die einzige Stelle der gesamten Literatur, an der Sebastian Stichnote vorkommt – wenn auch nur als ferner, kaum zu erkennender Schemen.

Der 1919 für seine Verdienste von König Ludwig III. geadelte Oskar Ritter von Niedermayer hat alles dafür getan, den Verräter aus sämtlichen Unterlagen zu löschen, und natürlich hat er ihn in seinem beachtlichen autobiographischen Werk *Die sieben Täler der Weisheit* mit keinem Wort erwähnt. Allerdings vertritt er darin die These, der Mörder Habibullahs wäre ein fanatischer Anhänger des geheimnisvollen «einäugigen Kalifen» aus den Bergen von Khorasan gewesen, der sich selbst als den Mahdi bezeichnete und auf den Tag wartete, an dem er mit seinen schwarzbeflaggten Truppen auftauchen würde, um das Reich des Islam neu zu begründen. Angesichts des Wohlstands und des Friedens in jener neuerlich erblühten Weltgegend zwischen Persien und Bengalen eine geradezu groteske Vorstellung.

Doch abgesehen davon, dass er Stichnote aus der Geschichte des Heiligen afghanischen Kriegs deutscher Inspiration tilgte, schilderte Niedermayer einer staunenden Öffentlichkeit äußerst präzise das shakespearesche Königsdrama am Hindukusch und seine Folgen: Wie Nasrullah, den Leichnam seines «verunglückten» Bruders im Gepäck, nach Kabul zurückkehrte, sich selbst zum Emir proklamieren wollte und dabei von den Mullahs unterstützt wurde. Wie allerdings Prinz Amanullah, die Armee hinter sich wissend, Beweise für die Verschwörung des Onkels aufbieten konnte und diesen vor die Wahl stellte, entweder zugunsten Amanullahs zu verzichten und diesen von Stund an zu unterstützen oder den Kopf zu verlieren. So gelangte Emir Amanullah im Januar 1916 nicht nur auf den Thron, sondern er wusste auch die Verschwörung des Onkels in seinem Sinne umzumünzen: Ein britischer Agent habe den Vater auf Weisung Neu-Delhis umgebracht, da dieser ein Abkommen mit den Mittelmächten unterzeichnen wollte. Weil er wusste, dass Großbritannien gerade dabei war, das Gallipoli-Desaster zu beenden, wodurch die verbliebenen Truppen wieder zur Verfügung stehen würden, zögerte Amanullah nicht, den Krieg zu erklären, der durch das Votum der vom Onkel beeinflussten Geistlichkeit zum Dschihad wurde. Niedermayer legt in seinem Buch großen Wert darauf, zu beschreiben, wie Amanullah von ihm, Niedermayer, von der richtigen Strategie überzeugt worden ist. Davon, dass sie an einem Spieltisch entwickelt wurde, an dem der Geist des alten Clausewitz gesessen hat, schreibt er nichts.

Als wäre durch die Lockerung eines kleinen Steins eine Lawine losgetreten, ergossen sich die Krieger der Popalzai, der Mohmand, der Afridi, der Yusufzai, der Swati und all der anderen paschtunischen Stämme von beiden Seiten der Linie nach Peschawar, befeuert davon, den anderen einen möglichst großen Teil der Beute wegzuschnappen. Da die Truppen des indischen Raj sich nach kurzem, aber angesichts ihrer zahlenmäßigen Unterlegenheit aussichtslosem Widerstand bald in Auflösung befanden, kamen auch noch die Belutschen dazu, ganz genau so, wie es Stichnote beim ersten Großen Spiel in Kabul vorhergesehen hatte. Der gesamte Westen Britisch-Indiens wurde überrannt. Aus Furcht vor den immer weiter nach Osten marschierenden Paschtunen und Belutschen, vor denen die Briten sie nicht beschützen konnten, bildeten sich im ganzen Land Hindu-Wehren, und es kam zu Übergriffen gegen alteingesessene indische Moslems, die man beschuldigte, mit den Paschtunen verbündet zu sein. Ein Bürgerkrieg lag in der Luft, der die britische Herrschaft zweifellos beendet hätte. Die Rebellion zahlloser Hindu-Regimenter, die an Großbritanniens Fronten lagen und sich weigerten weiterzukämpfen, da zu Hause die Paschtunen eingefallen waren, verschärfte die Lage drastisch. Und dann bekam die von Kandahar aus vorrückende afghanische Süd-Armee auch noch die, wenngleich eher symbolische, Unterstützung durch das sogenannte Karachi-U-Boot, das drei britische Dampfer hintereinander in den Schlick des belutschistanischen Hafens beförderte.

Dem späteren Ritter von Niedermayer, der bei der darauffolgenden kampflosen Einnahme Karachis in vorderster Linie mitritt, gelingt eine packende Schilderung, wie dieses U-Boot plötzlich einem Geisterschiff ähnlich auftauchte, zunächst eine britische Flagge hisste, diese nach der erfolgreichen Versenkung durch eine Freibeuterflagge ersetzte und danach für immer verschwand. Viele Afghanen sahen darin ein Gotteszeichen, ein Wunder, einen Engel als Kommandanten, aber Niedermayer – weit davon entfernt, sich dieser Lesart anzuschließen – erwähnt Spekulationen, ein gewisser deutscher Leutnant zur See hätte ein umgebautes Flandern-U-Boot, das von Ingolstadt über die Donau und das Schwarze Meer an den Bosporus gebracht worden war, dort demontiert, per Karawane an den Persischen Golf befördert, den Angriff auf den Hafen von Karachi vorgenommen und wäre danach Richtung Osten davongefahren, um in den Folgejahren immer wieder in der Inselwelt Indonesiens und Burmas gesichtet zu werden.

Was auch immer das Karachi-U-Boot darstellte, für London, das gerade an Gallipoli herumkaute, signalisierte es, dass das Empire endgültig ins Wanken geraten war: höchste Zeit, den Krieg zu beenden und vom Weltreich zu retten, was zu retten war.

Von vielen, die an der Afghanistan-Expedition beteiligt gewesen waren und sich durch den mit einem Schlag weltberühmt gewordenen Oskar Niedermayer nicht genügend gewürdigt fanden, sind eigene Berichte und regelrechte Gegendarstellungen erschienen. Auch Vizekonsul Wassmuss, der Zeit seines Lebens in Persien blieb und sich als Rosinen- und Pistazienproduzent betätigte, wollte einiges korrigiert sehen und versuchte überdies, Niedermayers Buch als verkappte Propagandaschrift der Bahai-Religion zu schmähen, was der atemberaubenden Präsenz von *Die sieben Täler der Weisheit* unter den Christbäumen keinen Abbruch tat.

Für die Geschichte Afghanistans als eines zwischen Stämmen und Völkern zerrissenen Landes war der Dschihad von 1916 ein wichtiges Datum, aber als vielleicht noch wichtiger erwies sich der große Buzkaschi von Kabul, den Emir Amanullah nach dem Sieg über das Britische Empire ausrichtete. Es war der erste Buzkaschi, an dem nicht nur turkmenische, tadschikische und Hazara-Reiter teilnahmen, sondern auch eine paschtunische Mannschaft, die unter dem Banner des Emirs antrat. Berichten zufolge versammelten sich über fünfzigtausend Menschen aller Völker und Stämme in Kabul, um mehr als vierhundert Reitern bei ihrem Kampf um den Leib eines Ziegenbocks zuzusehen. Die Geschichte von Parviz, dem Tschopendo, der für den Emir ritt und nach zwei Tagen den Sieg davontrug, ist seither nicht nur in Afghanistan berühmt, sondern hat den Buzkaschi auf der ganzen Welt bekannt gemacht. Das in zahlreiche Sprachen übersetzte und später auch verfilmte Jugendbuch *Parviz, der Reiter* hat sein Teil dazu beigetragen. Ein Spiel von solch existentieller Drastik wie Dschingis Khans Buzkaschi vermochte ein gespaltenes Land zu einen. Seitdem bemüht sich Afghanistan, bislang allerdings vergeblich, Buzkaschi als olympische Disziplin durchzusetzen.

Dagegen kam es auf den ausdrücklichen Wunsch des – bald danach abdankenden – Kaiser Wilhelm und des französischen Präsidenten Poincaré im August 1916 doch noch zu den vor dem Krieg geplanten Olympischen Spielen in Berlin. Unter den zahlreichen Staatsoberhäuptern und Regierungschefs befanden sich der gerade ins Amt gelangte liberale Ministerpräsident Russlands Wladimir Dmitrijewitsch Nabokow, dessen erst siebzehnjähriger Sohn beim olympischen Tennisturnier antrat, sowie der gewiefte Finanzminister seiner Regierung, Dr. Alexander Helphand.

Gerüchte besagen, es wäre Helphand gewesen, der seinen deutschen und französischen Kollegen bei einem Treffen am Rande der Olympiade den genialen Vorschlag gemacht hätte, die babylonischen Schulden, die beide Länder aufgenommen hatten, um den Krieg zu finanzieren, einerseits der Rüstungsindustrie aufzubürden, deren Geflechte und enorme finanzielle Ressourcen der findige Russe erstaunlich gut kannte, und andererseits eine neue Währung einzuführen, den Europäischen Goldstandard oder kurz Eurod'or, der für Geschäfte im europäischen Binnenmarkt gelten sollte. Die kleineren Länder Europas murrten, dass sie auf diese hinterlistige Weise mit den Kriegskosten der beiden Großmächte belastet würden, vor allem die Belgier, die ohnedies schon arg gelitten hatten, aber Frankreich und Deutschland blieben in diesem Punkt hart. Wie hatten sie nur so dumm sein können, gegeneinander um die Vormachtstellung in Europa zu kämpfen? Und so dürfte Karl der Große im Karolingerhimmel darüber gelächelt haben, was bei diesen dem Frieden von Verdun folgenden Olympischen Spielen von Berlin seinen Ausgang nahm: die Neugründung seines Reichs.

Die einzige Silbermedaille Österreichs bei Olympia 1916 errang übrigens ausgerechnet die Polo-Mannschaft. Im Finale gegen das klar favorisierte England gingen die Österreicher zunächst in Führung, und wer weiß, ob sie nicht sogar gewonnen hätten, wenn sich ihr Kapitän, der Tiroler Vinzenz Seiler, nach einem Sturz vom Pferd nicht den Arm gebrochen hätte und so nur noch brüllend vom Spielfeldrand aus ins Geschehen eingreifen konnte. Leider blieb ihm eine Revanche vier Jahre später verwehrt, denn im Mai des darauffolgenden Jahres verlor er beim Bergsteigen in den Alpen sein Leben.

Sein mährischer Landsmann Prälat Alois Musil, der fast zeitgleich mit der Niedermayer-Expedition zu seiner Mission nach Arabien aufgebrochen war, die ihn zunächst nach Damaskus führte, verbrachte mit einer zehn Kamele umfassenden Karawane viele Monate in den Zelten seiner Freunde, den arabischen Beduinen. Nichts Geringeres als die Aussöhnung der Mächtigen Innerarabiens und der Küstenzone des Hedschas hatte er sich vorgenommen: des Großscherifen von Mekka, Husejn aus dem Hause der Haschemiten, des Herrschers der Küstenzone, des Emirs von ar-Riyad Eben Sa'ud und des Mächtigen Innerarabiens Eben Raschid, des Favoriten der Jungtürken – mit dem Ziel, dass sich die Araber geschlossen gegen die Ingliz stellen sollten. Für den Krieg in Europa interessierte sich aber unter den Beduinen wirklich niemand, nur was zwischen Türken und Engländern in Ägypten, al-Kuwejt und bei al-Basra vor sich ging, diskutierten sie, als handelte es sich um Raubzüge unter Beduinenstämmen. Musil begriff aber, dass sich auch bei den Arabern untereinander Konflikte abzeichneten: zwischen den traditionellen Beduinen, die in den Kategorien von Weidegründen und Razzia dachten, keine Ländergrenzen kannten und deren Loyalität sich nicht weiter als bis zu ihrer eigenen Blutsverwandtschaft erstreckte, sowie jenen vom strenggläubigen Reformislam der Wahabiten inspirierten Siedlern, die sich in Dörfern und Städten niederzulassen begonnen hatten. Diese standen unter dem Schutz Eben Sa'uds, und dieser, das erkannte Musil, liebäugelte mit dem Gold der Engländer. Ein gewisser Oberst Lawrence war hier Musils Gegenspieler. Auf den sich nach dem Frieden von Verdun hinziehenden Verhandlungen der Damaskus-Konferenz spielte der allseits anerkannte Scheich Musa, immer noch ein katholischer Geistlicher, die entscheidende Rolle beim Verbleib der arabischen Stämme unter der Oberherrschaft des osmanischen Kalifen. Viele Beteiligte wollten gerne die Gründung verschiedener arabischer Nationalstaaten, doch war es dann ausgerechnet dieser Lawrence, ein wahrer Freund der Araber, der Musils Plädoyer für die Bewahrung einer Jahrtausende alten Kultur unterstützte, die vom unermüdlichen Durchqueren von Landschaften und Ländern, von einer Weide zur anderen geprägt war. Das Osmanische Reich – freilich weiter zu liberalen Reformen gezwungen – blieb, ebenso wie das Reich der Habsburger, ein Vielvölkerstaat, so wie es schon unter den Kaisern Roms oder der Regierung des Propheten und der Kalifen gewesen war.

Auch wenn nicht nur die Damaskus-Konferenz, sondern auch die parallel dazu vorbereitete Selbständigkeit Indiens – der ein paschtunischer Intellektueller namens Ghaffar Khan zusammen mit dem Hinduführer Gandhi den Weg wiesen – dem britischen Weltreich ein Ende setzten, so behielten die Engländer doch ihre Seemacht und fanden ihre neue Rolle im 20. Jahrhundert als Beschützer des Welthandels, und verstanden es auch, die niederen Gelüste der Vereinigten Staaten von Amerika und Japans, sich über den Pazifik auszubreiten, in die Schranken zu weisen. Hätte England seine Flotte im Großen Krieg verloren, wer weiß, wie es um den Frieden auf der Welt danach bestellt gewesen wäre.

Winston Churchill, dem im War Cabinet alle die Schuld für Gallipoli und das darauffolgende Indien-Debakel in die Schuhe schoben, besann sich nach dem Ausstieg aus der Politik seiner Schriftstellerqualitäten. Dank eines uneinholbaren Informationsvorsprungs, exzellenter Zigarren und seines stets angenehm temperierten Badewassers war er der Erste, der mit einem großen Buch über den Krieg herauskam. *War for Peace* begründete seinen literarischen Ruhm. Unvergessen die ersten Worte seiner Rede zur Verleihung des Nobelpreises für Literatur:

«Wenn ein großer Sieg errungen ist, so dominiert er nicht nur die Zukunft, sondern auch die Vergangenheit. Alle Folgeketten klinken aus der Halterung ihres historischen Gerüsts, als ob nichts mehr sie halten könnte. Die Hoffnungen, die dabei zerstört, die Leidenschaften, die niedergeschlagen wurden, die unwirksam gewordenen schmerzlichen Opfer – sie alle werden aus dem Land der Wirklichkeit gefegt.»

Max von Oppenheim schließlich, das planerische Gehirn hinter Musil und Niedermayer, tat alles, um seine Rolle während des Großen Kriegs herunterzuspielen, er schrieb kein Buch darüber und auch keine Romane, denn ihn zog es dringend zurück zu seinen hethitischen Grabungen.

Gleich nach dem Krieg war er wieder in Syrien, um die dreitausend Jahre alten Funde des Tell Halaf mit seinen von Vogelgöttern geschmückten Portalen zu bergen und einen wesentlichen Teil davon nach Berlin zu bringen. Er starb als glücklicher Direktor seines eigenen Hauses auf der Museumsinsel. Albert Einstein, der erste Präsident der Deutsch-Französischen Union, sprach an seinem Grab. Einsteins Worte waren heiter und traurig zugleich.

Von all diesen Ereignissen unberührt, die Europa und die Welt des Islam so glücklich umwälzten, erreichte im März 1917 ein Passagierschiff des Norddeutschen Lloyd die Gewässer von Barranquilla. Das eigentliche Ziel des Dampfers war Cartagena und von dort aus Panama, aber vier Passagiere wünschten in Barranquilla auszubooten. Weit draußen nahm sie ein Ruderboot auf.

Ein vornehmer älterer Herr in weißem Leinenanzug, mit Panamahut und goldenem Ohrring, auf einen geschnitzten Stock gestützt und eine gezähmte Mariamulata, die Elster Mittelamerikas, auf der linken Schulter, sah dem munter auf den Wellen tanzenden Boot entgegen. Der Herr war aufgeregt. Trotz der elenden Hitze hatte er seit Stunden hier in der Sonne gewartet.

Als das Boot das großzügige Hafenbecken erreichte, konnte der vornehme ältere Herr, den nicht wenige Bewohner Barranquillas als Don Ludoviko kannten, ein Deutscher, der sein Vermögen mit dem Copalhandel gemacht und sich hier niedergelassen hatte, nicht länger ruhig stehenbleiben und begann, dem Steuermann des Ruderboots zu winken. Die Dohlengrackel protestierte lauthals und krallte sich ärgerlich in den Stoff des Sakkos. Schrecklich war es ihm gewesen, seinen Neffen im August des Vorjahres wieder gehen lassen zu müssen. Von San Francisco war er gekommen, hatte sich zuvor in Shanghai eingeschifft und war, kaum bei ihm angelangt, schon wieder fortgefahren. Erst nach München, wegen der Wiesn, und dann nach London. Nun kehrte er tatsächlich zurück. Wie er es versprochen hatte.

Endlich erreichte das Boot den Kai. Sein Neffe, dichter blonder Bart, hochgewachsen und schlank, sprang mit der Besonnenheit eines alten Seemanns an Land und winkte dem Onkel lachend zu, der so schnellen Schritts auf ihn zuging, dass die Mariamulata mit den Flügeln flatterte. Ein kleiner Junge, keine zwei Jahre alt, in einem Matrosenanzug mit kurzen Hosen, wurde aus dem Boot gehoben, und das kreischende schwarze Federvieh auf der Schulter des alten Mannes war das Erste, was er von Kolumbien sah. Er musste furchtbar lachen, deutete begeistert auf den Vogel mit den leuchtend gelben Augen und drehte sich zu seiner Mutter um.

Die junge Frau, schwarzes lockiges Haar wie eine Spanierin, doch mit zartem Teint, den ein großer Hut schützte, war sichtlich erleichtert, endlich wieder Land unter den Füßen zu haben, und lächelte glücklich, als hätte sie einen kleinen Schwips. Hinter ihr im Boot wuchtete ein riesenhafter, glattrasierter Kerl, dessen kantiges, irgendwie schaurig anzusehendes Gesicht voller Narben war, lachend das Gepäck auf den Kai. Es waren nur ein paar Koffer.

Dank

Ich habe mich an wahren Begebenheiten orientiert, um dieses Buch zu schreiben. Doch da es eine Fiktion ist, wäre es unsinnig, all die Bücher, Texte und Dokumente aufzuzählen, die ich dazu analog oder digital gelesen habe und die auf die eine oder andere Weise in den Roman eingeflossen sind. Nur einige möchte ich nennen, als einen letzten dankbaren Gruß an meine Handbibliothek, zwischen der ich die letzten Jahre gelebt habe und die nun, nicht ohne Melancholie, aufgelöst wird.

Die Geschichte der Niedermayer-Expedition habe ich zuerst durch Peter Hopkirks *East of Constantinople* kennengelernt, das die Buchhandlung im British War Museum bei einem Besuch im Jahr 2003 bereithielt. Die Flucht von GOEBEN und BRESLAU über das Mittelmeer schilderte Barbara Tuchman in *The Guns of August*. Später habe ich erfahren, dass sich Tuchman, Enkeltochter des damaligen US-amerikanischen Botschafters Morgenthau, als Zweijährige selbst auf dem Dampfer von Brindisi nach Konstantinopel befand, dessen Passagiere Zeugen dieser Flucht wurden. John Buchan, Director of Intelligence und der Urvater zu Buchautoren mutierender britischer Spione, faszinierte mich in seinem 1917 erschienenen Roman *Greenmantle* mit der Figur eines britischen Agenten, der im Auftrag des Deutschen Kaiserreichs in die Rolle des Mahdi schlüpft. Und schließlich verdanke ich Aisha Ahmads Sammlung *Pashtun Tales*, das mir ein liebenswürdiger Kollege beim Kaffeetrinken in Islamabad empfohlen hat, einen ersten Einblick in die Erzähltradition der Paschtunen. Dort stieß ich wieder auf den König der Vögel, den Simurgh, von dem mir vor langer Zeit einer der heißgeliebten Helden meiner Jugend das erste Mal berichtet hatte, Jorge Luis Borges.

Doch vom Selbststudium abgesehen, hätte ich das Buch nicht

ohne die Hilfe vor allem zweier Menschen schreiben können. Paul Bucherer-Dietschi, Direktor des Afghanistan-Instituts im schweizerischen Bubendorf, verdanke ich zentrale Hinweise, ohne die die Entwicklung der Handlung für mich nicht denkbar gewesen wäre. Die Bedeutung seiner Arbeit für die Bewahrung der afghanischen Kultur in schwierigsten Zeiten ist kaum zu ermessen, und ich bin dankbar, dass ich, in gewiss bescheidenem Umfang, von seiner universalen Kenntnis Afghanistans und seiner Geschichte profitieren durfte. Mein tiefer Dank gilt des Weiteren der unermüdlichen fachlichen Beratung durch Joachim Beckh, Offizier der Deutschen Marine, seemännischer Experte und Verfasser des Standardwerks *Blitz & Anker*. Moin, Joey! Dank gilt auch den Hinweisen des Marinehistorikers Dr. Dieter Hartwig.

Als geduldige Helfer unterschiedlicher Art standen mir bei: Sibel und Sabo, Pit, Yamuar, Florian, Christoph, Thomas, Joachim, Oliver und Tobias. Merci mes amis!

Mein größter Dank aber gilt meiner Familie. Meinen lieben Eltern Rosi und Walter. Leopold und Ada, meinen Augensternen, weil sie nie das Vertrauen verloren haben, dass das ungreifbare Projekt, mit dem sich ihr Vater beschäftigte, seit sie auf der Welt sind, eines Tages fertig würde. Meiner Frau Dorle – sie ist das Alpha und das Omega meines Lebens und meines Schreibens. Gepriesen sei der Tag, an dem ich dich getroffen habe.

Pfaffenhofen a.d. Ilm, November 2014

Nachwort zur Taschenbuchausgabe

Die Abenteuer Sebastian Stichnotes und vor allem auch das Bangen des Autors, der mit ihrer Aufzeichnung beschäftigt war, endeten keineswegs nach Erscheinen der ersten Auflage von *RISIKO*. Als kämen Funkmeldungen aus einer wieder lebendig gewordenen Vergangenheit, erreichten mich Woche für Woche Nachrichten über logische Unmöglichkeiten, Paradoxe oder schlicht inhaltliche Fehler, die ich dort, wo es mir geboten schien – und das tat es in den meisten Fällen –, sofort und dankbar übernahm, damit die jeweils nächste Auflage fehlerfrei erscheinen möge. Der Eingang von Korrekturvorschlägen riss allerdings lange nicht ab, sodass bislang keine der verschiedenen Auflagen einer anderen gleicht, wenn auch manchmal nur in einem einzigen Buchstaben, wie etwa «Sunni» statt «Sunna». Gerade erst wurde mir mitgeteilt, dass an einer Stelle der Golf von Aden mit dem Persischen Golf vertauscht wurde. Diese Korrektur ist nun hoffentlich die letzte. Ich rufe zu Franz von Sales, dem Schutzpatron der Schriftsteller, der Text möge endlich frei von Fehlern sein, und danke den zahlreichen Lesern von ganzem Herzen, die sich die Mühe gemacht haben, mir zu schreiben!

Neben den Berichtigungen und diesem Nachwort gibt es aber noch etwas, das neu zu dieser Ausgabe hinzugekommen ist: die beiden Karten, die mein lieber Freund Gottfried Müller aus Hettenshausen gezeichnet hat. Auch hier mag der aufmerksame Betrachter womöglich nach Fehlern suchen – die Tatsache aber, dass die Insel Zypern auf der ersten Karte zum Osmanischen Reich gehörig ausgewiesen ist, sich auf der zweiten aber plötzlich rosa eingefärbt und damit im Besitz des Britischen Empires zeigt, ist zwar merkwürdig, aber korrekt. Mit Eintritt des Osmanischen Reichs in den 1. Weltkrieg (November 1914) annektierten die Engländer diese bislang von ihnen nur gepachtete

Insel, und da die Afghanistan-Expedition ja im Dezember 1914 von Konstantinopel aufbrach, muss Zypern auf der dem zweiten, östlichen Teil des Romans gewidmeten Karte die Farbe wechseln.

Zuletzt möchte ich einer Bitte nachkommen, die immer wieder an mich herangetragen wurde, nämlich noch ein paar Quellen zu nennen, die sich mit der Afghanistan-Expedition und ihren Teilnehmern beschäftigen.

Noch während des Ersten Weltkrieges erschien 1918 der Bericht von Legationssekretär Werner Otto von Hentig: *Meine Diplomatenfahrt ins verschlossene Land.* Als Ullstein-Kriegstaschenbuch erreichte das Büchlein eine Auflage von mehr als 300000 Exemplaren. Im Zusammenhang mit dem Besuch von König Amanullah in Deutschland erschien 1928 derselbe Text als Neuauflage unter dem Titel *Ins verschlossene Land – Ein Kampf mit Mensch und Meile.* Oberleutnant Oskar Niedermayer, inzwischen zum bayerischen Ritter ohne König geadelt, publizierte erst 1925 seine Erlebnisse im Buch: *Unter der Glutsonne Irans – Kriegserlebnisse der deutschen Expedition nach Persien und Afghanistan.* Eine leicht gekürzte Fassung erschien dann 1936 als *Im Weltkrieg vor Indiens Toren.* Diese vier Bücher sind heute nur antiquarisch und in Bibliotheken zu finden.

Im Buchhandel erhältlich sind jedoch zwei Neufassungen: Werner Otto von Hentig: *Von Kabul nach Shanghai – Bericht über die Afghanistan-Mission 1915/16 und die Rückkehr über das Dach der Welt und durch die Wüsten Chinas*, Lengwil 2003, und Matthias Friese und Stefan Geilen: *Deutsche in Afghanistan – Die Abenteuer des Oskar von Niedermayer am Hindukusch*, Köln 2002. Originalfotos der Afghanistan-Expedition von Werner Otto von Hentig sind auf der folgenden Website frei zugänglich: www.photothecaafghanica.ch

Darüber hinaus kann ich folgende Bücher empfehlen: Hans-Ulrich Seidt: *Berlin, Kabul, Moskau – Oskar Ritter von Niedermayer und Deutschlands Geopolitik*, München 2002. Rudolf A. Mark: *Krieg an fernen Fronten – Die Deutschen in Zentralasien und am Hindukusch, 1914–1924*, Paderborn 2013. Und auch bei den damaligen Kriegsgegnern lebt das Thema fort: Jules Stewart: *The Kaiser's Mission to Kabul – A Secret Expedition to Afghanistan in World War I*, London 2014.

Es war mir ein Bedürfnis, mich bei meinen gleichsam mitarbeitenden Lesern bedanken und ihnen noch ein paar Empfehlungen geben zu dürfen, und ich bin froh, dass ich hier den passenden Ort dazu fand. Manche der Zuschriften aber wollten über den vorliegenden Roman hinausgehen und fragten nach dem weiteren Schicksal Sebastian Stichnotes in Kolumbien und überhaupt einer Art von Fortschreibung seiner Geschichte. Diese wäre eine, die nun vollends in einer kontrafaktischen, phantastischen Welt spielen würde, die zu erkunden gewiss nicht ohne Reiz wäre: eine Expedition zu den Kogi. Vielleicht, eines fernen Tages ...

Pfaffenhofen a.d. Ilm, März 2016

Weitere Titel

Atom

Damenopfer

Grand Tour oder die Nacht der Großen Complication

Monschau

Propaganda

Risiko